Muriel Brunswig
Syrien

Meinen geliebten Freunden Abir, al-Moaz und Ahmad gewidmet

لاصدقائي الاحباب عبير والمعز وأحمد

Impressum

Muriel Brunswig
Syrien

erschienen im
Reise Know-How Verlag Peter Rump GmbH
Osnabrückerstraße 79
33649 Bielefeld

1. Auflage 2000

Gestaltung
Umschlag-Konzept: Manfred Schömann, Peter Rump
Umschlag-Layout: Günter Pawlak, FaktorZwo!, Bielefeld
Layout-Konzept: Günter Pawlak, FaktorZwo!, Bielefeld
Herstellung: Michael Luck, Hohenthann
Karten: Bernhard Spachmüller, Schwabach
Fotos: Alle Fotos stammen von der Autorin
mit Ausnahme der namentlich gekennzeichneten

Druck und Bindung
Fuldaer Verlagsagentur

ISBN 3-89416-829-3
Printed in Germany

Dieses Buch ist erhältlich in jeder Buchhandlung der BRD, Österreichs, der Niederlande und der Schweiz. Bitte informieren Sie Ihren Buchhändler über folgende Bezugsadressen:

BRD
Prolit GmbH, Postfach 9, 35461 Fernwald (Annerod)
sowie alle Barsortimente
Schweiz
AVA-buch 2000
Postfach 27, CH-8910 Affoltern
Österreich
Mohr Morawa Buchvertrieb GmbH
Sulzengasse 2, A-1230 Wien
Niederlande
Nilsson & Lamm BV,
Postbus 195, NL-1380 AD Weesp

Wer im Buchhandel trotzdem kein Glück hat, bekommt unsere Bücher auch direkt bei:
Rump Direktversand
Heidekampstraße 18, 49809 Lingen (Ems)
oder über den Büchershop auf der
Internet-Homepage von Reise Know-How

Wir freuen uns über Kritik, Kommentare und Verbesserungsvorschläge.

Alle Informationen in diesem Buch sind von der Autorin mit größter Sorgfalt gesammelt und vom Lektorat des Verlages gewissenhaft bearbeitet und überprüft worden.

Da inhaltliche und sachliche Fehler nicht ausgeschlossen werden können, erklärt der Verlag, dass alle Angaben im Sinne der Produkthaftung ohne Garantie erfolgen und dass Verlag wie Autoren keinerlei Verantwortung und Haftung für inhaltliche und sachliche Fehler übernehmen.

Muriel Brunswig

Syrien

Reise Know-How im Internet

Aktuelle Reisetipps und Neuigkeiten
Ergänzungen nach Redaktionsschluss
Büchershop und Sonderangebote
Weiterführende Links zu über 100 Ländern

http://www.reise-know-how.de/

Der
Reise Know-How Verlag
Peter Rump GmbH
ist Mitglied der Verlagsgruppe
Reise Know-How

Vorwort

Wer sich selbst und andre kennt
Wird auch hier erkennen:
Orient und Okzident
Sind nicht mehr zu trennen
(Goethe, West-östlicher Diwan)

Syrien, ein Land, dessen Geschichte seit der hellenistischen Zeit mit dem Okzident verbunden ist und das doch seine eigene, aufregende Kultur hat schaffen können, gehört zu den Ländern, an denen der internationale Tourismus lange Zeit vorbeigegangen ist. Und wahrlich, weder locken aufregende Beachpartys noch hundertprozentige Sonnengarantie die Massen ins Land, und das ist auch ganz gut so: Andere Länder haben diese Rolle übernommen, und Syrien hat mehr, so viel mehr zu bieten als das.

In Syrien hat die Menschheit Geschichte gemacht. 12.000 Jahre, die ihre Spuren hinterlassen haben. Hier ist das erste Alphabet entstanden, hier gab es die ersten Städte der Menschheit und die ersten römischen Säulenstraßen.

Syrien spielte auch für das Christentum eine wesentliche Rolle, denn hier soll Kain seinen Bruder Abel erschlagen haben, hier wurde der Saulus zum Paulus, und hier liegt (angeblich) noch immer ein Gürtel der Jungfrau Maria.

Unter der muslimischen Herrschaft war Syrien eine Zeit lang der Nabel der islamischen Welt und übernahm diese Rolle später wieder, als Faisal 1918 dort die erste arabische Republik proklamierte. So viele Epochen, so viel(e) Geschichte(n), und jede wirkt bis in die heutige Zeit hinein. Und die Zeit ist nicht stehen geblieben: Man spürt in Syrien eine unglaubliche Vitalität, die Einbindung Jahrtausende alter Kultur in ein modernes Leben.

Syrien ist jedoch vor allem **ein arabisches Land, ein orientalisches Land.** Die Lebendigkeit und Schönheit seiner Suqs und Altstädte bezaubert, ebenso die grandiosen Bauten großer muslimischer Baumeister. Hinzu kommen sensationelle Ruinenfelder, aufregende Städte und herrliche Landschaften. All das sucht weltweit seinesgleichen, und doch ist es nicht das, was Syrien alleine ausmacht: Es sind die Menschen, die das Land bewohnen und die es zu dem machen, was es ist: ein Juwel der Liebenswürdigkeit und Freundlichkeit, die dem Reisenden von allen Seiten entgegengebracht wird. Auch Sie werden sich dem Charme und der Gastfreundschaft der Syrer nicht entziehen können und immer das schöne Gefühl haben, willkommen zu sein.

Wer sich der syrischen bzw. arabischen Kultur ein wenig öffnet, wird in Syrien eine unvergessliche Zeit erleben. Denn, wie Goethe in seinem schon anfangs zitierten Gedicht fortfährt:

Sinnig zwischen beiden Welten
Sich zu wiegen lass ich gelten
Also zwischen Ost und Westen
Sich bewegen sei zum Besten.

Ich wünsche Ihnen eine wunderschöne Reise – und ich bin mir sicher, Sie werden sie haben!

Muriel Brunswig

Ein paar Anmerkungen voraus:

Sie werden es bei der Lektüre dieses Buches merken: Ich bin keine Altorientalistin und keine Archäologin! Ich bin Islamwissenschaftlerin. Syrien ist natürlich ein „Eldorado für Archäologen", wie es Max von Oppenheim ausdrückte, dieses Buch aber ist kein Kunstreiseführer, der sich allein auf die Beschreibung der antiken Ruinenstätten konzentriert. Die kommt selbstverständlich nicht zu kurz, **vor allem** aber **will das vorliegende Reisehandbuch praktische Informationen für das Reisen vor Ort geben und mit der islamischen Gesellschaft und arabischen Kultur bekannt machen.** Ich habe viele Monate in Syrien verbracht, spreche die Sprache und glaube daher, das Land und seine Menschen gut zu kennen. Diese praktische Kenntnis, gepaart mit dem theoretischen Rüstzeug, das mir im Verlauf meines Studiums vermittelt wurde, machen die Grundlage dieses Buches aus.

Der zweite Punkt, den ich ansprechen möchte, ist die **Transkriptionsproblematik,** die bei arabischen Termini und Namen auftaucht. Es gibt eine wissenschaftliche Umschrift aus dem Arabischen in die lateinische Schrift. Doch diese ist mit Sonderzeichen versehen und deswegen für einen Reiseführer nicht tauglich. Ich habe mich daher nach einer gängigen Transkription gerichtet, die man vor allem in der englischen Literatur findet. Die Umschriftentabelle findet sich im Kapitel „Sprachführer Syrisch" ab S. 436. Nun tauchte jedoch das Problem auf, dass syrische Straßenschilder, Orts- und Hotelnamen nicht immer oder besser: nur selten in diese Transkription „passen". Die Lösung: Namen, die auch im Deutschen vorkommen, wie z.B. Damaskus oder Aleppo, aber auch Koran und Scharia, habe ich in dieser deutschen Form übernommen. Problematisch wurde es hier aber bereits mit Lattakia, das auf Arabisch und mit der von mir angewendeten Umschrift Lathaqiya heißen müsste. Da dann aber niemand mehr den Ort mit den Schreibweisen auf Karten in Zusammenhang bringen könnte, habe ich einen (schwachen) Kompromiss gefunden: Lataqiya. Ich hoffe, der Leser findet sich zurecht.

Im Arabischen gibt es kurze und lange Vokale. Die langen werden im Allgemeinen mit einem â bzw. û oder î gekennzeichnet. Diese Verlängerungszeichen habe ich allein im Sprachführer angewandt. Für den Rest des Buches hätte der Aufwand in keinem Verhältnis zum Nutzen gestanden. Ich bin mir sicher: Wenn Sie mit Hilfe meiner Umschrift einen Namen aussprechen, wird man Sie verstehen, auch wenn Sie die Vokale nicht an der richtigen Stelle längen.

Hinweis:
Bei vielen Städten/Orten/Sehenswürdigkeiten erfolgt ein Verweis auf den Kartenatlas am Ende des Buches (z.B. Damaskus ⇗VI,A3).

Inhalt

Praktische Tipps von A – Z

Land und Leute

Unterwegs in Syrien

Hintergrundtexte

Anhang

Praktische Tipps von A – Z

Fast in den Berg gebaut: Maalula

Umzug in Damaskus
Wärter in einer Moschee

Als Gast in Syrien

In Syrien ist jeder Gast willkommen, denn er kommt von Gott. Wer zudem noch mit **ein paar Grundregeln** vertraut ist, wird sehr schnell feststellen, dass sich zu der „üblichen" Gastfreundschaft bald schon eine große Freude darüber gesellen wird, dass der Gast sich so gut mit den Umgangsformen auskennt. Wenn Sie also die folgenden Punkte beachten, kann nichts mehr schief gehen!

Wer in ein arabisches Land reist – das gilt für Syrien in gleichem Maße wie für jedes andere arabische Land auch –, sollte sich damit vertraut machen, dass das alltägliche Leben, trotz aller zur Schau gestellten Moderne, durch **Traditionen und feste Umgangsformen** geprägt ist.

- Andre Länder, andre Sitten! Wundern Sie sich nicht ständig oder ärgern Sie sich nicht über für Sie Unverständliches. Es kann nicht immer Antworten auf alle Fragen geben!
- Nehmen Sie sich Zeit. Zeit zu haben ist im Orient eine ausgesprochene Tugend, Ungeduld wird eher missbilligend betrachtet. **„As-Sabr djamil", „Geduld ist schön",** sagt man, und daran sollte man sich halten. Verspätungen, noch nicht einmal besonders üblich, sollten nicht mit „deutscher" Pünktlichkeit gemessen werden. Hier gelten andere Zeitbegriffe!
- Wenn Sie jemanden fotografieren wollen, fragen Sie vorher!
- Bevor man den Moscheeinnenraum oder ein Zimmer betritt, müssen die Schuhe ausgezogen werden, auch wenn man manchmal darauf aufmerksam gemacht wird, das sei nicht nötig. Der Fußboden ist oft auch der Ort, an dem gegessen wird, also: Schuhe aus!
- **Zärtlichkeitsbezeugungen** zwischen Mann und Frau **in der Öffentlichkeit** werden nicht nur als unsittlich angesehen, sie sind gesetzlich **verboten!** Das gilt nicht für Männer bzw. Frauen untereinander.

Regeln, wenn man **zu Gast bei einer Familie** ist:

- Eine „Einladung" ist nicht immer eine Einladung! Es entspricht der arabischen Höflichkeit, jeden Fremden einzuladen. Das bedeutet jedoch nicht, dass dies immer ernst gemeint ist. Sie müssen sich mehrmals bitten lassen (in aller Regel dreimal), dann erst können Sie mit gutem Gewissen annehmen.
- Es ist in aller Regel gut, ein paar Süßigkeiten mitzubringen: Die Kinder des Hauses freuen sich, und es ist Usus, sie damit zu beglücken.
- Bei einem Besuch werden viele Fragen gestellt, das dient u.a. dazu, herauszufinden, wie oder was der andere ist, um sich ihm dann besser anpassen zu

können. Auch wenn manche Fragen allzu neugierig erscheinen, ist es von Vorteil, freundlich zu bleiben und zu antworten. Dieses Frage- und Antwortspiel dient auch der Kommunikation. Dreht man den Spieß um und fragt selbst, wird man mehr über das Land und seine Menschen erfahren, als in vielen Büchern steht.

- Wird **Essen** oder Gebäck aufgetischt: Greifen Sie zu, aber nur mit der rechten Hand, die Linke ist unrein! Nichts ist beleidigender als ein Gast, der nicht isst. Es bedeutet, dass es ihm nicht schmeckt oder es ihm zu niedrig ist, mit der Gastfamilie von einem Teller zu essen. Auch ist es angebracht, langsam zu essen. Denn wenn man aufhört zu essen, könnte sich die Familie genötigt fühlen, auch aufzuhören.
- Bleibt man über Nacht oder ist man länger als einen Tag bei einer Familie zu Gast, sollte man auf jeden Fall, neben den Süßigkeiten für die Kinder, **Gastgeschenke** mitbringen. Das muss nicht unbedingt etwas „aus der Heimat" sein, wobei ein paar Fotos oder Postkarten von dort sicherlich sehr beliebt sind. Ein Geschenk aus Deutschland ist etwas besonderes, und wer eins dabei hat, steht auf jeden Fall gut da. Natürlich sind auch in Syrien gekaufte Gaben angebracht. Der Fantasie ist dabei keine Grenzen gesetzt. Wer sich dennoch etwas schwer tut – nie verkehrt sind: Zigaretten, Obst, Kuchen, Kassetten, Spielzeug, Tücher, Seife... Gastgeschenke sollten nicht am Anfang gereicht werden, es sieht sonst so aus, als wollte man die Gastfamilie bestechen. Man sollte sie aber auch nicht erst zum Schluß geben, denn dann gliche es einer Bezahlung.
- Ein letzter kleiner Tipp: Achten Sie darauf, was die Syrer machen und wie sie es machen. Dann können Sie am wenigsten falsch machen!

An-, Ein- und Ausreise

Anreise mit dem Flugzeug

Auch wenn sich Syrien mehr und mehr als Touristenland öffnet, so gibt es doch noch immer **keine Charterflüge**!

Man muss also Linie fliegen, was bedeutet, dass es nicht ganz billig ist. Dennoch: Syrien ist nicht allzu weit, und Flugpreise halten sich aus diesem Grunde durchaus im Rahmen. Man kann im Allgemeinen mit Preisen zwischen 700 und 1000 DM rechnen.

Im Frühjahr 2000 hat Lufthansa ihre Flüge eingestellt, weswegen jetzt nur noch **Syrian Arab Airlines direkt** von Frankfurt, München und Berlin nach Syrien fliegt. Bei allen anderen Fluggesellschaften ist also zumindest einmal Umsteigen angesagt. Von der Schweiz aus gibt es gar keine Direktflüge, Swiss Air fliegt über Wien. Ab dort jedoch kann dann, sowohl mit Austrian Air als auch mit Swiss Air direkt nach Damaskus geflogen werden. Einmal wöchentlich gibt es einen Direktflug München – Aleppo mit Syrian Arab Airways.

Für Leute aus Südwestdeutschland ist es durchaus lohnend, sich auch in Basel (Schweiz) zu erkundigen: Meist sind Flüge von hier weit günstiger als von Frankfurt. V.a. das Reisebüro **Travel Point** (Tel. 0041-61-692 99 55, Greifengasse 36, 4058 Basel) bietet sehr gute Tarife ab der Schweiz.

Günstige Fluglinien sind die Gesellschaften **Turkish Airways, Türk Hava Yollari** (ab Frankfurt mit einem Preis von 730 DM), **Air France** (z.B. ab Freiburg/Basel via Paris für 830 DM), **KLM** (für 800 DM ab Frankfurt, Stuttgart und Berlin via Amsterdam) und **All Italia** (via Rom für 750 DM).

Sehr günstig (ab 600 DM) fliegen die Fluggesellschaften der osteuropäischen Länder. Von diesen Linien wird in aller Regel jedoch aus Sicherheitsgründen abgeraten.

- **Vertretung der Syrian Arab Airways in Deutschland** (es gibt keine Vertretungen in Österreich und der Schweiz)
Düsseldorferstr. 4, 60329 Frankfurt
Tel. 069-238 54 40, Fax 23 67 94

Anreise mit der Bahn

Man weiß es schon: Es gibt keinen durchgehenden Zug von Deutschland nach Syrien! Die schnellste Verbindung geht von Frankfurt über Wien und Bukarest nach Istanbul. Von dort weiter über Ankara nach Adana und von dort aus nach Aleppo. **Im besten Fall** ist diese Strecke in etwa **78 Stunden** zu schaffen, dafür müssen allerdings wirklich absolut passende Zuganschlüsse vorhanden sein.

Im folgenden möchte ich – ganz unverbindlich und gültig im April 2000 – eine „schnelle" Bahnverbindung vorstellen (Reiseantritt muß ein Montag sein, da die Bahn nur donnerstags von Istanbul nach Aleppo fährt! Da aber unbedingt zu einer Reservierung zwischen Istanbul und Aleppo geraten wird, schlage ich vor, einen Tag oder zwei Tage früher loszufahren, und dann in Istanbul Stopp zu machen und die weitere Zugfahrt zu reservieren – das ist von Deutschland aus nämlich nicht möglich!): Montag: Frankfurt, ab 12.18 Uhr, Wien, an 19.50 Uhr, ab 20.05 Uhr; Mittwoch: Bukarest, an 13.54 Uhr, ab 14.25 Uhr; Donnerstag: Istanbul-Sirkeci an 6.55 Uhr (diese Züge fahren täglich!)

Es geht dann mit der Fähre vom europäischen Ufer (ca. 200 m entfernt vom Bahnhof ist auch die Fährablegestelle) nach Üsküdar, dem asiatischen Ufer. Der Bahnhof Haydarpasa ist auch ganz in der Nähe der Fährstation. Hier geht es weiter: Donnerstag: Istanbul-Haydarpasa, ab 9 Uhr; Freitag: Aleppo, an 17 Uhr.

Die Fahrt kostet ab Frankfurt bis Istanbul hin und zurück **etwa 450 DM.** Für die türkische Strecke liegen derzeit keine Preise vor, aber es ist definitiv wenig! Man kann von Deutschland aus keine Zugtickets für die Strecke ab Istanbul kaufen! Auf der Strecke Deutschland – Istanbul gibt es eine Reservierungspflicht und Liegewagen!

Informationen über Zugverbindungen in der Türkei (Istanbul) werden erteilt unter der Telefonnummer: 0090-216-336 04 75 oder 336 20 63.

Anreise mit dem Bus

Hier gilt ähnliches wie mit der Bahn: Es gibt keine durchgehende Busverbindung. Wohl aber ist es möglich, mit einem Bus von Deutschland aus bis Istanbul und ab dort mit dem Bus weiter bis nach Aleppo oder Damaskus zu fahren. Man kann in Istanbul direkt ein Ticket bis nach Syrien kaufen, auch wenn man in Antakya fast immer den Bus wechseln muss (Kosten zwischen 45 und 60 DM; Istanbul – Aleppo dauert etwa 30 Std.). Es wird geringfügig teurer, wenn man nur bis Antakya fährt und von dort dann einen Bus nach Syrien nimmt. Wer sich unterwegs noch die Türkei ansehen will, sollte auf jeden Fall in Antakya Station machen. Ab hier fahren fast stündlich Busse nach Syrien!

Das **türkische Unternehmen Ulusoy-Bosfor Turizm** (Tel. 069-79 03 50, Deutscher Touringclub, oder 0711-22 74 00, Fax 16 00 04; Österreich: 01-505 06 44, Fax 505 09 42) ist z.B. ein

Es gibt wahrscheinlich 1001 Möglichkeiten, nach Syrien **über Land** zu reisen, und gemeinsam ist ihnen nur eines: Es braucht etwas Zeit und Freude am Unterwegs-Sein. Wer über beides verfügt, kann eine wunderschöne Reise antreten und sich langsam auf ein so fremdes Land wie Syrien einstellen.

Wichtiges vorweg:
Es besteht eine **Visumpflicht** für folgende Länder:

- **Ungarn: Nein.** Es genügt ein Personalausweis, der noch mind. 3 Monate über das Ausreisedatum hinaus gültig ist.
- **Rumänien: Ja.** Das Visum ist an der Grenze oder bei der Botschaft erhältlich. Adresse: Botschaft der SR Rumänien, Legionsweg 14, 53117 Bonn, Tel. 0228-683 91 32, Kosten: 75 DM. Das Visum ist 60 Tage gültig.
- **Bulgarien: Nein.** Es reicht ein Reisepass für 30 Tage Aufenthalt.
- **Türkei: Nein.** Mit einem gültigen Reisepass kann man bis zu drei Monate im Land bleiben. Es gelten die allg. Zollbestimmungen.

Anbieter von Busfahrten und -reisen von Deutschland (Schweiz, Österreich) nach Istanbul. Im Winter (bis April) fährt jeden 2. Samstag ein Bus von Bochum, Bonn, Dortmund, Düsseldorf, Duisburg, Essen, Frankfurt, Heilbronn, Köln, Mannheim, München, Nürnberg, Stuttgart und Ulm nach Istanbul, im Sommer jeden Samstag. Je nach Stadt dauert die Fahrt zwischen 55 Std. (ab Bochum) und 41 Std. (ab München). Die Preise liegen auch abhängig von der Stadt zwischen 227 DM (ab Bochum) und 186 DM (ab München) für ein einfaches Ticket, für die Hin- und Rückfahrt zwischen 361 DM (Bochum) und 304 DM (München). Die Rückfahrten starten immer am Mittwoch in Istanbul.

Anreise mit dem Schiff

Es existiert keine Linie, die von einem europäischen Hafen aus Syrien direkt anfährt, wohl aber kann man sich auf einem Frachtschiff „einmieten". **Kapitän Helmut Hoffmann** aus Scharbeutz (telefonisch unter 0 45 03-7 36 75 zu erreichen) bietet Reisenden Plätze auf seinem Schiff an. Der Frachter fährt von Hamburg über Holland, Tunis und Beirut nach Tartus. Autotransport ist möglich!

Anreise mit Bahn, Schiff und Bus

Schöner, aber auch aufwendiger, länger und v.a. teurer ist die Anreise nach Syrien mit verschiedenen Verkehrsmitteln. Sehr beliebt ist die Zug-Bus-Kombination via Istanbul oder aber die Zug-Schiff-Bus-Kombination.

Ausgangspunkt für die nachfolgenden **Routen** ist immer Basel, die Preise (ab München) variieren nur geringfügig.

Teil 1 der Strecke ist die **Fahrt von Deutschland nach Italien,** zu einem der Fährhafen. Dort (bzw. im Vorfeld) muss man sich entscheiden, ob man lieber mit dem Schiff nach Griechenland fährt und dann über Land weiter in die Türkei oder aber direkt auf dem Seeweg in die Türkei. Eine weitere Möglichkeit ist die, von Italien nach Patras (Griechenland) zu schippern, von dort über Land bis Athen und schließlich auf eine der Inseln Kos, Patras oder Rhodos zu fahren, um von dort wiederum eine Fähre in die Türkei zu nehmen.

Fähren nach Patras fahren ab Bari, Brindisi oder Ancona (am nördlichsten, dafür dauert die Überfahrt am längsten!). Direkt in die Türkei geht es ab Venedig und Brindisi.

Zugkosten (einfach) im Frühjahr 2000: Basel – Ancona: 160 DM, Basel – Venedig: 148 DM, Basel – Brindisi: 199 DM, Basel – Bari: 197 DM.

Es gibt keine direkten Zugverbindungen, man muss zumindest in Mailand umsteigen.

Die Griechenlandfähren:
Viele Fähren fahren nur im Sommer, sind aber sehr sehr günstig. **Bari – Igoumenitsa** (nördlich von Patras) gibt es ab 55 DM Schiffspassage, die Überfahrt dauert knappe 12 Stunden.

Ancona – Patras kostet ab 100 DM und dauert im schnellsten Fall 19 Stunden.

Wer von hier weiter muss, kann mit der Bahn bis Athen fahren (ca. 4 Std.). Von dort geht es entweder über Land weiter bis Istanbul oder aber man nimmt eine Fähre auf eine der Inseln, um von dort weiter an die türkische Ägäisküste zu kommen. Von Kos geht ein Schiff nach Bodrum, von Rhodos geht ein Schiff nach Marmaris, von Samos eines nach Kusadasi, von Lesbos eines nach Ayvacik, von Symi eines nach Datca und von Chios geht ein Schiff nach Cesme. Die Preise für diese Griechenland-Türkei-Verbindungen sind recht hoch. So kostete beispielsweise Rhodos - Marmaris stolze 70 DM.

Die Türkeifähren:

Türkeifähren fahren das ganze Jahr, im Winter allerdings nur im 2-Wochentakt. Die Überfahrt dauert um die 60 Stunden, je nachdem, mit welcher Linie man fährt und ob man die Fähre Venedig - Izmir oder die Fähre Brindisi - Çesme (nur im Sommer) nimmt.

•Preise und Fahrtdauer im Herbst 1999:
Venedig - Izmir mit der *Turkish Maritime Organisation Inc. (Türkiye Denizcilik Isletmeleri):* Abfahrt Samstag 21 Uhr, Ankunft Dienstag 11 Uhr, Kosten 280–600 DM. Im Winter (Dezember bis März) zweiwöchentlich, im Sommer jede Woche.

Brindisi - Cesme mit der gleichen Linie: Abfahrt vier Mal wöchentlich, Fahrtdauer 35 Stunden, nur von Juni bis Oktober, Kosten 150–460 DM. Buchen kann man die Fähren in jedem guten Reisebüro oder in Deutschland in Sindelfingen unter der Telefonnummer: 0703-86 60 19, Fax 87 65 68. Adresse: RECA Handels- und Reise Agentur, Neckarstr. 37, 71065 Sindelfingen. In der Schweiz unter der Telefonnummer: 01-368 31 11, Fax 368 31 19, Adresse: RECA Handels- und Reise Agentur, Schaffhauser Str. 35, 8006 Zürich. In Österreich unter der Telefonnummer: 01-58 80 01 45, Fax 586 85 33, Adresse: Österreichisches Fremdenverkehrsbüro, Friedrichst. 7, 1043 Wien.

Weiterfahrt in der Türkei:

Ist man dann endlich in der Türkei, nicht aber in Istanbul, muss man einen Bus nach Antakya nehmen. Nur von Istanbul direkt gibt es Busverbindungen (eventuell auch von Ankara) nach Syrien (s.o.). Busfahren in der Türkei ist sehr billig. Eine Gesamtdurchquerung bis an die syrische Grenze kostet nicht mehr als 40 DM. In Antakya gibt es einen relativ großen Busbahnhof, mit vielen Busgesellschaften, die nach Syrien fahren. Unterschiede bestehen kaum, nehmen Sie den billigsten Bus oder den, der für Sie zeitlich am günstigsten liegt. Täglich gehen viele Busse nach Aleppo, Lataqiya und Damaskus. Es ist auch möglich, ab Antakya mit dem Dolmus (Sammeltaxi) nach Yayladag zu fahren und von dort ein Taxi an die syrische Grenze zu nehmen. Man überquert sie zu Fuß und kann von dort weiter nach Kasab fahren (s.u. bei „Einreise").

Die Grenzüberquerung für Reisende mit öffentlichen Verkehrsmitteln ist meist einfach und schnell. Näheres dazu weiter unten.

Anreise mit dem Pkw

Wer nicht teuer mit der Fähre bis nach Griechenland oder in die Türkei reisen möchte, dem bietet sich ab Deutschland folgende Route an: über Österreich, Ungarn, Rumänien, Bulgarien und die Türkei nach Syrien. Um eine ungefähre Vorstellung zu haben, wie weit es ist: München und Istanbul liegen etwa 1900 km voneinander entfernt, Istanbul und Aleppo noch einmal ca. 1250 km.

Bei der Beschreibung der Strecke richte ich mich nach den Vorschlägen des *Auto- und Reiseclubs Deutschland, ARCD,* dessen Informationen einmalig genau und detailliert sind.

Die Route beginnt in Passau und führt nach Österreich in Richtung Linz. Hinter Linz geht es über Amstetten nach Wien. Von dort weiter fährt man bis zur ungarischen Grenze.

•Ungarn (allg. Empfehlungen des Auswärtigen Amtes):

1. Sicherheit: Die Zahl der Autodiebstähle ist groß, v.a. durch organisierte Banden. Fahrzeuge sollten deswegen nur auf bewachten Parkplätzen abgestellt werden oder in Hotelgaragen. Auch vor häufig auftretenden Taschendiebstählen (Handtaschen!) warnt das Auswärtige Amt. Beliebt, wenn auch nicht häufig, ist sog. „Carjacking", d.h. „falsche"

Checkliste fürs Auto (nach Informationen des ARCD, des Auto- und Reiseclubs Deutschland):

Kfz-Papiere	Tempolimit	Benzin	Mautgebühren
Österreich (Notruf Polizei 133, Unfall 144, Panne 120)			
Führerschein, Kfz-Schein	Ort: 50 km/h, Landstraße: 100 km/h, Autobahn: 130 km/h	Normal und Super nur bleifrei, Superplus (98 Oktan) verbleit	Wochenvignette 10.50 DM
Ungarn (Notruf Polizei 07, Rettungsdienst 04)			
Führerschein, Kfz-Schein, grüne Versicherungskarte	im Ort: 50 km/h, Landstraße: 80 km/h, Autobahn: 120 km/h	Super: 92 Oktan, Super Extra: 98 Okt., bleifreies Super „olommentes üzemanyag“: 95 Okt.	Vignette von Österreich nach Budapest: 1 Woche 10 DM, von Budapest bis Kiskunfelegyhaza 17 DM
Rumänien (Notruf Polizei 055, Unfall 061)			
Führerschein, Kfz-Schein, grüne Versicherungskarte	im Ort: 50 km/h, Landstraße: 90 km/h, Autobahn: 120 km/h	Normal 87 Okt., Super 96 Okt., Super-bleifrei „benzina fara plump“ 95 Oktan	Keine
Bulgarien (Notruf Polizei 166, Rettung 150, Panne 146)			
Internat. Führerschein, Kfz-Schein, grüne Versicherungskarte	im Ort: 60 km/h, Landstraße: 80 km/h, Autobahn: 120 km/h	Normal 86 Okt., Super 93 u. 96 Okt., Super-bleifrei „bes olovo“ 95 Okt.	Autobahngebühren: 0,10 US$/km, pauschale Gebühr für die Benutzung von Brücken und Tunnel von 2 US
Türkei (Notruf Polizei 155, Rettung 177)			
Führerschein, Kfz-Schein, grüne Versicherungskarte, Carnet des Passages, für eine Weiterfahrt nach Syrien ist eine Transit-Bescheinigung vonnöten	im Ort: 60 km/h, Landstraße: 90 km/h, Autobahn: 130 km/h	Normal 85–87 Okt., Super 93 Okt., Super-bleifrei 95 Okt.	Keine

Polizisten halten Wagen auf Landstraßen an und versuchen, das Opfer durch Beschuldigungen zur Herausgabe von Kfz-Papieren zu bringen. Es wird deswegen dazu geraten, nur dann anzuhalten, wenn Polizeiwagen dabei stehen und der Polizist eine lückenlose Uniform trägt. Auf Nachtfahrten sollte man verzichten. Von „Wildcamping" wird abgeraten.

2. Sonstiges: Zur Autobahnvignette wurde zusätzlich eine Magnetkarte eingeführt, auf der alle wichtigen Daten gespeichert sind. Wer diese verliert, muss bis zu 900 DM berappen! Also gut aufbewahren!

In Ungarn geht es über Gyor nach Budapest. Von hier aus führt die Route weiter nach Szeged bis zur Grenze von Rumänien.

•Rumänien (allg. Empfehlungen des Auswärtigen Amtes):

Sicherheit: Die Straßenzustände sind eher schlecht, weswegen man sich auf eine lange Fahrt gefasst machen sollte. Die Kriminalität ist nicht ganz so hoch wie in Ungarn, doch gelten letztendlich dieselben Sicherheitsmaßnahmen. Wild campen ist verboten, nach Einbruch der Dunkelheit ist vom Fahren aus Sicherheitsgründen abzuraten.

Die Fahrt führt nun weiter nach Bukarest und geht dann weiter über Giurg an die bulgarische Grenze.

•Bulgarien (allg. Empfehlungen des Auswärtigen Amtes):

Es gibt Versorgungsengpässe in Bulgarien, v.a. bei Benzin und Diesel (Reservekanister!). Gewarnt wird auch hier vor organisierten Au-

Typischer Bus in Syrien

tobanden, die es v.a. auf neuwertige Wagen abgesehen haben. Sicherheitshinweise zu Ungarn beachten!

Durch Bulgarien ist es nur ein vergleichsweise kurzes Stück bis zur türkischen Grenze.

- **Türkei** (allg. Empfehlungen des Auswärtigen Amtes):

Durch das Erdbeben in der Nordwesttürkei am 12.11.1999 kann es in den Provinzen östlich von Istanbul zu massiven Verkehrsbehinderungen und Störungen der Telefonverbindungen kommen! Die Aufräumarbeiten in Izmit, wo im Sommer 1999 die Erde bebte, sind noch nicht beendet! Davon abgesehen gibt das Auswärtige Amt keine Sicherheitshinweise, so lange man nicht in den Südosten des Landes fährt. Bis zur syrischen Grenze ist die Strecke ohne Gefahren!

Nach dem Grenzübergang geht es nun weiter über Edirne nach Istanbul. Hier verlässt man Europa und betritt über die Bosporusbrücke asiatischen Boden. Weiter geht es über Bolu nach Ankara. Von dort über Aksaray bis Tarssus und Adana. Von hier geht es dann über Osmaniye nach Antakia, von dort nach Bab al-Hauwa und schließlich auf die im Buch beschriebene Route D 2.

Jeder Autofahrer, der nach Syrien reist, sollte sich **einem Verkehrsclub anschließen!** Ausgezeichnetes Informationsmaterial mit Landkarten, exakten Kilometerangaben, Übernachtungsvorschlägen für unterwegs, mit allen Kfz-Informationen, Infos vom Auswärtigen Amt etc. (von der Stiftung Warentest mit „sehr gut" bewertet) bietet der **Auto- und Reiseclub Deutschland ARCD** (91427 Bad Windsheim, Pf. 440, Tel. 09841-40 90, Fax 4 09 64).

Weitere Informationen, v.a. die Reise in der Türkei betreffend, bietet auch der

- **Türk Turing ve Otomobil Kurumur**
1. Otosanayi Sitesi yai, 4. Levet, Istanbul, Tel. 0212-282 81 40, Fax 282 80 42.

Einreise nach Syrien

Einreisebestimmungen

Im Großen und Ganzen verändern sich Einreisebestimmungen für Syrien selten und wenn, nur minimal. Dennoch wird für folgende Angaben keine Garantie übernommen! Eventuelle Veränderungen sind fast immer auf den Visumanträgen vermerkt.

Grundsätzlich ist ein **Reisepass** notwendig, der noch mindestens 6 Monate nach Ausreise aus Syrien gültig sein muss und **kein Visum, Einreise- oder Ausreisestempel von Israel** enthält. Sofern mitreisende Kinder einen eigenen Kinderausweis haben, müssen die Nummer und der Austellungsort des väterlichen Reisepasses im Kinderausweis vermerkt sein.

Das Visum

Generell ist ein gebührenpflichtiges Visum notwendig, ganz gleich, über welche Grenze man einreist. Dieses Visum erhält man an jeder syrischen Botschaft (Adressen siehe unten). Offiziell ist es auch möglich, erst an der syrisch-libanesischen Grenze ein Visum zu beantragen, was aber häufig zu Komplikationen führen kann. Selten in meinem Leben habe ich so viele Geschichten über einen Grenzübergang gehört, wie über den syrisch-libanesischen: Visa, die nicht akzeptiert wurden, Grenzübergänge ohne Visum, Behauptungen der Behörden, man habe das falsche Visum... Um sicher zu gehen, dass der Grenzübertritt klappt (das gilt übrigens für jeden Grenzübertritt!), sollte man ein Visum haben, das in Europa ausgestellt wurde. Ich habe zwar noch nie gehört, dass jemand länger als drei Tage an der Grenze festgehalten wurde, wohl aber schon, dass man Leute mit „falschem" oder gar keinem Visum nicht hat einreisen lassen. Außerdem ist es oft sehr anstrengend, in Nachbarländern ein Visum zu beantragen (das gilt am wenigsten für Jordanien). Wer sich erst auf dem Weg nach Syrien, d.h. in den meisten Fällen in der Türkei, ein Visum beschaffen möchte, muss mit einer etwas längeren Prozedur rechnen. Grundsätzlich muss jeder, der sich außerhalb Deutschlands ein Visum besorgt, erst einmal auf die deutsche Botschaft gehen. Dort erhält man so etwas wie eine „Unbedenklichkeitsbescheinigung". Mit dem Schreiben der deutschen (oder österreichischen/schweizerischen) Botschaft, das extra bezahlt werden muss, und zwei Passfotos begibt man sich zur syrischen Botschaft, gibt seinen Pass bis 12 Uhr mittags ab, zahlt das Entgelt und darf am nächsten Tag wieder kommen! Die Prozedur insgesamt dauert also mindestens zwei Tage, die Kosten scheinen mehr oder weniger willkürlich festgelegt zu sein.

Visa erhalten alle Bürger der Bundesrepublik Deutschland, Österreichs und der Schweiz sowie alle Bürger, die in Deutschland eine Aufenthaltsgenehmigung haben. Für sie gelten allerdings andere Bestimmungen, die individuell erfragt werden müssen.

Das **Visum wird** demjenigen **verweigert,** der einen israelischen Vermerk im Ausweis hat oder einen jordanischen Grenzstempel der Grenzen Taba, Wadi-Araba, Wadi al-Urdun, Rafah und Sharm al-Shaikh. Kinder unter 15 Jahren brauchen die schriftliche Zustimmung ihrer Eltern.

Wichtig: Auch wenn das Visum für drei Monate ausgestellt wurde, berechtigt es den Reisenden nicht dazu, länger als 14 Tage im Land zu bleiben! Es be-

Für das Visum ist folgendes notwendig:
1. Ein **Reisepass,** der noch mind. 6 Monate gültig ist;
2. Ein **Antragsformular** (zu erhalten per frankiertem Rückumschlag bei der syrischen Botschaft);
3. Ein **Passbild;**
4. Eine **Überweisungsdurchschrift,** die die Überweisung der Visumskosten auf das Konto der syrischen Botschaft bestätigt.

Es gibt drei Arten von Visa:
1. **Transit** (maximaler Aufenthalt: 3 Tage), Kosten: 21 bzw. 42 DM bei mehrmaliger Einreise;
2. **3 Monate Aufenthalt mit einmaliger Einreise,** Kosten: 84 DM;
3. **6 Monate Aufenthalt mit mehrmaliger Einreise,** Kosten: 137 DM.
Reisegruppen erhalten ein kostenloses „Kollektivvisum", wenn ihr Reisebüro mit einer syrischen Reiseagentur zusammenarbeitet.

rechtigt ausschließlich dazu, innerhalb der drei Monate nach Ausstellungsdatum 14 Tage im Land zu sein. Jeder längere Aufenthalt muss genehmigt werden. Die Gründe hierfür konnte ich bis heute nicht ganz in Erfahrung bringen, ein Zwei-Wochen-Visum für eine einmalige Einreise gibt es nicht.

Wer länger als 14 Tage im Land bleibt, muss sich unbedingt beim **Immigration Office** (Maktab al-Hidjra wa-Djawazat) melden. Diese finden sich in allen Provinzhauptstädten (Adressen siehe dort). Man kann dort eine Verlängerung beantragen, was im Normalfall problemlos geht. Wie das funktioniert, ist unter dem Stichwort „Immigration Office" auf S. 52 nachzulesen.

Die Gültigkeit des Visums beginnt am Ausstellungstag!

Zu den Visumstellen der syrischen Botschaften und Konsulate siehe unter dem Stichwort „Botschaften und Konsulate".

Fahrzeugpapiere

Für die Einreise mit dem PKW sind folgende Unterlagen notwendig: Eine **internationale Zulassung,** ein **Internationaler Führerschein** (zu erhalten bei der Führerscheinstelle), ein **Carnet de Passage** (für den Transit kann man anstelle des Carnet an der Grenze eine vorübergehende Einfuhrgenehmigung erhalten; diese Formalitäten sind aber gebührenpflichtig und etwas kompliziert) und eine **Vollmacht** für den Fall, dass man mit einem **geliehenen Fahrzeug** einreisen möchte.

Die grüne Versicherungskarte wird in Syrien nicht anerkannt, so dass an der Grenze eine **Kfz-Haftpflichtversicherung** abgeschlossen werden muss (zusammen mit der Einfuhrgenehmigung z.Z. der Recherche ca. 70 US-$). Diese gilt 28 Tage, eine Verlängerung kann man beim Zollamt Damaskus beantragen.

Dieselfahrzeuge (nur PKW) dürfen bis zu einem Zeitraum von drei Monaten nach Syrien einreisen, allerdings wird eine völlig überzogene Dieselsteuer von 100 US-$ pro Woche verlangt. Hinzu kommen 30 US-$ für die Versicherung (1 Monat gültig) und 35 US-$ für die Einfuhr. Die diesbezüglichen Bestimmungen variieren und unterliegen einem steten Wechsel, so dass man sich unbedingt bei der syrischen Botschaft im Vorhinein nach den neuesten Bestimmungen erkundigen sollte.

Zoll- und Devisenbestimmungen

Die Einfuhr von Bargeld im Gegenwert von mehr als 2000 US-$ muss bei der Einreise deklariert werden, um die ausländische Währung wieder ausführen zu dürfen. Die Einfuhr von elektronischen Geräten und Videokameras sowie von tragbaren Computern unterliegt gesonderten Regelungen, die direkt an der Botschaft erfragt werden müssen. Es kann vorkommen, dass einem die Einfuhr solcher Dinge verboten wird. Auf die Mitnahme von Geräten mit Fernbedienung sollte verzichtet werden. Die Ausfuhr von Antiquitäten ist staatlich geregelt. Sie untersteht der Altertumsverwaltung in Damaskus, die hierfür eine Sondererlaubnis erteilen muss. Es wird dringend davon abgeraten, bei einschlägigen Angeboten an den vielen historischen Stätten „zuzuschlagen". Meist sind die Exponate Fälschungen, sind sie es nicht, ist ihre Ausfuhr verboten. Schließlich ist die Ausfuhr von syrischen Pfund verboten.

Einführen darf man 200 Zigaretten sowie je einen Liter Parfum und Alkohol. Bei der Wiedereinreise nach Europa oder in die Schweiz können ein Liter Spirituosen oder zwei Liter Wein, 200 Zigaretten oder 250 g Tabak, 50 ml Parfum und 500 g Kaffee zollfrei eingeführt werden.

Grenzabfertigung

Egal, an welcher Grenze und wie man einreist – folgende Prozedur ist überall dieselbe: Erst reist man aus dem anderen Land aus. Das wird in den Pass eingetragen. Mit diesem Stempel geht es dann zur syrischen Grenzabfertigung. Reist man mit dem Flugzeug ein, entfällt dieser Schritt. Dort übernimmt die Passkontrolle die Einreiseformalitäten.

Beim Einreiseschalter muss man in aller Regel zwei, manchmal nur eine Einreisekarte ausfüllen, in denen Angaben zu den Eltern, zum Anliegen des Syrienbesuches, zu früheren Reisen etc. gemacht werden müssen (werden im Flugzeug verteilt bzw. liegen an der Grenzstation aus). Mit diesem Zettel wird ein Eintrag in den Pass gemacht. Das geschieht an einem Passschalter, der eigens für Ausländer eingerichtet ist. Ist man durch die Passkontrolle durch, geht es zum Zoll, das Gepäck wird dort, meist nur flüchtig, inspiziert. Fertig. Diese Vorgehensweise gilt für jede (!) Einreise nach Syrien. Die Einreisekarte(n) brauchen Sie wieder für die Ausreise, also unbedingt aufheben!

Einreiseformalitäten mit dem eigenen PKW:
Die Einreiseformalitäten an den Grenzen Jordanien, Libanon und Bab al-Hauwa sind relativ unaufwendig, da die Beamten häufiger mit Touristen zu tun haben. Auch hier muss man erst einmal durch die Passkontrolle. Danach folgt der Kauf der Steuermarken und der Versicherung. Für beides braucht man Passbilder des Wageninhabers, also bereit halten. Das Carnet kostet meist 10 US$, die Versicherung 34 US$. Hat man beides erstanden (an welchen Schaltern das ist, muss individuell erfragt werden!), geht es weiter zum Zoll. Einen Zwangsumtausch gibt es nicht. Im Normalfall muss man mit etwa einer Stunde Abfertigung rechnen.

Einreiseformalitäten mit öffentlichen Verkehrsmitteln:
Keine besonderen außer den oben beschriebenen.

Einreise von der Türkei

Derzeit gibt es **vier offene Grenzübergänge** zwischen der Türkei und Syrien: Bab al-Hauwa, Azaz, Kasab und Tell Abyad, wobei der am meisten frequentierte der über Bab al-Hauwa ist. Das ist auch der einzige Grenzübergang, über den öffentliche Busse fahren. Nach Kasab kommt man öffentlich, wenn man ab Antakya mit dem Dolmus (Sammeltaxi) nach Yayladag fährt und ab dort zu Fuß oder mit dem Taxi weiter bis zur Grenze kommt. Der Grenzüber-

gang hier ist recht unkompliziert. Hinter der Grenze sind es 300 m bis zur nächsten Straßenkreuzung, bei der es rechts nach Kasab geht. Warten, bis ein Bus vorbeifährt!

Wer von der Türkei mit dem Pkw nach Syrien einreist, findet die Anfahrtsbeschreibungen über **Bab al-Hauwa** bis Aleppo bei Route D 2 (bei Km 212), über **Azaz** nach Aleppo bei Route D 1 (bei Km 130), **Tell Abyad** bei Route E 1 (bei Km 188) und bei **Kasab** nach Lataqiya über Route C 2 (Km 66).

Damaskus: Kleines Geschäft im Salihiya-Viertel

Einreise von Jordanien

Es gibt **nur einen Grenzübergang** zwischen Syrien und Jordanien: Derâa/al-Ramtha. Wer von hier einreist, kann sich an die Routenbeschreibung B 2 bei Derâa halten. Öffentliche Verkehrsverbindungen gibt es mit der Hidjazbahn freitags von Amman oder täglich mit der Buslinie JETT ab Amman.

Einreise vom Libanon

Der Libanon hat keine syrische Botschaft, so dass es manchmal (!) möglich ist, das Visum an der Grenze zu erhalten. Das ist allerdings etwas kompliziert, da man das Visum in syrischen Lira bezahlen muss. Das wäre nicht weiter hinderlich, wenn man die überall angebotenen Umtauschmöglichkeiten auf der Straße nahe der Grenze annehmen könnte. Das Problem aber ist, dass dieses quasi schwarz getauschte Geld an der Grenze nicht akzeptiert wird. Man muss für den Tausch einen Bankbeleg vorweisen, selbstverständlich von einer syrischen Bank! Also bleibt demjenigen, der ohne Visum vom Libanon nach Syrien einreisen möchte, nichts anderes übrig, als quasi illegal ins Land einzureisen, an der nächsten Bank (1 km von der Grenze entfernt) offiziell Geld zu tauschen, zurück zu laufen und sich dort schlussendlich ein Visum zu kaufen! Manchmal, wenn die Zollbeamten gute Laune haben, geht es auch direkt mit Dollars...! Wenn sie aber schlechter Laune sind, akzeptieren sie gar keine Einreise auf diese Weise. Wer also das Risiko eingehen will, bitte sehr...

Ausreise

Zur Ausreise gibt es nicht viel zu sagen: Die Prozedur ist ähnlich wie bei der Einreise. Etwas anderes ist es, wenn Sie mehrere Monate im Land waren und eine Aufenthaltsgenehmigung haben. Dann ist ein Ausreisevisum zu beantragen! Das läuft über das Immigration Office und dauert in aller Regel 24 Std. und ist kostenlos.

Bei der Ausreise über den **Flughafen in Aleppo oder Damaskus** ist eine Ausreisegebühr bzw. **Flughafentax von 200 Lira** zu entrichten.

Ausrüstung und Kleidung

Grundsätzlich richtet sich die Auswahl der Dinge, die man als Reisender mitnehmen sollte, nach den individuellen Wünschen und Bedürfnissen. Eine vorher angefertigte Checkliste kann das Packen erleichtern. Zudem gibt es ein paar Dinge, die das Reisen in Syrien unproblematischer machen.

Kleidung

Kleider machen Leute! Syrien ist ein islamisches Land: Hier gelten andere Moralvorstellungen als bei uns, und an diesen wird man gemessen. Richtige Kleidung erleichtert das gegenseitige Verständnis und schafft Respekt füreinander.

Grundsätzlich gilt es, sich ordentlich anzuziehen. Jede Form der abgerissenen Kleidung ist eine Beleidigung, nach dem Motto: Denen ist es noch nicht einmal wert, sich für uns Syrer anständig anzuziehen. Wer es sich in Syrien irgendwie leisten kann, trägt **ordentliche und saubere Kleidung.** Gerade, wenn man auch einmal in einem schönen Restaurant essen möchte oder in einem Mittelklasse-Hotel absteigt, wird man feststellen, wie wenig angebracht „unordentliche" Kleidung ist.

Kurze Hosen, auch für Männer, gelten als Unterwäsche und rufen Belustigung hervor. Dasselbe gilt für Träger-Shirts.

Mehr noch für Frauen, aber auch für Männer gilt es, die Oberarme und Beine zu bedecken. Tragen Sie **weite Kleidung.** Das kommt einerseits dem islamischen Kleidungsverständnis näher, zum anderen werden Sie feststellen, dass das gerade im Sommer die Temperaturen erträglicher macht.

Völlig unangebracht sind Bikini oder bei Männern ein nackter Oberkörper außerhalb der Hotelstrände. An öffentlichen Stränden oder in öffentlichen Schwimmbädern sollten Frauen **einteilige Badeanzüge** tragen. Wenn eine Frau sich darin allerdings unwohl fühlt, weil sie die einzige ist, die so „frei" bekleidet herumläuft, empfehle ich, ein T-Shirt darüber zu ziehen. Syrische Frauen behalten in aller Regel ihre vollständige Kleidung an, wenn sie ins Wasser gehen.

Ein **Kopftuch** ist in aller Regel weder notwendig noch angebracht. Viele Musliminnen verzichten in der Zwischenzeit auf diese Kopfbedeckung, bei den Drusen ist es sogar unüblich, ein Kopftuch zu tragen, und außerdem leben in Syrien so viele Christen, dass es fast schon lächerlich wirken könnte, wenn europäische Frauen, offensichtlich keine Musliminnen, Kopftücher tragen würden. Etwas anderes ist es, wenn eine Frau eine Moschee betreten möchte. Dann sollte sie unbedingt ein Kopftuch aufziehen. Viele Moscheen, gerade auch die, die für den Tourismus geöffnet sind, geben kuttenartige Gewänder für Frauen aus, die dann übergezogen werden müssen. Ein guter Kompromiss kann ein großes Tuch sein, das man sich um die Schultern wirft und bei gegebenem Anlass über den Kopf zieht. Darunter kann auch leichte Kleidung getragen werden, ohne dass schiefe Blicke zu befürchten wären.

Im Winter, wenn es sehr kalt werden kann, sollte man unbedingt auch warme Sachen mitnehmen, entsprechendes gilt für die regenreichen Monate (vgl. zum Klima S. 84).

Wer länger laufen möchte, sollte sich unbedingt feste Schuhe einpacken! Gerade in Palmyra sind diese mehr als praktisch (vgl. dort)!

Sonstiges

Unterschätzen Sie die Kraft der Sonne nicht! Auch wenn es Regenperioden gibt, auch wenn es im Winter kalt werden kann, die meiste Zeit ist es bullig heiß! Das oben erwähnte große Tuch kann auch Nacken und Kopf schützen! Desweiteren sind eine gute Sonnenbrille und **Sonnencreme** unerlässlich!

Neben den erforderlichen Dokumenten und Finanzmitteln dürfen wichtige **persönliche Dinge** nicht fehlen, etwa benötigte Medikamente, eine Ersatzbrille bei Brillenträgern, Kontaktlinsenflüssigkeit für Kontaktlinsenträger, Literatur (außerhalb von Damaskus und Aleppo gibt es so gut wie keine), Landkarten etc. Was den Inhalt einer Reiseapotheke betrifft, sei auf das Kapitel „Gesundheit" verwiesen.

Fotografen sollten unbedingt jede Menge Filme einstecken sowie Ersatzbatterien. Beides ist in Syrien nicht immer in der gewünschten Form erhältlich und oftmals von minderer Qualität!

Wirklich toll sind kleine **Gastgeschenke,** die man aus Deutschland mitbringt. Fast jedem Urlauber kann es passieren, dass er einmal bei einer Familie „landet". Wenn man dann, wie es sich gehört, auch ein paar kleine Geschenke vorweisen kann, wird man sich selbst besser fühlen, und die Freude der Gastgeber wird groß sein. Gastgeschenke können sein: Fotografien von daheim, Postkarten mit Schnee oder einem Münster, Schokolade, kleine Seifen, amerikanische Zigaretten, Parfumflacons, Kosmetika, schöne Feuerzeuge, Taschenmesser, Spielsachen für die Kinder (ich habe immer einen aufblasbaren Ball dabei) etc.

Wirklich praktisch ist eine **Taschenlampe.** Nicht nur, dass es in Syrien häufig zu Stromausfällen kommt, auch bei Besichtigungen kann eine Taschenlampe weiterhelfen.

Ebenso praktisch ist auch ein **Reisewecker.** Man sollte sich nie auf einen Hotelservice verlassen, der verspricht, einen am nächsten Morgen rechtzeitig zu wecken. Das arabische Verständnis für Zeit ist häufig ein anderes als in unseren Breitengraden...!

Botschaften und Konsulate

Botschaften in Damaskus

•**Deutsche Botschaft**
Al-Maliki, Sh. Ibrahim Hananu, PO Box 2237, Tel. 332 38 00/02, Fax 332 38 12
•**Österreichische Botschaft**
Mezze, Sh. al-Farabi, Tel. 611 67 30/32
•**Schweizer Botschaft**
Abu Rumane, Sh. Madhi ibn Baraka, Tel. 331 18 70
•**Jordanische Botschaft**
Sh. al-Djala'a, Tel. 323 46 42 und 333 85 99
•**Ägyptische Botschaft**
Al-Mezze, Tel. 666 79 01 und 666 06 55

Honorarkonsulat der Bundesrepublik Deutschland

•PO Box 495, Aleppo, 7, Rue de la Banque Central, Tel./Fax 021-221 32 43

Syrische Botschaften und Konsulate

In Deutschland
•Botschaft der arabischen Republik Syrien
Andreas-Hermes-Str. 5, 53175 Bonn,
Tel. 0228-81 99 20, Fax 0228-81 99 299
•Außenstelle Berlin:
Otto-Grote-Str. 3, 10117 Berlin,
Tel. 030-220 20 46

In Österreich
•Botschaft der arabischen Republik Syrien
Kärnter-Ring 4, 1015 Wien,
Tel. 0222-504 28 30, Fax 505 93 91

In der Schweiz
•Botschaft der arabischen Republik Syrien
Rue de Lausanne 72, 1212 Genf,
Tel. 022-732 56 58, Fax 738 42 75

In Ägypten
•Embassy of the Syrian Arab Republic
Doqqi, Cairo, Tel. 02-71 82 32

In Jordanien
•Embassy of the Syrian Arab Republic
Haza al-Majali, 4, Circle, Jebel Amman,
Tel. 06-64 10 76

In der Türkei
•Embassy of the Syrian Arab Republic
Sedat Simeri Sokak 40, Cankaya, Ankara,
Tel. 04-440 96 58
•Konsulat in Istanbul
Sihilhane Caddesi 7, Ralli Building,
Nisantasi, Istanbul, Tel. 01-248 27 35

Essen und Trinken

Die syrische Küche

Wer also lange leben möchte, der nehme sein Morgenmahl früh und sein Nachtmahl spät ein.

aus 1001 Nacht

In Syrien wird **spät gespeist.** Das wird v.a. demjenigen auffallen, der bei einer syrischen Familie zu Gast sein darf. In Restaurants oder an kleinen Essensständen kann man zu jeder beliebigen Tages- und Nachtzeit essen, im Rahmen der Familie jedoch sind die Zeiten festgelegt: Dabei ist ein Mittagessen, das erst um 15 Uhr serviert wird, keine Seltenheit, ebensowenig ein Abendessen um 23 Uhr.

Jede Speise ist ein **Geschenk Gottes,** folglich wird das Mahl „im Namen Gottes" – „bi-smillah" begonnen und mit dem „Lob Gottes" – „al-hamdulillah" beendet. **Gegessen wird** grundsätzlich nur **mit der rechten Hand**, wobei dünnes Fladenbrot (arab. Khubz) als „Besteck" dient, mit dem man die Speisen von den großen Gemeinschaftstellern nimmt. Der Gastgeber ist stets darauf bedacht, dass seine Gäste das Beste vom Essen erhalten.

Beendet der Gast das Essen, sehen sich auch alle anderen gezwungen, das Mahl zu beenden, so dass man versuchen sollte, so langsam wie möglich zu essen und stets, auch wenn man schon satt ist, etwas im Mund zu behalten! Außerdem gilt es, viel zu essen und das Essen stets zu loben – **schlechte Esser sind unhöfliche Esser!**

Die syrische Küche gehört sicherlich zu den einfallsreichsten des Orients! Alleine die breite Palette an **Vorspeisen,** den sog. **„mezze"** oder **„muqablilat",** ist umwerfend: **Hummus,** ein leckerer Kichererbsenbrei mit Sesamöl, **Mutabbal,** ein Auberginenpüree mit Knoblauch, **Wara' Ainab,** gefüllte Weinblätter, **Fattush,** ein Salat mit frittiertem Brot, **Kibbi,** frittierte Bulgur- oder Hackfleischbällchen oder **Kibbi nayye**, rohe Hackfleischbällchen, **Falafel,** frittierte

Syrische Leckereien

Kichererbsenbällchen, **Laban,** ein fester Joghurt mit Olivenöl, **Tabbule,** ein Petersiliensalat mit Weizenschrot und Tomaten, dazu frische Salate, eingelegtes Gemüse, frittiertes Gemüse, Oliven, Joghurtcreme... - der Vielfalt sind keine Grenzen gesetzt!

Es ist unüblich, dass sich der Einzelne z.B. im Restaurant eine Vorspeise bestellt. Meist bestellt man mehrere, die dann in die Mitte des Tisches gestellt werden und von denen man gemeinsam isst. Brot dient auch hier in den meisten Fällen als Besteck.

Fast parallel zu den Vorspeisen werden dann auch die **Hauptspeisen** gereicht, meist Fleisch oder Fisch. Der Fleischspieß heißt in Syrien **Shu'af,** entweder vom Hähnchen oder vom Lamm. Gegrilltes oder gebratenes Hähnchen nennt sich **Farudj,** Fisch, den es v.a. entlang der Küste und der Flüsse gibt, **Samak.** In der Regel erhält man das Fleisch gegrillt oder gebraten zusammen mit Reis oder frittierten Kartoffeln.

Selten bekommt man auch **Mansaf** angeboten, ein köstliches, wenn auch sehr schweres Beduinenmahl. Es besteht aus Weizenschrot oder Reis, der in einer sehr fetten Flüssigkeit gekocht wurde, gebratenem Fleisch und frittierten Mandeln. Dazu reicht man Schafsmilch - einfach lecker!

Ein starker Kaffee, häufig mit Kardamon gewürzt, und Süßigkeiten, **Halwayat,** beenden das Mahl. Die Fülle an Süßigkeiten näher zu beschreiben, ist fast nicht möglich, so zahlreich sind sie. Man bestellt am besten einfach nur Halwayat und erhält einen Teller mit den köstlichen süßen Stückchen. Da bleibt einem nur eines übrig: Durchprobieren!

Es gibt jede Menge kleine Gerichte, die man zwischendurch essen kann, z.B. haben sich einige Bäckereien auf **Futtair** oder **Burrak Sabanash** spezialisiert, das sind kleine Minipizzen (z.T. wie eine Pizza Calzone zusammengebacken), die mit Hackfleisch, Spinat oder Schafskäse belegt sind. Auch **Shawarma,** Fleisch vom Drehspieß, ist häufig im Angebot. Lecker und unbedingt zu empfehlen sind auch Falafel, die man in bestimmten kleinen Geschäften kau-

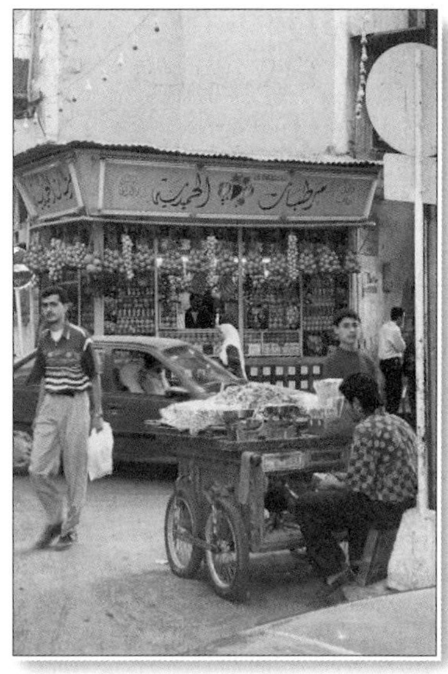

Säfteladen und Bonbonverkäufer

fen kann (1 Lira das Stück). Diese Kichererbsenbällchen werden häufig in einem Sandwich gegessen.

An **Getränken** ist die Auswahl weniger reichhaltig: Meist wird zum Mahl Wasser gereicht, dass man in Syrien in aller Regel aus der Leitung trinken kann. Reisende, deren Magen noch nicht ganz „orienterprobt" ist, sollten allerdings auf Mineralwasser aus der Flasche zurückgreifen. Des Weiteren gibt es natürlich eine ganze Fülle sog. **Softdrinks,** wobei - und das erscheint mir fast schon sensationell - Coca Cola nicht darunter ist! Statt dessen gibt es *Canadian Dry Coke, Double Coke* und *Mandarin Cola.*

Freunde des edlen Tropfens, sprich **Wein,** werden in Syrien keine allzu große Freude habe. Der einzig brauchbare Wein wird in Suwaida hergestellt und heißt **ar-Rayan.** Bestehen Sie aber darauf, dass er trocken (arab. mez) ist, sonst erwartet Sie ein Likör! Das syrische **Bier** ist da schon etwas besser. Es gibt zwei Sorten, *al-Barada* aus Damaskus und *al-Sharqi* aus Aleppo, beide sind besser als ihr Ruf!

Das eigentliche Nationalgetränk aber ist der **Araq,** ein sehr voller Anisschnaps mit stolzen 53% Alkoholgehalt. Man trinkt ihn mit Wasser verdünnt (oft nur 1:1) und mit vielen Eiswürfeln! Er ist meines Erachtens besser als der türkische Raki oder der griechische Ouzo.

Das Festessen ist angerichtet

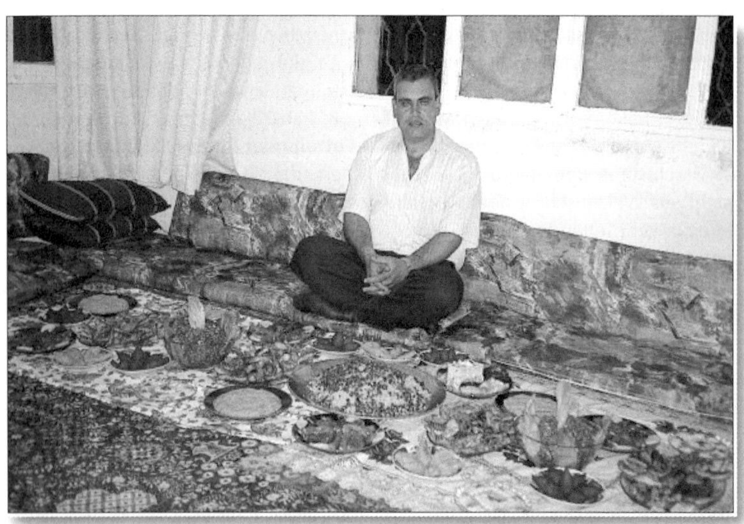

Das nichtalkoholische Nationalgetränk ist der **Tee.** Schwarz, bitter, süß! Immer und überall getrunken, wird ihn jeder Reisende binnen kürzester Zeit kennenlernen. Ähnliches gilt für den arabischen **Kaffee,** den man fast immer gesüßt, mit Kardamon gewürzt und immer ohne Milch trinkt!

Eine arabische Besonderheit sind die Obstsaftstände, die man an allen Straßen und Wegen findet. Hier werden je nach Jahreszeit die leckersten Säfte und Shakes gemixt. Probieren Sie mal **Muz wa-halib,** eine zuckersüße Bananenmilch, oder **Portaqal,** einen frisch gepressten Orangensaft, oder ein **Panashé,** ein Cocktail aus verschiedenen Früchten, oder einen frischen Apfelsaft, **Tufah.** Jeder Saft ist frisch gepresst und unübertrefflich im Geschmack!

Versorgungsmöglichkeiten im Land

Vom kleinen Falafel-Stand mit gebratenen Kichererbsenbällchen bis zum Edelrestaurant, vom einfachen Saftstand bis zur Piano-Bar - in Syrien ist alles vorhanden.

Essen und Trinken ist in Syrien **außerordentlich günstig.** Schon für 40 Pfennig kann man satt werden, und es schmeckt vorzüglich! Selbst in Restaurants, die zwei Sterne oder mehr haben und von außen deutschen Spitzenrestaurants gleichen, kommt man mit Menü und Alkohol selten auf mehr als 25 DM pro Person (und dann hat man viel gegessen und getrunken!). Im vorliegenden Reiseführer werden diese Restaurants meist unter der Rubrik „Schick und schön" angegeben. Gehobene (europäische) Preise findet man v.a. in Restaurants mit internationaler Küche. Diese haben selten die Qualität der syrischen Restaurants und stehen im Preis-Leistungsverhältnis eher schlecht da. Ich habe aus diesem Grunde nur einige Ausnahmen aufgeführt. Diese findet man unter „Wirklich edel".

Restaurants der ganz anderen Art sind „für das Volk". Ein Menü, bestehend aus Salat, Humus, Fleisch und einem (meist anti-alkoholischen) Getränk, kostet hier nicht mehr als 7 oder 8 DM. Diese Restaurants findet man meist unter „Einfach, aber köstlich".

Alkohol wird in erstaunlich vielen Restaurants ausgeschenkt. In den meisten Fällen wird darauf hingewiesen.

Daneben gibt es jede Menge kleine „Snackerien", meist zusammen mit einem Saftladen. Ein Sandwich oder Hamburger (gar nicht so schlecht!) kostet zwischen 10 und 30 Lira. Eine syrische Besonderheit sind die schon häufiger erwähnten **Saftläden**. Hier kann man sich je nach Saison Säfte frisch pressen lassen (u.a. Karottensaft, Orangensaft, Bananenmilch, Granatapfelsaft, Apfelsaft oder den köstlichen Fruchtcocktail). Auch als Frau alleine kann man für längere Zeit in diesen Läden verweilen, um sich ein wenig auszuruhen.

Teehäuser sind meist Männerrefugien. Mit steigender Touristenzahl oder aber in der Nähe von Universitäten wächst jedoch die Anzahl weiblicher Besucher. Hier sitzt man, trinkt Tee oder Kaffee und kann in aller Ruhe seine Wasserpfeife rauchen oder ein Backgammon spielen. Daneben gibt es natürlich noch die Patisserien, die Pudding- und Eiscafés sowie die schicken Cafés der Neustadt, die von Frauen und Männern gleichermaßen aufgesucht werden. Adressen finden sich bei den einzelnen Stadtbeschreibungen.

Feiertage

Offizieller **freier Tag** ist in Syrien der **Freitag.** An diesem Tag sind alle Banken, alle offiziellen Stellen sowie die meisten Läden geschlossen. Ausnahme: das Christenviertel. Hier flaniert man bei offenen Geschäften, am Sonntag hingegen besuchen die christlichen Familien ihre muslimischen Nachbarn beim Einkauf!

Nationalfeiertage

1. Januar: Neujahr
8. März: Revolutionstag, auch „Tag der Republik" genannt
21. März: Muttertag
17. April: Tag des Abzugs der Franzosen
1. Mai: Tag der Arbeit
6. Mai: Tag der Märtyrer
16. November: Tag der Machtübernahme von Hafez al-Asad
25. Dezember: Weihnachten

An den meisten nationalen Feiertagen (mit Ausnahme des Tags der Arbeit) geht das normale Leben in Syrien seinen Gang. Nur Ämter, Schulen und andere offizielle Stellen sind geschlossen, auf den Straßen kann man Paraden sehen, und im Fernsehen wird von der Großartigkeit Syriens und seiner Politik berichtet.

Religiöse Feiertage

Da die Mehrheit der Syrer Muslime sind, werden an dieser Stelle nur die muslimischen Feiertage aufgeführt (christliche Feiertage werden wie bei uns gefeiert, bei den orthodoxen Christen jedoch eine Woche später!). Die islamischen Feiertage richten sich nach dem islamischen Kalender, der insgesamt 10 Tage kürzer ist als der christliche. Aus diesem Grund verschieben sich die Feiertage jedes Jahr.

Daten der religiösen Feiertage für die kommenden Jahre

Hidjra-Jahr	Ramadan Beginn	Aid al-Fitr	Aid al-Adha	Maulid an-Nabi
1422	28.11.2000	27.12.2000	07.03.2001	06.06.2001
1423	17.11.2001	16.12.2001	24.02.2002	25.05.2002
1424	06.11.2002	05.12.2002	13.02.2003	15.05.2003

Der Islamische Kalender

Neben unserem christlichen Kalender existiert in Syrien, wie in allen islamischen Ländern, ein zweiter Kalender, der **Mondkalender.** Man findet häufig eine Datumsangabe sowohl in christlicher Zeitrechnung *(miladi),* als auch in muslimischer *(hidjri).*

Ein Hidjri entspricht einem Jahr christlicher Zeitrechnung minus 10–11 Tagen je nach Mondaufgang. 100 Hidjri entsprechen ungefähr 97 Jahren christlicher Zeitrechnung.

Jedes neue islamische Datum beginnt abends nach Sonnenuntergang und jeder neue islamische Monat mit Mondaufgang.

Monatsnamen und Beginn
(islam. Jahr 1422)

1. Muharram	7./8. April 2000
2. Safar	5./6. Mai 2000
3. Rabia I (Rabi´ al-awwal)	14./15. Juni 2000
4. Rabia II (Rabi´ ath-thani)	13./14. Juli 2000
5. Djumada I (al-awwal)	12./13. August 2000
6. Djumada al-akhira	10./11. September 2000
7. Radjab	10./11. Oktober 2000
8. Sha´ban	9./10. November 2000
9. Ramadan	8./9. Dezember 2000
10. Shawwal	7./8. Januar 2001
11. Dul Qa´ada	6./7. Februar 2001
12. Dul Hidja	7./8. März 2001

Im nächsten Jahr verschieben sich der Jahresbeginn mit dem Mondjahr und damit auch die Monate um 10 bis 11 Tage nach vorne.

Namen der Wochentage

Sonntag	Yaum al-hadi
Montag	Yaum ath-thani
Dienstag	Yaum ath-thalith
Mittwoch	Yaum ar-rabi
Donnerstag	Yaum al-khamis
Freitag	Yaum al-djuma´a
Samstag	Yaum as-sabt

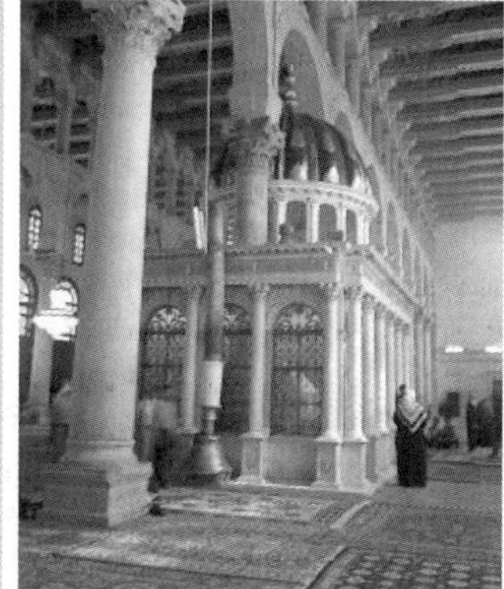

Grab von Johannes dem Täufer in der Umayyaden-Moschee in Damaskus

Zu den Festen und Feierlichkeiten in Syrien lese man im Kapitel „Sitten und Gebräuche" ab S. 135.

Finanzen

Die offizielle syrische Währung ist das **syrische Pfund,** die **Lira.** Ein- und Ausfuhr der Lira ist untersagt. Eine Lira hat **100 Piaster.** Es gibt 5-, 10-, 25- und 50-Piaster-Münzen und Banknoten zu 1, 5, 10, 25, 25, 50, 100 und 500 Lira sowie 1-, 2-, 5-, 10- und 25-Lira-Münzen. Die Zahlen auf den Banknoten sind sowohl mit arabischen als auch mit lateinischen Ziffern wiedergegeben, so dass auch der europäische Reisende die Geldscheine leicht voneinander unterscheiden kann. Etwas problematischer sind da die Münzen. Da gibt es nur eines: Arabische Ziffern lernen oder sich die Form und Farbe der Münzen merken.

Man kann in Syrien auf der Bank **mit** den gängigen **Kreditkarten kein Geld abheben,** wohl aber in großen Hotels, internationalen Autovermietungen, Flugbüros und Geschäften, die auf Touristen eingestellt sind, damit bezahlen. Üblicherweise werden *Visa, Master Card* und *American Express* akzeptiert. Euroschecks werden weder auf Banken noch in Hotels oder Geschäften akzeptiert!

Unbedingt notwendig ist die **Mitnahme von US-$ in bar,** wenn man in klassifizierten Hotels übernachten möchte, denn diese kann man nur in US-Währung bezahlen! Gerade 2- und 3-Sterne-Hotels nehmen keine Kreditkarten! Wer über keine Kreditkarte verfügt und einen höheren Betrag in Syrien zahlen muss (z.B. eine Automiete oder ein Flugticket), muss genügend Bargeld mitnehmen! Selten nur werden DM-Travellerschecks als internationales Zahlungsmittel akzeptiert, eher schon Dollar-Reiseschecks. Für den alltäglichen Geldtausch reichen DM-Schecks auf jeden Fall aus!

Neben einem Grundstock an Bargeld empfehle ich **Travellerschecks,** z.B. von American Express. Bei Verlust werden sie umgehend ersetzt, da auch American Express ein Büro in Damaskus hat! Notrufnummern für den Verlustfall werden Ihnen beim Kauf der Schecks mitgegeben! Travellerschecks kann man meist problemlos bei der **Commercial Bank of Syria** eintauschen. Öffnungszeiten sind, so weit nicht anders angegeben, täglich außer Fr von 8–12 Uhr. An den Feiertagen sind die Banken geschlossen! Dann ist es nur möglich, über sog. **Moneychangers** (die der Commercial Bank angegliedert sind) Geld zu wechseln, aber auch diese haben dann nicht immer offen! Also rechtzeitig mit genügend Geld eindecken! In Palmyra gibt es keine Bank!

Man kann übrigens nicht in jeder Bank Geld wechseln, sondern ist auf die Banken angewiesen, die über einen Exchange-Schalter verfügen! Die Commercial Bank ist die einzige Bank Syriens. Über die Deutsche Bank ist ein internationaler Bankenverkehr möglich.

Achten Sie beim Tauschen darauf, dass man Ihnen **genügend kleine Scheine und Münzen** gibt, denn nichts ist fataler, als beim Einkauf kein Klein-

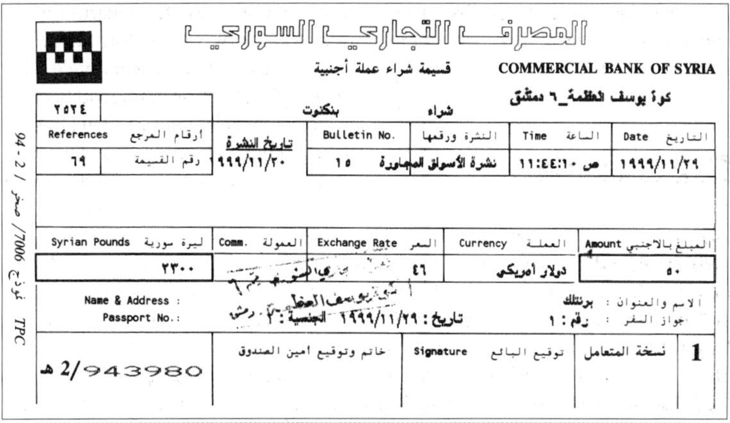

المصرف التجاري السوري

قسيمة شراء عملة أجنبية — COMMERCIAL BANK OF SYRIA

كوة يوسف العظمة ٦ دمشق

٢٥٢٤ — بنكنوت — شراء

References أرقام المرجع	تاريخ النشرة	Bulletin No. النشرة ورقمها	Time الساعة	Date التاريخ
٦٩ رقم القسيمة	١٩٩٩/١١/٣٠	١٥ نشرة الأسواق المجاورة	١١:٤٤:١٠ ص	١٩٩٩/١١/٢٩

Syrian Pounds ليرة سورية	Comm. العمولة	Exchange Rate السعر	Currency العملة	Amount المبلغ بالأجنبي
٢٣٠٠		٤٦	دولار أمريكي	٥٠

Name & Address : الاسم والعنوان : برنتلك

Passport No. : جواز السفر : رقم : ١ تاريخ : ١٩٩٩/١١/٢٩ الجنسية

	خاتم وتوقيع أمين الصندوق	Signature توقيع البائع	نسخة المتعامل	1
هـ 2/943980				

94 - 2 / صنح /7006 نموذج TPC

Geldwechsel-Quittung

geld parat zu haben, wenn der Händler nicht herausgeben kann!

Abzuraten ist vom Schwarzmarkttausch. Die Kurse unterscheiden sich nur minimal (bei 1 DM ist es gerade mal 1 Lira), und der Schwarzmarkttausch wird mit hohen Gefängnisstrafen geahndet! Damit man auf keinen Fall des Schwarzmarkttausches verdächtigt werden kann, empfiehlt es sich, die Tauschquittungen aufzuheben, auch wenn dies nicht mehr obligatorisch ist.

Der offizielle **Kurs** im Juli 2000 lautete: 1 DM = 22 Lira, 1 US-$ = 46 Lira.

Preise in Syrien

Das Leben in Syrien ist **sehr billig.** V.a. Lebensmittel und öffentlicher Transport sind nicht mit europäischem Preisniveau zu vergleichen.

Lebensmittel und Essen

In diesem Handbuch sind in den Stadtkapiteln bei Hotels und Restaurants Preiskategorien angegeben. Für Restaurants gilt folgende Einteilung:

- **„Wirklich edel"** bedeutet: Sehr gehobene Preisklasse, europäisches Preisniveau. Dazu gehören alle Restaurants, die gute internationale Gerichte servieren.
- **„Schick und schön"** bedeutet: Gehobene Preisklasse, d.h. in Syrien jedoch, dass ein Abendessen für zwei Personen mit alkoholischen Getränken nicht teurer als 1000 Lira kommen dürfte. Das ist die oberste Preisgrenze. In aller Regel kosten Vorspeisen 10–30 Lira und Hauptgerichte 150–250 Lira. Eine Flasche Bier kostet in diesen Restaurants selten mehr als 35 Lira, eine Flasche Arak etwa 150 Lira. Diese Preiskategorie gilt auch für die Restaurants, die z.B. mit **„Schöne Restaurants in Altstadthäusern"** etc. angegeben sind.
- **„Einfach, aber köstlich"** bedeutet: Preise um die 100 Lira p.P., je nachdem, was man isst.

Verhältnismäßig günstig sind die verschiedenen Sandwiches, die man überall kaufen kann. Ein **Shawarma** kostet im Durchschnitt 25 Lira, ein **Falafel-Sandwich** 10 Lira, ebenso ein Käsesandwich.

Frisch ausgepresste **Säfte** kosten je nach Saison und Obst zwischen 10 und 50 Lira, wobei eine **Bananenmilch** (Muz wa-Halib) fast immer das Teuerste ist.

Kaffee oder **Tee** in Cafés oder Teehäusern darf im absoluten Höchstfall nicht mehr als 30 Lira kosten, und dann sollte es ein großer sein! Eine Cola oder ein anderes **Softgetränk** liegt häufig bei 50 Lira.

Selbstversorger können in Syrien äußerst billig leben: Brot, Tee und Zucker sind subventioniert und somit sehr preisgünstig. Auch Obst und Gemüse kosten um ein Vielfaches weniger als bei uns (z.B. Mandarinen ab 10 Lira). Teuer sind importierte Dinge (Bananen, Lipton-Tee, Nescafé etc.). Wer also auf diese Dinge nicht verzichten möchte, muss sich auf internationale Preise einstellen.

Ein Kilo frisches **Baguette** kostet 30 Lira, Fladenbrot ist noch um einiges günstiger! **Fleisch** ist nicht ganz günstig, aber auf jeden Fall billiger als bei uns. 1 kg Hähnchen z.B., das günstigste Fleisch, kostet um die 70 Lira.

Mineralwasser in Flaschen kostet etwa 25 Lira, mit Unterschieden je nach Ort und Marke.

Unterkunft

Es gibt eine weite Spanne an Zimmerpreisen. Im günstigsten Falle – das ist aber meist auch der dreckigste... – kann man ein DZ für 200–250 Lira haben. Man darf dann weder mit Komfort noch mit Sauberkeit rechnen.

„Ordentlich wohnen" kann man ganz gut ab 500/600 Lira das Zimmer, die Preise nach oben hin sind natürlich offen.

Hotels, die durch Sterne (*) klassifiziert wurden, können nur in Dollars bezahlt werden. Zimmer in einem 2-Sterne-Hotel kosten in aller Regel um die 20 US-$, haben immer ein Bad, oft einen Kühlschrank, Telefon und Fernseher. Die Bettwäsche sollte bei dieser Preisklasse sauber sein! Hotels mit vier und fünf Sternen sind preislich auf europäischem Niveau anzusiedeln.

Reisekosten

Der öffentliche Transport ist äußerst günstig in Syrien. Eine **Busfahrt** über 250 km z.B. kostet nicht mehr als 100 Lira, eine Zugfahrt über 350 km nicht mehr als 95 Lira.

Auch **Taxifahrten** sind günstig. Innerhalb einer Stadt nie mehr als 30 Lira, mit Sammeltaxis kosten weitere Strecken etwas mehr als im Bus, aber nie mehr als 25%!

Auch **Inlandsflüge** sind sehr günstig. Von Damaskus nach Aleppo beispielsweise kostet der Flug 600 Lira.

Für **Selbstfahrer:** 1 l Diesel kostet derzeit 6 Lira, 1 l Benzin etwa 20 Lira.

Eintrittspreise

Oh weh, diese sind drastisch gestiegen! Für fast jedes Monument, dass besichtigt werden kann, werden 150, meist sogar 300 Lira verlangt. Das tut weh, zumal es so viele sehenswerte Bauten und Stätten gibt! Kostenlos sind nach wie vor die Ruinen in Palmyra, ansonsten muss fast immer bezahlt werden, auch wenn es sich eigentlich gar nicht lohnt. Ich habe deshalb nach ganz persönlicher Einschätzung im Reiseteil bei den einzelnen Orten vom Eintritt abgeraten, wenn ich der Meinung war, der Besuch lohne sich nicht!

Mit einem **Internationalen Studentenausweis (ISIC)** erhält man vor allem bei Eintrittsgeldern zu historischen Stätten einen wirklich bemerkenswerten Nachlass: Statt 300 Lira zahlt man mit ISIC nur 15 Lira, statt 150 nur 10 Lira! In der Zwischenzeit haben sich diese Tatsache ein paar clevere Jungs zunutze gemacht, indem sie gefälschte Ausweise verkaufen. Vor allem in Palmyra und Umgebung, aber auch rund um das Hotelviertel in Aleppo können gefälschte Ausweise erworben werden. Allerdings für ein Heidengeld und illegal, versteht sich! Man findet die Jungs übrigens nicht, sie finden einen!

Fotografieren

Fotografieren, gerade in einem eher unbekannten kulturellen Kontext, ist immer eine **zwiespältige Angelegenheit.** Leicht wird man dazu verführt, alles und vor allem Menschen nur noch als Objekt durch den Sucher zu betrachten,

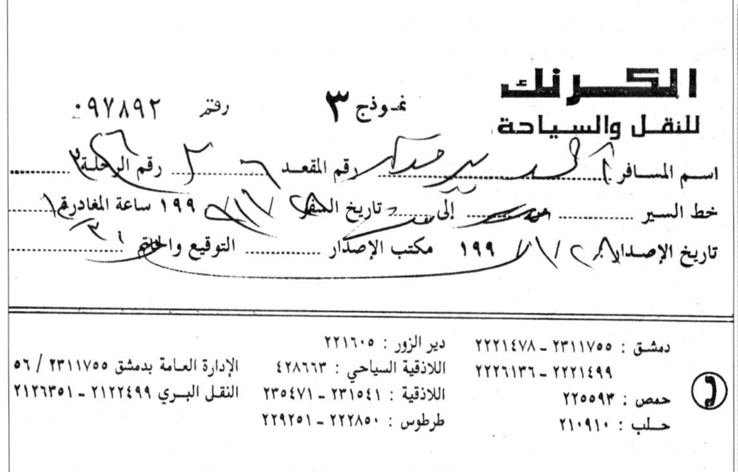

الكرنك
للنقل والسياحة

نموذج ٣ رقم ٠٩٧٨٩٢

اسم المسافر .... رقم المقعد .... رقم الرحلة ....

خط السير .... إلى .... تاريخ السفر .... ١٩٩ ساعة المغادرة ....

تاريخ الإصدار .... ١٩٩ مكتب الإصدار .... التوقيع والختم ....

دمشق : ٢٣١١٧٥٥ - ٢٢٢١٤٧٨
٢٢٢١٤٩٩ - ٢٢٢٦١٣٦
حمص : ٢٢٥٥٩٣
حلب : ٢١٠٩١٠

دير الزور : ٢٢١٦٠٥
اللاذقية السياحي : ٤٢٨٦٦٣
اللاذقية : ٢٣١٥٤١ - ٢٣٥٤٧١
طرطوس : ٢٢٢٨٥٠ - ٢٢٩٢٥١

الإدارة العامة بدمشق ٢٣١١٧٥٥ / ٥٦
النقل البري ٢١٢٢٤٩٩ - ٢١٢٦٣٥١

Busticket

mehr den fotografischen Wert der „Motive" für den Diaabend zu Hause vor Augen als eine offene Herangehensweise an Land und Leute unterwegs.

Dennoch wäre es natürlich schade, ganz ohne Kamera das Land zu bereisen, denn die Menschen, traumhafte Landschaften, farbenprächtige Suqs und wunderschöne Städte locken den (Hobby-) Fotografen. Letztendlich aber sind es genau die Erlebnisse, die man nicht mit der Kamera einfangen konnte, die am lebendigsten in Erinnerung bleiben.

Moralisches vorweg...

Syrien ist ein islamisches Land, und so sollte man, wenn man die Kamera auf einen Menschen richtet, immer daran denken, dass das **Abbilden von Menschen koranisch verboten** ist. Das bedeutet nicht, dass es alle Muslime ablehnen, abgelichtet zu werden; dennoch sollte man gerade beim Fotografieren von Menschen mit äußerstem **Fingerspitzengefühl** herangehen. Kameras können, je nachdem, wie damit umgegangen wird, wie eine Waffe wirken. Jedes Foto eines Menschen ist ein Eindringen in dessen Privatsphäre, so dass man sich unbedingt vorher die **Erlaubnis für eine Aufnahme einholen** sollte: „Mumkin Sura?", „Ist ein Foto möglich?", eine einfache Frage, die in den meisten Fällen mit einem freundlichem Nicken beantwortet wird. Wird einem die Bitte verwehrt, sollte man dies respektieren.

Ganz und gar taktlos ist es, betende Menschen zu fotografieren, oder bettelnde. Überhaupt haben Syrer wenig Verständnis für das Bedürfnis der Europäer, „pittoreske" Armut für die Ewigkeit festzuhalten. Dies empfinden sie als beleidigend und würdelos! Ähnliches gilt, wenn der Ausländer ein Gespräch mit einem Syrer anfängt, um dann sofort die Kamera hervorzuholen. Häufig wirkt das verletzend, ebenso verletzend übrigens wie der schnelle Griff zur Geldbörse, nachdem das Foto des freundlichen Syrers im Kasten ist. Die bessere Vorgehensweise besteht darin, eine Weile mit den Leuten zu sprechen und dann höflich zu fragen. Allerdings sollte dabei nie der Eindruck entstehen, dass man alleine aus dem „fotografischen Grund" eine Konversation begonnen hat. Ein „Abschiedsfoto" nach einem netten Gespräch, am besten noch mit einem selbst darauf, dessen Abzug man dann auch wirklich nach Syrien schickt, sind in aller Regel heiß begehrt und erfreuen beide Seiten!

Besonderes Feingefühl sollte man bei **Fotos von Frauen** walten lassen. Die meisten Frauen werden es Ihnen nicht erlauben, „einfach so" ein Foto zu machen. Zum Einen liegt die Ursache dafür im islamischen Bilderverbot, welches für Frauen eine weit höhere Bedeutung zu haben scheint als für Männer, zum Anderen ist hinter der Ablehnung die Angst zu spüren, dass dann auf dem Bild viele fremde Männer die abgebildete Frau sehen können. Die Frau kommt dadurch zu sehr in die öffentliche Sphäre, die eigentlich Männern vorbehalten ist (siehe dazu auch „Frauen im Islam"). Also die dringende Bitte: Seien Sie respektvoll!

Verbotenes danach...

Eine anderes Problem stellt sich bezüglich **politischer oder militärischer Objekte** (dazu zählen im Allgemeinen auch Brücken): Es ist schlicht verboten, Fotos davon zu machen – wann aber handelt es sich um ein „verbotenes" Gebäude und wann nicht? So passierte es einmal, dass eine junge neuseeländische Frau aus Versehen das Privathaus des Präsidenten ablichtete, ohne zu wissen, dass es das Wohnhaus Asads war! Sofort griffen sie Polizisten auf, gingen mit ihr auf die Polizeiwache, nahmen ihr die Kamera weg und hielten sie fest, nicht länger jedoch, bis der Film entwickelt war. Dann gaben sie der Frau die Kamera zurück mit all den anderen Fotos und legten ihr sogar noch einen neuen Film ein. So viel über syrische Höflichkeit.

In einigen Gebieten ist das Fotografieren **generell verboten,** so beispielsweise im Gebiet des Djabal Hermon und in den Golanhöhen sowie beim Grab des Abel.

Technisches zum Schluss...

Wunderschöne Fotomotive und fast immer gute Lichtverhältnisse in Syrien sorgen für einen hohen Filmverbrauch! Die Filme, die man in Syrien erstehen kann, sind in der Regel teurer als unsere und in der Qualität häufig wesentlich schlechter, was vor allem an der schlechten Lagerung liegt. Packen Sie also genügend Filme ein! Ähnliches gilt für Batterien, die Auswahl derer, die es zu kaufen gibt, ist gering!

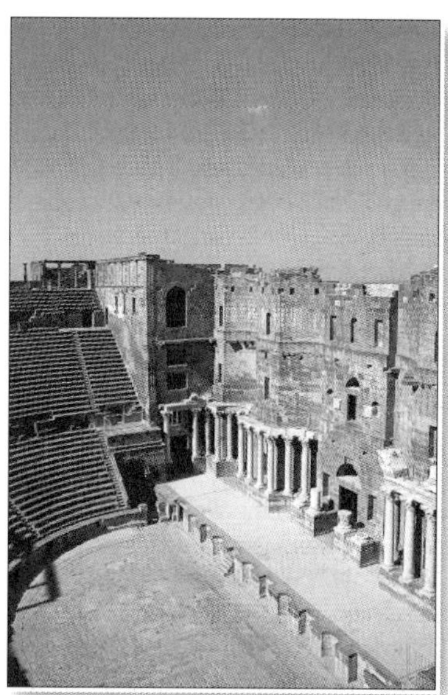

Denken Sie auch daran, dass Syrien ausgedehnte Wüstengebiete hat, mit der Folge, dass sich Staub und Sand binnen kürzester Zeit in allen Ecken und Ritzen finden. Also: Gut verschließbare Beutel schützen Kamera und Filme. Aber nicht nur Staub und Sand können Kamera und Filmen schaden, auch die Feuchtigkeit der Küstenregionen sollte beachtet werden. Am besten hilft hier Reis in der Kameratasche.

Für Leute mit guten Kameras lohnen gerade in den Suqs und für Gebäude Weitwinkelobjektive. Teleobjektive sind für Menschenbilder hilfreich, da man

Im Amphitheater von Bosra

dann die Kamera der Person nicht direkt vor das Gesicht halten muss. Praktisch sind Sonnenblenden und Polfilter während der hellen Mittagsstunden, doch sollte man, der Lichtverhältnisse wegen, zu dieser Tageszeit sowieso aufs Fotografieren verzichten!

Frauen allein unterwegs

Um es gleich vorweg zu nehmen: Frauen können prima alleine durch Syrien reisen! Natürlich muß frau sich immer wieder vor Augen halten, dass sie sich in einem islamischen Land befindet. Werden jedoch ein paar wenige Grundregeln beachtet, wird die Freude an einer Reise durch dieses spannende und schöne Land groß sein.

Sei es ganz allein oder zu zweit: Eine Frau stößt zwar häufig auf Unverständnis (Wo ist dein Mann?), selten aber auf Ablehnung. Tourismus spielt in Syrien noch keine allzu große Rolle. Vielleicht mag hierin auch das Geheimnis liegen, daß es Frauen alleine weniger schwer haben als zum Beispiel in Ägypten oder Tunesien. In den Ländern, in denen Tourismus fast überall zu spüren ist, gilt die Europäerin viel eher als „Freiwild". Natürlich will ich damit nicht sagen, dass es Belästigungen in Syrien nicht gibt - natürlich gibt es die, sie halten sich jedoch wirklich im Rahmen!

Das größte Problem liegt in der wechselseitig falschen Wahrnehmung. **Stereotype und Halbwahrheiten bestehen auf beiden Seiten** und behindern einen normalen Umgang miteinander. So wie für uns die verschleierte Frau noch immer das Opfer darstellt, die unfreie und unterdrückte Frau, so sehen die Syrer in der unverschleierten europäischen alleinreisenden Frau eine bedauernswerte Person, die keinen Mann gefunden hat und/oder nach Syrien gereist sein könnte, um hier einen Mann zu finden.

Ich selbst bin viele Male durch die islamische/arabische Welt gereist, und in keinem Land habe ich mich alleine wohler gefühlt als in Syrien. Grundvoraussetzung dabei ist - und das gilt letzlich auch für Männer –, dass frau gerne alleine reist. Viele Menschen machen es sich vor der ersten Reise ohne Partner nicht bewusst, was es bedeutet, alleine und auf sich gestellt zu reisen. Das bedeutet nicht nur, dass man seine Ruhe hat und alles ganz ohne Diskussion bestimmen kann, dass man frei ist und auf niemanden Rücksicht nehmen muss; alleine reisen, das bedeutet auch ganz definitiv, dass mann/frau alleine essen muss, alleine ein Bierchen trinken gehen muss, alleine im Caféhaus sitzt und abends, wenn die Bürgersteige hochgeklappt werden, alleine „losziehen" muss. Frauen haben es bei all diesen Dingen ganz generell schwerer. Bereisen sie dann auch noch ein islamisches Land, potenzieren sich die Schwierigkeiten. Gerade in der islamischen Welt gilt die strenge Trennung vom Innen- und Außenbereich. Normalerweise gehört die Frau dem Innenbereich an, so dass sie bisweilen verwundert angeschaut wird, tritt sie offen in den „Außenbereich". Und da be-

Ein paar Grundregeln für allein reisende Frauen in Syrien

● **Oberster Grundsatz: Sie sind nicht ledig!** Man sollte immer einen Ehemann haben, am besten auch Kinder und das alles dokumentarisch aufzeigen können (Fotos von den Lieben daheim, Ehering etc.).

● Grundsätzlich gilt für Syrien wie für jedes andere Land auch: Wer sicher auftritt, wird sich auch sehr schnell und leicht zurechtfinden. Unsicherheit ruft Unsicherheit hervor.

● Kleider machen Leute! Dies gilt in islamischen Länder ganz besonders für Frauen: Wer im Flatterhemdchen daherkommt, wird damit rechnen müssen, auch für ein „Flattermädchen" gehalten zu werden. Lange Hose oder Rock, Jacke oder Bluse, die über den Po geht, bedeckte Schultern, kein allzu freies Décolleté und v.a. immer ein BH sind angemessene Kleidung! Je ordentlicher man auftritt, desto höher wird man in der gesellschaftlichen Hierarchie eingestuft werden, und um so respektvoller wird man behandelt. Kopftücher sind übrigens in keiner Weise nötig. Auch einige Syrerinnen laufen mittlerweile „oben ohne" herum! In Moscheen sollte man jedoch grundsätzlich ein Tuch parat haben.

● Reagieren Sie nie auf ein „Bonjour Madame", oder schlimmer noch „Bonjour Mademoiselle". Kein Syrer würde dies je zu einer Frau seines Kulturkreises sagen, die er nicht kennt. Es ist nicht unhöflich, auf derartige „Willkommensgrüße" nicht zu reagieren.

● Lassen Sie den Blick lieber schweifen, als Männer direkt anzusehen. Sonnenbrillen – auch in Anbetracht der heftigen Sonne von großem Nutzen – tun hier Wunder.

● Reagieren Sie laut und empört, wenn jemand Sie anfässt, sei es auch nur am Ärmel oder an der Schulter. Die Umstehenden können ruhig hören, dass ein Mann Unsittliches tut. Im Falle ernsthafter Belästigung greifen die Umstehenden dann meist ein. Ein „Rühr mich nicht an", arabisch: „La talmisi", kann Wunder wirken. Man darf ein Berühren auf keinen Fall dulden, denn dieses signalisiert, dass man auch für mehr offen ist! Allah sei's gedankt, dass es selten passiert, dass Männer grapschen. Wenn es dennoch einmal vorkommt, dann deswegen, weil viele tatsächlich in dem Glauben sind, europäische Frauen wollten das. Sich darüber aufzuregen, macht wenig Sinn. Viele europäische Filme und gerade auch das Verhalten einiger Touristinnen tragen zu diesem Bild bei. Ein Syrienurlaub ist nicht der richtige Ort, die Menschen des Gastlandes von Emanzipation zu überzeugen. Wer sich in ein orientalisches Land begibt, sollte besser versuchen, sich den Sitten anzupassen und sich diesen entsprechend zu verhalten. Natürlich lässt sich Grapschen nie und nimmer rechtfertigen, aber letztendlich passiert es auch nur, weil sich die wenigsten Frauen wirklich wehren. Jede Berührung, die akzeptiert wird, macht auch den anderen Mut, damit anzufangen.

● **Beobachten Sie die Syrerinnen.** Natürlich gibt es da diesen wesentlichen Unterschied, dass syrische Frauen selten alleine reisen, beobachtet man sie aber auf der Straße, lässt sich so einiges von ihnen lernen.

Wer sich mit diesen Regeln (und ihrer Einhaltung) abfinden kann, wird auch als Frau alleine eine wunderschöne Reise erleben, denn einen riesengroßen Vorteil hat es, alleine als Frau unterwegs zu sein: Man wird viel häufiger von Frauen oder Paaren mit nach Hause genommen, darf in die Frauenwelt eintauchen, wenn man die Töchter ins Hammam begleitet, und lernt etwas über die in Syrien ganz groß gelebte Frauensolidarität – und das entschädigt für so manchen Pfiff auf der Straße allemal!

ginnen in Syrien bereits die ersten Probleme. Es ist noch relativ leicht, Restaurants zu finden, in denen eine Frau problemlos alleine, auch bei einem guten Glas Wein oder Bier, speisen kann, ohne unangenehm aufzufallen. Ganz im Gegenteil: Es gibt immer mehr Lokale, in denen auch syrische Studentinnen verkehren. Schwieriger wird es auf dem Land oder bei Teehäusern. Wer – erschöpft vom langen Stadtbummel – ein Teehaus z.B. in Damaskus sucht, um sich darin als Frau ausruhen zu können, wird nur unter Schwierigkeiten eines finden, in welchem andere Frauen sind. Frauen, vor allem die der Oberschicht, treffen sich in den schicken Cafés der Neustadt. In der Medina, der Altstadt, hingegen gilt die Regel: Alte Strukturen, alte Rollenverteilung. Niemand würde eine Frau wegschicken, aber die Männer schauen nun mal bisweilen irritiert. Macht nichts, da muss frau durch!

Gerade was Restaurants, Caféhäuser und Hotels angeht, habe ich **in diesem Buch besondere Hilfestellungen** gegeben, indem ich bei manchen Orten explizit darauf hingewiesen habe, dass sie wunderbar für alleinreisende Frauen geeignet sind. Natürlich können diese Tipps nur ein Spiegel persönlicher Erfahrungen sein. Ich lehne jede Verantwortung für abweichende Erlebnisse ab, aber ich bin mir fast sicher, dass meine Erfahrungen in Hotels und Restaurants gute Richtlinien für alleinreisende Frauen sind. Ganz generell lässt sich sagen, dass frau in der gehobeneren Preislage (die ist in Syrien relativ niedrig, d.h. im Restaurant um die 10 DM für ein Hauptgericht und ca. 2 DM für ein Bier) immer problemlos speisen kann. Ähnliches gilt für Hotels. Ich persönlich habe mich allerdings in manchen Restaurants oder Hotels alleine wohler gefühlt als in anderen. Aus diesem Grund habe ich bei diesen Orten Hinweise wie „Prima auch für alleinreisende Frauen!" hinzugefügt. In den Hotels, die über Sterne verfügen – das gilt natürlich besonders für Hotels der oberen Mittelklasse –, kommt es für Frauen eigentlich nie zu Problemen. Das ist natürlich subjektiv, hilft aber vielleicht weiter.

Junge syrische Frauen

Reisen in öffentlichen Verkehrsmitteln funktioniert fast immer reibungslos. Unangenehm wird es allerhöchstens mal nachts alleine im Taxi, da können schlüpfrige Bemerkungen fallen, noch nie ist mir aber ein Fall wirklicher Belästigung von dieser Seite berichtet worden. Wenn die Möglichkeit besteht, sollte eine alleinreisende Frau darauf achten, im Bus neben einer anderen Frau zu sitzen und nicht neben einem Mann. Das lässt sich nicht immer realisieren, ist aber auch nicht weiter schlimm. Meist kümmern sich eh die Leute im Bus darum!

Eines muss man wohl in jedem südlichen Land in Kauf nehmen: Das Hinterherpfeifen. Das erlebe ich in Italien, in Spanien, in Griechenland und natürlich in jedem orientalischen Land. Am besten ist es, frau schafft es, diese Töne zu ignorieren oder gar als Kompliment zu betrachten, selbiges gilt für dumme Anmache in Form von blöden Sprüchen wie „Hello Mam, how are you?".

Gesundheit

ergänzt von ***Dr. med. Christian Jäck***

Wer eine Reise in ein fernes Land plant, sollte sich dessen bewusst sein, dass sich sein Körper in der Fremde durchaus schwächer verhalten könnte. Wer also gesundheitliche Probleme hat, sollte sich **vorher** unbedingt **bei seinem Hausarzt erkundigen**, ob der Gesundheitszustand eine derartige Reise (und das völlig andere Klima) zulässt.

Zudem sollten Sie sich vor der Reise über einige medizinische Dinge Gedanken machen. So sollten Sie klären, wie Ihr **Versicherungsschutz** im Ausland aussieht und, wenn nötig, eine **Zusatzversicherung** abschließen. Außerdem ist ein Gang zum **Zahnarzt** empfehlenswert, damit beginnende Schäden entdeckt und behoben werden können; eine zahnärztliche Behandlung in Syrien ist meist beschwerlicher.

Grundsätzlich gibt es für Syrien **keine Pflichtimpfungen;** bei einer Einreise aus Infektionsgebieten ist aber eine Gelbfieberimpfung nachzuweisen.

Gewisse **Gesundheitsrisiken** bestehen: Zu nennen wären Darminfektionen (Würmer, Salmonellen, Shigellen, Amöben und Lambilien), Hepatitis A, Polio, Typhus, sehr begrenzt Malaria, selten Bilharziose (am Oberlauf des Euphrat und im Norden bis zur Türkei), saisonal Meningitis, Brucellose und Echinokkose.

Zur **Malariavorsorge** gibt das Tropeninstitut der Ludwig-Maximilian-Universität in München folgende Empfehlungen: Die vorwiegende Malaria-Art in Syrien ist die *Malaria tertiana;* ein guter Mückenschutz wird empfohlen, ebenso eine Vorbeugung mit Medikamenten bei längeren Aufenthalten im Gefahrengebiet. Außerdem sollte eine Notfallmedikament im Reisegepäck vorhanden sein! Beraten Sie sich mit Ihrem Arzt (näheres auch weiter unten).

Des Weiteren empfiehlt die LMU eine **Diphterie-Impfung** (sie ist alle 10 Jahre aufzufrischen), eine **Hepatitis-A- und -B-Impfung** sowie **Impfschutz gegen Polio und Tetanus.**

Reiseunabhängige Impfungen

Nicht nur für Traveller, sondern für jeden, der verantwortungsbewusst mit sich umgeht, sind einige Impfungen unerläßlich.

Vor einer reisebezogenen Impfplanung sollte deshalb dieser **„Basisimpfschutz"** überprüft und erforderlichenfalls ergänzt werden. Alle folgenden Impfungen sind zur Krankheitsvorbeugung im Inland vom Bundesgesundheitsamt empfohlen, die Impfkosten werden von den Krankenkassen gezahlt.

•**Tetanus (Wundstarrkrampf):** Dies ist eine aktive Impfung (Toxoid); ausreichender Impfschutz besteht nach der zweiten von drei Spritzen, die innerhalb eines Jahres als Grundimmunisierung verabreicht werden. Danach muß nur noch **alle zehn Jahre** mit einer Dosis **aufgefrischt** werden, im Verletzungsfalle frischt man sicherheitshalber bereits nach fünf Jahren auf. Die Grundimmunisierung wird meist bei Kleinkindern durchgeführt, oftmals wird es jedoch versäumt, den Schutz aufzufrischen.

Die Impfung ist sehr gut verträglich, ein Zeitabstand zu anderen Impfungen ist nicht erforderlich. Eine einmalige Auffrischung genügt auch dann, wenn die letzte Impfung länger als zehn Jahre zurückliegt.

•**Polio (Poliomyelitis, Kinderlähmung):** Bekannt ist die Schluckimpfung gegen Kinderlähmung. Sie wird seit kurzem nicht mehr empfohlen, statt dessen wird ein Totimpfstoff zur Injektion verwendet, der bald auch als Kombinationspräparat mit Tetanus und Diphtherie auf den Markt kommen soll. Der zeitliche Ablauf des Impfschemas ist derselbe wie bei der Tetanusimpfung, auch hier genügen Auffrischungen alle zehn Jahre. Wegen des irreführenden Begriffes „Kinderlähmung" werden die Auffrischungen im Erwachsenenalter meist versäumt, es handelt sich jedoch um **keine Kinderkrankheit!** Auch in Deutschland erkranken jedes Jahr einige Dutzend Menschen an Polio. In südlichen Ländern ist das Risiko wesentlich höher, weltweit sind es etwa 300.000 Neuerkrankungen jährlich. Eine kausale Behandlung für die bereits ausgebrochene Polio gibt es nicht, es bleiben meist Schäden an Muskulatur und Nervensystem zurück. Der Impfstoff ist gut verträglich, er kann mit vielen anderen Impfungen gleichzeitig verabreicht werden.

•**Diphtherie:** Eine fast vergessene Krankheit, die durch konsequente Impfung in den 50er Jahren des 20. Jahrhunderts schon fast ausgerottet schien, inzwischen jedoch wegen zunehmender Impfmüdigkeit **wieder auf dem Vormarsch** ist. In den Ländern der ehemaligen Sowietunion erkranken jährlich Zehntausende. Aufgrund der geöffneten Grenzen könnte eine Epidemie auch auf Deutschland übergreifen.

Die Erkrankung beginnt mit einer Entzündung im Rachen und kann deshalb anfangs für eine Mandelentzündung gehalten werden. Im Verlauf kann eine Schädigung von Herz und Nervensystem auftreten, dann ist die Behandlung schwierig. Der Impfstoff ist ein Toxoid und schützt nicht vor dem Erreger *(Corynebacterium diphtheriae),* sondern nur vor dessen Ausscheidungsprodukten (Toxine), die die Krankheit verursachen.

Kinder werden meist kombiniert gegen Tetanus und Diphtherie geimpft, auch für Erwachsene gibt es einen Kombinationsimpfstoff für diese beiden Krankheiten, in diesem ist eine geringere Menge Diphtherietoxoid als im Kinderimpfstoff. Am besten sollte man die Tetanusauffrischung alle zehn Jahre mit dem **Kombinationsimpfstoff Tetanus/Diphtherie** durchführen. Auch wenn seit der letzten Diphtherieimpfung mehr als zehn Jahre vergangen sind, genügt eine Auffrischung.

Impfungen gegen Hepatitis

•**Hepatitis A:** Die so genannte **infektiöse Gelbsucht.** Gegen diese Virusinfektion gab es lange nur die passive Impfung mit Immunglobulinen. Inzwischen sind gute Erfahrungen mit der aktiven Totimpfung (Handelsname: *Havrix®)* gemacht worden. Es wird 3x geimpft, Abstand zwischen 1. und 2. Impfung 2–4 Wochen, dann nach 6–12 Monaten. Ab der 2. Impfung besteht Schutz für ein Jahr, nach der 3. für ca. zehn Jahre. Ein Zeitabstand zu anderen Impfungen ist nicht erforderlich. Bei dem neuen Präparat *Havrix® 1440* besteht schon kurz nach der ersten Injektion Impfschutz; die Auffrischung soll nach 6–12 Monaten erfolgen, dann alle zehn Jahre. Preis: etwa 120 DM pro Spritze.

•**Hepatitis B:** Die so genannte **Serum- oder Transfusionshepatitis.** Mehrere Totimpfstoffpräparate sind seit Jahren im Einsatz und gut verträglich. Die Grundimmunisierung besteht (je nach verwendetem Präparat) aus drei bis vier Impfungen innerhalb eines Jahres, Auffrischungen alle fünf Jahre oder nach Blutkontrolle. Es ist kein Zeitabstand zu anderen Impfungen notwendig. Eine Impfdosis kostet um die 120 DM.

Malaria in Syrien

Syrien ist **kein Malariagebiet;** wenn überhaupt, dann tritt die Krankheit nur im Nordosten des Landes und nur in der Zeit von Mai bis Oktober auf.

Vorwiegende Malaria-Art ist die **Malaria tertiana** („Dreitagesfieber"). Die Bezeichnung ist missverständlich gewählt: erster Tag Fieber, zweiter Tag fieberfrei, dritter Tag erneuter Fieberschub. Die Tertianaform der Malaria verläuft **nicht lebensbedrohlich,** es kann jedoch zu späteren Rückfällen, auch noch nach Jahren, kommen.

Die vieldeutigen **Symptome einer Erkrankung** sind anfangs meist Schüttelfrost, unregelmäßiges Fieber, Kopf- und Gliederschmerzen; gerade in diesem Anfangsstadium ist es wichtig, eine Malariaerkrankung in Betracht zu ziehen, um die richtige Behandlung zu beginnen. Im weiteren Verlauf kommt es dann zu den für die jeweilige Art typischen Fieberschüben.

Behandelt (zur Prophylaxe und Therapie) **wird** die Malaria tertiana **mit Chloroquin** (z.B. *Resochin®*). Auch während der Schwangerschaft und Stillzeit anwendbar. Vorsicht bei Schuppenflechte, Nieren- und Lebererkrankungen. Häufige Nebenwirkungen sind Appetitlosigkeit, Magenschmerzen, Übelkeit, Erbrechen, Durchfall, gelegentlich kommen Schlafstörungen, Schwindel, Kopfschmerzen und Sehstörungen vor. Chloroquin-Einnahme nicht auf nüchternen Magen, darf aber zum Essen genommen werden.

Für die **Prophylaxe** gilt: Eine Woche vor Abreise (bzw. vor Erreichen des Malariagebietes) mit der ersten Dosis beginnen, fortführen bis vier Wochen nach Verlassen des Malariagebietes.

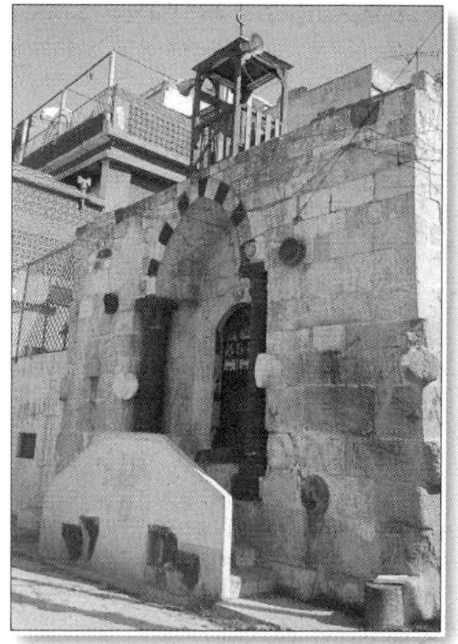

Moschee Qarqan in Aleppo

Darmerkrankungen

Die beste Verhütung von Krankheiten ist eine effektive Vorsorge!

Die Gefahr von Wurmerkrankungen und Darminfektionen kann man leicht mit ein paar Essens- und Trinkregeln eindämmen! Dabei gehört Syrien nicht unbedingt zu den Ländern, die in dieser Hinsicht ein besonders großes Gefahrenpotential aufweisen! **Leitungswasser** hat in Syrien fast immer Trinkwasserqualität. Ich selbst habe mir nie eine einzige Flasche Mineralwasser gekauft und bin trotzdem nie ernsthaft erkrankt. Dennoch darf das kein alleingültiger Maßstab sein. Aber auch das Auswärtige Amt ist dieser Meinung, so dass ich sie hier verbreite. Einzig in den Sommermonaten, wenn das Wasser knapp wird, kann es vorkommen, dass das Wasser nicht mehr ganz in Ordnung ist. Dann sollte man es abkochen oder doch auf Mineralwasser umsteigen. Was für Leitungswasser gilt, gilt natürlich auch für Eiswürfel! „Orientneulinge" sollten ganz einfach vorsichtig sein!

Nicht ganz so unproblematisch wie Wasser sind **Salate und rohes Gemüse.** Diese werden häufig direkt im Klärschlamm angebaut oder mit menschlichen Fäkalien gedüngt, so dass man nicht unbedingt von Keimfreiheit ausgehen kann! Syrische Freunde desinfizieren den grünen Salat deswegen mit Kaliumpermanganat! Seifenwasser tut es auch. Vielleicht ist das übertrieben, aber Vorsicht ist die Mutter der Porzellankiste! In Restaurants können Salate und rohes Gemüse in der Regel bedenkenlos gegessen werden.

Wirklich abzuraten ist von **rohem Fleisch,** wenn es nicht kurz zuvor geschlachtet wurde (was bei Familien häufig der Fall ist, die erst schlachten, wenn der Gast eingetroffen ist). Jedes Fleisch jedoch, dass von einem Metzger stammt, sollte gut durchgebraten bzw. durchgekocht sein. Etwas problematisch sind auch Speisen, die mit **rohen Eiern** hergestellt werden, wie Majonäse oder Eiskrem: Sie bergen die Gefahr von Salmonellen.

Soweit die wichtigsten Speiseregeln. Mein Arzt gab mir noch folgenden Tipp, den ich hier mit allerbestem Gewissen weitergeben kann und der mir – das bilde ich mir zumindest ein – so manchen Durchfall ersparte: Ein Whisky vor dem Schlafengehen tötet alle gefährlichen Bakterien ab!

Selbsthilfe bei Durchfall

- Zunächst muss der erhöhte Flüssigkeits- und Mineralverlust ausgeglichen werden, hier helfen Rehydrationsgetränke (z.B. *Elotrans®*). Zur Geschmacksverbesserung kann Fruchtsaft beigemischt werden.
- Nahrungspause. Für mindestens sechs Stunden nichts essen. Danach, wenn möglich, Getreideschleimsuppe, Zwieback o.ä.
- Bei gleichzeitigem Erbrechen und/oder fieberhaftem Verlauf kann es sich auch um die Erstsymptome einer Malaria handeln.
- Ohne schädliche Nebenwirkungen kann eine Therapie mit *Perenterol®* begonnen werden; diese medizinische Hefe hilft, wieder eine normale Darmflora aufzubauen. Kohletabletten sind meist nicht so wirkungsvoll.
- Durchfall mit Blutbeimengung weist auf eine Infektion mit Geschwüren im Dickdarm hin: Ruhr, ausgelöst durch Shigellen oder Amöben. Arzt aufsuchen.
- Falls nach drei Tagen keine Besserung eintritt und/oder noch Fieber besteht, ist ebenfalls ärztlicher Rat einzuholen – eine banale Reisediarrhoe sollte sich schon gebessert haben.

AIDS

Ende 1997 gab es in Syrien offiziell 800 Infizierte, was einem Anteil von 0,01% der Bevölkerung entspricht. Viel ist das nicht, über die Dunkelziffer kann nur spekuliert werden.

Syrien verfolgt eine recht strenge Gesundheitspolitik in dieser Hinsicht. Wer eine Aufenthaltsgenehmigung beantragen will, weil er länger als zwei Monate im Land bleiben möchte (z.B. zum Studieren), muss mindestens einen AIDS-Test machen. HIV-positive Ausländer werden sofort des Landes verwiesen.

Sicherheit bei sexuellen Aktivitäten bieten nur Kondome. Es gibt sie auch in Syrien in jeder Apotheke zu kaufen. Falls man an eine Dorfapotheke geraten ist, wo kein Englisch gesprochen wird, und dringend Bedarf hat: Kondom heißt auf Arabisch – „Kaput"...!

Reisen mit Kindern

Immer mehr Kinder begleiten ihre Eltern auf „abenteuerliche" Reisen, so auch nach Syrien. In aller Regel stellt das auch überhaupt kein Problem dar, wenn man sich ein paar Regeln klar macht: Kinder sind durch Infektionskrankheiten gefährdeter als Erwachsene. Sie müssen deswegen über einen guten Impfschutz verfügen. Dazu sollten Sie Ihren Kinderarzt aufsuchen.

Tropenmedizinische Institute in Deutschland

- **Berlin:** *Institut für Tropenmedizin,* 14050 Berlin, Spandauer Damm 130, Tel. 030/30 11 66, Fax 30 11 68 88
- **Bonn:** *Institut für medizinische Parasitologie der Universität,* 53127 Bonn, Sigmund-Freud-Str. 25, Tel. 0228/2 87 56 72, Fax 2 87 43 30
- **Dresden:** *Städtisches Klinikum Dresden-Friedrichstadt,* Referenzzentrum für Reisemedizin, 01067 Dresden, Friedrichstr. 39, Tel. 0351/4 80 38 01 oder 4 80 38 05, Fax 4 80 38 09
- **Hamburg:** *Bernhard-Nocht-Institut,* 20359 Hamburg 36, Bernhard-Nocht-Str. 74, Tel. 040/42 81 80, Fax 42 81 84 00 (bei schriftlichen Anfragen einen frankierten Rückumschlag beilegen, Reiseziele und als Betreff „Reiseprophylaxe" angeben); www.bni.uni-hamburg.de
- **Heidelberg:** *Inst. für Tropenhygiene am Ostasieninstitut der Uni,* 69120 Heidelberg, Im Neuenheimer Feld 324, Tel. 06221/56 29 05 oder 56 29 99, Fax 56 59 48
- **Koblenz:** *Zentrales Institut des Sanitätsdienstes der Bundeswehr,* Ernst-Rodenwald-Institut für Wehrmedizin und Hygiene, 56068 Koblenz, Viktoriastr. 13, Tel. 0261/9 14 38 62
- **München:** *Institut für Infektions- und Tropenmedizin der Universität und Landesimpfanstalt,* 80802 München, Leopoldstr. 5, Tel. 089/33 33 22 (AB), Impfauskünfte (durchgehend) für Asien: Tel. 336755; „Impfsprechstunde" (persönliche Impfberatung und Impfungen), Leopoldstr. 5/Ecke Georgenstr., Mo-Fr 11-12 Uhr, Mi, Do 16.30-18 Uhr; www.tropinst.med.uni-muenchen.de
- **Tübingen:** *Institut für Tropenmedizin,* 72074 Tübingen, Wilhelmstr. 27, Tel. 07071/29 23 65, Fax 29 60 21
- **Würzburg:** *Missionsärztliche Klinik,* Tropenmedizinische Abteilung, 97074 Würzburg, Salvatorstr. 7, Tel. 0931/79 10, autom. Telefonansage 0931/7 91 28 25

Kinder haben v.a. unter häufigen Darmerkrankungen zu leiden. Ist das Kind noch sehr klein und trinkt aus der Flasche, sollten Sie dafür sorgen, dass das Pulver mit Mineralwasser angerührt wird. Wichtig sind außerdem eine ausreichende Flüssigkeitszufuhr und ein wirksamer Sonnenschutz! Da das Immunsystem von Kindern noch nicht so stark ist wie das eines Erwachsenen, sollten für Kinder dieselben Regeln gelten wie für Erwachsene, nur alles eine Stufe strenger.

Wenn Ihr Kind gerade in der Phase ist, in der es alles in den Mund steckt, würde ich von einer Syrienreise abraten!

Schlangen

Schlangenbisse sind auch in Syrien extrem selten; wenn überhaupt, besteht die Gefahr nur in der Wüste. Das Tragen von festem Schuhwerk, auch als Schutz gegen Blutegel, Insekten und Skorpione, ist grundsätzlich zu empfehlen. Schuhe und Kleidung müssen vor dem Anziehen überprüft und ausgeschüttelt werden, da Schlangen und Skorpione gerne in ihnen übernachten. Gegen viele Schlangengifte gibt es ein Antiserum, im Notfall steht es aber nicht unbedingt zur Verfügung, da diese Substanzen recht teuer sind und gekühlt aufbewahrt werden müssen. Um das richtige Serum auswählen zu können, ist eine genaue Beschreibung der Schlange sehr hilfreich.

Hilfe im Notfall

- Das Körperteil mit der Bissstelle soll möglichst überhaupt nicht mehr bewegt werden, bei Biss am Bein keinesfalls mehr laufen.
- Falls innerhalb einer halben Stunde ein gut ausgerüstetes Krankenhaus erreicht werden kann, sollte das verletzte Körperteil in Tieflage ruhig gestellt und warm gehalten werden, anschließend rascher Transport.
- In allen anderen Fällen muß vor Ort eine Notbehandlung beginnen: innerhalb der ersten fünf Minuten je einen geraden Schnitt durch jede Bisswunde (z.B. mit einer Rasierklinge), 1 cm lang und 5 mm tief, die Wunden ausbluten lassen; keinesfalls sollte mit dem Mund abgesaugt werden.
- Körperteil 15 cm oberhalb der Bissstelle abbinden (mit Gürtel, Binde oder Damenstrumpf, keinesfalls Schnur, Draht o.ä. verwenden), um den Rückstrom vergifteten Blutes zu verhindern. Es muss jedoch noch Blut hineinfließen können, daher Puls am Handgelenk oder Fußrücken tasten und Binde ggf. lockern.
- Der Gebissene soll viel trinken, jedoch keinen Alkohol.
- Als Schmerzmittel ist *Paracetamol®* erlaubt.
- Die früher empfohlene Kühlung oder Eisbehandlung hat sich als ungünstig erwiesen und sollte nicht mehr durchgeführt werden!
- Jeder von einer Schlange Gebissene gehört so schnell wie möglich in ein Krankenhaus!

Skorpione

Skorpione sind **nachtaktive Tiere,** die sich tagsüber zwischen Steinen, Blättern oder im Sand aufhalten. Die meisten Arten verursachen ungefährliche Stiche, die ähnliche Beschwerden wie Bienen- oder Wespenstiche hervorrufen, bei den giftigeren Arten kommt es zu starkem Schmerz, Taubheit des betreffenden Körperteils, in seltenen Fällen kommen Muskelkrämpfe, Atembeschwerden und Herzrasen hinzu.

Die Unterscheidung hinsichtlich der Gefährlichkeit ist für einen Laien nicht möglich, so dass nach jedem Stich Vorsicht geboten ist. Besonders gefährlich können Skorpionstiche für Kinder unter fünf Jahren sein. Für manche giftige Arten existiert ein Antiserum (Gegengift). Die Stiche mancher Skorpionarten können noch nach Monaten Gefühlsstörungen hervorrufen.

Behandlung von Skorpionstichen

- Ruhigstellen des gebissenen Körperteils.
- Einstichstelle kühlen, evtl. mit Eis.
- Antihistamintabletten (z.B. 3 Tbl. *Tavegil®*) und evtl. Schmerzmittel geben.
- In ärztliche Behandlung begeben, dabei möglichst Beschreibung des Skorpions hinsichtlich Größe und Farbe.

Sonstiges

Bilharziose kann man vermeiden, indem man in keinen stehenden Gewässern badet (gilt v.a. für den Euphrat!). Einem **Sonnenstich** beugt man durch Sonnenschutz (Tuch, Brille, Sonnenmilch mit hohem Schutzfaktor) vor. **Hohes Fieber** lässt sich mit Paracentamol oder Aspirin senken. Autan wirkt Wunder gegen **Mücken.** Aber Vorsicht: In schlechten Hotels gibt es häufig **Flöhe** oder **Bettwanzen!** Diesen kann man nur entgehen, wenn man das Bett vorher auf Sauberkeit prüft (ich mache das meist einfach mit der Nase: Der Geruch lässt oft Rückschlüsse auf den Zustand eines Bettes zu!). Ist man sich nicht sicher und muss aber in dem Zimmer übernachten: Die Mitnahme eines Katzen- oder Hunde-Floh-Halsbandes, das man sich ins Bett legt, hilft.

Auch wenn man in Syrien überall Apotheken findet, sollte man doch zumindest einen Grundvorrat an Medikamenten dabei haben, die es a) nicht in Syrien gibt und die man b) im Notfall sofort braucht. In eine **Reiseapotheke** gehören deshalb meines Erachtens folgende Dinge: ein Fieberthermometer, Aspirin (gibt es in Syrien nicht!), ein Durchfallmittel für den Akutfall sowie Elektrolyte (als sanftes Mittel bei lästigem Durchfall empfehle ich unbedingt Heilerde). Außerdem sind Desinfektionsmittel angebracht sowie Pflaster und Verbandszeug (dessen Qualität in Syrien angezweifelt werden darf). Ein Breitbandantibiotikum braucht in aller Regel nicht mitgenommen zu werden, da dieses wirklich in jeder Apotheke zu erhalten ist, und jedes noch so kleine Dorf hat eine Apotheke! Ähnliches gilt für den Rest der gängigen Medikamente! Menschen, die chronisch krank sind und/oder spezielle Medikamente benötigen, sollten ihren Bedarf autark decken können und einen eventuellen Mehrbedarf berücksichtigen! Frauen, die mit der Pille verhüten, sollten ihr Präparat dabei haben, da es in Syrien selten genau die Pille gibt, die man gerade nimmt!

Medizinische Versorgung in Syrien

Apotheken gibt es in fast jedem Dorf. Hier kann man Medikamente zu festgesetzten Preisen kaufen. In aller Regel gibt es in den Apotheken so gut wie alle Medikamente, die auch in Europa erhältlich sind. Brauchen Sie ein besonderes Medikament, sollten Sie den Hauptwirkstoff kennen, da die Präparate selten den selben Namen haben wie in Europa. In Syrien sind alle Medikamente rezeptfrei. Eine fachkundige Beratung durch die Apotheker (meist Frauen) ist in aller Regel gewährleistet.

Es gibt in Syrien jede Menge **Ärzte** (einen auf 1000 Einwohner) sowie staatliche und private Kliniken. Viele Ärzte haben im Ausland studiert, deutsch- bzw. englischsprachige Ärzte werden im vorliegenden Buch bei den praktischen Informationen zu den einzelnen Städten aufgelistet. Die Behandlung in staatlichen Krankenhäusern ist umsonst und nicht sehr gut angesehen. Wer das Geld hat, geht in eine private Klinik. Diesem Urteil all meiner syrischen Freunde und Bekannten schließe ich mich kommentarlos an.

Weitere Informationen zum Gesundheitswesen finden sich auf S. 132.

Immigration Office

Nach 14 Tagen Aufenthalt im Land muss sich der Reisende auf dem sogenannten „Immigration Office", dem **„Maktab al-Hidjra wa-Djawazat"**, melden. Jede Provinzhauptstadt verfügt über ein solches Büro, doch auf den Touristen eingestellt sind nur die Büros in Damaskus und Aleppo (und auch dort nur in sehr bescheidenem Maße).

Um eine **Aufenthaltsverlängerung** zu beantragen, muss man vier Passfotos bei sich haben. Dann holt man sich vier Formulare (in Aleppo gibt es diese im 1. OG im hinteren Raum rechts, in Damaskus im 2. OG links am Schalter). Meist sind die Formulare auf französisch oder arabisch. Es wird nach dem Namen, dem Vornamen, den Eltern, dem Beruf, dem Einreisedatum, der Visumsnummer, der Passnummer usw. gefragt.

Nach der vierfachen, unterschriebenen Ausfertigung geht man wiederum zu einem Schalter, um ein weiteres Papier zu erwerben. In Aleppo befindet sich dieser Ort im Erdgeschoss, gleich rechts um die Ecke, in Damaskus erhält man das benötigte Papier vor dem Immigration Office in einem kleinen Laden. Es kostet 25 Lira. Auch dieses Formular will gewissenhaft ausgefüllt sein! Alle fünf Papiere gibt man dann, zusammen mit dem Ausweis, wieder an der Stelle ab, an der man auch die ersten vier Formulare erhalten hat. Im Regelfall wird man nun gebeten, nach 24 Stunden wieder zu kommen. In Einzelfällen geht es auch schneller. Keine Angst, der Pass ist im Immigration Office in seriösen Händen, also, don't worry!

24 Stunden später. Der wichtigste Teil steht nun bevor: Der Präsident des Office muss die Verlängerung unterschreiben. Dazu geht man mit vorbereitetem Pass und den Papieren in dessen Büro (in Aleppo ist es im 1 OG gleich rechts, in Damaskus liegt es im 4. OG). Hat der Präsident sein Zeichen unter den Stempel gesetzt, hat man im günstigsten Fall weitere vier bis sechs Wochen ergattert (je nachdem, für wie lang man seine Verlängerung beantragt hatte). Oft werden allerdings nur weite-

re 14 Tage gestattet. Dann geht die Prozedur halt zwei Wochen später wieder von vorne los, doch nun weiß man ja wenigstens, wie es geht: Vier Passfotos und vier Formulare und...

Informationsstellen

Syrien hat kein eigenes Fremdenverkehrsbüro, so dass die syrischen Botschaften diese Aufgabe übernehmen (Adressen auf S. 29). Auf Anfrage werden kostenlose Stadtpläne und Landkarten verschickt, die sehr hilfreich sind. Weitere Informationsstellen sind außerdem:

- **Deutsch-Syrischer Verein e.V.**
  Landesverband Bayern
  Schwanthalerstr. 111, 80339 München
- **Euro-arabischer Freundeskreis**
  Köhlerweg 4, 83558 Maithenbeeth

Internetadressen

- **www.chamhotels.com**
  Homepage der größten und besten syrischen Hotelkette. Hier gibt es Infos sowohl zum Land als auch zu den Hotels der Kette.
- **www.sana-syria.com**
  Homepage der Syrian Arab News Agency. Hier gibt es Links zu den Homepages der syrischen Nachrichtenblätter, wie zum Beispiel **www.albaath.com** oder **www.thawra.com**.

Rechnung für die Benutzung eines Internetanschlusses

كشف حساب　رقم ٠٤٥٤

المطلوب من السيد ....Prunswig.... في ٢٥/١٠/١٩٩٩

ق ل.س	نوع البضاعة	عـدد	دزينة	السعر
105	خدمة أنترنت internet serves			21/min

Eng. Yaman AL Zo[illegible]

•**www.teshreen.com**
Homepage der regierungsnahen Tageszeitung „Teshreen". Es gibt hier auch Nachrichten der englischen „Syria Times".
•**www.syria-net.com**
Viele interessante Informationen, Reiseberichte, Sprachkursadressen etc.
•**www.cafe-syria.com**
Auch hier gibt es jede Menge Informatives, v.a. was die offiziellen Dinge betrifft. Man kann z.B. einen Blick auf die syrische Verfassung von 1973 werfen (unter **www.cafe-syria.com/constitution.htm**).
•**www.syriaonline.com**
Hier gibt es jede Menge interessante Informationen über Syrien. So kann man z.B. den Flugplan der Syrian Arab Airways abrufen oder sich Infos zur Reise herunterladen.
•**www.syriatourism.org**
Offizielle Homepage des syrischen Tourismusministeriums. Sehr gute und professionell aufgemachte Online-Seiten mit aktuellen Informationen und vielen Tipps.
•**www.moi-syria.com**
Homepage des Ministry of Information. Interessante Links zu den Medien, zu News, zu allem, was interessiert und – der Wetterbericht (**moi-syria.com/weather.htm**).
•**www.assad.org**
Alles über den Präsidenten und seine Familie. Mit Nationalhymne und Familienfoto!
•**www.golan-syria.com**
Hintergrundwissen aus syrischer Sicht.
•**www.odci.gov/cia/publications/factbook/sy.html**
Der veröffentliche CIA-Bericht über Syrien. Harte Fakten, sicherlich sehr gut recherchiert. Beste Übersicht über Syrien in Stichworten.
•**www.auswaertiges-amt.de/5_laende/syr/merkbl.htm**
Homepage des Auswärtigen Amtes.
•**www.arab.net** (oder wer direkt will: ...net/syria/syria_contents.html)
Hier findet man alles an Informationen zur arabischen Welt sowohl im Allgemeinen als auch länderspezifisch. Zugang zu den großen (z.T. auch englischsprachigen) arabischen Tageszeitungen.
•**www.fit-for-travel.de**
Hervorragende Informationen zur Reisemedizin vom Tropeninstitut der LMU München.

Medien

Wir wünschen uns Massenmedien als Instrument der Entwicklung und Veränderung für ein besseres Leben.

Ministry of Information

Syrien öffnet sich, das merkt man auch daran, dass nun Internet und Parabol-Antennen zugelassen sind. Noch gibt es nur in Damaskus und Aleppo Internetcafés, aber es ist davon auszugehen, dass es nicht mehr allzu lange dauert, bis auch andere Städte mit solchen Einrichtungen aufwarten, erst recht nachdem Bashar al-Asad Staatspräsident geworden ist, hatte dieser doch die Entwicklung schon zu Lebzeiten seines Vaters Hafez al-Asad vorangetrieben.

Tageszeitungen

Seit es Internet gibt, kann man sich auch bei den Homepages der großen syrischen Zeitungen direkt einklinken und die aktuelle syrische Politik verfolgen. **www.sana-syria.com** ist die Homepage der *Syrian Arab News Agency*. Aktuelle Artikel werden auf Französisch und Englisch angeboten. Hier gibt es außerdem Links zu den Homepages der syrischen Nachrichtenblätter, wie z.B. **www.albaath.com** oder **www.thawra.com** (wobei beide Zeitungen nur arabische Artikel veröffentlichen). Daneben kann man sich bei **www.teshreen.com** einklinken. Das ist die Homepage der regierungsnahen Tageszeitung „Teshreen". Es gibt hier auch Nachrichten der englischen „Syria Times".

Und damit hätten wir auch die **wichtigsten syrischen Tageszeitungen** aufgezählt: **Teshreen, al-Baath** und **ath-Thawra.** Die Zeitungen sind im Großen und Ganzen regierungsnah. Es gibt eine einzige Zeitung, die **Syria Times,** die sich an die europäischen Besucher im Land wendet. In dem Blatt findet sich allerlei Interessantes zu Syrien sowie ein nicht zu unterschätzender Veranstaltungskalender auf der letzten Seite. In diesem wird auf Ausstellungen hingewiesen, auf Konzerte, Filme und Theateraufführungen. In der Syria Times findet sich auch das Fernsehprogramm. Das ist v.a. für den halb-internationalen Sender (s.u.) interessant!

Europäische Zeitschriften und Tageszeitungen kann man in einigen wenigen Buchläden finden, meist in denen, die großen Hotels angeschlossen sind oder im *Avicenne-Buchladen* in Damaskus. Sie sind meist zwei bis drei Tage alt.

Radio und Fernsehen

Es gibt in Syrien **zwei offizielle Fernsehkanäle,** wobei der eine halb-international ist. D.h. es werden Nachrichten auf Englisch und Französisch gesendet sowie internationale Spielfilme und Serien (im Winter 1999/2000 waren die Abenteuer von Superman alias Ken Clark und Lois Lane gerade in). In den Grenzgebieten kann man türkisches, libanesisches, jordanisches und irakisches Fernsehen empfangen. Seit in Syrien nun auch Parabol-Antennen zugelassen sind, scheint jeder zweite Haushalt über eine derartige Antenne zu verfügen. Seitdem sind auch osteuropäische, türkische und griechische Programme zugänglich. Der einzige deutsche Sender, der immer empfangen werden kann, ist Eurosport. Des Weiteren gibt es unregelmäßig deutsche Nachrichten auf **BBC.** Die meisten Hotels verfügen in der Zwischenzeit über eine Parabol-Antenne.

Daneben gibt es in Syrien diverse Radioprogramme, eines davon bringt auch Nachrichten auf Englisch. Die stets wechselnde Frequenz wird unregelmäßig in der Syria Times veröffentlicht. Für den deutschen Touristen dürften v.a. die Nachrichten der **Deutschen Welle** von Interesse sein. Die Frequenzen ändern sich allerdings immer wieder. Sie können unter der Telefonnummer 0221-389 32 08 oder per Fax 0221-389 32 20 erfragt werden.

Öffnungszeiten

In Syrien ist der Freitag der Sonntag! Alle Schulen, Behörden, Geschäfte, Banken, die Post etc. sind dann geschlossen! Auch die meisten Suqläden lassen an diesem Tag ihre Jalousien unten. Allein ein paar Lebensmittelhändler und eventuell manch Souvenirverkäufer bleiben von dieser Regel ausgeschlossen.

In den christlichen Vierteln hingegen gilt der Sonntag als freier Tag.

Die **Öffnungszeiten** sind **nicht fest vorgegeben,** aber nach folgenden Zeiten kann man sich in etwa richten:

- Ämter: 8–14 Uhr
- Läden: 8–13 Uhr, 16–20 Uhr

- Museen: Dienstags geschlossen, Öffnungszeiten im Sommer 8–18 Uhr, im Winter (01.11.-31.03.) nur bis 16 Uhr.
- Minibusverkehr außerhalb der Städte bis 17 Uhr
- Mittagessenszeit ist zwischen 13 und 15.30 Uhr, das Abendessen wird zwischen 20 und 23 Uhr eingenommen.

Post, Telefon und Fax

Telefonieren

Seit ein paar Jahren gibt es die praktischen **Telefonkarten,** mit denen man in den meisten großen Städten (Ausnahme: Qamishli) von fast allen öffentlichen Telefonzellen aus ins Ausland anrufen kann. Es gibt sie zu 300, 500 und 1000 Lira (= Einheiten). Erwerben kann man die Telefonkarten entweder im Telegrafenamt (oft identisch mit der Hauptpost) oder bei Verkäufern nahe des Amtes. Am besten man fragt den Postkartenverkäufer vor den Postämtern, sie weisen dem Reisenden den Weg (siehe auch bei den einzelnen Städten).

Eine Minute Telefonieren nach Europa kostet 97 Lira, eine Minute innerhalb einer Stadt 1 Lira.

Es ist auch möglich, von den großen Hotels aus zu telefonieren, allerdings wird dort häufig ein Vielfaches der sowieso schon sehr teuren Verbindung verlangt.

Ein Foto gefällig?

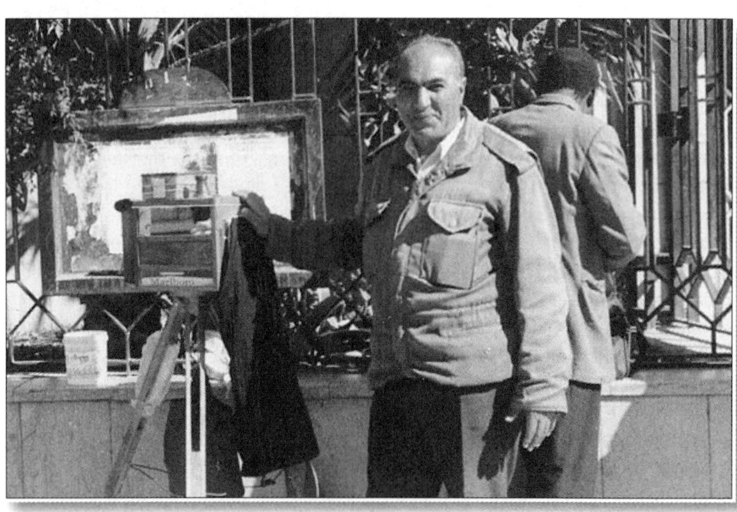

Faxen

Auch Faxe sind teuer. Eine Seite nach Europa kostete Ende 1999 300 Lira, jede weitere Seite dann zusätzlich 150 Lira. Faxe können von der Hauptpost gesendet werden sowie von den meisten großen Hotels.

Wer sich Faxe „postlagernd" nach Damaskus schicken lassen möchte, kann dies tun unter der Nummer: 00963-11-223 43 36. Die Faxe werden im Telegraphenamt gleich beim ersten Schalter gegenüber des Eingangs aufbewahrt. Hier kann man entweder im großen Stapel nach seinem Fax suchen oder aber die (arabische) Liste nach seinem Namen durchsuchen. Klappt prima auch ohne Arabisch-Kenntnisse! Pro Fax sind 50 Lira „Aufhebe"-Gebühr zu bezahlen.

Post

Briefe und Postkarten können von jedem Postamt aus nach Europa verschickt werden. Die Wahrscheinlichkeit, dass diese auch ankommen, ist groß, auch wenn es bis zu drei Wochen dauern kann. Briefe nach Europa kosten zwischen 17 und 20 Lira. Dringend abzuraten ist von Briefkästen, die in der Stadt aufgestellt sind.

In Aleppo und Damaskus gibt es „Postlagernd"-Schalter, wo man unter Vorlage seines Ausweises die Post abholen kann. Man sollte unbedingt auch unter seinem Vornamen suchen lassen, denn oft können die Beamten bei fremden Namen nur schwer zwischen Vor- und Nachnamen unterscheiden!

Vorwahlen

nach Deutschland: 0049
nach Österreich: 0043
in die Schweiz: 0041

Wer sich in Syrien anrufen lassen möchte oder im Vorfeld selbst in Syrien anrufen möchte, die Vorwahl von Syrien lautet: 00963, dann, wie immer, die 0 der Städtevorwahl weglassen.

Städtevorwahlen:

Aleppo	021
Bosra	015
Damaskus	011
Der az-Zor	051
Derâa	015
Hama	033
Hassaka	052
Homs	031
Lataqiya	041
Palmyra	031
Qamishli	053
Raqqa	022
Suwaida	016
Tartus	043
Zabadani	013

Die syrische Inlandsauskunft erreicht man unter der Nummer 141 und 142.

Handys sind in Syrien (noch) **verboten** und funktionieren dementsprechend auch nicht. Eine Änderung ist bald zu erwarten!

Reisen im Land

Syrien hat ein recht **weites öffentliches Verkehrsnetz.** Ein kleines Problem besteht jedoch darin, dass viele sehenswerte Stätten außerhalb von Ortschaften oder abseits von größeren Straßen liegen. Wer dann mit öffentlichen Verkehrsmitteln unterwegs ist, ist zur Besichtigung auf Taxis oder Mitfahrgelegenheiten angewiesen. Taxis sind jedoch in aller Regel nicht allzu teuer (gute Verhandlungskünste vorausgesetzt), und bisweilen lohnt es sich auch, mal für einen Tag (oder mehrere) ein Auto mit Fahrer anzuheuern (was je nach Qualität und Verhandlungsgeschick zwischen 50 und 100 DM kostet).

Da ich selbst hauptsächlich mit öffentlichen Verkehrsmitteln unterwegs bin, kenne ich das Problem, dass man oft nur unzureichende Angaben in Reiseführern findet. Deshalb habe ich für den vorliegenden Führer besonderen Wert genau auf diese Informationen gelegt. Bei jedem Ort und am Beginn jeder Routenbeschreibung findet sich daher ein Hinweis auf die möglichen öffentlichen Verkehrsverbindungen. Ein kleiner Wermutstropfen hierbei ist, dass sich Fahrpläne immer wieder ändern oder erst gar nicht bestehen. Aus diesem Grunde wurden nur die möglichen Verbindungen sowie (bei längeren Fahrten) die übliche Dauer einer Fahrt angegeben, nur selten die Abfahrtszeiten (als Richtlinien für die Häufigkeit der Verbindungen). Diese muss der Reisende vor Ort selbst erkunden. Bei Verkehrsmitteln, die keine festen Abfahrtszeiten haben (z.B. Sammeltaxis, Regionalbusse, Minibusse etc.), sondern dann abfahren, wenn sie voll sind oder sich nach einem Rhythmus (z.B. alle zwei Stunden) richten, wurde in der Regel darauf hingewiesen.

Inlandsflüge

Syrien verfügt über ein nicht allzu großes, bisweilen aber doch sehr nützliches Inlandsflugnetz. Man kann **von Damaskus nach Der az-Zor, Qamishli** (3 x wöchentlich), **Aleppo** (täglich) **und Lataqiya** fliegen, der Flugplan ändert sich halbjährlich.

Inlandsflüge sind **vergleichsweise billig** (zwischen 600 und 900 Lira, one way), und gerade wenn man nach Qamishli möchte und die lange Busfahrt scheut, oder man schnell wieder nach Damaskus muss, lohnt ein Inlandsflug allemal. Die **Syrian Arab Airways** hat in jeder größeren Stadt Büros. Entsprechende Timetables sind bei den einzelnen Städten aufgeführt. Die Syrian Arab Airways hat auch eine Homepage, in der die Abflugzeiten abgefragt werden können: **http://www.syriaonline.com /syrair**.

Eisenbahn

Das Eisenbahnnetz in Syrien umfasst 2200 km. Die Züge sind in aller Regel viel **langsamer als die Busse** (z.B. Damaskus – Aleppo: 6–7 Stunden, der Bus

Damaskus: Djisr ar-Ra'is, einer der wichtigsten Minibusbahnhöfe

braucht im günstigsten Fall 3,5 Stunden). Hinzu kommt, dass sich die meisten Bahnhöfe außerhalb der Stadt befinden und die Abfahrt der meisten Züge nachts ist. Dennoch: Die Züge sind bequem (zumindest in der 1. Klasse) und ganz gemütlich. Man hat viel Platz und die Sitze lassen sich so weit zurücklehnen, dass man problemlos schlafen kann. Zugfahren ist in Syrien **sehr billig** (auch in der ersten Klasse), so dass die Züge fast immer ausgebucht sind (also frühzeitig buchen). Da sie aber die genannten Nachteile haben, sind sie für den Individualtouristen eher zu vernachlässigen.

Das Land verfügt über **zwei Eisenbahnlinien:** Die eine führt von Aleppo via Lataqiya, Banyas, Tartus, Homs und Damaskus nach Derâa, die andere von Damaskus über Homs, Hama, Aleppo, Qamishli, Hassake nach Der az-Zor. Beide Linien fahren mindestens einmal täglich in jede Richtung, so dass die Ankunft immer morgens erfolgt.

Der Fahrplan ändert sich häufig, Abfahrtszeiten sollten also unbedingt vorher immer noch einmal erfragt werden! Da kein Zug ohne Reservierung bestiegen werden kann (da fast immer ausgebucht), muss man sich sowieso individuell erkundigen!

Ein sogenannter „Museumszug“, d.h. eine echte alte Dampflok, verkehrt freitags und feiertags zwischen Damaskus und Zabadani. Der Zug ist immer (!) proppevoll, so dass eine Reservierung unbedingt nötig ist!

Busse

Busse sind die **gängigen Verkehrsmittel in Syrien,** so dass die meisten Reisenden den Bus wohl als Hauptverkehrsmittel benutzen werden. Der große Vorteil dieser Art zu reisen ist, dass Busse häufig, regelmäßig und fast überallhin fahren.

Sieht man von den Stadtbussen ab, gibt es vier Kategorien von Bussen: die staatlichen Karnak-Busse und die privaten Pullmann-Busse, die den Überlandbusverkehr bedienen, sowie die einfachen Kurzstreckenbusse und die Minibusse oder Servicebusse, wie man sie nennt.

Karnak- und Pullmann-Busse

Es gibt wahrscheinlich nicht einen Syrer, der nicht Karnak jeder privaten Buslinie vorziehen würde. Karnak hat den Ruf, schneller, komfortabler und sicherer zu sein. Nichts davon stimmt. Weder fahren die Busse häufiger noch sind sie besser oder schneller. Aber staatlich ist staatlich und gilt aus diesem Grunde als gut.

Der Zustand der privaten Pullmann-Busse könnte unterschiedlicher nicht sein. Es gibt Busse, da wundert man sich, dass sie überhaupt noch fahren: Busse, die nach Benzin stinken, deren Sitze kaum noch tragen oder immer wieder nach hinten klappen und deren Schaltknüppel bei jeder Unebenheit der Straße aus dem Gang hüpfen. Und dennoch fahren sie, und niemand würde das je in Frage stellen. Auf der anderen Seite verkehren Superluxusbusse, mit Klimaanlage, vollständig funktionierender Videoausrüstung, mit hochmodernem Equipment und viel Beinfreiheit.

Vom Busbahnhof und Ticketkauf

Manch Reisender weiß von den Strapazen des Busticketkaufs zu berichten. Da kommt man, nichts Böses ahnend, mit schwerem Gepäck an den Busbahnhof, um in den nächsten Bus Richtung xy zu steigen; und kaum nähert man sich dem Gebäude, schon kommen die ersten Männer und fragen „Aleppo?“, „Hama?“ In den allermeisten Fällen aber will man in Ruhe gelassen werden und lieber selbst nachsehen, wann Busse fahren und von welcher Gesellschaft. Dabei können diese Herren einem häufig weiterhelfen, denn sie weisen einem den Weg in das gewünschte Büro. Natürlich werden sie versuchen, den Kunden in das Büro zu zerren, für welches sie arbeiten, aber wenn gerade kein Bus ihrer Gesellschaft in die gewünschte Richtung fährt, erhält man einen Wink, an welches Büro man sich wenden sollte. Keine Angst, man muss keine Vermittlungsgebühr zahlen. Die Männer arbeiten für ihre Büros und erhalten hier ihren Lohn. Es bleibt jedem selbst überlassen, ob er den Männern folgt oder aber auf eigene Faust versucht, den nächsten Bus zum gewünschten Ziel zu finden.

Im ausgesuchten Büro wird dann das Ticket gegen Vorlage des Reisepasses ausgestellt. Manchmal ist es so, dass bei Fahrtantritt oder kurz zuvor die Pässe eingesammelt werden, das hängt mit den Polizeikontrollen zusammen, die unterwegs immer wieder stattfinden können. In aller Regel jedoch wird davon abgesehen.

Karnak liegt, was Modernität und Komfort betrifft, im oberen Drittel, ist aber keineswegs in der Spitzenklasse anzusiedeln. Die Karnak-Busse ähneln einander, was bedeutet: Man weiß, auf was man sich einlässt, wenn man sich ein Ticket kauft. Es gibt einige private Linien, die wesentlich schlechter sind als Karnak, und in diesem Falle lohnt die staatliche Buslinie. Häufig sind die privaten Linien jedoch besser. Als Grundregel gilt: Man sollte sich den **Bus ansehen, bevor man sich das Ticket kauft,** und dann entscheiden, mit welcher Gesellschaft man fährt. Das ist zwar nicht immer möglich, aber dann von Vorteil, wenn es klappt.

Ein großer Nachteil von Karnak ist, dass die Gesellschaft in den größeren Städten einen eigenen Busbahnhof hat. Das bedeutet, dass man eventuell immer wieder an zwei Busbahnhöfe gehen muss, um ein Ticket zu bekommen. Da Karnak zudem nicht allzu häufig fährt, ist ein Vorausplanen fast nicht zu vermeiden. Will man spontan mit einem Bus in eine andere Stadt, lohnt es sich, auf die privaten Pullmann-Busse auszuweichen, die zu fast jeder Tages- und Nachtzeit von den größeren Städten in alle Richtungen fahren. Hier ist eine Platzreservierung nur vor wichtigen Feiertagen nötig.

Die meisten Busse fahren pünktlich ab (plus/minus 20 Minuten) und kommen mehr oder weniger auch pünktlich an.

Regionalbusse

Regionalbusse fahren normalerweise nur Ziele in der näheren Umgebung an bzw. kurze Fernstrecken wie z.B. Damaskus – Homs oder Aleppo – Hama. Die bunt geschmückten Busse erwecken oft den Eindruck, kaum mehr fahrtauglich zu sein, doch das täuscht. Komfort wird hier zwar klitzeklein geschrieben (wenig Platz für Gepäck, harte Sitze, wenig Beinfreiheit), dafür erreicht man mit ihnen fast jeden Ort in der näheren Umgebung. Oft sind die Regionalbusbahnhöfe nahe der anderen Busbahnhöfe, in großen Städten jedoch gibt es meist mehrere Busbahnhöfe, oft einen für jede Himmelsrichtung. Nie wird man eine Ticketverkaufsstelle finden, denn die Tickets werden erst bei Fahrtantritt gekauft. Feste Fahrpläne gibt es nur selten, aber es gibt Richtlinien, wann diese Busse abfahren: meist bis zum frühen Nachmittag in stündlichem Rhythmus. Danach wird es schwer bis unmöglich, einen Bus zurück zu bekommen.

Das Praktische an diesen Bussen ist, dass man überall auf der Strecke zusteigen bzw. aussteigen kann, indem man sich an die Straße stellt und den Bus einfach per Handzeichen anhält.

Minibusse (auch Service-Busse)

Minibusse, heutzutage fast alles moderne japanische 10-Sitzer-Kleinbusse, fahren als Sammeltaxis die Ziele der näheren Umgebung, so auch alle Dörfer, an. Ihre Abfahrtsstelle ist meist in der Nähe der Regionalbusbahnhöfe, häufig haben beide Busse sogar nur einen einzigen Bahnhof. Minibusse haben feste Strecken, aber keinen Fahrplan. Sie fahren ab, wenn sie voll sind, die Fahrtziele stehen, auf Arabisch, in den Fenstern der Busse angeschrieben. Als Reisender muss man sich zu dem richtigen Bus durchfragen, was aber kein Problem darstellen sollte, da die Syrer sehr hilfsbereite Menschen sind. Das Sammeltaxisystem wird auch in größeren Städten anstelle von Buslinien praktiziert, da nennen sich die Minibusse dann Servicebusse, die feste Linien fahren.

Sammeltaxis

Sammeltaxis fahren ab, wenn sie voll sind. Sie sind für den Reisenden v.a. beim grenzüberschreitenden Verkehr (nach Jordanien oder Libanon) von Bedeutung. Da in Sammeltaxis weit weniger Menschen sitzen, sind die Grenzformalitäten entsprechend schneller erledigt.

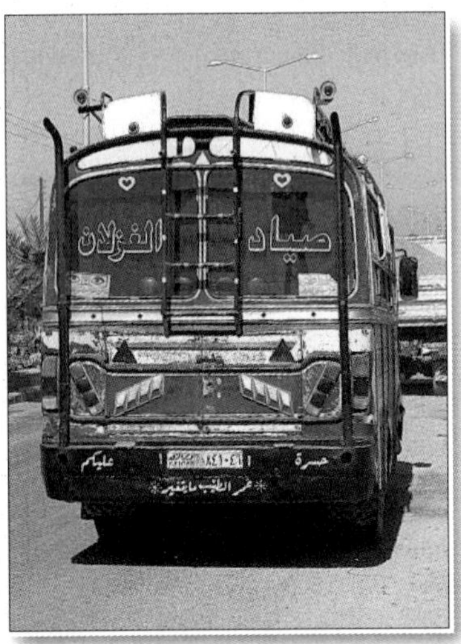

Ein großes Taxi (in der Mehrzahl altersschwache amerikanische Riesenlimousinen) befördert mindestens sechs Personen, zwei auf dem Beifahrersitz und vier auf der Rückbank. An Tagen vor den großen Festen kann sich die Anzahl der Reisenden sogar auf neun Personen erhöhen. Jeder Ort hat zentrale Abfahrtsplätze für Sammeltaxis. Meist befinden sie sich in der Nähe der Busbahnhöfe. Schlepper und Fahrer rufen die Zielorte aus. Es gibt festgesetzte Preise. Wem das Reisen auf diese Art zu eng ist, kann zwei Plätze für sich kaufen oder dementsprechend mehr. V.a. Frauen, syrische und europäische, bevorzugen es, mehr zu zahlen und dafür bequemer zu fahren.

Taxis

Taxi fahren funktioniert in Syrien wie überall auf der Welt. Die allermeisten Taxis haben ein Taxameter, das den Fahrpreis anzeigt und das zumindest tagsüber angeschaltet sein muss. Immer wieder passiert es, dass Taxifahrer behaupten, das Taxameter funktioniere nicht; dann kann man handeln oder aber ein anderes Taxi aufsuchen.

Trinkgelder sind obligatorisch. Nachts und sehr früh morgens müssen Preise immer ausgehandelt werden. Nachts liegen die Preise weit höher. Kleine Taxis dürfen nur innerhalb der Städte fahren.

Unterwegs mit dem Bus

Mit dem eigenen Pkw

Mit dem eigenen Wagen nach Syrien zu reisen, hat sicherlich den großen Vorteil einer flexiblen und unabhängigen **Mobilität,** die gerade in diesem Land, wo so viele Sehenswürdigkeiten nur schwer oder mit viel Zeitaufwand zu besichtigen sind, nicht zu unterschätzen ist.

Nicht zu unterschätzen sind jedoch auch die **bürokratischen/finanziellen Hindernisse,** die einem, v.a. dann, wenn man ein Dieselfahrzeug besitzt, in den Weg gelegt werden können (vgl. dazu das Kapitel „Anreise").

•**Reparaturen im Land:** In fast jedem Dorf gibt es Reparaturwerkstätten, wobei hier oft mehr improvisiert als wirklich repariert wird. Dennoch sollte man diese Leistungen zu würdigen wissen! In den großen Städten ist eine zuverlässige Reparatur gewährleistet. Oft befinden sich Autoreparaturwerkstätten an den großen Ausfallstraßen der Städte, meist nahe des Busbahnhofes. Der ADAC empfiehlt, sich bei seinem Autohändler ein Verzeichnis aller Kundendienststellen der eigenen Automarke sowie die wichtigsten Ersatzteile im Voraus zu besorgen.
•**Straßenzustand:** Es gibt ein gut ausgebautes Straßennetz und einige wenige Autobahnen. Die meisten Straßen sind in sehr gutem Zustand, das Netz der neuen und ausgebesserten Straßen wird immer größer. Kleine und wenig befahrene Nebenstraßen können öfters mal in weniger gutem Zustand sein. Häufig sind Straßen, die an sich nicht schlecht sind, im Ortsbereich sehr mäßig.
•**Verkehrskontrollen:** Fahren Sie an Polizei- oder Militärkontrollen langsam heran. Fahren Sie nur dann weiter, wenn Sie ein deutliches Zeichen dazu erhalten haben. Im Allgemeinen sind Polizisten Touristen gegenüber ausgesprochen freundlich und hilfsbereit. Also keine Angst!
•**Verkehrsvorschriften:** Die Verkehrsregeln sind nahezu identisch mit den unsrigen, nur richten sich die Syrer reichlich selten danach. Man muss ständig mit Unerwartetem rechnen! Grundsätzlich scheint es, als schauten die Einheimischen nie nach hinten. Platz schafft man sich mit Hilfe der Hupe, und ein jeder achtet vor allem auf den Verkehr vor einem. Nachtfahrten sollte man vermeiden. Unbeleuchtete Fahrzeuge, Sandverwehungen und Schlaglöcher sowie plötzlich auf die Straße laufende Menschen oder Tiere stellen eine große Unfallgefahr dar.
•**Beschilderung:** Die Straßenschilder sind meist dieselben wie in Europa. Allerdings sind die Hinweisschilder nicht immer in lateinischer Schrift gehalten. Für diesen Fall sind die wichtigsten Ortsnamen in diesem Buch mit ihrer arabischen Schriftweise angegeben.
•**Bleifrei tanken:** Die Firma SADCOB ist die einzige, die in Syrien bleifreies Benzin anbietet (zu erkennen an der roten Fackel im blauen Dreieck!). Sie ist in vielen Städten vertreten (siehe im Routenteil).

Mit dem Mietwagen

Letztendlich gilt für Reisen mit dem Mietwagen ähnliches wie für Reisen im eigenen Pkw, zumindest, was die Hinweise über Reparaturen, Straßenzustand und Verkehrsregeln betrifft.

Bei Mietwagen sollte man sich überlegen, wie man am besten vorgeht,

Worauf Sie achten müssen, wenn Sie einen Wagen mieten:
1. Vollkaskoversicherung incl.?
2. Insassenversicherung incl.?
3. Steuer (im Normalfall 20% des Mietpreises) incl.?
4. Unbegrenzte Kilometerzahl?
5. Zustand des Autos. Man ist mit dem TÜV (ja, den gibt es!) in Syrien nicht ganz so gründlich wie bei uns...!

sprich ob man sich an einen großen internationalen Anbieter wendet oder an kleine lokale Firmen. Die internationalen Anbieter, wie **Avis** oder **Europcar,** offerieren einen internationalen Service, der es dem Reisenden erlaubt, schon von Deutschland aus ein Auto zu buchen. Die Preise unterscheiden sich, zumindest bei Europcar, nicht, ganz gleich, ob man sein Auto schon von Europa aus bucht oder erst in Syrien. Im Vergleich zu Avis hat Europcar wesentlich bessere Bedingungen. Avis vermietet nur Mercedes- und Porsche-Fahrzeuge, ist also entsprechend teuer und räumt außerdem keine unbegrenzte Kilometerzahl ein. Eine Woche mit einem Auto der Kategorie C (die billigste) kostet bei Avis 1184 DM bei 840 km. Kategorie C bei Europcar (Peugeot 106 mit AC) kommt bei unbegrenzter Kilometerzahl auf 429 US$.

Avis hat nur in der Innenstadt von Damaskus ein Büro (Tel. 011-223 08 80, PO Box 12702), Europcar hingegen ist außer in Damaskus auch in Aleppo, Hama, Homs, Tartus, Lataqiya und Der az-Zor vertreten. In der Hauptstadt gibt es fünf Filialen, eine Filiale ist direkt am Flughafen, so dass der Wagen dort bereit steht.

Zentrale Reservierung in Deutschland ist bei Avis unter 0180-5 55 77 und bei Europcar unter 0180-5 22 11 22 möglich.

Neben diesen internationalen Vermietern hat sich in Syrien **CHAM Cars** hervorgetan. Das Unternehmen arbeitet mit der Firma **Hertz** zusammen und ist in allen Cham-Palace-Hotels vertreten. CHAM Cars ist ein zuverlässiger Anbieter, die Autos sind neu, auf Wunsch werden auch Fahrer vermittelt. Das billigste Auto (Renault Clio) ist ab 2250 Lira (90 DM) am Tag zu haben, plus Versicherung, plus 200 Lira (8 DM) Steuer. Mindestmietdauer: 3 Tage, ab 1 Woche 10% Rabatt, ab 4 Wochen 20% Rabatt. Von Deutschland aus über Damaskus zu reservieren, Adresse, Telefon und Fax siehe dort.

Neben diesen großen Anbietern gibt es jede Menge **kleine**r **Anbieter,** die man meist über lokale Reisebüros kontaktieren kann. Diese vermieten ihre Autos aber meist **mit Fahrer.** Auch wenn das im ersten Moment absurd klingen mag: Ein Auto mit Chauffeur ist häufig billiger als ein Auto ohne! Und ein Fahrer kann noch dazu von Vorteil sein. Die Beschilderung in Syrien ist eher mäßig, und häufig stimmen Straßen nicht mit den Karten überein. Hinzu kommt, dass man sich als Mitfahrer viel besser der Landschaft widmen kann und sich nicht auf den z.T. nervenaufreibenden Verkehr konzentrieren muss. Die meisten Fahrer wissen viel über die Gegend zu erzählen und kennen häufig Orte, an die man als Selbstfahrer wohl nie kommen würde. Allerdings liegt genau darin auch das Problem: Viele der Fahrer, v.a. dann, wenn das Mietangebot sehr günstig ist, leben von den Provisionen, die sie von Händlern und Hotelbesitzern erhalten, wenn sie ausländische Gäste „abliefern". In solchen Fällen ist es notwendig, energisch einzugreifen, will man sich nicht dirigieren lassen, sondern selbst bestimmen. Macht ein Vermieter ein verblüffend günstiges Angebot, etwa 1000 Lira am Tag inkl. Fahrer, kann man davon ausgehen, dass der Fahrer nichts außer den Provisionen verdient. Dass er unter diesen Umständen versuchen wird, so viele wie möglich einzuheimsen, ist nur verständlich. Der einzige Anbieter, mit dem ich persönlich sehr gute Erfahrungen gemacht habe ist **Halabiya Travel** in Aleppo (9-Sitzer-Minibus mit Fahrer für ca. 2500 Lira = 100 DM am Tag, Preis gestaltet sich nach Dauer der Miete). Das heißt nicht, dass es keine anderen gäbe, die seriös arbeiten würden, nur musste ich eben ein wenig Lehrgeld zahlen, bis ich wusste, worauf es ankommt! Adressen von Autoverleihern (ohne Gewähr) finden sich bei den einzelnen Städten.

Reisen mit dem Fahrrad

Immer mehr Menschen finden es spannend, mit dem Fahrrad nach Asien oder Afrika zu fahren. Syrien liegt dann häufig auf der Strecke. Erfahrungsberichten von Radlern zufolge ist Syrien ein sehr angenehm zu befahrendes Land. Die Menschen sind offen, freuen sich über die „Exotik" der Fahrradfahrer – kein Syrer käme jemals auf die Idee, so lange Strecken mit einem Fahrrad zu bewältigen.

Probleme bringen sicherlich die Temperaturen mit sich, die große Hitze im Sommer bzw. die kalten Nächte im Winter. Nicht zu unterschätzen sind auch die großen Höhenunterschiede und die fehlenden Unterkunftsmöglichkeiten an vielen Orten. Dann ist wildes Campen angesagt, d.h. ein Zelt muss von Europa mitgebracht werden.

Weiterhin sollte man sich darüber im klaren sein, dass Reparaturwerkstätten (die es zumindest in Damaskus und Aleppo gibt) selten die wesentlichen Ersatzteile für europäische Fahrräder haben! Man sollte also wichtige Ersatzteile dabei haben!

V.a. die kleinen Straßen eignen sich hervorragend zum Radfahren. Man wird aber immer wieder darauf angewiesen sein, auf die großen Straßen auszuweichen, was weniger angenehm und gefährlicher ist. Die syrischen Autofahrer rechnen einfach nicht mit Radfahrern. Das sollte man sich immer klar machen!

Reisezeit

Syrien kann problemlos **das ganze Jahr über** besucht werden. Allerdings muss man bei den verschiedenen Jahreszeiten einiges beachten.

Im Sommer sollte man sich v.a. in der Wüste und am Euphrat auf z.T. **sehr hohe Temperaturen (bis zu 50°C)** gefasst machen, auf volle Hotels und syrischen Inlandstourismus, v.a. an der Küste und im Gebirge. Während der syrischen Ferien oder wochenends ist oft kein einziges Hotelbett mehr frei.

Im Winter regnet es häufig, besonders an der Küste, viele Hotels haben dann geschlossen, vor allem in den Ferienorten wie Ra's al-Basit, Kasab, Bludan, Zabadani, Slunfah etc. Außerdem kommt es immer wieder vor, dass Gebirgsstraßen wegen Schnee- und Eisglätte gesperrt sind. In Aleppo, Homs,

Hama und Damaskus kann es im Winter empfindlich kalt werden. Man sollte deswegen bei der Zimmerwahl unbedingt auf das Vorhandensein einer Heizung achten!

Im Winter ist es häufig menschenleer, und man ist gerade beim Besuch historischer Stätten oft ganz allein. Kontakte zur Bevölkerung sind in dieser Jahreszeit sehr viel schneller hergestellt. Im Sommer muss man unbedingt eine Siesta einplanen und die Besichtigung vieler Orte auf den frühen Morgen verschieben. Dafür ist es länger hell, und abends lässt es sich gemütlich auf der Hotelterrasse sitzen und die laue Nacht genießen.

Wirklich tolle Reisezeiten sind das **Frühjahr** (März bis Mai) oder der **Herbst** (Mitte September bis Mitte November). Das sind jedoch auch die beliebtesten Reisezeiten der internationalen Reiseveranstalter. Dementsprechend viele Gruppen sind unterwegs, so dass in dieser Zeit bei den meisten Hotels eine Zimmerreservierung angebracht ist! Die Preise liegen dann etwas höher, wenn auch nur unwesentlich.

Unbedingt beachten sollte man bei der Reiseplanung den **Ramadan,** den **islamischen Fastenmonat.** In dieser Zeit funktioniert das öffentliche Leben nämlich etwas anders, will sagen, langsamer. Die Öffnungszeiten verschieben sich, oft beginnt die Arbeit dann erst am späten Vormittag, zieht sich dafür aber durch bis eine Stunde vor Fastenbrechen. Da die Syrer in die-

Klimatabelle Damaskus

Jan	Feb	Mär	Apr	Mai	Juni	Juli	Aug	Sept	Okt	Nov	Dez
Minimale Durchschnittstemperatur											
2	4	6	9	13	16	18	18	16	12	8	4
Maximale Durchschnittstemperatur											
12	14	18	24	29	33	36	37	33	27	19	13
Durchschnittliche Zahl der Regentage											
7	6	2	1	1	0	0	0	2	2	5	6

Klimatabelle Aleppo

Jan	Feb	Mär	Apr	Mai	Juni	Juli	Aug	Sept	Okt	Nov	Dez
Minimale Durchschnittstemperatur											
1	3	4	9	13	17	21	21	16	12	7	5
Maximale Durchschnittstemperatur											
10	13	18	24	29	34	36	36	33	27	19	14
Durchschnittliche Zahl der Regentage											
11	10	7	4	2	0	0	0	0	4	8	9

Wer es ganz genau wissen möchte: Unter **http://www.syriaonline.com/weather.html** kann man täglich das Wetter in Syrien abrufen! Weitere Infos zum Klima siehe ab S. 84.

ser Zeit von Sonnenaufgang bis -untergang fasten, kann es schwer werden, etwas zu essen zu bekommen. Man sollte sich außerdem höflicherweise mit dem Essen und Trinken in der Öffentlichkeit zurückhalten. In den Hotels und schicken Restaurants jedoch ist es meist möglich, versorgt zu werden!

Ich habe den Ramadan als eher unangenehmen Monat empfunden, da die Leute aufgrund ihres Hungers und Durstes weit weniger geduldig sind und schneller aggressiv werden. Andererseits sind die letzen zehn Tage des Monats sensationell, denn dann pulsiert das Leben, zumindest in den großen Städten, nachts auf den Straßen wie sonst nie! Näheres siehe unter dem Stichwort „Feste und Feiertage".

Sicherheit

Syrien ist ein sicheres Reiseland! Wie in allen Ländern der Welt, gibt es natürlich auch hier Kriminalität, doch ist diese, meinen Erfahrungen nach zu urteilen, weniger stark ausgeprägt als z.B. in Europa (wo sie auch nicht gerade den Alltag prägt). Die soziale Kontrolle funktioniert sehr gut, und so kann man sich sicher sein, dass die Umstehenden immer auf einen achten werden.

Die meisten **Syrer sind ausgesprochen freundlich und hilfsbereit.** Wenn man ein Problem hat, sollte man sich an den nächstbesten Einheimischen wenden, er wird dafür sorgen, dass einem geholfen wird! Gleiches gilt für die vielen Straßenpolizisten.

Gerade Touristen versucht man in Syrien das Gefühl von Sicherheit zu geben. So werden Vergehen gegen Touristen streng geahndet. Ich habe es einmal erlebt, dass eine junge Frau von einem Ladenbesitzer daran gehindert wurde, den Laden wieder zu verlassen. Diese Frau ging, nachdem sie es endlich geschafft hatte, schnurstracks zu einem Polizisten und erzählte ihm, was ihr passiert war. Dieser begleitete sie zurück und nahm den Mann fest. Nur dadurch, dass die Frau ihre Beschuldigung zurücknahm, blieben dem Mann mehrere Monate Gefängnis erspart.

Dennoch können größere und kleinere **Gaunereien** immer wieder vorkommen. Das beginnt bei den immer wiederkehrenden Versuchen, mehr Geld als eigentlich geboten von den Touristen zu verlangen: Taxifahrer, die behaupten, ihr Taxameter funktioniere nicht und einen überhöhten Preis fordern, Ladenbesitzer, die neue Stücke als antik verkaufen usw. usf. Das kommt überall in Syrien vor und sollte nicht weiter beachtet werden.

Etwas anders sieht es da bei **Diebstahl** aus. Nicht, dass Syrien eine ausgesprochen hohe Zahl an Diebstählen vorzuweisen hätte, nein, aber kommt doch einer vor, sollte man das unverzüglich der Polizei melden. Die Chance, dass man seine Habseligkeiten wieder zurück bekommt, ist dabei zwar eher gering, aber gerade im Falle einer abgeschlossenen Reiseversicherung sollte man auf keinen Fall auf den Behördengang verzichten. Einem Diebstahl vorbeugen kann man natürlich immer noch am besten, wenn man die

Wertgegenstände versteckt/gut gesichert bei sich trägt und nicht offen im Wagen oder im Hotel liegen lässt, auch wenn Hoteldiebstahl sehr selten ist.

Souvenirs

Wer durch die **Suqs** läuft und nichts findet, was ihm gefällt, ist entweder grundsätzlich desinteressiert oder schlichtweg überfordert: Was auch immer man sich vorstellen kann, von Zahnpasta bis zum Spitzen-BH, von Windeln bis zum Pilgergewand, von Seifen bis zu Ziegenköpfen – hier gibt es einfach alles.

Die meisten Reisenden verlangen jedoch weniger nach profanen Alltagsdingen, sondern Kunsthandwerk, Intarsienarbeiten und Brokatstoffe sind es, die des Touristen Herz höher schlagen lassen. Auch diese Arbeiten findet man in den Läden der Suqs, doch gute Qualität hat ihren Preis, und dieser will erfeilscht sein!

Die qualitativ besten und günstigsten Waren findet man bei den **Werkstätten** selbst, die sich häufig in der Nähe der Suqs befinden. Hier kann man den Preis selten um mehr als 10% drücken. Das ist aber auch nicht nötig, denn die Preise liegen in der Regel weit unter denen der Bazarhändler und sind meist korrekt. In den großen Souvenirläden entlang der Hauptsuqstraßen der Bazare in Aleppo und Damaskus kann man mit einer Handelsspanne bis zu 50%, zum Teil noch darüber, rechnen. Also: Ein Preisvergleich lohnt allemal, und als Grundregel gilt: Je weiter man sich von den Touristenzentren entfernt, desto günstiger kann man die schönen Dinge erstehen.

Was gibt es zu kaufen?

Da gibt es die wunderbaren **Brokat- und Damaststoffe.** Damast kommt, nomen est omen, aus Damaskus! Diese fein gewebten Stoffe, die man ab 150 Lira pro Meter erstehen kann, gibt es in allen Farben und wenigen Formen. Fast immer messen sie 90 cm in der Breite und können meterweise gekauft werden. Superedle **Seidenstoffe,** die man nur an wenigen Orten finden kann (z.B. im Handwerkersuq in Damaskus), kosten ab 3000 Lira aufwärts!

Wahre Kunstwerke sind die **Intarsienarbeiten,** die man überall finden kann und für die Syrien, v.a. Damaskus, berühmt ist! Aus edlen Hölzern werden Vertiefungen geritzt, die dann mit Plättchen aus Perlmutt, Knochen oder Metallen, in neuester Zeit auch Plastik, ausgelegt werden. Angefangen bei einem Backgammonspiel, werden Kisten, Truhen, Schatullen, Tische, einfach alles mit diesen Einlegearbeiten verziert. In Damaskus, rund um das Bab Sharqi, kann man es häufig klopfen und hämmern hören: Hier befinden sich viele Werkstätten, in denen die kleinen Schätze hergestellt werden. Wer nachfragt, darf auch mal bei den Herstellungsarbeiten zuschauen. Nicht nur einmal wurden mir in aller Genauigkeit die Herstellungsweise und die Materialien erklärt – unbedingt lohnenswert für diejenigen, die vorhaben, eine größere Anschaffung dieser filigranen Arbeiten zu tätigen. Material und Feinheit der Muster bestimmen den Preis. So sind Perlmuttverzierungen natürlich teurer als Plastik und Backgammonspiele mit wenigen Mustern billiger als aufwendig gearbeitete Schmuckschatullen. Der Preis für ein mittelgroßes, schönes Backgammonspiel ohne Perlmutt beträgt umgerechnet ca. 20 DM.

Typisch für Syrien und absolut edel ist die alte orientalische Kunst der **Metalleinlegearbeiten.** Dabei werden in Metallplatten Muster eingeritzt, die man dann, zur Verzierung, mit weicherem Metall auslegt! V.a. die großen Tabletts aus Kupfer oder Messing können wahre Meisterwerke sein: Eingeklopfte oder eingelegte Muster schmücken die Metallfläche, wobei hier die Qualität stark schwanken kann. Schöne Metalltabletts (keine Blecharbeiten) kosten, je nach Qualität, Größe und Material, ab 50 DM.

Wunderschön sind auch die **Schnabelkannen,** aus denen traditionell der Kaffee serviert wird. Es gibt sie verziert, unverziert, aus Messing, aus Edelstahl und in allen Größen. Ganz besonders schöne Kannen findet man im Midanviertel in Damaskus. Hier kann man kleine, handgearbeitete Kannen in 1a Qualität ab 250 Lira erstehen.

Breit ist das Angebot an **Parfums und Blumenessenzen:** Überall werden diese wunderbaren Öle verkauft. Wer

Parfumladen im Suq von Damaskus

möchte, kann sich auch sein Lieblingsparfum mixen lassen. Listen hängen aus! Je nach Qualität kosten 5 ml reines Blumenöl um 200 Lira. Dazu gehören dann die wunderschönen **gläsernen Flacons,** die man im ganzen Orient findet. Zarte Gebilde aus mundgeblasenem Glas, in allen Formen und Farben, und meist mit so gut geschliffenen Hälsen, dass die Öle tatsächlich nicht auslaufen!

Beliebt als Reiseerinnerung sind auch **Wasserpfeifen,** die sogenannten **Argilehs.** Man findet sie in unterschiedlichster Qualität auf allen Bazaren. Eine gute Wasserpfeife (klein) kann man ab 150 Lira erhalten. Wer diese aber nicht nur zur Zierde besitzen möchte, sollte unbedingt vorher prüfen, ob sie auch funktioniert. In gesonderten Tabakläden kann man entsprechenden **Tabak** kaufen, den es in sämtlichen Geschmacksvariationen gibt: Besonders beliebt bei den Syrern sind Fruchtaromen wie Aprikose (Mishmish), Erdbeere (Fres oder Tut), Apfel (Tufah) oder Früchtecocktail (Fawakeh). Nicht aromatisierter Tabak heißt Dukhan. Nützlich für den deutschen Hausgebrauch ist zudem die **selbstzündende Kohle,** die man meist in denselben Läden kaufen kann, wo es auch die Wasserpfeifen gibt. Man hält die Kohle mit einer Zange in eine Kerze oder an ein Feuerzeug und wartet so lange, bis sie brennt.

Wie jedes arabische Land, kann auch Syrien mit einem großen Angebot an **Silber- und Goldschmuck** aufwarten: Goldschmuck gilt als Wertanlage und wird aus diesem Grund der Frau als deren Existenzsicherung zur Hochzeit geschenkt. In jedem Suq findet man Gold- und Silberläden, in denen manch Europäern die Augen übergehen. Goldschmuck wird nach Gramm bezahlt, am besten, man erkundigt sich vorher nach dem internationalen Goldpreis. Hinzu kommt häufig ein kleiner Aufpreis für die Verzierungsarbeit, der in aller Regel jedoch sehr gering ist. Bei Silberschmuck variiert der Grammpreis je nach Aufwendigkeit des Stückes. Gelegentlich wird man versuchen wollen, Ihnen ein Schmuckstück als antikes Stück zu verkaufen. In aller Regel dürfte es sich hierbei um ein auf antik getrimmtes Stück handeln. Wirkliche Antiquitäten sind rar und äußerst teuer.

Wer durch die Suqs der Städte läuft, wird sich den **Düften des Orients** nicht verschließen können. Kaffee duftet mit Kardamon um die Wette, Zimtstangen kämpfen gegen den Duft der getrockneten Rosen an, mit Worten lässt sich das nur schwer fassen. In gut verschlossenen Beuteln kann man diese Düfte einfangen und nach Hause transportieren. Kaffee mit Kardamon kostet etwa 40 Lira pro 200 g (in Syrien werden viele Dinge 200grammweise = eine Ugiyah verkauft), eine Ugiyah getrocknete Rosen kostet etwa 90 Lira, Blumentee kostet 30 Lira! Aber nicht nur Gewürze locken den Gourmet: Wie wäre es mit kandierten Früchten oder Zuckergebäck, oder dürfen es Damaszenische Süßigkeiten sein oder doch eher Aleppiner Pistazien...?

Was auch immer Sie suchen, ich bin sicher, in den syrischen Suqs werden Sie fündig!

Sport und Freizeit

Das Sportangebot in Syrien bewegt sich in einem sehr bescheidenen Rahmen. Zwar verfügt das Land über 200 km Küste, doch wird hier weniger auf Tourismus als auf Industrialisierung gesetzt. Wassersport ist bislang nur in Lataqiya möglich.

Öffentliche Schwimmbäder gibt es vor allem in großen Städten, sie sind jedoch so überfüllt mit Menschen, dass sie ihrem Namen kaum gerecht werden. Besser sind da schon die Swimmingpools der großen Hotels, die man auch als Nicht-Gast benutzen kann, gegen einen nicht gerade geringen Obolus natürlich.

Öffentliche Tennisplätze oder gar Golfplätze existieren meines Wissens nicht. Tennisplätze können jedoch bei den großen Hotels mitbenutzt werden – gegen eine Gebühr, versteht sich.

Fahrradverleihe gibt es nicht.

Fußballbegeisterten sei der Besuch eines Stadions an einem Freitag, dem Spieltag der syrischen Vereine, empfohlen.

Einige **Reisebüros** haben sportliche bzw. Freizeitaktivitäten in ihrem Programm. Nawafir Tours in Damaskus (Adresse siehe dort) zum Beispiel veranstaltet Kayak-Touren auf dem Euphrat, Halabiya Travel in Aleppo (Adresse siehe dort) bietet Trekkingtouren im Gebirge und Kameltouren in der Wüste an.

Trinkgeld

Ein Trinkgeld von **10–15%** ist in Restaurants, in den Hotels, im Taxi, beim Frisör, für Stadtführer, Schuhputzer etc. üblich. Gerade im Dienstleistungsbereich sind es die Trinkgelder, von denen sich die Arbeitenden finanzieren. Aber auch hier gilt: Alles im rechten Rahmen. Wer zu viel gibt, wirkt protzig und kränkt damit denjenigen, den er bezahlt hat. Falsch ist es, jede Gefälligkeit in barer Münze zurückzahlen zu wollen. So ist es unsinnig, jemandem ein Trinkgeld dafür zu geben, dass er den Weg gewiesen hat, oder dafür, dass er ein Restaurant empfohlen hat o.ä.

Unterkunft

Hotels

In Syrien stehen **Hotels aller Preis- und Komfortklassen** zur Verfügung: Von der kleinen Kaschemme bis zur Luxussuite, alles ist zu haben, allerdings nicht überall!

Der Sterne-Standard der Hotels muss nicht zwangsläufig mit der Realität der Etablissements korrespondieren. So gibt es 4-Sterne-Hotels, die alt, staubig und abgewohnt wirken, manche 3-Sterne-Hotels hingegen blitzen nur so vor Sauberkeit und beeindrucken durch ihren Komfort. Auch darf man, egal, in welcher Kategorie, nicht immer unbedingt davon ausgehen, dass das Hotelpersonal Englisch spricht. Ausgenommen hiervon sind nur Hotels, die sich

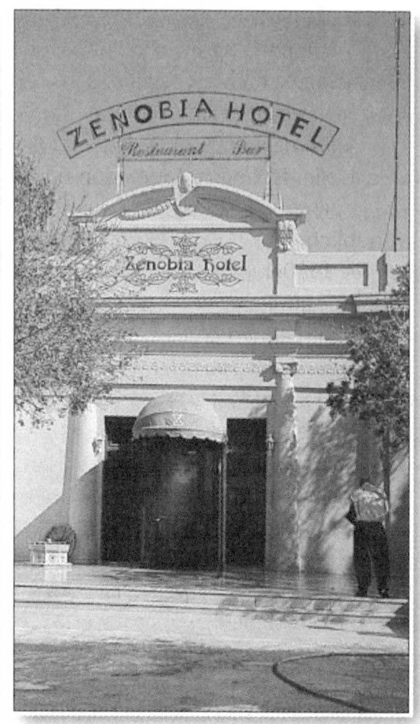

ganz und gar auf den Tourismus eingestellt haben.

Die **Klassifizierung der Hotels** beginnt in Syrien bei zwei Sternen. Das bedeutet einen Mindestkomfort mit eigenem Bad, Kühlschrank und oftmals sogar TV im Zimmer. Zimmer in dieser Kategorie beginnen bei 16 US-$ und können bis zu 35 US-$ kosten. Drei Sterne bieten häufig nicht mehr Komfort oder Sauberkeit, oftmals ist es nur ein Fahrstuhl, der den Reisenden ins richtige Stockwerk bringt. 3-Sterne-Hotels kosten ab 20 US-$ und gehen bis 65 US-$, wobei man für 65 US-$ wirklich was richtig Tolles erwarten darf (wie beim Hotel Amer in Damaskus, das trotz seiner „nur" drei Sterne jeden einzelnen Dollar wert ist!). Die absolute Luxusklasse sind 5-Sterne-Hotels. Dieser Kategorie gehören alle Hotels der syrischen Luxushotelkette **Cham Palace** an, die Hotels **Meridien** in Damaskus und Lataqiya, das Hotel **Sheraton** in Damaskus sowie die beiden **Safir**-Hotels in Maalula und Homs. Fünf Sterne

Luxuriöse Hotels in Syrien:
das Cham Palace in Damaskus (li.),
das Hotel Zenobia in Palmyra (re.)

versprechen international gängigen Komfort, immer einen Pool und andere Sportanlagen, mehrere Restaurants und Bars. Kein einziges der 5-Sterne-Hotels ist in einem alten Gebäude untergebracht, alles ist hochmodern, den Charme vergangener Zeiten sucht man hier vergeblich (meint man allerdings den Stil der 1970er Jahre, dann findet man ihn im Cham-Palace Hotel in Palmyra). Geschichte atmen andere Hotels, etwa das **Baron in Aleppo** oder das **Zenobia in Palmyra** (beide 3 Sterne). Als Grand Hotel hat das Hotel Baron Anfang des 19. Jahrhunderts so berühmte Gäste wie *T. E. Lawrence, Agatha Christie, König Faisal* beherbergt. Die Atmosphäre dieser Tage spürt man noch immer, den Staub jedoch auch... Mit drei Sternen ist dieses Hotel sicherlich überbewertet.

Nicht überbewertet mit drei Sternen ist das **Hotel Zenobia** in Palmyra, das aus der Zeit Anfang des letzten Jahrhunderts stammt und die erste Adresse für europäische Reisende in der Wüste war. Heute noch immer im Stil des Art Deco eingerichtet, ist es in einem herrlichen alten Gebäude untergebracht, das sich inmitten der Ruinen von Palmyra befindet (vgl. S. 415).

Ein Hotel ganz anderer Art ist das Hotel **Bait Wakil in Aleppo** (4 Sterne). Auch dieses ist in einem alten Haus untergebracht, doch handelt es sich hierbei nicht um ein traditionsreiches Hotel, sondern um ein modernes, das in ein altes Haus gezogen ist. Im Bait Wakil ist diese Synthese aus alt und neu hervorragend gelungen, und so sind die Zimmer ihren, zugegebenermaßen hohen, Preis durchaus wert.

Neben den Übernachtunsmöglichkeiten, die eine Klassifizierung aufweisen, gibt es die **unklassifizierten Hotels**. Während man die Sterne-Hotels in Dollar bezahlen muss, ist das bei den einfachen Hotels nicht nötig. Diese sind oftmals nicht allzu sauber, und frische Bettwäsche scheint selten zu sein. Man sollte als Reisender unbedingt darauf bestehen, frische Bettwäsche zu erhalten. Im Normalfall wird einer freundlichen Bitte auch entsprochen. Oftmals gibt es in diesen Hotels kein eigenes Bad im Zimmer, und Gemeinschaftsduschen und -toiletten sind nicht immer nach Männlein und Weiblein getrennt. Wenn man als Frau unterwegs ist, sollte man sich umsehen, ob noch andere Frauen im Hotel sind. Die Toiletten sind etwas gewöhnungsbedürftig: 1. stinken sie nicht selten, 2. handelt es sich dabei häufig um Stehklos, d.h. in den Boden sind einfach Löcher eingelassen. Ein Wasserhahn neben dieser Öffnung und ein bereit gestellter Plastikeimer ersetzen die gewohnte Spülung. Klopapier gibt es nicht.

Man kann von diesen Hotels keinen Komfort verlangen, dafür sind sie auch sehr günstig (ab 250 Lira = 10 DM für ein DZ). Manche dieser Unterkünfte, gerade in Damaskus, sind wahre Kleinode. Hotels wie das **al-Haramain** oder das **ar-Rabie** sind in alten osmanischen Häusern untergebracht, die Zimmer gruppieren sich um einen herrlichen Innenhof mit Brunnen und Pflanzen. Wer so unglaublich schön wohnt, verzichtet vielleicht auch mal auf den ein oder anderen hygienischen und Einrichtungsstandard!

Mit der Erwähnung dieser beiden Hotels sind wir auch schon bei der letzten Kategorie angekommen, den sog. **„Traveller Lodges“.** Es gibt in Syrien kein allzu großes Traveller-Publikum (damit meine ich v.a. Rucksackreisende jeder Couleur). Dennoch scheint es für sie eine eigene Hotelkategorie zu geben. Gleichgültig, ob man in Malaysia, in Ecuador oder eben in Syrien unterwegs ist, sog. „Traveller“ gibt es weltweit, und weltweit gleichen sich die Unterkünfte, in denen sie bevorzugt absteigen. Meist sind das Empfehlungen aus dem „Lonely Planet“, denen fast alle folgen. Traveller Lodges zeichnen sich durch ein junges internationales Publikum aus, durch kleine Bibliotheken mit Büchern in mehreren Sprachen, durch mehrsprachiges und sehr hilfsbereites Personal, das die Gäste auch schon mal mit in die Stadt nimmt oder Touren mit ihnen veranstaltet. Die Zimmer sind sauber, es gibt Gemeinschaftsräume. Die zuletzt genannten Hotels in Damaskus, das **Hotel Daniel** in Tartus, das **Hotel Cairo** in Hama sowie das **Hotel Zahrat ar-Rabi'** in Aleppo gehören in diese Kategorie. Hier ist man als Frau immer gut aufgehoben, und immer wird man Leute finden, mit denen man den Abend verbringen kann.

Für alle Hotels, die bevorzugt von europäischem/westlichem Publikum aufgesucht werden – seien es Traveller Lodges oder Luxushotels – gibt es eine Grundregel: In der Hauptsaison (März und April, September bis Mitte November) kann es häufig vorkommen, dass sie ausgebucht sind, denn auch Reisegruppen steigen hier ab. Eine Reservierung oder ein Anruf am Morgen tut dann Not!

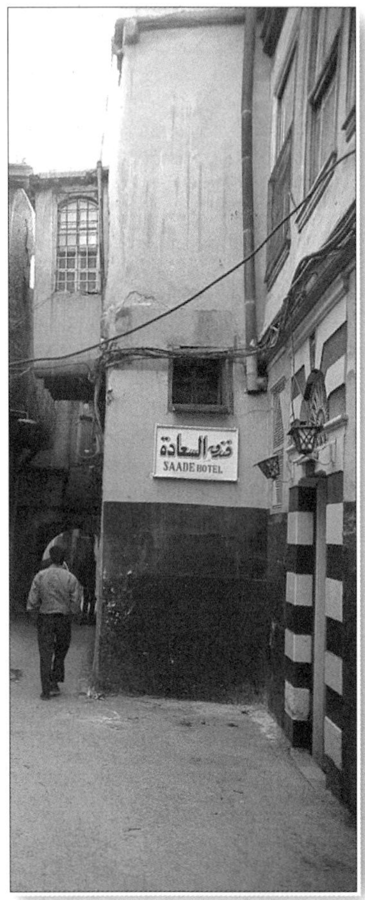

Einfaches Hotel in Damaskus

Camping

Eine traurige Nachricht für die Fans des Campingurlaubes: Es gibt **nur zwei Campingplätze,** die diesen Namen auch verdienen: der Campingplatz in Kafr Ame bei Aleppo und der in Damaskus. Sieht man von diesen beiden ab, ist es schlicht gesagt unmöglich, einen akzeptablen Platz zu finden. Die meisten staatlichen Campingplätze sind unzumutbar dreckig und oftmals gar nicht benutzbar.

Das heißt aber nicht, dass Camper nun ihren Urlaub in Syrien aufgeben müssten. Nein! Viele Hotels bieten an, das Zelt oder den Bus neben dem Haus aufzustellen. Im Falle des Hotels **La Table Ronde** beim **Krak des Chevaliers** z.B. hat man damit ins Schwarze getroffen. Auf einem kleinen Wiesenstück neben dem Hotel kann man sich seine Behausung einrichten und hat dabei einen sensationellen Blick auf den Libanon. Oder beim **Hotel Zenobia** in **Palmyra.** Auch hier kann man sein Zelt aufstellen, und auch hier schläft man unter herrlichen Bäumen und mit einem tollen Blick!

Wer will, kann seinen Camper meist problemlos an jedem beliebigen Ort parken. Ist ein militärisches Sperrgebiet in der Nähe, werden die Soldaten die Campenden darauf hinweisen, dass sie nicht bleiben können. Man sollte ihnen unbedingt Folge leisten.

Wenn Sie Ihr Auto oder Zelt einfach irgendwo aufbauen, ist es sehr gut möglich, dass Sie damit die Menschen der näheren Umgebung anlocken. Sie wollen sehen, wer da in ihrer Nähe haust. Mit einer Einladung zum Tee Ihrerseits ist das Eis schnell gebrochen, und man wird einen schönen Abend miteinander verbringen.

Wer sich unsicher ist, kann auch bei der jeweiligen Polizeistation nachfragen. Oftmals darf man in deren Hof übernachten.

Klöster

In Syrien gibt es häufig die Möglichkeit, in einem Kloster zu übernachten, v.a. in Damaskus und Umgebung sowie im Salihiya-Gebirge. Die Übernachtungskosten sind dabei nicht fix. Man erwartet einen kleinen Obolus für die Zimmerbenutzung. Seien Sie großzügig, denn dieses Geld wird grundsätzlich einem guten Zweck zugeführt. Auf dem Berg Cherubin beispielsweise wird davon ein Waisenhaus finanziert, in Damaskus werden arme Familien unterstützt, und in Maalula können so die Klöster erhalten werden.

Oftmals ist es ein sehr schönes Erlebnis, in diesen Klöstern zu übernachten. In Mar Musa z.B., nördlich von Damaskus, wohnt man am Ende einer Schlucht, ganz und gar einsam in einem Kloster aus dem 7. Jahrhundert! Häufig gibt es kein Telefon, so dass man sich nicht vorher ankündigen kann: Gehen Sie einfach hin und fragen Sie. Meist ist ein längerer Aufenthalt (ab 3 Tagen) erwünscht! Die Zimmer sind sehr einfach, aber sauber.

Land und Leute

Die Umayyaden-Moschee in Aleppo

Zu Gast bei einer syrischen Familie
Damaskus: im Teehaus

Überblick

Offizieller Name: Arabische Republik Syrien

Lage

Syrien liegt inmitten des sog. „fruchtbaren Halbmondes“, also des bogenförmigen Nordrandes der arabischen Halbinsel. Das Land erstreckt sich zwischen 32° und 37° nördlicher Breite und 35° und 42° östlicher Länge. Die Westgrenze bilden Mittelmeer und Libanon, die Ostgrenze der Irak; die nördliche Grenze ist die Türkei, die südliche Jordanien. Seit Besetzung der Golanhöhen ist auch Israel direkter „Nachbar“ im Südosten des Landes.

Größe

Das Staatsgebiet Syriens umfasst eine **Fläche von 185.180 km².** Zusätzlich beansprucht Syrien die heute türkische Provinz Antakya (Hatay) für sich, den Libanon sowie die Golanhöhen.

Bevölkerung

Zahlen der UNO zufolge hatte Syrien 1999 **17,2 Mio. Einwohner.** Statistisch gesehen kommen 83 Einwohner auf einen Quadratkilometer. Tatsächlich lebt mehr als die Hälfte der Syrer in den Städten, in der Wüste hingegen fast niemand. Das Bevölkerungswachstum lag in den letzten Jahren bei ca. 2,9%, die Analphabetenrate bei unter 30%.

Der Großteil der Bevölkerung (90%) ist arabisch. Daneben gibt es schätzungsweise eine halbe Mio. Kurden, 200.000 Armenier und einige tausend Assyrer in dem Gebiet um Maalula.

Auch unter den Arabern existieren „eigene Identitäten“: So bezeichnen sich die wenigen noch existierenden Nomaden als „reine“ Araber im Gegensatz zu den „syrischen“ Arabern. Auch die Drusen im Süden, die Alawiten und die Juden grenzen sich von den anderen Arabern aufgrund ihrer Religion ab.

Sprache

Offizielle Staatssprache ist **Arabisch,** nahe der türkischen Grenze spricht und versteht man bisweilen auch Türkisch. In Maalula und Umgebung wird als einzigem Ort weltweit bis heute noch Aramäisch, die Sprache Jesu, gesprochen.
Geschäftssprachen in Syrien sind neben Arabisch Englisch und Französisch.

Staat und Regierung

Syrien ist eine arabische Republik (al-Djumhuria al-arabiya as-suriya) und gehört gemäß der Verfassung von 1973 zur arabischen Nation. An der Spitze der Regierung stand von 1970 bis zum Juni 2000 Hafez al-Asad. Nach seinem Tod folgte ihm sein Sohn Bashar al-Asad im Amt.

Religion

90% aller Syrer bekennen sich zum **Islam,** 80% davon zum sunnitischen Glauben. 12% bekennen sich zum Alawitentum, dem auch der Präsident Asad angehört, die restlichen 8% teilen sich in die imamitischen Schiiten und die Drusen. Daneben gibt es Christen und Juden.

Währung
Die syrische Währung ist das **syrische Pfund** (arab. **Lira**). 1 DM entsprachen im Juli 2000 22 Lira.

Uhrzeit
MEZ plus 2 Std. (während unserer Sommerzeit plus 1 Std.). Achtung: Auch in Syrien gibt es eine Sommerzeit (bis 01.10.)

Gewichte und Maße
Metrisches System

Stromnetz
220 Volt, 50 A.C. (Wechselstrom)

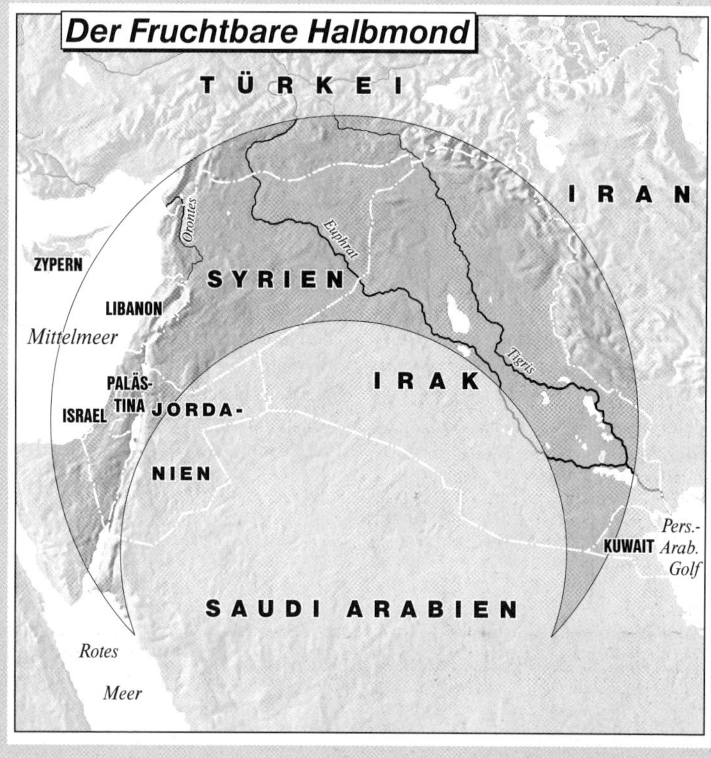

Geografie

von *Martin Schemel*

Allgemeines

Unter „Syrien" versteht/verstand man eigentlich die **Tafellandschaft Vorderasiens**, welche heutzutage die Staaten Israel und Libanon ganz und einen großen Teil Jordaniens und Syriens und den Westirak umschließt. In diesem Buch wird jedoch ausschließlich das Gebiet des Staates „Arabische Republik Syrien" dargestellt. Dieser Staat zählt zu den sogenannten **Levantestaaten** („Levante" bedeutet, ebenso wie „Orient" und „Anatolien", Osten und Sonnenaufgang), auch wenn sein Territorium weit über die eigentliche Levante nach Osten hinaus ausgreift, denn der Schwerpunkt der Wirtschaft und der Bevölkerungsverteilung liegt im klimatisch begünstigten Westen.

Die Gesamtfläche der Arabischen Republik Syrien beträgt 185.180 km^2, was in etwa der halben Fläche der Bundesrepublik Deutschland entspricht. Das Gebiet erstreckt sich zwischen 32°20′ und 37°20′ nördlicher Breite und zwischen 35°40′ und 42°20′ östlicher Länge. Im Jahre 1992 waren 52.210 km^2 der Staatsfläche Ackerland.

Landschaftsprägende Elemente

Bezüglich seiner Landesnatur erscheint Syrien als **ein Land des Überganges,** denn es liegt klimatisch **zwischen** den Einflüssen des **Mittelmeeres** (ozeanisch) und der kontinentalen **Wüste.** Die Grundelemente der syrischen Landschaft scheinen in einen relativ kontinuierlichen westöstlichen Formenwandel eingegliedert zu sein. Beim Relief kann man feststellen, dass die Stärke der jungen Krustenbewegungen und somit auch die tektonische Überformung im Westen am größten ist. Bruchfaltengebirge mit einer Höhe von bis zu 2814 m (Djabal ash-Shaikh, höchste Erhebung Syriens) überragen das Vorland. Je weiter man sich in Richtung Osten fortbewegt, desto mehr nivellieren sich **Relief** und tektonische Verformung, bis schließlich in Ostsyrien die Oberflächenformen durch die eintönigen Ebenen des Tafellandes der syrischen Wüstensteppe bestimmt werden. Die **Niederschlagsmenge**, und davon abhängig die Flora (und die Anbaumöglichkeiten), unterliegt ebenfalls im Allgemeinen einer **Abnahme von West nach Ost.**

Es gilt meist die **Regel:** Je weiter im Osten Syriens, desto flacher das Gelände, desto geringer der Niederschlag, was wiederum spärlicheren Pflanzenwuchs zur Folge hat, und desto kontinentaler das Klima (das bedeutet: größere Temperaturgegensätze zwischen Sommer und Winter und zwischen Tag und Nacht).

Grenzen

Die **Form des Staatsgebietes Syrien** kann grob als **unregelmäßiges Fünfeck** beschrieben werden. Die Grenzen, welche die Form dieses Polygons bestimmen, beruhen weder auf geographischer noch auf ethnischer Grundlage. Sie sind das Resultat mühevoller Absprachen mit den Nachbarländern, und nicht alle Verläufe scheinen aus syrischer Sicht endgültig festgelegt, so zum Beispiel die Grenze mit der türkischen Region Hatay (Antakia), die auf offiziellen syrischen Landkarten als temporärer Grenzverlauf dargestellt wird (um nur einen nicht geklärten Territorialkonflikt zu erwähnen).

Lediglich die äußerste **Westseite** des Staates Syrien ist durch ca. 170 km **Levante-Küste** natürlich begrenzt. Südlich von Arida verläuft die syrisch-libanesische (West-) Grenze zuerst dem Nahr al-Kabir folgend nach Osten, folgt dann der Kammlinie des Antilibanon nach Süden, von wo aus sie sich dann als syrisch-israelische **Grenze östlich des Tiberiassees und des Jordanflusses** fortsetzt. Die syrisch-türkische **(Nord-) Grenze** stützt sich, nachdem sie nördlich von Ra's al-Basit zuerst in östlicher und dann in nördlicher Richtung verlief, auf einen Abschnitt des Orontes. Dann verläuft sie **parallel des Flusses Karasu,** bevor sie östlich abbiegt. Bis Nusaybin (türkisch) folgt sie der Bahnlinie Aleppo – Bagdad, stößt dann weiter als die Bahntrasse nach Osten bis zum Tigris vor und folgt dem Fluss nach Süden bis zur **Grenze mit dem Irak.** Als syrisch-irakische Grenze legt sie sich, zuerst in südwestlicher, dann in **südlicher** Richtung verlaufend, um den **Djabal Sindjar,** der auf irakischer Seite bleibt, und überschreitet bei **Abu Kamal** den Fluss Euphrat. Als gerade Linie setzt die Grenze sich nach Südwesten durch die syrische Wüste fort. Schließlich verläuft die dann schon **syrisch-jordanische Grenze** westwärts um den **Djabal ad-Druz,** der auf syrischer Seite bleibt, und steigt dann mit dem Fluss Yarmuk zum Tiberiassee ab. Hier trifft sie auf die weiter oben skizzierte Westgrenze.

Großlandschaften

Im wesentlichen ist Syrien eine Steppen- und Wüstenhochebene. Für eine menschliche **Besiedlung** und **Kulturanbau** eignen sich nur die **Küstengebiete**, die großen Oasen und die Flussniederungen, an denen eine Bewässerung machbar ist.

Der parallel zur Küste verlaufende **Djabal al-Ansariya,** auch Djabal an-Nusairiya oder Djabal as-Salihiya (max. Höhe 1562 m) genannt, ist das bedeutendste Gebirge Nordsyriens. Der Osthang fällt sehr steil zum Graben des **Ghab** hin ab, der den Djabal an-Nusairiya vom Djabal az-Zawiya trennt. Zum Meer hin findet eine sanfte Abdachung zur bis zu **30 km breiten Küstenebene** statt. In der Sohle des Ghab fließt der Orontes, der allerdings nicht stark genug war, die frühere Sumpflandschaft zu entwässern, was dazu führte, dass man den querliegenden Riegel zu sprengen versuchte, um den Ghab trockenzulegen und das Gebiet landwirtschaftlich zu nutzen.

Südlich des Djabal as-Salihiya beginnt die Gebirgskette des Libanon, an der Syrien allerdings keinen Anteil hat. Westlich des Libanon (sowohl des Staates als auch des Gebirges) breitet der Karstgebirgszug des Antilibanon, dessen Hauptkamm (max. Höhe 2659 m) die Grenze zwischen den beiden Staaten bildet, seinen Osthang auf syrisches Gebiet aus. Südlich hiervon liegt der **Hermon (Djabal ash-Shaikh),** der mit einem seiner drei Gipfel die **höchste Erhebung (2814 m) Syriens** bildet.

In den **südlichen Basaltländern (Golan, Hauran** und am **Djabal ad-Druz)** lagern über dem kristallinen Grundgebirge Basaltdecken, die z.T. Gebirge bis zu 1800 m Höhe aufgebaut haben.

Mit weiten **Schwemmlandfächern** (entstanden durch die Flusswerke des Khabur und Balikh) erstreckt sich das nordostsyrische Hügelland nördlich des **Djabal al-Aziz**, der mit 920 m die höchste Erhebung der syrischen Djazira bildet. **Djazira** heißt Insel, und gemeint ist das **Land zwischen den beiden Flüssen Euphrat und Tigris.** Ein anderer, bekannterer Name für diese Region ist das zu Weltruhm gelangte Mesopotamien, was nichts anderes bedeutet als „Zwischenstromland".

Das Bild des östlichen Landesteils wird durch eine weite Hochebene geprägt, die vorwiegend aus Wüstensteppe mit Felsen- und Schuttflächen besteht, in der sich fruchtbares Land nur am Euphrat befindet.

Im Südosten des Landes beginnt eine überwiegend aus Sanddünen bestehend **Wüste (Badiyat ash-Sham),** die sich im Irak und in Jordanien fortsetzt.

Die Böden

Trotz vieler Unterschiede (Ausgangsgestein, klimatische Faktoren, Bodengeschichte, anthropogene Einflüsse) besitzen die Böden Syriens vor allen Dingen ein gemeinsames Charakteristikum: Ihr **Humusgehalt ist sehr gering.**

Vom Ausgangsgestein abhängig ist die Eignung der Böden für die Landwirtschaft: So finden wir z.B. beiderseits des **Euphrats Böden**, die selbst bei ausreichender Bewässerung relativ ungünstige Wachstumsbedingungen bieten. In Nordsyrien hingegen konnten sich tiefgründige Böden entwickeln, während z.B. die Güte der **Basaltböden Südsyriens** von der Verwitterungsdauer (und somit dem Alter der Gesteine, also des Lavaergusses) determiniert wird.

In den **niederschlagsreicheren Landesteilen** im Westen ist im Allgemeinen die **Humusbildung** weiter **vorangeschritten**, während wir in trockeneren Landesteilen im Osten teilweise Rohböden selbst über nicht besonders widerstandsfähigem Ausgangsgestein finden können. Die menschlichen Eingriffe, allen voran die Zerstörung der Waldbestände in den westlichen Landesteilen, führten zur irreparablen Bodenabschwemmung, die als ein, wenn nicht gar als der Grund für die Entstehung der vielen „Toten Städte" Westsyriens (vgl. S. 154) gesehen werden muß.

Die Flüsse

Nur zwei Wasserläufe in Syrien verdienen die Bezeichnung „Fluss": **Euphrat**

und Orontes. Ersterer, der mit Abstand wasserreichste Fluss Syriens, auf arabisch Nahr (seltener Bahr) al-Furat genannt, weist in seinem Verlauf von ca. 700 km von der syrisch-türkischen bis zur syrisch-irakischen Grenze ein sehr geringes Gefälle von nur 160 Metern auf, ein Umstand, der dazu führt, dass der Fluss das Hochland in weiten Mäandern (Flussschlingen) durchströmt. Aus dem Norden fließen die Flüsse **Khabur, Balikh** und **Sadjur** zu (alle perennierend, d.h. ganzjährig wasserführend); aufgrund ihrer tief eingeschnittenen Läufe bzw. ihrer geringen Wasserführung sind sie jedoch ohne Hebevorrichtung kaum zur Bewässerung geeignet.

Der wasserreichste und größte Fluss Westsyriens, der **Orontes**, auf arabisch **Nahr al-Asi** (= „der Rebell", weil er der einzige Fluss in der Region ist, der von Süden nach Norden fließt), speist sich aus Gebirgsquellen bzw. den Niederschlägen am Küstengebirge, so dass der Fluß hinsichtlich der Wassermenge nur geringe Schwankungen übers Jahr aufweist. Über eine Länge von ca. 450 km – das entspricht dem größten Teil seines Laufes – fließt er durch Syrien, er entspringt jedoch in den Gebirgszügen des Antilibanon im Libanon und mündet in der Türkei ins Mittelmeer. Die vier Knicke in seinem Verlauf eignen sich hervorragend für den Bau von Stauanlagen, was z.T. schon seit der Römerzeit (vor Homs) geschah. Das Durchflussgebiet des Orontes erhält für Trockenfeldbau ausreichend Niederschlag, so dass der Fluss vor allem bei der Bereitstellung von zusätzlichem Wasser zur künstlichen Bewässerung eine Rolle spielt (man beachte die Wasserräder entlang seines Laufes bei Hama!), wodurch der Anbau intensiviert und mehrere Ernten pro Jahr erreicht werden können.

Entlang des **Tigris** (arab. **Nahr ad-Didjla**) fallen ausreichend Niederschläge von ca. 700 mm im Jahr.

Der **Yarmuk** an der syrisch-jordanischen Grenze ist aufgrund der extrem niedrigen Erosionsbasis des Jordangrabens sehr tief in einem engen Tal eingeschnitten, was eine **Uferbewässerung** schier **unmöglich** macht.

Ein Flüsschen von besonderer (wenn auch unscheinbarer) Bedeutung sei hier noch erwähnt: der **Barada,** welcher mit einem kleinen Nachbarflüsschen, nach seinem Austritt aus dem Gebirge, die größte Ghuta Syriens versorgt: Die Rede ist von der Ghuta von Damaskus.

Eine ganze Anzahl von (Karst-) Quellen speist kleine Wasserläufe, und Grundwasserschichten lassen verschiedene Oasen inmitten der trockenen Steppe erblühen. **Die weiteren Wasserläufe** sind höchstens **von lokaler Bedeutung** (so z.B. der Quwayq bei Aleppo), schrumpfen zu dürftigen Rinnsalen zusammen oder führen nur periodisch nach Niederschlägen oder Schneeschmelze, z.B. nördlich im angrenzenden Taurusgebirge, Wasser (Wadis).

Es gibt in Syrien **keine natürlichen Seen.** Der See von Homs und der Asad-Stausee sind künstlich angelegt. Wenn der Winter besonders niederschlagsreich ausfällt, können sich monatelang flache Wasserschichten in abflusslosen Senken, Endsümpfen und Salzpfannen bilden.

Syriens Bodenschätze

Der gewinnträchtigste syrische Rohstoff ist das **Erdöl**, das im äußersten Nordosten des Landes gefördert wird, von wo aus direkt eine **Pipeline**, die sich in Homs mit einer aus Kirkuk/Irak kommenden Leitung vereinigt, **nach Banyas** führt. In letzter Zeit wurden nur kleinere Ölfelder entdeckt.

Lange **vernachlässigt** wurden die recht ergiebigen **Erdgasvorkommen**, die für Weiterverarbeitung und den Betrieb von Kraftwerken mittlerweile in großem Umfang genutzt werden. Im Norden von Palmyra/Tadmur wird **Phosphat** abgebaut. Außerdem bestehen **Eisenerzvorkommen** und Steinsalzlager. Kupfer- und andere Metallerze, Bauxit, Gold, Silber, Schwefel, Kalk, Gips, Quarzsand, Basalt und Mergel sind Rohstoffe, deren Gewinnung nur von lokaler Bedeutung ist. Zu erwähnen seien noch die **Marmor**vorkommen bei Damaskus und Lataqiya.

Klima

von ***Martin Schemel***

Klimatisch liegt Syrien in einem Übergangsraum zwischen dem winterfeuchten Mittelmeergebiet im Westen des Landes und den kontinentalen trockenen Gebieten im östlichen Landesteil.

Straße durch die Wüste zwischen Palmyra und Hama

Großwetterlagen

Die **Hauptjahreszeiten** mit jeweils ungefähr vier Monaten bilden in Syrien der **Sommer** und der **Winter**, wobei der „Hochsommer" in den Monaten Juli und August Einzug hält, während der „tiefste Winter" in den Monaten Januar und Februar stattfindet. Für **Herbst und Frühling** bedeutet das, dass sie nur als **Übergangsjahreszeiten** mit einer Dauer von manchmal nur einem Monat zwischen den beiden „Extremen" liegen.

Im Sommer liegt Syrien im Einflussgebiet der subtropischen Trocken- und Passatzone, was wolkenarmes, trockenes und warmes Wetter mit strahlendem Sonnenschein von großer Beständigkeit zur Folge hat, während im Winter die außertropische Westwindzone das Klima diktiert, so dass das Winterwetter infolge des Durchzugs von Zyklonen mit wolkigen und heiteren Abschnitten unbeständig ist. Sommers sind also die Wirkung von Ein- und Ausstrahlung, winters die herangeführten Luftmassen entscheidend.

Das **Sommerwetter** ist in ganz Syrien recht **einheitlich**, lediglich Luftfeuchtigkeit und Tagestemperaturschwankungen sind im ozeanischen Bereich höher bzw. niedriger. Im Winter erscheint das Witterungsgeschehen auch lokal viel unterschiedlicher, und Syrien lässt sich in eindeutig differenzierbare Klimaregionen einteilen.

Föhnartige Fallwinde aus dem Hochland von Anatolien bringen dem **nordöstlichen Landesteil** oft **heiße** und **trockene Luft**, gleiches kann auch auf die Ghab-Senke zutreffen, wenn trockene Luftmassen (die ihre Feuchtigkeit beim Überqueren der Gebirgsketten abgeben konnten) beim Absinken erwärmt werden.

Höhenlagen des Küstengebirges sind im Sommer, aufgrund ihrer „milderen" Temperaturen, begehrte Sommerfrischen. Im Winter hingegen liegt oft an gleicher Stelle eine dünne Schneeschicht.

Temperaturen

An der **Westküste** (Lataqiya) werden **winterliche Tiefstwerte von 13°C** und **sommerliche Höchstwerte von 27°C** gemessen.

In den kontinentalen **Wüstenregionen** werden die Temperaturunterschiede wesentlich größer, z.B. in Der az-Zor: **6°C im Winter** und **32°C den Sommer über.**

In den vom **Kontinentalklima** beherrschten Gebieten ist (nicht überall) **Nachtfrost** zwischen November und April möglich.

Darüber hinaus gibt viele Abstufungen. So „blühen" z.B. die Oasen der Städte Aleppo, Hama und Damaskus im Übergangsklima (zwischen ozeanisch und kontinental) unmittelbar im Rücken der Küstengebirgskette.

Niederschläge

Die Niederschläge stellen in ihrer Periodik, in ihrer wechselnden Menge und ihrer räumlichen Verteilung den **wichtigsten Klimafaktor** für Syrien dar, denn die im Vergleich zu den Temperaturen viel ausgeprägteren Schwankungen in der Niederschlagsmenge sind für Wasserhaushalt und Landwirtschaft ein großer klimatischer Unsicherheitsfaktor.

Am meisten Regen fällt im Januar. Der Dezember im Westen und der Februar im Osten sind die Monate mit den zweithöchsten Niederschlägen. Im Osten ist der Anteil der März- und Aprilregen an den Gesamtniederschlägen höher als an der Küste.

Im Westen liegt die Verdunstungsrate merklich unter der des Ostens, wodurch der Unterschied des im jeweiligen Landesteil zur Verfügung stehenden Regenwassers nochmals verschärft wird.

Syrien lässt sich grob in **Niederschlagszonen** gliedern, die sich großteils mit dem westöstlichen Formenwandel von Relief, Bevölkerungsverteilung, Landnutzung und auch Siedlungsgeschichte decken: Im **Gebirgsland im Westen** Syriens beträgt der Niederschlag überall über 600 mm (teilweise über 1000 mm) im Jahr. In den **altbesiedelten Ackerfluren Westsyriens** liegen – wie an einer Perlenkette aufgereiht – die vier wichtigsten Städte Syriens, von Nord nach Süd Aleppo, Hama, Homs und Damaskus. Die Jahresniederschläge liegen hier noch bei über 400 mm. Das erst ab 1850 von der sesshaften Bevölkerung wieder besiedelte **Steppenland** erhält noch Niederschläge, die pro Jahr zwischen 250 und 400 mm schwanken, und liegt direkt östlich im Anschluss an die Städtereihe, mit einer Breite, die zwischen wenigen und manchmal fast 100 km beträgt. Es erstreckt sich auch entlang der nördlichen Grenze zur Türkei, wo ebenfalls ausreichend Regen fällt, und zwar aufgrund des Wolkenstaus, den das Taurusgebirge verursacht.

Die **Wüstensteppe** ist überwiegend sehr eben und erstreckt sich, mit Ausnahme der westlichen und nördlichen Teile des Landes, über ganz Syrien und nimmt somit 50–60 % der Landesfläche ein. Die Niederschläge betragen weniger als 250 mm pro Jahr, was für manche Gegenden und Jahre bedeuten kann, dass es überhaupt nicht regnet.

Flora und Fauna

von *Martin Schemel*

Pflanzenwelt

In allen Teilen Syriens ist die **natürliche Vegetation durch** anthropogene (d.h. **menschliche) Eingriffe** stark **degradiert** worden. Gründe dafür waren die Nutzung des Holzes für das Holzhandwerk, als Brennholz, zur Herstellung von Holzkohle u.v.m., aber auch die Rodung für landwirtschaftlichen Anbau und die Überweidung (natürlich nur indirekt ein menschlicher Faktor). Größer als in anderen Mittelmeeranrainerstaaten scheint das Ausmaß der **Vegetationszerstörung** gewesen zu sein, so dass das heutige Pflanzenkleid nur ein kümmerlicher Rest des früher um einiges üppigeren Pflanzenbestandes ist. Die Vernichtung des (früher oft undurchdringlichen Hoch-) Waldes, die teilweise schon vor ca. 3000 Jahren be-

gann, wurde quasi erst mit einem **Forstgesetz (1935) der französischen Mandatsregierung** zum Schutz der noch vorhandenen Bestände bekämpft. Selbst **die syrische Wüste ist eine vom Menschen verursachte Wüste,** ursprünglich soll sie von einer recht dichten Decke aus Gräsern, Kräutern und Zwergsträuchern überzogen gewesen sein. Im Frühjahr wird jedoch deutlich, dass selbst die niederschlagsärmsten Gebiete Syriens von einer Vollwüste weit entfernt sind, denn nach ergiebigen Regenfällen beginnt der Sand zu „blühen" und überall liegt ein grüner Schleier.

Landschaft am Mittelmeer

Wichtigster ökologischer Faktor für die Pflanzenverbreitung in Syrien ist das **Klima,** aber auch Bodenunterschiede führen im Einzelnen zu verschiedenen Vegetationsausformungen. Es überschneiden sich in Syrien **vier große Florenregionen:** In Westsyrien herrscht die **mediterrane** (Eichen, Nadelbäume etc.) vor, im nordwestlichen Gebirge die **euro-sibirische** (Rotbuche, Hasel, etc.), in Inner- und Ostsyrien die **irano-turanische** (Pistazien etc.) und in Südostsyrien die **saharo-indische** (z.B. Dattelpalme), wobei die Mischung in den unterschiedlichen Landesteilen sehr unterschiedlich sein kann.

Nur in der **Küstenebene** und an den Westhängen der küstennahen Gebirgszüge finden wir heute aufgrund des ausreichenden Niederschlags eine **üp-**

pige Vegetation, die, ähnlich wie an anderen Mittelmeerküsten, als Macchie (das sind immergrüne Hartlaubgebüschformationen aus 1–3 m hohen Sträuchern, die oft ein dichtes Gestrüpp bilden) auftritt. **Pinien, Eichen, Tamarisken, Zypressen, Aleppokiefer** und ganz selten die **Libanonzeder** sind die **häufigsten Baumarten dieser Region.** Östlich des Küstengebietes, wo die Steppe in die Wüstensteppe übergeht, bestimmen in, grob gesagt, von West nach Ost abnehmender Anzahl Sträucher, Kräuter und Gräser das Vegetationsbild der trockeneren Regionen.

Tierwelt

Die **Wildtierwelt** Syriens ist sehr **artenarm**, und das, obwohl es nur wenige Gebiete auf der Erde gibt, wo sich im Laufe der Zeit so viele verschiedene Tierwelten begegnet sind: So vertreten/vertraten z.B. Dachs, Reh, Bär und Marder die nördliche Tierwelt, Gazelle, Antilope, Panther und Luchs repräsentier(t)en die afrikanische, Schakal, Wolf

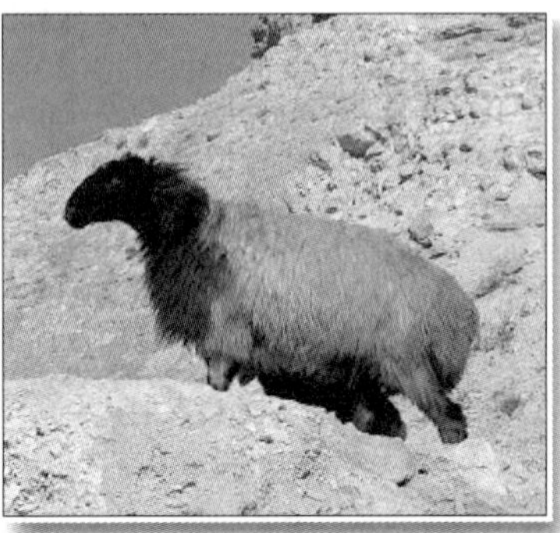

und Hyäne die indische Fauna. Doch viele Tiere wurden ausgerottet oder durch die Ausweitung des Kulturlandes aus Syrien verdrängt. Hierzu gehört der Syrische Halbesel. Mit einer Widerristhöhe von 1 m war er der kleinste seiner Art. Nachweislich bis zum letzten Weltkrieg konnten sich am fast unzugänglichen Ostabfall des **Djabal as-Salihiya** (Teil des Küstengebirges) Wolf, Hyäne, Bär, Luchs, Wildschwein, Panther und Luchs halten.

In der Wüstensteppe und Steppe kommen **viele Arten von Echsen**, darunter auch **Chamäleons** und diverse **Hamsterarten** vor (u.a. der Syrische Hamster, von dem der gerne als Haustier gehaltene Goldhamster abstammt). Weit verbreitet ist mit angeblich weit über 10 Mio. Exemplaren der **Schakal**. Auch **Raubvögel** sind, trotz der (in manchen Regionen noch populären) Falknerei, in größerer Anzahl vertreten. **Flamingos und Pelikane** finden sich am Asad-Stausee und an der Küste.

Als Lastenträger dienen **Esel, Pferd, Maulesel und Dromedar.** Dieses einhöckrige „Kamel" wird zudem teilweise als Fleischlieferant geschätzt und oft auch nur noch aus Prestigegründen gehalten. Weitere **Haustiere** sind **Kühe, Schafe, Ziegen** und diverse **Geflügelarten.** Das Hausschwein ist in Syrien nicht oder wenigstens kaum anzutreffen, da der Verzehr von Schweinefleisch Muslimen untersagt ist. Auch Katzen und Hunde gibt es in Syrien. Sie gelten aus religiösen Gründen jedoch als unrein, und deshalb versucht ein Muslim, die körperliche Berührung mit ihnen zu vermeiden. Allerdings weiß man die Fähigkeiten dieser Tiere auch zu schätzen (etwa für die Wache und die Mäusejagd), in den Städten streunen sie jedoch meist nur umher und scheinen sich nur von Abfall zu ernähren.

Geschichte

In Syrien sagt man: Jeder Mensch hat zwei Heimaten, Syrien und seine eigene. Gemeint ist damit, dass Syrien eine wesentliche Rolle im Prozess der menschlichen Zivilisation spielte und aus diesem Grunde für alle Menschen dieser Erde eine zweite Heimat ist – **Syrien, die Wiege der Kulturen** also.

Übertrieben haben die Syrer mit dieser Meinung nicht. Tatsächlich war die Region **jahrtausendelang Zentrum von Hochkulturen,** in Ugarit entdeckte man die **erste Alphabetschrift** der Menschheitsgeschichte, Täfelchen aus dem 14. Jahrhundert v.Chr. weisen Zeichen auf, die man als Ursprung unserer Schrift identifizieren kann. Die Tempel von Mari, Ebla, Palmyra und Bosra gehören zu den am besten erhaltenen überhaupt und zeugen von der langen Geschichte, auf die das Land zurückschauen kann.

Die Geschichte des Landes lässt sich weit zurückverfolgen: Archäologischen Funden zufolge ist die Region **seit dem Beginn der Altsteinzeit besiedelt.** Während der neolithischen Revolution im 9. Jahrtausend v.Chr. begannen die Menschen hier Behausungen zu bauen, Pflanzungen anzulegen und Tiere zu domestizieren. Grund für diesen Wandel waren die guten Bedingungen innerhalb des **„Fruchtbaren Halbmondes“,** der Region also, die sich über das heutige Syrien, den Libanon und Israel sowie das Zweistromland zwischen Euphrat und Tigris im heutigen Irak erstreckt. Ein Umherwandern war nun nicht mehr nötig, der Schritt vom Jagen und Sammeln zur aktiv produzierenden Wirtschaft (Grundlage war der **Regenfeldbau**) und somit zur Sesshaftigkeit war vollzogen.

Ein **gut funktionierendes Bewässerungssystem** war die Voraussetzung, Überschüsse produzieren zu können. Erst dann konnten sich Menschen aus der Lebensmittelproduktion „ausklinken“ und anderen Tätigkeiten nachgehen, vor allem Handwerk und Handel. Ausgedehnte Handelsnetze gingen einher mit dem Willen zur Expansion, und mit der Erweiterung des Lebensraumes wuchs auch die Bevölkerung.

Die neuen Gemeinschaften passten sich ihrer Umgebung an, die notwendigen Aktivitäten wurden untereinander aufgeteilt, das soziale Leben organisiert. Erste Häuser entstanden, meist Rundbauten aus ungebranntem Lehm, aus Dörfern wurden Städte, aus Städten Reiche. Je komplexer der Tauschhandel und die gesellschaftlichen Beziehungen wurden, desto nötiger war eine effiziente Verwaltung. Ein gemeinsames Wertesystem musste geschaffen werden, kollektive Denkmuster waren Voraussetzung für den Erfolg. Die Religion war nur eine Möglichkeit, eine Basis dieser Art zu schaffen.

So begann und gestaltete sich der Prozess der menschlichen Zivilisation vor über 10.000 Jahren.

Im 4. Jahrtausend entstanden in Syrien **die ersten Hochkulturen** der Menschheitsgeschichte, noch vor denen im Niltal und im Industal. Gegen Ende des 1. Jahrtausends v.Chr. wurde Syrien ein wichtiger Bestandteil der hellenistischen Welt, später dann des Römischen und Byzantinischen Reiches. 89 Jahre lang war Damaskus Hauptstadt des islamischen Weltreiches und somit der Nabel dieser Welt. Später hinterließen Kreuzritter ihre Spuren, ihnen folgten die Mamluken und Osmanen.

Puzur Ishtar, ein Herrscher aus Mari Anfang des 3. Jtds. v.Chr. (Foto: D. Bonatz)

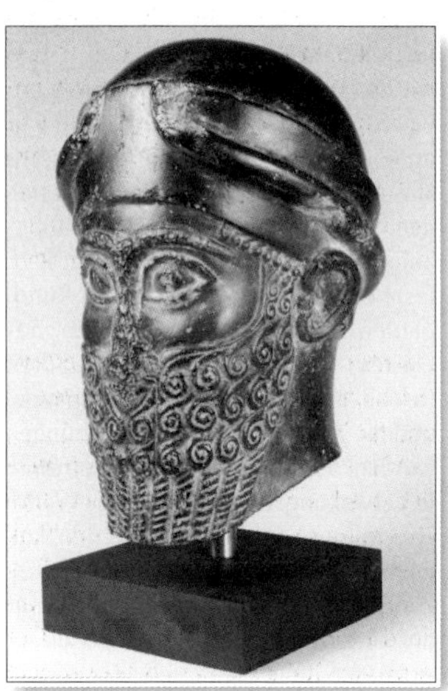

Das folgende Kapitel ist der Versuch, die große und aufregende Geschichte Syriens in der gebotenen Kürze und nötigen Detailliertheit zu schildern. Zur Vertiefung der Materie verweise ich auf die Bücher, die in der Literaturliste (vgl. S. 434) angegeben sind.

Die frühsyrischen Reiche (ca. 3100–539 v.Chr.)

Die syrische Frühgeschichte (frühe Bronzezeit, ca. 3100–2100 v.Chr.)

Die ersten wirklichen Städte entstanden im 4. Jahrtausend unter den **Sumerern** im südlichen Mesopotamien. Die Machthaber dieser Städte weiteten ihren Herrschaftsbereich bis ins Gebiet des heutigen Syrien aus, wo sie an wichtigen Knotenpunkten weitere Städte errichteten, darunter **Mari** und **Ebla.** Diese beiden Stadtstaaten entstanden etwa zur selben Zeit (zu Beginn des 3. Jahrtausends) und können als **erste syrische Städte** angesehen werden. Beide standen zumindest phasenweise in starker Konkurrenz zueinander, wobei Ebla sich von dem Einfluss Mesopotamiens lösen konnte und eine eigenständige Kultur hervorbrachte. Die ersten schriftlichen Zeugnisse dieser Zeit stammen aus **Ebla,** wo man im Jahr 1975 den sensationellen **Fund von 14.000 Tontafeln** machte, die **Aufschluss über die frühe Geschichte Syriens** geben. Aus ihnen geht hervor, dass Ebla ein blühender Staat war, der zumindest phasenweise ganz Syrien beherrschte. Mari hingegen blieb immer unter dem starken Einfluss Mesopotamiens.

Die Blüte der beiden Stadtstaaten ging mit dem Aufschwung der **Akkader** zu Ende, die von Südmesopotamien aus langsam ans Mittelmeer vorrückten und beide Städte um 2300 v.Chr. zerstörten. Die akkadische Herrschaft währte nur kurz, und doch brachte sie Syrien den **Palast von Tell Brak** am Oberlauf des Khabur, wo sich der Herrscher, *Naram Sin,* der Enkel des bekannten *Saragon,* des großen akkadischen Eroberers, diesen Palast bauen ließ, um die Entwicklung im Randgebiet des akkadischen Reiches besser verfolgen zu können.

Die Zeit der amoritischen Stadtstaaten (mittlere Bronzezeit, ca. 2100–1600 v.Chr.)

Den Akkadern folgten die semitischen Amoriter, die ab 2100 in Syrien Stadtstaaten errichteten. Die Macht der Amoriter wuchs langsam, aber stetig, bis sie die wichtigsten Herrscher Syriens waren. **Die Amoriter waren Nomadenvölker,** die Schafe züchteten und im Norden Syriens lebten, einer Region, die **Amurru** genannt wurde (daher der Name). 1950 v.Chr. wurde Ebla zu neuem Leben erweckt, ein Erdwall sollte die neue Stadt schützen. Doch Ebla musste seine Macht mit dem neu entstandenen **Yamkhad** teilen. Bald schon schwand die Bedeutung Eblas zugunsten von Yamkhad. Ebla wurde schließlich 1600 v.Chr. durch den Hethiterkönig *Mursili I.* zerstört. Von Yamkhad ist heute nichts mehr erhalten, Aleppo wurde auf dessen Ruinen errichtet.

Mari, einst im Schatten Eblas, wurde 1800 v.Chr. von einer amoritischen Dynastie beherrscht und wurde wieder zu einer bedeutenden und großen Stadt. Den Beleg dafür lieferten 20.000 Tontafeln, die man dort gefunden hat.

Während der Herrschaft der Amoriter in Syrien wuchs **im Osten eine neue Macht** heran: **die Babylonier.** Dem berühmten babylonischen Herrscher **Hammurabi** gelang es **1761 v.Chr., Mari zu zerstören** und so die Herrschaft über den Osten an sich zu reißen.

Ab dem 18. Jahrhundert v.Chr. wurde Syrien von zwei Mächten regiert: den Hethitern im Norden (aus Zentralanatolien kommend) und den Babyloniern im Osten. Diesen gegenüber standen **lokale Bevölkerungsgruppen,** die politische Einheiten bildeten. Sie versuchten, den fremden Mächten ein politisches Gegengewicht entgegen zu stellen.

Kurz vor 1800 v.Chr. schufen **die Assyrer,** deren Kerngebiet in den Hochebenen des nördlichen Zweistromlandes lag, im Nordosten Syriens eine neue **regionale Hauptstadt: Shubat Enil.** Diese wurde 200 Jahre später von den Hurritern eingenommen, die damit in Syrien das späte Bronzezeitalter einläuteten.

Hurriter, Hethiter und der Stadtstaat von Ugarit (spätes Bronzezeitalter, ca. 1600–1200 v.Chr.)

Während sich **die Hethiter** den **Norden** des Landes untertan gemacht hatten, wanderten die **Hurriter,** ein Volk **aus Kleinasien,** nach Syrien ein. Das Kerngebiet ihres **Reiches Mitanni** wurde der nördliche Khabur, in der Gegend von Tell Brak, das als Nawar eine wichtige Stadt unter den Hurritern war. Aus Texten dieser Zeit ist bekannt, dass die hurritische Gesellschaft aus drei Klassen bestand, den Bauern und Pflügern, den Tagelöhnern und aus den Steuerbefreiten, d.h. spezialisierten Handwerkern.

Mit einer starken Streitkraft schafften es die **Hethiter 1380 v.Chr.,** die hurritische Herrschaft zu brechen. Sie etablierten sich **im Norden des Landes** und errichteten dort **neue Städte,** so auch **Emar (Tell Maskana).** Die Hethiter stiegen zu einer bedeutenden Macht auf, die schon bald die Ägypter auf den Plan rief, die bereits seit einigen Jahrhunderten massiven Einfluss auf den Südwesten und die Mittelmeerregion des heutigen Syrien ausübten.

1285 v.Chr. kam es dann zwischen den Ägyptern und den Hethitern zu der **Schlacht von Kadseh** (bei Homs), die den Hethitern den Sieg brachte.

Während im Hinterland Syriens der Machtkampf zwischen Ägyptern, Hethitern und Hurritern tobte, etablierten sich **an der Mittelmeerküste kleine Handelsstaaten,** darunter **Ugarit,** zusammen mit Byblos der wichtigste überhaupt. Schon 9000 v.Chr. waren hier die ersten Stadtmauern gezogen worden, seine erste Blütezeit erlebte Ugarit in der zweiten Hälfte des 2. Jahrtausends.

Ugarit, bewohnt von Semiten, hatte eine eigenständige Kultur und lebte v.a. vom Mittelmeerhandel. Bahnbrechendes ereignete sich hier im 14. Jahrhundert v.Chr.: Aus der unübersichtlichen und schwer zu erlernenden Silbenschrift entwickelte sich das **erste Alphabet der Menschheit:** 30 Zeichen ersetzten nun über 1000 Silben, die moderne Schrift war geboren.

Etwa in der Zeit um 1200 v.Chr. beginnt ein neues Kapitel der syrischen Geschichtsschreibung: Der Angriff der so genannten Seevölker auf die Küste Syriens und damit einhergehend der Untergang der bronzezeitlichen Stadtstaaten.

Herrschaft der Seevölker, die neuhethitischen Fürstentümer und die Aramäer (ca. 1200–853 v.Chr.)

Ausgedehnte Völkerwanderungen brachten die **Seevölker** nach Syrien. **Sie zerschlugen die Herrschaft der Hethiter,** zerstörten so manchen Stadtstaat und konnten auf ihrem Weg vom Norden in den Süden erst bei Ägypten gestoppt werden.

Aus der „Konkursmasse" des hethitischen Reiches entstanden einige kleine, unabhängige **Fürstentümer,** die sich in Nordsyrien etablieren konnten. **Ain Dara,** nordwestlich von Aleppo gelegen, war eines dieser Fürstentümer. Viel Macht hatten sie nicht, aber sie überlebten und mit ihnen eine eigenständige Kultur.

Während die Seevölker an der Küste walteten und im Inneren die neuhethitischen Kleinstaaten herrschten, machte sich **im Osten eine neue Macht** auf, Einfluss in Syrien zu gewinnen: **die Aramäer,** so genannt, da sie das Land des Aram bewohnten. Ursprünglich kamen sie von der Arabischen Halbinsel und schafften es binnen kürzester Zeit, in Damaskus, Aleppo oder auch Hama kleine Fürstentümer zu schaffen.

Syrien von 1500 bis 600 v.Chr.

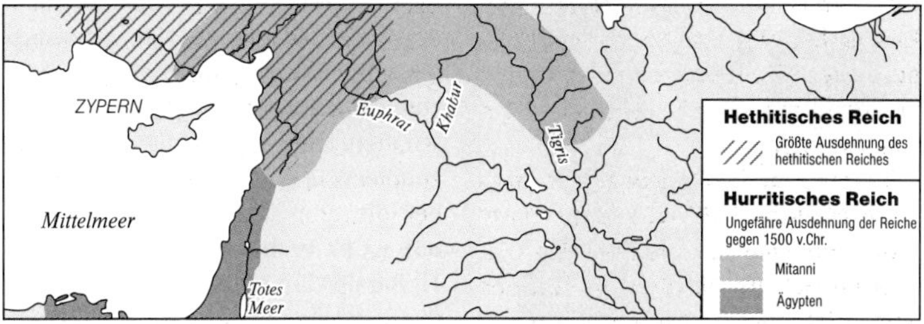

ZYPERN
Mittelmeer
Euphrat
Khabur
Tigris
Totes Meer
Hethitisches Reich
Größte Ausdehnung des hethitischen Reiches
Hurritisches Reich
Ungefähre Ausdehnung der Reiche gegen 1500 v.Chr.
Mitanni
Ägypten

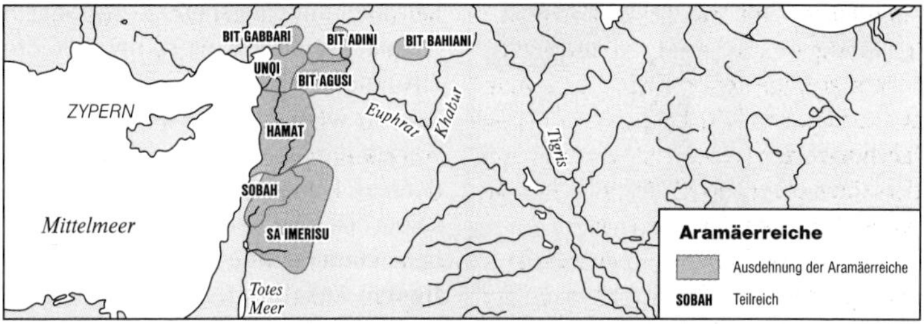

BIT GABBARI
BIT ADINI
BIT BAHIANI
UNQI
BIT AGUSI
ZYPERN
HAMAT
SOBAH
SA IMERISU
Mittelmeer
Euphrat
Khabur
Tigris
Totes Meer
Aramäerreiche
Ausdehnung der Aramäerreiche
SOBAH Teilreich

ZYPERN
Mittelmeer
Euphrat
Khabur
Tigris
Totes Meer
Assyrisches Reich
Größte Ausdehnung des Assyr. Reiches unter Salmanassar III. (858 - 824 v.Chr.)
Größte Ausdehnung des Assyr. Reiches unter Assarhaddon (680 - 669 v.Chr.) und Assurbanipal (668 - 627 v.Chr.)

Kilikien
Medien
ZYPERN
Euphrat
Khabur
Tigris
Neubabylonisches Reich
Mittelmeer
Totes Meer
Neubabylonisches Reich
Ausdehnung des Neubabylon. Reiches (612 - 538 v.Chr.)

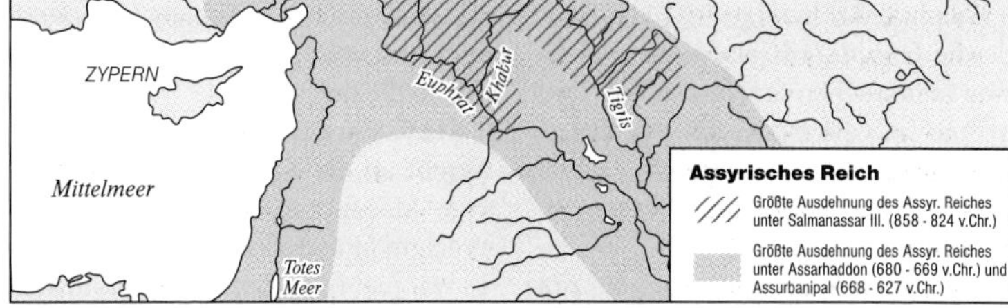

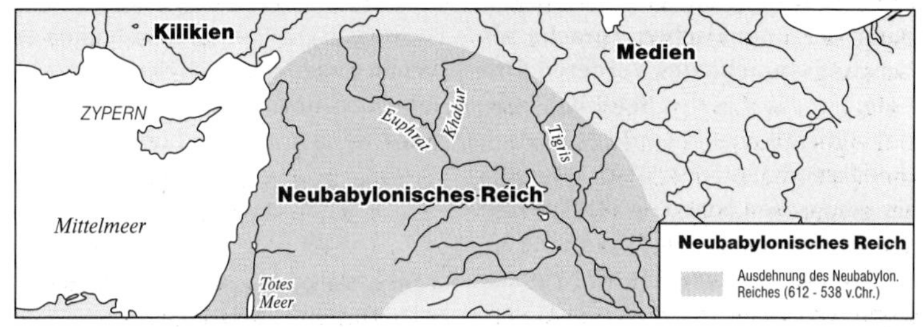

Pazuzu, der Krankheitsdämon der Assyrer aus dem 7. Jh. (Foto: D. Bonatz)

Guanza, das heutige Tell Halaf, wurde die **Hauptstadt** eines der wichtigsten aramäischen Staaten. In der Stadt befand sich ein eindrucksvoller Palast, dessen Wärter man heute als Nachbildung vor dem Aleppiner Museum sehen kann.

Den größten Einfluss hatten die Aramäer auf die Region mit der **Durchsetzung der aramäischen Sprache als Umgangssprache des Vorderen Orients.** Vor allem in den Bereichen Handel und Diplomatie wurde Aramäisch die führende Sprache. Auch Jesus soll sie gesprochen haben, in Maalula und Umgebung, nördlich von Damaskus gelegen, ist die Sprache bis heute lebendig geblieben.

Die Assyrer und Neubabylonier (856–539 v.Chr.)

Die Aramäer waren nie auf einen ernsthaften Konflikt aus. Sie verschanzten sich in kleinen Fürstentümern und konnten oder wollten nie ein Großreich schaffen. Dies wussten die Assyrer auszunutzen und besetzten von Norden her die aramäischen Einflussgebiete. **856 v.Chr. eroberte Salamanassar III. Til Barsip** (Tell Ahmar) und hatte somit die Kontrolle über das Euphrat-Gebiet. Dur Kutlimmu, das heutige Tell Shaikh Hamid, wurde erweitert, neue Städte entstanden. **745 v.Chr. eroberten die Assyrer weite Teile Syriens** und unterwarfen die aramäischen Fürstentümer definitiv. Dabei deportierten sie die Lokalbevölkerung nach Assyrien (Nordsyrien). **Hama wurde zu einem der wichtigsten Lokalfürstentümer.** Erfolgreiche Gegenwehr leisteten allein arabische Nomadenstämme, die sich der unmittelbaren Unterdrückung entzogen, auch weil sich ihre Lagergebiete weit ab der Städte befanden.

612 v.Chr. traten die Assyrer die Macht an die Neubabylonier ab, die von Mesopotamien kamen. Dieser Wechsel hinterließ kaum Spuren, denn es war mehr ein formeller, **administrativer Wechsel,** als eine wirklich neue Herrschaft. Die Babylonier schafften es binnen kurzer Zeit, auch die Ägypter zu vertreiben, doch ihre Macht sollte nicht lange währen, denn schon waren die

Perser auf dem Vormarsch, die sich das fruchtbare Land mit den wichtigen Handelsknotenpunkten einverleiben wollten.

Syrien in der Zeit von 539 v.Chr.–635 n.Chr.

Die Herrschaft der Perser (539–333 v.Chr.)

539 v.Chr. wurde Syrien ein **Teil des großen persischen Achämidenreiches,** Damaskus die Hauptstadt der neuen Provinz. Die Perser, die ihr Reich in den Mittelmeerraum ausdehnen wollten, schätzten die geographische Lage Syriens und wussten die syrischen Dynastien zu fesseln, in dem sie sie nicht als Vasallen, sondern vielmehr **als Verbündete** behandelten. So genoss Syrien **weitestgehende Autonomie.** Die Syrer setzten ihren Handel fort, die Perser bauten Straßen von ihrem Kernland ans Mittelmeer. **Küstenstädte wurden befestigt** und verteidigt, darunter **Amrit,** das antike Marathos. Trotz der persischen Vorherrschaft setzte sich die aramäische Sprache weiter als Verwaltungssprache durch, persische Dokumente wurden übersetzt. An den Küsten war das Kanaanitische die Muttersprache, in den Wüstengebieten dominierte zunehmend das Arabische.

Die Griechen: Alexander der Große und seine Nachfahren (333–64 v.Chr.)

333 v.Chr. besiegte Alexander der Große die Perser bei Issos. Kontakte zwischen Syrien und Griechenland hatten schon lange bestanden. Handel bestimmte die Beziehungen. Aber noch nie hatten die Griechen einen Herrschaftsanspruch auf die Region gestellt.

Der Tod Alexanders 323 v.Chr. hatte Wirren in der Nachfolgeregelung zur Folge, die erst 312 v.Chr. entschieden werden konnte. **Seleukos I.** übernahm die Macht, und **Syrien** ging in seinen Besitz über. Es wurde das **Kernland seiner Herrschaft.** Zahlreiche Städte, darunter **Apamea** und **Duro Europos,** wurden unter ihm gegründet, das Reich erstreckte sich bis zum Indus und brachte seinen Bewohnern eine Zeit des Wohlstands und Fortschritts.

Die Seleukiden, Nachfolger des großen Seleukos, mussten wiederum um die Herrschaft in Syrien kämpfen. **Im Süden** drohten **die Ptolemäer:** Ihr

Eingangstor von Duro Europos

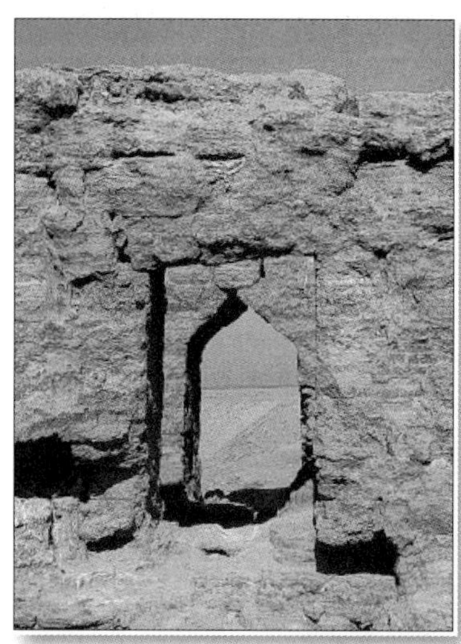

Einfluss im Hauran und rund um Damaskus war so weit gewachsen, dass sie diese Region quasi beherrschten. **Im Osten** machten sich **die Parther** bemerkbar. Denen war es Mitte des 3. Jahrhunderts v.Chr. gelungen, die Ostprovinzen des Seleukidenreiches einzunehmen. 113 v.Chr. besetzten sie Dura Europos. Im Zusammenspiel mit dem Aufbegehren kleiner arabischer Fürstenhäuser war den Griechen der Untergang geweiht. Sprachlich hatten sie nie Einfluss auf die Region nehmen können. Wohl aber entstanden unter ihrer Herrschaft großartige Städte.

Den **Todesstoß** erhielten die Nachfahren Seleukos jedoch von dritter Seite, nämlich **durch die Römer, die im Jahre 64 v.Chr. Syrien besetzten** und es zu ihrer Provinz erklärten. Mesopotamien, das bis zu diesem Zeitpunkt immer eng mit Syrien verbunden war, wurde persisch und blieb es auch bis zum Aufkommen des Islams.

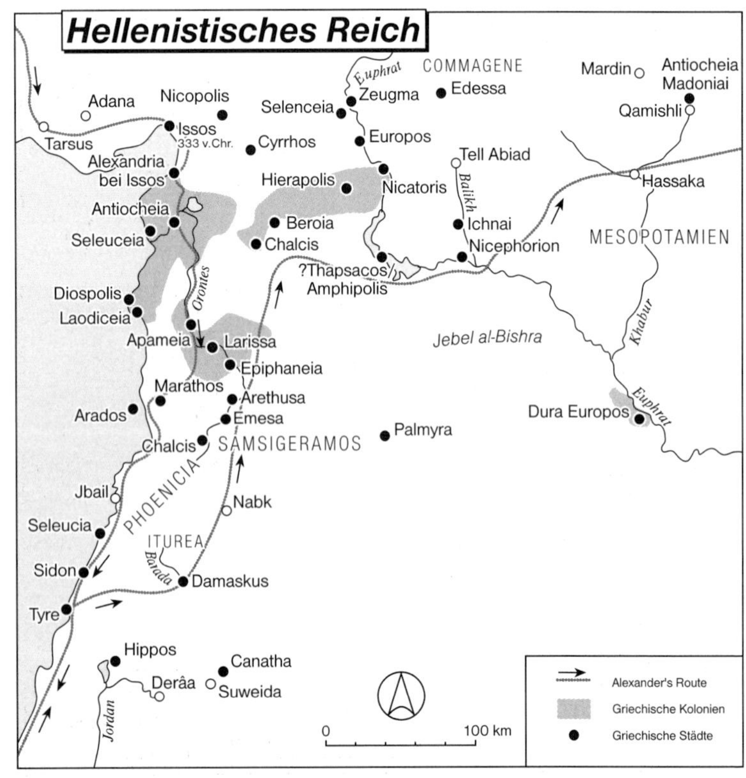

Syrien, römische Provinz (64 v.Chr.–395 n.Chr.)

Knappe 400 Jahre lang war Syrien römisch. Die ersten 100 Jahre der römischen Herrschaft waren durch permanente **Auseinandersetzungen und Kriege mit den Parthern** gekennzeichnet. Erst **Vespasian,** von seinen Truppen 68 n.Chr. in Syrien zum Kaiser proklamiert, konnte das Reich stabilisieren. Der Einfluss der römischen Kultur nahm seinen Anfang. Ab der Mitte des 1. Jahrhunderts n.Chr. entstanden die ersten römischen öffentlichen Gebäude und Straßen, Bewässerungskanäle wurden gebaut, auch **neue Städte entstanden. Palmyra** wuchs zu einer blühenden Handelsstadt heran, auch wenn sich die Stammesstrukturen noch nicht änderten. Die Bevölkerung nahm zu.

Mehr und mehr Dörfer wurden gegründet, und eine eigene Stadtkultur konnte sich in den ersten vier nachchristlichen Jahrhunderten ausbilden.

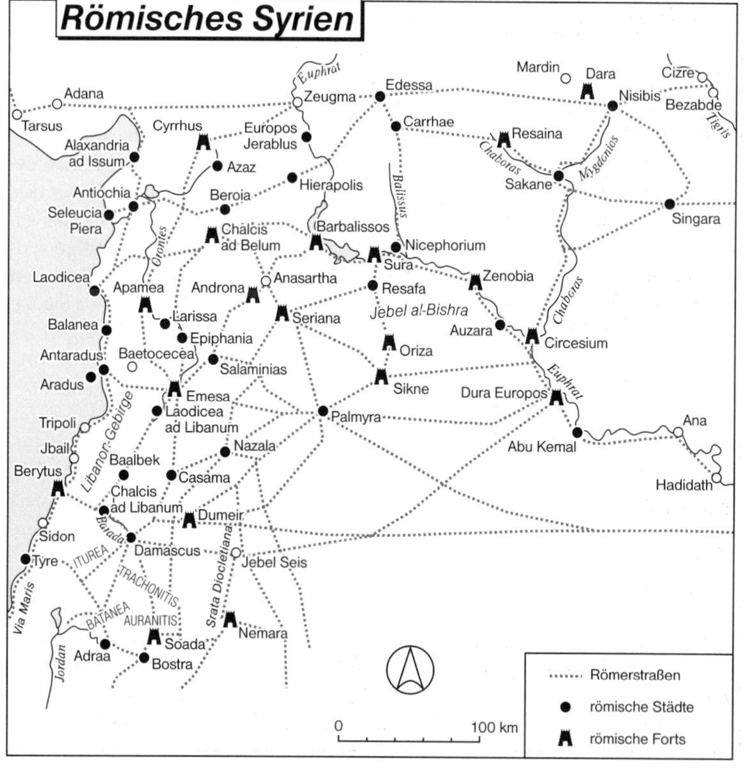

Unter Kaiser **Trajan** (98–117) wurde das südliche Syrien zur Provinz, es entstand die neue **Provinz Arabia,** benannt nach den hier nomadisierenden Menschen, die sich selbst als „Araber" bezeichneten. **Bosra wurde Provinzhauptstadt.**

Mark Aurel (162–180) vergrößerte die syrische Provinz durch die Eroberung der Djazira, welche kurz danach eine Blüte erlebte. Im dritten Jahrhundert stellte Syrien drei römische Kaiser, **Phillippus Arabus** (244–249), der bekannteste unter ihnen, ließ Philippopolis gründen, das heutige Shahba.

Während sich die römische Herrschaft im Zentrum Syriens etablierte, bröckelte das Reich **im Osten: Die Sassaniden,** die zwischenzeitlich die Parther in Persien gestürzt hatten, versuchten den Osten des Landes an sich zu reißen. Erst **Odainat, König von Palmyra,** konnte sie bis in das heutige Gebiet des Iran zurückdrängen. Odainats Tod folgte die sagenumworbene Herrschaft seiner **Witwe Zenobia,** die ihre politischen Ambitionen, **ein eigenes Großreich** zu schaffen, mit ihrer Gefangennahme und Absetzung büßen musste. Das war im Jahr 272.

Der Osten wurde nun per Friedensvertrag mit den Sassaniden gesichert, 313 gewährte Kaiser **Konstantin** allen Bürgern des Römischen Reiches die **Glaubensfreiheit,** unter **Theodosius** stieg das **Christentum** zur **Staatsreligion** auf. Die großen Judenverfolgungen begannen, Tempel wurden zu Kirchen umgebaut, überall entstanden neue christliche Zentren. Nach Theodosius Tod 395 kam es zur **Spaltung des Römischen Reiches** in das weströmische (Rom) und das oströmische Reich (Byzanz).

Die byzantinische Herrschaft (395–635 n.Chr.)

Konstantinopel wurde die neue Hauptstadt des oströmischen Reiches. Im Gegensatz zur westlichen Kapitale Rom, die 476 im Zuge der Barbareninvasionen unterging, konnte sich Byzanz bis zum Jahr 1453 behaupten, als es sich den Osmanen beugen musste.

Byzanz umfasste 50 Provinzen, die zusammen fünf Diözesen bildeten. Aber auch diese konnten ein Auseinanderbrechen des Reiches nicht verhindern. Ketzerbewegungen, große Epidemien und Erdbeben schwächten das Reich. Doch noch konnten sich die Byzantiner in Syrien halten. Nicht nur das, das Christentum erlebte einen massiven Aufschwung. **Eine eigenständige syrischen Kultur und Sprache konnten entstehen.** Große Bauten, etwa die Basiliken in Rusafa, wurden in Angriff genommen, ganze Städte und Dörfer entstanden, darunter die so genannten „Toten Städte" (vgl. S. 154).

Bis Anfang des 6. Jahrhunderts erlebte Syrien eine **christliche Blütezeit.** Die Bevölkerung wuchs, in Apameia beispielsweise wohnten 100.000 Menschen. Handwerker organisierten sich in Vereinigungen, die Kunst erreichte neue Höhepunkte.

Unter Justinian (527–565) und seinen Nachfolgern wurde das Land wieder **von Kriegen erschüttert,** schwere Erdbeben trugen zur weiteren Schwächung bei. Die Sassaniden aus

Persien fielen verstärkt ein, 609 konnten die Perser für 20 Jahre die Macht in Syrien an sich reißen, dann schaffte es Byzanz erneut, die Perser zu vertreiben. In diesem Machtgerangel war es den aus dem Hidjaz einströmenden **Muslimen** ein Leichtes, sich des Landes zu bemächtigen. **635 konnten sie Damaskus erobern** und somit ein neues Zeitalter einläuten.

Die islamische Herrschaft in Syrien (635–1918)

Die Islamisierung und Eroberung Syriens (635–661)

Im Jahre 635, drei Jahre nach dem Tod des Propheten *Muhammad,* nahmen die Muslime Damaskus ein. Damit begann in Syrien die islamische Herrschaft. Zwar hatten schon davor einzelne Gruppen muslimischer Kämpfer versucht, Syrien für die islamische Gemeinschaft, die *umma,* zu gewinnen, ihre Anzahl jedoch war zu gering, um Erfolg haben zu können.

Als Muhammad starb, hatte er sich nicht um seine Nachfolge gekümmert, und die neue Religionsgemeinschaft drohte an den Nachfolgestreitigkeiten zu zerbrechen. So war die Herrschaft des Nachfolgers, des ersten Kalifen **Abu Bakr,** gekennzeichnet durch die Bemühungen, die Muslime zusammen zu halten. Kaum aber herrschte ein wenig Stabilität im Reich, wurde Syrien begehrtes Ziel der arabischen Eroberungskriege. Die Muslime wurden von der

Qasr al-khair ash-Sharqi (östliches Wüstenschloss): eines der wenigen umayyadischen Bauwerke, das bis heute erhalten ist

Bevölkerung meist mit offenen Armen empfangen, zu lange hatten sie unter der byzantinischen Herrschaft gelitten. **Christen und Juden wurden in ihrer Religionsausübung nicht mehr behindert** wie noch unter den Byzantinern; die Muslime versprachen ihnen vollkommene Akzeptanz ihrer Religionen unter der Voraussetzung, dass sie ihre Steuern, eine Art Kopfgeld, an die Muslime entrichteten. **Viele syrische Araber traten zum Islam über.** Während sich so der Islam in Syrien langsam ausbreitete, gingen die Nachfolgestreitigkeiten im Osten weiter. **661 konnte sich Mu'awiya vom Klan der Banu Umayya als Kalif durchsetzen** und begründete somit die erste islamische Dynastie, die **Umayyaden.**

Die Herrschaft der Umayyaden (661–750)

Mu'awiya, als erster umayyadischer Kalif, **wählte Damaskus als Hauptstadt** des islamischen Reiches. Das hatte vor allem zwei Gründe: Erstens war er bereits unter den Kalifen *Umar* (634–644) und *Uthman* (644–656) Statthalter von Damaskus gewesen. Hier hatte er Verbündete, die ihm zur Seite standen. Auf Mu'awiya ging zum Großteil die Eroberung Syriens zurück. Zweitens hoffte er, mit einer Dezentralisierung der islamischen Welt, also einer Abnabelung von Mekka, seiner Herrschaft mehr weltlichen Charakter zu verschaffen.

Unter der Dynastie der Umayyaden erlebte Syrien die **größte Ausdehnung,** die es je erfahren hatte: Im Westen reichte das islamische Reich bis an den Atlantik, im Norden bis nach Frankreich und ans Kaspische Meer, im Süden bis zum unteren Nillauf und im Osten bis zum Indus. All dies hatten die Umayyaden bereits **im Jahre 711** erreicht. Unter ihrer Herrschaft wurden die Sassaniden zerschlagen und die Byzantiner bis nach Kleinasien zurückgedrängt. Zwei Mal gelang es den Umayyaden sogar, bis Konstantinopel vorzudringen, ohne die Stadt jedoch einnehmen zu können.

Den äußeren Erfolgen zum Trotz **drohte das Reich im Inneren zu zerbrechen.** Hatte man Mu'awiya als Kalifen noch anerkannt, da er, wenn auch erst sehr spät, zu den Prophetengefährten gehört hatte, sah es bei seinem Sohn *Yazid,* dem auserkorenen Nachfolger, schon anders aus. Ihm warfen seine Gegner „unislamische" Handlungsweisen vor – die Einheit des Reiches war gefährdet. **Im zweiten Bürgerkrieg (680–692) zerbrach** dann **die islamische Einheit.** Gegner der Umayyaden, darunter auch die Anhänger Alis, aus denen sich später die Schiiten rekrutierten, hatten sich zusammengefunden, um gegen die Herrschaft in Damaskus anzugehen. **Abd al-Malik,** dem fünften umayyadischen Kalif, gelang es, die **Herrschaft** wieder zu **stabilisieren.** Unter ihm wurde auch **der Staat arabisiert.** Waren unter seinen Vorgängern noch immer persische und byzantinische Verwaltungsmuster angewandt worden und galten beide Sprachen weiterhin als offizielle Sprachen, so änderte sich dies unter Abd al-Malik zugunsten des Arabischen. Unter ihm und seinen Nachfolgern **Walid (705–715)** und

Hisham (724–743) erlebte das Reich seine **kulturelle Blüte.** Bauwerke wie die **Umayyaden-Moschee** und die **Wüstenschlösser** entstanden. Dennoch, ein wirklich stabiles Staatsgebilde mit zentralisierten Machtstrukturen konnte sich nicht entwickeln, dazu war das islamische Reich auch schon zu groß. Das machten sich Gegner der Umayyaden zunutze und stürzten sie. Eine neue Dynastie, die der **Abbasiden,** übernahm die Macht.

Die Abbasiden in Syrien (750–968)

Die Abbasiden, die ihren Herrschaftsanspruch mit einem verwandschaftlichen Verhältnis ihres Urahns zum Propheten Muhammad legitimierten, verlegten den Herrschaftssitz von Damaskus in den Irak. **762 gründeten sie Bagdad**, das neue Hauptstadt wurde. **Syrien wurde zu einer wenig beachteten Provinz,** die Handelswege wurden zugunsten Bagdads verschoben, hohe Steuern steigerten den Zorn der Bevölkerung. Nur der Kalif **Harun ar-Rashid (786–809),** bekannt aus den Erzählungen aus 1001 Nacht, der für mehrere Jahre in Raqqa seine Residenz errichten ließ, wurde von den Syrern verehrt. 100 Jahre lang konnten die Abbasiden das Reich noch zusammenhalten, dann aber zerbrach es in viele Kleinstaaten. Nominell blieben sie bis 1258 an der Macht, tatsächlich jedoch hatten sie diese schon viel früher verloren.

Im 9. Jahrhundert schwappte zum ersten Mal der **Einfluss Ägyptens** nach Syrien. Die Syrer, an den politischen Rand gedrängt, trauerten der Umayyadenherrschaft nach. Die **Tuluniden,** eine ägyptische Statthalterdynastie, konnte ihren Machtbereich auf Syrien ausweiten, ein Tulunide wurde 892 offiziell von Bagdad zum **Statthalter von Syrien** ernannt. Damit waren sie die ersten nicht-abbasidischen Fremdherrscher in Syrien seit 750. Den Tuluniden folgten **Mitte des 10. Jahrhunderts** die **Hamdaniden** im Norden Syriens. Unter dem Hamdaniden **Saif ad-Daula** erlebte **Aleppo** eine **kulturelle Blüte** und wurde für kurze Zeit zum Zentrum der arabischen Dichtkunst und Gelehrsamkeit. Die Hamdaniden wussten geschickt die Ägypter gegen Bagdad auszuspielen und konnten sich so einige Zeit lang als autonome Herrscher etablieren. Doch sie rechneten nicht mit den Fatimiden, die die Macht in Ägypten und damit auch in Syrien übernommen hatten.

Die fatimidische und seldjukische Herrschaft in Syrien (969–1124)

969 ging die Macht in Ägypten an die Fatimiden über, die von Nordafrika in den Vorderen Orient eindrangen. Die Fatimiden, die ihren Namen von Fatima, der Tochter des Propheten und Ehefrau des vierten Kalifen Ali ableiteten, vertraten den **schiitischen Glauben** und lehnten sich v.a. gegen die ihrer Meinung nach illegitime Herrschaft der Umayyaden und Abbasiden auf. Sie errichteten in **Kairo**, das unter ihnen gegründet wurde, ein **eigenes Kalifat** und **unterwarfen den Süden Syriens.** Im Norden des Landes herrschten wieder die Byzantiner. Gleichzeitig drangen türkische Gruppen in den Iran und Irak vor, und schon 1055 übernahm der Seldjuke Toghilbek die Vormundschaft

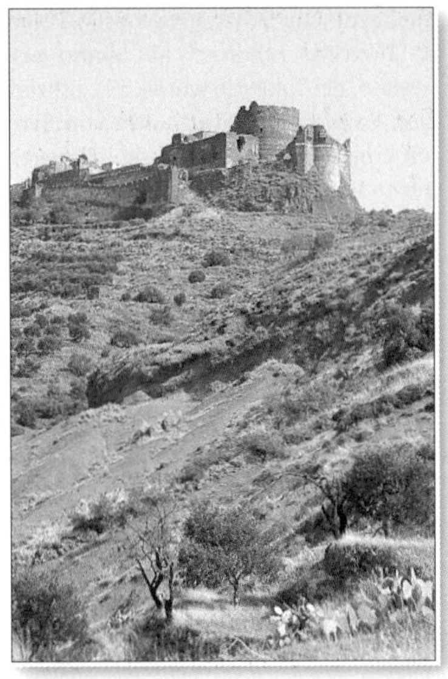

über den schwachen Abbasidenkalifen in Bagdad. Damit war die Grundlage für eines der wichtigsten Staatengebilde im Vorderen Orient geschaffen: das **seldjukische Reich.** Hauptgegner der Seldjuken waren die Byzantiner und Fatimiden, die im Gerangel um die Vorherrschaft in Syrien immer mehr an Kraft verloren. Ende des 11. Jahrhunderts war dann die Macht der Schiiten gebrochen, aber lange konnten sich die Seldjuken dieses Triumphes nicht erfreuen, denn nun drohte Gefahr von ganz anderer Seite: Die Kreuzfahrer waren im Anmarsch.

Kreuzritterburg Qala'at Marqab

Bedrohung durch das Abendland: die Kreuzzüge (1099–1291)

Mit Ankunft der Kreuzfahrer im Jahr 1099 in Syrien verstärkte sich die Zerstückelung des Territoriums. Die christlichen Krieger ließen sich an strategisch günstigen Ausgangspunkten für ihre Züge ins Heilige Land nieder.

Die Kreuzritter, die Europa 1097 verließen, hatten das Ziel, **Jerusalem** zu **„befreien“,** denn seit der Eroberung des syro-palästinensischen Raumes durch die Seldjuken waren Pilgerreisen für Christen schwierig geworden.

Schnell gelang es den Kreuzfahrern, **an der gesamten Mittelmeerküste gewaltige Burgen** zu bauen, als Beispiele seien nur *Krak des Chevaliers* oder die Burg *Marqab* erwähnt. Mit Errichtung der Burgen begannen große Teile der Bevölkerung, sich zum Christentum zu bekennen.

Balduin I. (1100–1118) schuf ein neues christliches „Reich" am Mittelmeer, dass von Urfa in der Türkei bis nach Jerusalem reichte. Das Hinterland konnte er nie an sich reißen. Schon unter seinem Nachfolger zerfiel das junge Herrschaftsgebiet. Ein türkischer Emir namens **Nur ad-Din (1147–1174)** vollzog die **Wiedervereinigung Syriens,** dass unter der Zersplitterung durch seldjukische Emire gelitten hatte. Unter seiner Herrschaft begann die Macht der Kreuzfahrer zu schwinden. 1144 hatte er den Kreuzfahrern Urfa (Edessa) entrissen, **im Jahr 1153** gelang ihm die endgültige **Eroberung von Damaskus.** Mit Nur ad-Din zusammen kämpfte der Kurde **Salah ad-Din,** der bei uns so bekannte Saladin. Ihm gelang es **1173, die fatimidische Herrschaft in Ägypten** zu **zerschlagen,** was den muslimischen Widerstand gegen die Kreuzritter weiter stärkte. Nur ad-Din starb 1174, und Salah ad-Din übernahm als Anführer der von ihm gegründeten **Dynastie der Ayyubiden** die Herrschaft. Ihm gelang es, den Christen Jerusalem zu entreißen, und er beendete so 1187 den zweiten Kreuzzug. Salah ad-Din und seine Nachfolger bemühten sich in der Folgezeit um eine **Politik der guten Nachbarschaft mit den Christen,** die von nun an wieder nach Jerusalem pilgern durften. Immer wieder versuchten Kreuzfahrer, zuletzt unter *Richard Löwenherz,* Jerusalem zu erobern, doch die ayyubidische Herrschaft war stabil und konnte so den Christen Widerstand leisten. Es kam zu einer kulturellen Blütezeit.

Die Mamluken (1260–1516)

Im Jahre 1260 fielen die Mamluken **aus Ägypten** in Syrien ein, um die Mongolen zurückzudrängen, die 1258 Bagdad gestürmt und damit der de facto schon lange beendeten Herrschaft der Abbasiden endgültig den Todesstoß versetzt hatten. Die Mamluken (benannt nach der arabischen Bezeichnung für Sklave/Besitz: *mamluk)* waren Nachfahren von auf dem Schwarzmeermarkt gekauften Sklaven. Sie machten einen Großteil des ayyubidischen Heeres aus und hatten die Macht in Kairo an sich gerissen. **Ihnen gelang es 1291, die letzten Kreuzfahrer zu vertreiben,** die im 13. Jahrhundert noch einmal zu einer massiven Bedrohung geworden waren.

Nachdem die Mamluken den Platz ihrer ehemaligen Herren in Ägypten 1250 eingenommen hatten, weiteten sie nun, nach ihrem Erfolg gegen die Kreuzfahrer unter *Baibars,* ihre Macht in Syrien aus. Während in ihrem Herschaftsgefüge zunächst die Regentschaft vom Vater auf den Sohn überging, wurde später die Sultanswahl eingeführt, ein komplizierter Ausleseprozess, der zu Streitigkeiten unter den Bewerbern führte und das Land schwächte.

Die Herrschaft der Mamluken war gekennzeichnet durch weitere **Mongoleneinfälle.** 1400/01 zerstörten die kriegerischen Reiter Damaskus und besetzten es 40 Tage lang, dann plünderten sie Aleppo. Insgesamt aber scheiterten sie bei ihrem Versuch, am Mittelmeer Fuß zu fassen. Der **Mittelmeerhandel** nahm trotz aller Wirren zu. Immer mehr europäische Handelshäuser hatten ihre Niederlassungen in Syrien, Karawanenwege liefen durch das Land. Hohe Steuerlasten sowie Pestepidemien warfen das Land jedoch zurück.

1453 fiel Konstantinopel (Byzanz) **und wurde zu Istanbul,** der **Hauptstadt des osmanischen Reiches.** Die Osmanen, hervorgegangen aus einem seldjukischen Fürstenhaus an der Westküste der Türkei Mitte des 14. Jahrhunderts, wagten den Sturm auf die wohl bestbefestigte Stadt des Nahen Ostens und gewannen. Bis 1516 konnten sich die Mamluken in Syrien noch halten, dann ging das Land an die Osmanen über, die von nun an 400 Jahre lang im Land herrschen sollten.

Syrien unter den Osmanen (1516–1918)

Das mamlukische Reich war zerrüttet, so dass es den Osmanen leicht fiel, die Herrschaft in Syrien zu übernehmen. **Die neue Macht schob sich bis Ägypten und zu den heiligen Stätten von Mekka und Medina vor** und dehnte sich bald auch weit nach Westen aus (1529 erste Belagerung von Wien). Eine Ausbreitung nach Osten war nur schwer möglich, denn in Persien hatten sich die Safawiden mit Beginn des 16. Jahrhunderts durchsetzen können, die die schiitische Religion als Staatsreligion ausriefen. Diese schiitische Front verhinderte ein Ausbreiten der osmanischen Macht gen Osten.

Syrien wurde arabisches Kernland eines sunnitischen Reiches (im Gegensatz zu den Schiiten erkennen die Sunniten die Nachfolger des Propheten Muhammad, die nicht dessen Nachkommenschaft entstammen, als rechtmäßig an).

Die osmanische **Regierung,** die ihren **Sitz in Istanbul** hatte, setzte von dort aus **Statthalter** ein, die vor allem ihre eigene Bereicherung im Sinn hatten und die Bewohner ihrer Provinzen ausbeuteten. Auflehnungsversuche wurden brutal niedergeschlagen, die Gouverneure hatten quasi die Allmacht über ihre Bezirke.

Gekennzeichnet war die Herrschaft der Osmanen auch durch eine **Öffnung nach Westen.** Europäische Handelshäuser errichteten Niederlassungen, Konsulate wurden geschaffen, der Austausch zwischen den Kulturkreisen wurde reger, die Osmanen versuchten Anschluss an europäische Technik und Wissenschaft zu finden. So aber rückte der Vordere Orient auch mehr und mehr in das **Interessenfeld der europäischen Kolonialpolitik,** und es war nur eine Frage der Zeit, bis Syrien und mit ihm der gesamte arabische Raum direkte Einflussgebiete vor allem Frankreichs und Englands werden würden. Für das Osmanische Reich bedrohlich waren zudem erste nationale Bewegungen auf dem Balkan und in Griechenland, die mit Gebietsverlusten endeten. Die **arabischen Nationalisten** sammelten sich im Exil in Ägypten, das die Briten seit 1882 besetzt hielten und das nur noch nominell Istanbul unterstand. Ab 1908 gründeten die arabischen Nationalisten Geheimgesellschaften und forderten mehr Rechte und eine föderale Struktur des Reiches. Die Erosion des Osmanischen Reiches war unaufhaltsam. Mit der Zuspitzung der Krise auf dem Balkan infolge der südslawischen Nationalbewegungen kam es schließlich zum 1. Balkankrieg (1912/13), der zum militärischen Zusammenbruch des Osmanischen Reiches führte. Endgültig ging das Reich im 1. Weltkrieg unter, Seite an Seite mit dem Deutschen Kaiserreich und der österreichisch-ungarischen Monarchie. Damaskus wurde von den arabischen Aufständischen und dem britischen Militär befreit, die Türken zogen sich zurück.

Die französische Mandatsregierung (1918–1946)

Nach der Befreiung von Damaskus legte ein **arabischer Nationalkongress** in der Hauptstadt die Basis für eine konstitutionelle Monarchie und proklamierte **Prinz Faisal** aus Mekka, den Anführer des arabischen Aufstandes, zum **König von Großsyrien.** Doch die Unabhängigkeit währte nicht lange: Auf der Friedenskonferenz in San Remo wurde das Gebiet der ehemaligen arabischen Provinzen des Osmanischen Reiches in lauter Kleinstaaten unterteilt. **Frankreich** erhielt das **Völkerbundsmandat** über **Libanon und Syrien,** Großbritannien das Mandat über Palästina, Transjordanien und Irak – gemäß des Abkommens von *Sykes-Picot,* einem Geheimvertrag zwischen einem britischen und einem französischen Diplomaten. **1920 rückte die französische Armee in Damaskus ein,** nachdem die Araber bei Maisalun eine von vornherein aussichtslose, eintägige Schlacht verloren hatten. Die Regierungsmitglieder um Faisal flohen und formierten kurze Zeit später unter dem Schutz der Briten den Hauptteil der Mandatsregierung im Irak, der schon 1930 weitgehend unabhängig und in den Völkerbund aufgenommen wurde.

Die Franzosen schlugen Aufstände mit harter Hand nieder und gingen auch gegen Demonstranten rigoros vor. Bis 1927 zählte man auf arabischer Seite 6700, auf französischer Seite 2000 Tote. 100.000 Araber waren heimatlos geworden. Die diplomatischen Bemühungen in den 1930er Jahren bestanden vor allem in verpassten Chancen, eine **1936 in Paris ausgehandelte Verfassung** wurde vom französischen Parlament **nicht ratifiziert.** Statt dessen lösten die Franzosen das Gebiet um Antiocha und Alexandrette nach und nach von Syrien ab und traten es 1939 an die Türkei ab. Im Vorfeld des 2. Weltkrieges erkaufte sich Frankreich so die Neutralität der Türkei, die anders als im 1. Weltkrieg nicht auf der Seite Deutschlands in den Krieg zog. Die Verbitterung der Araber über die Verkleinerung und Aufteilung des arabischen Gebietes war groß, zumal die Furcht herrschte, auch Palästina unter britischem Mandat könnte verloren gehen, wenn die jüdische Einwanderung anhalten würde. **1936** brach **in Palästina** ein dreijähriger **Aufstand gegen die Briten** aus, teilweise unterstützt von syrischen Arabern. Als Frankreich 1940 von Deutschland besetzt wurde, marschierten Briten und **Franzosen in Syrien** und Libanon ein, um den Vichy-treuen (also

Nazi-Deutschland ergebenen) Generalgouverneur abzusetzen. General *de Gaulle,* der sich in Beirut einrichtete, versprach den Syrern einmal mehr die Unabhängigkeit. Doch noch im Jahr **1945 – Syrien** war schon **Gründungsmitglied der Arabischen Liga und der UNO** und der Weltkrieg in Europa zu Ende – setzte **Frankreich** die Luftwaffe ein, **bombardierte Damaskus** und tötete viele Zivilisten. Erst 1946, nach massivem Druck der Briten und der UNO, verließ der letzte französische Soldat das Land.

Die politische Entwicklung

von ***Manfred Sing***

Außenpolitik

Die arabische Einheit

Ein viel zitierter Satz eines arabischen Nationalisten aus Syrien lautet, **eine syrische Nation gebe es nicht, sondern nur eine arabische.** Wiewohl dieser Ausspruch mittlerweile mehr als 60 Jahre alt ist, hat er nichts an Aktualität verloren – in Syrien bekommt man ihn immer wieder zu hören. Dies hat nicht nur damit zu tun, dass seit 1963 mit der **Baath-Partei** eine **betont panarabische Partei** an der Macht ist, also eine Partei, deren Programm die Vereinigung aller Araber in einem Staat propagiert, sondern dass dieser Wunsch in der Bevölkerung nach wie vor weit verbreitet ist, auch wenn die Realität derzeit nicht danach aussieht, als könne er bald in Erfüllung gehen. Der Wunsch nach arabischer Einheit hat auch ernste soziale und wirtschaftliche Hintergründe: Wohl in kaum einem anderen Teil der Welt herrscht eine derartige Kluft zwischen Staaten, die Armenhäusern gleichen, und erdölreichen Staaten, die sich alles leisten können.

Mit der vollständigen Unabhängigkeit des syrischen Staates im Jahr 1946 hofften die Regierenden in Damaskus, die **Grenzziehung der** französischen und britischen **Kolonialmächte** bald **korri-**

Im Suq von Aleppo

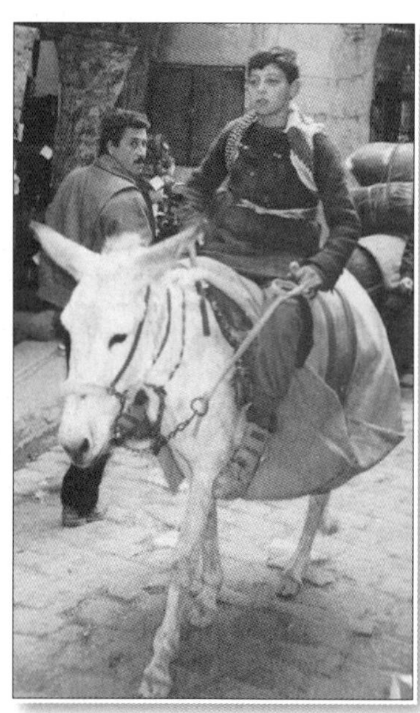

Geschichte in Zahlen

Vorchristliche Zeit

ca. 1.000.000	**Paläolithikum (Altsteinzeit)**
12.000–4000	**Neolithikum (Jungsteinzeit)**
6000–3100	Entstehung der ersten Dörfer
ca. 3100–2100	**Syrische Frühgeschichte (frühe Bronzezeit)**
ca. 2900	Gründung von Mari und Ebla
2340–2150	Akkadisches Reich – Sargon von Akkad (2340–2284)
ca. 2300	Die Akkadier zerstören Mari und Ebla
ca. 2100–1600	**Zeit der Stadtstaaten (Mittleres Bronzezeitalter)**
ca. 2100	Aufkommen der Amoriter
ca. 2000	Wiederaufbau von Ebla
1900–1786	Zweites goldenes Zeitalter von Mari
18. Jh.	Die Amoriter herrschen über Nordsyrien
ca. 1792–1750	Regierungszeit von Hammurabi von Babylon
1759	Hammurabi von Babylon zerstört Mari
ca. 1600	Ebla wird durch die Hethiter zerstört
ca. 1600–1200	**Spätes Bronzezeitalter**
1595	Babylon fällt an die Hethiter
1550	Die Hethiter erreichen Syrien, es beginnt ein Wettbewerb der Ägypter, Hethiter und Hurriter um Syrien
1400–ca. 1365	Goldenes Zeitalter von Ugarit, Entwicklung des Alphabets
1350	Die Hethiter lösen die mitannitische Herrschaft ab; in der Folgezeit Kriege zwischen den Ägyptern und den Hethitern; Frieden ab ca. 1284
1200–539	**Eisenzeitalter**
ca. 1200	Seevölker dringen nach Syrien ein
1200–1150	Aramäer gelangen nach Syrien
970–931	König Salomon von Israel
9. Jh.	Aramäer errichten einen neo-hethitischen Staat in Nordsyrien
853	Schlacht von Qarqar; die Assyrer verteidigen die aramäischen Staaten
732	Assyrer nehmen Damaskus ein
605–539	Neo-Babylonier kontrollieren Syrien
539–333	**Persische Ära**
539	Cyrus eignet sich babylonischen Besitz in Syrien an
333–64	**Hellenistische Ära (ab 301 Seleukiden)**
333	Schlacht von Issos; Alexander von Mazedonien besiegt Darius III, der in Syrien als letzter persischer Herrscher regierte
311–281	Regierungszeit Seleukos I.
223–187	Regierungszeit von Antiochos dem Großen
198	Antiochos der Große besetzt Südsyrien
164–138	Bürgerkriege brechen die seleukidische Kontrolle
64–395 n.Chr.	**Römische Ära**
64	Pompejus annektiert Syrien, Gründung der Provinz Syrien mit großer lokaler Autonomie

37–4	Herrschaft von Herodes dem Großen
31	Schlacht von Actium. Oktavian geht als Sieger hervor
27–14 n.Chr.	Herrschaft von Oktavian

Nachchristliche Zeit

14–37	Herrschaft von Tiberius
66	Jüdische Revolte gegen die römische Herrschaft
105	Trayan annektiert das Nabatäische Königreich und gründet die Provinz Arabia mit dem Stützpunkt Bosra
113	Trayan annektiert Duro Europos
117–138	Hadrian marschiert gen Osten
119	Hadrian erreicht Palmyra und nennt die Stadt Hadriana
spätes 2. Jh.	Die meisten römischen Straßen werden in Syrien gebaut, ebenso die Kolonadenstraße in Apamea und die Burg Husn Sulaiman
194	Syrien wird in vier Provinzen aufgeteilt
211	Duro Europos wird zur römischen Provinz
212	Palmyra wird zur römischen Provinz
244	Gründung von Shahba unter Philippus Arabus
256	Duro Europos fällt an die Sassaniden
267–272	Herrschaft der Zenobia
272	Aurelian übernimmt die Macht in Palmyra
330	Unter Konstantin wird Konstantinopel zur Hauptstadt
395–636	**Byzantinische Ära**
395	Das römische Reiche wird in ein oströmisches und weströmisches Reich aufgeteilt
389–458	Lebenszeit von Simon, dem Säulenheiligen
422	Der hundertjährige Frieden mit den Sassaniden beginnt
527–565	Herrschaft des Justinian
573	Unter Chosroes gelangen die Sassaniden bis Apameia
611–614	Die Sassaniden nehmen Syrien inkl. Damaskus ein
622	Hidjra des Propheten Muhammad
632	Tod des Propheten
635	Islamische Armeen nehmen Damaskus unter Mu'awiya ein
636	Schlacht von Yarmuk; Beginn der islamischen Ära
636–661	**Herrschaft der Rechtgeleiteten Kalifen**
637	Eroberung von Aleppo und siegreiche Schlacht gegen die Sassaniden
638	Letzte syrische Stadt in arabischen Händen
640–656	Mu'awiya ist Gouverneur von Syrien
656–661	Erster islamischer Bürgerkrieg
661–750	**Umayyadische Ära**
661–681	Mu'awiya ist erster umayyadischer Kalif; Damaskus wird zur Hautstadt des islamischen Reiches
680–692	Zweiter islamischer Bürgerkrieg
706–714	Bau der Umayyaden-Moschee
711	Vordringen des Islams bis Spanien und Indien
750–968	**Abbasidische Ära**
762	Gründung von Bagdad, der neuen islamischen Hauptstadt

772	Gründung von Raqqa als islamischer Stadt
786–809	Herrschaft Harun ar-Rashids
813	Damaskus revoltiert gegen die Abbasiden
868–905	Tuluniden in Ägypten
944–1003	Hamdaniden herrschen in Aleppo
944–967	Herrschaft Saif ad-Daulas
969–1099	**Fatimidische und seldjukische Ära**
969	Gründung von Kairo
978–1076	Fatimiden kontrollieren Südsyrien
996–1021	Herrschaft al-Hakims, der von den Drusen als Imam verehrt wird
1037	Seldjuken übernehmen die Kontrolle in Bagdad
1055	Seldjuken übernehmen die Kontrolle von Nordsyrien und beenden damit die Herrschaft der Fatimiden in Syrien
1071	Schlacht von Manzikart. Byzanz wird geschlagen
1095	Die Kreuzfahrer nehmen Antiocha ein
1098	Massaker von Ma'arrat an-Nu'man
1099–1291	**Die Kreuzfahrer**
1099	Einnahme von Jerusalem
1108	Einnahme von Lataqiya
1109	Einnahme von Tripoli
1119	Ager Sanguins Schlacht nahe Sarmada; seldjukischer Sieg über die Kreuzfahrer
1124/25	Sieg über Aleppo
1128	Die Zengiden übernehmen die Macht; erste Attacke der Kreuzfahrer auf Damaskus
ab 1130	Die Ismailiten etablieren sich an der Küste
1146–1174	Herrschaft Nur ad-Dins
1147–1149	Zweiter Kreuzzug
1176	Die **Ayyubiden unter Saladin übernehmen die Macht** in Syrien, nachdem sie 1171 die Herrschaft der Fatimiden in Kairo beendet hatten
1176–1193	Herrschaft Saladins
1186	Saladin übernimmt die Kontrolle über Aleppo
1187	Saladin siegt über die Kreuzfahrer bei der Schlacht von Hattin
1187–1192	Dritter Kreuzzug
1192	Waffenstillstand zwischen Saladin und Richard Löwenherz
1202–1204	Vierter Kreuzzug. Besetzung von Konstantinopel
1217–1221	Fünfter Kreuzzug
1258	Die Mongolen zerstören Bagdad
1260	Einfall der Mongolen unter Hülägü
1260–1516	**Mamlukische Ära**
1260	Schlacht bei Ain Yalud; die Mamluken, ayyubidische Sklaven, besiegen die Mongolen und übernehmen die Macht in Ägypten und Syrien
1260–1277	Herrschaft Baibars
1271	Eroberung Krak des Chevaliers
1281	Zweiter Mongolensturm
1285	Eroberung von Marqab
1287	Rückeroberung von Lataqiya

1289	Rückeroberung von Tripoli
1291	Rückeroberung von Tartus
1300–1303	Dritter Mongolensturm; Damaskus wird besetzt
1302	ar-Ruad, letzte Kreuzfahrerbastion, wird zurückerobert
1400/01	Letzter Mongolensturm unter Timur Lenk
1453	Konstantinopel fällt an die Osmanen
1516–1918	**Osmanische Ära**
1516	Die Osmanen übernehmen die Macht in Aleppo
1548	Erster osmanisch-europäischer Vertrag
1555	Bau der Tekkiya Sulaiman
1805–1848	Muhammad Alis Herrschaft in Ägypten
1860	Drusisches Massaker an den Christen in Damaskus
1863	Die erste Teerstraße von Damaskus nach Beirut ist fertig
1918–1946	**Französische Mandatszeit**
1918	Das Osmanische Reich zerbricht, die alliierten Kräfte des 1. Weltkriegs fallen in Damaskus ein
1918–1920	König Faisal von Syrien regiert
1920	Beginn der französischen Mandatszeit
1936	Frankreich gibt Antiocha und Alexandrette an die Türkei
1943	1. arabisch-israelischer Krieg
1945	Syrien tritt der UN bei
1946	Französisches Bombardement von Damaskus, danach Unabhängigkeit
1946–heute	**Unabhängiges Syrien**
1949–1957	5 Staatsstreiche, außenpolitische Spannungen mit Israel und Jordanien
1950	1. syrische Verfassung tritt in Kraft
1958–1961	Vereinigte Arabische Republik mit Ägypten
1963	Putsch der Baath-Partei
1967	Niederlage im Sechs-Tage-Krieg; der Golan wird von Israel besetzt
1970	Hafez al-Asad erlangt die Macht und beginnt mit der „Korrektur-Bewegung"
1971	Hafez al-Asad wird zum Staatspräsidenten gewählt
1973	Neue Verfassung
Okt. 1973	Oktoberkrieg mit Israel, Verlust von Qunaitra
1976	Syrien greift in den Libanon-Krieg ein
1980	Abschluss eines 20-jährigen Freundschaftsvertrages mit der UdSSR
1982	In Hama wird ein Islamisten-Aufstand niedergeschlagen Israel marschiert in den Libanon ein
1984	Rifaat al-Asad, der Bruder des Präsidenten, versucht einen Putsch gegen Hafez al-Asad
1986/87	Sanktionen der USA wegen angeblicher syrischer Unterstützung von Terroristen
1991	Syrien schlägt sich im Golf-Krieg auf die Seite der USA und seiner Alliierten
1992	Beginn der Nahost-Friedensgespräche
1993	Aussetzung der Nahost-Friedensgespräche

1994	Tod von Basil al-Asad, dem ältesten Sohn von Hafez al-Asad, der als dessen Nachfolger auserkoren war
Okt. 1994	US-Präsident Bill Clinton in Damaskus
1996	Die israelisch-syrischen Geheimverhandlungen über einen Friedensschluss werden abgebrochen
1998	Syrien fordert als Bedingung für einen Frieden den Abzug aus den Golanhöhen
Nov. 1998	Asad erlangt wie in allen bisherigen Wahlen 99,9% der Stimmen
Ende 1999	Wiederaufnahme der Friedensgespräche mit Israel in den USA
März 2000	Asad und US-Präsident Bill Clinton treffen sich in Genf, um die unterbrochenen Friedensverhandlungen wieder in Gang zu bringen.
10.06.2000	Tod von Hafez al-Asad
12.06.2000	Haftbefehl gegen Rifaat al-Asad, den Bruder des verstorbenen Präsidenten, der aus dem Londoner Exil Anspruch auf dessen Nachfolge erhebt
10./11.07.2000	Ein Referendum und die Bestätigung durch das Parlament machen Baschar al-Asad, Sohn des verstorbenen Präsidenten, zu dessen Nachfolger

gieren zu können. Die Republik Syrien empfanden die Nationalisten als einen Rumpfstaat, denn in ihren Augen umfasste das **„natürliche Großsyrien"**, *bilad ash-Sham,* auch den Libanon mit dem wichtigen Handelszentrum Beirut, den die Franzosen abgetrennt hatten, und Palästina, das unter britischer Verwaltung stand, sowie Jordanien unter seinem haschemitischen König, der aus Mekka stammte. Zudem hatte Frankreich in der Mandatszeit den natürlichen Hafen Alexandrette der syrischen Haupt-Handelsstadt Aleppo an die Türkei abgetreten. Mit der **Gründung der Arabischen Liga in Kairo im Jahr 1945** keimte bei den Arabern die Hoffnung auf, diese Grenzen nach dem 2. Weltkrieg revidieren zu können. Doch diese Hoffnung wurde nach kurzer Zeit heftig enttäuscht. Mit der Ausrufung des Staates Israel im Jahr 1948 ging Palästina definitiv verloren, die Araber unterlagen im Krieg gegen Israel und sahen sich einmal mehr als Opfer imperialistischer Weltpolitik.

Das **Schicksal Syriens in den 1950er Jahren** war stark **mit Ägypten** und dem Kalten Krieg **verknüpft.** Der Militärputsch *Djamal Abd an-Nasrs* gegen den ägyptischen Monarchen rief 1952 in der ganzen arabischen Welt eine gewaltige Euphorie hervor. **Nasr verstaatlichte 1956 den Suezkanal** – markantes Zeichen der europäischen Kolonialpolitik – und, obwohl Frankreich, Großbritannien und Israel in Verkennung der weltpolitischen Lage daraufhin ihre Militärmaschinerie gegen Ägypten in Gang setzten, stand Nasr am Ende als Sieger da, da die USA und die UdSSR in der UNO gemeinsam den Abzug der fremden Truppen vom Suezkanal durchsetzten. Arabien hatte wieder einen Volkshelden, der versprach, das Unrecht der Vergangenheit zu korrigieren. In dieser Stimmung nahm in den panarabischen Zirkeln in Syrien – vor allem in der Baath-Partei und in der ihr nahestehenden Militärführung – der **Traum einer syrisch-ägyptischen Einheit** immer deutlichere Form an. **1958** reiste Staatspräsident *Shukri al-Quwwatli* auf eigene Faust mit einer Delegation zu Nasr, unterzeichnete den **Einheitsvertrag** und legte sein Amt nieder. Noch war Nasr zusammen mit Indiens *Nehru* der Hoffnungsträger der Blockfreien-Bewegung, die sich weder dem kapitalistischen noch dem kommunistischen Lager anschließen wollte. Doch eine zwielichtige US-Nahostpolitik war für Nasr Grund genug, sich immer mehr in die Arme(e) der UdSSR treiben zu lassen. Der Nahe Osten war endgültig mitten im Kalten Krieg angelangt, in dem die Großmächte auch die Konflikte zwischen den arabischen Regierungen schürten. Auf der pro-sowjetischen Seite standen **Syrien und Ägypten**, die sich zur **Vereinigten Arabischen Republik (VAR)** zusammengeschlossen hatten, auf der anderen die haschemitischen Königreiche Jordanien und Irak, die als Verbündete der Briten galten. Das ölreiche, stark islamisch geprägte und antisozialistische **Saudi-Arabien rivalisierte mit Ägypten** um die Vorherrschaft in der arabischen Welt. In dieser Situation stürzte ein blutiger Putsch den haschemitischen König im Irak vom Thron, und erneut keimte die Hoffnung auf, eine große arabische Einheit sei nun machbar. Auch der Libanon stand am Rande des Bürgerkrieges wegen der Frage, ob er sich der VAR anschließen sollte. Doch sämtliche Hoffnungen zerbrachen wegen innerer Uneinigkeiten und der Einflussnahme der Großmächte. Als Nasr **Syrien** als **VAR-Nordprovinz** immer mehr unter seine zentralistische Kontrolle stellte und großangelegte, aber schlecht vorbereitete Verstaatlichungen und Landreformen durchführen ließ, **kündigten die Syrer 1961 die Einheit auf.** Seitdem hat sich Syrien zwar immer wieder mit möglichen Vereinigungen mit Ägypten oder Irak beschäftigt, aber kein Vorhaben konnte je in die Tat umgesetzt werden.

Die junge Generation der **Baath-Partei,** die sich jetzt ganz einem **„arabischen Sozialismus"** verschrieben hatte, sah es als Ziel an, erst die gerechte Gesellschaft im eigenen Land durchzusetzen und dann die Region auf gleiche Weise in Ordnung zu bringen. Die **Niederlage im Sechs-Tage-Krieg 1967** gegen Israel brachte alle Träume zum Scheitern und verursachte auf arabischer Seite ein schweres Trauma.

Das **Verhältnis zu den USA** und zur westlichen Welt hat Syrien **seit 1990** allmählich **revidiert**. Mit dem Zusammenbruch der UdSSR hat sich die strategische Lage auch im Nahen Osten deutlich gewandelt. Die Zeit, da die USA Syrien als Hort des Terrorismus und Syrien die USA als Heimat des Imperialismus bezeichnet haben, scheint bis auf wenige Ausnahmen zu Ende zu gehen. Der Kalte Krieg, in dem Syrien als treuer Verbündeter der UdSSR galt, endete 1990 mit dem heißen Golfkrieg gegen Iraks *Saddam Husain*. Syrien nützte den **Kuwait-Konflikt,** in dessen Verlauf viel von einer neuen Weltordnung geredet wurde, um sich auf die Seite der antiirakischen Allianz zu stellen und den USA anzunähern. Seitdem gilt Syrien auch den Amerikanern wieder als kooperationswilliger Partner, und es ist kein Zufall, dass danach sowohl Bewegung in die Friedensverhandlungen im Libanon als auch in die Gespräche zwischen Syrien und Israel gekommen ist.

Mit dem Ende des langen und blutigen **Libanon-Krieges (1975–1990)** hat die internationale Staatengemeinschaft **Syrien** und seine Armee im Nachbarland international **als Ordnungsmacht** und **Friedensfaktor** akzeptiert. Stattgefunden hat deshalb auch eine faktische Annäherung Syriens und Libanons, und damit ist – wenn man so will – eine Art klein-syrischer Einheit entstanden. Heute wird keine wichtige Entscheidung in Beirut ohne Rücksprache mit Damaskus getroffen.

Auch das **Verhältnis zum** dem seit dem Golfkrieg von einem UN-Embargo belegten **Irak** hat sich in den vergangenen Monaten **entspannt,** da die syrisch-irakische **Grenze** seit langer Zeit wieder **für Versorgungsgüter geöffnet** wurde, die trotz des Embargos, etwa als medizinische Hilfsgüter, nach Bagdad geliefert werden dürfen.

Das **Verhältnis** zum nördlichen Nachbarn **Türkei** ist **durchwachsen.** Dass der NATO-Staat eine militärische Zusammenarbeit mit Israel betreibt, ruft ständige Kritik in Damaskus hervor. Das **Hauptkonfliktfeld** zwischen beiden

Ländern liegt aber im Bereich der **Wasserversorgung.** Im wieder wird in den trockenen Sommermonaten Wasser in den Vorstädten von Damaskus knapp. Einer der Gründe dafür liegt darin, dass die Türkei in den letzten Jahren viel Geld in Staudammprojekte gesteckt hat und nun das Wasser des Euphrats in großem Umfang nutzt. Syrien beklagt sich immer wieder, dass die Türkei hierbei internationales Recht verletze, weil sie die Wasser-Mindestmenge nicht beachte. Eine Einigung steht nach wie vor aus. Dieses ernste Problem wird oft auch als Hintergrund dafür gesehen, dass *Abdullah Öcalan,* der Anführer der kurdischen Guerilla in der Türkei (PKK), lange Zeit ein gern gesehener Gast in Syrien gewesen sein soll. Erst als die Türkei ihre Truppen an der syrischen Grenze zusammenzog und Drohgebärden gen Damaskus richtete, soll Öcalan das Land verlassen haben. Nach einer Odyssee durch Europa und Afrika wurde er vom türkischen Geheimdienst verhaftet und vor Gericht gestellt.

Der Konflikt mit Israel

Syrische Truppen waren gemeinsam mit anderen arabischen Streitkräften **viermal** in **Kriegshandlungen** mit Israel verwickelt: **1948**, nach der Ausrufung des Staates Israel, führte die Kriegsniederlage zum Verlust von Palästina. Im syrischen Sprachgebrauch heißt dieser Umstand „an-Nakba", die Katastrophe. Der Verlust der Golanhöhen im Sechs-Tage-Krieg **1967** wird als „an-Naksa" bezeichnet, als Rückfall. Den Oktoberkrieg **1973** (israelisch: Yom-Kippur-Krieg) betrachtet die syrische Führung als erfolgreiche Befreiung, „at-Tahrir", zumal da Syrien bei den Friedensverhandlungen einen Teil des Golans mit dem von den Israelis beim Abzug zerstörten Dorf Qunaitra zurückbekam. **1982** überschritten israelische Truppen bei der Invasion Beiruts die syrischen Linien, und seit mehr als 20 Jahren hält Israel einen Teil Südlibanons als Sicherheitszone besetzt.

Palästina – die heutigen Staaten Jordanien und Israel – betrachten viele Syrer auch heute noch als **Teil der „natürlichen Einheit" Großsyrien.** Jerusalem gehört zu einer Region, die sie als Süd-Syrien kennen. Deshalb ist der Palästina-Konflikt nicht nur wegen der Niederlagen gegen das vom Westen hochgerüstete und gestützte Israel schmerzlich für sie. Er stellt in ihren Augen ein klares Zeichen dafür dar, dass ihnen selbst in ihrem eigenen Haus die demokratische, westliche Welt kein Mitspracherecht gewährt.

Der **Konflikt** hatte immer **Rückwirkungen** auf die **Innenpolitik** Syriens. Nach der arabischen Niederlage von 1948 putschte sofort das syrische Militär gegen die Zivilpolitiker, denen die Schuld am militärischen Desaster gegeben wurde. Es begann ein Ringen um die politische Richtung im Lande. Letztlich führte dieses Ringen in einem aufgeheizten, anti-westlichen Klima einerseits zur Annäherung an die UdSSR, andererseits zu einem **politischen Generationswechsel,** in dem Jungoffiziere und linke Parteien allmählich die großbürgerlichen Landbesitzer aus ihren Ämtern verdrängten. Die junge Generation brannte darauf, die Schande der Niederlage gegen Israel zu tilgen. Dass dies nur über militärische Stärke zu erreichen sein würde, wurde zum Grundkonsens der Politiker, die die Militär- und Rüstungsausgaben mit Hilfe von Petro-Dollars aus den Golfstaaten in schwindelerregende Höhen trieben und behaupteten, die Bedrohung durch die israelische Armee zwinge sie zu diesen Ausgaben. Als die **Israelis 1967** auch noch „al-Quds" („die Heilige", wie **Jerusalem** auf Arabisch heisst) **eroberten,** versank die arabische Welt in kollektive Depression. Zudem weitete sich der Kampf um Palästina – noch stärker als zuvor – auf das religiöse Terrain aus; auf israelischer wie auch auf arabischer Seite griffen religiöse Parolen um sich, die die jeweiligen politischen Standpunkte rechtfertigen sollten. Ein weiterer Schock für die Muslime war 1969 der Brandanschlag eines australischen Christen auf die *al-Aqsa-Moschee* auf dem Tempelberg; dies führte zur Gründung einer neuen, weltweiten islamischen Organisation, der **Organisation der Islamischen Konferenz.** Die Muslime fürchten um die Religionsfreiheit in der Stadt der drei Weltreligionen, kritisieren unablässig die Baupolitik in Jerusalem und die Vertreibung von Arabern aus der Stadt. Ein wichtiger Punkt bei allen Friedensverhandlungen mit Israel ist die Forderung, dass Jerusalem nicht als Hauptstadt Israels anerkannt werden dürfe. Vor diesem Hintergrund erlangte religiöse Rhetorik in der Auseinandersetzung mit Israel eine wichtige Rolle. Syrien unterhält beispielsweise **gute Beziehungen zur** palästinensisch-islamischen **Hamas-Bewegung** und zur libanesisch-schiitischen **Hizbollah**.

Belastet ist hingegen das **Verhältnis** Syriens **zur PLO** und zur Palästinensischen Autonomiebehörde unter Präsident *Yasir Arafat*. Da Syrien Palästina eigentlich als Teil des eigenen Landes betrachtet, kann es sich mit der Forderung der Palästinenser nach einem eigenen Staat nur schwer anfreunden. Nicht von ungefähr ist der Hamas-Gründer Scheich *Yasin* ein scharfer Kritiker Arafats und seiner Verhandlungsführung. Die Spannungen zwischen Syrien und PLO haben auch historische Gründe. Mitte der 1960er Jahre stützte die linke Baath-Regierung in Damaskus PLO-Anschläge in Israel und bereitete sich auf einen langwierigen Volkskrieg vor – eine Doktrin ganz im Zeichen des weltweiten anti-imperialistischen Kampfes. Damals wollten die Linkssozialisten eine israelische Reaktion provozieren, um Nasr in einen Krieg mit dem Erzfeind zu zwingen. Der kurze und demoralisierende Sechs-Tage-Krieg strafte alle Konzepte Lüge, weder Volkskrieg noch arabische Einheit hatten in der Auseinandersetzung mit Israel eine reelle Basis. Das Verhältnis zwischen PLO und Syrien ist seither erkaltet. Die PLO hatte schwere Rückschläge zu verkraften. 1970 wurde sie von Jordanien, wo sie einen Staat im Staate gebildet hatte, vertrieben, ebenso wurde sie 1982 aus Beirut, ihrer neuen Operationsbasis, unter UNO-Aufsicht evakuiert, nachdem israelische Streitkräfte West-Beirut eingekesselt hatten. Beide Male beklagte die PLO syrische Zurückhaltung. Syrien wiederum steht **Arafats Friedensver-**

handlungen mit Israel äußerst skeptisch gegenüber und betrachtet Arafats Einlenken als einen **„Separatfrieden"**, wie ihn auch Ägypten und Jordanien mit Israel geschlossen haben.

Der **Friedensprozess zwischen Israel und Syrien** unter amerikanischer Vermittlung geht nur **stockend** voran. Die Verhandlungen begannen 1993, wurden aber unter Israels Ministerpräsident *Benjamin Netanjahu* ausgesetzt. Die Wiederaufnahme der Gespräche Ende 1999/Anfang 2000 in den USA war ein Hoffnungszeichen ohne konkretes Ergebnis. In den Verhandlungen fürchten Syrien wie auch Israel die Konsequenzen eines raschen, unüberlegten Abkommens. Die Syrer haben das Beispiel Arafats vor Augen, der von israelischer Seite weitgehend abhängig ist und bei der Umsetzung von Verhandlungszusagen oft hingehalten wird. Syrien tritt prinzipiell für **„eine umfassende und gerechte Lösung in Nahost"** ein, beruft sich auf die entsprechenden UN-Resolutionen und die Madrider Friedensformel „Land gegen Frieden". Man wird sehen müssen, ob diese For-

Hafez al-Asad (1930–2000)

Hafez al-Asad, **von 1970 bis 2000 offiziell an der Macht,** gehörte zu den **dienstältesten Staatsmännern der Welt.** Geboren wurde der **Alawit** in Kurdaha bei Lattakia am 6. Oktober 1930. Mit 16 Jahren schloss er sich der Baath-Partei an, die damals gerade seit drei Jahren existierte. Von 1952 bis 1956 besuchte Asad die Militärakademie und trat in die Luftwaffe ein. Zu seiner militärischen Ausbildung gehörte auch ein Luftwaffen-Kurs in der UdSSR. Während der Zeit der syrisch-ägyptischen Einheit gehörte Asad zu einer Reihe junger Offiziere, die in Kairo stationiert waren. Dort, abseits der alten Baath-Garde, reiften bei den Jungoffizieren linksrevolutionäre Ideen heran, die sie in den folgenden Jahren in Syrien umsetzen sollten. Nach der Auflösung der syrisch-ägyptischen Einheit wurde Asad zunächst vom Dienst suspendiert, da er offenbar gegen die Auflösung opponiert hatte. Er schloss sich als einer der fünf Führer dem Untergrund-Komitee an, das den Umsturz am 8. März 1963 vorbereitete. Auch bei dem zweiten Militärputsch vom 23. Februar 1966 spielte er eine zentrale Rolle, agierte danach aber weiter politisch eher im Hintergrund. Erst 1970 übernahm der Kommandeur der Luftwaffe selber die Macht, rief die **„Korrektur-Bewegung"** aus und ließ sich ein Jahr später zum Präsidenten wählen. Die „Korrektur-Bewegung" umfasste eine Reihe weiterer arabisch-sozialistischer Parteien, die in einer Progressiven Nationalen Front zusammengefasst wurden. Den Oktoberkrieg 1973 gegen Israel ließ die Regierung als großen Erfolg feiern, weil der Mythos israelischer Unbesiegbarkeit gebrochen worden sei.

Ein schwerer Schlag für den Präsidenten war der tödliche Autounfall seines Sohnes Basil, der als sein Amtsnachfolger ausersehen war. An ihn erinnern in Syrien viele Plakate, zum Beispiel Motive, die ihn als erfolgreichen Springreiter bei den syrischen Meisterschaften zeigen. Der jüngere Sohn Bashar hat in London Medizin studiert und wurde seit dem Tod seines Bruders als Nachfolger Hafez al-Asads aufgebaut, eine Rolle, in die er nach dem Tod des Vaters am 10. Juni 2000 schneller hineinwachsen muss als erwartet (vgl. S. 120). Auf vielen Plakaten sind die drei Asads gemeinsam abgebildet.

mel letztlich mehr erbringen wird als die Rückgabe der israelisch besetzten Golanhöhen. Vor allem das Schicksal der palästinesischen Flüchtlinge in den arabischen Staaten wurde bisher bei den Gesprächen ausgeklammert. In Damaskus bestehen ganze Vorort-Viertel aus palästinesischen Flüchtlingen und ihren Nachkommen. Eines der dicht besiedelten Viertel symbolisiert noch im Namen, dass es ursprünglich keineswegs für die Ewigkeit gebaut war: Es heißt *Mukhayyam,* obwohl von einem „Zeltlager" längst nichts mehr zu sehen ist... Eine Rückkehr in ihre Heimat ist für die **palästinensischen Flüchtlinge** wohl nur mehr eine Illusion, an die sie selber kaum mehr glauben können; und die **arabischen Staaten,** in denen die Palästinenser Gastrecht genießen, **verweigerten** bislang eine zügige **Einbürgerung,** weil diese ihrer Ansicht nach den Skandal der israelischen Vertreibungspolitik unsichtbar gemacht hätte.

Gegen eine friedliche Lösung des Nahostkonflikts gibt es in Syrien wie auch in Israel eine **starke Opposition,** die vornehmlich religiös-fundamentalistisch argumentiert. Aber auch in der Durchschnittsbevölkerung sind die Feindbilder auf beiden Seiten des Golan nach Jahrzehnten des Kriegsgeschreis und der Feindbild-Produktion sehr ausgeprägt. Das ist gewiss nichts Ungewöhnliches: Auch die Europäer brauchten die bittere Erfahrung mehrerer Kriege, ehe sie alte Feindbilder, wie etwa dasjenige zwischen Deutschen und Franzosen, hinter sich ließen. Antizionistische, manchmal auch anti-jüdische, Parolen wurden in Syrien jahrzehntelang geschürt, und so treffen Touristen aus Deutschland gelegentlich auf Gesprächspartner, die mit bewunderndem Unterton von *Hitler* und dem Holocaust sprechen, wobei anzumerken ist, dass dies natürlich kein Standpunkt ist, den der syrische Staat oder seine Vertreter einnehmen.

Innenpolitik

Die Baath-Partei

Seit 1963 regiert die Baath-Partei in Syrien, **„die Partei der arabischen Wiedergeburt".** Sie übernahm mit Hilfe des Militärs am 8. März 1963 die Macht. Dieses Datum ist nicht zufällig: Am 8. März 1920 hatte der Syrische Nationalkongress die Unabhängigkeit Syriens ausgerufen, was aber von den europäischen Kolonialmächten damals nicht akzeptiert wurde. Unter einer „arabischen Wiedergeburt" versteht die Partei, dass die Araber nach Jahrzehnten des europäischen Kolonialismus und Jahrhunderten der osmanisch-türkischen Fremdherrschaft wieder an ihre ruhmreiche Vergangenheit anknüpfen und aus ihrem reichen kulturellen Erbe schöpfen sollten. In ihrem Programm verbindet die Partei den „arabischen Sozialismus" und den „panarabischen Nationalismus" miteinander. Bis heute propagiert sie eine **arabischen Einheit vom Atlantik bis zum Persischen Golf.** Der „arabische Sozialismus" zeichnet sich dadurch aus, dass der **marxistische Klassenkampf abgelehnt** wird, weil er die arabische Nation spalten würde. Stattdessen wird auf eine

gerechte Gesellschaft durch soziale Reformen hingearbeitet. Nach den Worten des Parteigründers *Michel Aflaq* befindet sich der arabische Mensch in einer „permanenten Revolution“. Diese sozialrevolutionäre Komponente zeigte sich nach der Machtübernahme vor allem in den **Verstaatlichungen** und der **Landreform.** Der Staat bestimmt auch heute noch über die wichtigsten Wirtschaftsbereiche und kontrolliert das öffentliche Leben.

Gegründet wurde die Partei 1943 von dem Christen *Michel Aflaq* und dem Muslim *Salah ad-Din al-Bitar.* Eine wichtige Rolle spielte auch der alawitische Vordenker *Arsuzi.* Dessen Kritik von links an der alten Garde der Baath-Partei animierte die junge Generation **1966** zu einem **Putsch gegen die Parteiführung,** die daraufhin zum Teil in den Irak floh, wo sie später ebenfalls an die Macht kam. Es gehört wohl zur Ironie der Geschichte, dass die zwei Parteiflügel in den Nachbarländern zutiefst verfeindet sind, obwohl sie sich vehement für eine Vereinigung aller Araber einsetzen...

Mit der Machtübernahme durch **Hafez al-Asad** (zu seiner Biografie vgl. S. 116) begann nach Jahren der politischen Unruhe und Abrechnung **eine neue Zeitrechnung,** die zu einer relativ **friedlichen und gemäßigten Entwicklung** des Landes führte. Hafez al-Asad ging zunehmend auf **Distanz zur radikalen Linken,** die Syrien in den Sechs-Tage-Krieg mit Israel getrieben hatte, und führte das Land auf einen vorsichtigen außenpolitischen und wirtschaftlichen Kurs, der sich durch eine langsame, aber stetige Privatisierung und eine Öffnung hin zum Weltmarkt beschreiben lässt.

Eine wichtige Rolle in der Baath-Partei spielen die **religiösen Minderheiten** in Syrien, vor allem Alawiten, Drusen und griechisch-orthodoxe Christen. Da ihnen oftmals der Aufstieg in zentralen gesellschaftlichen und staatlichen Feldern verwehrt war, rekrutierte sich die Armee aus ihnen. Die **Baath-Partei,** die sich mit ihrem sozialistischen Programm als säkulare und damit als nichtreligiöse Bewegung versteht, fand **bei den Minderheiten starken Zuspruch,** da sie hofften, gleichberechtigte Mitglieder der Gesellschaft zu werden. Gerade auch den griechisch-orthodoxen Christen, die über den ganzen Nahosten verstreut leben, bot die Idee eines säkularen Nationalismus und einer arabischen Einheit eine attraktive Perspektive. Baath-Partei und Militär bestanden deshalb aus denselben Minderheiten, die in der sunnitischen Mehrheitsgesellschaft bis dahin eher ein Randdasein fristeten. So kam es, dass sich mit der Machtübernahme der Baath-Partei und vor allem seit dem Aufstieg von Hafiz al-Asad viele Alawiten in Spitzenpositionen in Staat und Militär etablieren konnten. Kritik an dieser Entwicklung übten – aus politisch-religiöser Sicht – vor allem die Muslimbrüder, die vorwiegend aus sunnitischem Milieu stammen, und – aus ideologischer Sicht – bürgerliche und linke Kritiker. Um ihre Macht zu sichern, hat die Baath-Partei deshalb vor allem gegenüber islamistischen Kräften in den 1980er Jahren hart durchgegriffen.

Bemalte Häuser von Pilgern nach der Hadj (Pilgerfahrt nach Mekka)

Die Rolle des Islam in der Politik

Seit der Unabhängigkeit Syriens taucht immer wieder neu die Frage auf, welche Rolle der Islam in dem syrischen Nationalstaat, der sich zu Sozialismus und Arabertum bekennt, spielen soll. Die **Baath-Partei** steht dem **Islam** als Religion **keineswegs ablehnend** gegenüber, sondern betrachtet ihn als wichtigen **Teil der arabischen Identität.** Im Propheten Muhammad und seinen Gefährten sehen die Baathisten die ideale Verkörperung des arabischen Geistes, der in der Gegenwart wiederbelebt werden soll. Entstehung und Ausbreitung des Islams gelten also als bedeutende historische Entwicklungen. Auch Christen oder nicht-sunnitische Muslime in der Baath-Partei stimmen darin überein, dass die islamische Religion, die Sitten und Traditionen das tägliche Leben in der arabischen Welt geprägt haben und prägen, so dass sie keine Einwände dagegen haben, von einer „arabisch-islamischen Zivilisation" zu sprechen. Da die Religion hier tendenziell jedoch nur als ein „Set" aus sozialen und kulturellen Faktoren betrachtet wird, üben streng religiöse und fundamentalistische Gruppen immer wieder Kritik an dieser Weltanschauung. Dass sich die Baath-Partei zum Sozialismus bekennt, trägt für viele Strenggläubige den Geruch des Atheismus.

Bashar al-Asad

Am 10. Juni 2000 stirbt Hafez al-Asad. Nach 30 Jahren Herrschaft über Syrien nimmt das Land Abschied von seinem Präsidenten. Die Nachfolge tritt sein Sohn Bashar al-Asad an. Noch in den letzten Jahren seiner Herrschaft hatte Hafez dazu alles in die Wege geleitet. Ursprünglich hatte Hafez seinen Sohn Basil für die „Thronfolge" vorgesehen, doch dieser kam 1994 bei einem Autounfall ums Leben. Bashar, der von Freunden als schüchtern, freundlich und bescheiden beschrieben wird, musste nach dem Tod Basils sein Medizinstudium in London abbrechen und auf die Militärakademie nach Homs gehen. Nach dem Tod des Vaters wurde der „Doktor", wie ihn viele nennen, schnell vom einfachen Oberst zum Oberbefehlshaber der Streitkräfte und Generalleutnant ernannt. Das Mindestalter für den syrischen Präsidentenposten wurde für den jungen Bashar von 40 auf 34 Jahre zurück gesetzt. Eine Woche nach dem Tod Hafez al-Asads avancierte Bashar zum Generalsekretär der regierenden Baath-Partei. Ein Referendum am 10. Juli, ohne Gegenkanditaten und mit einer Zustimmung von 97,29%, und die Bestätigung durch das Parlament, reine Formsache, waren dann der letzte Akt auf dem vorbestimmten Weg ins Amt des syrischen Staatspräsidenten. Nach Ablauf der Trauerfrist von 40 Tagen, am 17. Juli, konnte Bashar sein Amt antreten.

Bashar al-Asad steht vor großen Herausforderungen. Seinen ersten politischen Kampf hat er schon aufgenommen: den gegen die Korruption. In nur drei Jahren schaffte er es, noch unterstützt von seinem Vater, der nie in Korruptionsskandale verwickelt war, die schlimmsten Auswüchse zu bekämpfen. So wurde der frühere Ministerpräsident Mahmud az-Zubi wegen Korruptionsverdacht angeklagt und unter Arrest gestellt. Er nahm sich daraufhin das Leben. Manche Beobachter sehen im Vorgehen gehen die Korruption nur eine Strategie zur Ausschaltung politischer Gegner.

Der Jugend verspricht Bashar einen Neuanfang. Ihm ist es beispielsweise zu verdanken, dass das Internet im Land überhaupt eingeführt wurde. Es sollen nun auch die Freischaltung der Mobiltelefone und der Internetausbau folgen. Die junge und jüngere Generation des Landes setzt viel Vertrauen in Bashar, und unter ihnen wird sich Bashar auch eine neue Machtbasis schaffen müssen.

Die alte Garde der arabischen Alleinherrscher stirbt allmählich aus. Erst Scheich Isa von Bahrain, dann König Husain von Jordanien und König Hassan von Marokko und zuletzt Hafez al-Asad. Allen folgten junge Männer, die sich den Herausforderungen erst noch gewachsen zeigen müssen. Bashar al-Asad scheint zumindest das Volk hinter sich zu haben, schenkt man den Sprechchören Glauben: „Bashar, wir sind mit Dir, Du bist unsere Hoffnung". Ob die alte Elite, der Bashar mit seiner Anti-Korruptionskampagne entgegengetreten ist, auf seiner Seite steht, darf bezweifelt werden. Eine große Bedrohung stellt der Bruder des Verstorbenen im Londoner Exil dar: Rifaat al-Asad sieht sich als „wahren" Erben seines Bruders und ließ seinen Machtanspruch über seinen eigenen, in London stationierten Fernsehsender „Arab News Network" (ANN) verkünden. Schon 1983, als Hafez ernsthaft erkrankte, ließ Rifaat seine Milizen aufmarschieren, um die Macht in Syrien zu übernehmen. 1996 wurde er des Landes verwiesen, und gegen Ende des Jahres 1999 ließ Bashar, vielleicht in weiser Voraussicht, einen illegalen Hafen bei Lataqiya, den Rifaats Anhänger unterhielten, mit Gewalt ausheben. Innenpolitische Herausforderungen sind zudem die verkrustete Bürokratie und eine stagnierende Wirtschaft.

Außenpolitisch wird sich Bashar zunächst auf dem Feld der Nahost-Friedensbemühungen bewähren müssen. Will der politische Neuling seine Macht nicht sofort verspielen, kann er dabei keinesfalls hinter die Forderungen seines Vater zurückgehen. Nur wenn er Härte zeigt, wird er sich Respekt im Land verschaffen – und den braucht er, um seine Gegner in Schach zu halten und dann vielleicht eine eigenständige Politik zu formulieren.

Der Konflikt zwischen der staatstragenden Partei und ihren **religiösen Kritikern** reicht weit zurück. Die wichtigste politisch-religiöse Gruppe sind die **Muslimbrüder,** eine Organisation, die 1928 in Ägypten gegründet wurde und bald darauf durch syrische Studenten auch in Syrien heimisch wurde. Sie setzt sich **für ein islamisches Staats- und Rechtswesen** ein. Nach der Unabhängigkeit erreichten die Muslimbrüder zunächst einigen Einfluss, es gelang ihnen sogar, eine Zeitlang einen Minister zu stellen. Erst unter den Militärregierungen wurden sie verboten. In den 1960er Jahren meldeten sie sich mit Protesten zu Wort, als einige Linksbaathisten atheistische Parolen verbreiteten, die übrigens auch bei Christen helle Empörung auslösten.

Insbesondere bei den **Debatten um die Verfassung** der Republik Syrien in den Jahren 1950, als die erste Verfassung verabschiedet wurde, und 1973, als die „Korrektur-Bewegung" eine neue Verfassung vorlegte, forderten Religionsgelehrte eine stärkere Ausrichtung des Staates an islamischen Idealen. Die Debatten endeten jeweils mit einem Kompromiss. 1950 wurde der von überzeugten Muslimen und von den Muslimbrüdern unterstützte Passus „Der Islam ist Staatsreligion" nicht angenommen und durch den Satz **„Die Religion des Staatspräsidenten ist der Islam"** ersetzt, was damals auch den Muslimbrüdern genügte. 1973 endeten erneute Proteste erst, als genau dieser Satz, der zunächst in der neuen Verfassung nicht auftauchte, wieder aufgenommen wurde. Die Verfassungskrise von 1973 wird gelegentlich als Vorspiel der Terrorakte gesehen, die Syrien ab 1976 erschütterten. Im Zuge des Libanonkrieges bewaffneten sich islamische Radikale und riefen zum Kampf gegen den syrischen Staat auf. 1982 kam es soweit, dass die Muslimbrüder die mittelsyrischen Städte Homs und Hama für „befreit" erklärten. Doch die syrische Luftwaffe schlug mit aller Gewalt zurück und bombardierte die Innenstädte. Die Zahl der Opfer soll sehr hoch gewesen sein.

Es wäre dennoch völlig falsch, daraus zu schließen, dass in Syrien „der Islam"

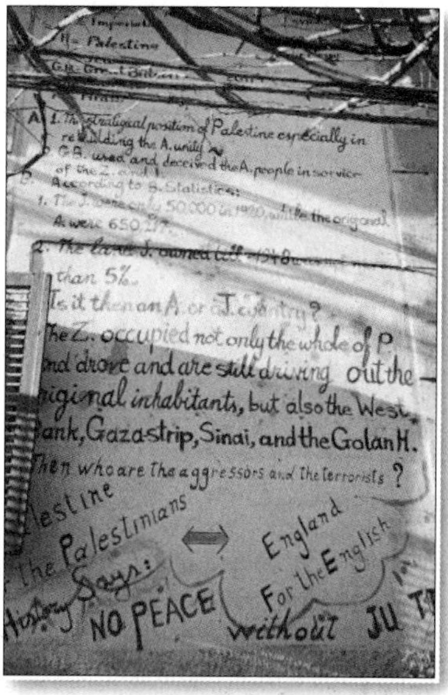

Plakat am Palestine Language Institute in Homs

einen schweren Stand hat. Das Gegenteil ist richtig: Im **Alltag** der islamischen Bevölkerung spielt **der Glaube eine große Rolle,** was sich dem Besucher vor allem an Festtagen zeigt. Und im staatlichen Bereich ist die Religionspolitik wichtig, vielleicht gerade wegen der genannten Vorfälle. Das Aushängeschild des staatlich unterstützten Islams ist der Mufti der Republik, Scheich *Ahmad Kuftaru,* der der mystischen *Naqshbandiya-Bruderschaft* angehört. Im Damaszener Stadtviertel Rukn ad-Din betreibt die Bruderschaft eine **Islamische Universität** namens **Abu an-Nur** („Vater des Lichts"), deren mehrjährige Kurse von Gläubigen aus der ganzen Welt aufgesucht werden; hier finden sich nicht nur arabische Studenten ein, sondern auch Muslime aus Afrika, Amerika und Europa. Der Scheich gilt als ein Förderer des Dialogs zwischen den Weltreligionen. Seinen oft kämpferischen Freitagspredigten können interessierte Besucher – Besucherinnen in einem abgetrennten Teil der Moschee – umstandslos beiwohnen. Die Reden werden simultan über Kopfhörer in mehrere Sprachen, zumindest aber ins Englische, übersetzt und sind auch auf dem Markt zu kaufen. Der Scheich brandmarkt dabei vor allem den „modernen Kreuzzug" gegen die Religion, womit er vor allem die negativen Einflüsse der modernen Massenmedien auf die Menschen meint.

Gute Beziehungen unterhält der syrische Staat auch außenpolitisch mit einer Reihe islamischer Gruppen. Große Bedeutung hat beispielsweise die **gute Beziehung zu Iran** und zu der von Iran unterstützten, libanesisch-schiitischen **Hizbollah** („Partei Gottes"). Seit der iranischen Revolution von 1979, die Syrien wegen der anti-imperialistischen und anti-amerikanischen Stoßrichtung guthieß, haben sich die Beziehungen so sehr verbessert, dass **in Syrien Pilgerzentren** wie die schiitischen Moscheen *Sayyida Zainab* und *Sitt Ruqqiya* gebaut wurden. Im Golfkrieg zwischen Iran und Irak stand Syrien zudem auf Seiten der Iraner, also der schiitischen Perser, was die Beziehungen zum Irak und manch anderem arabischen Staat belastete. Auch duldet Syrien die Hilfe Irans für die libanesische Hizbollah; diese Partei leistet bis heute trotz des Friedensschlusses im Libanon-Konflikt Widerstand gegen die israelische Besatzung und ihre Verbündeten. In den Friedensgesprächen zwischen Syrien und Israel geht es auch um die Rolle der Hizbollah, da Israel zwar schon den Abzug aus dem Südlibanon versprochen hat, aber von syrisch-libanesischer Seite eine Garantie erwartet, dass die Guerillaaktionen danach aufhören.

Gut sind auch die **Beziehungen** Syriens **zur islamistischen Hamas-Bewegung** in Palästina. Deren greiser Führer Scheich *Yasin* besuchte Syrien bald nach seiner Freilassung aus israelischer Haft, in der er schwer gefoltert worden sein soll. Dabei betonten Scheich Yasin und seine syrischen Gesprächspartner öffentlich ihre Übereinstimmung im Palästina-Konflikt und damit auch ihre Kritik an Arafat.

Wirtschaft

Dank der **Erdölfelder im Nordosten** des Landes kann Syrien in diesem Bereich einen bescheidenen Export vorweisen. Außerdem sind **Baumwolle** und in sehr geringem Maße auch Oliven und Zitrusfrüchte weitere Devisenbringer. Devisen sind dringend notwendig, um die ständigen Handelsdefizite zumindest nicht zu vergrößern, denn noch immer ist Syrien stark auf Importe angewiesen. Große **Bewässerungsprojekte**, wie die **Stauseen** im Osten, sollen die landwirtschaftliche Produktion steigern helfen und eine Grundversorgung an Nahrungsmitteln garantieren.

Mitte der 1980er Jahre wurden in Syrien weitreichende **wirtschaftliche Reformen eingeleitet**. Die Liberalisierung und Deregulierung des Marktes trat an die Stelle der bisherigen staatlichen Planwirtschaft, der Wirtschaftssektor wurde auch für private Investoren geöffnet. Ein drohender Finanzkollaps konnte dadurch verhindert werden.

Insbesondere seit dem Golfkrieg und damit einhergehenden weiteren Lockerungen investieren mehr und mehr Golfstaatler in die syrische Wirtschaft, die hiervon profitiert: Im **Wachstum** befinden sich derzeit der Handel, der Tourismus sowie die Baubranche. Außerdem soll die Erdgas- und Phosphatförderung verstärkt werden. Abgeschreckt werden ausländische Investoren allerdings durch die hohen syrischen Steuern. Auch eine Wertpapierbörse fehlt in Syrien. Wie sich die neue politische Führung nach dem Tode Hafez al-Asads zu diesen Problemen verhält, bleibt abzuwarten.

Die **Privatwirtschaft** hat mit großen Schwierigkeiten zu kämpfen. 1996 schlossen 80% (!) der Privatbetriebe mit Verlusten ab, viele Konkurse folgten. 1997 wurde eine leichte Entspannung

Wirtschaftsdaten

- Das **Bruttoinlandsprodukt** lag 1997 bei geschätzten **16,8 Mrd. US$,** das waren 970 US$ pro Kopf. Erwirtschaftet wird es zu 21% in der Landwirtschaft, zu 30% in der Industrie und zu 49% in Dienstleistungen, Verkehr und Handel.
- Das **Wirtschaftswachstum** wird derzeit auf **2% jährlich** geschätzt.
- An Rohstoffen verfügt das Land über Erdöl, Erdgas, Phosphate, Salz, Gips, Eisenerz, Marmor und Naturasphalt.
- Die Industrie konzentriert sich auf die Bereiche Petrochemie, Textilien, Nahrungsmittel, Tabak, Phosphatabbau.
- Wichtigste **Exportpartner:** Italien (17%), Deutschland (14%), Frankreich (10%), Türkei (10%), Libanon (7%), Spanien (6%) und Saudi-Arabien (5%).
- Importiert wird v.a. aus Italien (8%), der Türkei (7%), der Ukraine (6,9%), Deutschland (6%), Korea (5%) und Japan (3,6%).
- Die offizielle **Arbeitslosenrate** liegt bei **8%,** die Inflationsrate lag 1998 bei 1,2% (1990–97: 8,9%).

Die Zahlen stammen, soweit nicht anders vermerkt, von 1997.

registriert, die jedoch - auch vor dem Hintergrund der unsicheren Lage in Nahost - alles andere als stabil ist.

Von der Liberalisierung der Staatswirtschaft profitiert vor allem eine kleine (neue) Oberschicht, die Schere zwischen Arm und Reich wird dabei immer größer.

Nähere Informationen finden sich in der offiziellen Homepage des Ministeriums für Wirtschaft und Handel unter **http://www.syrecon.org** sowie bei *Hans Hopfinger* (Hrsg.): **Wirtschaftsentwicklung und Investitionspolitik in Syrien.** München 1998.

Landwirtschaft

Syrien ist ein Agrarland. Trotz der Bemühungen der syrischen Regierung, die Wirtschaftssektoren Industrie, Bodenschätze und Erdöl zu den Hauptträgern auszubauen, bildet die Landwirtschaft nach wie vor die Grundlage der Wirtschaft. **21% des Bruttoinlandsproduktes** stammt aus der Landwirtschaft, 28% des Landes wird landwirtschaftlich genutzt (5 Mio. ha, der Rest ist zu trocken), **43% des Bodens ist Weidefläche** (8,3 Mio. ha), 35% der Bevölkerung arbeitet in der Landwirtschaft. Die Regierung forciert den landwirtschaftlichen Ausbau. So konnten in den letzten Jahren Rekordernten erzielt werden. 1992 erbrachte die Landwirtschaft 29,8% des Bruttoinlandsproduktes, was einer Steigerung von 10% gegenüber 1970 entsprach. Eine 10,2%-ige Steigerung der landwirtschaftlichen Produktion zwischen 1987 und 1992 war auch Folge der seit Mitte der 1980er Jahre aufgelegten Regierungsprogramme zur Öffnung des Marktes. Sie erlauben auch privaten Firmen den Anbau von

Baumwollfeld in der Djazira

Agrarprodukten und legen die Preise für Obst und Gemüse nicht mehr staatlich fest. Ein Liberalisierungsgesetz, das 1991 in Kraft trat (Gesetz Nr. 10), hat die **Förderung privater Investitionen** zum Ziel. Die Regierung ist bestrebt, den privaten landwirtschaftlichen Sektor durch eine engere Kooperation mit dem staatlichen Bereich intensiver zu fördern. Zu diesem Zweck wurden gemischte Agrargesellschaften gegründet, die eine Reihe von **Vergünstigungen** genießen. Hierzu zählen die zollfreie Einfuhr von erforderlichen Maschinen und Ausrüstungen aus dem Ausland und Steuerbefreiungen sowie **Subventionen** für Saatgut, Pestizide und Düngemittel.

Baumwolle, die auf bewässertem Land angebaut wird, ist das **wichtigste Agrarprodukt für den Export.** Neben der Schaffung von Arbeitsplätzen und einem gestiegenen Einkommen hat die Baumwolle v.a. für eine Steigerung der Deviseneinnahmen gesorgt. Bis 1974 machte Baumwolle ein Drittel des Exportes aus, dann wurde Erdöl wichtigster Exportartikel. Die Hälfte der Baumwollernte wird für die inländische Textilindustrie verwendet. Da man diese noch weiter ausbauen will, versucht man die Baumwollernte zu steigern. Die meisten Baumwollfelder befinden sich in der Djazira.

Weizen und Gerste sind weitere wichtige landwirtschaftliche Produkte. Auf fast zwei Drittel der bebaubaren Fläche Syriens werden diese Getreidesorten angepflanzt. Durch die **Kombination aus Preiskontrolle, Liberalisierung und Verbesserung der Bewässerungssysteme** konnte die Weizenproduktion seit 1990 verdoppelt werden. So musste man an Weizen und anderen Getreidesorten 1995 nur ein Siebtel dessen importieren, was 1992 noch nötig war.

Der landwirtschaftliche Ertrag ist trotz neuer Bewässerungstechniken noch immer stark witterungsabhängig. Um diesen Risikofaktor einschränken und die Produktion steigern zu können, baut Syrien derzeit den letzten seiner 140 Staudämme am Khabur. Aber noch immer ist dieses Projekt nicht vollendet, obwohl seine Fertigstellung bereits für 1997 geplant war. Die Stauseen sollen einmal ca. 51.000 ha Land mit Wasser versorgen und somit die Risiken des Regenfeldbaus mindern.

1995 beschloss Syrien einen Fünfjahresplan, der die landwirtschaftliche Produktion um 50% bis zum Jahr 2000 steigern sollte. Offizielle Ergebnisse liegen noch nicht vor.

Die Früchte der Baumkulturen, wie Oliven, Trauben, Äpfel, Granatäpfel, Aprikosen, Feigen, Pistazien und Mandeln, sind weitere wirtschaftlich wichtige Agrarprodukte. Sie dienen größtenteils der **Eigenversorgung,** werden aber auch exportiert.

Ein weiterer wichtiger Sektor der syrischen Wirtschaft ist die **Viehzucht.** Weite Gebiete Syriens können jedoch infolge der natürlichen Gegebenheiten nur als zeitweilige Weidefläche genutzt werden. Die Viehzucht ist vor allem **Arbeitsgebiet der Nomaden.** Nur ein kleiner Prozentsatz der sesshaften Bauern betreibt Viehzucht in bescheidenem Maße. Es überwiegt die Schaftzucht. Rinderzucht ist meist auf die bewässerten Gebiete beschränkt und wird nur von Bauern betrieben. Daneben werden Truthähne gehalten, Kaninchen, Gänse, Enten und Bienenvölker.

Der Fischfang v.a. im Mittelmeer und im Euphrat ist von untergeordneter Bedeutung.

Erdöl und Erdgas

Erdöl und **Erdgas** sind die **wichtigsten Ressourcen** des Landes, auch wenn man heute davon ausgehen muss, dass die Vorräte in 15 bis zwanzig Jahren erschöpft sein werden. Anfang 1998 wurden die Erdölreserven in Syrien auf 2,5 Mrd. Barrel geschätzt, 1997 wurden 28,7 Mio. Tonnen gefördert und 2,5 Mrd. Dollar damit eingenommen. Das Erdgasvorkommen wird auf 200 Mrd. Kubikmeter geschätzt, die jährliche Förderung beträgt um die 2,4 Mrd. Kubikmeter. Damit machten Erdöl und Erdgas 1997 66,3% der Ausfuhrgüter aus (daneben Textilien 7,1%, Obst und Gemüse 6,2%, Baumwolle 6,2%, Weizen 3,4%).

Seit 1968 wurden in Syrien umfangreiche Erdölvorkommen erschlossen. Das Land ist Mitglied der Organisation arabischer erdölexportierender Länder (OAPEC), gehört aber nicht der OPEC, der Organisation erdölexportierender Länder, an. Die Ausbeutung der inländischen Vorkommen erfolgt durch die staatliche **Syrian Petroleum Company** (SPC). Außerdem wurden Bohrkonzessionen an ausländische Gesellschaften vergeben. Sofern die Exploration erfolgreich war, erfolgte die Förderung gemeinsam mit der SPC. Die größte dieser Gesellschaften ist das **Shell Konsortium,** bestehend aus *Pecten, Shell* und *Deminex*. 1985 ging das Shell Konsortium ein Joint-Venture-Unternehmen mit der SPC ein, um die **Al-Furat Petroleum Company** zu gründen. Dieses Unternehmen zeichnet für zwei Drittel der Förderungsmenge verantwortlich .

In letzter Zeit wurden lediglich kleinere neue Ölfelder entdeckt. Die Ölfirmen haben die Exploration nahezu eingestellt, da die Regierung nicht bereit ist, den Ölfirmen bessere Konditionen zu gewähren. Der größte Teil der Erdölförderung wird in den beiden Raffinerien in Banyas und Homs verarbeitet, die zusammen über jährliche Kapazitäten von rund 11 Mrd. Tonnen Raffinerieprodukten verfügen. Die meisten Ölfelder liegen im Euphratgebiet, im Nordosten des Landes, nahe Der az-Zor.

Der weitere Ausbau der **Erdgasförderung** ist eines der wichtigsten Ziele der syrischen Regierung. Bisher wurde sie stark vernachlässigt. Die SPC und die Al-Furat Petroleum Company sollen diese Förderung vorantreiben. Weitere Informationen findet man im Internet unter **http://www.syroil.com.**

Industrie und produzierendes Gewerbe

Die syrische Wirtschaft befindet sich noch immer in einem Transformationsprozess. Trotz einer weiterhin ausgeprägten Staatswirtschaft setzt sich der Trend zum privaten Unternehmertum fort. Mit Hilfe eines neuen Gesetzes (1991, vgl. oben) versucht man, Syrien

Autowerkstatt

für ausländische Investoren attraktiver zu machen, mit langsamem, aber stetem Erfolg. Der Liberalisierungsprozess führte zu einem sanften Wirtschaftsaufschwung. 1992 stieg das Bruttoinlandsprodukt um 10%, und dieser Trend setzte sich auch 1992 und 1993 fort. 1995 waren es 5,8%, 1998 nur noch 2%.

Auch wenn sich die **wirtschaftlichen Reformen** nur langsam vollziehen, so haben sie doch den **privaten Sektor belebt.** Die Vereinfachung von Vorschriften, die Ausweitung der Industrie auf private Firmen, die Erleichterungen für ausländische Investoren und der **Rückzug der syrischen Staatsmonopole** gaben der Wirtschaft neuen Antrieb. Das Investitionsgesetz hat die Etablierung von neuen Projekten vorangetrieben, wenn auch erst in sehr bescheidenem Maße. 1996 trug das verarbeitende Gewerbe ohne Bergbau und Bausektor 6,2% zum Bruttoinlandsprodukt bei – reichlich wenig! Der Tourismus als wirtschaftlicher Sektor wird weiter ausgebaut.

Das produzierende Gewerbe besteht aus den Bereichen Energie- und Wasserwirtschaft, Bergbau, verarbeitendes Gewerbe und Baugewerbe. Sein Anteil am Bruttoinlandsprodukt betrug 1993 18,3%.

Die **Hauptindustriezweige** sind neben der Petrochemie **Lebensmittel, Textilien, Leder, Papier, Chemikalien, Zement** und **Zucker.** Trotz zunehmender Industrialisierung ist die Einfuhr noch immer größer als die Ausfuhr. Haupteinfuhrgüter sind Metall(-waren) (21,4%), Maschinen (19,5%), Nahrungsmittel (15,4%) und Transportmittel (12,1%, alle Zahlen von 1997).

Die Staatsindustrie konzentriert sich v.a. auf die Produktion von Zement und Chemikalien, um den noch immer notwendigen Import zu senken.

Vor allem der Bereich Maschinenbau und Metallverarbeitung wächst. Zurück gehen hingegen die Gewerbe zur Verarbeitung von Holz.

Neben großen Industriebetrieben gibt es eine Vielzahl kleiner Unternehmer und Werkstätten. Über deren Gewinnspannen und Gehälter liegen keine Zahlen vor, sie geben jedoch einem großen Teil der syrischen Bevölkerung Arbeit.

Tourismus

Hier tut sich was! Man hat die **Entwicklungsfähigkeit** dieses Wirtschaftszweiges entdeckt und versucht nun, ihn zu fördern und damit mehr Devisen ins Land zu holen. Für den Touristen macht sich das sehr positiv bemerkbar. Das Reisen wird in dem Maße immer leichter, wie sich die touristische Infrastruktur erweitert. Neue Hotels und Reisebüros entstehen, die internationale Kommunikation, auch via Internet, nimmt zu. Die Zahl der Touristen steigt ständig. Im Jahr 1994 waren es über 2 Mio., immerhin 5% mehr als im Vorjahr. Mehr als die Hälfte der Besucher stammte dabei aus nicht-arabischen Ländern. Neuere Zahlen liegen nicht vor, die Tendenz ist jedoch stark steigend.

War früher v.a. ein betuchteres Publikum in Syrien erwünscht, hat das Land, nicht zuletzt aufgrund der Erfahrungen der Nachbarländer Jordanien, Ägypten, aber auch Tunesien und Marokko, gelernt, dass gerade die **„mittelschichtigen“ Touristen** die eigentlichen Devisenbringer sind, da sie in weit größerer Zahl einreisen.

Die in den 1980er Jahren zur Belebung des Reiseverkehrs erlassenen Gesetze eröffneten günstige Möglichkeiten für den privaten Unternehmensbereich, u.a. durch gute Bedingungen zur Bildung staatlich-privater Mischunternehmen, an denen der Staat zu mindestens 25% beteiligt ist, jedoch die Betriebsführung dem privaten Teilhaber überlässt. Dieser Gemischtsektor genießt eine Reihe von Vergünstigungen, so z.B. weitreichende Steuerbefreiung, Ausnahmeregelungen bezüglich der Importgesetze und -zölle sowie devisenwirtschalticher Art.

Davon profitieren in erster Linie private Unternehmer, die in Hotels und Restaurants investieren. Dem Touristen kann's nur recht sein, schließlich profitiert er von der Konkurrenz.

(Alle hier genannten Daten entstammen den angegebenen Internetadressen, dem Länderbericht Syrien 1996, hrsg. vom Statistischen Bundesamt, dem CIA Factbook 1999, dem Länderheft des Munzinger Archivs 1998 sowie dem UN Worldbook 1996.)

Bevölkerung und Sozialwesen

Im Juli 1999 gab es **17.213.871 Einwohner** in Syrien, das sind über vier Millionen mehr als 10 Jahre zuvor. Prognosen der UN gehen davon aus, dass sich die Zahl der Einwohner Syriens bis zum Jahre 2030 verdoppeln wird. Die Chancen, dass dies zutrifft, sind groß, denn 1995 hatte die UN für Syrien eine Bevölkerungszahl von 17,3 Mio. für das Jahr 2000 angegeben, was heute annähernd stimmt. Das **Bevölkerungswachstum** wird jährlich auf **3,2%** geschätzt. Das muss ein Land erst einmal verkraften! Hinzu kommt eine vollkommen ungleichmäßige Verteilung, denn logischerweise ist die Wüste recht dünn besiedelt, die Städte dafür um so dichter. Die größte Bevölkerungsdichte hat die Provinz Damaskus Stadt, gefolgt von den Provinzen Tartus und Lataqiya sowie den Provinzen Aleppo, Derâa, Raqqa und Der az-Zor. Die Zahl der Nomaden hat in den vergangenen Jahren ständig abgenommen, die wenigen, die noch übrig sind, befinden sich zum großen Teil im Übergang zum Halbnomadismus bzw. zur Sesshaftigkeit.

Wirtschaftliche Situation der Bevölkerung

Ein großer Teil der Bevölkerung, v.a. in den ländlichen Gebieten, bezieht **kein regelmäßiges Geldeinkommen.** Die weit verbreitete Subsistenzwirtschaft sichert den meist großen Familien oft nur das Existenzminimum. Auch Landarbeiter werden in der Regel mit Naturalien entlohnt. Für die meisten Berufstätigen im produzierenden Gewerbe und im Dienstleistungsbereich hingegen werden **Mindestlöhne** bzw. -gehälter staatlich festgelegt, die regional unterschiedlich sind. Die Entwicklung der Gehälter hat oft nicht mit der Inflation Schritt halten können, was im Laufe der Zeit dazu geführt hat, dass viele Arbeitnehmer noch einen zweiten oder dritten Job annehmen mussten. Die offiziellen Lohnanhebungen (1994 waren es 30%) rufen ihrerseits einen Preisauftrieb hervor.

Die höchsten Gehälter beziehen Arbeitnehmer in den Bereichen Bergbau, Gewinnung von Steinen und Erden, gefolgt vom Ernährungsgewerbe und der Textilindustrie.

1993 (neuere Zahlen liegen nicht vor) lag der durchschnittliche Bruttojahresverdienst bei 70.352 Lira, das sind pro Monat 5800 Lira, umgerechnet nur 240 DM. Und diese Zahlen beschönigen noch die Realität, denn das Jahresgehalt vieler Syrer liegt weit darunter. Hinzu kommt die bereits eben angesprochene Problematik, dass durch diese geringen Löhne oft eine zweite und dritte Arbeit angenommen werden muss, zumal die Mieten, v.a. in den Städten, oft den monatlichen Lohn überschreiten.

Die Regierung hat diese Problematik erkannt und reagiert mit staatlicher **Preiskontrolle** sowie mit **Subventionierung** der wichtigsten Güter und Dienstleistungen. Im Zuge der Wirtschaftsliberalisierung wird jedoch versucht, die Preise den Marktregeln von Angebot und Nachfrage zu überlassen. Das bringt nicht zwangsläufig Preissteigerungen mit sich, denn durch eine neu aufkommende lebhafte Konkurrenz sanken 1993 sogar die Preise für Reis, Zucker, Tee und *Ghee* (Butterfett aus Büffelmilch).

Syrien hat eine recht niedrige **Arbeitslosenquote** (1997: 8%), was v.a. auf die nicht ganz klar abzugrenzende Begriffsdefinition zurückzuführen ist. Wegen der - wie in den meisten Entwicklungsländern - verbreiteten erheblichen Unterbeschäftigung sind die Grenzen zwischen Arbeit, Gelegenheitsarbeit, der Tätigkeit unbezahlt mithelfender Familienmitglieder und „echter" Arbeitslosigkeit fließend.

Der Anteil der erwerbstätigen Frauen lag 1991 bei 28% aller Frauen.

Kinder in Schuluniform

(Alle hier genannten Daten entstammen den angegebenen Internetadressen, dem Länderbericht Syrien 1996, hrsg. vom Statistischen Bundesamt, dem CIA Factbook 1999 sowie dem UN Worldbook 1996.)

Schulwesen

Die Grundlagen für ein modernes, flächendeckendes Schulwesen wurden von König *Faisal* gelegt, der das Land von 1918–1920 regierte. Bis 1918 war die offizielle Amts- und Staatssprache Türkisch, und allein christliche Schulen boten ihren Unterricht auf Arabisch an. Das änderte sich in der Regierungszeit Faisals. Man erinnere sich: Faisal wurde zum König eines großarabischen Reiches ausgerufen, in dem es auch galt, Arabisch wieder als Staatssprache einzuführen. Unter Faisal wurden 37 neue Schulen errichtet und der Grundstock der Universität in Damaskus gelegt.

In der Zeit der französischen Mandatsregierung (1922–1946) wurde die arabische Sprache wieder aus den Lehranstalten verdrängt, und Französisch nahm die Stelle der eigentlichen Landessprache ein. Das **französische Schulsystem** wurde eingeführt und besteht in seinen Grundzügen bis heute, auch wenn sich die Inhalte verändert haben. So schließt die Grundstufe noch immer mit dem sog. „Certificat" ab und die dritte Oberstufe mit dem „baccalaureat".

Waren früher die meisten Schulen privat, wurde unter der Baath-Regierung die Verstaatlichung forciert. Somit besteht eine staatliche Kontrolle über private Bildungseinrichtungen. Auch die rund 500 Koranschulen, meistens nur sehr klein und privat geführt, sind unter Staatsaufsicht gestellt worden.

Das heutige Schulwesen ist folgendermaßen aufgebaut: Es gibt eine **obligatorische Grundstufe von sechs Jahren.** Hier lernen die Kinder Arabisch, Mathematik, Religion, Naturkunde, Hygiene, Musik und Singen. Ab der dritten Klasse kommt Sozialkundeunterricht dazu. Der Grundstufe folgen **drei Jahre Sekundar- oder Mittelstufe.** Diese sind bereits nicht mehr Pflicht, aber immerhin 60% der Schüler machen weiter. Hinzu kommen nun Fremdsprachen, Naturwissenschaften, Geschichte, Geografie und Politik. Der **Abschluss** dieser Stufe **heißt Kafa'at;** die staatliche Prüfung ist Voraussetzung für eine Ausbildung, z.B. als Grundschullehrer, oder für den Zugang zu Fachoberschulen.

Die dritte und letzte Stufe, **die Oberstufe,** noch einmal **drei Jahre,** soll den Schüler auf die Universität vorbereiten. Die letzten beiden Jahre teilen sich in einen geisteswissenschaftlichen und in einen naturwissenschaftlichen Zweig auf. Die Schwerpunkte sind im geisteswissenschaftlichen Bereich v.a. Philosophie und Soziologie, bei den Naturwissenschaften wird Mathematik in den Vordergrund gestellt. Für Männer kommt grundsätzlich eine vormilitärische Ausbildung hinzu. **Abgeschlossen wird** die Oberstufe **mit dem Shahada thanawiya** oder **Bakaluriya**, wie der Abschluss im Volksmund noch immer genannt wird.

Neben diesen allgemeinbildenden Schulen gibt es **fachbezogene Berufsschulen,** die man nach Abschluss der Mittelstufe besuchen kann. Im Allgemeinen dauert die Ausbildung dort weitere zwei Jahre, ein drittes Jahr ist nur bei sehr gutem Zeugnis möglich. Man schließt die Berufsschulen mit einer **Meisterprüfung** bzw. einem **Fachhochschulabschluss** ab. Berufsschulen gibt es in den Bereichen Technik, Handel, Hauswirtschaft und Landwirtschaft, wobei letztere direkt dem Landwirtschaftsministerium unterstellt ist.

Es gibt **vier Universitäten im Land,** die älteste in Damaskus, die jüngste in Homs (außerdem in Aleppo und Lataqiya). Das Studienangebot ist breit gefächert.

Seit 1970 herrscht **Schulpflicht,** sie wird aber nicht allzu konsequent eingehalten. Zwar waren 1984 96% der Jungen und 77% der Mädchen in den Grundschulen angemeldet, 1992 waren es sogar 97% aller Kinder im schulfähigen Alter, aber die Anmeldung ist oftmals eine reine Formsache und sagt nichts über den tatsächlichen Schulbesuch aus... Eine offizielle Statistik geht heute von einer **Analphabetenrate** knapp **unter 30%** aus. Die Regierung hat sich den Kampf gegen den Analphabetismus verstärkt zum Ziel gesetzt. Ein Schwerpunkt ihres Programms stellt z.B. die Lehrerausbildung dar: Die Anzahl der Lehrer hat sich zwischen 1980 und 1993 mehr als verdoppelt, so dass 1993 auf 24 Schüler ein Lehrer kam. Um das Lesen und Schreiben auch unter den Erwachsenen zu fördern, wurden **spezielle Programme zur Alphabetisierung Erwachsener** ins Leben gerufen. Dahinter steht die Erwartung, dass den Menschen das Bewusstsein für ihre persönlichen und die gesellschaftlichen Interessen vermittelt wird und auf diese Art und Weise kommende Generationen Bildung und Arbeit lieben lernen, die sie anschließend wieder in die Gesellschaft einbringen können. Um das Bildungsniveau zu erhöhen, soll die Mittelstufe nach und nach auch obligatorisch werden.

(Alle hier genannten Daten entstammen den angegebenen Internetadressen, dem Länderbericht Syrien 1996, hrsg. vom Statistischen Bundesamt, dem CIA Factbook 1999 sowie dem UN Worldbook 1996.)

Gesundheitswesen

Der **Ausbau** der medizinischen Versorgung ist ein **besonderes Anliegen** der syrischen Regierung. Es gelang, die Säuglings- und Kindersterblichkeit spürbar zu reduzieren (die Sterblichkeitsrate bei Säuglingen lag 1995 bei 3,9%). Die Einrichtungen des staatlichen **Gesundheitsdienstes** stehen den Menschen in Syrien **kostenlos** zur Verfügung, daneben gibt es private ärztliche Versorgung durch Praxen und private Krankenhäuser.

Unzureichend ist noch immer die medizinische Versorgung **in ländlichen Gebieten.** Gerade im Landesinneren, in der Wüste, ist sie häufig nur ambulant, in Gestalt von **Versorgungsautos,** gewährleistet. Oft mangelt es an sauberem Wasser oder an einer hygienischen Abwasserbeseitigung. In der Stadt jedoch haben die Menschen problemlos Zugang zu gutem Wasser, und die medizinische Versorgung ist am besten gewährleistet.

1992 gab es 238 Krankenhäuser (davon 52 staatliche). Es bestanden außerdem 665 Gesundheitszentren, daneben diverse Praxen. Syrien hat eine auffallend **hohe Ärztedichte.** Auf etwa 1000 Einwohner kommt ein Arzt, ein Zahnarzt versorgt statistisch 2700 Einwohner.

Die **Lebenserwartung** ist vergleichsweise hoch: Sie lag in den Jahren 1990–1995 bei den Männern bei etwa 65 Jahren, bei den Frauen waren es vier Jahre mehr. Damit liegen die Syrer zwar weit unter dem europäischen Durchschnitt, aber über dem asiatischen.

Die Regierung hat in den 1980er Jahren begonnen, landesweit **Schutzimpfungskampagnen** zu starten, um so vermeidbare Krankheiten zu verhindern. Die Aktionen hatten großen Erfolg. So stieg der Anteil der Geimpften zwischen 1981 und 1993 bei Tuberkulose von 31% auf 91%, bei Diphtherie, Pertussis und Tetanus von 14% auf 90%.

(Alle hier genannten Daten entstammen den angegebenen Internetadressen, dem Länderbericht Syrien 1996, hrsg. vom Statistischen Bundesamt, dem CIA Factbook 1999 sowie dem UN Worldbook 1996.)

Ethnische Gruppen

Syrien ist ein arabisches Land, d.h. die große Mehrheit der Bevölkerung ist arabisch. Es wäre falsch, davon auszugehen, dass Araber das Land erst mit der Islamisierung besiedelt haben. Schon im 2. Jahrhundert wanderten südarabische Stämme aus dem Jemen und Hadramaut nordwärts. Sie hatten sich v.a. in Syrien schon feste ökonomische Strukturen erarbeitet und sich zumindest teilweise mit der dort lebenden aramäischen Bevölkerung vermischt, als im 5. und 6. Jahrhundert die sogenannten „Nordaraber" kamen. Angst um die Ressourcen unter den nun schon seit drei Jahrhunderten angesiedelten „Südarabern" brachte massive Stammeskonflikte mit sich, die die weitere Geschichte Syriens mitbestimmten.

Heute machen die **Araber etwa 90% der Bevölkerung** aus. Dazu zählen auch die wenigen noch existierenden **Beduinen.** Sie, die eigentliche „urarabische" Bevölkerung Syriens, werden jedoch mehr und mehr verdrängt. Es gibt kaum noch Karawanen, die sie begleiten könnten, moderner Handel und neu entstandene Landesgrenzen machen es den Nomaden schwer, ihren Lebensunterhalt zu verdienen. Die meisten der noch etwa 100.000 Personen zählenden Bevölkerungsgruppe sind zumindest halbsesshaft. Und doch kann man immer wieder entlang der Straßen einzelne Zelte stehen sehen, bisweilen sogar mit Kamelen davor, auch wenn diese nur noch als Statussymbole gehalten werden und nicht mehr als Transportmittel.

Eine besondere Gruppe innerhalb der arabischen Bevölkerung sind die **arabischen Flüchtlinge aus Palästina.** Im Zuge der Bildung des Staates Israel

Modernes Schulgebäude

wurde es von zionistischer (nicht unbedingt von allgemein jüdischer) Seite angestrebt, ein „araberfreies" Israel zu schaffen. Da die Zionisten in jenen Jahren wortführend waren, begann eine erfolgreiche Vertreibungspolitk. Dörfer wurden zerstört und abgebrannt, man „riet" den Arabern, zu fliehen. Spätere Behauptungen von Zionistenführern, die Flucht von 900.000 Palästinensern wäre durch einen großen arabischen Führer geplant gewesen, wurden von den Vereinten Nationen widerlegt. Die Nachbarländer mussten (und wollten zum Teil auch) diese Flüchtlinge aufnehmen, nicht jedoch unter der Prämisse, sie einzubürgern. Vielmehr wollte man sich bis zur Lösung der Palästinafrage um sie kümmern. So gelten diese nach 1948 ins Land gekommenen Flüchtlinge nicht als syrische Staatsbürger. Die Zahl der Flüchtlinge stieg 1967 nach der Annexion der Golanhöhen durch Israel erneut an. Durch eine zusätzlich hohe Geburtenrate waren 1992 bereits 315.000 Palästinenser in Syrien, und ihre Zahl steigt weiter.

Neben Arabern leben v.a. Kurden und Armenier in Syrien sowie eine verschwindend geringe Zahl von Aramäern, Türken und Tscherkessen.

Die größte Gruppe darunter stellen die **Kurden.** Sie leben v.a. im Grenzgebiet zur Türkei und dem Irak. Von den wohl insgesamt 20 Mio. Kurden leben etwa 1 Mio. in Syrien. Die zweitgrößte Gruppe findet sich rund um Aleppo: die **Armenier.** Zum größten Teil Chri-

Die Geburt des arabischen Volkes

Eines Tages sah Sara, wie Isma'il, der Sohn, den die Ägypterin Hagar Abraham geboren hatte, umhertollte. Da sagte sie zu Abraham: Verstoß´ diese Magd und ihren Sohn! Denn ich möchte nicht, dass er zusammen mit meinem Sohn Isaak Erbe wird. Dieses Wort verdross Abraham sehr, ging es doch um seinen Sohn. Gott aber sprach zu Abraham: Sei wegen des Knaben und deiner Magd nicht verdrossen! Höre auf alles, was Sara dir sagt! Denn nach Isaak sollen deinen Nachkommen benannt werden. Aber auch den Sohn der Magd will ich zu einem großen Volk machen, weil auch er dein Sohn ist.

Am Morgen stand Abraham auf, nahm Brot und einen Schlauch mit Wasser, übergab beides Hagar, legte es ihr auf die Schulter, übergab ihr das Kind und entließ sie. Sie zog fort und irrte in der Wüste von Beerscheba umher. Als das Wasser im Schlauch zu Ende war, warf sie das Kind unter einen Strauch, ging weg und setzte sich in der Nähe hin, etwa einen Bogenschuss entfernt, denn sie sagte: Ich kann nicht mit ansehen, wie das Kind stirbt. Sie saß in der Nähe und weinte laut. Gott hörte den Knaben schreien; da rief der Engel Gottes vom Himmel her Hagar zu und sprach: Was hast du, Hagar? Fürchte dich nicht, Gott hat den Knaben dort schreien gehört, wo er liegt. Steh auf, nimm den Knaben und halte ihn fest an deiner Hand; denn zu einem großen Volk will ich ihn machen. Gott öffnete ihr die Augen und sie erblickte einen Brunnen. Sie ging hin, füllte den Schlauch mit Wasser und gab dem Knaben zu trinken. Gott war mit dem Knaben. Er wuchs heran, ließ sich in der Wüste nieder und wurde ein Bogenschütze. Seine Mutter nahm ihm eine Frau aus Ägypten. (Genesis 21; 9–21)

sten, kamen sie nach der Verfolgung durch die Türken im 1. Weltkrieg nach Syrien. Sowohl Armenier als auch Kurden sprechen noch immer ihre eigene Sprache als Zweitsprache neben dem Arabischen.

Schließlich verdienen die **Assyrer** noch einen Hinweis: In Syrien leben die letzen aramäisch sprechenden Menschen der Welt.

Sitten und Gebräuche

Familie und Stamm

Ein großer Teil der Bevölkerung Syriens lebt noch immer in einer **Großfamilie,** wobei selten mehr als drei Generationen unter einem Dach zusammen wohnen. Kleinfamilien wählen ihren Wohnort zumeist in der Nähe der Eltern, so dass der Familienbund auch ohne gemeinsame Wohnstätte gewährleistet ist. Fast immer lebt eines der Kinder mit der eigenen Familie im Haus der Eltern. Das kann sowohl Sohn als auch Tochter sein, öfter aber ist es der Sohn.

Familienoberhaupt ist offiziell der Mann, in der Realität jedoch sieht es häufig so aus, dass die Mutter (v.a. wenn mehrere Generationen zusammen leben) das Regiment führt. In den Städten macht sich ein **Trend zur Kleinfamilie** bemerkbar. Das bedeutet jedoch nicht, dass der Familienzusammenhalt dadurch geschwächt wäre. Zu allen großen Festen und Feierlichkeiten kehrt man in den Schoß der Familie zurück, und mittels Telefon bleibt man im ständigen Kontakt untereinander.

Gruppenfoto auf einer Hochzeitsfeier

Jedes Familienmitglied ist für den Erhalt der Ehre, die man der Familie schuldet, **verantwortlich.** Gerät eines der Mitglieder in eine unehrenhafte Situation, leidet die gesamte Familie darunter. Einen besonderen Stellenwert nimmt dabei die Jungfräulichkeit der Töchter ein. Wenn sich auch in den Städten die Ansichten darüber ein ganz klein wenig gelockert haben, so bestimmen die althergebrachten Werte bis heute das Ansehen einer Familie. Ist das Ansehen beschädigt, kann es zum Ausschluss aus der Dorfgemeinschaft kommen, was wiederum weitreichende Folgen für die Familie haben kann. Um dem zu entgehen, kommt es häufiger zum Verstoß der „ehrlosen" Tochter, im schlimmsten Fall sogar zu deren Ermordung durch den Vater oder Bruder, um so die „Ehre" der Familie zu retten. Strafrechtlich gelten in Syrien für solch eine Tat „mildernde Umstände"; häufig kommt es gar zum Freispruch für den/die Täter.

Eine **Sonderrolle** unter den Familien spielen **beduinische Großfamilien.** Hier leben noch immer mehrere Generationen zusammen, meist in Klane und Stämme getrennt. Während in Syrien allgemein die Zugehörigkeit zu einer der Religionsgruppen oder zu einer ethnischen Gruppe erstrangig ist, ist unter Nomaden der Stammeszusammenhalt noch immer von großer Bedeutung. Diese enge Bindung ist nicht zuletzt Ausdruck der existenziellen Notwendigkeiten eines Lebens in der Wüste. Dieser Zusammenhalt, den man im kleinen Maßstab auch in der Familie und im Dorf findet, stammt aus der arabischen Tradition. **Ibn Khaldun** (1332–1406), einer der größten arabischen Historiker und Geschichtsphilosophen, sieht diese **Solidarität** und die aus der Familie abgeleitete **Identität** als grundlegendes Moment, das den Stamm zusammenhält. Er erklärt die Solidarität als eine der menschlichen Natur entspringende Verhaltensweise. Sie kann durch Blutsverwandtschaft entstehen oder aber durch ein Klientel- oder Nachbarschaftsverhältnis. Dabei binden sich Einzelne oder Familienverbände an andere Gruppen an. Die heutige Familie und der Zusammenhalt in ihr können als ein Überbleibsel aus dieser Stammestradition gesehen werden.

Ehe und Heirat

Die **Ehe** ist auch im Islam die **einzig erlaubte Beziehung zwischen Mann und Frau,** die nicht durch verwandtschaftliche Verhältnisse aneinander gebunden sind. Sie dient der Sicherung der Nachkommenschaft und Ordnung der Gemeinschaft.

Der Islam erlaubt es einem Mann, bis zu vier Frauen zu heiraten, wenn er in der Lage ist, diese gleichwertig zu lieben und zu versorgen. In fast allen Ländern ist dieser Fall die Ausnahme. Muslimische Männer dürfen auch Christinnen und Jüdinnen heiraten, muslimische Frauen hingegen dürfen nur Muslime ehelichen. Eheschließungen zwischen Musliminnen und Nicht-Muslimen werden in Syrien nicht vollzogen. Wollen zwei Menschen dennoch eine so geartete Ehe eingehen, müssen sie außerhalb Syriens (sehr beliebt ist Nordzypern) heiraten. Die Ehe muss in Syrien umgeschrieben werden und wird dann meist akzeptiert.

Suchten früher die Eltern die Braut bzw. den Bräutigam ihrer Kinder aus, so setzt sich allmählich die **Liebesheirat** durch. Häufig kennt sich ein Paar schon einige Zeit, bevor es heiratet. Die Ehe besiegelt ein **Ehevertrag.** Hierin wird auch die Höhe des **Brautgeldes** festgelegt, das die Frau im Falle der Scheidung oder Witwenschaft absichert.

Die **Hochzeit** wird nach wie vor recht **traditionell gefeiert,** auch wenn sich äußerliche Unterschiede natürlich bemerkbar machen. So wird nur noch selten in traditionellen Gewändern, sondern in modernen Hochzeitskleidern geheiratet, und die Musik kommt nicht

Sind syrische Frauen unterdrückt? Ein Meinungsbild

In der westlichen Welt ist man sich einig: Die arabische Frau wird unterdrückt. Schleier, Harem, politische Untätigkeit, alles deutliche Indizien dieser Unterdrückung. Zwei grundsätzliche Fehler enthält dieser Standpunkt: Erstens urteilt man pauschal über Araberinnen und übernimmt halbwahre Stereotypen, und zweitens geht man davon aus, dass Araberinnen automatisch auch immer Musliminnen sind.

Die öffentliche Diskussion in Europa formt ein Bild der arabischen Frau, die dringend der Hilfe ihrer westlichen Schwestern bedarf, um sich aus ihrer elenden Situation zu befreien. Es ist schon erstaunlich, dass viele noch immer die westliche Kultur für die einzig denkbare Voraussetzung einer freiheitlichen Gesellschaftsordnung halten; und das in einer Epoche, die die Zivilisationsmission eigentlich hinter sich gelassen haben sollte. Ist „West" wirklich „the best"? Lassen sich westliche Wertmuster so einfach auf andere, ja alle Gesellschaften anwenden? Was ist eigentlich „Freiheit"? Ist denn die westliche Frau wirklich frei? Kann man von Gleichberechtigung sprechen, wenn Frauen in wirklich hohen gesellschaftlichen Positionen noch immer in der absoluten Minderzahl sind? Deutsche Universitäten schaffen es noch nicht einmal, 5% der Lehrstühle mit Frauen zu besetzen, in Syrien sind es 35%. Und hat nicht auch die deutsche Frau mit einer unglaublichen Doppelbelastung zu kämpfen, nämlich zu arbeiten, eine gute Mutter und eine gute Hausfrau zu sein? Hand aufs Herz, wie viele Männer helfen denn wirklich im Haushalt? Eine kapitalistische Produktionsweise beruht automatisch auf einer asymmetrischen Arbeitsteilung zwischen Frauen und Männern, das ist im Westen nicht viel anders als im Orient.

Frauenthemen werden nicht nur in Europa diskutiert. Die islamische Welt ist voll von Frauenbewegungen, die aktiv ihre Position im weltweiten Frauenbefreiungskampf suchen. Nur wenige arabische Frauenorganisationen wollen dabei dem Vorbild ihrer westlichen Schwestern folgen. Sie suchen nach eigenen Wegen, die Befreiung und Gleichberechtigung der Frauen im Rahmen ihrer Traditionen und Religion zu realisieren. Dabei arbeiten christliche und muslimische Frauen oft eng zusammen, denn egal welcher Religion frau angehört: Alltägliche Benachteiligungen sind an der Tagesordnung.

Dabei steht, zumindest im Koran, Grundlegendes über die (starke) Rolle der Frau. Im Christentum hingegen sieht es, rein theologisch gesehen, weit düsterer aus. Die heutige Unterdrückung der Frau in den arabischen Ländern wird von Seite der kämpfenden (und leidenden) Frauen auf arabische Traditionen zurückgeführt, nicht auf religiöse. Das gilt in verstärktem Maße für Musliminnen, denn der Islam ist in seiner Grundtendenz nicht unbedingt eine frauenfeindliche Religion, auch wenn er heute häufig so ausgelebt wird und man arabische Traditionen immer noch mit dem Islam gleichzusetzen versucht.

Seit Beginn der Islamisierung gab es immer Frauen, die sich aktiv in die Politik eingemischt, ja auch mitgemischt haben. Frauen wie Aischa, die Lieblingsfrau des Propheten Muhammad, Sultaninnen und Königinnen in Kairo, Sanaa oder Granada bis hin zu modernen Staatschefinnen wie Benazir Bhutto oder Tansu Ciller haben bewiesen, dass auch sie innerhalb einer islamischen Gesellschaft Möglichkeiten haben, politisch zu agieren, ja sogar zu herrschen.

Die Erkenntnis, dass sich Unterdrückung und Ausschluss der Frauen aus dem öffentlichen Leben nicht durch den Islam rechtfertigen lassen, ist ein wesentlicher Bestandteil der Argumentation gläubiger Frauenrechtlerinnen. Es ist ihnen wichtig zu zeigen, dass – entgegen der Meinung vieler so genannter Fundamentalisten – Islam und Frauenrechte keinen Widerspruch darstellen. Mit dem Verweis auf die frühislamische Geschichte entkräften sie eines der Hauptargumente ihrer Gegner: dass die Emanzipation der Frau eine „Verwestlichung" der islamischen Gesellschaft bedeute. Der Koran ist durchaus „feministisch" interpretierbar, und diese Interpretation gibt es auch. Frau darf sich hierbei jedoch nichts vormachen: Denn so schön der Koran auch ausgelegt werden kann, die Realität sieht für Frauen oft anders aus. Hier soll gar nicht von den Frauen die Rede sein, die glücklich in ihrer Rolle als Mutter aufgehen, nicht von den Frauen, die sich hinter einem Schleier geborgen und geschützt fühlen und auch nicht von den Frauen, die uns Europäerinnen ob unserer mangelnden Sicherheit im Leben bemitleiden – denn Frauen, die mit ihrem Leben glücklich sind, als unterdrückte Frauen zu bezeichnen, fällt schwer. Ich spreche von den alltäglichen Ungerechtigkeiten in der syrischen Gesellschaft. Natürlich ist die Frau – zumindest der Verfassung nach – dem Manne gleichgestellt. Dennoch ist sie vor allem im Scheidungs-, Ehe- und Erbrecht stark benachteiligt. Wenn sich eine Frau in Syrien scheiden lassen möchte, ist das ohne die Zustimmung ihres Mannes außerordentlich schwierig! Das gilt im Prinzip sowohl für die Muslima als auch für arabische Christinnen, denn, erinnern wir uns, das Christentum verbietet die Scheidung ja sogar ganz und gar.

Männer fühlen sich für die Ehre der weiblichen Familienmitglieder verantwortlich. Diskriminierend wirkt sich für Frauen die Verbindung dieses ungeschriebenen Ehrenkodexes mit dem Strafrecht aus: Väter, die ihre (außerehelich) geschwängerte Tochter, Ehemänner, die ihre eigene (ehebrecherische) Frau töten, um die befleckte Ehre der Familie wiederherzustellen, können mit dem Verständnis der Umwelt und milden Urteilen der Justiz rechnen.

Als das im wahrsten Sinne des Wortes offensichtlichste Unterdrückungsmerkmal gilt vielen europäischen Betrachterinnen der Schleier, denn noch immer werden Minirock und ein tiefes Décolleté als Zeichen von Emanzipation und Selbstbestimmung missdeutet. „Der wahre Schleier ist das Schweigen" – so umschreibt die Frauenrechtlerin Fatima Mernissi die Situation vieler Frauen in der arabischen Welt, und an diesem Punkt sollte man auch ansetzen. Sie fügt hinzu: „Wenn Frauen heute auf eigenen Wunsch den Schleier nehmen, ist das gut für sie." Der Schleier an sich bedeutet keine Unterdrückung. Ganz im Gegenteil ist er ein Zeichen der Gleichheit unter den Menschen. In vorislamischer Zeit war der Schleier allein adeligen Frauen vorbehalten. Laut Islam aber gibt es vor Gott keine Unterschiede unter den Menschen. Aus diesem Grund gestattete der Prophet allen Frauen, dieses Statussymbol zu tragen. Im Koran selbst gibt es keinen konkreten Hinweis darauf, dass der Kopf verschleiert werden muss. Wohl steht da, man solle sich verhüllen, aber das ist, wie alles, weit interpretierbar. Ein Kopftuch symbolisiert für die meisten Frauen nicht viel mehr als ihre Zugehörigkeit zu der Gemeinschaft der Gläubigen. Viele Studentinnen kehren mehr und mehr dahin zurück, dieses Kleidungsstück zu tragen. Sie fühlen sich darin aufgehoben, geschützt.

Aber der Schleier kann auch ein politisches Symbol sein, weswegen ihn, wenn auch eher selten, Christinnen tragen. Viele bringen damit ihren Unwillen gegen eine „Verwestlichung" ihrer Gesellschaft zum Ausdruck. Denn wie schon oben aufgezeigt wurde, Frausein und Frei-sein muss kein Widerspruch sein, weder in Syrien noch in anderen Ländern des Orients. Dass es in der Praxis aber noch oft der Fall ist, steht auf einem anderen Blatt...

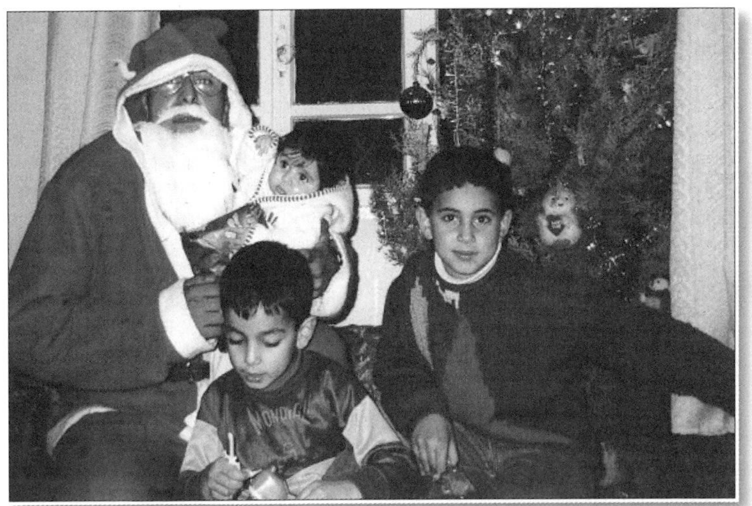

von einer Live-Band, sondern von Kassetten und CDs. Eine Hochzeit zieht sich **mehrere Tage** hin, wobei die Familie des Bräutigams anfangs getrennt von der der Braut feiert. Erst am letzten Tag zieht die Familie des Bräutigams zum Haus der Braut, wo man die neue Familie willkommen heißt. Gemeinsam geht es zurück zum Haus des Mannes, wo dann gefeiert wird. Um Mitternacht ziehen sich die Eheleute in ihre Gemächer zurück und vollziehen die Ehe. Moderne Oberschichtfamilien feiern häufig im Foyer eines großen Hotels, welches dann die Funktion des Bräutigamhauses einnimmt. Statt in das neue Heim, ziehen sich Braut und Bräutigam dann in die Hochzeitssuite zurück.

Weihnachten in Syrien

Feste und Feierlichkeiten

Syrer feiern gerne und recht oft. Dabei werden alle Gelegenheiten wahrgenommen, die sich bieten.

Früher galten **Weihnachten** und **Geburtstage** als rein christliche Angelegenheiten, heute kann man feststellen, dass sie sich bei vielen Syrern großer Beliebtheit erfreuen. Weihnachtsschmuck, der sich in der Vorweihnachtszeit in den Suqs bemerkbar macht, kaufen auch ganz offensichtlich Nicht-Christen. Im Dezember hängen dann in vielen Haushalten Leuchtsterne am Fenster, in den Wohnzimmern stehen geschmückte Tannenbäume. Dabei ist Weihnachten für Muslime kein religiöses Fest. Wer durch die Suqs schlendert oder bei einer syrischen Familie zu Gast ist, wird schnell den Hang zu dem feststellen, was bei uns gemeinhin als

„Kitsch“ bezeichnet wird. Und was könnte kitschiger sein, als Weihnachten mit seinem ganzen Glimmer...? Gefeiert wird Weihnachten bei Muslimen nicht wie bei uns mit Geschenken, sondern einfach nur mit einem großen Essen.

Bei den **Drusen und Christen** feiert man außerdem auch die **Geburtstage** der Kinder. V.a. der erste Geburtstag des ersten Kindes wird groß begangen. Essen nimmt dabei eine zentrale Rolle ein. Man kocht den ganzen Tag und lädt dann zur Abendstunde die gesamte Familie sowie die Nachbarn ein. Das Geburtstagskind steht im Mittelpunkt des Festes, wird beschenkt, geherzt und herumgereicht. Familien, die diese Feste feiern, sind in der Minderheit. Wirklich konservative Familien können darüber nur den Kopf schütteln und sprechen von Häresie!

Es gibt jedoch eine ganze Reihe religiöser Feste, die von allen gefeiert werden und von denen hier die wichtigsten vorgestellt werden sollen. Im Gegensatz zu obigen Festen sind es eher gesellschaftliche Ereignisse, von denen man als Reisender auch einiges mehr mitbekommt.

Drusische Shaikhs besiegeln eine Ehe

Ramadan und Aid al-Fitr

Oh die Ihr glaubt! Vorgeschrieben ist Euch das Fasten, wie es den Früheren vorgeschrieben ward. Vielleicht werdet Ihr gottesfürchtig!

Koran, Sure 2, Vers 183

Der neunte islamische Monat ist der **Fastenmonat** Ramadan. Er dauert in aller Regel von Neumond zu Neumond, also 30 Tage. In den Stunden, in denen man einen schwarzen Faden von einem weißen unterscheiden kann, d.h. also **während des Tages,** ist es den Muslimen **nicht gestattet, zu essen, zu trinken, zu rauchen oder körperlicher Liebe nachzugehen.** Bei Sonnenuntergang aber, wenn die Farben verschwimmen, tönt von den Moscheen ein gewaltiger Schuss, der zum Essen aufruft. Dann beginnt das *Iftar,* das Fastenbrechen. Es ist Tradition, ganz nach dem Vorbild des Propheten, das Iftar mit einer Dattel zu beginnen, dann aber wird aufgetischt. Im Ramadan ist jedes Essen ein Festessen, häufig wird dafür ein Vielfaches dessen ausgegeben, was man im Rest des Jahres für Nahrung aufbringt. **Gegessen wird bis zum Morgengrauen,** der sich in Syrien auch wieder mit einem lauten Kanonendonner ankündigt. Er weckt die Fastenden etwa eine Stunde vor Sonnenaufgang und ertönt dann noch einmal beim wirklichen Fastenbeginn.

Der Ramadan ist eigentlich ein **Monat der Rückbesinnung,** ein Monat, in welchem man sich daran erinnern soll, dass alle Speisen von Gott sind. Beim Fasten werden dem Menschen die Sünden verziehen, Gott hält die Tore der Hölle in diesen Tagen geschlossen, so zumindest sagt man, denn Gott liebt das Fasten. Eine besondere Bedeutung hat der 27. Ramadan, da Muhammad in dieser Nacht die erste Offenbarung zuteil wurde. Aus diesem Grunde wird sie in sehr frommen Familien besonders gefeiert.

Drusen fasten nur die letzten zehn Tage des Ramadan. Kranke, Schwache, Schwangere, Reisende und Frauen, die ihre Menstruation haben, brauchen nicht zu fasten. Es wird ihnen jedoch dazu geraten, die versäumten Tage nachzuholen.

Während des Ramadan spielt sich das Leben v.a. nachts ab. Früh morgens sind noch fast alle Läden geschlossen. Die **Leute** sind **tagsüber** weit **aggressiver als üblich.** Ab etwa einer Stunde vor Dunkelheit bemerkt man eine gewisse Hektik. Es wird noch schnell eingekauft, Frauen hetzen nach Hause, um fertig zu kochen, alles ruft nach einem Taxi. Wer um diese Uhrzeit auf ein Taxi angewiesen ist, muss sich auf lange Wartezeiten gefasst machen. 15 Minuten vor dem Iftar leeren sich dann die Straßen. Man sieht die Letzten nach Hause rennen, und mit dem Knall der Kanonenkugel könnte man auf den Boulevards Tango tanzen! Ein, zwei Stunden später beginnt dann wieder das Leben: Straßenhändler bauen ihre Stände auf, und bis weit nach Mitternacht wird die Straße zum Basar.

Die schönsten Nächte sind die letzten zehn Nächte. Dann pulsiert das Leben nur so. Man kleidet die gesamte Familie neu ein, auf den Straßen werden Karusselle und große Verstärkeranlagen aufgebaut, man fiebert dem letzten Tag, dem *Aid al-Fitr,* entgegen. An diesem letzten Tag des Ramadan ist der Höhepunkt des Monats erreicht. Man schlachtet Schafe, feiert auf den Straßen, Kinder fahren umsonst Karussell, überall sind Essbuden aufgebaut, Musik tönt laut über die Straßen. Drei Tage später ist alles vorbei.

Aid al-Adha (sprich *ad-ha)*
Während das Ramadanfest auch das „kleine Fest" *(Aid al-saghir)* genannt wird, nennt man dieses das „große Fest", *Aid al-kabir.* Das **Opferfest** (wie es in der Übersetzung heißt) erinnert daran, dass Gott einst *Ibrahim (Abraham)* befahl, einen seiner Söhne zu töten. Als Gott sah, dass Ibrahim ihm gehorchte, stoppte er die grausame Tat und ließ ihn statt dessen ein Lamm schlachten. Dieses Lamm wird heute symbolisch für die damalige Güte Gottes geschlachtet. Jeder, der es sich leisten kann, sollte an diesem Tag, dem **zehnten Tag des Pilgermonats,** ein Tier schlachten. Es sollte zumindest ein Huhn sein, besser aber sind Schaf, Rind oder Kamel. Zwei Drittel des Fleisches ist denen zugedacht, die es sich nicht leisten können, selbst ein Tier zu schlachten: Das Opferfest soll für alle Fleisch erbringen.

In aller Regel beginnt das Fest mit dem Besuch der Gräber verstorbener Angehöriger. Danach trifft man sich zum gemeinsamen Frühstück, bei dem jede Menge Süßigkeiten aufgetischt werden. Der Rest des Tages wird Verwandtenbesuchen gewidmet. Kinder erhalten Geschenke, wie bei uns an Weihnachten, alle tragen ihre Festtagskleidung.

Auch wenn dieses Fest in der Rangordnung der Heiligkeit der Feste über dem Ramadanfest steht, so wird es doch nicht ganz so ausgiebig gefeiert. Es symbolisiert eben nicht im selben Maße die vorangegangenen Entbehrungen!

Maulid an-Nabi
Der Geburtstag des Propheten. An diesem Tag besucht man Freunde und Familie, um miteinander zu speisen. Ein eher ruhiger Feiertag, von dem man als Reisender wenig mitbekommt – nicht zu vergleichen mit dem Geburtstagsfest des christlichen Propheten!

Religion

In Syrien herrscht Religionsfreiheit. Dennoch ist Syrien ein überwiegend islamisches Land. 87% der Bevölkerung bekennen sich zum Glauben des Propheten Muhammad, daneben gibt es Juden und Christen. Die meisten Muslime sind Sunniten, hinzu kommen Alawiten, Drusen, Ismailiten und Schiiten. Die Bedeutung des Islams veranschaulicht auch die Tatsache, dass in der Verfassung festgeschrieben ist, dass der syrische Staatspräsident muslimischen Glaubens sein muss.

Die **Religion ist in Syrien allgegenwärtig.** Im Gegensatz zu manch anderem islamischen Land sieht man Frauen in Syrien fast immer verschleiert, wenn auch die meisten Männer „westliche" Kleidung tragen. Der Islam durchdringt den Alltag und somit auch die Wahrnehmung des Reisenden. **„Insha'allah", so Gott will,** ist wohl die gängigste Formel, die zu fast jeder Gelegenheit gebraucht wird. Sie drückt nicht nur die Omnipräsenz Gottes aus, sie zeigt, dass der Mensch Gott vollkommen ergeben ist, und nichts geschieht, ohne dass Gott es will.

Muslime in Syrien

Allgemeine Grundlagen zur Religion des Islams

Im **7. Jahrhundert unserer Zeit wurde Muhammad die Offenbarung des Islams zuteil.** Er hatte den göttlichen Auftrag, den Islam unter den Menschen zu verbreiten. Nach anfänglicher Ablehnung schaffte es der Prophet, eine Gemeinschaft um sich zu sammeln und die gesamte arabische Halbinsel zu erobern. Nur wenige Generationen nach seinem Tod (632) konnte sich das islamische Reich unter seinen Nachfolgern, den Kalifen, im Westen über Marokko (683) bis Spanien (711) und im Osten bis ins Industal (auch 711) ausweiten. **Syrien** war zu dieser Zeit **Zentrum des Islams.**

Die islamische Lehre ist keine vollkommen neue. In ihr finden sich Elemente alten arabischen Stammesglaubens, des Judentums und des Christentums wieder. Es gibt zwei Grundideen, die recht einfach sind: **1. Der Glaube an die Einheit Gottes.** Es gibt nur einen Gott (arab. *al-illah = Allah*). *„Sag: Er ist Gott, ein Einziger. Gott, durch und durch, ist der, an den man sich wendet. Er hat weder gezeugt, noch ist er gezeugt worden. Und keiner ist ihm ebenbürtig"* (Koran, Sure 112). **2. Der Glaube an das Jüngste Gericht.** Beide Ideen gehen miteinander einher.

Muhammad ist der letzte Prophet des Islams, kein Heiliger, kein Sohn Gottes. Er hatte die Aufgabe, den Koran, das geschriebene Wort Gottes, unter die Menschen zu bringen und seiner Gemeinde mit einer vorbildlichen Lebensführung als Vorbild voranzugehen. Dass auch Muhammad dabei nicht unfehlbar war, ergibt sich daraus, dass er ein Mensch, kein Gottessohn war. Als der letzte der Propheten beschließt sein Leben das islamische Prophetentum. Da viele jüdische und christliche Propheten als islamische Propheten anerkannt werden, ist die **Akzeptanz gegenüber der christlichen und jüdischen Religion relativ hoch**. Ihr „Fehler" ist es, den letzten der Propheten nicht anerkannt zu haben, bei den Christen kommt hinzu, dass sie einen Propheten als Gottessohn sehen, Maria als Jungfrau bezeichnen und an den Heiligen Geist glauben. Dadurch weichen sie vom Monotheismus ab.

Die Pflicht des islamischen Menschen ist es, sich mit seiner ganzen Seele dem einzigen Gott zu unterwerfen. Das

Das Glaubensbekenntnis (Shahada)

لا اله الا الله ومحمد رسول الله

Wort „Islam" bedeutet nicht mehr als „sich Gott unterwerfen". In dem Bewusstsein, dass Gott allgegenwärtig ist, erfüllt der Muslim seine religiösen Gebote. Fünf dieser Gebote, auch **die fünf Pfeiler des Glaubens** genannt, sind für ihn Pflicht:

1. Das Glaubensbekenntnis (arab. Shahada): *„la illah ila allah wa Muhammad rasulu allah"*, es gibt keinen Gott außer Gott, und Muhammad ist sein Prophet.

2. Das tägliche Pflichtgebet (arab. Salat). Dem Gebet geht die rituelle Waschung voraus. Es beginnt mit der Formel „Gott ist groß", *„Allahu akbar"*, und vollzieht sich nach einem festgesetzten Muster. Fünfmal am Tag (bei Sonnenaufgang, mittags, nachmittags, bei Sonnenuntergang und bei Nacht) ruft der Muezzin zum Gebet, heutzutage meist von einem Tonband. Reisende und Kranke dürfen auf das fünfmalige Beten verzichten. Heutzutage beten lange nicht mehr alle Muslime fünfmal am Tag in der Moschee, häufig wird das Gebet daheim gesprochen oder – seltener – auf hohe Feiertage und Freitage beschränkt.

3. Das Fasten im Monat Ramadan (arab. Saum). Es ist der neunte Monat des islamischen Kalenders, der den Gläubigen dazu dienen soll, in sich zu gehen und Gott neu zu erfahren. Gefastet wird nur von Sonnenaufgang bis Sonnenuntergang (näheres zum Ramadan auf S. 141).

4. Die Almosen (arab. Zakat). Die Gläubigen haben eine Verpflichtung untereinander. Wer etwas besitzt, soll es teilen. Im Koran findet sich kein definierter Betrag, es wird „das Entbehrliche" empfohlen. Häufig wurde in der frühen islamischen Gesellschaft ein Zehntel des Gewinns als Zakat, auch Almosensteuer genannt, gefordert.

Diese Almosenpflicht erklärt vielleicht manch hartnäckige Forderung an „reiche" Touristen, ihre Habe mit der offensichtlich viel ärmeren syrischen Bevölkerung zu teilen.

5. Die Pilgerfahrt nach Mekka (arab. Hadj). Diese soll antreten, wer die Kraft und die finanziellen Mittel da-

Aleppo: Portal der Adaliya-Moschee

zu hat. Kinder, Schwangere, alte und kranke Menschen sind von dieser Pflicht befreit. Die Pilgerreise ist eine Reise an die Stätten, an denen der Prophet lebte und wirkte. Neben einer symbolischen Steinigung des Satans werden verschiedene Orte aufgesucht. Höhepunkt des Hadj aber ist der Besuch der *Kaaba,* des Heiligtums des Islams: Abraham soll dieses Haus errichtet haben. Ein siebenmaliges Umschreiten und Küssen der Kaaba sowie das Gebet in der großen Moschee sind Bestandteil des Hadj. Wer dieses Ritual einmal vollzogen hat, darf sich ehrenhaft „Hadji" bzw. „Hadj" nennen.

Neben diesen fünf Säulen gibt es weitere Regeln, an die sich der Muslim halten sollte. So ist zum Beispiel der **Genuss von Alkohol,** insbesondere von Wein, **abzulehnen.** Obwohl heute in den meisten islamischen Ländern Alkoholverbot herrscht (in Syrien nicht!), war Wein koranisch nie verboten. Ein Verbot hätte sich zur Zeit der Offenbarung auch kaum durchsetzen lassen, zur sehr liebten die alten Araber ihre Weine. In Syrien sind es v.a. Christen und Drusen, die sich der Weinherstellung widmen. Daneben gilt das **Verbot, Schweinefleisch** (in Syrien: *khanzir)* oder Fleisch von nicht geschächteten Tieren **zu essen** (geschächtet ist ein Tier dann, wenn es im Namen Gottes mit Kehlschnitt geschlachtet wurde, arab. *bi-smillah).*

Die religiösen Regeln des Islams werden durch den **Koran**, das geschriebene Wort Gottes, sowie die **Hadithe** bestimmt. Hadithe (übersetzt etwa „Gespräch, Mitteilung") sind Überlieferungen der Taten und Aussprüche des Propheten. Koran und Hadithe gelten als Hauptquellen des islamischen Rechts, der **Scharia.** Diese, von muslimischen Gelehrten vom 10. bis zum 14. Jahrhundert zusammen getragene Lebens- und Rechtsordnung des Islams, wird heute in keinem islamischen Land mehr in „reiner" Form praktiziert. Spätestens seit Beginn der Kolonialzeit wurde sie durch europäische Rechtsnormen ersetzt bzw. erweitert. Das betrifft vor allem die Bereiche des Staates und der Verwaltung. Innerhalb des Familienrechts wird in Syrien wie in vielen anderen islamischen Ländern noch auf Teilbereiche der Scharia zurückgegriffen.

Im Westen wird islamische Rechtsetzung häufig mit Amputationen oder Steinigungen in Saudi-Arabien oder dem Iran gleichgesetzt. Bei diesen „Hadd"-Strafen handelt es sich aber nur um einen minimalen Ausschnitt aus dem komplexen Rechtssystem der Scharia. Die Beweislage bei Vergehen, die diese Strafen zur Folge haben, sind laut diesen Gesetzen dermaßen schwierig zu erbringen, dass in den meisten Fällen der Anwendung dieser Strafen gar nicht nach der „richtigen" Scharia gehandelt wird. Hier, wie in vielen anderen Bereichen, muss die Religion für machtpolitische Interessen herhalten.

Frauen und Männer

Das Verhältnis der Geschlechter zueinander ist im Islam ein anderes als in der westlichen Welt. Häufig wird diese **Geschlechtertrennung,** mit welcher auch eine **Aufgabenteilung** einhergeht, mit einer Unterdrückung der Frau gleichgesetzt. Aber wie sieht der Islam die Frau wirklich?

Es gibt nicht allzu viele Verse im Koran, die sich um die Stellung der Frau drehen, und die können sehr unterschiedlich ausgelegt werden. Denn der **Koran** ist, und das ist für die meisten Kritiker die Hauptschwäche dieses Werkes**, vielfältig interpretierbar.** Dieser Umstand macht es unmöglich, die „ultimative" Wahrheit herauszufinden. Aber es gibt doch Interpretationstendenzen, und je nach Standpunkt des Betrachters kann z.B. folgender Versausschnitt auf zwei unterschiedliche Weisen interpretiert werden: *„...Und die Männer stehen bei alledem eine Stufe über ihnen..."* (Koran, Sure 2, Vers 228).

Interpretation Nr. 1: Der Mann steht über der Frau. Er hat die Verfügungsgewalt über sie. Er ist besser, wertvoller und stärker, weswegen er das Recht hat, über die Frau zu herrschen. Diese Interpretation wird mit Vorliebe von sogenannten „Fundamentalisten" oder „Konservativen" zum Beweis für die im Koran begründete Unterlegenheit der Frau herangezogen. Das Problem besteht darin, dass diese Interpretation den Kontext völlig außer Acht lässt, was nach Meinung verschiedener Religionsgelehrter aber nicht weiter schlimm ist, da Gottes Gnade unter anderem darin liege, dass einzelne Verse für sich allein stehend interpretiert werden können.

Interpretation Nr. 2: Der Kontext, in welchem der Vers steht, bezieht sich auf Themen wie Heirat, Scheidung, Witwenschaft und ökonomische Versorgung. Die deutsche Übersetzung „über der Frau stehen" ist in diesem Falle besonders unglücklich, „verantwortlich sein" wäre nach dieser Interpretation wohl geeigneter. Dass der Mann der Frau überlegen sei, wird aus diesem Vers nicht abgeleitet, zumal nur wenige Abschnitte zuvor die Gleichheit von Mann und Frau betont wird. Eine wirkliche Überlegenheit wäre vollkommen gegen die koranischen Prinzipien. So steht z.B. im bereits oben angeführten Koranvers auch folgender Satz: *„...Die Frauen haben in der Behandlung von Seiten der Männer dasselbe zu beanspruchen, wozu sie ihrerseits den Männern gegenüber verpflichtet sind"*. Demnach kann eine eindeutige Rollenverteilung im Bereich der Familie gefolgert werden, nicht aber ein grundsätzliches Herr-Knecht-Verhältnis zwischen den Geschlechtern.

Häufig stellt der Koran den **Zusammenhang zwischen der Frau und ihrer Gebärtätigkeit** dar, nicht aber der Pflege der Kinder oder anderer „frauentypischer" Tätigkeiten innerhalb der Gesellschaft. Dennoch verlangt die islamische Tradition von der Frau ein bestimmtes Verhalten und die **Übernahme bestimmter „weiblicher" Aufgaben,** die innerhalb des Hauses liegen, zumal die Frau durch die Geburt mehr oder weniger ans Haus gebunden ist. Dabei geht es weniger darum, dass Männer den Frauen gegenüber ihre Macht ausspielen oder sie gar unterdrücken. Vielmehr scheint der Grundgedanke derjenige gewesen zu sein, dass jeder innerhalb eines Haushaltes verschiedene Aufgaben und Rollen übernimmt, um den anderen das Leben zu erleichtern. Unterdrückung oder Machtmissbrauch wären ein Verstoß gegen die Gesetze des Islams. Der im Koran von den Frauen häufig geforderte „Gehorsam", wie z.B. in Vers 34 der 4. Sure formuliert: *„Die rechtschaffenen Frauen sind gehorsam"*, wird gerade innerhalb dieses Verses, in welchem es um Frauen und Männer geht, häufig als Gehorsamkeit gegenüber den Männern interpretiert. Liest man aber das arabische Original, geht eindeutig daraus hervor, dass es sich hierbei um die Gehorsamkeit gegenüber Gott handelt. Auch Männer werden auf diese Art und Weise zum Gehorsam-Sein ermahnt.

Im Wert ihrer Taten oder innerhalb der Moral **sind Mann und Frau ohne Unterschied**: *„...Ich werde keine Handlung unbelohnt lassen, die einer von Euch begeht, gleichviel ob männlich oder weiblich. Ihr gehört ja als Gläubige zueinander ohne Unterschied des Geschlechts."* (Koran, Sure 3, Vers 195)

Gott schuf Mann und Frau aus einem Wesen, entgegen dem nicht nur im Islam verbreiteten Vorurteil, dass der Mann der Frau schon bei der Schöpfung der Frau überlegen war. Die Schöpfung kennt keinen Unterschied zwischen Mann und Frau. Sie werden als Paar gesehen, das sich gegenseitig bedingt und ergänzt: *„Und von allen Lebendigen haben wir ein Paar geschaffen. Vielleicht würdet ihr Euch mahnen lassen"* (Koran, Sure 51, Vers 49). Im Gegensatz zur christlichen Tradition war es auch nicht Eva, die Adam zur Sünde verführt hat, sondern beide zusammen.

Ein letztes Wort zum Thema der **Beschneidung von Frauen:** Der Islam ist eine Religion, die die Sexualität als „Urkraft" des menschlichen Seins versteht. Sexualität ist ein Geschenk Gottes und nicht, wie im Christentum, ein Makel. Gott hat sowohl der Frau als auch dem Manne diese Lust geschenkt, und ein Geschenk Gottes sollte unter keinen Umständen abgelehnt werden. Der Sexualakt ohne die Freude des anderen ist koranisch verboten! Alleine diese Tatsache dürfte klar machen, dass die **Klitorisbeschneidung keine islamische Tradition** sein kann. Sie ist eine **altägyptische Unsitte,** die die Keuschheit der Frau für ihren Mann garantieren sollte. Leider hat sich diese vorislamische Tradition auch im modernen Ägypten (und anderen nordostafrikanischen Ländern) gehalten, und so werden häufig junge Mädchen, gleich ob Christinnen (Koptinnen) oder Musliminnen, beschnitten. In Syrien gibt es die Klitorisbeschneidung (offiziell) nicht.

Die Schiiten

15% der syrischen Bevölkerung gehören dem schiitischen Glauben an, wobei dieser sich noch einmal in **Drusen (2%), Ismailiten (1%) und Alawiten (12%)** aufsplittet.

Nach dem Tod Muhammads drohte die islamische Gemeinde, die *umma,* zu zerbrechen. Schuld daran war die **fehlende Nachfolgeregelung Muhammads,** der keine lebenden Söhne hinterlassen hatte. Konnte man sich auf die ersten drei Kalifen noch recht schnell einigen, wurde 656 *Ali,* der Schwiegersohn und Cousin des Propheten, zum vierten Kalifen ausgerufen. Dies stieß auf Unmut, da man Ali die Beteiligung

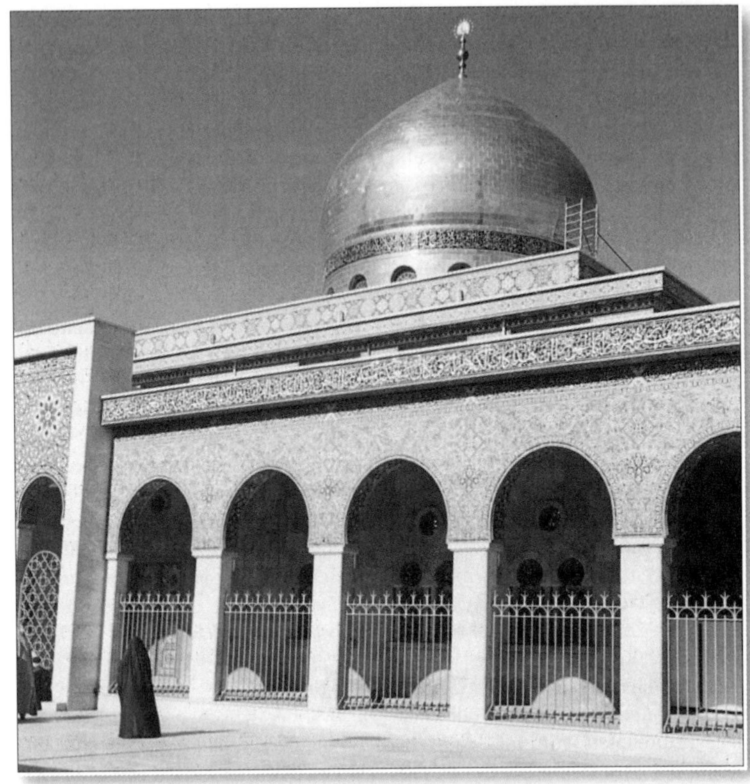

am Mord des dritten Kalifen *Uthman* vorwarf bzw. die Deckung seiner Mörder. Die dadurch folgenden Unruhen mündeten im ersten arabischen Bürgerkrieg, der mit der Schlacht von Siffin im Jahr 657 begann. Diese Schlacht bildete den Ausgangspunkt für die Abtrennung der Schiiten vom Rest der Muslime, die man später als Sunniten bezeichnete (benannt nach der **Sunna,** der Tradition des Propheten).

Die Schiiten sind der Auffassung, dass **Ali ibn Abi Talib** nach dem Willen Gottes der erste **Nachfolger des Propheten** in der Leitung der Gemeinde hätte sein sollen. Sie argumentieren damit, dass Muhammad auf dem Weg von Mekka nach Medina kurz vor seinem Tod gesagt haben soll: *„Dessen Herr ich bin, dessen Herr ist auch Ali"*. Daneben gibt es weitere Aussprüche des Propheten, die Ali als dessen Nachfolger benennen. Die Sunniten nun lehnen diese Aussagen als falsch ab. Ihrer Meinung nach hat der Prophet nie eine eindeutige Verfügung erlassen, was seine Nachfolge betraf.

Bei der **Schlacht von Siffin** (einem Ort, der heute im Asadsee versunken ist) ging es um machtpolitische Interessen des Hauses *Umayya,* aus dem sich, nach dem Tode Alis 661, die Dynastie der Umayyaden etablierte. Die Parteigänger Alis und jene *Mu'awiyas,* des Neffen des dritten Kalifen, der dessen Ermordung rächen wollte, standen sich gegenüber und kämpften um das Kalifenamt. Zwar konnten Alis Anhänger Mu'awiya besiegen, doch musste sich Ali in den Irak zurückziehen. Mit ihm eine Gruppe von Anhängern. Diese nannte man die **„Gruppe Alis", die „Shi'at Ali".** Daraus entstand der Name **Schiiten.**

Zu dem allgemein-islamischen Glauben an Allah, Muhammad und seine Botschaft tritt bei den Schiiten der **Glaube an den Imam** als rechter Führer der Gläubigen und wahrer Interpreten des Korans hinzu. Muhammad hat, nach dem Glauben der Schiiten, kurz vor seinem Tode Ali in die inneren Geheimnisse des Glaubens eingeweiht, und dieser hat sein esoterisches Wissen in seiner Familie weitervererbt. So werden **Ali und seine Nachfahren** bei manchen Gruppierungen fast schon **als Heilige verehrt.** Diese Verehrung geht bei manchen Strömungen so weit, dass sie in Ali und seinen Nachfahren die **Reinkarnation Gottes** sehen und deren Worte für wichtiger halten als die des Propheten Muhammad.

Die schiitische Moschee Sayyida Zainab bei Damaskus

Weitere Streitpunkte zwischen Sunniten und Schiiten sind z.B. **die Zeitehe, Mut'a,** die im schiitischen Glauben erlaubt ist, oder der Glaube an den **Mahdi,** einen im Verborgenen lebenden Imam, der am Tag des Jüngsten Gerichtes wieder erscheinen wird.

Etwa 10–15% der muslimischen Weltbevölkerung gehören zur schiitischen Konfessionsgemeinschaft. Deren zahlenmäßig größte Gruppe, die 12-Schiiten (s.u.), lebt vor allem im Irak, im Iran und in Aserbaidschan sowie im Libanon. In Syrien findet man kaum 12-Schiiten, wohl aber Ismailiten, Drusen und Alawiten.

Ismailiten, Drusen und Alawiten

Diese **drei Absplitterungen der Schia** werden bis heute mit Argwohn betrachtet: wegen ihrer **Geheimlehren und -riten** sowie ihrer **religiös-sozialen Isolation,** die entweder selbst gewählt oder aufgezwungen ist. Nicht immer bekennen sich die Anhänger vor Fremden zu ihrer Religion, in Syrien selbst sind die einzelnen Gruppierungen eher ein Tabuthema.

Die Ismailiten, oder **7-Schiiten,** wie sie auch genannt werden, glauben im Gegensatz zu den 12-Schiiten, dass der siebte Imam, Ismail, nie gestorben ist, sondern nur in der Verborgenheit lebt, um am Tag des Jüngsten Gerichtes, wieder zu erscheinen, „um die Erde mit Gerechtigkeit zu füllen". Die **12-Schi-**

iten haben Ismail nie akzeptiert und statt seiner *Musa al-Kazim* als siebten Imam anerkannt. Ihrer Doktrin nach ist der 12. Imam, *Muhammad al-Mahdi,* derjenige, der im Verborgenen lebt, nicht Ismail.

Aus den Ismailiten entstand im 9. Jahrhundert die Bewegung der **Nusairiden bzw.** der **Alawiten.** Im 10. Jahrhundert tauchten sie in Syrien auf, wurden aber von den Sunniten unterdrückt. Ihre Religion ist eine **Geheimreligion,** die nicht in öffentlichen Gebäuden, sondern nur in Privathäusern ausgelebt wird. Die Alawiten geben die Geheimnisse ihrer Religion von Generation zu Generation weiter. In ihrem Glauben spielt **Esoterik** eine große Rolle, weswegen sie bisweilen von den Sunniten als unislamisch betrachtet wurden. Spätestens jedoch seit dem *fatwa* von 1973, einem Rechtsgutachten, das der libanesische Schiitenführer *Musa as-Sadr* erließ, und seit welchem die Alawiten offiziell als Schiiten gelten, ist mit diesem Vorurteil Schluss. Beinahe.

Ebenfalls aus den Ismailiten gingen die **Fatimiden** hervor, die, zu Beginn des 10. Jahrhunderts von Nordafrika kommend, im Vorderen Orient ein Reich aufbauten. Unter den fatimidischen Herrschern ist v.a. der wahrscheinlich geisteskranke Kalif **Hakim** zu nennen, der 1021 auf geheimnisvolle Weise verschwand, nachdem seine Anhänger ihn 1017 zur Reinkarnation Gottes erklärt hatten. Ein Hauptpropagandist dieser Idee war **Ismail ad-Darazi.** Nach ihm benennen sich heute die **Drusen,** die im Libanon und im Hauran leben. Sie glauben an die Wiederkunft des göttlichen Kalifen Hakim, passen sich aber äußerlich möglichst den herrschenden Religionsformen an. Das ist ein Teil ihres Dogmas, denn die Verheimlichung ihres Glaubens bei Gefahr gehört zu den Eigenheiten der schiitischen Ethik.

Die fatimidische Linie spaltete sich nach dem Tode des Kalifen *Mustansir* 1094, als die Ägypter sich seinem Sohn *Mustail* anschlossen und dessen Bruder floh. Er und sein Sohn wurden von *Hassan Sabbah* in der Felsenburg Alamut in Persien geschützt. Von dort nahm die Bewegung der **Assasinen** ihren Ausgang, jener Männer, die politische Morde vollbrachten und sich dabei geradezu selbstmörderisch aufführten. Der Name stammt vom arabischen **Hashishin** („Haschischesser"), da sie so seltsame Dinge taten, dass man ihnen keine geistige Klarheit zutraute. Die Assasinen spielten vor allem während der Kreuzzüge eine wichtige Rolle, sie hatten einen Hauptsitz in Nordsyrien und Misyaf (siehe dort).

Heute leben die wenigen Ismailiten Syriens rund um die Stadt Salamiya, wo letztendlich auch ihr Ursprung liegt. Drusen findet man heute noch vor allem im Süden, im Hauran, die meisten Alawiten leben rund um Latakiya.

Christen in Syrien

Von den nicht-islamischen Minderheiten sind die Christen Syriens die wichtigste. Ihr Anteil an der Bevölkerung macht rund 12% aus. Die meisten Christen, aufgespalten nach unterschiedlichen orientalischen Konfessionen, leben in den Städten. Ethnisch und sprachlich gehören die meisten zu den Arabern, einige wenige zu den Armeniern.

Von den fünf sogenannten Ostkirchen sind drei in Syrien bis heute lebendig: die antiochische **westsyrische,** die chaldäische **ostsyrische** und die byzantinischen **Orthodoxen.** Im Zusammenhang mit christologischen Streitigkeiten zwischen dem 5. und 7. Jahrhundert kam es zu den ersten dauerhaften Loslösungen von der Gesamtkirche. Theologisch folgen die Ostkirchen dem **byzantinischen Ritus.** Sie berufen sich auf die Beschlüsse der Konzile von Nizäa, Ephesus und Chalkedon (4. und 5. Jahrhundert). Damit distanzieren sie sich von den Monophysiten und den Nestorianern und bezeichnen sich selbst als „orthodox". Auch wenn die orthodoxen Kirchen z.T. voneinander unabhängig sind, so fühlen sie sich doch in Bekenntnis und Liturgie verbunden. Schwerpunkt der Theologie sind die Erlösung von Mensch und Kosmos, der Aufstieg des Menschen zum Lichte Gottes und die Verherrlichung des Werkes Christi. Im 18. Jahrhundert kam es teilweise zu einer Annäherung zwischen den Ostkirchen und Rom, was zu weiteren Spaltungen unter den syrischen Christen geführt hat.

Die größte christliche Konfession in Syrien machen die **Griechisch-Orthodoxen** aus. Ihr folgt die **griechisch-katholische Konfession** (zusammen 7%).

Die Christen dieser Konfessionen sind Araber, ebenso die Anhänger der **jakobitischen Konfession** (ca. 2% der Bevölkerung Syriens). Die Jakobiten sind, wie die Kopten Ägyptens, sogenannte **Monophysiten,** d.h. sie lehnen die Fleischwerdung Christi ab. Für sie hatte der Prophet zwei Naturen, eine göttliche und eine menschliche. Die jakobitische Religion gilt als eine der „ursprünglich orientalischsten".

Die letzte Gruppe arabischer Christen sind die **Maroniter.** Ihr Ursprung geht auf das syrische **Kloster des Heiligen Maro** zurück. Dort sammelten sich ab 675 Christen, die jedoch durch die Muslime in den Libanon abgedrängt wurden. 1181/82 nahmen sie offizielle Beziehungen mit Rom auf, das Konzil von Florenz bestätigte 1445 die Union. Die meisten syrischen Maroniten leben heute in Aleppo, wo sie ein eigenes Bistum haben. Zentrum der Maroniten ist jedoch der Libanon.

Neben den arabischen Christen gibt es die armenischen Christen. Rund 4% der Syrer sind Armenier, die in zwei Kirchen gespalten sind: in die **armenisch-orthodoxe** Kirche (monophysitisch) und die armenische Kirche, die sich wiederum teilt in die **armenisch-katholische** und die **armenisch-protestantische Kirche.**

Juden in Syrien

Die Zahl der Juden in Syrien ist seit der Gründung Israels äußerst gering. Man schätzt sie auf etwa 400 (1994). Nachdem die syrische Regierung 1992 das Ausreiseverbot für Juden aufgehoben hatte, wanderten die meisten noch in Syrien lebenden Juden aus. Heute findet man Juden fast nur noch in Damaskus und Aleppo.

Kunst und Kultur

Architektur

Die Entwicklung der Architektur und Kunst in Syrien

Syriens Geschichte ist die seiner Stadtstaaten. Seine günstige Lage zwischen Mittelmeer und arabischer Wüste machte es zur besten Handelsdrehscheibe, die man sich vorstellen konnte. Dennoch befand die Region sich in einem Machtvakuum, hin und her gerissen zwischen den Großmächten Ägypten und Mesopotamien, die beide seit dem 4. Jahrtausend dem Land auch kunsthistorisch ihren Stempel aufdrückten. Ebla und Mari waren die ersten bedeutenden Städte der Region. Ihre Ausgrabungen lassen einen weitreichenden Blick auf die frühe Architektur zu. Während die ersten wieder ausgegrabenen Städte in ihrer Bauweise weitestgehend einheitlich waren, fand man hier Paläste, Kultstätten, Mauern und Torbauten. Die Anordnung der Städte ließ den Schluss auf eine stratifizierte Gesellschaft zu. Politische Situationen wurden in Dekorformen festgehalten. Der Palast von Mari galt als Weltwunder, ausgeschmückt war er mit herrlichen Malereien und Figuren.

Mit der politischen und ethnischen Neuordnung, die mit der Machtübernahme der *Mitanni* im 2. Jahrtausend eingeläutet wurde, machte sich ein Stilwandel in der (Bau-)Kunst bemerkbar. Statt einer blockhaften Darstellung stand nun das Körperliche mehr im Vordergrund. Sensationell und wohl eine der wichtigsten Kunstschöpfungen dieser Zeit war das **Goldblech**, das man in **Ugarit** entwickelt hatte. Damit ließen sich zum ersten Mal Edelmetalle zu Schmuckstücken und Schalen formen.

Um 1200 v.Chr. brachen die „Seevölker" in Syrien ein und zerstörten die meisten Städte. Zugleich wanderten semitische Völker von der arabischen Halbinsel nach Syrien ein, Aramäer drangen nach Nordsyrien, so dass es in der Folgezeit zu einem Völkergemisch auf syrischem Boden kam. Viele verschiedene Kunst- und Kulturarten entstanden, die erst unter den Assyrern (856–612 v.Chr.) vereint wurden.

Die **assyrisch/aramäische Bauweise** war eher **grob**, jedoch mit großartigen Verzierungen im Detail. Die Palastanlagen orientierten sich an denen von Ebla. Statt Eingangssäulen wurden nun häufig **Tiergestalten** verwendet (wie z.B. in Tell Halaf, dessen Tierwärter vor dem Museum in Aleppo zu sehen sind). Figürliche Abbildungen nahmen zu.

Kunsthistorisch interessant wird es mit Beginn des 5. Jahrhunderts v.Chr., als **griechische Sarkophage aus Sidon** die nahende Hellenisierung ankündigten. Damit begann die Epoche orientalisch-westlicher Herrschaft und somit auch ein Kunststil, der sich aus beiden Elementen zusammensetzte. Bis zur Islamisierung, die im Jahre 635 begann, war Syrien nun eng mit Europa verbunden, was eine weitreichende kulturelle (und wirtschaftliche/politische) Entwicklung mit sich brachte. Aus dieser Zeit stammt die stadtplanerische Anlage von Damaskus, Aleppo und Lataqiya. Bewässerungssysteme wurden angelegt, neue Städte aus dem Boden gestampft. Durch die verschiedenen Strömungen, die in Syrien zusammenflossen, entstand eine eigene Kunstrichtung, die entsprechend als „syrische Kultur" bezeichnet wird.

Allein unter der Herrschaft von **Seleukos** (311–281 v.Chr.) kam es zur **Gründung von 16 neuen Städten:** Duro Europos, Apamea, Lataqiya, Antiocha oder auch Cyrrhus entstanden. Typisch war die Stadtanlage dieser Zeit mit einer Umrundungsmauer, einer vom Stadtareal isolierten Akropolis und einer **gleichmäßigen Aufteilung in Parzellen,** die sich um eine Straßenachse herum anordneten. Seleukidische Architektur verschmolz mit vorderasiatischen Kulten.

Diese Tradition wurde auch unter der römischen Herrschaft fortgesetzt. Einheimische Elemente vermischten sich mit römischen, so dass ein **syro-römischer Stil** entstand. Grundzelle der politischen Organisation war die befestigte Stadt mit einem rechtwinkligen Grundriss, der durch zwei Straßenachsen aufgeteilt wird. In der Römerzeit wurden in Syrien **Säulenstraßen, Thermen, Triumphbögen** und **Theater** gebaut, alles Gebäude und Einrichtungen, die man im hellenistischen Syrien nicht kannte. Viele neue Städte entstanden im syro-römischen Baustil, schon vorhandene Städte wie **Palmyra** oder auch **Shahba** und **Bosra** wurden umgestaltet und erlangten in jener Zeit ihr heutiges Aussehen.

Mit der byzantinischen Zeit (395–661) begann die Spätantike in Syrien. Schon im 2. Jahrhundert waren Städte außerhalb der großen Zentren entstanden. Grund war die Ausdehnung landwirtschaftlichen Großgrundbesitzes. Häuser wurden neben Olivenpflanzungen gebaut, die Pflanzungen waren bald so lukrativ, dass sich aus ihnen richtiggehende Plantagen entwickelten, auf denen das soziale und wirtschaftliche Leben organisiert werden musste. Weitere Häuser in ähnlichem Stil wurden nach und nach errichtet, kleine, reiche Städte entstanden, die heute als „Tote Städte" bezeichnet werden (vgl. den Kastentext auf der nächsten Seite).

Mit der arabischen Eroberung (ab 635) ging im „Fruchtbaren Halbmond" auch die Islamisierung einher. Die **islamischen Eroberer,** Nomaden aus der Wüste, trafen auf ein hoch entwickeltes Städtewesen, und aus diesem Zusammenprall entstand ein gänzlich neuer Baustil, geprägt von einem religiös begründeten **Bilderverbot** und der Funktionalität der Gebäude. Bereits vorhandene **Bauten** wurden **umgestaltet** und nach den neuen Bedürfnissen ausgerichtet, exemplarisch auch hier, wie so oft, die **Umayyaden-Moschee** in Damaskus, eine ehemalige byzantinische Basilika. Aber auch andere bedeutende Bauten, wie die *Agia Sofia* in Istanbul oder der Felsendom in Jerusalem, sind aus Kirchen hervorgegangen.

Den Umayyaden folgten die **Abbasiden.** Die **persischen Sassaniden** hatten dieser neuen Dynastie zum Umsturz verholfen und entsprechend einflussreich waren sie. War die umayyadische Kunst also stark von der byzantinischen beeinflusst, so war es die abbasi-

Die „Toten Städte"

Aleppos liebstes Vorzeigeprodukt ist die grüne Olivenseife, die man überall auf den Märkten der Stadt erwerben kann. Spätestens dann, wenn man das Glück hat, auch einmal bei der Herstellung der Seife zuzuschauen (ist im Suq durchaus möglich), möchte man wissen, wo die ganzen Oliven herkommen. Dazu muss man Aleppo verlassen, und siehe da: Olivenhaine bestimmen am nördlichen und südlichen Stadtrand das Landschaftsbild.

Oliven bildeten zwischen dem 4. und 6. Jahrhundert die Grundlage eines großen Wohlstandes, dessen Überbleibsel man noch heute besichtigen kann. Rund 500 der so genannten „Toten Städte" bzw. „Vergessenen Städte", wie sie auf Arabisch heißen, befinden sich in der Umgebung von Aleppo. **Ruinen von Villen, Thermen, Klöstern und Kirchen** zeugen von der einstigen wirtschaftlichen Blüte dieser Region. Olivenöl galt von früh an als wichtiger Exportartikel, daher begann man in dieser fruchtbaren Landschaft mit dem Anbau von Olivenbäumen. Die reichen Landbesitzer schufen Ebenen und Felder für die Kultivierung, das angenehme Klima der Region brachte sie dazu, sich Häuser in der Nähe ihrer Plantagen zu errichten, wodurch peu à peu ganze Dörfer entstanden, mit eigenen Thermen, Kirchen und Klöstern.

Die Blütezeit der Siedlungen ging schnell vorüber. Eine hohe Besteuerung durch Byzanz, die Kargheit des Bodens sowie letztendlich der Einfall der Sassaniden aus Persien, die eine Mittelmeerblockade verhängten, nahm den Großgrundbesitzern die Lebensgrundlage. Die Städte wurden aufgegeben und erst Anfang des 20. Jahrhunderts neu entdeckt. Einige Orte wirken auf den ersten Blick, als wären sie eben erst verlassen worden, bei anderen ist der Zerfall offenkundig (auch je nach Beschädigung durch einige der Erdbeben in dieser Region). Wer möchte, kann tage-, nein, wochenlang durch die Ruinenstädte marschieren, die sich wie eine Fata Morgana aus der Ebene erheben – ein echtes Erlebnis, ruhig, faszinierend und mit nichts zu vergleichen!

Die schönsten „Toten Städte" und die am leichtesten zu erreichenden finden sich bei Route C 6 sowie im Routenteil Aleppo. Hervorzuheben sind vor allem zwei der Städte: das **Simonskloster** (S. 355) und **Sirdjilla** (S. 319). Beide sind, wenn auch nicht ganz leicht, mit öffentlichen Verkehrsmitteln zu erreichen.

dische von den Sassaniden. Das Gebiet des heutigen Irak wurde Zentrum der islamischen Welt. Harun ar-Rashid, der kurze Zeit in Raqqa residierte, brachte den **Baustil Mesopotamiens** mit sich. Feine **Ziegelarchitektur** löste die bisherige grobe Bauweise ab. Die feinen Dekorationen blieben erhalten, wohl aber anders angeordnet.

Unter den **Kreuzfahrern** (1099–1291) entstanden dann die großen **Wehrburgen**, wie man sie auch aus Europa kennt. V.a. die Umfassungsmauern wurden nach europäischem Vorbild errichtet. Da viele der Burgen bald **Ordenssitze** wurden, richtete sich der Innenbereich nach diesen Bedürfnissen aus. Als später die Ayyubiden die Burgen übernahmen, veränderten sie den Innenaufbau und errichteten eine **Moschee innerhalb der Mauern.** Unter den Ayyubiden begannen starke Auseinandersetzungen mit den Schiiten. Eine „geistige Waffe" sollte die Erweiterung des Wissens sein, und so entstanden die ersten **Koranschulen**, die eine intellektuelle und kulturelle Blütezeit einläuteten. Bauten wie das *Bimaristan Nuri* oder das *Saladin-Mausoleum* in Damaskus zeugen von dieser Zeit.

Mit Beginn der **türkischen Herrschaft 1260** änderte sich noch einmal der Baustil. Märchenhafte **Paläste** und **Wohnhäuser,** aber auch **Moscheen** und **Koranschulen** werden unter einer reichen und kleinen Oberschicht gebaut (man denke an den *Azm-Paläste).*

Schlussendlich hinterließ auch die **Kolonialmacht Frankreich** ihre Spuren, auch wenn die Franzosen zu kurz in Syrien blieben, um eine wirkliche Wende im Baustil herbeizuführen. Einige Stadthäuser jedoch zeugen von ihrer einstigen Präsenz.

Seit der Unabhängigkeit Syriens geht es bergab mit der Baukunst. Moderne Plattenbauweise ersetzt alte Baukultur, mehr und mehr kommt Beton statt der altbewährten Ziegel zum Einsatz. Von einer „Weiterentwicklung" kann deswegen keine Rede mehr sein, im Zuge des UNESCO-Programmes zur Wahrung des Weltkulturerbes wird jedoch versucht, die einstige Pracht der Altstädte von Damaskus und Aleppo zu erhalten.

Islamische Architekturbeispiele

Moscheen

Am Anfang war es nicht mehr als ein Quadrat in der Wüste. Die ersten Anhänger Muhammads malten es in den Sand, um damit die Stelle für ihr Gebet zu markieren. Das Quadrat musste gen Mekka gerichtet sein, sonst hatte es keine Bedingungen zu erfüllen. Das waren die ersten Moscheen, die „Orte der Niederwerfung" (arab. sg. **Masdjid).** Der Ort musste sauber sein und eben, und viele Gläubige sollten darauf Platz finden, denn die Moschee wurde auch **Djami'** genannt, „Ort der Versammlung". Was von diesen Anfängen übrig geblieben ist, ist die viereckige Form. Ansonsten schmücken heute prächtige Ornamente, Verzierungen und Kalligrafien die Moscheenwände, und prachtvolle Kuppeln dienen der Abschirmung nach oben.

Es gibt im Islam keine festen Regeln dafür, wie eine Moschee aufgebaut sein muss. Doch bot ein **überdeckter Raum** mit einer, parallel zu den Gebetsreihen stehenden, **Frontwand** die besten Bedingungen. Für das Gebet eignete sich ein Boden, der mit **Matten und Teppichen** ausgelegt wurde, auf denen die Betenden sitzen oder knien konnten. Sowohl weite Säulenhallen als auch einfache Schattendächer aus Palmenstämmen können als Gebetsraum dienen. Eine weitere Gemeinsamkeit ist den meisten Moscheen der **Vorhof**, der die Betenden fassen soll, die in der Moschee keinen Platz mehr finden, v.a. beim freitaglichen Gemeinschaftsgebet.

Im Zentrum des Vorhofes befindet sich in aller Regel ein **Brunnen**, an dem die Muslime ihre **rituelle Waschung** vor dem Gebet vollziehen können. Dieser Brunnen ist häufig so groß wie ein kleiner Teich, um den herum kleine Bänke angeordnet sind, auf denen die Gläubigen sich sitzend waschen.

Die **Umayyaden-Moschee,** eine der ersten großen Moscheen, wurde zum **Vorbild für folgende Gotteshäuser.** Sie wurde auf dem alten römischen Tempelbezirk von Damaskus errichtet, auf dem eine byzantinische Basilika stand. Das Gebäude, das der Prophet in Medina zum Gebet hatte errichten lassen, war von einem Hof getrennt, an dessen Seitenwänden Schattendächer angebracht waren. Nach dieser Idee wurde die Basilika zu einer Moschee mit Innenhof und -raum umgestaltet.

Damaskus: Innenhof der Umayyaden-Moschee

Die einzig notwendigen Einrichtungen einer Moschee sind die **Mihrab,** die Gebetsnische, die in die Gebetsrichtung, die **Qibla,** weist, sowie die **Minbar,** die Gebetskanzel. Von dieser Kanzel predigt der Imam freitags. Mihrab und Minbar verewigen auf architektonische Art die Erinnerungen und Gesten des Propheten und sind erstmals im umayyadischen Umbau von Muhammads Haus in Medina durch *Walid I.* (707) entwickelt worden. Die Nische der Mihrab symbolisiert den Standort, an dem der Prophet während des Gebetes stand. Sie wurde das zentrale Ausstattungselement einer Moschee, deren künstlerische Gestaltung besondere Beachtung fand.

Das dritte Element, das eine Moschee ausmacht, ist das **Minarett.** Auch dieses geht auf die Weisung des Propheten zurück. Er hatte angeordnet, dass ein Ausrufer (arab. *al-Mu'azin)* fünfmal täglich die Gebetszeiten verkünden soll. Anfangs an den christlichen Kirchturm angelehnt, wandelte sich bald die Form des Minaretts, auch wenn sie nie vereinheitlicht wurde.

Koranschulen (Madrasât)

Die **Moschee** war immer auch ein **Ort der Gelehrsamkeit.** In ihr wurden die religiösen Inhalte weitergegeben und diskutiert. Der aufkommende sunnitische Glaube im späten 10. Jahrhundert erreichte seinen Höhepunkt unter den Zengiden und Ayyubiden. In dieser Zeit entstanden eigene **Koran- und Religionsschulen,** die von der Moschee losgelöst waren, sogenannte *Madrasât* (sg. **Madrasa**), eingedeutscht: *Medrese.* Sie wurden häufig unterstützt durch eine öffentliche Stiftung und erhielten die Einnahmen öffentlicher Institutionen, wie die eines Hammams oder einer Karawanserei. Die **früheste Koranschule,** die man **in Syrien** finden kann, ist die, die der **Mabrak-Moschee in Bosra** angegliedert war.

Die Madrasa in ihrer klassischen Form (die sich aus der persischen Architektur des 10. Jahrhunderts ableitet) folgt einem kreuzförmigen Plan mit vier Iwanen (überdachten Nischen), die um einen Hof herum angeordnet sind. Dieses Muster wurde zwar nicht immer, aber sehr häufig eingehalten. Aus diesem Grundriss entstanden in Syrien viele verschiedene Varianten. Die frühen Schulen hatten häufig Zimmer für die Studenten und Lehrer, später dann, vor allem ab der mamlukischen Ära, wurde der Wohnbereich ausgegliedert. Die Koranschule verlor dadurch an Bedeutung. Eine Revitalisierung erfuhren Madrasât in osmanischer Zeit. Schulen wie die *Tekkiye Sulaimaniya* in Damaskus zeugen davon.

Den meisten Koranschulen ist eine Moschee beigefügt, häufig auch das Mausoleum ihres Stifters. V.a. in Damaskus finden sich viele Beispiele dafür. Heute werden die wenigsten Madrasât noch als solche genutzt.

Islamische Kunst

Im Islam herrscht ein **Bilderverbot.** Dieses Verbot ist **nicht koranisch,** sondern geht auf einem **Ausspruch des Propheten** zurück. *Aischa,* die Lieblingsfrau des Propheten und eine der wichtigsten

Quellen für die Worte des Propheten, soll folgende Begebenheit erzählt haben: *„Der Gesandte Gottes kam von einer Reise zurück. Ich hatte auf eines meiner Simse ein Tuch von mir gelegt mit Abbildungen. Als der Gesandte Gottes es erblickte, ergriff er es, zerriss es und sagte: Die schlimmste Strafe beim Jüngsten Gericht werden jene erleiden, die die Schöpfung nachgeahmt haben."* Diese Überlieferung hat die Kunstgeschichte in der islamischen Welt geprägt. Kein sakraler künstlerischer Gegenstand wird je mit einer Abbildung versehen sein. Auswirkungen hatte das islamische Bilderverbot v.a. auf die Kalligrafie, die nun verstärkt angewandt wurde. Sie ersetzte in der islamischen Welt die Malerei und bildet bis heute die einzige Verzierungsvariante in Moscheen.

Unter den Kalligrafen haben sich besonders die Osmanen hervorgetan. Man sagt: Der Koran wurde im Hidjaz offenbart, in Ägypten rezitiert und in Istanbul aufgeschrieben. Das deutet auf die Bedeutung der Osmanen in dieser Kunstrichtung hin.

Damaskus: die Madrasa Djakmakiya (li.) und die Madrasa Adaliya (re.)

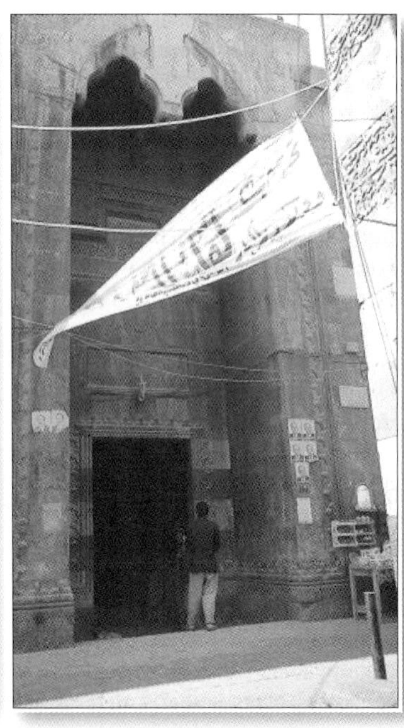

Was aber genau ist die Kunst der Kalligrafie? Während die westliche Kunst immer darauf bedacht ist, stets Neues zu kreieren, besteht das **Wesen der Kalligrafie** in der **Wiederholung,** denn in der Wiederholung liegt Gottes Segen. So sagt es der Koran und beweist diese Aussage durch seine immer wiederkehrenden Verse.

Die Kalligrafie gilt als ein wesentlicher Teil des **„Mysteriums“,** das den Islam ausmacht. Indem eine ununterbrochene Kette von Meistern sie an die nachfolgenden Generationen weiter gibt, dient diese spezielle Schriftkunst dazu, die Ehrfurcht des Menschen vor dem Wort Gottes, das in arabischer Sprache offenbart wurde, aufzuzeichnen. Hierbei kann die **Heiligkeit der Worte** mit der **Schönheit ihrer Schreibweise** unterstrichen werden. Kalligrafie ist **zeitlos,** und der beste Kalligraf ist derjenige, der es schafft, die ererbten Formen der Schriftkunst zu meistern.

Ähnliches gilt für die **Ornamentik.** Diese ist allerdings religiös weniger aussagekräftig als die Kalligrafie, da sie keine Worte Gottes schmückt. Man ist sich bis heute nicht einig, ob Ornamente im Orient einen höheren Zweck haben, „als schön zu sein“. Lange Zeit brachte man die Entstehung der Ornamente mit der Angst vor der Leere, der lebensbedrohlichen Leere der Wüste, in Verbindung. Denn während mit der Schriftkunst die Heiligkeit des Korans unterstrichen werden soll, beinhalten Ornamente nichts außer **Mustern und Farben.**

Neuere Erkenntnisse lassen jedoch vermuten, dass ornamentale Kunst durchaus einen religiösen Gehalt hat. Der Schweizer Islamwissenschaftler *J. Bürgel* erklärt den **Sinn der Ornamentik** mit der immer **wiederkehrenden Form.** Denn die ständige Wiederholung eines Musters kann zu einem Vorgang der **Entrückung** führen, wie sie von einigen Mystikern des Islams gefordert wird. Mit Ornamenten, so zumindest sieht Bürgel es, wird eine **sakrale Schönheit** dargestellt. Die verwirrenden und faszinierenden Ornamente des Orients werden unter diesem Gesichtspunkt als ständige Herausforderung zur Verfeinerung der Sinne gesehen. Körperliches wird verhüllt, um mittels der Kraft der Fantasie auf einer geistigen Ebene sichtbar zu werden. Die Bedeutung dieses Körpers wird dadurch verstärkt.

Durch das Bilderverbot löst man sich vom Gegenständlichen. Die Aneinanderreihung von sich ständig wiederholenden Mustern schafft eine Ruhe und

Ordnung, wie sie auch im Islam erwünscht ist. Denn den Frieden, der vom Islam gepriesen wird, schafft nur Ordnung, genauer: Unter-Ordnung des Menschen unter Gott.

Moderne Kunst und Malerei

Die syrische Kunstszene trauert um **Fateh Muddaress,** den bekanntesten zeitgenössischen Maler des Landes. Am 28. Juni 1999 starb er. Mit ihm ging ein großer Maler, ein Poet, Prosaist und Förderer der Jugend verloren. Seine Rolle in der syrischen Kunstszene war einzigartig. Muddaress hatte seine eigene künstlerische Sprache entwickelt, die seine Bilder so bemerkenswert macht. Sein Stil vereinigt die Landschaften Syriens mit dem assyrischen und palmyrischen Erbe seines Landes, mystische Symbole sind in seinen Werke ebenso zu finden, wie die Liebe zu dem, was ihn umgibt. Einige der Werke von Fateh Muddaress wurden sogar im Internet veröffentlicht (www.syria-online.com/culture/cult_artc/great_artist.html).

Moderne Kunst spielt in Syrien **keine große Rolle** und – der europäische Betrachter versteht anderes darunter als ein Syrer. Zwar gibt es immer wieder Ausstellungen, doch erwartet man wirklich „große" Kunst, wird man enttäuscht sein. Die Bilder machen oft einen naiven Eindruck, die Techniken sind weder besonders ausgefeilt noch besonders originell.

In den beiden Nationalmuseen von Damaskus und Aleppo finden regelmäßig Ausstellungen moderner Künstler statt.

Abd al-Halim Hafiz

Musik

So wie es keine „syrische" Malerei gibt, so gibt es auch keine „syrische" Musik. Syrische Musik ist in aller erster Linie arabisch. So betrachten die Syrer *Umm Kulthum,* die ägyptische Sängerin, *Fairuz,* eine Libanesin, oder auch *Abd al-Halim Hafiz,* den ägyptischen Sänger und Schauspieler, als eine(n) der ihren und missachten dabei völlig die Staatsgrenzen. Das, was auf politischer Ebene nicht zu klappen scheint, ist in der Musik möglich: eine über alle Grenzen hinweg funktionierende arabische Einheit.

Westliche Ohren empfinden die arabische Musik oftmals als eher langweilig und monoton. Das gilt in verstärktem Maße für die klassische Musik, die noch nicht durch moderne Instrumen-

Die Halsbandaffaire – oder: Allahs Sinn fürs Pragmatische

Gottes Wege sind unergründlich, aber er liebte seinen Propheten. Das ist gewiss! Und doch war Muhammad auch nur ein Mann, ein Mann, der aufgrund seiner vielen Frauen immer wieder Eheprobleme hatte. Einmal war es besonders schlimm: **Aischa** wurde des Ehebruchs bezichtigt, und hätte Allah nicht in letzter Minute eingegriffen, hätte Muhammad sich von seiner Lieblingsfrau trennen müssen! Dank sei Allah!

Aischa, die fromme Aischa, die man auch „Mutter der Gläubigen" nennt, wurde des Ehebruchs bezichtigt? Wie konnte es dazu nur kommen?

Die Geschichte ist schnell erzählt: Jedes Mal, wenn der Prophet Medina verließ, nahm er eine seiner Frauen mit sich. Dieses Mal (man schrieb das Jahr 630) nahm er Aischa mit, die 16-jährige Aischa – er: ein alter Mann. Der Prophet wollte eine Schlacht schlagen, die Schlacht gegen den aufständischen Stamm der Mustaliq. Aischa, seine Frau, blieb am Rande in ihrer Kamelsänfte und schaute zu. Natürlich siegte der Prophet, und sie machten sich alle gemeinsam auf den Nachhauseweg. Eine Tagesreise vor Medina ließ Muhammad noch einmal ein Nachtlager aufbauen und Aischa verbrachte die Nacht mit ihm. Kurz bevor die Gruppe am nächsten Morgen aufbrach, ging die junge Frau hinter eine Düne, um dort, na ja, Sie wissen schon. Auf jeden Fall verlor sie dabei ihre Halskette. Einfach so fiel ihr die Kette vom Hals, als sie da hockte und ihre Notdurft verrichtete. Da es eine wertvolle Onyx-Kette war, suchte sie sie natürlich, aber als sie sie endlich gefunden hatte, war die Gruppe schon weiter geritten. Offensichtlich hatten die Träger ihrer Sänfte nicht bemerkt, dass sie leer war, so etwas bemerkt man schließlich nicht immer! Zurück blieb Aischa. Und was tat diese? Sie legte sich unter einen Baum und schlief, denn sie war eine Prophetenfrau und wusste: Allah wird dafür sorgen, daß sie gefunden wird. Und so war es denn auch: Medinas schönster Jüngling, kaum älter als die Gattin Muhammads, hatte die Nacht nicht mit den anderen verbracht und war aus diesem Grunde zurückgeblieben, gaaaanz zufällig! Natürlich sprach Aischa kein einziges Wort mit ihm, aber sie ließ sich von ihm auf sein Kamel helfen und beide ritten nach Medina.

Ihre Ankunft dort verursachte einen Aufschrei: ein Mädchen, ganz wunderschön und kokett, ein Mann, jung und kräftig, alleine in der Wüste, ganz klar, was sich da zugetragen hatte. Die Mäuler hielten nicht still, das „arabische Telefon", das einander Zurufen von Neuigkeiten, tat seinen Dienst. Muhammad musste reagieren. Er mied Aischa, die daraufhin erst gewahr wurde, was man über sie in Umlauf brachte. Gänzlich unschuldig, erzählte sie ihm die ganze Wahrheit, nämlich, daß sie ihr Halsband verloren und Safwan ihr das Leben gerettet habe, in dem er sie nach Medina brachte. Kein Wort, keine Berührung, der Prophet solle ihr vertrauen. Dieser war hin und her gerissen. Einerseits wollte er Aischa glauben, er liebte sie. Andererseits, wenn sie in betrogen hatte... Hinzu kam, dass Muhammad begann, sich vor seinen Brüdern lächerlich zu machen, die forderten, Aischa zu verstoßen. Muhammad meditierte. Und dann kam die Erleuchtung! Allah, wie sehr muss er den Propheten geliebt haben, sandte einen Koranvers, genau zur rechten Zeit (Sure 24, Vers 11-17): *Diejenigen, welche eine Lüge gegen Aischa vorgebracht haben, sind nur ein paar (...). Jedem einzelnen von ihnen wird das angerechnet, was er an Sünde getan hat, und der Haupttäter hat eine gewaltige Strafe zu erwarten. Warum habt ihr euch denn, als ihr es gehört habt, nicht gesagt, das ist eine Lüge? Warum habt ihr keine gute Meinung von Aischa gehabt? Und warum habt ihr keine vier Zeugen gebracht? Nachdem sie die erforderlichen vier Zeugen nicht gebracht haben, gelten sie vor Gott als Lügner (...). Gott ermahnt euch, nie wieder so etwas zu tun!* Aischa war gerettet! Und mit ihr das Ansehen des Propheten!

Was an jenem Tag in der Wüste geschehen ist, ob Aischa sich des Nachts weggeschlichen hat, um mit dem hübschen Safwan zu poussieren, wer weiß es? Dass diese Affäre aber bis heute ein unerschöpfliches Thema für Theologen ist, zeigt die Fülle an Literatur, die darüber geschrieben worden ist.

22 Jahre nach dieser Geschichte hatte Aischa endlich eine Gelegenheit, sich für die damals erlittene Schmach zu rächen. Sie beschuldigte Ali, den Cousin und Schwiegersohn des Propheten, der damals vor 22 Jahren verlangt hatte, dass sich der Prophet von der Ehebrecherin lossagte, er sei an der Ermordung seines Vorgängers, des dritten Kalifen Uthman, beteiligt gewesen. Mit Hilfe anderer Ali-Gegner schwang sie sich in ihre Kamelsänfte (welch Symbolik!) und führte eine Schlacht gegen den vierten Kalifen. Sie verlor die Schlacht, nicht aber ihr Leben. Die **Kamelschlacht,** so genannt, weil Aischa sie von ihrem Kamel aus anführte, war die erste offene Auseinandersetzung zwischen Ali-Gegnern (den späteren Sunniten) und den Ali-Befürwortern (aus denen bald die Schiiten werden sollten).

Ein Halsband hat die islamische Welt geteilt – ob das in Allahs Sinne war?

te, Rhythmen oder Harmonien für westliche Zuhörer zugänglich gemacht wurde. Dabei ist sie die „Mutter" der neuen Musik, und noch immer bildet sie die Grundlage für die orientalischen Gesänge der Neuzeit.

Musik spielte schon immer eine **wichtige Rolle in der arabischen Gesellschaft.** Bei Feiern, Totenmessen und religiösen Zusammenkünften hatte sie ihre feste Funktion; Derwische ließen sich durch sie in Ekstase versetzen, Sultanen diente sie zur Unterhaltung.

Die **klassischen Instrumente** waren die Flöte (arab. *nay),* der Vorgänger der europäischen Laute (arab. ud, mit Artikel la-ud = Laute), die Zither (arab. *qanun)* und die Trommeln *Daf, Darbuka* und *Riqq*. Besonderes Gewicht wurde auf Rhythmus und Melodie gelegt; Harmonien spielten nur eine sehr untergeordnete Rolle, weshalb die Musik dem europäischen Zuhörer oft „schräg" vorkommen mag. Die Melodien wurden verschnörkelt, der Rhythmus durch Tonmodulationen auf den Trommeln verstärkt. Hinzu kam die **Entwicklung von Tonräumen** (arab. *maqamat),* die in der europäischen Musik nicht existieren. Dabei wurden den Halbtonschritten Vierteltonschritte eingefügt.

Die klassische arabische Musik setzt sich aus Elementen der persischen, türkischen und indischen Musik zusammen. Ihre erste Blütezeit erlebte sie unter den Abbasiden (750–1258), später wurde sie dann erst wieder in osmanischer Zeit gepflegt und zu neuer Kunstfertigkeit geformt. Durch die Mauren war die arabische Musik auch nach Europa gelangt und beeinflußte dort die Musik jener Zeit. Heute beziehen sich die arabischen Musiker wieder auf diese Traditionen, „adoptieren" die osmanischen Klänge und vermischen sie mit modernen Elementen aus Jazz, Pop und Rock.

Eine Zwischenform arabischer und moderner Musik bilden die Gesänge der **Umm Kulthum.** Sie, der „Stern des

Orients", deren „Gesang nicht aus der Kehle kam, sondern aus dem ganzen Körper, der erschauderte", starb 1975, doch ist sie bis heute untrennbar mit der arabischen Musik verbunden. Die Sängerin kam aus einem kleinen Dorf und sang sich, zunächst noch als Junge verkleidet, hinauf in die Kairoer Oberschicht, später dann in die Herzen der Araber.

Nehmen Sie sich einmal Zeit für diese Musik. Löschen Sie das Licht, machen Sie ein paar Kerzen an und hören Sie dann nur der Musik von Umm Kulthum zu, ganz intensiv. Ich bin mir sicher, Sie werden die Magie spüren, die von dieser Musik ausgeht. Sie scheint direkt aus 1001 Nacht entsprungen.

Aber die arabische Musik ist nicht alleine Umm Kulthum. Sänger wie *Sayyid Darwish* oder **Sabah Fakhri,** zwei der letzten Interpreten der traditionellen Musik, gelten bis heute als Seele der arabischen Sangeskunst. Beide sind auf syrischem Staatsgebiet geboren und gehören zu den bekanntesten Musikern des Mittleren Ostens. Schon 1940 sang Sabah Fakhri für das nationale Radioorchester und begann seinen rasanten musikalischen Aufstieg. Ähnlich wie Sayyid Darwish und Umm Kulthum singt er vor allem klassische arabische Lieder, wobei auch er – ein Zugeständnis an die Schallplatte – die Lieder stark kürzte. Erstmalig hatte dies die berühmte ägyptische Sängerin gemacht. Alle drei interpretieren in ihren Liedern vor allem arabische Poesie und geben ihr damit die „Seele, die sie verdient". Besonders beliebt ist Sabah Fakhri in Aleppo, da er dort geboren wurde und die Aleppiner ihn so ganz und gar für sich beanspruchen können – ein Kind ihrer Stadt.

Ein anderer, nicht weniger beliebter Sänger ist **George Wassuf,** auch er syrischer Nationalität. Er hat nun damit begonnen, die Lieder von Umm Kulthum nachzusingen und somit deren Repertoire lebendig zu halten. Ob das wirklich nötig war, sei dahingestellt, aber er macht es gut, wirklich gut, ähnelt seine Stimme doch tatsächlich ein wenig der der alten Diva.

Abd al-Halim Hafiz hingegen, auch er schon seit vielen Jahren tot, verkörpert weniger die traditionelle Musik als vielmehr eine Zwischenform. Als Schauspieler hat er in vielen Filmen mitgewirkt und auch die Musik dafür geschrieben.

Mit **Abd al-Wahab** begann dann der Einzug der Moderne. Er bereitete dem modernen arabischen Schlager den Weg, der durch **Farid al-Atrash,** einen waschechten Syrer aus Suwaida, weiter geführt wurde, indem er westliche Elemente in die arabische Musik einbaute.

Ja, und dann **Fairuz,** die begnadetste Sängerin der Gegenwart (vgl. auch S. 164). In ihrer Tradition konnten viele, vor allem libanesische, Sängerinnen groß werden. Sie, die den einmaligen Stil der Verbindung arabischer und europäischer Stilelemente so meisterlich in Szene gesetzt hat, wurde zum Leitbild moderner Sängerinnen wie *Madjida Rumi* oder *Nadjwa Karam.* Auch *Muhammad Munir,* in Europa vor allem als Held des Kinofilms von *Yussuf Shahin,* „al-Masir – Das Schicksal", bekannt, passt in diese Schublade.

Fairuz, eine arabische Institution فيروز

Fairuz, so sagt man im Nahen Osten, ist eine Perle, eine Nachtigall. Fairuz, so sagt man auch, soll man am Morgen hören. Denn wer Fairuz zum Frühstück hört, dem kann nichts passieren...

Es gibt niemanden, der die Sängerin nicht kennt, niemanden, der sie nicht liebt. Bauarbeiter hören ihre Musik während der Arbeit, Professoren lauschen verzückt der süßen Stimme, alte Männer geraten ins Schwärmen und wünschten sich, sie wären wieder jung, und die Jungen himmeln sie an, als gäbe es keine Popstars. Der Taxifahrer pfeift die Melodien mit, der große Firmenboss dreht das Radio lauter, wenn SIE singt, SIE, Fairuz, die **„Nachtigall des Orients“.**

Geboren wurde sie 1933 in einer einfachen Familie in Beirut. Seit ihrer Kindheit sang sie auf Festen, die in ihrer Schule veranstaltet wurden, bis sie im Alter von 14 Jahren „entdeckt“ wurde. Sie traf auf den Künstler Asi Rahbani, eine Zusammenkunft, die entscheidend für ihre künstlerische Laufbahn sein sollte. Asi suchte nach einer „neuen musikalischen Sprache“ und die Stimme Fairuz' schien ihm dafür wie geschaffen. Zusammen gründeten sie die Rahbani-Schule, wie die neue Richtung genannt wurde. Sie orientiert sich an europäischer Musik einerseits (wie z.B. auf dem Album „Kifak Anta“, wo Fairuz Jazz-Elemente in ihre Lieder einbaut) und verliert andererseits doch nie den Bezug zur arabischen Musik.

Fairuz singt Lieder, deren Melodien zu großen Poesien geschrieben wurden, oder aber sie verwendet Melodien, die der europäischen Klassik entstammen.

Es gibt im Orient wohl nur noch eine Frau, die so beliebt ist wie Fairuz. Und das ist **Umm Kulthum.** Diese, so sagt man, soll man am Abend hören, denn ihre Musik ist ruhiger, gediegener. Die Musik sei für Verliebte, denn diese sind die einzigen, die zu so später Stunde noch wach sind.

Beide zusammen sind sie der Inbegriff arabischer Musik.

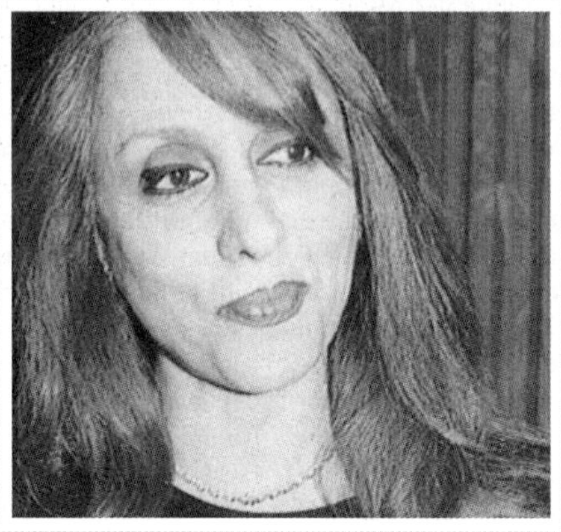

Wer sich also erst einmal „sanft" in die arabische Musik einhören möchte und dafür bereit ist, auch europäische Stilelemente in Kauf zu nehmen, sollte mit Madjida Rumi beginnen, z.B. mit den Alben „Kalimat" oder „Ibhath anni". Aber auch die eben erwähnte Filmmusik von Muhammad Munir, sogar in Deutschland erhältlich, führt den Hörer behutsam an die arabische Musik heran. Wer diese Musik mag, sollte sich dann unbedingt an Fairuz wagen, denn wer diese Musik nicht zu hören versteht, wird nie tiefer in die arabische Kultur eintauchen können.

Literatur

Im Gegensatz zur „Internationalität" der arabischen Musik ist man im Bereich der Literatur besonders stolz auf die Söhne und Töchter der Heimat, die Poetisches und Prosaisches zu Papier brachten.

Unter den syrischen Schriftstellern ist hierzulande vor allem einer bekannt: **Rafik Schami.** Mit seinen wunderbaren Erzählungen aus Syrien verzaubert er Alt und Jung. Er gehört zu den ganz wenigen Schriftstellern, die man tatsächlich als „syrisch" bezeichnen kann (erst mit der Unabhängigkeit 1946 entstand auch wirklich eine syrische Literatur, die sich von palästinensischer oder libanesischer Literatur abheben konnte).

Im Vergleich zu Kairo oder Beirut, die große arabische Dichter hervorbrachten, herrschte in Damaskus nie eine Atmosphäre großer schriftstellerischer Kreativität. Syrien schien für ein ähnlich offenes Klima wie in Ägypten oder dem Libanon noch nicht bereit zu sein. Die großen arabischen Autoren – *Nadjib Makhfus, Tayyib Salih, Muhammad Taha* – stammen allesamt aus anderen Ländern.

Natürlich hat auch Syrien große Literaten hervorgebracht, wie **Adonis, Zakariya Tamir** oder **Nizar Kabbani.** Doch sie alle leben, wie auch Rafik Schami, außerhalb Syriens.

Einer der wenigen syrischen Autoren, der noch im Land lebt und dessen Bücher auch ins Deutsche übersetzt wurden, ist **Abd ar-Rahman Munif.** Er schafft die Gratwanderung zwischen kritischer Prosa und Zensur immer wieder und gehört zu den **meistgelesenen syrischen Autoren.**

Der arabische literarische Stil entspricht nicht unbedingt dem europäischen, und manch ein Leser mag sich über die blumigen Ausdrucksweisen wundern. V.a. die Poesie hat ihre ganz eigenen Ausdrucksformen, und moderne Autoren, zu denen auch der Syrer Adonis gehört, führen diese Poesie zu neuen Horizonten. Es ist dennoch leicht, sich in diesen Stil einzulesen, und wie kann man sich besser auf ein Land vorbereiten, als sich mit der Literatur aus dieser Region zu beschäftigen.

Im Anhang sind Bücher syrischer und arabischer Autoren aufgelistet, die in deutscher Sprache vorliegen.

Unterwegs in Syrien

Palmyra: touristisches Highlight in Syrien

Vergnügen im Kinderzimmer

In Damaskus (beim Bab Tuma)

Einige Bemerkungen vorweg

Der Reiseteil beginnt mit Damaskus. Das hat vor allen Dingen den Grund, dass die meisten Reisenden in Damaskus/Airport ankommen. Autoreisende, die von der Türkei anfahren, finden den für sie relevanten „Einstieg" nach Syrien bei Routenteil D.

Der **Aufbau** des praktischen Reiseteils ist folgender:

A: Damaskus und Umgebung
B: Der Hauran und das Drusengebirge
C: Das Orontestal und die Mittelmeerküste
D: Aleppo und Umgebung
E: Die Djazira
F: Die Wüste

Jedem Reiseteil wird eine Karte vorausgeschickt, die bei der Orientierung hilft.

Das vorliegende Reisehandbuch versucht, sowohl Autoreisenden als auch Reisenden mit öffentlichen Verkehrsmitteln gerecht zu werden. Bei jedem Ort sind alle Möglichkeiten, öffentliche Verkehrsmittel zu benutzen, angegeben.

Hauptsächlich für Autofahrer sind die vielen Kilometerangaben gedacht. Diese helfen aber nicht nur Selbstfahrern, sondern sind auch für Reisende mit öffentlichen Verkehrsmitteln von Bedeutung, wenn sich auf einer Route Sehenswertes befindet. Sie dienen dann quasi als „Anweisungen" für den Taxifahrer!

Routen

Damaskus und Umgebung

Damaskus دمشق

VI,A3;VIII,B1

Der Prophet Muhammad soll sich beim Anblick von Damaskus standhaft geweigert haben, die Stadt zu betreten, denn: *„Der Mensch kann nur ein Paradies haben und meines ist im Himmel"*.

Nicht nur für den Propheten glich diese Stadt dem Paradies. Lange Zeit trug sie den Beinamen **Djannat al-Ard, „das Paradies auf Erden".** Und es ist wohl wahr: Reisende aller Zeiten rühmten die prachtvolle Stadt. Angeschmiegt an den *Djabal Qassiun* liegt Damaskus am Fluss *Barada,* der Lebensader der Stadt, und nährt sich von seiner grünen Lunge, der *Ghuta.*

Bis heute ist Damaskus mit Mystik und Orient verbunden. Nur wenige Reisende können sich dem Zauber entziehen, den Damaskus - trotz aller Modernität - noch immer ausstrahlt. Weder sozialistische Plattenbauweise noch breite Asphaltschneisen durch die Innenstadt schaffen es, den Charme der Stadt zu zerstören, deren Altstadt trotz der Erhebung zum UNESCO-Weltkulturerbe und den damit verbundenen Sanierungsplänen dem **Verfall** preisgegeben ist.

Damaskus, auf arabisch *Dimashq* oder auch *ash-Sham,* ist die Hauptstadt des Landes und mit knapp **2 Millionen Einwohnern** die zweitgrößte Stadt Syriens (nach Aleppo). Hinzu kommen täglich eine Million Pendler aus den umliegenden Dörfern, die zu Stoßzeiten für verstopfte Straßen und Verkehrschaos sorgen. Trotzdem macht Damaskus nicht den Eindruck einer chaotischen Hauptstadt. Obwohl es täglich wächst, gibt es kaum Slumviertel oder Betonburgen. Verglichen mit den anderen Hauptstädten des Nahen Ostens wirkt es noch immer ein wenig verschlafen, ist leicht überschaubar und eher gemütlich als hektisch. Das heißt nicht, dass die Moderne an Damaskus vorbeigegangen wäre. Auch hier, in der ältesten Stadt der Welt, in der ersten Hauptstadt des islamischen Reiches, gibt es moderne Hochhausviertel, mondäne Villenvororte und schicke Einkaufsstraßen.

Geschichte

Damaskus gilt als die älteste durchgehend bewohnte Stadt der Welt. Hier soll Kain den Abel erschlagen haben, hier ist Saulus zu Paulus geworden und durchschritt die Via Recta, die Gerade Straße.

Das Alte Testament liefert uns die erste Quelle über Damaskus. Hierin wird die Stadt als **Geburtsstätte Abrahams** bezeichnet, ein genaues Gründungsdatum der Stadt nennt es allerdings nicht. Bei Ausgrabungen hat man ein urbanes Zentrum aus dem 4. Jahrtausend v.Chr. gefunden; eine längere Besiedlung wird vermutet, ist aber nicht nachgewiesen.

Seit dem 1. Jahrtausend v.Chr. war Damaskus **Hauptstadt der Aramäer,** die mehrere Jahrhunderte lang in Damaskus herrschten. Am **Knotenpunkt**

wichtiger Karawanenstraßen gelegen, wo sich schon früh ein reger Austausch mit Mesopotamien, Ägypten, dem Hidjaz und den benachbarten Küstenregionen entwickelte, entstand hier unter ihrer Herrschaft um 1000 v.Chr. ein Kultplatz mit einem Heiligtum, das dem Wettergott *Hadad* geweiht war.

Später herrschten Israeliten, Assyrer, Babylonier und Achämeniden über die Stadt.

333 v.Chr. eroberte **Alexander der Große** Damaskus, **64 v.Chr.** wurde aus der griechischen eine **römische Metropole**. Reste des römischen Jupiter-Tempels finden sich bis heute im Areal der Umayyaden-Moschee, auch Teile der Stadtmauer und die im Neuen Testament erwähnte Gerade Straße (heute die *Sharia Medhat Pasha* mit der Verlängerung *Sharia Bab Sharqi)* gehen auf die römische Herrschaft zurück.

Das Stadtbild wurde erst unter islamischer Regie wesentlich verändert. Zwar hatten die **Byzantiner,** die die Stadt zwischenzeitlich beherrschten, einige Kirchen errichten lassen und den ehemaligen Jupiter-Tempel in eine Basilika umgebaut, die Johannes dem Täufer zugedacht war – die Stadt hatte ihr Bild jedoch weitgehend behalten.

661 wurde Damaskus unter dem Kalifen Mu'awiya Hauptstadt des jungen islamischen Reiches. Mit dem Islam setzte sich innerhalb nur eines halben Jahrhunderts die arabische Sprache durch. Bald hatte Damaskus den Charakter einer „heiligen Stadt". In der

Hauptkirche der Stadt ließ der Kalif al-Walid I. ab 705 unter Verwendung eines Teils der antiken Mauern die Große Moschee der Umayyaden umgestalten.

750 löste Bagdad Damaskus als Hauptstadt des islamischen Weltreiches ab. Dadurch versank Damaskus bis zum Ende der Abbasidenherrschaft 1278 in einen Dornröschenschlaf. Unter dem Zangiden *Nur ad-Din* und der nachfolgenden Ayyubiden-Dynastie (Saladin) erlebte die Stadt nochmals eine kulturelle Blütezeit, die jedoch **1260** durch den **Mongolensturm** jäh beendet wurde. Im gleichen Jahr übernahmen die Mamluken, welche den Mongolensturm aufhalten konnten, die Macht, und die Herrschaftsresidenz wurde zeitweise von Kairo nach Damaskus verlegt. Unter einem zweiten Mongolensturm hatte Damaskus schwer zu leiden. *Timur Lenk,* ein brutaler mongolischer Eroberer, brachte die Stadt 1400 an den Rand des Ruins.

1517 wurde Syrien Teil des Osmanischen Reiches, das zeitweise große Teile Südsyriens und fast die gesamte arabische Welt umspannte. Damit begann eine neue Blütezeit für die Stadt. Vor allem die Familie *al-Azm,* die im 18. Jahrhundert hier herrschte, bescherte ihr wahre Prachtbauten (so den Azm-Palast).

Ende 1918, mit dem Zusammenbruch des Osmanischen Reiches, gelang es den Europäern dann – unterstützt durch den Arabischen Aufstand – Damaskus einzunehmen, und die Stadt wurde für kurze Zeit **„Hauptstadt des Arabischen Großreiches"**. Das Glück hielt nur kurz an, 1920 wurde Damaskus von den Franzosen besetzt. 1946 wurde Damaskus Hauptstadt des neuen Staates Syrien, nachdem die Franzosen ihre Herrschaft mit einem letzten Bombenabwurf beendet hatten.

Abendstimmung in Damaskus

Orientierung

Damaskus wird im Nordwesten vom Antilibanon, genauer gesagt vom *Djabal* (arab. Berg) *Qassiun* begrenzt, ist aber nach Süden und Osten hin offen zur Wüste. Vom Antilibanon zieht sich der Fluss *Barada* von Nordwesten durch die Stadt, wo er dann südöstlich weiter die **Ghuta** durchfließt.

Die Stadt breitet sich jedoch mehr und mehr in den **Oasengürtel** aus: Häuser ziehen sich den Berg hinauf, Stadtviertel wie *Rukn ad-Din, Shaikh Muhi ad-Din* und *Barzi* bedecken fast zwei Drittel des Berges, und die Zersiedelung geht weiter.

Die für den Touristen interessante Innenstadt wird durch zwei große Straßen aufgeteilt: die **Sharia** (arab. Straße) **al-Quwwatli** und die **Sharia ath-Thaura**. Wichtige Orientierungspunkte sind außerdem der **Umayyadenplatz** im Westen der Stadt (Verkehrsknotenpunkt Richtung Westen), der **Abbasidenplatz** im Norden (Verkehrsknotenpunkt Richtung Norden und Osten) sowie der **Hasan al-Kharat-Platz** am **Bab Kissan** und das **Bab Musalla (Yarmuk-Platz)** südöstlich der Altstadt (Verkehrsknotenpunkte Richtung Süden).

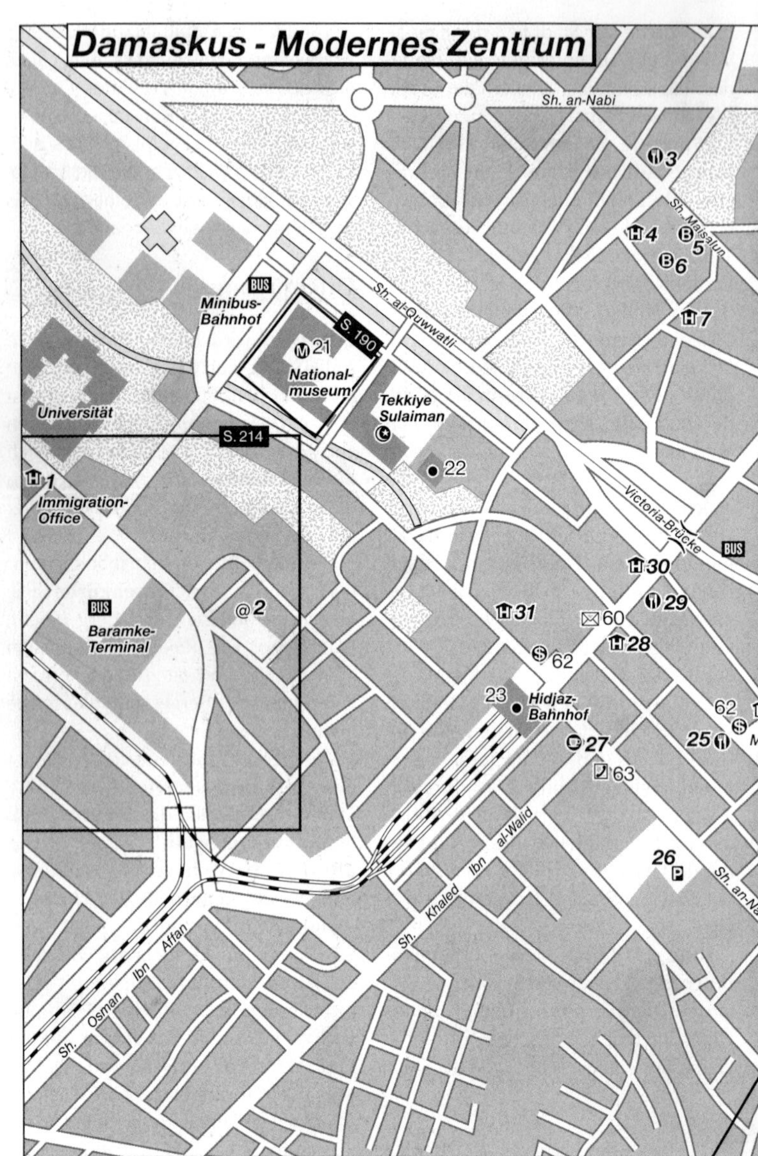
Damaskus - Modernes Zentrum
Sh. an-Nabi
3
Sh. Maisalun
4
5
6
7
BUS
Minibus-
Bahnhof
Sh. al-Quwwatli
S. 190
21
National-
museum
Tekkiye
Sulaiman
Universität
S. 214
22
1
Immigration-
Office
Victoria-Brücke
BUS
30
29
BUS
Baramke-
Terminal
@2
31
60
28
62
23
Hidjaz-
Bahnhof
62
25
27
63
26
Sh. Khaled Ibn al-Walid
Sh. an-Na
Sh. Osman Ibn Affan

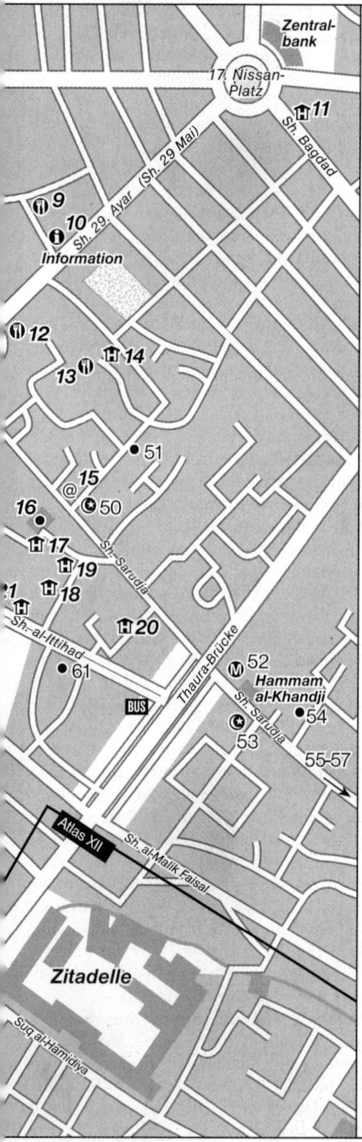

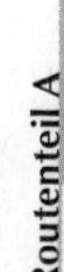

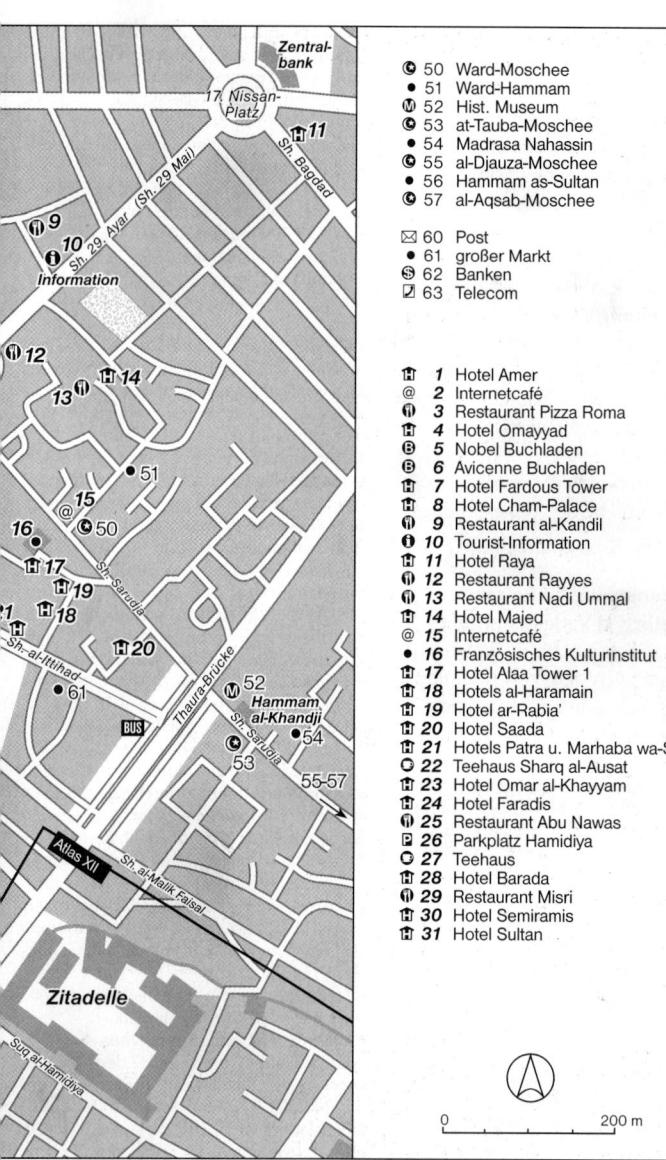

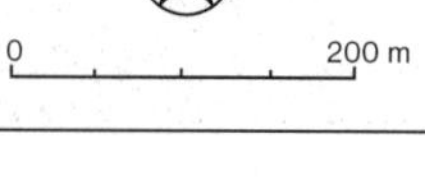

Zentral-bank
17. Nissan-Platz
11
Sh. Bagdad
Sh. 29. Ayar (Sh. 29 Mai)
9
10
Information
12
13
14
51
15
50
16
17
19
18
21
20
Sh.-Sarudja
Sh.-al-Ittihad
61
BUS
Thaura-Brücke
52
Hammam al-Khandji
Sh. Sarudja
54
53
55-57
Atlas XII
Sh. al-Malik Faisal
Zitadelle
Suq al-Hamidiya

50 Ward-Moschee
51 Ward-Hammam
52 Hist. Museum
53 at-Tauba-Moschee
54 Madrasa Nahassin
55 al-Djauza-Moschee
56 Hammam as-Sultan
57 al-Aqsab-Moschee

60 Post
61 großer Markt
62 Banken
63 Telecom

1 Hotel Amer
2 Internetcafé
3 Restaurant Pizza Roma
4 Hotel Omayyad
5 Nobel Buchladen
6 Avicenne Buchladen
7 Hotel Fardous Tower
8 Hotel Cham-Palace
9 Restaurant al-Kandil
10 Tourist-Information
11 Hotel Raya
12 Restaurant Rayyes
13 Restaurant Nadi Ummal
14 Hotel Majed
15 Internetcafé
16 Französisches Kulturinstitut
17 Hotel Alaa Tower 1
18 Hotels al-Haramain
19 Hotel ar-Rabia'
20 Hotel Saada
21 Hotels Patra u. Marhaba wa-Salam
22 Teehaus Sharq al-Ausat
23 Hotel Omar al-Khayyam
24 Hotel Faradis
25 Restaurant Abu Nawas
26 Parkplatz Hamidiya
27 Teehaus
28 Hotel Barada
29 Restaurant Misri
30 Hotel Semiramis
31 Hotel Sultan

0
200 m

Die Innenstadt teilt sich in die Altstadt (Zentrum), das Viertel um den Merdje-Platz (nordwestlich davon, auf den Stadtplänen als Shuhada-Platz verzeichnet), die Neustadt mit dem Botschaftsviertel (nordwestlich des Merdje), die Universitätsviertel al-Mezze (im äußersten Westen) und Baramke (südwestlich der Altstadt).

Ein kleines **Problem** stellt die **neue Namensgebung von Plätzen und Straßen** dar. Meist kennen Bewohner und Taxifahrer die Plätze und Straßen nur unter ihrem alten Namen, während auf den Stadtplänen meist die neue Bezeichnung verwendet wird. Zur Erleichterung sind bei wichtigen Orientierungspunkten beide Bezeichnungen angegeben.

Orientierungshilfe für Reisende mit öffentlichen Verkehrsmitteln

Grundsätzlich gilt: Im Stadtplan sind, damit man sich leichter orientieren kann, so weit wie möglich alle Ankunftsorte eingezeichnet!

- **Ankunft mit dem Flugzeug:** Zwischen 5 und 24 Uhr verkehrt 20-minütig ein Airportbus (Kosten: 15 Lira, Fahrtzeit ca. 1 Std.), Abfahrt/Ankunft vom Flughafen rechts vor dem Gebäude, Ankunft/Abfahrt in Damaskus unterhalb der Victoria-Brücke *(Sh. al-Quwwatli)*, vor den Hotels *al-Kinda* und *al-Kairawan*. Taxis vom Flughafen sind direkt in der Flughafenhalle zu organisieren. Kosten für ein einfaches Taxi nachts ca. 400 Lira, tagsüber etwas weniger. Wem die Preisverhandlungen mit den gängigen Taxis zu lästig sind, kann sich auch bei *Transtour* zum festen Preis ein Taxi zum Flughafen bestellen; Zentrale im Meridien-Hotel. Hier kostet das Taxi den Festpreis von 450 Lira.

- **Ankunft mit dem Zug:** Der **Bahnhof Qanawat** liegt am südwestlichen Ende der Stadt. Direkt gegenüber vom Bahnhofsgebäude stehen bereits die Stadtbusse, die einen ins Zentrum bringen (am besten, man fragt den Fahrer oder andere Mitreisende nach dem Stadtzentrum: arab. *Merkez al-Medina*). Der Bus kommt dann am großen Busbahnhof oder am Hidjazbahnhof an. Taxis vom Bahnhof dürfen nicht mehr als max. 35 Lira kosten (Taxameter).

- **Ankunft mit dem Bus:** Der große Busbahnhof liegt außerhalb der Stadt. Hier kommen *Karnak* und andere große Busgesellschaften sowie die Busse aus der Türkei an. Eine Taxifahrt lohnt in jedem Fall, ansonsten verkehren auch verschiedene Servicebusse (4 bzw. 5 Lira), die jedoch nur arabisch beschriftet sind. Wer keine Lust auf eine Taxifahrt hat, kann die Fahrer der Servicebusse nach **Djabal Meze** fragen (Halt unterhalb der *Thaura*-Brücke). Wer in die Altstadt möchte, sollte ein Service nach **Duwar al-djanubi** nehmen (auch hier muss derjenige, der kein Arabisch lesen kann, den Fahrer fragen). Diese fahren am *Bab Sharqi* vorbei Richtung Süden. Wer nicht in Damaskus verweilen, sondern direkt in den Libanon oder nach Jordanien weiterfahren möchte, oder wer das *Hotel Amer* in Baramke als Unterkunft gewählt hat, kann das Service nach **Baramke** nehmen. In allen Fällen sollte man Mitreisende bitten, das Service an der richtigen Stelle halten zu lassen. Abfahrt direkt am Busbahnhof.

- **Ankunft mit dem Sammeltaxi vom Libanon und Jordanien:** Abfahrt und Ankunft der Sammeltaxis in die benachbarten Länder ist am ehemaligen großen Busbahnhof im Stadtviertel Baramke. Zwar liegt dieser nicht so dezentral wie der große Busbahnhof, ein Taxi ist aber dennoch nötig. Wer hat schon Lust, etwa eine halbe Stunde mit Gepäck durch die Stadt zu laufen? Von hier zum Busbahnhof gibt es ein direktes Service. Man sollte nach den **Garadjat** fragen.

- **Ankunft mit den Bussen aus Suwaida oder Derâa:** Busse aus dem Süden haben einen eigenen Busbahnhof in der Nähe des Bab Musalla. Von hier kostet das Taxi in die Innenstadt etwa 20 Lira, zu laufen wären es gute 20 Minuten.

Orientierungshilfe für Autoreisende

Autofahrer müssen in Damaskus auf eine geschlossene Umgehungsstraße verzichten. Dennoch gibt es gute und große Ausfahrtsstraßen, die zudem mit recht übersichtlichen Hinweisschildern ausgestattet sind.

●**Durchfahrung von Norden nach Süden:** Wer von Norden kommt, folgt zunächst den Hinweisschildern und gelangt so auf die große Einfallstraße nach Damaskus. Bei der ersten größeren Abfahrt folgt man der Beschilderung zum Abbasidenplatz/Airport (häufig mit Airp**ro**t wiedergegeben). Nach wenigen hundert Metern fährt man über einen großen Platz voller Servicebusse. Hier geht es weiter geradeaus in eine vierspurige Straße, deren Mittelstreifen mit Palmen gesäumt ist. Sie führt auf den Abbasidenplatz, erkennbar am großen Stadion linker Hand. Diesen umfährt man fast vollständig und nimmt die Straße, die direkt rechts am Stadion vorbei führt, bis man zu einem etwas komplizierten Abzweigesystem gelangt. Hier muss man sich an die Hinweisschilder (Derâa, Sweida, Airprot) halten. Die Straße führt nun entlang der alten Stadtmauer und stößt direkt auf den *Hassan al-Kharrat-Platz* beim *Bab Kissan*. Hier beginnt die Autobahn zum Flughafen und verläuft nach Sayyida Zainab und Suwaida. Wer Richtung Jordanien, Derâa oder Qunaitra möchte, biegt am Bab Kissan nicht links ab, sondern fährt weiter geradeaus über den Platz. Die Straße führt dann direkt zum *Bab Musalla,* einem weiteren großen Kreisel (auf den Stadtplänen mit *al-Yarmuk* bezeichnet). Auch hier finden sich große Hinweisschilder, die direkt auf die Autobahn nach Derâa/Jordanien und nach Qunaitra leiten.

●**Durchfahrung von Norden nach Westen (auch Anfahrt von Norden ins Zentrum):** Wer direkt in den Libanon weiter möchte, folgt zunächst der Stadtautobahn, bis diese aufhört (die erste große Kreuzung, daran erkennbar, dass rechts die Bäume aufhören). Hier biegt man links ab (Beschilderung Richtung Center/Zabadani/Beirut). Bei der nächsten größeren Gabelung (nach ca. 300 m) geht es wieder rechts ab. Die Straße führt nun über einen kleinen Kreisel weiter geradeaus bis zum *17. Nissan-Platz* mit der großen Zentralbank, dem weißen Gebäude am Kopfe des Platzes. Ins Zentrum geht es nun links in die vierte Straße bei der Umfahrung ab. Nach Beirut fährt man um den Platz und biegt dann in die Straße ein, die die direkte Verlängerung der Straße ist, von der man gekommen ist. Dieser folgt man, bis sie nach einem guten Kilometer auf die große Quwwatli-Straße stößt, die man rechts bis zum Umayyadenplatz weiterfährt. Auch diesen Kreisel umfährt man und biegt bei der dritten Möglichkeit ab, der Beschilderung folgend nach rechts in Richtung Bludan, Zabadani, Beirut. Kurz danach beginnt die Autobahn nach Beirut.

●**Durchfahrung von Süden nach Norden (auch Anfahrt von Süden ins Zentrum):** Im Großen und Ganzen kann man der Beschreibung von Nord nach Süd auch in umgekehrter Richtung folgen. Der wichtigste Orientierungspunkt ist bei dieser Durchfahrung der Platz *Bab Musalla (al-Yarmuk),* erkennbar an der großen Moschee rechter Hand. Folgt man der Beschilderung Aleppo/Center, führen die Autobahn von Süden und die alte Straße direkt an diesen Platz. Die Straße links der Moschee verläuft nach Norden und auch ins Zentrum geht es hier weiter. Während man aber nach Norden die Straße weiter bis zum Bab Kissan (auf den Stadtplänen als *Hassan al-Kharrat-Platz* bezeichnet) fährt, biegt man ins Zentrum bei der ersten Möglichkeit links ab und folgt der Straße, die direkt am *Suq al-Hamidiye* herauskommt. Kommt man von Suwaida bzw. der Flughafenstraße, beginnt die Stadtumfahrung erst beim Bab Kissan. Von hier geht es nach Aleppo entlang der alten Stadtmauer, immer der Straßenführung folgend bis zum Abbasidenplatz. Den Platz rechts umfahrend kommt man dann über den zweiten Abzweig rechts zur Stadtautobahn. Die Straße endet an einem weiteren Kreisel (namenlos). Von hier geht die Autobahnauffahrt nach Aleppo ab, die Bergstraße nach Sayyid Naya und Maalula geht weiter geradeaus unter der Stadtautobahn hindurch.

•Durchfahrung von Westen nach Norden (auch Anfahrt von Westen ins Zentrum): Wer von Beirut auf der Autobahn kommt, folgt der Beschilderung Aleppo. Die Autobahn endet kurz oberhalb des Umayyadenplatzes, dem wichtigsten Orientierungspunkt für Reisende aus dieser Richtung. Auch die alte Landstraße von Beirut und dem Baradatal endet hier. Vom Umayyadenplatz nimmt man die Straße, die rechts der großen Asad-Bibliothek entlang führt, der *Sh. al-Quwwatli.* Dieser folgt man bis zum Ende bei der Thaura-Brücke im Stadtzentrum. Hier biegt man links ab (Richtung Süden geht es hier nach rechts zum Bab Musalla) und folgt der Straße, bis man rechter Hand eine große Grünfläche sehen kann (knappe 1,5 km). Die Straße vor dieser Grünfläche ist die Stadtautobahn, die auf die große Autobahn Richtung Aleppo führt.

Sehenswürdigkeiten

Wer von sich selbst behauptet, das Paradies auf Erden zu sein, muss natürlich einiges zu bieten haben, um diesem Ruf gerecht zu werden. Ganz klar, in Damaskus gibt es eine Menge klassischer Sehenswürdigkeiten zu entdecken: Hervorzuheben sind die Umayyaden-Moschee, die Suqs und Khane sowie der Azm-Palast. Damaskus lässt sich aber nur zum Teil durch diese Highligts allein erleben. Wer ein wenig das Damaskus „fühlen" möchte, von dem die Philosophen und Reisenden sprachen, die von der „Perle des Morgenlandes" schwärmten, sollte sich ein paar Tage Zeit für die Stadt selbst nehmen.

Im Folgenden werden **fünf Spaziergänge** vorgestellt, die sicherlich einen guten Eindruck von Damaskus und seinen Kulturbauten vermitteln. Dennoch sollte man sich nicht scheuen, auch außerhalb der von mir beschriebenen Wege zu schlendern. Gerade da, wo es eigentlich „nichts" zu sehen gibt, findet man das echte Damaskus, das, was die Stadt ausmacht: die Lebendigkeit des Alltäglichen.

Es brächte wenig Sinn, alles sehen zu wollen, deswegen wurden die absoluten **Höhepunkte der Rundgänge mit einem Sternchen (*) versehen**.

Große Teile des ersten Spazierganges sind „Pflicht" für jeden Damaskus-Besucher, denn er beinhaltet fast alle wichtigen Sehenswürdigkeiten der Stadt. Aber auch bei den folgenden wäre es sehr schade, sie nicht gegangen zu sein, da man das meiste der schönen Stadt verpasst hätte – außer den Highlights eben.

Zwei praktische Hinweise vorab:

•Da die Stadt sowieso schon mit Autos verstopft ist, **lohnt** sich **Selbstfahren nicht**: Wo auch immer man wohnt, ein Taxi kostet tagsüber nie mehr als 30 Lira (weite Strecke), nachts (d.h. nach Mitternacht) nie mehr als 100 Lira (auch weite Strecke)! Die wichtigsten Sehenswürdigkeiten sind alle einfach, z.T. sogar ausschließlich zu Fuß, erreichbar.

•Man sollte seine **Besichtigungstour nicht an einem Dienstag** machen, da an diesem Tag fast alle Museen, Gebäude und Schulen geschlossen sind. Einen Einkaufsbummel durch die Suqs sollte man nicht an einem Freitag planen. An diesem Tag wirkt der Bazar wie ausgestorben, und man wird bei der Souvenirsuche sicherlich leer ausgehen.

Spaziergang Nr. 1: Die Altstadt

Ausgangspunkt des Rundwegs ist die **Zitadelle.** Wer zuerst die Zitadelle in Aleppo gesehen hat und nun ähnliches erwartet, wird enttäuscht sein. Nicht nur, dass die Damaszener Zitadelle seit Jahren restauriert wird und aus diesem Grunde noch immer nicht besichtigt werden kann, sie ist auch lange nicht so spektakulär anzusehen wie ihre Aleppiner Entsprechung. Das liegt zum einen an ihrer Lage, zum anderen aber auch an ihrer Geschichte. Während die Zitadelle in Aleppo auf eine tausende Jahre alte Historie zurückblicken kann, wurde diese Zitadelle erst im Jahr 1078 gegründet. In ihr herrschten Saladin, Nur ad-Din und Baibars, und sie war einer der Hauptstützpunkte der Muslime gegen die Kreuzritter. Das, was heute von der Zitadelle zu sehen ist, entstammt jedoch erst dem 13. Jahrhundert. Von den Mongolen stark beschädigt, wurde sie unter den Osmanen gründlich renoviert und als Militärbasis genutzt. Diese Funktion hielt sie auch unter der französischen Besatzungszeit bei. Bis 1985 war sie ein Gefängnis, seitdem versucht man, ein Museum daraus zu machen, dessen Fertigstellung nun aber schon einige Jahre auf sich warten lässt. Die Zitadelle kann derzeit nicht besichtigt werden. Dennoch ist sie ein praktischer Ausgangspunkt, da sie leicht zu finden ist.

Rechts neben der Zitadelle befindet sich der Eingang zum **Suq al-Hamidiye***. Hier beginnen die lebendigen Suqs der Stadt. Sie wurden Ende des 18. Jahrhunderts von Muhammad Pascha, einem osmanischen Gouverneur, gegründet und haben seitdem immer

Die Zitadelle

wieder zum Teil starke Veränderungen durchgemacht. Die überdachte und lebendige Straße führt immer geradeaus zur Umayyaden-Moschee. Sie gehört ins Pflichtprogramm jedes Reisenden, weswegen sich hier einige Souvenirgeschäfte reihen, deren Besitzer in ihrem Wunsch, etwas verkaufen oder Geld tauschen zu wollen, bisweilen durchaus penetrant werden können.

Der **Suq,** d.h. die „Hauptstraße" und die vielen Nebengassen, bilden das **Herz der Altstadt.** Es lohnt sich, mal rechts und mal links in die Seitengassen abzuweichen und sich umzusehen. Ein Verirren ist fast nicht möglich, die Gassen orientieren sich fast alle in Richtung der Umayyaden-Moschee. In den Seitengassen der linken Seite findet man Dinge des alltäglichen Bedarfs, Plastikwaren, Küchenutensilien, Spielsachen, Schreibwaren und Kämme; in den Seitenstraßen rechts gibt es eher Textilien, Stoffe und Kleidung. Am Ende der Suqstraße kann man noch die Reste eines riesigen römischen Portals sehen, das einst den Eingang zur Außenanlage des Jupiter-Tempels bildete. Kurz vor den Säulen geht es rechts in den Seidensuq, geradeaus sieht man vor sich die **Umayyaden-Moschee,** das **Wahrzeichen der Stadt.**

Als Tourist geht man links am Gebäude entlang. Am Ende der Umfassungsmauern sind rechts in der ersten Gasse auf der linken Seite der Ticketschalter und Umkleideraum. Hier zahlt man ein geringes Eintrittsgeld und frau erhält ein mantelartiges Gewand mit Kapuze (Eintritt 10 Lira). Man folgt weiter den Moscheemauern und erreicht nach ca. 100 m einen offenen Platz. Das Saladin-Mauloseum befindet sich nun links, zur Moschee geht es noch ein Stück weiter geradeaus. Wir beginnen die Besichtigungstour mit dem **Saladin-Mausoleum (1)**, einem Kuppelbau aus dem 12. Jahrhundert, der zwei Sarkophage enthält. In dem linken Sarg liegen die sterblichen Überreste des großen Saladin *(Salah ad-Din),* der 1193 starb. Über Jahrhunderte waren die Gebeine Saladins in einem einfachen Sarg untergebracht, da der große islamische Herrscher ohne privaten Reichtum starb.

Das Grab Saladins im Saladin-Mausoleum

Der heute reich verzierte Sarg wurde von Kaiser Wilhelm II. gestiftet, der auch die Restaurierung des Grabes 1898 initiierte. Er befand sich auf einer Pilgerreise ins Heilige Land und kam auch nach Damaskus, um dem großen Krieger die Ehre zu erweisen (und natürlich, um gut Wetter beim osmanischen Sultan Abdül Hamid zu machen). Die Silberlampe über dem Grab trägt die Monogramme des Kaisers und Saladins.

Nicht vollständig geklärt ist, wer in dem reich verzierten Holzsarg liegt, der neben dem Saladins steht. Er stammt aus dem 12. Jahrhundert und beherbergt möglicherweise den Sekretär des großen Kriegers. Denkbar ist aber auch, dass dieser Sarg leer ist oder gar Saladin selbst in ihm ruht. Ich fand manchen Hinweis darauf, dass die Osmanen Saladin zwar umbetten wollten, es aber nicht wagten, den Herrscher zu beleidigen, weswegen sie den geschenkten Sarg leer neben den alten stellten. Ob eine spätere Umbettung vollzogen wurde, ist unbekannt.

Eine Geschichte, die syrische Reiseführer mit besonderer Vorliebe erzählen, ist die des französischen Generals Gouraud, der nach dem Sieg in der Schlacht von Maisalun 1918 das Mausoleum direkt aufgesucht und gerufen haben soll: „Saladin, wir sind wieder da!“ Und stolz verkünden sie dann, dass auch dieser Sieg den Franzosen nicht viel geholfen habe...

Die Inschrift in Blau gegenüber dem Eingang stammt aus dem 18. Jahrhundert und wurde von den Osmanen hier angebracht.

Das Mausoleum ist von 9–17 Uhr geöffnet.

Das Grab im Rücken wenden wir uns nun der **Umayyaden-Moschee*** zu. Sie darf von Frauen nur mit Verschleierung betreten werden und ist von 9–17 Uhr geöffnet (außer zu den Gebetszeiten).

Die Moschee ist im inneren Hof des einstigen Jupitertempels errichtet (zur Geschichte der Moschee siehe S. 180) und bildet ein Rechteck von 100 x 157 m. Betritt man sie von Norden, steht man im Innenhof direkt gegenüber dem **Brunnen,** an dem der Gläubige vor dem Beten seine rituelle Waschung vollziehen muss. Dieser Brunnen ist mit wunderschönen gelb-grünen Mosaiken verziert. Hinter ihm erstreckt sich das Seitenschiff mit seinen doppelstöckigen Arkaden. Auch hier fallen die wunderschönen Mosaike auf. Das Besondere an diesen **Mosaiken,** die z.T. noch ins 8. Jahrhundert zurückgehen, sind die bildlichen Darstellungen. Der Islam verbietet eigentlich solche Darstellungen von Personen. Hier – eine große Ausnahme in der islamischen Welt – kann man sehr figürliche Paradieslandschaften entdecken. Rechter Hand ist das Schatzhaus auf acht Säulen zu sehen. Hier befand sich einst der Staatsschatz der Osmanen. Im linken Teil der Moschee wurden zwischenzeitlich Räume hergerichtet, die den Kopf des Prophetenenkels Husain und eines der wichtigsten schiitischen Märtyrer beherbergen sollen. Seit dieser Kopf von der nahe gelegenen schiitischen Ruqqaya-Moschee hierher verlegt wurde, entwickelt sich die Umayyaden-Moschee mehr und mehr auch

Die Umayyaden-Moschee – Zankapfel zwischen Christen und Muslimen

Im Jahre 705 wurde mit dem Bau der Umayyaden-Moschee begonnen. Damit begann die Geschichte der Moschee, nicht aber die des Standortes. Diese reicht wesentlich weiter zurück: Schon im 2. Jahrtausend v.Chr. war die Stelle, auf der sich heute die Moschee befindet, ein wichtiger Kultplatz, an dem man dem Wettergott Hadad huldigte. Unter den Römern wurde der Tempel Jupiter geweiht und immer wieder ausgebaut und erneuert. Das eigentliche Tempelareal reichte weit über die heutigen Mauern hinaus (in der Altstadt findet man immer wieder Säulenreste von diesem Tempel) und wurde ein zentraler Kultplatz.

Unter den Byzantinern wurde der Tempel zu einer Basilika umgestaltet, die Johannes dem Täufer geweiht war. Damit beginnt die uns interessierende Phase der Geschichte.

635 wurde Damaskus von den Muslimen eingenommen. Das änderte aber nichts an der Unverletzlichkeit der nicht-muslimischen Kultstätten, also auch am Schutz der im Zentrum von Damaskus gelegenen Johannes-Kirche. Grund dafür waren Abmachungen, die der Prophet mit Nichtmuslimen getroffen hatte. Natürlich ließen sich die Muslime ihre Toleranz honorieren: Christen und Juden mussten für das Recht der „freien" Religionsausübung eine Kopfsteuer entrichten, die sog. *Djizya*. Zwei Fliegen wurden so mit einer Klappe geschlagen: Zum einen flossen dringend benötigte Steuergelder in die Kassen des expandierenden islamischen Reiches, zum anderen verlieh dieses gemäßigte Vorgehen den neuen Herrschern ein gewisses Ansehen in der Bevölkerung, zumal da gerade Juden und einige christliche Gruppen unter den Verfolgungen der Byzantiner schrecklich gelitten hatten.

Direkt neben der Johannes-Kirche wurde die muslimische Freitagsmoschee errichtet, die allerdings bald schon die Menge der Gläubigen nicht mehr fasste und eine Erweiterung benötigte. Daraufhin sollte die Kirche, die grundsätzlich wegen des unmittelbaren Nebeneinanders der unterschiedlichen Kulte als störend empfunden wurde, weichen. (Zwischenzeitlich hatten Muslime und Christen gar unter ein und derselben Kuppel gebetet!) Schon unter Mu'awiya (661–680) wurde der erste Vorstoß unternommen: Die Kirche sollte in den Moscheebezirk eingegliedert werden. Doch anhaltende christliche Proteste hinderten ihn an der Ausführung dieses Planes. Ähnlich erging es Abd al-Malik (685–705), der den Christen eine finanzielle Entschädigung anbot, die ausgeschlagen wurde. Schließlich war es nur noch eine Frage der Zeit, bis die Muslime die alten Abmachungen nicht mehr einhalten würden, und tatsächlich, schon der Nachfolger Abd al-Maliks, al-Walid (705–715), löste das Problem auf dem Machtwege. Er bot den Christen noch einmal eine hohe Ablösesumme, die diese wiederum ablehnten. Daraufhin ließ er die Johannes-Kirche kurzerhand einreißen und auf dem Terrain die Moschee errichten. Doch damit war das Problem keinesfalls gelöst. Die Christen von Damaskus klagten bei al-Walids zweitem Nachfolger Umar (717–720) und fanden Gehör. Umar erkannte den Rechtsbruch und ordnete die Rückgabe des ehemaligen Kirchengeländes an. Damit aber stieß er auf massiven Widerspruch der Muslime, angeführt von den Rechtsgelehrten: „Sollen denn Teile der Moschee zerstört und wieder zur Kirche gemacht werden, nachdem wir dort zum Gebet gerufen und gebetet haben?"

Ein für die Christen befriedigender Immobilientausch schaffte das Problem dann letzten Endes aus der Welt.

zu einem schiitisch-iranischen Pilgerziel. Überall hört man Persisch und sieht Frauen von Kopf bis Fuß in Schwarz gehüllt - ein Anblick, der ansonsten für Syrien eher ungewöhnlich ist. Mit der einstigen ruhigen Beschaulichkeit der Moschee ist es somit vorbei - was ihr jedoch eher zuträglich ist. Frisch restauriert, achtet man ständig auf ihre Pflege. Die vielen Pilger verleihen der Moschee eine ganz eigene schöne Lebendigkeit.

Der **Gebetsraum** gegenüber vom Touristeneingang ist ein ruhiger Raum, ausgestattet mit vielen Teppichen und Leuchtern. Richtung Süden befinden sich vier Gebetsnischen, eine für jede Rechtsschule. Links im Gebetsraum liegen angeblich die Gebeine von Johannes dem Täufer (arab. *Yahya ibn Zakariya),* der von den Muslimen hoch, z.T. sogar als Prophet verehrt wird. Die Berührung seines Grabes gibt *Baraka,* Segen, weshalb man hier häufig Menschen findet, die mit ihren Bittgesuchen das Grab berühren. Vielfach sieht man Sufis (islamische Mystiker), die sich ganz nach der Tradition der *al-Azhar-Moschee* in Kairo an einer Säule niedergelassen haben und laut lehren. Ist das Gesagte interessant, finden sich um sie herum eifrige Anhänger. So erklären sich die Menschentrauben, die man rund um solche Säulen antrifft.

Umayyaden-Moschee: am Brunnen im Innenhof (li.); das Osttor beim Café Noufara

So schön die Moschee ist, so viele Touristen manchmal auch darin sein mögen: Vergessen Sie nie, dass Sie sich in einem Gotteshaus befinden und sich dementsprechend verhalten sollten. Also, Rücksicht beim Fotografieren: keine Menschen, kein Blitzlicht, leises Auftreten!

Man verlässt die Moschee auf demselben Weg, auf dem man in sie hinein gelangt ist: durch das Nordtor. Man geht nun geradeaus bis an das Ende der Gasse. Hier biegt man rechts ab, bis man auf eine T-Kreuzung stößt. Dann steht man kurz darauf links vor der neuen schiitischen **Ruqqaya-Moschee (2).** Diese Moschee, die nach dem Vorbild der Moscheen in Isfahan (Iran) gebaut wurde, weicht äußerlich eindeutig von den anderen der Stadt ab. Sie wurde vor nur wenigen Jahren mit Geldern des Iran errichtet und gilt den Schiiten als wichtiges Pilgerziel. Ähnlich wie an der Moschee der Sayyida Zainab (siehe S. 218) prunken hier goldene Fayencen und blau-goldene Verzierungen. Die Moschee, die bis vor kurzem angeblich den Kopf des Prophetenenkels Husain beherbergte, kann von Touristen besichtigt werden. Hier wird von Frauen jedoch eine Ganzkörperbedeckung verlangt, die man sich mit etwas Geschick durch lange Tücher – am Ein-

Iranische Pilger in der Umayyaden-Moschee

gang erhältlich – selbst verschaffen kann. Eintritt frei und unbedingt sehenswert!

Der Spaziergang führt nun zurück zur Umayyaden-Moschee. Kurz nach der Gasse, die zur Moschee abzweigt, befindet sich linker Hand die **Djakmakiya-Madrasa (3),** eine Schule, errichtet 1420 vom mamlukischen Statthalter und späteren Sultan (1438–1452) in Kairo, Djakmak al-Argusawi. Das wunderschöne Gebäude beherbergt ein kleines epigrafisches Museum, für Liebhaber von Schriften und Schreibgeräten durchaus sehenswert (Di geschl., Eintritt 150 Lira, für Studenten 10 Lira).

Geht man weiter in diese Richtung (Westen) und biegt bei der ersten Gelegenheit rechts ab, erreicht man nach wenigen Metern rechter Hand die **Zahiriya-Madrasa (4),** linker Hand die Adiliya-Madrasa. Die Zahiriya-Madrasa beherbergt das Mausoleum des Mamlukensultans az-Zahir Baibars (1260–1277), bekannt und verehrt für seine Erfolge gegen die Kreuzfahrer, die er endgültig besiegte. Seine Grabkammer ist wunderschön anzusehen und wird auf Wunsch von einem Verwalter geöffnet. Von der ursprünglichen Bausubstanz der Schule ist nur noch wenig übrig. Das eigentliche Glanzstück der Madrasa sind das Portal und der Kuppelbau des Mausoleums. Der Rest wird restauriert. Früher (bis 1986) war in der Madrasa eine beeindruckende Handschriftensammlung untergebracht, sie befindet sich jetzt in der Asad-Bibliothek. Links neben der Madrasa liegt das dazugehörige Hammam, welches renoviert wurde und heute wieder in seiner ursprünglichen Funktion genutzt wird. Wie die meisten Bäder der Stadt ist es ausschließlich männlichen Besuchern vorbehalten.

Die **Adiliya-Madrasa (5),** direkt gegenüber der Grabstätte Baibars, ist ein Musterbeispiel ayyubidischer Ornamentik. Errichtet unter Nur ad-Din und seinen Nachfolgern (zwischen 1172 und 1222), brachte sie viele arabische Gelehrte hervor. Ihren Namen erhielt sie von Sultan al-Adil Saif ad-Din (gest. 1218), dem Bruder Saladins, der hier begraben liegt. Lange Zeit galt sie als eine der wichtigsten Schulen Syriens, 1919 gründete hier der Historiker Muhammad Kurd Ali die „Arabische Akademie" nach dem Vorbild der *Académie Française*. Wegen Renovierungsarbeiten kann sie derzeit nicht besichtigt werden.

Wendet man sich nun wieder gen Süden und umläuft die Umayyaden-Moschee, stößt man an deren Südwestspitze zum Goldsuq. Wer eine Pause einlegen will, sollte weiter entlang der Moscheemauern das Gebäude umlaufen. An Souvenirläden und kleinen Schreinereien vorbei gelangt man zum Osttor der Moschee, wo sich das nette **Teehaus Noufara*** befindet. Hier kann man (und frau!) sich herrlich bei Tee, Kaffee und einer Wasserpfeife entspannen.

Der Spaziergang jedoch geht an der Südwestecke der Moschee, beim Goldsuq, weiter. Wie immer lohnen sich kleine Abstecher nach rechts und links in die belebten Gassen. Bald macht die Straße einen Knick nach links. Läuft man nun noch ein Stück geradeaus, steht man direkt vor dem Eingang zum **Azm-Palast* (6),** einem unbedingt sehenswerten ethnografischen Museum (Eintritt 300 Lira, Studenten 15 Lira, geöffnet 9–16 Uhr, im Sommer bis 18 Uhr, Di geschl.). Der Palast wurde 1749 vom osmanischen Gouverneur von Damaskus, Azm Pascha, errichtet und diente ihm als Wohnstätte. Im 19. Jahrhundert lebte hier der deutsche Konsul. Wer den Palast sieht, beneidet ihn heute noch darum. Der *Qasr al-Azm,* wie er auf Arabisch genannt wird, ist ein Musterbeispiel für den privaten Hausbau dieser Zeit. Er ist in zwei Bereiche aufgeteilt, die sich um je einen Innenhof gruppieren, den Salamlik (den Gästetrakt) und den Haramlik (den Familientrakt). Vom Eingang des Museums gelangt man erst einmal in den offiziellen Trakt. Um den Innenhof gruppieren sich 15 Zimmer, in denen Szenen des osmanischen Palastalltags nachgestellt sind. Man kann einen Blick in das Klassenzimmer der Jungen werfen, darf bei den Hochzeitsvorbereitungen zusehen und sich vorstellen, wie der Sultan bei Kaffee und Gebäck Entspannung fand. Über eine Treppe gelangt man durch das Badehaus zum Familientrakt. Hier sind alte Kleidungsstücke ausgestellt, und am Kopf des Hofs befindet sich die Nachbildung eines Brotbäckers. Alles in allem ist dieses Museum höchst kurzweilig und interessant – auch für diejenigen, die eigentlich lieber durch die Suqstraßen bummeln, ohne sich bei Sehenswürdigkeiten aufzuhalten.

Der Rundgang durch die Altstadt führt beim Azm-Palast links weiter, durch den **Suq al-Buzuriya***, vorbei an Kerzenläden und solchen mit Süßigkeiten sowie seltsam anmutenden Gewürzläden zum bekannten und schönen **Hammam Nur ad-Din* (7).** Der Besuch des Bades ist Männern vorbehalten, Frauen müssen sich mit einem Blick in den Ruheraum begnügen. Das Bad wurde von Nur ad-Din im 12. Jahrhundert errichtet und Ende des 16. Jahrhunderts vollständig restauriert. Direkt dahinter befindet sich, ebenfalls auf der linken Seite, der **Khan des As'ad Pascha Azm* (8),** der auch den Azm-Palast errichten ließ. Der größte und schönste Khan der Stadt wurde über viele Jahre restauriert und ist jetzt endlich fertig. Leider ist er nicht immer für Besucher zugänglich und Fotos dürfen laut Angabe eines Wärters nicht gemacht werden. Vier Säulen teilen den Innenhof in neun Quadrate, in deren Mitte sich ein Brunnen befindet. Noch hat man sich nicht einigen können, was aus dem schönen Gebäude werden soll; es bestanden Pläne, darin einen Handwerkermarkt zu errichten, der im Sommer 2000 fertig sein sollte. Vorerst findet das grandiose Gebäude als Festsaal für private, musikalische oder touristische Veranstaltungen Verwendung.

Direkt hinter dem Khan stößt man auf die Via Recta, die Gerade Straße *(Sh. Midhat Pasha)*. Man kann nun wählen, ob man lieber rechts geht, vorbei an alten Khanen hin zum Maristan an-Nuri, oder sich aber nach links wendet und so peu à peu zum Christenviertel gelangt. Unser Spaziergang führt uns zunächst nach rechts in das alte Khanviertel.

Nach ca. 50 m befindet sich auf der linken Straßenseite der **Khan as-Sulaiman (9),** errichtet in den 30er Jahren des 18. Jahrhunderts. Heute ist er ein Lager für die umliegenden Läden, dennoch lohnt ein Blick hinein, der Duft der umliegenden Kaffeeröstereien betört den Besucher. Weiter rechts stehen drei Khans in Folge: der **Khan des Djakmak,** der **Khan as-Zait** und der **Khan ad-Dikka (10).** Sie werden heute als Lagerräume genutzt, was aber den Interessierten nicht davon abhalten sollte, einen Blick hineinzuwerfen und sich das Leben in früheren Zeiten vorzustellen.

Kurz vor den Khans geht rechts eine Suqstraße zurück in Richtung Norden. Wenn man dieser folgt, ist gleich rechts der **Khan al-Djuhiya** zu sehen. An der nächsten größeren Kreuzung befinden sich gleich drei sehenswerte Bauten: links die **Madrasa Nur ad-Din (11),** eine der bekanntesten Schulen überhaupt. Erbaut wurde sie zwischen 1167 und 1172 von ihrem Namensgeber, der auch hier begraben liegt. Das Grab ist meist verschlossen, vom Ladeninhaber gegenüber kann man es sich aber aufschließen lassen. Rechter Hand ist der **Khan al-Azm (12),** in dem sich im 18. Jahrhundert eine Koranschule befand. Heute beherbergt sie einen Souvenirladen mit überhöhten Preisen, aber schönem Ambiente. Man kann am Eingang einem Weber zusehen und auf der Terrasse eine herrliche Aussicht ge-

Im Azm-Palast

nießen. Gegenüber diesem Khan befindet sich der Seiden-Khan, der **Khan al-Hariri (13).** Heute enthält er jede Menge Geschäfte und hat so seine ursprüngliche Bedeutung als Handelsplatz nicht verloren. Schräg dahinter liegt der **Khan al-Djumruk,** die Zollkarawanserei von 1609, in der heute Stoffe verkauft werden.

Der Rundgang kommt nun zu seinem letzten Ziel in diesem Viertel: das **Bimaristan an-Nuri (14),** das man am einfachsten erreicht, wenn man bei der Madrasa Nur ad-Din der Straße gen Westen folgt *(Sh. Mu'awiya)* und die erste Straße nach rechts nimmt. In diesem ehemaligen Krankenhaus befindet sich heute das sehenswerte Museum für arabische Medizin und Naturwissenschaften, das die verschiedensten Instrumente und Medikamente ausstellt (geöffnet 8–14 Uhr, außer Di, Eintritt 150 Lira, Studenten 10 Lira). Aber nicht nur das Inventar des Museums ist sehenswert – es ist vor allem das Gebäude, das Mitte des 12. Jahrhunderts erbaut und in den 70er Jahren des 19. Jahrhunderts restauriert wurde.

Weiter geradeaus gelangt man wieder in den Suq al-Hamidiye (wo sich nach all den Besichtigungen ein kleiner Stopp in Damaskus berühmtester Eisdiele lohnt).

Kehren wir zurück zu dem Punkt, wo sich der Spaziergang teilte: zur Kreuzung *Suq al-Buzuriya/Gerade Straße.* Bevor man links in Richtung Christenviertel geht, lohnt sich ein Abstecher geradeaus in ein ehemals sehr wohlhabendes Viertel, das wahre Prachtbauten hinter einfachen Fassaden verbirgt. Drei Stadthäuser stehen zur Besichtigung offen.

Geradeaus erreicht man kurz darauf auf der linken Seite das **Bait Siba'i,** welches aber häufig verschlossen ist. Dieses wurde, wie die nahe gelegenen **Bait Nizam** und **Bait Sawan (15),** jüngst restauriert und ermöglicht eine Vorstellung von der Pracht derartiger Stadthäuser im 18. und 19. Jahrhundert. Großzügige Innenhöfe mit Brunnen, Innenausstattungen aus Marmor, kunstvoll bemalte Holzdecken, dem Mihrab nachempfundene Wandnischen zeugen von glanzvollen Zeiten. Im Bait Nizam ist heute ein Amt untergebracht, weshalb das Haus tagsüber immer offen ist und so problemlos von Besuchern betreten werden kann.

Zurück an der Geraden Straße geht es gen Osten. Nach einigen Metern verlässt man den überdachten Teil, und wer noch nicht genug hat von spätosmanischer Architektur, sollte sich keinesfalls das **Dar al-Anbar (16)** entgehen lassen. Man erreicht es in der zweiten Straße links nach der Überdachung des Suqs. Es wurde im 19. Jahrhundert von einer reichen jüdischen Kaufmannsfamilie errichtet, später aber vom osmanischen Sultan enteignet und zu einer Reformschule umfunktioniert. Ironischerweise wurde diese Schule später Zentrum der antitürkischen Propaganda. Heute ist das Haus Sitz der damaszenischen Altertumsverwaltung und dient als würdiger Rahmen bei kulturellen Veranstaltungen.

Zurück auf der Geraden Straße geht es weiter ostwärts. Kurz vor den wieder aufgerichteten Resten der römischen

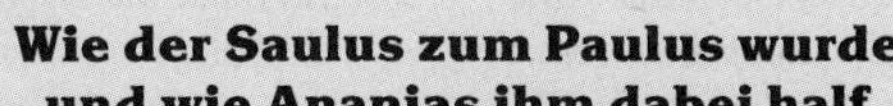

Wie der Saulus zum Paulus wurde und wie Ananias ihm dabei half

Saulus wütete immer noch mit Drohungen und Mord gegen die Jünger des Herrn. Er ging zum Hohepriester und erbat sich von ihm Briefe an die Synagogen in Damaskus, um die Anhänger des Weges, Männer und Frauen, die er dort finde, zu fesseln und nach Jerusalem zu bringen. Unterwegs aber, als er sich bereits Damaskus näherte, geschah es, dass ihn plötzlich ein Licht vom Himmel umstrahlte. Er stürzte zu Boden und hörte, wie eine Stimme zu ihm sagte: „Saul, Saul, warum verfolgst Du mich?" Er antwortete: „Wer bist Du, Herr?" Dieser sagte: „Ich in Jesus, den Du verfolgst. Steh' auf und geh' in die Stadt; dort wird Dir gesagt werden, was Du tun sollst." Seine Begleiter standen sprachlos da; sie hörten zwar die Stimme, sahen aber niemanden. Saulus erhob sich vom Boden. Als er aber die Augen öffnete, sah er nichts. Sie nahmen ihn bei der Hand und führten ihn nach Damaskus. Und er war drei Tage blind, und er aß nicht und trank nicht.

In Damaskus lebte ein Jünger namens Ananias. Zu ihm sagte der Herr in einer Vision: „Ananias!" Er antwortete: „Hier bin ich, Herr!" Der Herr sagte zu ihm: „Steh' auf und geh' zur so genannten Geraden Strasse und frag' im Haus des Judas nach einem Mann namens Saulus aus Tarsus. Er betet gerade und hat in einer Vision gesehen, wie ein Mann namens Ananias hereinkommt und ihm die Hände auflegt, damit er wieder sieht." Ananias antwortete: „Herr, ich habe von vielen gehört, wie viel Böses dieser Mann Deinen Heiligen in Jerusalem angetan hat. Auch hier hat er Vollmacht von den Hohepriestern, alle zu verhaften, die Deinen Namen anrufen." Der Herr aber sprach zu ihm: „Geh' nur! Denn dieser Mann ist mein auserwähltes Werkzeug: Er soll meinen Namen vor Völker und Könige und die Söhne Israels tragen. Ich werde ihm auch zeigen, wieviel er für meinen Namen leiden muss." Da ging Ananias hin und trat in das Haus ein; er legte Saulus die Hände auf und sagte: „Bruder Saul, der Herr hat mich Dir gesandt; du sollst wieder sehen und mit dem Heiligen Geist erfüllt werden." Sofort fiel es wie Schuppen von seinen Augen und Saulus sah wieder; er stand auf und ließ sich taufen. Und nachdem er etwas gegessen hatte, kam er wieder zu Kräften.

Einige Tage blieb er bei den Jüngern in Damaskus; und sogleich verkündete er Jesus in den Synagogen und sagte: „Er ist der Sohn Gottes." Alle, die es hörten, gerieten in Aufregung und sagten: „Ist das nicht der Mann, der in Jerusalem alle vernichten wollte, die diesen Namen anrufen? Und ist er nicht auch hierher gekommen, um sie zu fesseln und vor die Hohepriester zu führen?" Saulus aber trat um so kraftvoller auf und brachte die Juden in Damaskus in Verwirrung, weil er ihnen bewies, dass Jesus der Messias war.

So verging einige Zeit; da beschlossen die Juden, ihn zu töten. Doch ihr Plan wurde dem Saulus bekannt. Die Juden bewachten sogar Tag und Nacht die Stadttore, um ihn zu beseitigen. Aber die Jünger des Saulus nahmen ihn und ließen ihn bei Nacht in einem Korb die Stadtmauer hinab.

Als Saulus nach Jerusalem kam, versuchte er, sich den Jüngern anzuschließen. Aber alle fürchteten sich vor ihm und konnten nicht glauben, dass er ein Jünger sei. Barnabas jedoch nahm sich seiner an und brachte ihn zu den Aposteln. Er erzählte ihnen, wie Saulus auf dem Weg den Herrn gesehen und dass dieser mit ihm gesprochen habe und wie er in Damaskus mutig und offen im Namen Jesu aufgetreten sei. So ging er bei ihnen in Jerusalem ein und aus, trat unerschrocken im Namen des Herrn auf und führte auch ein Streitgespräch mit den Hellenisten. Diese aber planten, ihn zu töten. Als die Brüder das merkten, brachten sie ihn nach Cäserea hinab und schickten ihn von dort nach Tarsus. (Apostelgeschichte 9, 1–31)

Säulen besteht rechts die Straße hinunter noch einmal die Möglichkeit, ein altes Stadthaus zu besichtigen, das **Bait Dahdah,** in welchem heute Antiquitätengeschäfte zu finden sind. Links der Straße steht, etwas zurückgesetzt, die griechisch-orthodoxe **Marienkirche (17)** *(Miryamiya).* Sie stammt aus vorislamischer Zeit, ist immer wieder zerstört und neu aufgebaut worden, so dass heute nur noch wenig von der einstigen Bausubstanz erhalten ist.

Folgt man der langen und an dieser Stelle wenig interessanten Geraden Straße weiter, stets aufgeschreckt durch hupende Autos, gelangt man zum Osttor der Stadt, dem **Bab Sharqi.** Es stammt aus dem 2. Jahrhundert und ist das einzige römische Stadttor in Damaskus, das noch erhalten ist. Interessanter ist es jedoch, wenn man von der Geraden Straße noch einen Abstecher zur **Paulus-Kapelle (18)** macht, die im Bab Kissan untergebracht ist und die daran erinnert, dass Paulus an dieser Stelle über die Stadtmauer vor den Juden geflohen ist. Man erreicht sie entweder, wenn man die Altstadt verlässt und entlang der Hauptstraße gen Süden geht, oder aber man kehrt ein Stückchen auf der Geraden Straße zurück und biegt nach ca. 200 m links zum *Bab Kissan* ab.

Der nächste Abstecher führt wieder zu einer Kirche, der **griechisch-katholischen Kirche (19).** Dazu laufen wir die nächste Straße, die *Sh. Zaituni,* nach rechts und sehen gleich links die Kirche. An dem schönen Bau werden derzeit Restaurationsarbeiten vorgenommen, er kann aber besucht werden.

Wenn man, die Altstadt im Rücken, vor dem Bab Sharqi steht, geht es links, nahe der alten Stadtmauer entlang, vorbei an zahlreichen Antiquitäten- und Souvenirläden, zur **Ananias-Kapelle (20).** Sie ist Ananias geweiht, der bei der Bekehrung des Saulus zu Paulus eine wichtige Rolle spielte (vgl. S. 187). Die Kapelle liegt unterirdisch und gehört zu den ältesten christlichen Gotteshäusern überhaupt (Öffnungszeiten: 9–13 und 16–19 Uhr, im Winter: 9–13 und 15–18 Uhr).

Die Kapelle hinter uns wenden wir uns nach rechts und stoßen nach ca. 200 m auf die *Sh. Bab Tuma,* die – wie der Name schon sagt – auf das bekannte Thomastor führt. Hier ist das Herz des Christenviertels. Weingeschäfte und viele kleine Läden liegen hier verstreut. Vorbei an weiteren Kirchen erreicht man das **Bab Tuma,** wichtiger Busbahnhof für Servicebusse und ein netter Platz.

Es gibt nun verschiedene Möglichkeiten, wieder an den Ausgangspunkt, den Suq al-Hamidiye, zurückzukehren: 1. Man schlendert quer durch die Gassen immer in Richtung Westen, entdeckt dabei kleine Wege und interessante Geschäfte. Dazu biegt man, kurz bevor die *Sh. Bab Tuma* zum offenen Platz führt, in die letzte Straße links ein, vorbei an Läden bis zum Hammam al-Bakri. Daran rechts vorbei, schlägt man die nächste Möglichkeit links ein. Dieser Gasse folgt man, bis man auf eine ande-

Das Bab Sharqi, das älteste Stadttor von Damaskus

معك الى الأبد
يا بطل الحرب والسلام
يا قائد التشرينين

re stößt. Hier geht man rechts und von nun an immer geradeaus, vorbei am Restaurant Alf Laila wa-Laila und später dem Teehaus Noufara bis zur Umayyaden-Moschee. 2. Man nimmt den Weg entlang der Stadtmauer, vorbei an allen alten Stadttoren. Dazu muss man ein Stück außerhalb der alten Stadtmauer den Barada entlanglaufen. Beim *Bab as-Salam* geht es dann wieder in die Stadt und von dort aus immer entlang der Mauer. 3. Man geht die „Großen Straßen" (*Sh. Bab Tuma* und *Sh. Bab Sharqi,* die Gerade Straße) zurück, die man schon kennt. Eine vierte Möglichkeit bietet sich dem, der keine Lust mehr hat zu gehen (oder der so viele Flaschen gekauft hat, dass er sie nicht mehr tragen möchte): Der kann hier ein Service nehmen, sollte den Fahrer aber nach der **Djisr ar-Ra'is** (der Präsidentenbrücke) fragen, da ab hier Services

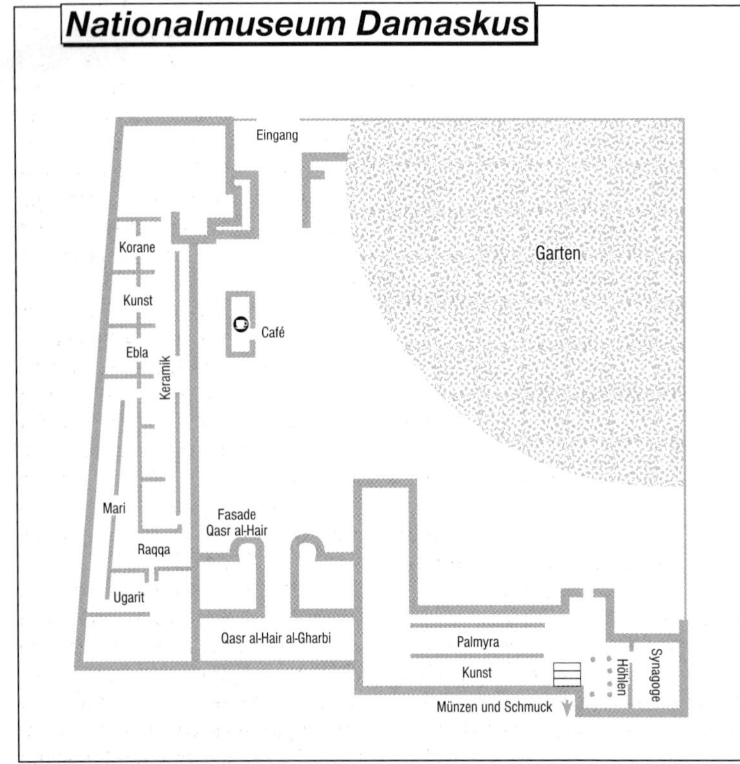

in verschiedene Richtungen fahren. Abfahrt ist an der gegenüberliegenden Seite, am Ufer des Barada. Man kann dann entweder an der Nationalbank am Platz des 17. Nissan aussteigen, oder aber man fährt bis zur Endstation und ist dann direkt am Nationalmuseum. Seltener fahren ab der gleichen Stelle auch Services direkt zum Merdje ab (Kosten jeweils 3 Lira).

Ich bevorzuge die erste Variante, zumal man dann, wenn es schon spät ist, im **Restaurant Alf Laila wa-Laila** in angenehmem Ambiente speisen oder noch einmal im **Teehaus Noufara** vorbeischauen und dann langsam durch die Suqgassen „nach Hause" schlendern kann.

Spaziergang Nr. 2: Das Nationalmuseum, die Tekkiye und der Hidjaz-Bahnhof

Ausgangspunkt dieses Spazierganges ist das **Nationalmuseum* (21;** geöffnet tägl. von 9–16 Uhr, Fr bis 12.30 Uhr und ab 14 Uhr, Di geschl.). Das hat zunächst den Grund, dass man hierher leicht mit öffentlichen Verkehrsmitteln kommt, ferner sind die Öffnungszeiten des Museums beschränkt, so dass man hier am besten das Tagesprogramm beginnt.

Ich selber gehöre nicht unbedingt zu den Menschen, die Museen übermäßig lieben, aber dieses kann ich uneingeschränkt empfehlen. Gleich am Eingang kann man für 1000 Lira den Museumskatalog erwerben, in dem der Aufbau des Museums erläutert wird – so findet man sich besser zurecht. Nach dem Eingang durchschreitet man erst einmal einen Garten, in dem sich rechter Hand auch ein kleines Café befindet. Wer noch keinen Morgenkaffee hatte, sollte das hier nachholen. Hier treffen sich morgens häufig Studenten (die Uni ist nicht weit) und plaudern. Es herrscht eine angenehme Atmosphäre, besonders für Frauen. Gegenüber dem Café ist ein Garten, in dem verschiedene schöne Fundstücke ausgestellt sind. Rechts daneben befindet sich dann das Eingangstor des Museums, die authentische, reich verzierte und wunderschöne Palastfassade des Wüstenschlosses Qasr al-Gharbi (siehe Ausflüge von Palmyra) aus dem 8. Jahrhundert. Anhand des hier aufgezeichneten Planes kann der Besucher durch die Ruinenstätten Syriens reisen. Eine weitere Beschreibung erübrigt sich, die Räume sind bestens ausgeschildert und die Exponate gut beschrieben. Im Eingangsbereich des Museums finden Wechselausstellungen moderner syrischer Maler statt. Im Untergeschoss sieht man ein palmyrisches Familiengrab aus dem 2. Jahrhundert, im Hof hinter dem Gebäude ist die erstaunlich gut erhaltene Synagoge von Duro Europos untergebracht – absolut sehenswert. Wenn sie verschlossen ist, kann man einen der Wärter fragen: Sie öffnen bereitwillig die Türen – wenn auch nur für kurze Zeit, da sonst zu viel Licht auf die Fresken fällt.

Verlässt man das Museum, sollte man sich bei diesem Spaziergang nach rechts wenden und dann die nächste Möglichkeit gleich wieder rechts wählen, am Museumsgarten entlang in Richtung Süden leicht bergauf. Am Ende der Straße sieht man das Direktorat der Universität. Wer je in die Verlegenheit geraten sollte, sich zu immatrikulieren: Hier bekommt er das Antragsformular, dem dann mindestens zwanzig weitere folgen...! Aber nicht das Universitätsdirektorat ist sehenswert, sondern die **Tekkiye Sulaimaniya***, die sich linker Hand an dieser Straße befindet. Die Tekkiye ist ein Gebäudekomplex, bestehend aus einer Moschee und einer Madrasa. Hier sind das Militärmuseum und der Handwerker-Suq untergebracht. Der Innenhof der Tekkiye gehört für mich zu den wohl schönsten und ruhigsten Orten von Damaskus. Wer die Süleymaniye in Istanbul kennt und liebt, wird hier vergleichbare Glücksgefühle erleben: Beide wurden in ähnlichem Stil von Sinan, einem der genialsten Architekten der osmanischen Ära, erbaut. Die Moschee (vollendet 1566) ist das erste osmanische Bauwerk Syriens und einzigartig in ihrer Art. Errichtet wurde sie, um Mekka-Pilger zu beherbergen. Rund um den Innenhof gruppieren sich Zimmerchen, die für die Reisenden hergerichtet waren. Das Militärmuseum ist wenig spannend, für den Europäer wesentlich interessanter ist der anschließende **Handwerker-Suq (22)**, der in der alten Madrasa untergebracht ist. Hier kann man bei der Herstellung verschiedener Kunstgegenstände zusehen, zum Beispiel in einer Glasbläserei, einer Weberei, verschiedenen Schreinereien usw. Hier befindet sich auch eine der wenigen öffentlichen Toiletten, die man sogar als Frau benutzen kann.

Gutes (!) Verhandlungsgeschick vorausgesetzt, sind die Preise bei den einzelnen Handwerksbetrieben durchaus moderat, obwohl hier hauptsächlich Touristen einkaufen und angeblich Festpreise herrschen.

Man verlässt den Komplex in Richtung Osten (d.h. mit dem Nationalmuseum im Rücken geradeaus). Rechter Hand befindet sich ein öffentlicher Parkplatz, den man bergaufwärts überquert. An der oberen Straße angekommen geht man links und steht nach ca. 100 m an der großen Kreuzung beim **Hidjaz-Bahnhof* (23).** Man überquert die Straße und betritt das schöne Gebäude, das 1903 von Sultan Abdül Hamid als Wartehalle in Auftrag gegeben wurde. Die pompöse Halle mit ihren Deckenmalereien bildet den Beginn der berühmten Hidjaz-Bahn, die Damaskus mit Mekka verbinden sollte. 1908 rollte bereits der erste Zug von Damaskus nach Medina auf Schienen, die unter der Aufsicht des Deutschen Heinrich August Meissner von 1901 bis 1908 verlegt wurden. Bereits im 1. Weltkrieg aber wurden im Rahmen des Arabischen Aufstandes große Teile der Bahn zerstört. Sie sind bis heute nicht repariert. In der Halle ist noch ein Bahnschalter, an dem Zugtickets nach Derâa, Jordanien und ins Baradatal gekauft werden können; Züge fahren nur noch im Sommer ab.

Hinter dem Bahnhof rechts befindet sich zur Sommerzeit ein sehr schönes Teehaus, in dem man unter Bäumen und in aller Ruhe den Tag ausklingen lassen kann (nicht zu verwechseln mit dem Restaurant, welches in einem alten Zugwaggon untergebracht ist).

يارضا الله
SCANIA

Damaskus – Perle des Orients

Keine Epoche hat Damaskus nachhaltiger geprägt als die islamische.

Als eine der schönsten Moscheen der Stadt gilt die **Sinan-Pascha-Moschee** (großes Bild), 1591 im Auftrag des gleichnamigen Bauherrn errichtet.

Sie bildet das „Tor" zum **Midanviertel** (oben re.), dem einstigen Pilgerviertel der Stadt. Hier zerfallen viele Häuser mehr und mehr.

Das **Salihiya-Viertel** (unten re.), 400 Jahre zuvor entstanden, ist weit weniger zerstört als das Midanviertel. Vor allem islamische Rechtsstudenten lernen hier in den Schulen.

Die Kreuzritter in Syrien

Zuallererst waren sie natürlich Feinde, syrische Feldherren und fränkische Ritter! Aber so mancher Abend wurde in vertrauter und weinseliger Atmosphäre gesellig verbracht; zum Abschied entschuldigte man sich für den bevorstehenden Kampf am nächsten Morgen – man konnte ja nicht anders, ging es doch um die eine und richtige Religion! – und ging auseinander.

Sichtbares Zeugnis dieser Zeit sind die grandiosen Burgen, die die Kreuzritter hinterlassen haben. Eine kleine Sensation ist der **Krak des Chevaliers,** arab. **Qala'at Husn** (großes Bild), bei

Homs – weltweit eine der besterhaltenen Burgen!

Aber auch die **Saladinburg,** arab. **Qala'at Salah ad-Din** (oben li.), oder die beiden Burgen am Asad-Stausee, **Qala'at Djabr** (unten re.) und **Qala'at Nadjm** (oben re.), trotzten feindlichen Angriffen und Erdbeben und blieben so der Nachwelt erhalten – welch´ ein Glück für den Besucher!

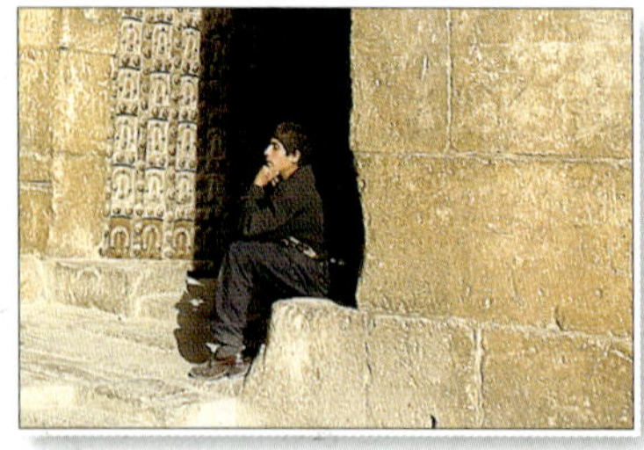

Aleppo

Aleppo ist die größte Stadt des Landes und sicherlich auch die lebendigste. Bunte Suqs, großartige Koranschulen und Moscheen, verschlungene Wege – was gibt es nicht alles zu entdecken! Auch und gerade der orientalische Alltag, das Dicht an Dicht der unzähligen Häuser (großes Bild: **Blick von der Zitadelle nach Norden)** und das Straßenleben machen den Reiz der alten Stadt aus, in der viele muslimische Bauwerke auf den Grundmauern christlicher Gotteshäuser stehen, etwa die **Moschee und Madrasa al-Halawiya** (unten re.), bis ins 13. Jahrhundert eine katholische Kathedrale.

Baustile im Wandel der Zeit

Syrien blickt auf 12.000 Jahre Geschichte zurück. Akkader herrschten hier und Amoriter, Hethiter und Hurriter, Seevölker und Aramäer eroberten weite Teile des Landes, die Babylonier folgten, Assyrer, Griechen und Römer. Schließlich kamen die Epoche von Byzanz und der Islam.

Die ersten Behausungen, die entstanden, waren vermutlich Rundbauten aus Steinen und Lehm, nicht unähnlich den **Bienenwabenhäusern** (unten re.), die man bis heute findet.

Viele Kulturstufen später, als aus Ansammlungen einfachster Häuser Städ-

te mit Palästen, Tempeln und Bädern geworden waren, gehörte **Rusafa** zu den wichtigsten byzantinischen Festungen. Das große Bild zeigt das prächtige Eingangsportal.

Al-Bara stammt aus derselben Epoche. Mit ihren mächtigen Pyramidengräbern (siehe großes Bild auf der nächsten Seite), in denen sich nicht

selten prachvolle Särge befinden (unten re.), gehört diese „Tote Stadt" sicherlich zu den beeindruckendsten Orten in Syrien.

Palmyra ist auch nach zwei Jahrtausenden immer noch eine atemberaubende Ansammlung von Überresten römischer Baukunst (oben li.).

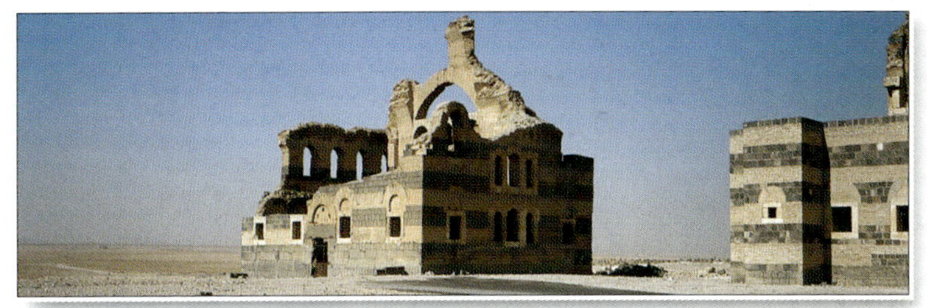

Ein Highlight islamischer Architektur in Syrien ist die **Umayyaden-Moschee** in Damaskus, hier die Schatzkammer im Innenhof (Seite zuvor, oben re.).

Aus der byzantinischen Epoche wiederum stammt das **Qasr ibn Wardan** (oben re.), dessen Außenmauern zweifarbig sind. Einst als Schlosskomplex angelegt, sind heute nur noch einzelne Teile übrig, die einen Besuch aber auf jeden Fall lohnen!

Spaziergang Nr. 3: Das Salihiya-Viertel

Am Fuße des Qasiun liegt der Stadtteil Salihiya. Im Gegensatz zu den meisten syrischen Orten ist Salihiya, das im 12. Jahrhundert eine eigene Stadt war, nicht über antiken Ruinen errichtet worden. Heute befindet sich das Viertel zwischen al-Muhadjerin und Rukn ad-Din im Stadtteil **Shaikh Muhi ad-Din.**

Gegründet wurde Salihiya von palästinensischen Flüchtlingen kurz nach der Machtübernahme Nur ad-Dins. Schon Ibn Battuta, der große arabische Reisende des 14. Jahrhunderts, berichtet über die Pracht und Schönheit des Ortes, der sich durch seine Vielfalt an ayyubidischen und mamlukischen Bauten vom Rest der Stadt abhebt. Im 12. und 13. Jahrhundert zog der Ort viele

Salihiya-Viertel

Sh. Djarkasiya
Sh. Abd al-Ghani an-Nabusi
Sh. Afif
Sh. Ibn al-Muqaddam
Sh. Ibn Hanbal
Umar al-Abrash-Pl.
Sh. Nasib al-Bakri
Sh. Abd an-Nasr
Sh. Abd ar-Rahman ash-Shahbandar

- 24 Moschee al-Mardaniya
- 25 Mausoleum des al-Farnatiya, Madrasa al-Murschidiya, Madrasa Atabakiya
- 26 Moschee al-Takritiya
- 27 Madrasa al-Djarkasiya
- 28 Djami' al-Djadid
- 29 Hammam al-Muqaddam
- 30 Mausoleum Qaimariya
- 31 Bimaristan al-Qaimariya
- 32 Mausoleum Shaikh Muhi ad-Din
- 33 Hanbaliya-Moschee
- 34 Mausoleum Hasan Ibn Salama
- 35 Madrasa as-Sahiba

0 200 m

Hidjaz-Bahnhof (vgl. S. 192)

Denker und Mystiker, aber auch Herrscher und Adelsfamilien an. Wer es sich leisten konnte, ließ sich hier seine Grabstätte errichten. Man kann sie bis heute, zumindest teilweise, besichtigen. Die meisten sehenswerten Bauten liegen entlang einer Straße, parallel zum Berg und der *Sh. Abd al-Ghani an-Nabusi,* die mit ihren Geschäften und Märkten angenehm zu durchlaufen ist – auch wenn man sich nicht allzu sehr für die alten Schulen und Moscheen begeistert. Täglich findet hier ein interessanter Markt statt, freitags ist er besonders groß!

Ausgangspunkt für diesen Spaziergang ist die **Moschee al-Mardaniya (24)** am *Umar al-Abrash-Platz (Sahat Djisr al-Abyad).* Sie ist das einzige erhaltene Bauwerk des unteren Viertels und wurde 1226 vollendet. Links der Moschee verläuft die große *Sh. Afifi* hinauf. Man folgt ihr, bis man nach rechts in die *Sh. Djarkasiya,* die eigentliche Salihiyastraße, abgehen kann. Nach wenigen Metern ist rechts **eine schöne Gebäudegruppe (25)** zu sehen: das **Mausoleum des al-Farnatiya,** die **Madrasa al-Murshidiya,** die frisch renovierte Moschee und ehemalige Hadith-Schule **Dar al-Hadji al-Ashrafiya** und die **Madrasa Atabakiya.** Diese sehenswerten Bauten sind zwischen 1224 und

1253 entstanden, die Madrasa al-Atabakiya bildete früher den Eingang zum Suq, weswegen man sie bis heute *Bab* (arab. Tor) *as-Suq* nennt. Auf der linken Straßenseite sieht man die **Moschee** mit integriertem Mausoleum **at-Takritiya (26),** die 1299 errichtet wurde. Man kann sie heute nicht mehr betreten. Folgt man der lebendigen Straße weiter, liegt linker Hand die **Madrasa al-Djarkasiya (27),** die 1211 von dem Ayyubiden-Emir Fakhr ad-Din gegründet wurde.

Man verlässt nun für einen kleinen Abstecher die Straße und biegt in die der Madrasa gegenüberliegende Gasse rechts ein. Nach etwa 50 m steht auf der rechten Straßenseite die **al-Dajmi' al-Djadid (28),** die „neue" Freitagsmoschee, ein Gebäude, das aus mehreren Einzelbauten besteht. Der älteste Bau ist aus dem Jahre 1181: das Mausoleum der Frau Nur ad-Dins bzw. später Saladins, Ismet Khatuna. „Neue" Moschee wird die Moschee deshalb genannt, weil sie im 14. Jahrhundert eine Erweiterung durch eine kleine Moschee erfuhr. Der Komplex kann zu den Gebetszeiten betreten werden. Etwa 20 m unterhalb der Moschee befindet sich das **Hammam al-Muqaddam (29),** das letzte und einzige Bad des ursprünglichen Viertels. Bis heute ist das inzwischen 700-jährige Hammam in Betrieb. Frauenbadestunden gibt es allerdings nicht! Geöffnet tägl. von 9–17 Uhr.

Zurück auf der eigentlichen Salihiya-Straße geht es rechts weiter. Nach 100 m liegt links das **Mausoleum Qaimariya (30).** Diesem gegenüber befindet sich das **Bimaristan al-Qaimariya (31).** Das Krankenhaus aus dem 13. Jahrhundert hat einen schönen Garten mit einem 600 Jahre alten Schöpfwerk. Bis heute wird es in seiner ursprünglichen Funktion als Heilstätte genutzt. Schlendert man weiter, erreicht man wenig später die Moschee und das Mausoleum des Namensgebers des modernen Viertels: **Shaikh Muhi ad-Din (32).** Hinter diesem Namen versteckt sich ein berühmter Mann: Ibn 'Arabi, der als einer der größten Mystiker der islamischen Welt gilt. Er starb 1240, sein Mausoleum gilt bis heute als Pilgerstätte. Die Moschee ist außergewöhnlich schön mit ihrem hohen Minarett, das zwei Balkone umlaufen. Sie ist offen und kann besichtigt werden.

Die Straße teilt sich kurz danach. Wir gehen links weiter, durch einen gedeckten Markt, entlang schöner alter Häuser. Ein Abstecher in die vierte Gasse links führt zu der erst vor wenigen Jahren renovierten **Hanbaliya-Moschee (33),** der ersten Freitagsmoschee Salihiyas, die 1202 von der Unabhängigkeit der Stadt kündete. Benannt wurde sie nach dem Gründer der hanbalitischen Rechtsschule Ibn Hanbal, dessen Richtung die einstigen Gründer der Stadt vertraten. Weiter die Gasse entlang, direkt an einem Torbogen, erreicht man das **Mausoleum des Hasan ibn Salama (34).** Es wurde 1236 erbaut, eine Besichtigung ist nicht erlaubt.

Man verlässt nun das alte Viertel und die gedeckten Marktstraßen, doch es lohnt sich weiter zu gehen, denn schon bald sieht man rechts die **Madrasa as-Sahiba (35),** die 1231 von einer Schwester Saladins gestiftet wurde. Hinter dem schönen Eingangsportal der Madrasa ist heute eine Schule untergebracht. Eine Besichtigung ist möglich, doch wegen der Schule dahinter eher anstrengend.

Die letzte Station dieses Spaziergangs ist die **Rukniya-Madrasa.** Auch sie wurde während der Ayyubidenzeit gegründet, in ihr liegt Rukn ad-Din, der Namensgeber des angrenzenden Viertels und Bruder Saladins, begraben.

Spaziergang Nr. 4: Das Midan-Viertel

Dieses schöne alte Viertel, ursprünglich das Pilgerviertel der Stadt, erstreckt sich südwestlich der Altstadt. Noch immer zeugen reizvolle, z.T. verwunschen wirkende Moscheen und alte Schulen von der einstigen Pracht und der Umtriebigkeit dieses Viertels. Heute wechseln sich Betonbauten mit zerfallenen Häusern ab, Autoabgase zerstören die alten Gemäuer. Nur wenige Touristen verirren sich hierher, da weder große noch bekannte Bauwerke zu sehen sind. Zahlreiche Moscheen, Mausoleen und alte Bäder aber laden zur Besichtigung ein, und wer sich für ursprüngliches Damaszener Leben interessiert, wird hier den Charme finden, der diese Stadt prägt – und das, obwohl der Autoverkehr für Lärm und Unruhe sorgt.

Wir beginnen den Spaziergang an der **Darwish-Pascha Moschee (36),** ein paar hundert Meter südlich des Suq al-Hamidiye, direkt an der *Sh. ath-Thaura* gelegen. Diese Moschee wurde 1574 von Darwish Pascha, einem osmanischen Gouverneur, errichtet und erst vor wenigen Jahren restauriert.

Wir gehen weiter Richtung Süden, kommen (rechte Straßenseite) an zahlreichen kleinen Werkstätten für Wasserpfeifen u.ä. vorbei (hier sind die Preise um ein Vielfaches billiger als im Suq!) und erreichen linker Hand bald die **Sinan-Pascha-Moschee (37).** Diese wundervolle Moschee wurde 1591 vom großen osmanischen Bauherrn Sinan Pascha errichtet, dessen Baukunst weit über Damaskus hinaus bekannt ist. Der Innenhof ist außergewöhnlich schön, die Wand der Moschee voller Mosaiken in mehreren Farben, auch das Innere der Moschee ist reich verziert und voller osmanischer Inschriften. Laut Auskunft eines Wärters stammt die Moschee bereits aus dem 11. Jahrhundert und wurde von Sinan Pascha lediglich renoviert. Wie dem auch sei, sie ist unbedingt einen Besuch wert, Frauen müssen hier jedoch, wie auch in der Umayyaden-Moschee, einen Mantel überziehen. Eintritt frei.

Wendet man sich von hier im 90°-Winkel nach links, gelangt man direkt in die Gerade Straße, die von hier die gesamte Altstadt durchzieht.

Steht man in Richtung Süden, zweigt rechts eine sehr lebhafte Marktstraße ab, die **Sh. Bab al-Siridjah.** Hier liegen Ziegenköpfe, liebevoll mit einer Karotte im Maul oder dekorativer Petersilie verziert, und Kutteln hängen am Haken. Für mich ist das eine der schönsten Marktstraßen in Damaskus. Immer geradeaus führt diese Straße bis zum *Bab Sirridja,* vorbei an zwei schönen alten Hammams, Konditoreien (viel günstiger als am Merdje), kleinen Kaffeehäusern und Lebensmittelläden.

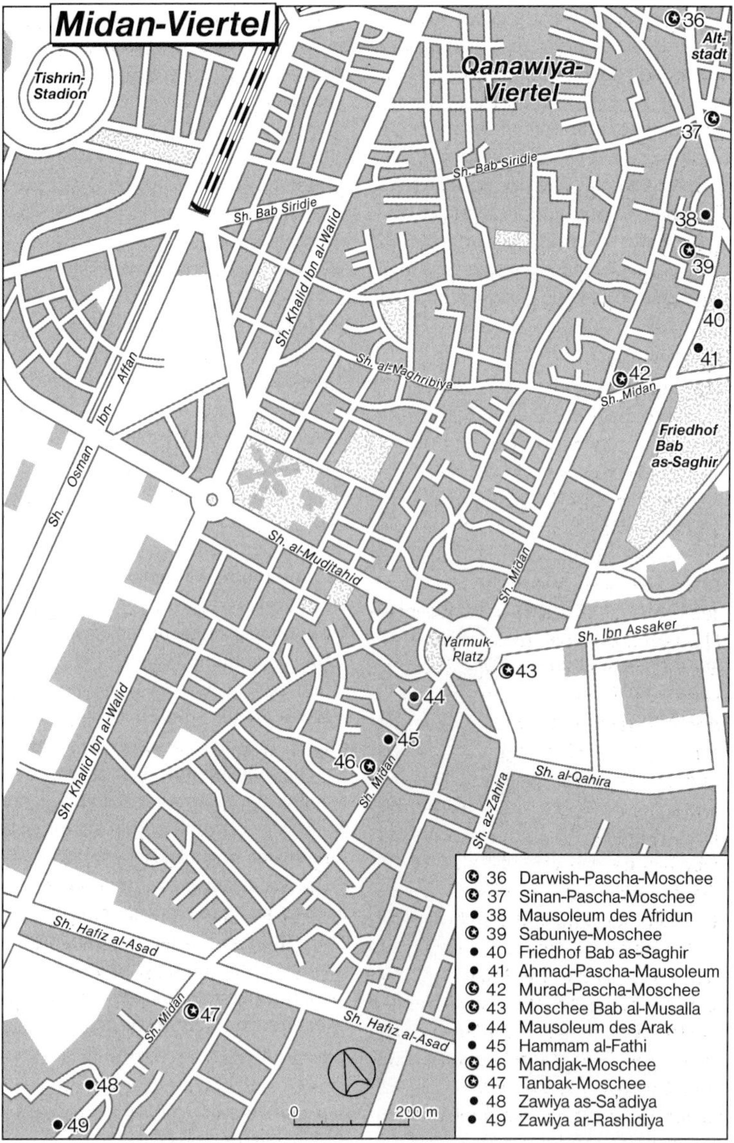

Midan-Viertel

Tishrin-Stadion

Qanawiya-Viertel

Alt-stadt

Sh. Bab Siridje

Sh. Khalid Ibn al-Walid

Sh. Ibn-Affan

Sh. al-Maghribiya

Sh. Midan

Friedhof Bab as-Saghir

Sh. Osman

Sh. al-Mudjtahid

Sh. Ibn Assaker

Yarmuk-Platz

Sh. al-Qahira

Sh. az-Zahira

Sh. Hafiz al-Asad

0 200 m

- 36 Darwish-Pascha-Moschee
- 37 Sinan-Pascha-Moschee
- 38 Mausoleum des Afridun
- 39 Sabuniye-Moschee
- 40 Friedhof Bab as-Saghir
- 41 Ahmad-Pascha-Mausoleum
- 42 Murad-Pascha-Moschee
- 43 Moschee Bab al-Musalla
- 44 Mausoleum des Arak
- 45 Hammam al-Fathi
- 46 Mandjak-Moschee
- 47 Tanbak-Moschee
- 48 Zawiya as-Sa'adiya
- 49 Zawiya ar-Rashidiya

Unseren Spaziergang durch das Midanviertel setzen wir dennoch an der Sinan-Pascha-Moschee fort, denn hier beginnt das eigentliche Viertel. An der Moschee geht die *Sh. ath-Thaura* in die **Midanstraße** über, der wir folgen. Anfangs ist sie noch überdacht, zahlreiche Trommel-, Kupfer- und Fellhändler bieten ihre Waren feil. Es lohnt sich, sobald möglich, auch einmal links der Straße in die kleinen Gässchen einzubiegen. Hier findet man Unmengen alter Kleider und neuer Schneidereien, alle sehr viel ursprünglicher als weiter vorne im Bazar.

Platz vor der Sinan-Pascha-Moschee

Nach der Überdachung folgt rechter Hand das **Mausoleum des Afridun (38).** Sehenswert ist vor allem die großartige Fassade des Bauwerks. Afridun al-Adjami, einer der reichsten Händler seiner Zeit, ließ das kleine, feine, wenn auch recht schmucklose Mausoleum 1344 bauen. Etwa 100 m weiter befindet sich die **Sabuniye-Moschee (39)** und -schule. Ahmad Sabuni al-Bakri ließ das schöne Bauwerk 1463 errichten. Auf der anderen Seite der stark befahrenen Straße ist der Eingang des **Friedhofes Bab as-Saghir (40),** der in einen nördlichen und südlichen Teil getrennt ist. Der Friedhof ist unbedingt einen Spaziergang wert. Hier liegen Gräber von Prophetengenossen, darunter viele direkte Verwandte Muhammads. Vor allem Schiiten suchen diese Grabstätten immer wieder auf und schmücken die Gräber.

Etwas weiter im Süden ist links das leicht ramponiert aussehende **Ahmad-Pascha-Mausoleum (41),** das im Viertel unter dem Namen *az-Zahir* bekannt ist. Es ist – obwohl in frühosmanischer Zeit erbaut – mamlukischen Baustils.

Die Midanstraße zweigt gleich darauf nach rechts ab (wenn man Richtung Süden steht). Wir verlassen endlich die unangenehme Autostraße und biegen in den ruhigeren Teil des Viertels ab (wer sich von den Autos abschrecken lässt, aber nicht auf die ersten drei Bauwerke und den Friedhof verzichten möchte, dem sei eine kleine Abkürzung durch ruhige, fast autofreie Gassen empfohlen: Gegenüber der Sinan-Pascha-Moschee (37), neben dem Eingang zur belebten Marktstraße, führt eine kleine Straße schräg links ab. Ihr folgt man, bis sie auf eine größere Straße stößt. Linkerhand ist dann die Murad-Pascha-Moschee zu sehen).

Wir folgen der Straße und sehen schnell rechter Hand die **Murad-Pascha-Moschee (42),** das Zentrum des Naqshbandiya-Ordens. Dieser im 14. Jahrhundert gegründete Orden ist eine mystische Bruderschaft, die ihren Ursprung in Persien hat und sich dann sowohl in Richtung Osten (nach Indien) als auch nach Westen (Richtung Türkei und Syrien) ausbreitete. Seit wenigen Jahren erlebt die Bruderschaft eine Renaissance, der sich auch viele deutsche Konvertiten anschließen.

Die Moschee wurde nach ihrem Erbauer genannt, auch wenn sie heute häufiger als „Naqshbaniya-Moschee" bekannt ist. Sie wurde 1568/69 im mamlukischen Baustil errichtet. In schlichtem Schwarzweiß gehalten, unterscheidet sie sich nur unwesentlich von den Moscheen derselben Epoche. Außerhalb der Gebetszeiten ist es auch Frauen möglich, sie mit Kopftuch zu besichtigen.

Man folgt weiter der belebten Straße, vorbei an Werkstätten, in welchen Kaffeekannen und ähnliche Metallwaren angeboten werden. Je weiter man sich vom Hamidiye entfernt, desto günstiger werden die Preise.

Die drittgrößte Moschee der Stadt befindet sich, wenn man von der Midanstraße auf den *Yarmuk-Platz (Bab Musalla)* stößt, auf der linken Seite: die **Moschee Bab al-Musalla (43).** Ihr ursprüngliches Baudatum ist unbekannt, zudem wurden im Laufe der Jahrhunderte so viele Umgestaltungen vorgenommen, dass man Baustile mehrerer Epochen findet. Vermutlich stammt sie aber aus seldjukischer Zeit, also dem 12. Jahrhundert. Heute sieht sie fast schon modern aus. Meist ist sie verschlossen. Man kann aber bei offenem Tor die Moschee betreten, Frauen nur verschleiert.

Wir überqueren nun den Platz und folgen weiter der Midanstraße (die zweite rechts oder die dritte links). Vorbei an mehreren Gräbern sieht man bald auf der rechen Seite das **Mausoleum des Arak (44).** Errichtet 1349, ist die kleine Moschee dem mamlukischen „Schwertträger" *Emir as-Silahdar al-Arak* gewidmet. Er starb 1349.

Folgt man der Straße, stets traurig darüber, dass das alles zerfällt, kommt man auf der rechten Straßenseite zum **Hammam al-Fathi (45),** das seit mehreren Jahren seine Funktion aufgegeben hat. Die schöne Fassade verfällt immer mehr, noch aber ist die einstige Pracht zu erkennen. Das Hammam war einst das größte Bad von Damaskus, es hat einen Baderaum von 800 m² Fläche und ist somit bis heute in seiner Größe unübertroffen.

Nicht viel weiter findet man (leicht versteckt) rechts die **Mandjak-Moschee (46),** erbaut etwa zur selben Zeit wie das Mausoleum des Arak. Sie ist leider verschlossen, und man kann von außen nur das prächtige, mit Blau durchsetzte Eingangstor bewundern.

Und als wären das noch nicht genügend Moscheen – es geht weiter... Dazu muss man allerdings die Stadtautobahn unterqueren. Die Schönheit der **Tanbak-Moschee (Tainbiya-Moschee, 47)** auf der linken Straßenseite belohnt diesen Einsatz jedoch mit prächtiger Architektur aus dem 14. Jahrhundert und schöner Außenfassade. Im dazugehörigen Mausoleum liegt *Amr Tanbak* (gest. 1394), ein Damaszener Gouverneur, begraben. Im Inneren der Moschee ist aufgrund aufwendiger Renovierungsarbeiten nur noch wenig von der alten Bausubstanz zu sehen.

Der Midanstraße folgend, kommt man zur **Zawiya as-Sa'adiya (48)**, einem Ordenshaus aus dem 14. Jahrhundert, das derzeit renoviert wird. Kurz danach, auf der gleichen Seitenstraße, jedoch etwas versteckt hinter Läden, befindet sich die **Zawiya ar-Rashidiya (49)** aus dem 15. Jahrhundert. An beiden vorbei kommt man an das Südende der Midanstraße.

Für den Rückweg empfiehlt es sich, durch die anliegenden Gassen wieder nordwärts zu schlendern. Hier findet man unverfälschtes syrisches Leben vor, kleine Läden und – weitere Moscheen.

Spaziergang Nr. 5: Der Suq Sarudja

Nichts Berauschendes gibt es hier, keine großen Sehenswürdigkeiten. Malerische Sträßchen, alte Moscheen und Hammams prägen das Bild des Sarudja-Viertels, das, wie alle alten Viertel außerhalb der Altstadt, vom Abriss bedroht ist.

Ausgangspunkt des Spaziergangs ist die Gasse, in der sich die kleinen Hotels al-Haramain und ar-Rabie befinden, nahe des Merdje. Wir folgen der Gasse nach oben, bis wir auf die *Sh. Bahsa* stoßen. Hier gehen wir links und stehen gleich vor der **Masdjid al-Ward (50)**, der Rosenmoschee. Diese mamlukische Moschee, die 1427 von Barsbay al-Hadjib errichtet wurde, kann besichtigt werden. Sie besitzt einen wunderschönen begrünten Innenhof mit einem kleinen Teich. Kommt man aus der Moschee heraus, biegt sogleich rechts ab und folgt der Straße, gelangt man zum **Hammam al-Ward (51)**, einem Bad aus dem 14. Jahrhundert und eines der wenigen Hammams, in denen man auch als Frau ein paar Stunden der nassen Freude frönen kann!

Unser Spaziergang führt uns nun zurück in die *Sh. Bahsa* (die Straße, in der die Moschee steht). Wir folgen der Straße in Richtung Osten, das Moscheeportal im Rücken, also nach links, bis ans Ende der Straße. Vorsichtig, vorbei an Servicebussen, unterqueren wir die *Sh. ath-Thaura,* die das Viertel in einen Ost- und einen Westteil trennt, und folgen in der Verlängerung der *Sh. Bahsa,* die in eine kleine Gasse führt. Sie ist erkennbar an Treppenstufen, die zur Gasse hinaufführen. Nach ungefähr 20 m befindet sich links das **Historische Museum (52)**, das in einem alten Stadthaus untergebracht und sehr lohnenswert ist (Besichtigung tägl. außer Di 9–14 Uhr, Eintritt 150 Lira, Studenten 10 Lira). Leider ist das Museum nur auf

Arabisch beschriftet. Es fällt durch seine renovierte Außenfassade auf. Daneben das Hammam al-Khandji, ein altes Hammam, wie so häufig nur für Männer (Öffnungszeiten tägl. 6–22 Uhr).

Wir folgen der Straße weiter geradeaus, bis wir rechter Hand die **at-Tauba-Moschee (53)** sehen. Diese Moschee wurde 1234 neben einer Karawanserei errichtet. Das Schönste ist die Fassade, der Rest ist leider schon sehr verfallen.

Nach etwa 150 m geht links eine kleine Gasse ab, der man folgt. Ungefähr nach 100 m ist die **Madrasa Nahassin (54)**, errichtet 1457, erreicht. Sie war die Schule für Kupferarbeiter und hat ein schönes Eingangsportal. Hinter der Madrasa liegt der Dahdah-Friedhof, dessen Ursprung noch vor die Islamisierung reicht.

Zurück auf der *Sh. Suq Sarudja* geht es weiter gen Osten. Die zweite mögliche Abbiegung nimmt man nach rechts zur **Moschee al-Djauza (55)**, die 1676 gegründet wurde. In ihrer Mitte befindet sich eine römische Säule.

Wieder zurück auf der *Sh. Suq Sarudja* geht es rechts zum **Hammam as-Sultan (56)**. Der Mamlukensultan Qaid Bey (1468–1496) ließ es errichten. Außer der Fassade ist heute nichts mehr übrig, die Innenräume sind zerfallen, und das, was übrig geblieben ist, dient heute als Möbelwerkstatt. Der Eingang zum Hammam befindet sich in der Straße, die zum Bab as-Salam führt, rechts hinter dem Gebäude.

Sh. Bahsa im Suq Sarudja

Die letzte Sehenswürdigkeit in diesem Viertel ist die **Moschee al-Aqsab (57),** die bereits 1301 gegründet, 1408 aber komplett neu renoviert wurde (der Mongolensturm hatte sie schwer in Mitleidenschaft gezogen). Ein schönes Mihrab, ein hübsches Minarett und zwei römische Säulen im Inneren der Moschee lohnen die Besichtigung, die jedoch nicht immer und für Frauen nur mit Kopftuch möglich ist.

Praktische Informationen

Telefonvorwahl: 011

Touristeninformation

•*Sh. 29. May (gegenüber dem Kino Sufara).*
Hier gibt es **kostenlose und gute Stadtpläne von ganz Syrien** sowie eher mickrige Info-Broschüren. Tägl. außer Freitag 9–19 Uhr. Da dieses Büro in Syrien am besten ausgestattet ist, lohnt es sich, sich hier schon Stadtpläne von ganz Syrien zu beschaffen. Sie sind vor Ort häufig nicht mehr zu bekommen.

•Eine **Außenstelle des Tourismusministeriums** befindet sich außerdem beim Handwerker-Suq, nahe dem Nationalmuseum.

•Auf der letzten Seite der **Syrian Times,** der einzigen englischsprachigen Zeitung Syriens, findet sich ein **Veranstaltungskalender**, der auf aktuelle Veranstaltungen hinweist (Ausstellungen, Konzerte, Vorträge etc.).

•Die **Ambulanz** ist unter der Nummer **110** zu erreichen, die **Polizei** unter **112**, die **Feuerwehr** unter **113**.

Die wichtigsten Adressen

•Immigration Office
(Maktab al-Hidjra wa-l-Djawazat)
Sh. al-Filastin, im Viertel Baramke.
Hier oder in den Dependancen in Aleppo, Homs, Hama muss sich der Reisende nach 14 Tag melden (wie das geht, ist unter „Praktische Tipps von A – Z: Immigration Office" zu erfahren).

•Intelligence Service
Sh. Ibrahim Hananu, hinter der kuwaitischen Botschaft, nur vormittags geöffnet.
Hier erhält man die Permits für einen Besuch der Golan-Höhen (Qunaitra) und des Hermon.

•Deutschsprachige Rechtsanwälte:
Dr. Salah ad-Din al-Khatib
Sh. Thaura, B. Mouslli, PO Box 33198, Tel. 231 23 06, Fax 231 35 07.
Dr. Samir Thomas Nofal
Mazraa al-Akhdar, Sh. al-Arabi, B. Haffar, PO Box 34274, Tel. 444 96 96, Fax 442 07 81.

•Übersetzerbüros (deutsch-arabisch)
H. al-Bassimi
Sh. Rami, PO Box 6789, Tel. 224 50 44.
R. Idris
Sh. Tadamun, Tel. 333 42 00.
I. Halabi
Merje, al-Fayha-Gebäude, Tel. 222 05 93.

Hotels

Edel

•Cham Palace*****
Sh. Maisalun, PO Box 7570, Tel. 223 23 00/20, Fax 222 61 78. Reservierung auch im Internet (http://www.chamhotels.com) und per e-mail (champalace@juno.com) möglich. DZ ab 160 $, EZ 150$.
Bestes Hotel vor Ort. Gehört der syrischen Luxuskette der Cham-Hotels an. 400 sehr schöne, geschmackvolle Zimmer, drehbares Panoramarestaurant mit ausgezeichneter syrischer und internationaler Küche. Im Hotel befindet sich auch ein chinesisches, ein japanisches und ein italienisches Restaurant, ein Kino mit internationalen Filmen, sowie zwei Cafés und die schöne Bar. Sehr schöne und große Zimmer, ein Pool auf dem Dach mit Blick über die Stadt, Fitnesscenter etc.

•Sheraton Damascus*****
Midan Umayya (Omayyadenplatz), Sh. Amawin, Tel. 373 46 36, Fax 224 36 07, PO Box 2795. Reservierung auch über die Homepage: http://www.sheratonafricamideast.com/damascus/index.html möglich.
Sehr schönes Luxushotel am Rande der Stadt in Richtung des Barada. Außergewöhnliche Architektur, herrlicher Garten mit schönem Pool, Tennisanlagen, großzügige Gestaltung

und drei internationale Restaurants! Im Hause gibt es auch eine Autovermietung.

•Meridien******

Sh. al-Quwwatli, Po Box 5531, Tel. 332 26 51, Fax 378 16 61.

Internationales Luxushotel, nahe der internationalen Messe. Obschon das Hotel im Oktober 1999 geschlossen war, ist davon auszugehen, dass dies nicht der permanente Zustand ist. Schönes Hotel mit allen Schikanen.

•Semiramis******

Sh. al-Quwwatli, an der Djisr Victoria nahe Hauptpost. PO Box 30301, Tel. 223 35 55 oder 212 02 25. Fax 221 67 97, e-mail: semirams@cyberia.net.lb, DZ ab 130 $, EZ 110 $.

Schönes zentrales Luxushotel mit allem Komfort. Hübsche Lobby, verschiedene Restaurants, u.a. ein chinesisches. Disko, Bar und Videoclub mit internationalen Filmen.

•Cham Palace Tichrine****

Im Messegelände; Tel. 212 43 71 od. 212 30 77, Fax 211 31 00, DZ 90 $.

Schönes Hotel mit 60 Zimmern, Restaurant, Bar, Tennisplätzen und Pool; wird v.a. von Messebesuchern aufgesucht.

•Cham Palace Jalaa****

Mezze, gegenüber des UN-Office, PO Box 9067, Tel. 662 21 47–9, Fax 661 95 27. DZ 90 $.

Ganz ähnlich wie das Tichrine, mit Pool, Tennis, Restaurant und Bar, schöne Lobby!

•Omayyad****

1, Sh. al-Brazil, nahe Cham Palace, PO Box 7811, Tel. 221 77 00, Fax 221 35 16, e-mail: omayad-hotel@net.sy, homepage: www.visitsyria.com/omayad.htm. DZ 110 $, EZ 95 $.

Das sehr schöne Hotel im Stil der 50er Jahre gehört der *Swiss International Hotels*-Gruppe an und wurde 1993 restauriert. Das Hotel bietet allen Komfort und kann nicht nur ohne Probleme bei den 5-Sterne Hotels mithalten, sondern ist auch wesentlich liebevoller und schöner eingerichtet als diese. Die Zimmer sind großzügig und geschmackvoll, das Personal ist sehr hilfsbereit und nett. Drei internationale Restaurants und verschiedene Bars.

Schick

•Fardouss Tower Hotel****

Sh. Fardoss, nahe des Cham Palace. PO Box 30996, Tel. 232 21 00, Fax 223 56 02, DZ 117 $, EZ 105 $.

Schickes Hotel mit hübscher Lobby, aber etwas kleinen, leicht schmuddelig wirkenden Zimmern. Herrlicher Blick von den Zimmern, aber zu teuer für das Gebotene.

•Faradis****

Merdje, PO Box 19350, Tel. 224 65 46, Fax 224 70 09. DZ 80 $, EZ 70 $.

Schickes Hotel am Merdje (Eingang hinter dem Gebäude) mit Panoramarestaurant. Etwas steril und schon ziemlich abgewohnt. Große Zimmer mit herrlichem Blick von oben.

•Al-Amer***

Baramke, hinter dem Immigration Office. Tel. 211 66 00, Fax 212 88 89, e-mail: alamerhotel@net.sy, DZ 65 $, EZ 50 $.

Mein Tipp in dieser Preisklasse! Auf jeden Fall schöner und sauberer als die beiden obigen, große helle Zimmer mit Küchenzeile (!) und herrlichen Bädern, TV-Satellitenempfang etc.! Außergewöhnlich sauber und sehr freundliches Personal – die 10 Min. Fußmarsch in die Innenstadt sollten auf jeden Fall in Kauf genommen werden! Optimal für allein reisende Frauen.

Die goldene Mitte

•Omar al-Khayyam***

Direkt am Merdje, Tel. 231 26 66, Fax 231 26 68, DZ 52 $, EZ 42 $.

Das von außen wunderschöne alte Hotel im Kolonialstil ist in die Jahre gekommen. Zu teuer für das Gebotene, aber soweit sauber.

•Alaa Tower Hotels**

Insgesamt 5 Hotels, die alle im Stadtzentrum verteilt sind. Tel. Zentralreservierung: 231 12 21, Fax 224 52 42. DZ offiziell ab 40 $.

Die Hotels liegen zentral und sind sauber, das Personal ist freundlich. Vier Hotels liegen im Viertel Sarudja, eines gegenüber der Zitadelle und eines in der Nähe des Cham Palace Hotels. Die Preise sind jedoch angesichts der Kleinheit vieler Zimmer leicht übertrieben und liegen weit über der staatlichen Klassifizierung. Wer das weiß, kann problemlos den Preis herunterhandeln und für angemessene 25 $ ein Zimmer bekommen. Problemlos für Frauen alleine.

•Majed**

Hinter dem Kino Sufara (Les Ambassadeurs, Sh. 29. Ayar) in einer kleinen Seitenstraße (oh-

ne Namen), gegenüber dem Restaurant Nadi Ummal, PO Box 13152, Tel. 232 33 00-3, Fax 232 33 04.
Ein sehr hübsches und komfortables Hotel in ruhiger Lage, das beste in seiner Preisklasse! Landestypisch eingerichtet mit gutem Restaurant im 5. Stock, die Zimmer sind geräumig und nett. Häufig ausgebucht, Reservierung empfohlen. Problemlos für Frauen alleine.

•Sultan**
Sh. Mussalam Barrudi, in der Nähe des Hidjaz-Bahnhofs. Tel. 222 57 68, Fax 224 93 72, DZ 30 $, EZ 23 $, außerhalb der Saison billiger.
Angenehmes, sauberes und ruhiges Hotel. DZ mit Bad und AC. Hübsche Lounge und freundliches Personal, internationales Publikum, kleine internationale Bibliothek. Problemlos für Frauen alleine.

•Al-Barada**
Sh. Saad al-Djabri, gegenüber der Hauptpost, Tel. 221 25 46 und 221 14 45. DZ 21 $, EZ 15 $.
Hotel aus den 50er Jahren mit viel Charme. Zimmer zur Straße, sehr laut und nicht alle Zimmer sind immer sauber. Dennoch nettes Hotel!

•Al-Patra**
Sh. Yalbugha, zwischen Merdje und Suq Sarudja. Tel. 232 59 14-18, Fax 231 59 18. DZ 40 $, EZ 35 $.
Einfaches, aber sauberes und freundliches Hotel. V.a. iranisches Publikum.

Einfach, aber schön

•Al-Haramain
Sh. Bahsa, Suq Sarudja, Tel. 231 94 89, Fax 231 42 99, p.P. 200 Lira.
In einer kleinen Seitengasse sehr ruhig gelegen. Eine alte osmanische Polizeistation wurde zu dem netten Traveller-Hotel umgebaut, Innenhof mit Springbrunnen. Alle (einfachen) Zimmer sind ohne Dusche, aber hübsch eingerichtet. Ramis, der Schneider gegenüber, spricht sehr gut englisch und hilft bei so manchem Problem. Allerdings lässt die Sauberkeit der (arab.) Toiletten manchmal etwas zu wünschen übrig. Super für allein reisende Frauen!

•Al-Rabie
Sh. Bahsa, Tel. 231 83 74, Fax 231 18 75, DZ mit Bad 600 Lira, ohne Bad 400 Lira, TZ mit Bad 700 Lira, ohne Bad 525 Lira, EZ ohne Bad 250 Lira.
Dieses wunderschöne Hotel ist neben vorigem und wie dieses in einem alten Stadthaus untergebracht. 17 einfache und saubere Zimmer sind um einen traumhaft schönen Innenhof gruppiert. Das sehr nette Personal und der 87-jährige Besitzer Abd al-Ridd kümmern sich liebevoll um die Gäste und wissen viel über die Geschichte des 300-jährigen Hauses zu berichten. Sehr schöne Atmosphäre, internationales Publikum und auch hier kein Problem für allein reisende Frauen!

•Al-Saade
Suq Sarudja, Sh. Bahsa, Tel. 231 17 22, DZ mit Dusche 325 Lira, ohne Dusche 275 Lira, EZ ohne Dusche 175 Lira.
Auch dieses nette kleine Hotel befindet sich im Stadtviertel Suq Sarudja, jedoch in einer Parallelgasse zu den beiden obigen. Etwas einfacher als diese, aber nicht weniger sympatisch. Untergebracht in einem alten Stadthaus hat es einen sehr hübschen Innenhof und nette Zimmer.

•Al-Raya
Sh. Bagdad (nahe der Zentralbank), Tel. 444 61 61. DZ 400 Lira.
Ein kleines, nettes und sauberes Hotel, etwas abseits der anderen Hotels, aber nicht dezentral. Nahe zur Neustadt, im Norden des Suq Sarudja.

•Al-Mahaba wa as-Salam
Sh. Bahsa, PO Box 16387, Tel. 231 65 84 und 231 83 24. DZ 900 Lira, EZ 750 Lira.
Das ehemalige 2-Sterne Hotel musste diese Klassifizierung abgeben. So ganz einzusehen ist das nicht, denn es ist hübsch und bietet nicht weniger Sauberkeit oder Komfort als die anderen Hotels dieser Kategorie: TV und Bad in jedem Zimmer, sauber. Uns soll es recht sein, denn so braucht man nicht in Dollar zu bezahlen. In einem modernen Haus in den oberen Etagen untergebracht, hat man von den Zimmern einen schönen Blick auf die Stadt.

•Rund um den **Merdje-Platz** finden sich jede Menge **weitere einfache Hotels,** die allerdings nicht unbedingt empfehlenswert sind. Viele werden auch als Stundenhotels genutzt und sind entsprechend „ungemütlich" für Frauen.

Etwas außerhalb

•Ebla Cham Palace***

Airport Road, PO Box 6416, Tel.. 224 19 00, Fax 542 72 75/76. Reservierung auch über die Homepage möglich, EZ ab 150 $, DZ ab 175 $. Größtes 5-Sterne-Hotel Syriens, außerhalb der Stadt in der Ghuta gelegen mit allem dazugehörenden Luxus. Es sieht sehr verlassen aus, dort draußen, hat aber einige Restaurants, Bars, einen riesigen Pool, 4 Tennisplätze, Fitness-Center, Sauna, Disko etc. Ein Reit- und ein Golfclub sind angeschlossen.

Klöster

Es ist auch in Damaskus möglich, in Klöstern zu übernachten, z.B. im **Memorial Saint Paul,** einem italienischen Kloster nahe des Bab Sharqi. 1- bis 5-Personen-Zimmer, Bad, WC und Dusche sind vorhanden. Von Bab Sharqi etwa einen halben Kilometer in Richtung *Djaramana* entfernt (Service fahren ab Bab Tuma).

Camping

Damaskus hat einen neuen Campingplatz! Sauber und okay. Der **Camping Harasta** befindet sich an der Autobahn von Homs kommend, 4 km vor der Stadt auf der rechten Seite. Preise: 250 Lira p.P. Tel. 445 58 70. Ein Minibus fährt ab der Djisr ath-Thaura.

Restaurants

Wirklich edel

•Palais des Nobles

Messegelände, Tel. 223 47 42 und 224 61 64.
Nomen est Omen! Schickste Adresse, hyperedel und protzig das Interieur! Es wird internationale, chinesische und indische Küche geboten. Teuer!

•L'Étoile d'Or

Im Hotel Cham Palace, Tel. 223 23 00.
Größtes Panorama-Restaurant außerhalb der USA. Internationale Küche, sehr schickes Ambiente, sehr guter Service.

•Le Chalet

Im Hotel Omayad, Tel. 221 77 00.
Internationale Küche, schöne und gepflegte Atmosphäre.

•Arabesque

In der Altstadt hinter der Kirche Mariyamiya.
Sehr schönes altes Stadthaus mit herrlicher Terrasse und internationaler Speisekarte. Das kleine Restaurant gehört einer Holländerin, die sich hier eine kleine Oase geschaffen hat. Gute Küche, aber europäisches Preisniveau.

Schick und schön

•Elissar

Bab Tuma, gegenüber von Hammam al-Bakri, Tel. 542 43 00, 542 85 77.
In einem sehr schönen alten Stadthaus ist dieses feine Restaurant mit syrischer Speisekarte untergebracht. Gehobene Preisklasse, aber für das Gebotene durchaus im Rahmen. Ein Menu mit vielen Mezze, Bier, Hauptgericht und Nachtisch kostet um die 400 Lira p.P.

•Alf Laila wa-Laila

Hayy al-Qaimariye, Tallet al-Qadi, hinter der Umayyaden-Moschee Richtung Bab Tuma, Tel. 542 30 21.
Sehr stilvolles und wunderschönes Restaurant in einem 300 Jahre altem osmanischem Palast. Auch hier gilt: Nomen est Omen, 1001 Nacht. Unaufdringliche Live-Musik, leider nur durchschnittliche Küche. Preise sehr moderat (um die 12 DM pro Hauptgericht), Alkoholausschank.

•Old Town

Bab Tuma, Seitengasse der Sh. Bab Sharqi, Tel. 542 80 88.
Hier trifft sich die Oberschicht Damaskus', wen wunderts? Ein altes, wenn auch nicht unbedingt typisches Stadthaus mit guter Küche und gediegener Piano-Musik.

•Zaituna

24, Sh. az-Zaituna, Bab Sharqi, Tel. 543 13 24.
Schönes altes Stadthaus mit Innenhof und etwas kitschigem Interieur. Syrische Küche, riesige Auswahl an Meze, gutes Essen, Menü zw. 250 und 350 Lira.

•Casa Blanca

Sh. Hananiya, Bab Sharqi, Tel. 541 75 98.
Schönes Altstadthaus mit Patio, gute syrische und internationale Küche, Alkoholausschank und guter Service. Gehobene Preise (ab 350 Lira).

•Nadi Ummal

Hayy Saruja, hinter dem Kino Sufara, gegenüber dem Hotel Majed. Erst ab 17 Uhr geöffnet, Fr und während des Ramadans geschl.

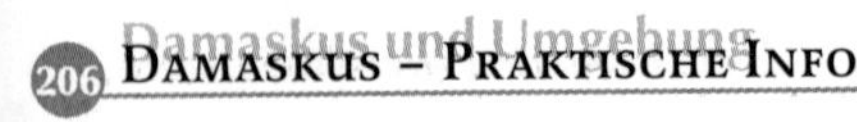

Sehr schönes altes Restaurant mit Alkohollizenz. Etwas versteckt und nur arabisch beschriftet. Nadi Ummal bedeutet soviel wie Arbeiter-Club, weswegen Arbeiter auch tatsächlich Preisnachlass erhalten. Von „Arbeitern" ist in diesem gediegenen Restaurant allerdings wenig zu merken. Im Sommer wird ausschließlich im Innenhof um einen großen Brunnen herum serviert, im Winter im schönen Gemäuer des alten Stadthauses. Überwiegend studentisches Publikum. Prima auch für alleinreisende Frauen!

•**Al-Kandil**

Sh. 29. Ayar, um die Ecke neben der Touristeninformation, Tel. 222 73 62.

Nettes Restaurant mit supergutem Essen und Alkoholausschank. Aufgrund der Nähe zum Theater dinieren hier v.a. Schauspieler und andere Theater-Menschen sowie Journalisten. Sehr gutes Preis-Leistungsverhältnis (Hauptgericht max. 10 DM). Prima auch für alleinreisende Frauen!

•Wen es dann noch nach Pizza gelüsten sollte: Es gibt auch eine ganz gute Pizzeria in einer Seitenstraße, direkt neben dem Cham-Palace Hotel: **Pizza Roma** mit moderaten Preisen (eine Pizza kostet 100 Lira).

Restaurants mit Touristenspektakel

•**Omayyad-Palace**

Hayy al-Qabqabiye, nahe des Azm-Palastes, im Suq, Tel. 222 08 26.

Restauriertes Altstadthaus mit Live-Musik. Wird vor allem von Touristengruppen besucht, serviert aber keinen Alkohol.

•**Dimashq al-Qadim**

Sh. al-Killas, hinter der Zitadelle, Tel. 221 88 10.

Sehr gute Küche, Live-Musik und viele Reisegruppen. Kein Alkohol, dafür leckerer Ayran!

Köstlich und nicht teuer

•**Al-Rayyes**

Direkt am Yusuf-al-Azme-Platz.

Dieses ruhige Restaurant hat sehr gutes und reichliches Essen sowie Alkolholausschank.

•**Abu l-Iss**

Direkt im Suq al-Hamidiye, letzte Quergasse links der Hauptstraße kurz vor der Umayyaden-Moschee, Tel. 221 81 74.

Sehr gutes Essen, eine Riesenauswahl, ein herrlicher Blick auf die Moschee und gute Live-Musik am Abend. Kein Alkohol, dafür um so beliebter bei Damaszenern.

•**Al-Masri**

Sh. Said al-Djabri.

Sehr gute ägyptische Küche, nette Leute und sehr günstige Preise.

•**Abu Nawas**

Am Merdje.

Einfaches und leckeres Restaurant mit überwiegend männlicher Kundschaft, Bierausschank und gutem Frühstück.

•Weitere einfache Restaurants befinden sich zwischen dem *Suq al-Hamidiye* und dem *Merdje.*

•Der beste **Shawarma**-Imbiss befindet sich m.E. beim Bab Tuma, dort, wo die *Sh. Kanayet al-Khatib* auf die *Sh. Bab Tuma* stößt.

•Der beste **Falafel-**Shop befindet sich m.E. in einer Seitengasse der *Sh. Port Said* in Richtung *Sh. Yusuf al-Azme.*

•Die besten **gebratenen Hähnchen** (arab. *farush*) gibt es in der Nähe des Gemüsemarktes beim Merdje (die mangelnde Sauberkeit der Restaurants hier bringt manchen Reisenden zum Würgen, die Hähnchen sind allerdings einsame Spitzenklasse, man kann sie ja auch mitnehmen...)

Restaurants außerhalb

Kurz hinter dem Umayyadenplatz beginnt das schöne Baradatal. Hier reiht sich Gartenlokal an Gartenlokal, eines hübscher als das andere. Meist gutes Essen, sehr moderate Preise und absolut beliebt bei der damaszenischen Bevölkerung! Selbiges gilt für die Ausflugslokale an der Straße nach Sayyid Naya, die – auch hier eines hübscher als das andere – sich entlang der kleinen Schlucht nach oben ziehen.

Cafés und Teehäuser

Teehäuser, auch für Frauen

•**Noufara**

Das wohl in der Zwischenzeit bekannteste Teehaus Damaskus befindet sich hinter der Umayyaden-Moschee. Es ist trotz Touristen sehr ursprünglich und schön. Im Ramadan erzählt jeden Abend ein Geschichtenerzähler dem Publikum seine Geschichten, außerhalb des Ramadan nur freitags. Tee, Kaffee, Wasserpfeifen.

•Hidjaz
Ein sehr einfaches, aber nettes Teehaus befindet sich direkt am Hidjaz-Bahnhof (zw. Gebäude und Gleise, nicht zu verwechseln mit dem Restaurant auf dem Gleis). Leider im Winter geschlossen, da kein Innenraum vorhanden. Auch hier kann man in aller Ruhe Wasserpfeife rauchen oder Backgammon (arab. *tawla*) spielen, Frauen sind hier zwar eher selten, werden aber nicht schief angeschaut.

•Teehaus im Museum
Ein sehr schönes Teehaus befindet sich im Garten des Nationalmuseums. Hier treffen sich v.a. Studenten aus der nahe gelegenen Uni. Häufig sind hier arabische Frauen alleine anzutreffen. Man muss keinen Eintritt zahlen, will man nur in das Café, aber Vorsicht, wer sich vorher nicht nach dem Teepreis erkundigt, kann leicht 30 Lira für ein kleines Glas bezahlen! Dennoch ist dieses Teehaus der beste Ort für Frauen alleine, um sich ein wenig auszuruhen.

Besondere Teehäuser

Teehäuser gibt es an jeder Ecke und natürlich werden auch hier Frauen nicht hinausgeworfen. Sie sind jedoch ein so seltener Anblick, dass frau von ganz alleine flieht...

•Ein besonders schönes Teehaus befindet sich **zwischen dem Hidjaz-Bahnhof und der Telecom.** Hier sitzt man auf einer herrliches Terrasse und kann Tee schlürfen, Wasserpfeife rauchen und dem Treiben zusehen. In Männerbegleitung kann hier auch frau stundenlang sitzen.

•Gar nicht weit davon ist in einem Hinterhof **ein Teehaus mit Springbrunnen.** Wenn man von der Telecom in Richtung *Suq al-Hamidiye* läuft, auf der rechten Seite.

•Sehr hübsch, und v.a. mit angeschlossener köstlicher Patisserie, ist das Teehaus nahe der Fußgängerzone beim *Yusuf-al-Azm-Platz*. Von diesem die *Sh. Salihiya* gen Norden, bis zur großen Kreuzung, an der die Fußgängerzone abgeht. Hier die Straße überqueren, wenige Meter nach rechts. Im Sommer mit Innenhof, im Winter nur innen. Tee, Wasserpfeife und Halwayat.

Café Noufara

•Als letztes Teehaus sei das **Sharq al-Ausat** empfohlen, wo man herrlich auf einer Terrasse sitzen und dem Treiben zusehen kann. Zwischen dem *Merdje* und dem *Yusuf al-Azm-Platz* an der Kreuzung zur *Sh. al-Ittihad* im obersten Stock.

Schicke Cafés

Die Flaniermeile und somit auch alle schicken Cafés befinden sich in der *Sh. Maisalun*. Wirklich nett sitzen kann man hier nicht, aber man ist mehr oder weniger „in" und Frauen treffen hier auch schon einmal auf arabische Frauen. Am nettesten ist noch das **Café Brazil** im Cham-Palace-Hotel. Hier gibt es echten (!) Kaffee! Auch das **Shimmis** ist zu empfehlen, hier laden ein paar Tische zum längeren Verweilen ein. Daneben gibt es das **Damascene** und das **Apollo,** beides schicke Läden mit leckeren Kleinigkeiten.

Konditoreien, Eis und Pudding

Eine Unzahl köstlichster Konditoreien finden sich rund um den Merdje. Unbedingt probieren sollte man die diversen Köstlichkeiten, die darin angeboten werden. An manche ist auch ein kleines Café angeschlossen, in dem man auch als Frau problemlos sitzen, Tee oder Café schlürfen und dazu die klebrigen Köstlichkeiten probieren kann.

•Baqdash

Im Suq al-Hamidiye.

Die wohl bekannteste Eisdiele Damaskus! Gutes, selbstgemachtes Eis (nur eine Sorte), leckere Puddings und Milchreis. Spezialität der "Eisgalerie" ist *mahlaye,* ein Pudding aus Milch, Mandeln und Pistazien! Geöffnet von 8–20.30 Uhr.

•Weil die Eisdiele Baqdash so gut läuft, haben nun im Suq mehrere aufgemacht. Ich habe nicht alle ausprobiert, denke mir aber, die anderen dürften nicht viel schlechter sein. Bakdash ist die dritte Eisdiele auf der rechten Seite, wenn man auf die Umayyaden-Moschee zuläuft.

Abends...

Es gibt verschiedene Arten, sich den Abend in Damaskus zu vertreiben. Wer es ruhig und nur „auf ein Bier" möchte, sollte den **Nadi Ummal** (siehe Restaurants) aufsuchen. Hier kann mann und frau herrlich entspannen. Nahe des *Bab Sharqi* findet sich des weiteren die kleine **Piano Bar** *(Sh. Hannano),* eine nette Bar mit gediegener Atmosphäre. Es gibt ein paar Kleinigkeiten zu essen, ansonsten ist das ein Ort, um sich zu erholen. Aufgesucht wird die Piano-Bar hauptsächlich von Touristen, v.a. seit sie in allen frankophonen Reiseführern vertreten ist.

Etwas syrischer geht es in dem namenlosen Café schräg gegenüber der Restaurant Elisar zu. Hier treffen sich die jungen Leute der Umgebung. Abends gibt es gute Musik, kleine Snacks und eine sehr nette Atmosphäre, auch für Frauen alleine möglich. Zu finden ist es in einem Hinterhof (über dem Toreingang steht Café geschrieben, es sind zwei Wellen daneben gemalt).

Wer abends lieber einem **arabischen Märchenerzähler**, einem Hakawati, lauschen und dabei eine Wasserpfeife rauchen möchte, kann dies jeden Freitagabend im **Café Noufara** tun, hinter der Umayyaden-Moschee. Hier können sich auch getrost Frauen alleine hinwagen. Abends eine ruhige Wasserpfeife rauchen kann man sehr gediegen auch auf der Dachterrasse des **Sharq al-Ausat** oder in anderen Teehäusern.

Damaskus hat auch eine **Fußgängerzone** *(Sh. Salihiye).* Hier flanieren abends die Sprösslinge der Ober- und oberen Mittelschicht. V.a. im Ramadan ist hier die Hölle los: Bis nachts um 3 Uhr bauen fliegende Händler ihre Stände auf und feilschen um jede Lira...

Schick zum Flanieren ist auch die *Sh. Maisalun,* hier reihen sich die Cafés und Boutiquen. Freitags abends trifft man sich zum Bummel beim Bab Tuma. Außerhalb der Stadtmauern führt eine Straße gen Norden, die an nur diesem Abend für Autos gesperrt wird. Hier befindet sich neben syrischen Edelboutiquen auch ein Benneton-Laden. Fliegende Händler bieten ihre Maiskolben an, Hefegebäck duftet mit Kaffee um die Wette – schöne Atmosphäre.

Das **Centre Culturell Francais** zeigt immer wieder internationale Filme (gute Auswahl, nette Atmosphäre, *Sh. Yusuf Azme,* gegenüber dem Hotel Alaa Tower 2, Tel. 231 61 81/82). Auch Konzerte werden veranstaltet (z.T. mit internationalen Größen), Theaterprojekte gestartet, Arabisch-Dialekt-Kurse angeboten. Außerdem gibt es eine große Bibliothek und eine Galerie. Sehr gutes Kulturprogramm! Am besten einfach mal umsehen. Ähnliches gilt für das **Goethe-Institut** *(Sh. Adnan Malki,* neben der indischen Botschaft, Tel. 333 66 73, Fax 332 08 49) und das **amerikanische Kultur-Zentrum** (hinter der US-Botschaft). Auch hier werden am Abend oft Filme gezeigt und Veranstaltungen abgehalten.

Nachtclubs

Wer sich den Abend/die Nacht mit reichen Golfstaatlern vertreiben möchte und kein Problem mit einer etwas verruchten Atmosphäre hat: Damaskus hat auch Nachtclubs zu bieten. Was darin geschieht, vermag ich allerdings nicht zu sagen! Ein recht beliebter Club befindet sich neben dem Kino Les Ambassadeurs, das **Moulin Rouge.**

Kinos

•Das beste Kino der Stadt ist das Kino im **Cham Palace Hotel.** Hier werden internationale Filme mit arabischen Untertiteln gezeigt.
•Es gibt außer diesem Kino nur wenige andere, die internationale Filme zeigen. Die meisten Kinos beschränken sich auf Action-Filme oder arabische Liebesschnulzen. Letztere sind unbedingt einmal sehenswert: Auch wenn man nichts versteht, so erfährt man doch viel über die arabische Mentalität... Adressen: **Cinema Sufara** *(Sh. 29 Ayan,* ganz zentral), **Cinema Dunya** *(Sh. Fardous),* **Cinema Fardous** *(Sh. Fardous),* **Cinema Ugarit** *(Sh. al-Jabiri,* neben der Hauptpost).

Theater

•Unbedingt lohnenswert ist der Besuch eines Theaters: Das beste Theater des Landes ist selbstverständlich das **Nationaltheater** in Damaskus. Es befindet sich am Umayyaden-Platz *(Sahat al-Umawiyyin).* Daneben gibt es ein sehr nettes Volkstheater – „Volks"theater im wahrsten Sinne des Wortes: Das Publikum ruft mit, leidet und weint, wenn dies auch der Held tut und ist sehr sehr lebendig. Es werden vor allem arabische Stücke gezeigt. Eintritt fast frei, so billig... Man findet es in der Straße, die vom Yusuf al-Azme-Platz zur Fußgängerzone führt, links unterhalb eines Kinos.
•Seit nicht allzu langer Zeit hat sich in Damaskus auch eine neue **Theatergruppe** zusammen gefunden: die „Mosaiec", junge Leute, die syrische Traditionen, alte Stücke, Musik, Tanz und Lieder in moderne Theaterformen gebracht haben. Unterschiedliche Aufführungsorte, Reservierung unter Tel. 442 27 90 oder 222 24 97.

Vergnügungspark

Für Leute mit Sinn für Vergnügen à la Disneyland sei **Happy Land Oasis** empfohlen. An der Straße zum Flughafen gelegen, ist dieser Vergnügungspark (Eintritt 50 Lira) das Modernste, was Syrien zu bieten hat. Sehr schöne Anlage mit Wasserspielen und Achterbahn. Für Nicht-Motorisierte: Der Flughafenbus hält an der Autobahnausfahrt. Ansonsten ist ein Taxi notwendig!

Hammams

•Nur ad-Din
Prachtvolles Hammam, direkt im Suq (siehe S. 200). Errichtet im 12. Jahrhundert von den Osmanen. Der Innenraum ist auch von Frauen zu besichtigen, baden dürfen diese jedoch nie hier. Geöffnet 8–24 Uhr.

•Al-Ward
Sh. al-Ward, im Stadtviertel Suq Saruja, zw. dem Restaurant Nadi Ummal und dem Hotel Al-Rabie.
Hübsches Hammam aus dem 17. Jahrhundert mit folgenden Frauenstunden: Di und Mi 12–18 Uhr.

•Al-Zaher
Gegenüber der Madrasa Zahiriye, Bab al-Baread.
Hübsches Bad aus dem 18. Jahrhundert. Geöffnet 8–24 Uhr, Frauen müssen vorher reservieren.

•Al-Djadid
Sh. Bab as-Siridja, die Straße gegenüber der Sinan-Pascha-Moschee.
Hübsches Bad, nur für Männer.

•Al-Bakri
Beim Bab Tuma, gegenüber der Jesuitenkirche.
Sehr schönes altes Bad. 8–20 Uhr, nur für Männer.

•Al-Khandji
Sh. Suq Sarudja, neben dem hist. Museum.
Schönes altes Bad, auch nur für Männer im Sarudja-Viertel, 6–24 Uhr.

Museen

•Nationalmuseum
Sh. Shukri al-Quwwatli, tägl. außer Di 9–18 Uhr, im Winter bis 16 Uhr. Eintritt: 300 Lira, Studenten 15 Lira.
Das Museum beherbergt jede Menge Funde aus Syriens früher Geschiche. Sehenswert! Näheres siehe Spaziergang Nr. 2.

•Azm-Palast
Suq al-Buzuriya, tägl. außer Di 9–18 Uhr, winters nur bis 16 Uhr. Eintritt: 300 Lira, Studenten 15 Lira.
Ethnografisches Museum in der Altstadt. Unbedingt sehenswert! Details siehe Spaziergang Nr. 1.

•Bimaristan an-Nuri
Sh. Tariq ibn Ziyad, tägl. außer Di und Fr 8–14 Uhr. Eintritt 150 Lira, Studenten 10 Lira.
Museum der Arabischen Medizin. Schön! Näheres siehe Spaziergang Nr. 1.

•Historisches Museum
Hayy as-Sarudja, an der Sh. ath-Thaura, tägl. außer Di, 8–14 Uhr.
Traditionelles Stadthaus mit schönen Innenräumen. Sehenswert.

Galerien

•Galerie du Centre Culturel Francais
Sh. Yusuf Azme, gegenüber dem Hotel Alaa Tower.
Wechselausstellungen.

•Wechselausstellungen im Foyer des Nationalmuseums.

•Zwei weitere kleine Verkaufsgalerien mit Werken einheimischer Künster finden sich in der Tekkiye Sulaimaniya.

Einkaufen

•Es gibt einen **Handwerkssuq** nahe der Tekkiye Sulaimaniya (siehe Spaziergang Nr. 2), in welchem alte Dinge sowie hübscher Schmuck, Bilder etc. verkauft werden. Einigen Läden sind kleine Werkstätten angeschlossen, z.B. eine Weberei, eine Glasbläserei, eine Teppichweberei etc. Auch bei der Herstellung der berühmten Damaszener Intarsienarbeiten kann zugeschaut werden. Horrende Preise, unbedingt handeln!

•**Westliche Waren** findet man in der Neustadt, rund um die Fußgängerzone und entlang der *Sh. Maisalun.* Ein **Schweinemetzger** arbeitet beim Bab Tuma im Christenviertel, und auch **Alkohol** kauft man dort am besten. Internationale Marken, Whisky u.ä. findet man in den Läden an der Straße, die vom Bab Sharqi nach Djaramana führt. Einen Alkoholladen in der Innenstadt befindet sich in der Straße von der Hauptpost zur Tekkiye Sulaimaniya.

Tainbiya-Moschee im Midan-Viertel

●**Supermärkte** nach europäischen Vorbild findet man in der Gegend nördlich der *Sh. Maisalun.* Hier findet auch täglich ein wunderschöner **Markt** statt.

●Lebensmittel, Fleisch, Oliven, frisches Obst und Gemüse findet man am besten auf dem **großen Markt am Merdje**, täglich bis spät in die Nacht geöffnet.

●**Buchläden mit internationaler Literatur** gibt es in Damaskus einige: Am besten sortiert mit englisch-, deutsch- und französischsprachiger Literatur sowie internationale Zeitschriften und Zeitungen (z.B. der *Spiegel!*) ist der **Avicenne International Bookshop** (PO Box 2456, Tel. 221 29 11), in der Straße gegenüber dem Faddous Tower Hotel. Hier gibt es auch die aktuellste Auflage (derzeit 1999) einer Straßenkarte Syriens mit aktuellen Stadtplänen von Damaskus und Aleppo. Kosten: 130 Lira.

●Der netteste Buchladen ist sicherlich der **Nobel Bookshop,** schräg gegenüber des Cham-Palace Hotels. Der nette und höchst kompetente Besitzer Djamil Nazari spricht sehr gut deutsch und hilft gerne weiter. Gut sortiertes Buchangebot.

Sprachkurse

Siehe auf S. 437 und 439.

Sport

Man kann in den internationalen großen Hotels gegen einen saftigen Obolus **schwimmen.** Wer auch in Syrien nicht auf das wochenendliche **Fußballspiel** verzichten möchte, kann das große Stadion am Abbasidenplatz aufsuchen.

Medizinischer Notfall

Krankenhäuser

Das wohl beste Krankenhaus ist das **Shami Hospital,** *Sh. Ibrahim Hananu, Tel. 371 89 70/75.* Daneben sind das **Französische Krankenhaus,** *Kassa'a, Tel. 444 04 60,* zu empfehlen, der **Medical Care Center,** *Sh. Adawi, Tel. 332 29 82,* das **Assadi Hospital,** *Mezze-West, Tel. 613 25 00–5* und das **Italienische Krankenhaus,** *Sh. Salhiya, Tel. 332 60 30/31.*

Deutschsprachige Ärzte

●**Praktische Ärzte**

Dr. Gemna Adib
44, Sh. Bagdad, Tel. 441 20 83.

Dr. Usama al-Sallah
Sh. Pakistan (Viertel Salihiya), Tel. 442 09 99.

Dr. Adnan al-Zain
Ain al-Kish (bei Zentralbank), Tel. 231 71 92.

Dr. Michel Khouri
Midan Kossur, Tel. 445 63 11.

●**Gynäkologen**

Dr. Josephine Hallal
Midan Tahrir, neben der Fardaus-Moschee, Tel. 441 21 55.

Dr. Ryad Hussaini
Sh. al-Mahdi ibn Baramka, Tel. 441 40 07.

●**Augenarzt**

Dr. Mamun Hajjar
Sh. 29. Ayyar, Tel. 231 74 15.

●**Kinderärzte**

Dr. Nadya Cherbaji
Sh. Shabander, Tel. 442 91 06.

Dr. Abdul Kallagi
West-Mezzeh, Tel. 666 70 63.

●**Orthopäde**

Dr. Hamdi Arabi
Shami Hospital, Tel. 332 02 65.

●**Hautärztin**

Dr. Souha Kilou
Bahsa, Nähe Venizia-Hotel, Tel. 231 30 41.

●**Zahnärzte**

Dr. Nazir Hajjar
Rawda- Hospital, Tel. 333 83 92 od. 333 99 50.

Dr. Masur al-Attar
Sh. Nassib al-Bakri 28, Tel. 332 42 20.

Englischsprachiger Tierarzt

●Dr. Ryad Ajaj
Macht Hausbesuche, *Tel. 662 18 71.*

Apotheken

●Eine **Nachtapotheke** findet man nahe der Zentralbank, am Ende der *Sh. 29. Ayar.*

●Eine **Apotheke, in der man deutsch spricht**, liegt gegenüber der italienischen Botschaft, *Tel. 333 83 24.*

Stadtbusse

Das **Stadtbussystem** in Damaskus ist **nicht ganz einfach zu durchschauen**, da die

Busse **ausschließlich arabisch beschriftet** sind. Ein großer Service-Bahnhof befindet sich unter der **Djisr ar-Ra'is**, neben dem Nationalmuseum. Hier fahren die Service nach **Muhadjerin, das Botschaftsviertel** ab, ebenso die Service zum **Bab Tuma** und ins **Baradatal.** Service-Busse nach **Mezze** (Univiertel, Staatsbibliothek, Theater, Sheraton-Hotel, Intelligence Service) fahren unter der **Djisr ath-Thaura** ab (auf der Seite des hist. Museums), Service ins Stadtteil **Djaramana** (Beginn der Ghuta, zum Kloster St. Pauls und den meisten Alkoholläden) und ins Palästinenser-Viertel fahren ab Bab Tuma. Die Service zum großen Busbahnhof (Garadjat) fahren **nahe der Djisr ath-Thaura** ab, auf der Seite des großen Gemüsemarktes. Am besten, man fragt die Umstehenden oder die Fahrer nach dem Ziel. Die wichtigsten Service-Stationen sind im Plan verzeichnet.

Die Service kosten zwischen 3 und 5 Lira, der Preis steht an der Vorderscheibe angeschrieben. Bezahlt wird einem der Mitreisenden, meist dem, der dem Fahrer am nächsten sitzt. Ist man das selbst, kann es sein, dass die syrischen Mitfahrenden einem das Geld in die Hand drücken. Wer sich dem nicht gewachsen fühlt, sollte die Aufgabe seinem Nachbarn abgeben.

Verkehrsverbindungen

Fliegen

Der Flughafen befindet sich ca. 40 km außerhalb der Stadt und ist mit einem öffentlichen Bus (unter halb der *Djisr Victoria,* vor dem Hotel Kinda bzw. Kairuan, Abfahrt alle 30 Min., Kosten: 15 Lira) oder dem Taxi (Kosten ca. 500 Lira) problemlos zu erreichen (siehe Anreise-Kapitel).

Fluggesellschaften

•**Syrian Arab Airlines**
Sahat Hidjaz/Sh. Port Said, gegenüber dem Hidjaz-Bahnhof, Tel. 222 07 00.
Neben vielen internationalen Verbindungen ist die Syrian Arab Airlines v.a. für seine **nationalen Verbindungen** von Interesse. Es werden die Städte: Aleppo, Qamishli und Der az-Zor angeflogen. Kosten zw. 600 und 800 Lira.

•**Lufthansa**
Seit März 2000 hat die deutsche Fluglinie ihren Verkehr nach Syrien eingstellt.

•**Austrain Airlines**
Tel. 222 04 98 und 223 60 01.

•**Swiss Air**
Sh. An-Nasr, PO Box 4227, Tel. 221 25 00.

•**Air France**
Sh. al-Jabri und im Hotel Meridien.

•**British Airways**
Sh. al-Quwwatli.

Die Bahn

Der **Bahnhof al-Qanawat** befindet sich etwas außerhalb. Regelmäßiger Zubringerbus ab dem Hidjaz-Bahnhof.

Zugverbindungen

•**Aleppo:** 5.45 Uhr und um Mitternacht je ein Zug nach Aleppo (85 bzw. 57 Lira, 1. bzw. 2. Klasse, 6 Std.)

•**Lataqiya:** 0.45 Uhr (90 bzw. 60 Lira, 6 Std.)

•**Der az-Zor:** 5.25 Uhr (155 bzw. 105 Lira, 10 Std.)

•**Qamishli:** 5.25 Uhr (200 bzw. 135 Lira, 19 Std.)

•Vom **Hidjaz-Bahnhof** fährt im Winter einmal wöchentlich ein Zug nach Derâa/Amman ab (Montags 7 Uhr, 157 Lira bis Amman) und sommers außerdem ein weiterer Zug Richtung Bludan/Zabadani (Freitags 7 Uhr, 26 Lira, 3 Std.)

Überlandbusse

•**Nach Derâa, Suwaida, Salkhad und Shahba**
Busse in den Süden fahren stündlich **in der Nähe des Bab Musalla** *(Yarmuk-Platz)* ab. Eigener Busbahnhof, eine Reservierung ist weder möglich noch notwendig. Alte Rüttelbusse. Ein Taxi hierhin darf nicht mehr als 25 Lira kosten, am besten man sagt, dass man zu den **Garadjat Bab Musalla** möchte!

•**Nach Sayyid Naya und Maalula**
Mini- und Rüttelbusse in diese Richtung starten stündlich **vom Großmarkt** (nahe des *Bab Tuma)*. Reservierung weder nötig noch möglich! Taxi von der Innenstadt hierher 25 Lira.

•**In die Städte im Norden und Osten**
Der **Zentrale Busbahnhof,** der **Garadjat Harasta** für alle großen Buslinien Richtung

Norden befindet sich weit außerhalb an der Ausfallstraße nach Aleppo, noch ein ganzes Stück hinter dem Abbasidenplatz. Taxis (nach *Harasta,* bzw. *Garadjat Harasta,* bzw. *Pullman* ca. 30 Lira, Service fahren ab dem Gemüsemarkt bei der *ath-Thaura-Brücke* ab). Hier fahren auch die Busse in die Türkei ab (Reservierung empfohlen), sowie die staatliche Busgesellschaft Karnak, deren Ruf jedoch weit besser ist als die Realität. **Internationale Karnak-Busse** (d.h. nach Jordanien und in den Libanon) fahren **nicht** hier ab, sondern ab der Station in Baramke (s.u.).

Falls man dem rufenden Busticketverkäufer entgehen möchte: Gleich am Eingang ist das Büro von Karnak, direkt dahinter die Busgesellschaft Qadmus (die meines Erachtens beste Busgesellschaft).

Da von hier ständig Busse in alle Richtungen fahren, ist eine vorherige Reservierung nicht notwendig. Grundsätzlich gilt, dass man, fast gleichgültig zu welchem Ziel, bei Ankunft am Busbahnhof immer einen Bus findet, der innerhalb einer Stunde zum gewünschten Ziel abfährt.

•**Busse und Sammeltaxis nach Amman (Jordanien), Qunaitra, Bludan, Bosra, Baalbek (Libanon) und Beirut (Libanon)**

Im Viertel Baramke (zwischen Hidjaz-Bahnhof und Immigration Office) ist der zweite große Busbahnhof (vgl. Karte auf S. 214). Hier fahren alle Sammeltaxis und Minibusse nach Jordanien und in den Libanon, sowie nach einigen Einzelzielen im Inland ab.

Sammeltaxis nach Jordanien und in den Libanon: Meist sind es alte amerikanische Schlitten, die dem Reisenden ein Gefühl geben, in die fünfziger Jahre zurückgekehrt zu sein. Die Autos fahren ab, wenn das Taxi voll ist. Das Sammeltaxi ist dem Bus in jedem Fall vorzuziehen, da sich bei fünf Personen pro Fahrzeug die Grenzformalitäten weit schneller erledigen lassen als bei einem vollem Bus. Nach Amman kostete es 400 Lira, und es dauert 5 Std., nach Baalbek 250 Lira für 2,5 Std, nach Beirut sind es 300 Lira für 4 Std.

Internationale Karnak-Busse: Karnak hat sein Büro für Auslandsfahrten hier in Baramke: Zwischen 7.30 Uhr und 16.30 Uhr geht stündlich ein Bus nach Beirut (175 Lira, 5 Std.). Um 7 Uhr morgens und 15 Uhr nachmittags geht ein Bus nach Amman (6 $, syr. Lira werden nicht akzeptiert, 7 Std.). Die Karnak-Busse in die Türkei fahren ab Harasta.

Minibusse nach Bludan, Zabadani und Qunaitra: Unregelmäßige Abfahrtszeiten,

Routenteil A

Zur Orientierung die derzeitigen **Abfahrtszeiten der Busgesellschaft Karnak** (ohne jede Gewähr, die Zeiten ändern sich monatlich!):

Homs	حمص	ab 7.30 Uhr stündlich bis 19.30 Uhr (60 Lira)
Palmyra	تدمر	ab 8.30 Uhr stündlich bis 19 Uhr (100 Lira)
Idlib	ادلب	12.30 und 15.30 Uhr (75 Lira)
Lataqiya	اللاذقية	8 und 13.30 Uhr (110 Lira)
Aleppo	حلب	7.30 und 16 Uhr (100 Lira)
Tartus	طرطوس	14 Uhr (110 Lira)
Der az-Zor	دير الزور	8.30, 16 und 19 Uhr
Raqqa	الرقة	11 und 16 Uhr (160 Lira)
Qamishli	قمشلي	11 Uhr (260 Lira)
Hassaka	حسكة	10 und 11 Uhr (230 Lira)

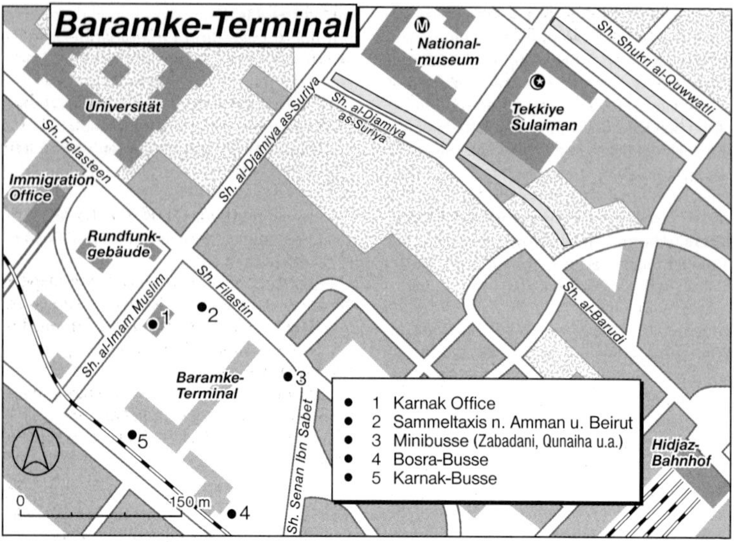

Baramke-Terminal

- 1 Karnak Office
- 2 Sammeltaxis n. Amman u. Beirut
- 3 Minibusse (Zabadani, Qunaiha u.a.)
- 4 Bosra-Busse
- 5 Karnak-Busse

meist wenn der Bus voll ist. Dauert ca. 1 Std. Kosten nach Bludan: 20 Lira, nach Zabadani 22 Lira.

Rund ums Auto

Syrischer Automobilclub

Midan Yusuf al-Azme, neben dem russischen Kulturzentrum,Tel. 222 02 77.

Mietwagenfirmen

•Cham Car/Hertz

Sh. Maisalun, im Cham-Palace Hotel, Tel. 223 23 00, Fax 222 61 80.

Zuverlässiger Anbieter mit neuen Autos, bei Wunsch auch mit Fahrer. Billigstes Auto (Renault Clio) ab 2250 Lira am Tag plus Versicherung plus 200 Lira Steuer. Mindestmietdauer: 3 Tage, ab 1 Woche 10% Rabatt, ab 4 Wochen 20% Rabatt. Geländewagen: 7395 Lira.

•Budget

Sh. Baramke, Tel. 222 69 94.

Kleinwagen ab 60 $ am Tag.

•Europcar

Am Flughafen (ohne Telefon), im Meridien (Tel. 222 92 00), im Semiramis (Tel. 221 38 13), im Sheraton (Tel. 222 93 00) und im Omayyad (Tel. 221 77 06).

Gleichgültig, wo man reserviert, die Preise sind immer gleich: Der billigste Wagen (Peugeot 106 mit AC) kostet für 3 Tage 213 $ und für eine Woche 429 $, incl. Insassenversicherung, Vollkasko und freier Kilometerzahl. Die selben Preise gelten auch, wenn man bereits in Deutschland bucht! Tel. 0180 522 11 22, Fax 040 52 01 86 10.

•Avis

al-Rawabi c/o Othman Ibn Affan, PO Box 12702, Tel. 223 08 80, Fax 22 39 68.

Der günstigste Wagen, den Avis in Syrien zu vermieten hat, ist ein Mercedes 190 E. Ansonsten gibt es nur noch Porsche. Die Preise für 3 Tage liegen für den billigeren Wagen bei 588 DM, wobei die Kilometerzahl auf 360 km beschränkt ist. 7 Tage Automiete kosten bei einer Kilometerbeschränkung von 840 km 1184 DM. Eine Reservierung in

Deutschland ist möglich und zwar unter der Telefonnummer: 0180 555 77.

•Günstiger und besser ist es, **über Reisebüros** ein Auto zu mieten. Hier können z.B. Kleinbusse mit Fahrer ab 2300 Lira pro Tag incl. allem gemietet werden!

Werkstätten

Viele kleine Werkstätten finden sich rund um den Busbahnhof, sowie an der Ausfallstraße nach Derâa und Jordanien. Der ADAC rät, dass man sich bei seinem Autohändler ein Verzeichnis der Kundendienststellen in Syrien beschafft.

Tankstellen mit bleifreiem Benzin

Grundsätzlich: Nur die Firma **SADCOB** vertreibt überhaupt bleifreies Benzin (zu erkennen an der roten Fackel im blauen Dreieck! Informationen des ADAC).

SADCOB-Tankstellen in Damaskus finden sich in Mezze, in Barzi, an der Ausfallstraße nach Sayyid Naya, nahe dem Busbahnhof Harasta (an der Ausfallstraße nach Aleppo) und in Sayyid Naya selbst.

Öffentliche und bewachte Parkplätze

Drei öffentliche Parkplätze sind für den Reisenden interessant:

•**Cham Parking**: gegenüber dem Cham-Palace Hotel, 1. Std. 50 Lira, 2. Std. 40 Lira, jede weitere Std. 30 Lira.

•**Hamidiye**: zwischen dem Suq al-Hamidiye und der Telecom. 1. Std. 30 Lira, 2. Std. 25 Lira, jede weitere Std. 15 Lira.

•**Merdje**: am Merdje Platz (ohne Preisangaben).

Reisebüros

•**Nawafir Tours**

Tel. 231 93 27, Fax 231 94 57, e-mail: discover@nawafir-tours.com, Homepage: www.nawafir-tours.com

Das Reisebüro bietet für syrische Verhältnisse außergewöhnliche Touren an: Kajak auf dem Euphrat, Kameltouren in der Wüste mit Übernachtung im Beduinenzelt, Geländewagentouren etc.

•**Silk-Road Travel**

Sh. Fardous, PO Box 12958, Tel. 223 05 00, Fax 223 11 38, Homepage: www.silkroad-tours.com, e-mail: hanano@silkroad-tours.com

Etabliertes Reisebüro, das Touren in Syrien, Jordanien und Libanon anbietet. Airport-Service, individuelle Touren, deutsch sprechende Reiseleitungen.

•**Allied Tours**

PO Box 4227, Tel. 222 18 88, Fax 224 52 41, e-mail: kiwan@allied-tours.com, Internet: www.allied.tours.com

Dieses internationale Reisebüro, mit Dependancen in Italien und Belgien, bietet alles: von Dreitages-Touren von Damaskus aus bis hin zur vollständigen Rundreise.

•**Nahas Travel**

Sh. Fardouss, Tel. 223 20 00, Internet: www.world-tourism.org/affiliate/nahas.htm

Hier können auch Autos mit und ohne Fahrer gemietet werden.

Hauptpost

•*Sh. al-Jabiri, direkt beim Hidjaz-Bahnhof.*

Geöffnet von 8–19 Uhr, Guichet für Poste Restante. Im November 1999 wurde die Hauptpost umgebaut, so dass man die Postschalter im Untergeschoss findet, Eingang in der Seitenstraße. Hier ist auch die Paketpostabteilung. Man sollte es sich aber gründlich überlegen, ob man wirklich ein Paket abschicken muss, manch Reisender ist an den Formalitäten verzweifelt...

Wenn die Renovierungsarbeiten zu Ende sind, kann man erwarten, dass die Postschalter dann wieder im Obergeschoss zu finden sind.

Telecom

•*Sh. An-Nasr, zwischen dem Hidjaz-Bahnhof und dem Suq al-Hamidiye.*

Telefonkarten kauft man außerhalb bei Händlern, die vor dem Gebäude stehen. Man sollte auf jeden Fall nur die in Plastik eingepackten Karten kaufen. Karten gibt es für 200 Lira, 500 Lira und 1000 Lira zu kaufen. Die Minute nach Deutschland kostet 97 Lira. Rechts neben dem Gebäude finden sich die internationalen Telefonhäuschen. Weitere internationale Telefonzellen sind am *Merdje* (vor dem Hotel Faradis), an der Ecke *Sh. al-Ittihad/Sh. Yusuf al-Azme* und rund um den *Yusuf al-Azme-Platz* zu finden.

Das Office ist für **Faxe und Telegramme** zuständig. Eine Faxseite nach Deutschland kostet 250 Lira.

Geldwechsel

Es gibt verschiedene Möglichkeiten, sein Geld zu wechseln, sei es bei Money-Changern oder bei Banken. Ähnliche Kurse. Vom häufig angebotenen Schwarztausch ist abzuraten, hohe Strafen! **Reiseschecks** werden am einfachsten und schnellsten bei der **Commercial Bank of Syria** am *Yusuf al-Azme Platz,* am *Hidjaz-Bahnhof* oder am *Merdje-Platz* gewechselt. Bargeld kann auch in den großen Hotels getauscht werden. Schlechte Kurse!

Internetcafés

Seit Damaskus nun einen Provider hat, gibt es auch Internetcafés. In nur sechs Wochen haben gleich zwei neu eröffnet.

•Internetcafé

Im Viertel Sarudja, neben der Moschee al-Ward im 3. OG. Tel. 232 46 70.

Nette Leute und Möglichkeit, Tee und Kaffee zu trinken. 1 Minute kostet 5 Lira.

•ICC Internet Computer Center

Im Viertel Baramke, in einer Seitenstraße nahe der Abfahrtsstelle für die Sammeltaxis nach Jordanien und Beirut. Tel./Fax 221 52 42.

Weniger nette Leute, aber schönere Räume. 1 Std. 500 Lira, 30 Min. 300 Lira, 15 Min. 200 Lira.

Feste/Veranstaltungen

•Messen

Damaskus ist die große Messestadt Syriens. Folgende Messen finden hier statt:

Mai: Die Blumenmesse (Floralies)

Ende September: Buchmesse

•Festivals

Oktober: *Damascus Film Festival,* alle zwei Jahre. Wechselt sich mit dem *Damascus Theater Arts Festival* ab.

Die Umgebung von Damaskus

Damaskus bietet sich als optimale Ausgangsbasis für jede Menge landschaftlich wie archäologisch interessanter und lohnenswerter Ausflüge an! Da gibt es den Süden zu erforschen, der jedoch eine eigene Reise verdient, weshalb er nicht hier behandelt wird, sondern als eigener Routenteil. Wer die Zeit für eine längere Tour in den Süden nicht hat, sollte zumindest einen Ausflug von Damaskus nach Bosra unternehmen (siehe Routenteil B). Das geht auch problemlos mit öffentlichen Verkehrsmitteln. Weitere Ausflugsziele locken sowohl im Norden (z.B. Maalula, Sayyid Naya, der Cherubin und das Kloster Mar Musa) als auch im Westen bzw. im Südwesten der Stadt, wie z.B. das Baradatal und das nationale Mahnmal Qunaitra in den Golanhöhen.

Das nächste Ausflugsziel von Damaskus ist aber der **Djabal Qassiun.** Hier oben reihen sich kleine Ausflugslokale (teuer) und Bänke aneinander, von denen man eine herrliche Sicht auf die Stadt hat. V.a. nachts ist der Blick auf die Stadt grandios. Wer gut zu Fuß ist, kann den Berg leicht erklimmen (max. 20 Min.). Dazu nimmt man ab der *Djisr ar-Ra'is,* neben dem Nationalmuseum, einen Service-Bus nach **Muhadjerin** (Endstation, 3 Lira). Von hier ist es nur noch ein Katzensprung hinauf. Man kann sich aber auch mit dem Taxi hinauffahren lassen (oft überhöhte Preisforderungen!). Der Gipfel kann nicht bestiegen werden, da hier militärisches

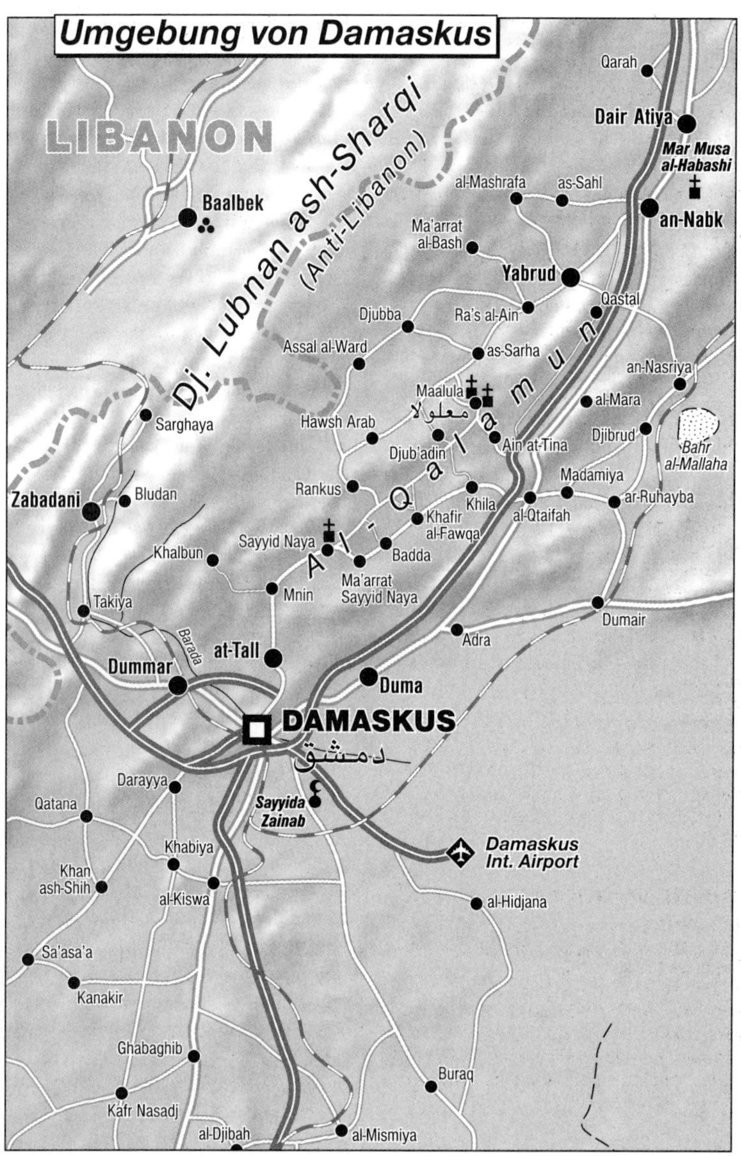
Umgebung von Damaskus
LIBANON
Dj. Lubnan ash-Sharqi
(Anti-Libanon)
Al-Qalamun
Baalbek
Qarah
Dair Atiya
Mar Musa
al-Habashi
al-Mashrafa
as-Sahl
an-Nabk
Ma'arrat
al-Bash
Yabrud
Qastal
Ra's al-Ain
Djubba
Assal al-Ward
as-Sarha
an-Nasriya
Maalula
معلولا
al-Mara
Sarghaya
Hawsh Arab
Djibrud
Djub'adin
Ain at-Tina
Bahr
al-Mallaha
Madamiya
Zabadani
Bludan
Rankus
Khila
al-Qtaifah
ar-Ruhayba
Khafir
al-Fawqa
Sayyid Naya
Badda
Khalbun
Ma'arrat
Sayyid Naya
Mnin
Takiya
Dumair
Barada
Adra
at-Tall
Dummar
Duma
DAMASKUS
دمشق
Darayya
Qatana
Sayyida
Zainab
Khabiya
Damaskus
Int. Airport
Khan
ash-Shih
al-Kiswa
al-Hidjana
Sa'asa'a
Kanakir
Ghabaghib
Buraq
Kafr Nasadj
al-Djibah
al-Mismiya

Routenteil A

Sperrgebiet ist. Der Rundweg um den Berg auf einer Straße, die unterhalb des Gipfels liegt, lohnt aber auf jeden Fall.

Sayyida Zainab سيدة زينب

Auch nicht viel weiter als der Berg liegt die unbedingt sehenswerte **Moschee der Sayyida Zainab.** Sie birgt das Grab der Sayyida Zainab, einer Gemahlin des Propheten. Die Moschee ist großartig und vollkommen anders als alle Moscheen der Stadt (mit Ausnahme der Moschee ar-Ruqqaya, die ihr ähnelt). Erbaut 1979, direkt im Anschluss an die islamische Revolution im Iran, gilt sie bis heute als eines der wichtigsten schiitischen Pilgerziele in Syrien, zumal da seit dem Iran/Irak-Krieg schiitische Pilgerstätten im Irak für Iraner unerreichbar wurden.

Die Moschee ist **iranischen Moscheen nachempfunden**. Das hohe Minarett ist bereits von weitem zu sehen und ganz und gar in Blau, Grün und Gold gehalten. Der Gebetsraum (getrennt nach Frauen und Männern) ist fast durchgehend verspiegelt und sehr prächtig. In der Mitte befindet sich das Grab der *Zainab bint Djahsh*. Sie galt als die zweitliebste Frau des Propheten.

Ihre Geschichte sei hier kurz erzählt: Schon früh hatte sich *Zaid ibn Thabit*, ein junger Mann aus Mekka, dem Propheten angeschlossen und als dessen Sekretär gearbeitet. Das Vertrauen des

Propheten in ihn war derart groß, dass er ihn als seinen Stiefsohn adoptierte. Nun war der junge Zaid mit einer wunderschönen und sehr mildtätigen Frau verheiratet, ihr Name war *Zainab*. Eines Morgens klopfte Muhammad auf der Suche nach seinem Adoptivsohn an ihre Tür. Als diese geöffnet wurde, erkannte er die nur dürftig bekleidete Zainab, die sich aus Höflichkeit und, um den Propheten nicht warten zu lassen, beeilt hatte, an die Türe zu gehen. Sie teilte ihm mit, ihr Mann sei nicht zu Hause, und bat ihn, einzutreten. Zu ihrem Erstaunen lehnte der Prophet ab und floh, ein Gebet auf den Lippen. Als sie später ihrem Mann davon berichtete, war diesem sofort klar, dass der Prophet seine Frau begehrt hatte. Er suchte ihn auf und sagte ihm, dass er bereit sei, sich von Zainab zu trennen, wenn der Prophet sie heiraten wolle. Anfangs zögerte der Prophet, bis Gott ihm eines Tages den Befehl gab, Zainab zu heiraten (Koran Sure 33, Vers 37). Und da Zaid den Propheten mehr liebte als alles auf der Welt, gab er seine Frau frei, woraufhin sich der Prophet mit ihr verheiratete.

Frauen werden am Eingang der Moschee gebeten, sich fest zu verschleiern (Tücher gibt's am Eingang) und nur den Fraueneingang des Betraumes zu benutzen. Vor der Moschee reihen sich – wie es sich für eine Pilgerstätte gehört – Bettler und Verkäufer kleiner Glücksbringer und von Schmuck, der den Segen der Zainab verheißen soll. Innerhalb der Moschee befinden sich Ausstellungsräume, in denen sich verschiedene islamische Organisationen und Gruppierungen präsentieren dürfen. So war 1998 z.B. eine Ausstellung der libanesischen Hizbollah zu sehen.

Karge Landschaft in der Umgebung von Damaskus

Praktische Informationen

- **Anfahrt mit öffentlichen Verkehrsmitteln:** Es fahren Service für 5 Lira ab der Busstation, die zwischen *Bab Musalla (Yarmuk-Platz)* und dem *Bab Kissan* liegt (siehe Übersichtsplan auf S. 172).
- **Anfahrt mit dem Pkw:** Da die Moschee auf der Straße nach Suwaida liegt, bitte im Routenteil B, Route B 1, nachschauen!

Qunaitra und der Hermon ⇗VIII,A2
نيترا و جبل الشيخ

Der Streit um die Golanhöhen ist bis heute ein Hauptthema der Nahostfriedensgespräche, wen wundert´s? Die Golanhöhen liegen lächerliche 60 km von der Hauptstadt entfernt, große Wasservorkommen fließen aus Syriens Bergen nach Israel, Wasser, das dringend gebraucht würde. **Qunaitra**, das nationale **Mahnmal für israelische Aggressionen,** kann nur mit speziellem *permit* und offizieller Begleitung besucht werden, beides ist jedoch leicht zu erhalten. Dem Besucher soll demonstriert werden, welche Gewalt Israel dem Lande angetan hat. Qunaitra, das direkt an die Golanhöhen grenzt und von wo man einen herrlichen Blick auf sie hat, besteht heute nur noch aus **Ruinen**. Das Dorf wurde 1967 im Sechs-Tage-Krieg von den Israelis besetzt. Binnen weniger Stunden zwang man die Bevölkerung, das Land zu verlassen. Wer nicht ging – so wird berichtet – wurde niedergeschossen. Noch viele Syrer können sich an diese Tragödie erinnern und vielen fällt es noch immer schwer, davon zu erzählen. Nach dem Yom Kippur-Krieg 1973, dem ersten israelisch-arabischen Krieg, in dem die Araber militärische Siege erringen konnten, mussten die Israelis Qunaitra wieder räumen, nicht aber, ohne zuvor das Dorf vollkommen zerstört zu haben. Heute kann man diese Ruinen besichtigen, wobei ein syrischer Soldat den Besucher begleitet und soweit wie möglich auf Englisch Erklärungen abgibt.

Das **permit für den Besuch** erhält man vollkommen problemlos gegen Vorlage des Reisepasses beim *Intelligence Service,* hinter der kuwaitischen Botschaft in Damaskus. Wer **mit dem eigenen Auto** oder dem Mietwagen hierher fahren möchte, muss Fahrzeugnummer und Kfz-Typ bei der Beantragung des *permits* angeben. Die syrische Begleitung durchs Areal wird vom UN-Posten 16 km hinter Damaskus arrangiert. Wer mit **öffentlichen Verkehrsmitteln** unterwegs ist, braucht nur auf den Kontrollposten zu warten, wo entsprechende Beamte zusteigen. Abfahrt mit dem Minibus ab Baramke, eventuell nur bis Neu-Qunaitra *(Qunaitra al-djadid),* hier umsteigen, Taxi nehmen oder laufen. Der letzte Bus von Neu-Qunaitra nach Damaskus geht am späten Nachmittag. Autofahrer fahren ab Umayyadenplatz durch das Stadtviertel Mezze in Richtung Qunaitra/Qatana (beschildert). Nach 16 km folgt der Abzweig nach Qatana, hier fragt man beim Polizeiposten nach einem Führer.

Auch das **Hermon-Gebirge** (arab. *Djabal ash-Shaikh)* befindet sich im militärischen Sperrgebiet, so dass eine Sondererlaubnis erforderlich ist, um dorthin zu gelangen (auch im *Intelligence Service* erhältlich). Bergtouren im Hermon (2814 m) sollen sehr schön sein, wie ich gehört habe, sie sind aber ohne einheimischen Führer nicht zu machen! Lohnenswert ist ein Besuch der römischen **Ruinen eines ehemaligen Tempels** aus dem 1. Jahrhundert **in Burqush**, direkt an der Grenze zum Libanon, gelegen auf 2000 m Höhe in herrlichster Landschaft. Wer allerdings kein Geländefahrzeug hat, muss auf den Besuch der Ruinen verzichten.

Vorsicht: Im gesamten Gebiet ist Fotografieren strengstens verboten!!

Bludan, Zabadani, Abels Grab und die Quelle des Barada

Zum bevorzugten Ausflugsziel der Damaszener geht es das Baradatal hinauf nach Bludan und Zabadani. Entsprechend der Beliebtheit dieses Ausflugs ist es freitags und feiertags fast unmöglich, irgendwo auch nur ein ansatzweise ruhiges Plätzchen zu finden.

Die ersten Ausflugsziele grenzen fast an die Stadt: Die wunderschönen **Gartenlokale** liegen zwischen Damaskus und der Quelle entlang des Flusses, die ersten nur wenige Kilometer vom Umayyadenplatz entfernt. Hierhin gelangt man problemlos mit dem Taxi, bis nach Dumar auch mit dem Service (Abfahrt unter der *Djisr ar-Ra'is).*

Nicht nur die wunderschöne Landschaft am Fluss, der sich langsam den Berg hinauf zieht, ist eine Augenweide, auch das **Grab des Abel** und die **Quelle des Barada** sind einen Abstecher wert (nur mit dem eigenen Pkw oder Taxi zu erreichen).

Bludan und **Zabadani** sind knapp 50 km von Damaskus entfernt und liegen auf 1500 m Höhe inmitten des Antilibanon. In den Sommermonaten ist hier die Hölle los: Reiche Golfstaatler vertreiben sich die Zeit in schicken Restaurants (natürlich mit Alkoholausschank) und Nachtbars. Es sind schöne, wenn auch nicht unbedingt malerische Orte und gerade im Sommer oft sehr angenehm, wenn man den heißen Temperaturen der Stadt entfliehen will. Neue Häuser, meist in Form nobler Villen, ziehen sich, so scheint es, kilometerlang die Berge hinauf, Zentren gibt es nur wenige. Die Orte sind ausschließlich auf syrischen Wochenend- und Sommertourismus eingestellt, entsprechend ausgerichtet ist die Infrastruktur. Dennoch sind Bludan und Zabadani, die fast ineinander übergehen, einen Ausflug wert und sei es auch nur, um die wunderschöne Fahrt nach oben oder die herrliche Aussicht und das gute Essen, für das Bludan bekannt ist, zu genießen.

Praktische Informationen

•**Unterkunft** findet man hier in mehreren, meist gepflegten Hotels (z.B. dem Venizia, dem Grand Hotel oder dem Regent Park Hotel), deren Preise gewaltig, je nach Saison, schwanken. Gespeist wird im **Baidar Abu Zad,** einem herrlichen Gartenrestaurant mit Blick auf den *Djabal Hermon* und köstlichem Essen (Hauptgericht unter 12 DM) oder dem **Wadi Abu Zad,** einem schönen und leckerem Familienrestaurant mit Alkoholausschank (ähnliche Preisklasse). Auch die Kette der **Alaa Tower-Hotels** hat hier eine Branche aufgemacht, und zwar in der Hauptstraße Bludans, Tel. 712 89 97. Alle Hotels haben im Winter geschlossen!

•**Anfahrt mit öffentlichen Verkehrsmitteln:** 1. Ab dem Hidjaz-Bahnhof verkehrt im Sommer freitags eine alte **historische Dampflokomotive.** Die Plätze sind rar, da diese Fahrt ein echtes Erlebnis ist. Man sollte aus diesem Grund unbedingt Plätze reservieren! An Freitagen hat man einen durchaus repräsentativen Blick auf sämtliche soziale Schichten der Stadt: Arm und Reich, Jung und Alt, alle tummeln sich in der Bahn und erdrücken sich fast – atem(be)raubend und erlebnisreich, unbedingt einen Ausflug wert! Achtung: Der Zug braucht 3 (!) Stunden bis ans Ziel und kostet 12 Lira.

2. Ab dem Busbahnhof in Baramke fahren auch Minibusse nach Bludan ab. Unregelmäßige Abfahrtszeiten. Kosten 20 Lira bis Bludan.

Wer **mit dem Pkw** unterwegs ist, hat zwei Möglichkeiten, nach Bludan und Zabadani zu kommen: entweder auf der **alten Straße nach Beirut** oder über die neue Autobahn. Nachfolgend wird die gemütlichere Anfahrt über die alte (sehr gute!) Straße beschrieben.

Ausgangspunkt ist der Umayyadenplatz in Damaskus. Man folgt der Beschilderung nach Muhadjerin/Dumar, umfährt den folgenden Kreisel und folgt der Straße Richtung Qasiun.

Km 2 – Gabelung: Rechts geht es zum Qasiun, geradeaus nach Dumar. Wir fahren geradeaus; kurz danach ein Kriegerdenkmal auf der rechten Seite.

Weiter geht es über eine Bergkuppe nach Dumar. Bei der folgenden Gabelung geht es links ins Tal.

Km 4,8 – T-Kreuzung: Hier rechts ab. Die Fahrt geht durch ein schmales Tal und führt durch eine herrliche Umgebung entlang des Barada.

Km 8 – Überquerung des Barada. Es geht bergauf, vorbei an einem SOS Kinderdorf, an Militärkasernen und kleinen Siedlungen; rechts im Hintergrund sieht man die wunderschöne Berglandschaft des Hermon.

Km 18 – Linker Hand die Autobahn, die parallel zur Landstraße verläuft. Kurz danach unterquert man sie und fährt dann weiter bergauf durch ein schönes Wäldchen.

Km 26 – Die Straße stößt auf die Autobahn. Nach Beirut geht es links auf die Autobahn (Wegweiser), nach Zabadani und Bludan geht es geradeaus über eine Brücke. Kurz danach Abstecher rechts zum angeblichen **Grab des Abel,** einem wichtigen drusischen und christlichen Pilgerziel.

Zum Grab des Abel (Nabi Habil)

Das Grab an sich ist nicht besonders aufregend, ein **sieben Meter langer Steinsarg** (man hat auch das Blut des Abel darin eingeschlossen, weswegen der Sarg so lange ist), der mit einem grünen Tuch bedeckt ist. Der Legende nach hat Kain den Abel nicht an dieser Stelle erschlagen, aber er hat ihn hierher getragen, um ihn zu verstecken. Kain aber war müde und ängstlich und vergaß in aller Aufregung, seinen Wanderstab mitzunehmen, den er ausgerechnet auf einen Blutstropfen Abels in die Erde gesteckt hatte. Aus diesem Stab erwuchs der Baum, der heute neben dem Grab steht.

An der Stelle, an der Kain den Abel erschlagen haben soll (auf dem Qasiun), findet sich eine Höhle, in der vierzig Heilige begraben liegen, für die je eine Gebetsnische eingerichtet ist.

Das eigentlich Schöne am Grab ist die **Landschaft,** in der es steht. Die muss man sich allerdings ohne Fotoapparat ins Gehirn einbrennen, da bei der Anfahrt zum Grab sowohl die Papiere als auch der Fotoapparat an einer Militärstation abgeben werden müssen. Da auf diesem Gelände häufig militärische Übungen stattfinden, kann einem die Anfahrt dorthin verwehrt werden. Ich hatte auf der letzten Reise das Pech, nicht zum Grab gelassen zu werden, so dass diese Beschreibung der Erinnerung von vor 5 Jahren folgt.

Anfahrt: Bei **Km 26,5** liegt rechter Hand eine kleine Polizeistation. Direkt dahinter geht die Straße ab, nach etwa 1,5 km kommt besagte Militärstation, an der man sein Ziel deklarieren und seine Pässe etc. abgeben muss. Das Grabmal befindet sich kurz danach.

Zurück auf der Hauptstraße geht die Fahrt weiter nach Bludan erst einmal bergab durch wunderschöne Landschaft und mit herrlichem Blick links zum Barada.

Ab **Km 34** kann man vermehrt Ausflugslokale sehen, die sich ab hier bis nach Bludan aneinanderreihen.

Km 36 – Links geht es unmittelbar hinter einer Tankstelle zur **Quelle des Barada,** die inmitten hoher Bäume zur Erholung einlädt. Auch hier lohnt ein kleiner Abstecher für denjenigen, der „echte" syrische Ausflugsfreuden erleben möchte. Auf einem kleinen (leider sehr verschmutzten und im Winter arg jämmerlich aussehenden) See fahren bunte Boote herum, Imbissbuden am Rand offerieren das Übliche (Abstecher von der Straße ca. 3,5 km pro Weg, bei der einzigen Kreuzung zur Quelle links).

Km 40 – Vor uns liegt nun **Zabadani**. Bei der Gabelung geht es rechts nach Bludan, es folgen die ersten Hotels. Geradeaus geht es nach Zabadani. Beide Orte zeichnen sich durch eine Vielzahl neuer Häuser aus, die sich die Hänge hinauf ziehen. Die Straße nach Bludan führt nun stets bergauf, vorbei an Hotels und Ferienwohnungen, bis bei **Km 43** das Ortsschild von Bludan erreicht ist. Zum Zentrum weiter geradeaus.

Km 46 – Das Ortszentrum von Bludan ist erreicht, zu erkennen an der Kirche links. Hübscher Platz mit Hotels, Restaurants, Billardhalle und vielen kleinen Cafés.

Für den Rückweg bietet sich die schnelle Abfahrt über die Autobahn an.

Auf dem Weg zum Kloster Mar Musa

Die Klöster im Norden

Der längste, aber sicherlich auch der schönste Ausflug führt von Damaskus aus zum Kloster **Mar Musa** bei Nabak, von dort nach **Maalula,** dem kleinen aramäischen Dorf, zum Kloster **Sayyid Naya** und auf den Berg **Cherubin**. Der Ausflug ist für Motorisierte an einem Tag zu schaffen, auch wenn das die Ausflugsziele nicht verdienen. Denn ein jedes ist so schön, dass ein längerer Aufenthalt lohnt. Für Nicht-Motorisierte ist der Ausflug nicht an einem Tag zu schaffen, zumal da man sich für das Kloster Mar Musa sowie den Cherubin ein Auto anheuern muss. Übernachtungsmöglichkeiten gibt es in den Klöstern Mar Musa, in Maalula und auf dem Cherubin.

Wem die Route zu lang ist und wer unterwegs nicht übernachten möchte, dem seien zwei Ausflüge empfohlen, wobei Maalula, Sayyid Naya und Cherubin an einem Tag problemlos zu machen sind. Für Mar Musa ist unbedingt ein Ganztagesausflug anzusetzen. Ich jedoch empfehle die große Runde auf zwei, drei Tage verteilt, weil sie die schönsten und wichtigsten Klöster in der Umgebung von Damaskus miteinander verbindet, einen weit weg bringt von der Großstadthektik und in die Tiefen des frühen Christentums in Syrien eintauchen lässt.

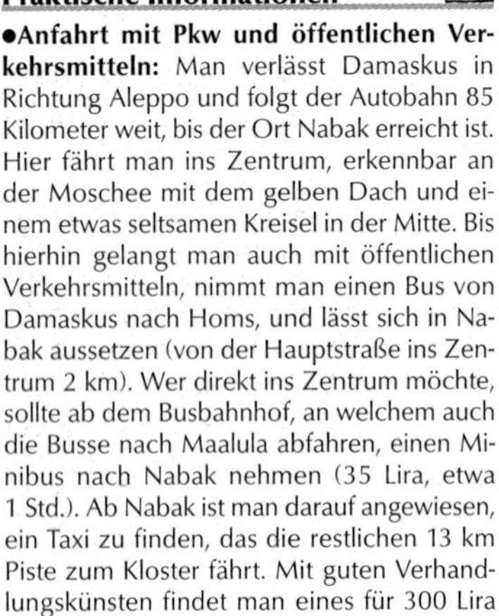

Praktische Informationen

A-Z

●**Anfahrt mit Pkw und öffentlichen Verkehrsmitteln:** Man verlässt Damaskus in Richtung Aleppo und folgt der Autobahn 85 Kilometer weit, bis der Ort Nabak erreicht ist. Hier fährt man ins Zentrum, erkennbar an der Moschee mit dem gelben Dach und einem etwas seltsamen Kreisel in der Mitte. Bis hierhin gelangt man auch mit öffentlichen Verkehrsmitteln, nimmt man einen Bus von Damaskus nach Homs, und lässt sich in Nabak aussetzen (von der Hauptstraße ins Zentrum 2 km). Wer direkt ins Zentrum möchte, sollte ab dem Busbahnhof, an welchem auch die Busse nach Maalula abfahren, einen Minibus nach Nabak nehmen (35 Lira, etwa 1 Std.). Ab Nabak ist man darauf angewiesen, ein Taxi zu finden, das die restlichen 13 km Piste zum Kloster fährt. Mit guten Verhandlungskünsten findet man eines für 300 Lira hin und zurück.

Die Moschee im Rücken, den Kreisel vor der Nase, geht es etwa 100 m geradeaus, dann biegt rechts eine Straße in Richtung Osten ab, der man folgt. Auf der rechten Straßenseite sind erst ein Friedhof, dann eine Schule zu sehen. Bei **Km 1** geht es links ab. Man folgt dem Straßenverlauf durch Gärten, Häuser und Bäume.

Km 4,8 – Rechts geht die Piste zum Kloster ab. Kurz danach bei der Gabelung links, vorbei an hohen Mauern auf der linken Seite. Die gut sichtbare und eindeutige Piste führt nun durch hügelige, wunderschöne Landschaft hinein ins Gebirge.

Km 13 – Parkplatz. Das Auto muss hier stehen gelassen werden, ein Weiterkommen ist nicht möglich.

Ab nun ist ein Fußmarsch angesagt, der gute 30 Minuten durch eine herrliche Schlucht z.T. steil nach unten führt, bis man das kleine Kloster Dair Mar Musa erreicht.

Dair Mar Musa دير مار موسا

Das Kloster, das dem Heiligen Moses al-Habashi, einem äthiopischen Heiligen geweiht ist, wird seit 1993 restauriert und wartet auf die Vollendung. Es liegt am Eingang einer engen, steilen Schlucht am Rande der Wüste und bietet einen herrlichen Ausblick auf eben diese.

Das Kloster wurde vor rund 1400 Jahren erbaut, die wertvollen und wunderschönen Fresken darin stammen jedoch größtenteils aus dem 12. Jahrhundert, wobei bis heute Unsicherheit darüber besteht, ob die frühesten Fresken nicht doch aus dem 7. Jahrhundert stammen. Im 17. Jahrhundert wurde das Kloster aufgegeben und erst in jüngster Zeit wieder in Betrieb genommen, v.a. um das Kloster und mit ihm die Fresken nicht gänzlich verfallen zu lassen. Der sehr nette Jesuitenpater Paulo, vom Landsmann her Italiener, oder einer der anderen Patres erklärt auf Englisch oder Arabisch gerne die Bilder! Das Kloster liegt sehr einsam, weswegen es wundervoll ruhig ist, und wenn dann langsam die Sonne hinter dem Canyon verschwindet und Tausende von Sternen das Firmament schmücken...

Wer möchte, kann **im Kloster übernachten** (einfach)! Es gibt keine festen Übernachtungspreise, vielmehr wird erwartet, dass man eine kleine Spende hinterlässt, sei es in Form von Geld oder als Arbeitskraft bei den Restaurierungsarbeiten. Einfaches Essen, unvergleichliche Atmosphäre.

Zur Weiterfahrt geht es nun zurück nach Nabak, vorbei an der Zentrumsmoschee wieder in Richtung Damaskus. Nur fährt man nun nicht auf die Autobahn, sondern überquert diese und folgt der Beschilderung nach Yabrud. **Reisende mit öffentlichen Verkehrsmitteln** sind auf Minibusse zwischen Nabak und Yabrud abgewiesen, die es nach Auskunft der Bewohner Nabaks auch geben soll. Von Yabrud gibt es dann Minibusse nach Maalula.

Für Autofahrer beginnt die Kilometerzählung bei der Autobahnbrücke, die von Nabak nach Yabrud führt (= **Km 0).**

Anfangs führt die Strecke noch durch recht unschöne Siedlungen.

Ansicht von Maalula (siehe S. 226)

Km 5 – Ortseingang von **Yabrud.** Wie immer ist dieser gekennzeichnet durch eine vierspurige Eingangsstraße. Der Ort liegt auf der rechten Seite malerisch am Hang und verfügt über eine Tankstelle mit bleifreiem Benzin. Bei der ersten größeren Kreuzung geht es schräg rechts, vorbei an einer schönen Moschee. Man durchfährt den Ort. Es geht immer geradeaus, durch eine Schlucht, immer der Beschilderung „Maalula" nach.

Km 10 – Links überhängende Felsen, einen Kilometer weiter gabelt sich die Straße, wir fahren links. Das Tal weitet sich.

In der Thekla-Schlucht

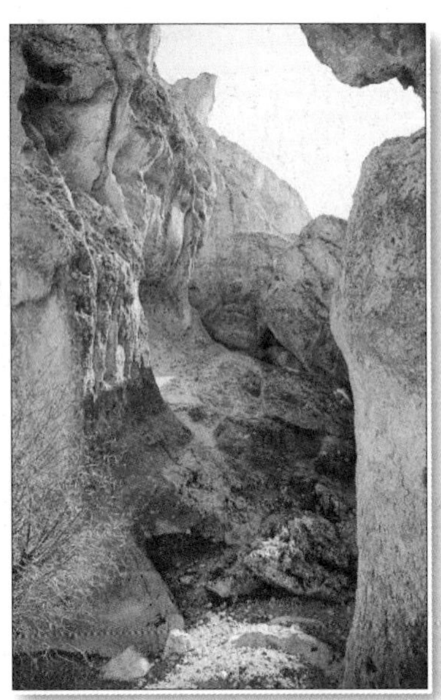

Km 23 – Abzweigung nach Maalula links.

Km 24 – Maalula liegt nun vor uns und berauscht geradezu durch seinen herrlichen Anblick. Links vorne das weniger schöne Safir-Hotel und das Kloster des Heiligen Sergius, in dem man übernachten kann. Zum Dorf geht es rechts an beiden vorbei, die Schlucht nach unten ins Zentrum.

Maalula ⇗VI,A3 معلولا

Maalula, ungefähr 50 km nördlich von Damaskus, **gehört** sicher **zu den malerischsten Dörfern des Landes** (wenn auch hier, wie überall, neue Betonbauen Einzug halten). Das Dorf liegt 1700 m hoch inmitten der Berge, die Häuser schmiegen sich an die Berghänge. Und es ist ein altes und christliches Dorf, das verfolgten Christen Schutz gewährte und religiös immer eine wichtige Rolle spielte.

Das Einzigartige an Maalula ist die Sprache, die man dort spricht: **Aramäisch**, ein Idiom, das seit knapp 1200 Jahren ausgestorben ist und das – außer hier und in ein paar Nachbardörfern – sonst nirgends mehr gesprochen wird. Das Aramäische verdrängte ungefähr 1000 v.Chr. die älteren Sprachen dieser Region und wurde Verwaltungssprache in Persien. Die aramäische Schrift wurde von Kleinasien bis nach Indien verwendet. Auch Jesus und seine Jünger haben diese Sprache gesprochen, doch mit Einbruch des Islams in Nahost und Syrien dominierte mehr und mehr das Arabische. In Maalula ist Aramäisch noch nicht endgültig ver-

Die Legende der Heiligen Thekla

Thekla war eine Königstochter. Ihre Eltern beteten Götzen an. Es war nur wenige Jahre nach dem Tode Jesu, die Christen wurden verfolgt, aber Thekla wurde gläubig und schloss sich einer Gruppe von ihnen an.

Den Eltern war dies ein Dorn im Auge, aber noch hielten sie es für eine jugendliche Spinnerei, die schnell aufhören würde, sobald Thekla ihre Pflichten als Ehefrau zu erfüllen hätte. Also beschloss ihr Vater, sie zu verheiraten. Aber Thekla dachte nicht daran, den von ihrem Vater auserwählten Prinzen zum Gemahl zu nehmen.

Der Tag der Hochzeit nahte. Immer wieder versuche Thekla, Vater und Bräutigam von ihrem Unwillen zu überzeugen, aber beide gaben nicht nach. So floh sie.

Ihre Zofe, eine liebenswerte Frau, gab ihr den Rat, nach Maalula zu gehen. Dort würde sie aufgenommen werden. Als Thekla fragte, warum ausgerechnet dieses Dorf, erzählte ihr die Zofe die **Geschichte von Maalula**. Maalula, sagte sie, ist der Name einer Fee, einer Fee, die die bedrängten Aramäer aus der Gefangenschaft befreite. Die Aramäer, früher ein großes und starkes Volk, waren - wie alle anderen Völker auch - eines Tages an das Ende ihrer Macht gekommen, und die letzten Aramäer mussten fliehen. Die feindlichen Heere waren hinter ihnen her, als sie in einer Schlucht eingeschlossen wurden: vor ihnen der Berg, hinter ihnen die Soldaten. Die Leute waren verzweifelt. Da erschien ihnen eine Fee. Sie fragte sie, warum sie, die stolzen Aramäer, in einer so ungünstigen Lage seien. Da erzählten sie ihr, was passiert war. Die Fee, die sich in einen der Männer verliebt hatte, versprach ihnen, sie aus der Schlucht zu führen, ohne dass die Soldaten es mitbekommen würden, und sie an einen Platz zu bringen, wo niemand sie finden könnte.

Kloster der Heiligen Thekla in Maalula

Die Legende der Heiligen Thekla

Als Gegenleistung mussten sie versprechen, jeden aufzunehmen, der in Not geraten war. So taten die Aramäer, und Maalula führte sie zu einem Berg. Hier sollten sie ihr Dorf errichten. Die Menschen waren überglücklich und nannten das Dorf nach ihrer Heldin: Maalula.

Als die junge Thekla diese Geschichte gehört hatte, wusste sie: Dies ist der Ort, an dem sie die Menschen aufnehmen werden, dorthin wird sie reisen.

Aber der Weg war weit, und Thekla, die zu Fuß unterwegs war, fürchtete die Reiter, die ihr Vater ihr nachgeschickt hatte. Erschöpft hielt sie an, um bei einem Bauern, der dabei war, Weizen zu säen, Rast zu machen. Als sie weiterziehen wollte, sagte sie dem Mann, er solle den Reitern, die da kommen würden, sagen, sie sei da gewesen, als er den Weizen ausgesät habe. Der Mann wunderte sich, versprach aber, ihren Anweisungen zu folgen. Viele Stunden später kamen die Reiter und fragten den Mann nach Thekla. Dieser tat, wie ihm geheißen. Da schauten die Reiter auf das Feld, und was sahen sie? Die Saat war bereits aufgegangen: Mitten im Winter lag da ein Feld voll grüner Halme. Da bekamen sie Angst und flohen vor der Hexe.

Ihr Vater war wütend. So schnell hätten seine Reiter nicht aufgeben dürfen. Er ließ die Zofe kommen und folterte sie so lange, bis sie zugab, wohin Thekla lief. Thekla wusste nichts davon und wähnte sich in Sicherheit. Der König aber machte sich auf, Thekla zu holen.

Monate später kam er in Maalula an und rief: „Bewohner von Maalula, gebt mir meine Tochter wieder." Da trat ein alter Mann auf ihn zu und sagte: „Ich verstehe, verehrter König, dass Du Deine Tochter wieder haben möchtest, auch ich würde das wollen, wenn meine Tochter geflohen wäre, aber sieh, sie hat bei uns Schutz gesucht, und den wollen wir ihr nicht verwehren. So haben wir es versprochen." Und er erzählte dem König die Geschichte von der Fee, die dem Dorf seinen Namen gegeben hatte. Der König wurde nachdenklich, sein Sohn, der Kronprinz, aber schrie den alten Mann aus Maalula an und befahl ihm, auf die Knie zu fallen. Der alte Mann weigerte sich und erzählte die Geschichte seiner Schafe. Diese hatten sich im Stall darüber unterhalten, wie glücklich doch die Menschen seien, da sie auf zwei Beinen gehen könnten und so die Arme frei hätten, um damit nach den Sternen zu greifen. Deshalb wolle er sich nicht niederknien. Das erzürnte den Kronprinzen, und er erschlug den alten Mann. Ein erbitterter Kampf begann. Die Frauen und Kinder und mit ihnen Thekla versteckten sich in den Höhlen. Nach drei Tagen waren die Männer tot, und Thekla beschloss, sich zu stellen, um wenigstens die Kinder retten zu können. Aber diese wollten das nicht und begannen zu schreien. Das hörten die Soldaten und entdeckten Thekla. „Komm runter", riefen sie, denn die Höhlen befanden sich über der Erde und konnten nur über eine Leiter erreicht werden. Aber Thekla weigerte sich. Die Soldaten bauten daraufhin eine Leiter und stiegen nach oben. Da begann Thekla zu schreien, lauter, als je ein Mensch geschrien hatte, und siehe da, die Felsen spalteten sich. Die Soldaten fielen herunter und wurden von den Steinbrocken erschlagen, nur der König blieb am Leben. Er schwor Rache, denn sein Sohn war unter den Toten. Er schwor, dass Maalula zerstört werden würde, eines Tages. Thekla kannte ihren Vater. Sie wusste, würde er nicht wiederkommen, dann einer seiner Nachfahren, denn der Hass auf seine Tochter sollte sich in den kommenden Generationen vererben.

Thekla zog die Kinder des Dorfes groß, blieb wachsam und ließ Kanäle bauen, die einige ihrer Verstecke mit Wasser versorgten. Und sie ließ Wachen errichten. Es kamen immer wieder Könige, die versuchten, Maalula zu zerstören. Aber keinem gelang es.

drängt, aber wer weiß, wie lange sich die Sprache noch halten kann – wie überall auf der Welt sterben Traditionen mit dem Einbruch der Moderne.

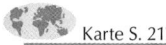

Das Schöne an Maalula sind seine Lage und seine zwei Klöster, wovon das größere der *Heiligen Thekla,* der Dorfheiligen (siehe Kastentext), geweiht ist, die hier begraben sein soll.

Maalula ist aufgrund seiner Nähe zu Damaskus ein **beliebtes Ausflugsziel** nicht nur für Touristen. Schön ist ein Spaziergang durchs Dorf, ein absolutes Muss ist die **Besichtigung der Klöster**, d.h. des neueren *Klosters der Hl. Thekla,* das am Eingang der Schlucht rechter Hand in den Felsen gehauen wurde, und des *Klosters des Hl. Sergius* oberhalb des Dorfes (ein Pater führt durchs Kloster, dessen Grundmauern aus dem 4. Jahrhundert stammen und das zu den ältesten noch genutzten Kirchenbauten des gesamten Christentums zählt). Auch die Durchquerung der berühmten Thekla-Schlucht ist ein reizvolles Unterfangen.

Da Maalula ein christliches Dorf ist, gehört der **Weinanbau** und der anschließende Genuss desselben zum Dorfcharakter. Im kleinen Souvenirladen, der dem Kloster des Hl. Sergius angegliedert ist, oder in den Läden rund um den Parkplatz am Thekla-Kloster kann man den von Restaurantbesitzern und Weinbauern gekelterten Wein erstehen. Der Weißwein – gut gekühlt – ist ganz passabel. Wenn man irgendwo in Syrien Wein trinken will, dann am ehesten wohl hier. Vom Rotwein ist jedoch abzuraten – der ähnelt eher Essig...!

Wunderschön ist auch ein **Spaziergang rund um Maalula** (max. 1 Stunde). Ausgangspunkt ist der Eingang der Schlucht, dort, wo auch die Busse halten. Schon bald verengt sich die Schlucht und es geht bergauf. Hat man das Ende der Schlucht erreicht, wendet man sich links in Richtung Hotel und Sergius-Kloster. Daran vorbei geht es weiter entlang der alten Straße wieder hinunter ins Dorf.

Praktische Informationen

•Wer gerne ein wenig länger in Maalula bleiben möchte: **Übernachtung** ist im schicken **Hotel Safir****** (37 Zimmer, sehr komfortabel, Tennis, Pool, Sauna, Restaurant etc. – unbedingt reservieren! DZ 105 $, EZ 87 $, Tel. 012-777 02 52, Fax 777 02 55) oder im Sergius-Kloster möglich. Hier gilt ähnliches wie für Mar Musa: Festpreise gibt es nicht, es wird aber ein Obolus erwartet. Um das leibliche Wohl kümmern sich sowohl das **Hotelrestaurant** als auch das einfache, aber sehr zu empfehlende Familien-Restaurant von **Adnan & Faris** unterhalb des Thekla-Klosters. Hier wird einfache, aber leckere syrische Kost angeboten, die man in schöner Atmosphäre und bei einem Glas Wein genießen kann.

•**Besonders reizvoll** ist ein **Besuch** Maalulas **während der religiösen Feste** am 14. September (Fest des Kreuzes), am 22. September (Fest der Hl. Thekla) und am 7. Oktober (Fest des Hl. Sergius).

Weiter geht es nun nach Sayyid Naya, welches mit Minibussen problemlos von Maalula zu erreichen ist, gesetzt den Fall, es ist nicht zu spät am Nachmittag.

Dazu verlässt man Maalula in Richtung Süden. Direkt nach dem Ortsausgang geht es rechts nach Sayyid Naya ab; wer lieber direkt von hier nach Damaskus möchte, fährt links und stößt nach wenigen Kilometern auf die Autobahn.

Km 32 – Gabelung. Wir fahren rechts. Das Tal verengt sich, wir folgen dem Straßenverlauf, der uns bald schon in ein kleines, schmales Tal führt. Kurz danach ist der Ort **Djidda ad-Din** erreicht, der einen kurzen Stopp und Spaziergang lohnt. Wieder zurück, verlässt man das Dorf durch die enge Schlucht, folgt der Straße dann aber rechts.

Kapelle auf dem Berg Cherubin

Km 36 – Bei der T-Kreuzung geht es rechts. Die Route führt nun durch herrliche Berglandschaft, über kleine Straßen und durch winzige Dörfer.

Km 52 – Rechts ist nun Sayyid Naya zu sehen, davor der große Berg Cherubin.

Km 55 – Der Ortseingang von Sayyid Naya ist erreicht, kurz danach kommt eine Kreuzung. Wer einen weiteren Abstecher zum Cherubin machen möchte, muss kurz vor dieser Kreuzung rechts fast in einem 360°-Winkel abbiegen. Nun geht es 8 km bergauf auf einer kleinen, engen Straße. Auf 1900 m Höhe ist der Gipfel des Cherubin erreicht.

Zum Kloster Sayyid Naya geht es bei der eigentlichen Kreuzung im 90°-Winkel rechts.

Sayyid Naya und der Cherubin صيد نايا و الشيروبين

↗VI,A3

Festungsgleich thront das Kloster über dem griechisch-orthodoxen Dorf, das als Wallfahrtsort in Syrien bekannt ist. Der Legende nach soll das Kloster auf Justinian zurückgehen, dem auf einer Jagd Maria in Gestalt einer Gazelle erschienen sein soll. Sie floh vor dem byzantinischen Kaiser und verwandelte sich auf einem Felshügel zu der Ikone. Sie befahl Justinian, an genau dieser Stelle ein Kloster zu bauen, was dieser sofort tat. Bis heute kann man die Marienikone im Kloster besichtigen, auch wenn man davon ausgehen muss, dass das Kloster jüngeren Datums als aus der Regierungszeit Justinians (527–565) ist.

Am 8. September findet in Sayyid Naya ein großes **Fest zu Ehren der Jungfrau Maria** statt. Dann kommen Tausende von Pilgern in das Kloster und die Stimmung ist großartig! Übernachtungsmöglichkeiten gibt es in Sayyid Naya nicht, wohl aber auf dem Berg Cherubin im gleichnamigen Kloster. Allerdings mit einem kleinen Wermutstropfen für Reisende mit öffentlichen Verkehrsmitteln verbunden, denn auch für den Besuch dieses Klosters benötigt man ein Taxi.

Der Berg Cherubin, der nach einem Engel benannt wurde, war früher eine bekannte Kultstätte, weswegen man auch viele Überreste sakraler Bauten findet. Heute lohnt der Besuch vor allem wegen der herrlichen Aussicht und der reizvollen Kirche, die sich auf dem Gipfel befindet und die man zusammen mit einer Nonne besichtigen kann. Im Kloster ist ein Kinderheim untergebracht; ein Neubau beherbergt Zimmer, in denen übernachtet werden kann. Wie bei fast allen Klöstern gelten keine Festpreise, der geforderte Obolus geht an das Kinderheim, das dieses Geld dringend benötigt.

Zur **Rückfahrt nach Damaskus** kehrt man an oben beschriebene Kreuzung zurück. Hier geht es rechts. Minibusse fahren nun regelmäßig und häufig.

Es reihen sich Restaurants auf beiden Straßenseiten. Die Strecke führt (vierspurig!) immer geradeaus.

Km 61 – Rechts hinten liegt am Berg der malerische Ort *Talfita*.

Km 65 – Von nun an geht es stets bergab bis nach Damaskus. Die Straße verengt sich und durchläuft mehrere Ortschaften. Im Ort *Muin* fahren wir bei der Kreuzung nach links in Richtung Damaskus (Beschilderung).

Km 70 – Gabelung: hier rechts den Wegweisern nach.

Km 80 – Große Kreuzung. Geradeaus geht es ins Zentrum von Damaskus, rechts nach Rukn ad-Din. Wir fahren weiter geradeaus, unterqueren die Ausfallstraße in Richtung Autobahn und kommen dann beim Abbasidenkreisel heraus.

Der Hauran und das Drusengebirge

Die weiten Ebenen, die sich östlich der Golanhöhen entlang der jordanischen Grenze bis hin zum **Djabal al-Arab** (früher Djabal al-Druz genannt) ziehen, werden als Hauran bezeichnet. Dank seines vulkanischen Bodens ist das Gebiet sehr fruchtbar, weswegen hier auch das **größte Weinanbaugebiet Syriens** ist. In dieser Region befindet sich auch die syrische Wein- und Schnapsfabrik „ar-Rayan". Aus eigener Erfahrung und ganz offen gesagt: Der trockene **„ar-Rayan"** (arab. ar-Rayan „mez") ist der **einzige wirklich genießbare syrische Wein.**

Im Frühjahr, wenn reichlich Niederschläge und Schmelzwasser aus dem Antilibanon in die Ebenen des Hauran fließen, bedecken tausende kleine Blümchen den zartgrünen Boden und man wähnt sich weit weg der grauschwarzen Basaltwüste, die das Gebiet außerhalb der feuchten Jahreszeit darstellt. Schwarze Steine bedecken dann den eigentlich roten Boden und erwecken den Eindruck einer toten Landschaft. Im Winter liegt hier häufig Schnee, der die Fortbewegung manchmal erschwert, selten aber unmöglich macht.

Westlich des *Djabal al-Arab* befinden sich **viele Ruinen aus nabatäischer und römischer Zeit.** Diese alle besichtigen zu wollen, braucht viele Tage, häufig einen Geländewagen und auf jeden Fall ortskundige Führer. Neben dem absolut sehenswerten **Bosra** sind die Ruinen bei **Shahba** und **Qanawat** touristisch interessant. Auch **Salkhad** mit seiner majestätischen Festung und **Suwaida** mit seinem schönen Museum sind lohnenswerte Ziele des Südens.

Östlich des Gebirges gibt es nicht mehr viel zu sehen: Schwarze Steine bedecken den Boden und bilden den Übergang zur Syrischen Wüste.

Der **Süden des Landes** ist – ähnlich wie die Djazira – **touristisch kaum erschlossen.** Das bedeutet einerseits „unverdorbenes" syrisches Leben, andererseits jedoch auch wenig touristische Infrastruktur. Hotels (und nicht die allerbesten – mit Ausnahme des Cham-Palace Hotels in Bosra) finden sich nur in Suwaida und Derâa. Die Gegend ist jedoch verkehrsmäßig so gut erschlossen, dass man mit öffentlichen Bussen überall einfach hinkommen kann.

Der Hauran und das anschließende Drusengebirge sind – nomen est omen – **Wohngebiet der Drusen** in Syrien. Sie stellen sowohl ethnisch als auch religiös eine nicht übermäßig beliebte Minderheit im Land dar (siehe Kapitel Religion). Man sagt ihnen nicht nur Revolutionsgeist, sondern auch einen alles überstehenden Zusammenhalt nach. Auch ihre etwas eigenwillige Art, den Islam zu interpretieren, das aufgehobene Alkoholverbot sowie die große Freiheit, die sie ihren Frauen gewähren, lassen die Drusen in den Augen vieler Sunniten und orthodoxer Muslime als Häretiker erscheinen. Ich selber aber habe die Drusen als die freundlichsten und offensten Menschen des Nahen Ostens

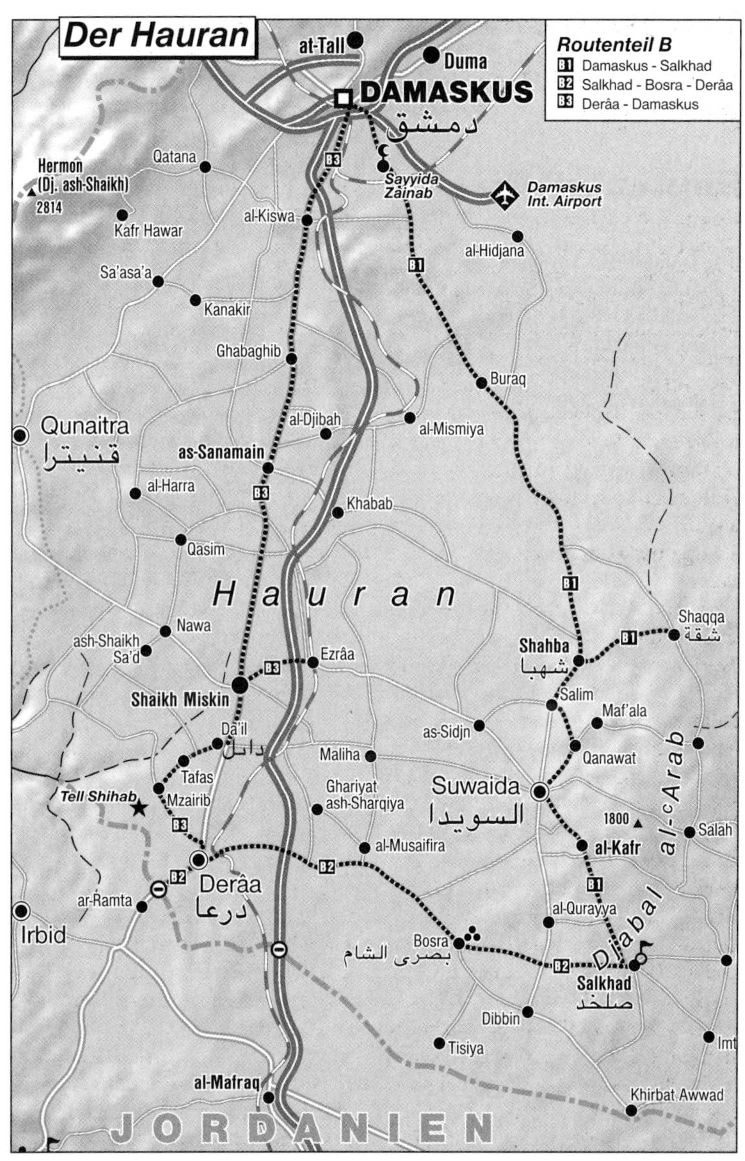
Der Hauran
Routenteil B
B1 Damaskus - Salkhad
B2 Salkhad - Bosra - Derâa
B3 Derâa - Damaskus
at-Tall
Duma
DAMASKUS
دمشق
Sayyida Zainab
Damaskus Int. Airport
Hermon (Dj. ash-Shaikh)
2814
Qatana
Kafr Hawar
al-Kiswa
al-Hidjana
Sa'asa'a
Kanakir
Ghabaghib
Buraq
Qunaitra
قنيترا
al-Djibah
al-Mismiya
as-Sanamain
al-Harra
Khabab
Qasim
Hauran
Nawa
ash-Shaikh Sa'd
Ezrâa
Shaqqa
شقة
Shahba
شهبا
Shaikh Miskin
Salim
Maf'ala
as-Sidjn
Da'il
دائل
Maliha
Qanawat
Tafas
Suwaida
السويدا
Tell Shihab
Mzairib
Ghariyat ash-Sharqiya
1800
Djabal al-cArab
Salah
al-Musaifira
al-Kafr
Derâa
درعا
ar-Ramta
Irbid
al-Qurayya
Bosra
بصرى الشام
Salkhad
صلخد
Dibbin
Tisiya
Imt
al-Mafraq
Khirbat Awwad
JORDANIEN

kennengelernt und allen Warnungen zum Trotz enge Freundschaften mit einigen von ihnen geschlossen!

Routenteil B

Ruinen in Bosra (siehe S. 241)

B 1: Damaskus – Shahba – Suwaida – Salkhad

Insg. 139 km

Die Route führt von Damaskus über die schiitische Moschee der Sayyida Zainab ins römische Philippopolis und von dort weiter nach Suwaida. Endpunkt ist Salkhad mit seiner großen und schönen Burg. Ezrâa

Öffentliche Verkehrsmittel

Es gibt regelmäßige **Busverbindungen** über Shahba nach Suwaida von der Busstation beim *Bab Musalla (Yarmuk-Platz)* aus. Die Busse sind privat, fahren aber regelmäßig jede Stunde. Eine Reservierung ist nicht möglich. Nach Salkhad fahren einige Busse auch direkt, wenn auch nicht so häufig. Es besteht die Möglichkeit, in Suwaida den Bus zu wechseln. Mittelmäßige Anbindung! Preise je nach Bus ab 17 Lira.

Mit dem Pkw beginnt die Tour am Bab Kissan (Hasan al-Kharat-Platz). Hier folgen wir der Autobahn Richtung Flughafen.

Km 3 - Autobahnausfahrt nach „Sitt Zainab" und Suwaida. Hier geht es hinaus.

Km 4 - T-Kreuzung: hier links in eine vierspurige Straße. Man durchfährt den Ort, lässt aber die wunderschöne **Moschee der Sayyida Zainab,** die bei **Km 8** erreicht ist, links liegen. Weiter geht es geradeaus auf einer zweispurigen Straße.

Km 12 - Links geht es zum Ebla-Cham-Palace Hotel ab. Die Straße führt dann, gut ausgebaut, schnurstracks geradeaus durch recht karges, mit Basaltsteinen durchsetztes Land.

Km 41 - Rechts liegt der Ort *Brak,* kurz danach beginnt das Muhafazat Suwaida.

Km 52 - Straßengabelung: hier links.

Km 55 - Vor uns liegt nun ein großes Gebirge, der **Djabal Hauran.** Je mehr man sich diesem nähert, desto hügeliger wird die Landschaft, schwarzer Basaltstein beherrscht das Landschaftsbild.

Km 80 - Rechts ein längst erloschener Vulkan, auf dessen Gipfel der Heilige Shihan begraben liegt. Man kann den Berg hinauf fahren und das Grab besichtigen.

Km 82 - Links geht im 90°-Winkel die Straße nach Shaqqa ab, kurz danach teilt sich die Straße. Rechts beginnt die Umfahrung Shahbas, wir aber fahren ins Zentrum, d.h. bei der Gabelung links.

Abstecher nach Shaqqa شقة

Der Umfang der Gebäude lässt Rückschlüsse auf die ehemalige Bedeutung Shaqqas zu: In römischer Zeit galt Shaqqa als einer der wichtigsten Getreidemärkte des Landes, und auch unter der anschließenden christlichen Herrschaft war der Ort doch immerhin noch so bedeutend, dass er Bischofssitz wurde. Heute ist Shaqqa vor allem als **Treffpunkt drusischer Shaikhs** von Bedeutung, die hier einen Versammlungsort haben.

In Shaqqa sind die Reste eines römischen Palasts zu sehen, die Fassade einer vorchristlichen Basilika sowie die Reste eines Klosters aus dem 5. Jahrhundert. In schöner Landschaft gelegen lohnt der kleine Abstecher für Römerfans oder Freunde abgelegener Ruinenstätten. Anfahrt ab der Kreuzung, 9 km entlang der Straße, keine öffentlichen Verkehrsmittel.

Wir folgen der Straße ins Zentrum, überqueren den ersten Kreisel. Beim zweiten Kreisel sind rechts die ersten Ruinen zu sehen.

Shahba ⇗ IX,C2 

Shahba ist auf einen Bürger der Stadt besonders stolz: **Phillipus Arabus,** ein syrisch-römischer Kaiser, der 244 bis 249 christlicher Zeitrechnung regierte. Zu seiner Ehre nannte man den Ort **Philippopolis.** Die Heimatliebe des Kaisers veranlasste ihn dazu, die Stadt ganz im römischen Stil zu erneuern, und er schuf Paläste, Kultstätten, Triumphbögen, Bäder und ein Theater. Auch nach dem Tod des berühmten Stadtsohnes blieb Shahba noch lange eine **wichtige römische Provinzstadt**.

Von der einstigen Pracht sind heute noch **zahlreiche Ruinen** zu sehen, so drei Stadttore und Teile der römischen Straßenpflasterung sowie im östlichen

Teil der Stadt Reste eines Tetrapylons und Thermen. Hier findet sich auch kleines **Museum**, untergebracht in einer römischen Villa, in der man hübsche Mosaiken bewundern kann (tägl. außer Di von 8–14 Uhr). Die meisten Exponate des römischen Shahba befinden sich allerdings im neuen Museum in Suwaida.

Eine Stadtmauer umschloss die Stadt (1000 x 1200 m), die von zwei Hauptstraßen durchzogen war. Dort, wo beide Straßen sich kreuzten, entstand das Tetrapylon. Im Zentrum der Stadt, d.h. also im Westteil der antiken Stadt, finden wir das Theater, das zwar klein, aber sehr gut erhalten ist. Daneben steht das Mausoleum des Vaters des berühmtesten Sohnes der Stadt.

Shahba ist auch heute noch ein **hübsches kleines Städtchen**, das einen Aufenthalt nicht nur wegen der z.T. sehr gut erhaltenen Ruinen lohnt. Auch die kleine Altstadt mit ihren lebendigen Straßen und der einzigartigen Architektur (neue Häuser werden in die römischen Ruinen integriert) verdient es, besichtigt zu werden. Leider gibt es kein Hotel im Ort, wohl aber alle Versorgungsmöglichkeiten.

Richtung Suwaida durchfährt man den Ort geradeaus. Hinter dem Ort macht die Straße eine Rechtskurve, weiter folgt man dem Straßenverlauf. Herrliche Blicke nach rechts in die Ebene.

Km 92 – Hier stößt die Umgehungsstraße von Shahba auf unsere Route.

Km 93 – Der kleine Ort *Salim* ist erreicht. Auch hier finden sich Reste eines römischen Tempels. Außerdem gibt es südlich davon ein altes Hammam, das heute jedoch bewohnt ist.

Km 95 – Abzweig links nach **Qanawat** (Beschilderung!). Eine kleine, reizvolle Straße führt nun in herrlicher Landschaft durch das bergige Land, vorbei an Gärten und Feldern – lauter schöne Picknickplätze!

Km 99 – Durchfahrt eines Ortes. Rechts bieten sich immer wieder weite Blicke ins Land.

Km 100 – Kreuzung. Hier geht es links zu den Ruinen von **Qanawat,** rechts geht es nach Suwaida. Wir fahren links.

Km 101 – Der Kreisel mit dem Löwen in seiner Mitte weist den Weg zu den Ruinen. Wir biegen nach rechts ab. Nach etwa einem Kilometer ist der große Serail erreicht. Das Areal ist verschlossen, aber im Café gegenüber kann man nach einem Verantwortlichen mit Schlüssel fragen.

Qanawat ⇗IX,C2 قنوات

Der Ort liegt 1200 m hoch und ist v.a. wegen des sog. Serails sehenswert. Das **Wadi al-Djahr,** auf dessen beiden Seiten sich die Ruinenreste befinden und durch welches sich v.a. im Winter nach der Schneeschmelze reißende Fluten stürzen (im Sommer ist der Fluss ausgetrocknet!), gab der Stadt schon früh ihren Namen: Qanawat, „Kanäle".

Über die Anfänge der Stadt ist nichts Näheres bekannt, sie wurde jedoch schon früh an das Römische Reich an-

Der Serail in Qanawat

gegliedert und war im 4. und 5. Jahrhundert Bischofssitz.

Die heute zu sehenden Reste stammen aus dem 2. bis 5. Jahrhundert, wobei die größten und wichtigsten Ruinen jene sind, die heute **„Serail"**, also „Palast", heißen.

Dieser Gebäudekomplex **besteht aus drei sakralen Bauten**: einem römischen Tempel aus dem 2. Jahrhundert, der im 4. Jahrhundert zu einer Kirche transformiert wurde, einer Basilika aus dem 4. Jahrhundert mit einem Atrium und einer Vorhalle. Das Westgebäude, das den Eingang zum Serail bildet (das Gebäude, auf das man zwangsläufig stößt, kommt man vom „Löwenkreisel"), beherbergt die frühe Basilika, die ursprünglich nordsüdlich ausgerichtet war. Besonders sehenswert ist die Fassade des Gebäudes: Reich verziert und mit filigranen Arbeiten versehen, konnte sie über eineinhalb Jahrtausende hinweg bestehen. Hinter der Basilika schließt sich das Atrium an, rechts daneben dann der ehemalige römische Tempel mit seinen langen Säulenreihen.

Neben dem Serail gibt es in Qanawat weitere Tempel, römische Steinsärge, Basiliken und ein Theater zu sehen, die sich alle mehr oder weniger in der Umgebung des Serails befinden.

Wer weitere Ruinen sehen möchte, dem sei ein kleiner Abstecher nach **Sia** empfohlen (die Straße, die zum Serail führt, weiter geradeaus, d.h. links am

Serail vorbei, bis nach etwa 3 km das kleine Örtchen Sia erreicht ist). Hier finden sich **nabatäische Stadtruinen**, von denen jedoch zumindest teilweise nur noch die Grundmauern zu sehen sind. Der Ort ist wieder besiedelt und z.T. auf den alten Grundmauern neu errichtet worden. *J.-M. Dentzer,* ein französischer Archäologe, arbeitet nun daran, die alten Tempelruinen wieder auszugraben, einige Häuser wurden schon freigelegt, und man erhofft sich durch weitere Grabungsarbeiten detailliertere Informationen zur Geschichte der Stadt.

Praktische Informationen

•**Öffentliche Verkehrsverbindung:** Von Suwaida (nördl. Minibusstation) fahren regelmäßig Busse nach Qanawat (15 Min., 5 Lira).

Zurück am Löwenkreisel geht es jetzt links ab nach Suwaida.

Km 109 – Rechterhand das Hotel Nadi Rimaya (siehe Hotels bei Suwaida)

Km 110 – Ortseingang von Suwaida, gleich danach ist links das Museum. Ein modernes Gebäude aus schwarzem Basalt errichtet.

Am nächsten Kreisel geht es geradeaus weiter, kurz danach biegen wir links ab und dann gleich wieder rechts bis zum nächsten Kreisel. Hier geht es rechts ins Zentrum von Suwaida, die Route führt jedoch hier weiter nach Salkhad, also nach links!

Suwaida

↗VIII,B2

السويدا

Suwaida (**30 000 Einw.**), die Hauptstadt des *Muhafazat* (Provinz) *Suwaida,* hat ihren Namen dem schwarzen **Basaltstein** dieser Region zu verdanken. „Sauda", „der kleine schwarze Fleck", wurde sie schon zu Zeiten der Nabatäer genannt, da die Stadt aus dem schwarzen vulkanischen Basaltstein gebaut war. Suwaida ist nicht nur das Zentrum der gleichnamigen Provinz, es ist auch die **„Hauptstadt" der Drusen** des Landes, was sich eindeutig im Stadtbild widerspiegelt: Hier findet man weit weniger verschleierte Frauen als sonst in Syrien, der Umgang unter den Geschlechtern ist wesentlich offener.

Suwaida selbst spielte in der Geschichte nie eine große Rolle. Unter den Römern im 3. Jahrhundert v.Chr. soll es als „Dionysios" für sein Brot bekannt gewesen sein – heute schmeckt es wie überall!

Für den Tourismus ist Suwaida v.a. wegen seines großen und modernen **Museums** von Bedeutung. Hier werden in einem glasüberdachten Lichthof **nabatäische und römische Mosaike** ausgestellt. Außerdem gibt es prächtige Statuen und Säulen zu sehen. Die Exponate werden ausführlich und gut erläutert. Besichtigung tägl. außer Di 9–18 Uhr, im Winter nur bis 16 Uhr.

Ansonsten bietet Suwaida nicht viel außer einer sehr angenehmen Atmosphäre und ungeschminktem syrischen Leben. Außerdem bietet es sich als angenehmer Ausgangsort für Erkundungen in die Umgebung an.

Praktische Informationen

Telefonvorwahl: 016

Touristeninformation

Es gibt eine kleine Touristeninformation **nahe der Busstation**, etwas außerhalb der Stadt. Sie scheint mehr geschlossen als geöffnet zu sein, und das Personal kann dann, wenn es doch mal offen sein sollte, **selten weiterhelfen**...

Unterkunft

•Nadi ar-Rimaya

An der Straße nach Qanawat, Tel. 23 19 29, Fax 23 75 48. DZ 28 $ mit Frühstück.

Das schöne, wenn auch leicht abgewohnte Hotel ist etwas außerhalb der Stadt, was allerdings nicht gleichbedeutend mit einem ruhigen Standort ist! „Nadi Rimaya" bedeutet so viel wie „Schießclub", wobei hier auf Tontauben u.ä. geschossen wird. Eine herrliche Terrasse und ein schönes Restaurant machen das Hotel trotz seiner Mängel zu einem angenehmen Aufenthaltsort. Gut für allein reisende Frauen, da das Personal hauptsächlich aus Frauen besteht.

•As-Siyahi

Sahat Sultan al-Atrash, Tel. 22 10 12 und 22 10 13, DZ 25 $.

Einfaches, meist sauberes Hotel ohne jeden Charme, völlig überteuert.

•Radwat al-Djabal

Sahat Sultan al-Atrash, Tel. 22 13 47, p.P. 150 Lira.

Sehr einfaches Hotel mit ekligen Toiletten in einem schönen alten Haus.

Essen und Trinken

•Al-Amir

Sahat Sultan al-Atrash, Tel. 22 49 92.

Gutes Essen mit leicht europäischem Touch. Es gibt Bier (!) und man sitzt gemütlich im ersten Stock, etwas versteckt, für allein reisende Frauen nicht allzu angenehm!

•Al-Bordj

Sh. Sultan al-Atrash, Tel. 22 22 91.

Nettes Restaurant im ersten Stock, in dem sich die Jugend gerne auf ein Bier trifft.

Busverbindungen

Der Busbahnhof findet sich im Norden der Stadt. Von hier Verbindungen in alle Orte des Südens und nach Damaskus.

Ausflüge

Wer Suwaida als Ausgangsort für Ausflüge gewählt hat, sollte sich weder Qanawat, noch Shahba, noch Salkhad oder gar Bosra entgehen lassen.

Man kehrt nun zurück an den Kreisel, der links nach Salkhad führte (s.o.). Bei der nächsten Gabelung geht es rechts, danach führt die Straße immer geradeaus.

Km 122 – Ortsdurchfahrt von **Kafr.** In diesem modernen Ort gibt es keine antiken Bauten mehr, dennoch weisen Mauerfragmente, gut behauene Bausteine, Verzierungen und griechische Inschriften darauf hin, dass der Ort einmal eine bedeutende Siedlung gewesen sein muss.

Die Strecke führt nun durch eine wunderschöne Landschaft, gesäumt von Reben und Feigenbäumen. Wieder bietet sich ein schöner Picknickplatz nach dem anderen an. Bei **Km 139** ist der Eingangskreisel von Salkhad erreicht. Rechts geht es weiter nach Bosra, links ins Ortszentrum.

Salkhad ⇗ XI,C3

Der Ort wurde bereits im Alten Testament erwähnt. Es ist ein **kleiner sympathischer Ort mit einer auffallend freundlichen Bevölkerung**. Die erst Mitte des 19. Jahrhunderts aus dem Libanon eingewanderten Drusen, die

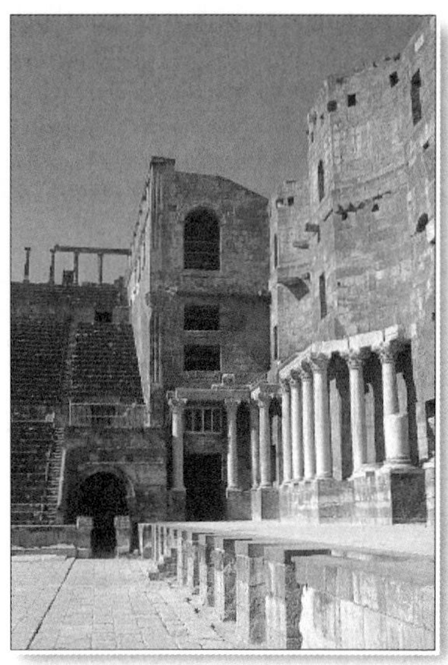

hier leben, bauten ihre Häuser auf den antiken Bauresten. Man kann noch häufig Gebäude aus schwarzem Basalt sehen, deren Grundmauer antik, deren Aufbauten aber hochmodern sind – Satellitenantennen durchsetzen altes Mauerwerk, Ytongplatten schließen alte Steinmauern ab.

Das Dorf windet sich um eine **Festung**, deren Reste ayyubidischen Ursprungs sind. Die Burg selbst stammt wohl aus nabatäischer Zeit, Reste aus jener Zeit gibt es jedoch keine. In Kreuzrittertagen war die Burg, die geschickterweise in einen Vulkankrater gebaut wurde, ein wichtiger Stützpunkt. Es scheint auf den ersten Blick verwunderlich, dass hier, am Rande Syriens, eine so große Burg steht, doch war Salkhad lange Zeit der letzte Ort auf dem Weg in den Irak und somit wichtiger Karawanenstützpunkt. Heute ist die Burg **militärisches Sperrgebiet**, mit Erlaubnis der Soldaten kann man sie aber besichtigen.

Minarett in Salkhad (li.), antikes Theater von Bosra (re.)

Weiter sehenswert ist in Salkhad ein schönes ayyubidisches, dreifarbiges (Basalt, rötlicher Kalktuff und Kalkstein) **Minarett** mit einer sechseckigen Grundform. Es ist innen hohl und kann – zumindest dann, wenn man jemanden findet, der einem die Türe aufschließt – bestiegen werden. Das Minarett steht heute auf einem Platz, der das Zentrum des Ortes ausmacht. Rund um den Platz befinden sich Sitzbänke. Früher galt der Platz als Versammlungsort, heute dient er bevorzugt als Dorfplatz, an dem das öffentliche Gebet für die Toten gesprochen wird.

Praktische Informationen 

In Salkhad gibt es so ziemlich alles zu kaufen, was man braucht, aber **keine Hotels**! Busverbindungen gibt es mehrmals täglich direkt nach Damaskus und weit häufiger nach Suwaida.

Route B 2: Salkhad – Bosra – Derâa – (jord. Grenze) 

Insg. 66 km

Die Route führt durch schöne Landschaft zum berühmtesten Amphitheater der Welt nach Derâa und von dort weiter zur jordanischen Grenze.

Öffentliche Verkehrsmittel

Von Salkhad aus fahren regelmäßig **Busse** nach Bosra und von dort weiter nach Derâa. Von Derâa gibt es Minibusse nach Mzairib, wo man sich, will man zu den Wasserfällen, ein Taxi nehmen muss, sowie nach Jordanien.

Mit dem Pkw ist der Ausgangspunkt der Fahrt der Eingangskreisel nach Salkhad, Endpunkt der letzten Route.

Die nicht immer gute Straße führt anfangs schnurgeradeaus gen Westen, vorbei an schönen Feldern und Gärten, die durch niedrige Steinmauern voneinander abgetrennt sind.

Km 11 – Große Kreuzung. Hier stößt von rechts die Straße von Suwaida auf unsere Route. Die Straße wird nun besser, verliert aber auch deutlich an Charme und Schönheit.

Km 15 – Man durchfährt den Ort **Burd**, eine alte nabatäische Siedlung, von der außer Grundmauern jedoch nichts mehr zu sehen ist.

Km 19 – Ortsschild von Bosra. Man durchfährt den Ort bis zu einer T-Kreuzung, hier geht es rechts zum Theater und den Ruinen. Das Schild, das links nach Derâa weist, wird ignoriert.

Nur wenige Meter nach der Kreuzung ist der Parkplatz zum Theater erreicht.

Bosra

⇗ VIII,B3

بصرى الشام

Das Besondere an Bosra sind ganz ohne jeden Zweifel die Ruinen. Kein Theater ist so gut erhalten wie das **Amphitheater von Bosra**, in dem alle zwei Jahre das in der gesamten arabischen Welt bekannte **Bosra-Festival** stattfindet. Aber auch die anderen Ruinen, die sich hinter dem Theater befinden, lohnen einen längeren Aufenthalt.

Geschichte 

Bosra war 200 Jahre lang ein **wichtigstes Handelszentrum** unter der Kontrolle **der Nabatäer.** Von 70–106 nach christlicher Zeitrechnung war die Stadt sogar Hauptstadt des Reiches, als Nachfolger des berühmten *Petra* in Jordanien. **106 n.Chr.** wurde Bosra dann **Hauptstadt der** neu gegründeten römischen Provinz **Provincia Arabia.** V.a. drei Faktoren waren von großer Bedeutung für den Aufstieg der Stadt: 1. Das Vorhandensein von natürlichen Wasserquellen, 2. die Lage inmitten fruchtbarer Ebenen, 3. die wichtige Lage an einem Verkehrsknotenpunkt alter Karawanenstrecken. Mit dem Aufstieg zur römischen Provinzhauptstadt begann eine rege Bautätigkeit. Die Stadt spielte in den folgenden Jahrhunderten weiterhin eine wichtige Rolle für das römische Imperium, wenn sie auch ihren Platz als Provinzhauptstadt bald wieder abgeben musste. Im **3. Jahrhundert** wurde die Stadt **byzantinisch** und erhielt die Ehre, als Bischofssitz fungieren zu dürfen. Von hier aus versuchte man die nomadisierenden Araber zu christianisieren. Bosra, noch immer wichtiger Verkehrsknotenpunkt und Marktfleck für weite Wüstengebiete, hatte die besten Voraussetzungen dafür. Auch der Prophet Muhammad soll hier als Knabe von einem Mönch in die Lehre des Christentums eingeweiht worden sein.

634 fiel Bosra als erste byzantinische Stadt in die Hände der **arabischen Muslime** und verlor ganz langsam an Macht, obschon es zu Kreuzritterzeiten noch einmal eine wichtige Rolle spielte. Im 17. Jahrhundert kam es unter osmanische Herrschaft und büßte mehr und mehr seine Bedeutung ein. Es blieb allerdings bis ins 20. Jahrhundert eine wichtige Pilgerstation auf dem Wege von Damaskus nach Mekka. Der Bau der Hidjaz-Bahn verlagerte diesen Weg dann nach Westen und zurück blieben die Ruinen.

Wohnungstür in den Ruinen von Bosra

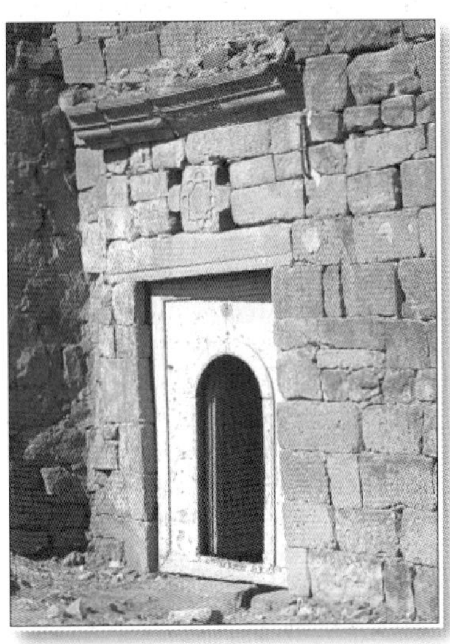

Besichtigung

Die meisten Bauwerke in Bosra stammen aus dem 3. Jahrhundert n.Chr., als Kaiser *Servus Alexander* herrschte. Die hier beschriebene Besichtigung beginnt auf dem Parkplatz östlich des Theaters. Es bleibt jedem Einzelnen überlassen, ob er sich den Höhepunkt der Besichtigung bis zum Schluss aufhebt oder gleich damit beginnt. Ich jedenfalls, als ungeduldiger Mensch, beginne gleich mit dem Schönsten: dem wohl besterhaltenen **Theater** seiner Art (geöffnet tgl. 8–18 Uhr, im Winter nur bis 16 Uhr, Eintritt 300 Lira). 15.000 Zuschauer passen auf die steilen Ränge und das Bemerkenswerteste: Von jedem Platz aus kann man etwas sehen! Die beste Akustik hat man von den oberen Plätzen, die an eine Säulenhalle anschließen. Von hier hat man auch einen fantastischen

Blick über das gesamte Areal. Das Theater war anfänglich so groß geplant, dass die steilen Wände keiner Statik gehorcht hätten. Aus diesem Grund wurden die unteren Ränge und die Orchestra in den Boden hinein gebaut, weswegen das Theater von außen weit kleiner wirkt als von innen.

Zu muslimischen Zeiten wurde der ehemalige Ort des Vergnügens zu einer Festung umgebaut und der Zuschauerraum fast vollständig zugeschüttet. Die Fatimiden verstärkten im 11. Jahrhundert die Nordostecke des Theaters durch Türme, die dann in die Baumaßnamen der Ayyubiden integriert wurden. Mehreren Angriffen konnte die Festung standhalten, aber dann waren es die Mongolen, die sie stark beschädigten. Der Mamlukensultan *Baibars* ließ das Theater aus diesem Grund im 13. Jahrhundert restaurieren. Dieser Tatsache verdankt Bosra heute das hervorragend erhaltene Bauwerk. Aus Sicherheitsgründen ließ man alle Zugänge zumauern, und so ist bis heute der einzige Zugang zur Zitadelle und somit auch zum Theater das Osttor mit seiner fünfbogigen Steinbrücke. Der Eingang ist zweifach abgewinkelt, so dass ein Durchkommen erschwert wurde.

Das Theater verfügt über innen begehbare Wehrgänge, die zu den Türmen führen und einmal das Theater umschließen. Über das Theater kommt man auf die Dächer der angrenzenden Bauten, wo man ein großes Mosaik und viele Plastiken sehen kann.

Zurück am Eingang des Theaters wendet man sich zum weiteren Rundgang nach links, geht durch einen Häuserdurchbruch geradeaus und sieht vor sich linkerhand die **Thermen.** Der T-förmige Komplex ist von der Säulenstraße aus zugänglich. Durch eine offene Säulenhalle kommt man in einen überwölbten Kuppelraum mit breiten Ecknischen.

Hinter den Thermen ist die **Säulenstraße,** die Hauptverkehrsachse der antiken Stadt, deren Pflaster noch aus römischer Zeit stammt. Schräg gegenüber der Thermen sieht man das **Kabyle-Heiligtum,** dessen frühere Bestimmung ungeklärt ist. Wendet man sich nun erst einmal nach rechts, stößt man auf das **Osttor** der Stadt, das einzige Tor, das sich aus nabatäischer Zeit erhalten hat. Der gewölbte, tiefe Durchgang ruht auf zwei Pfeilerbauten. An der Westseite des Tores begann das römische Viertel, daher zeigt diese Torseite auch römische Stilelemente, während die Ostseite aus nabatäischer Zeit stammt und entsprechende Stilelemente aufweist.

Wendet man sich hier nach Norden, kommt man, vorbei an der schon sehr zerfallenen **Kathedrale** aus dem 6. Jahrhundert, die zu Ehren der Heiligen Sergius, Leontius und Bacchus errichtet wurde, zur **Basilika,** von den Arabern **Dair Bahira** genannt, nach dem Mönch, der das Prophetentum Muhammads schon zu dessen Kindertagen prophezeit hatte. Etwa 200 m nordöstlich davon ist die **Mabrak an-Naba-Moschee.** Sie wurde 1136 im Zentrum eines islamischen Friedhofs errichtet und nach dem Kamel, das das erste Koranexemplar nach Syrien getragen haben soll, benannt. Südlich der Basili-

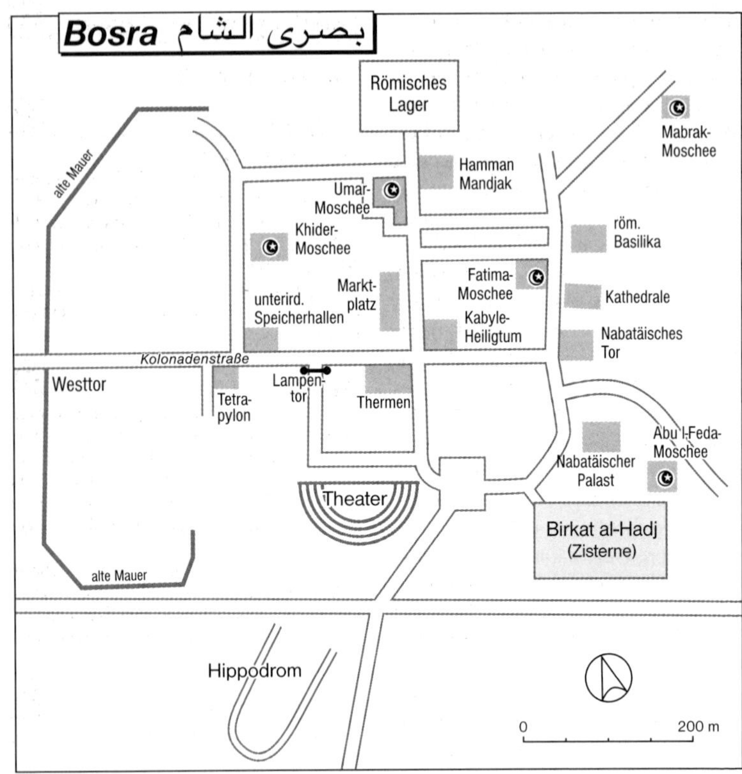

ka ist die **Fatima-Moschee** aus dem 13. Jahrhundert zu sehen.

Zurück am Osttor der Stadt, kann man nun im Süden die Reste eines Palastes sehen, dessen Grundmauern wohl aus der nabatäischen Zeit stammen. Das, was man heute noch davon erkennt, ist jedoch jüngeren Datums, aller Wahrscheinlichkeit nach fand es Verwendung als byzantinischer Bischoffssitz. Am Ende des Weges befindet sich die **Zisterne,** die im 12. Jahrhundert angelegt wurde. An deren nordöstlichem Ecke findet man die **Yaqut-Moschee** und die dazu gehörige Madrasa aus dem 13. Jahrhundert. Diese Koranschule steht mit ihrem kreuzförmigen Grundriss in der Tradition zentralasiatischer/iranischer Architektur.

Von hier gelangt man nun leicht wieder zurück zum Theater. Es ist als Orientierungspunkt sehr hilfreich. Wenn man nun hinter dem Theater den Weg entlang läuft, eine kleine Treppe hinunter und dann wieder nach oben und sich dann nach rechts wendet, gelangt man durch das Lampentor, den **Bab al-Kandil,** zur Säulenstraße. Hier weiter nach Westen stößt man schon bald auf die unterirdischen **Speicherräume.** Die tonnengewölbten Hallen können von Norden her betreten werden. Sie dienten als Lagerraum für lokale Produkte, die für den Export bestimmt waren. Hinter diesen Hallen kann man die spärlichen **Reste des Tetrapylons** sehen, das auf einem kreisrunden Platz stand. Folgt man der Straße weiter nach Westen steht man vor dem **Westtor,** einer Konstruktion aus zwei quadratischen Turmbauten, die durch einen eintorigen Triumphbogen miteinander verbunden sind.

Hinter den Speicherräumen rechts geht es vorbei am alten Marktplatz zur **Umari-Moschee,** der größten Moschee Bosras. Ihre Grundmauern gehen auf die frühe Umayyadenzeit zurück, im 12. Jahrhundert wurde sie neu errichtet und etwa 100 Jahre später nach Norden hin erweitert. Im südlichen Gebetssaal sind die Qiblawand und Teile des Mihrab gut erhalten. Gegenüber ist das **Mandjak-Hammam** aus dem 14. Jahrhundert, das jüngste Bauwerk hier. Es wurde erst vor wenigen Jahren wunderschön restauriert. Daneben steht das städtische Museum.

Kehrt man nun zurück zur Säulenstraße, stehen links die Säulen des ehemaligen **Kabyle-Heiligtums.** Die Bestimmung des Heiligtums ist nicht mehr bekannt. Gegenüber der Säulen befinden sich die alten **Thermen.**

Praktische Informationen

Telefonvorwahl: 015

Einziges Hotel

- **Bosra Cham Palace**
Bei den Ruinen. PO Box 7570, Damaskus, Tel. 015-79 04 88 oder 79 08 81, Fax 79 09 96. Reservierung jedoch über Damaskus: Fax 011-222 61 80, Tel. 223 23 00. DZ ab 120 $, Suite bis 500 $, EZ 100 $.
Der gewohnte Cham-Luxus: schöne Zimmer, Tennis, Pool, Spitzenrestaurant und orientalisches Café.

Jugendherberge

- Die **einzige Jugendherberge Syriens** befindet sich ganz romantisch in der Zitadelle. Geschlafen wird für 200 Lira p.P. in einem großen Schlafsaal. Bei sehr hygienebewußten Menschen könnte es hier allerdings wegen der mangelnden Sauberkeit Probleme geben.
- Wem das nicht zusagt, wer sich das Cham-Palace Hotel nicht leisten kann und in Bosra länger als ein paar Stunden bleiben möchte, dem sei die **Quartiersuche in Suwaida**, notfalls auch in Derâa, empfohlen.

Essen und Trinken

Nette Restaurants **am Eingang der Ruinen** am Parkplatz.

Verkehrsverbindungen

- **Von Damaskus** aus fahren regelmäßig **Busse** direkt nach Bosra (siehe Damaskus).
- Häufigere Verbindungen hat man, wenn man **über Derâa** fährt und dort in einen der Minibusse wechselt, die regelmäßig nach Bosra fahren (siehe bei Derâa).

Festivals

Alle zwei Jahre findet in Bosra das **berühmte Folklore-Festival** innerhalb der alten Mauern des Amphitheaters statt. Arabische Größen wie Fairuz oder George Wassuf treten hier auf. In diesen Tagen ist das Theater für Besucher geschlossen und man kann nur mit einer Festival-Eintrittskarte auf das Gelände gehen. Ähnliches gilt auch für die Jugendherberge. Karten fürs Festival, das immer **im September** stattfindet, gibt es in allen Cham-Palace Hotels sowie im Azem-Palast in Damaskus zu kaufen.

Vom Parkplatz aus, das Theater auf der rechten Seite, geht es rechts weiter. Bei der ersten Möglichkeit biegt man links ab bis zu einem Kreisel, von dort gelangt man gleich wieder rechts auf eine vierspurige Straße. Dieser folgt man.

Km 45 - Man durchfährt den unschönen Ort *Taibe*.

Km 52 - Rechts geht die Autobahnauffahrt nach Damaskus ab, man folgt der Straße geradeaus.

Km 59 - Das Ortsschild von Derâa heißt uns „willkommen". Kurz dahinter kommt der Eingangskreisel. Hier hält man sich geradeaus, links am Denkmal vorbei. Man folgt der Straße geradeaus, bis sie auf eine T-Kreuzung stößt, auf der hektisches Markttreiben zu erleben ist. Hier links und dann gleich wieder rechts. Dies ist die *Sh. Ibrahim Hanano* und somit die **Innenstadt von Derâa**, die bei **Km 61** erreicht ist. Auf der rechten Straßenseite finden sich die Hotels *al-Ahram* und *ash-Sharq*.

Über das Niesen

Abu Huraira berichtet, der Prophet habe gesagt: Gott liebt das Niesen, und er verabscheut das Gähnen. Wenn jemand niest und anschließend „Gepreist sei Gott" sagt, so soll jeder Muslim, der ihn hört, „Gott erbarme sich deiner!" erwidern. Das Gähnen aber ist vom Teufel. Unterdrückt es, so gut es geht. Und wenn jemand beim Gähnen „Haa" macht, lacht der Teufel über ihn.

So steht es bei Sahih al-Bukhari (gest. 870) geschrieben, der eine der besten Sammlungen der überlieferten Taten und Aussprüche des Propheten Muhammad zusammen getragen hat. Ich habe mich lange gefragt, weshalb sich der Prophet wohl über das Niesen und das Gähnen geäußert hat, und bin dieser Frage nachgegangen. Nach vielen Fragen und keiner Antwort fand ich schließlich eine alte Frau, die bereit war, mir zu erklären, warum das Niesen etwas Positives, das Gähnen aber etwas Negatives ist:

„Wisse", sagte sie, „in jedem Körper leben Djinn, kleine Geister, Geister, die eigentlich niemand haben möchte, aber sie sind da. Die Geister sind sehr lebendig und eigentlich ganz glücklich, im Körper des Menschen zu leben, aber manchmal fühlen sie sich dort eingeschlossen. Dann kitzeln sie die Nasenwände. Der Mensch muss niesen, und die Geister können draußen tanzen. Allah ist froh darüber, denn es ist besser, wenn keine Djinn im Körper sind. Wollen die Geister aber wieder in den Körper hinein, nehmen sie dem Menschen Sauerstoff – diese müssen dann gähnen. Mit dem Einsaugen der Luft gelangen die Djinn wieder in den Körper hinein. Deswegen soll man versuchen, nicht zu gähnen, denn je weniger man gähnt, desto weniger Djinn können in den Körper hinein rutschen!

Seit ich nun den Grund kenne, weswegen Niesen so gut und Gähnen so schlecht ist, kann ich die kleinen Geister fast spüren, die sich da in meinem Körper ausgebreitet haben. Aber sie stören mich nicht, ganz im Gegenteil: Ich mag es, wenn sie tanzen, und deshalb gähne ich auch immer, damit sie ja wieder zu mir zurück kommen, denn so ganz ohne Geister zu leben, das kann doch nicht gut sein...!

Derâa ↗VIII,B3 درعا

Die **Provinzhauptstadt** mit ca. **60.000 Einwohnern** liegt 100 km südlich von Damaskus und ist der letzte Ort vor der jordanischen Grenze. Man spürt deutlich die Nähe zur Grenze: Die lebendige Atmosphäre, der Grenzhandel und emsiges Treiben machen die Stadt fast schon zu einer kleinen Metropole.

Der Name der Stadt stammt vom kanaaischen *Atara'a* ab, in der Antike war die Stadt unter dem Namen *Adraha* bekannt. 1918 wurde hier **Lawrence von Arabien** von der türkischen Armee gefangen genommen. Derâa und Umgebung waren für Lawrence und seine Kämpfer von großer Bedeutung. So schrieb er in seinen „Sieben Säulen der Weisheit": *„For my eyes, the center of attraction (es geht hier um die Widerstandskämpfe gegen die Osmanen und den Versuch, ihnen Damaskus zu entreißen; d.A.) was Derâa, the junction of the Jerusalem-Haifa-Damascus-Medina-Railways, the navel of the Turkish Armies in Syria, the common point of all their fronts; and, by chance, an area in which lay great untouched reserves of Arab fighting men, eductated an armed by Faisal from Akaba".*

Heute ist Derâa eine **stark expandierende Stadt**, die seit der Antike eine wichtige Stellung als Handelsplatz inne hat. Derâa bietet alle Versorgungsmöglichkeiten, gute Verkehrsverbindungen in alle Richtungen, aber keine wirklichen Sehenswürdigkeiten. Allein die **Umari-Moschee,** benannt nach dem zweiten Kalifen Umar, lohnt den Besuch. Das Errichtungsdatum der Moschee ist ungeklärt, wahrscheinlich geht sie auf die frühislamische Zeit zurück, auch wenn der Innenhof erst im 13. Jahrhundert gebaut wurde.

Derâa bietet sich als Ausgangspunkt, vor allem aber als Not-Übernachtungsmöglichkeit für Bosra-Besucher oder Jordanienreisende an.

Praktische Informationen

Telefonvorwahl: 015

Touristeninformation

Sh. Dimashq, nur vormittags geöffnet.
Wie so oft: eine **wenig effektive** Informationsstelle...

Wichtige Adresse

- **Immigration Office (Maktab al-Hidjra wa-l-Djawazat)**
Sh. al-Djumhuriya, nur vormittags geöffnet.

Hotels

- **Ash-Sharq**
Sh. Ibrahim Hanano, Tel. 24 09 71, Fax 23 83 04, Suite mit 5 Betten 50 $, mit 3 Betten 30 $.
Das saubere Hotel hat keine Doppelzimmer, sondern nur Suiten. Diese sind nett, großzügig eingerichtet, das Personal jedoch ist wenig verständig und leicht überfordert mit europäischen Gästen.
- **Al-Ahram**
Sh. Ibrahim Hanano, Tel. 23 08 09, DZ mit Bad 700 Lira.
Nettes Hotel, einfach und sauber, freundlich.
- **Derâa Siyaha (Tourist)**
Sh. al-Djumhuriya, DZ 350 Lira.
Einfaches Hotel, mäßig sauber, aber in Ordnung.

Essen und Trinken

Einfache Lokale finden sich zwischen der *Sh. ash-Shuhada* und der *Sh. Ibrahim Hanano.* Wer gut speisen möchte, sollte sich besser nach Mzairib begeben (mit Minibussen ab Busstation leicht zu erreichen) und dort in einem der hübschen Lokale am Ufer des Sees speisen.

Museen

Derâa hat ein kleines Museum im Aufbau, das demnächst fertig sein dürfte *(Sh. Bosra)*. Es ist, wenn man von Bosra kommt, auf der linken Straßenseite, kurz bevor der grüne Mittelstreifen beginnt, zu finden.

Verkehrsverbindungen

Derâa ist mit der Hauptstadt sowohl durch die **Bahn** als auch durch regen **Busverkehr** verbunden.

- Je ein **Zug** fährt wöchentlich **nach Damaskus** (Abfahrtszeiten montags, gegen 10.30 Uhr mittags, 25 Lira) und **Amman** (sonntags gegen 12 Uhr mittags, 125 Lira).
- Der große Busbahnhof für Busse in den Norden und nach Suwaida befindet sich etwas außerhalb an der Straße nach Bosra.

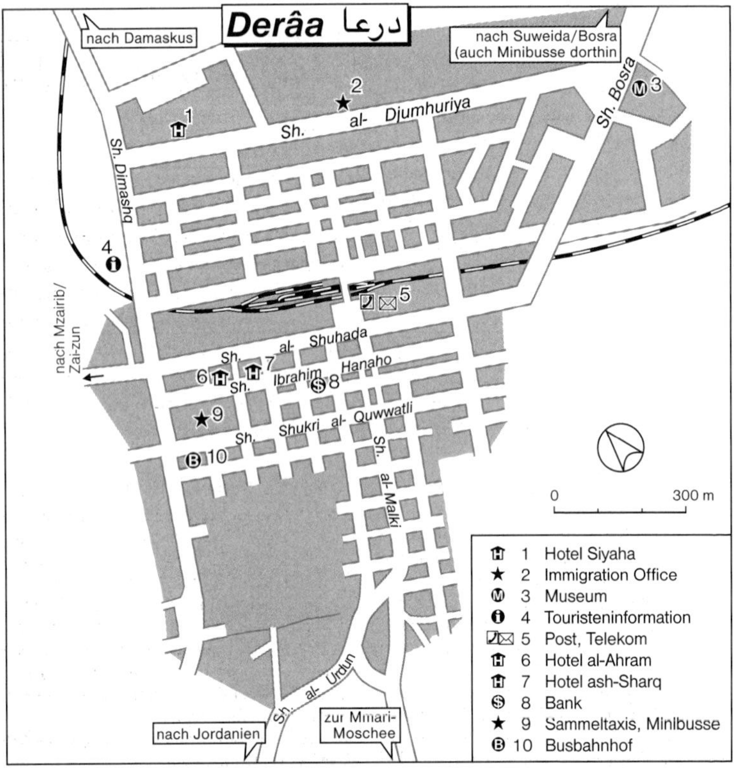

Derâa درعا

nach Damaskus

nach Suweida/Bosra (auch Minibusse dorthin)

Sh. al- Djumhuriya

Sh. Dimashq

Sh. Bosra

nach Mzairib/ Zai-zun

Sh. al- Shuhada

Sh. Ibrahim Hanaho

Sh. Shukri al- Quwwatli

Sh. al-Malki

Sh. al- Urdun

nach Jordanien

zur Mmari-Moschee

0 300 m

- 1 Hotel Siyaha
- 2 Immigration Office
- 3 Museum
- 4 Touristeninformation
- 5 Post, Telekom
- 6 Hotel al-Ahram
- 7 Hotel ash-Sharq
- 8 Bank
- 9 Sammeltaxis, Minibusse
- 10 Busbahnhof

Busse nach Damaskus kosten 25 Lira, und brauchen etwa 2 Std.). Auch die **Minibusse nach Bosra** (15 Lira, 1 Std.) fahren hier ab. Sammeltaxis und Busse nach Jordanien fahren am Ende der *Sh. Ibrahim Hanano* ab (regelmäßige Verbindungen). Auch die Minibusse in die Umgebung (z.B. nach Mzairib) starten hier.

Tankstelle mit bleifreiem Benzin

Die einzige Tankstelle mit bleifreiem Benzin im Süden Syriens befindet sich nahe Derâa im Ort *Da'il* (siehe Route B 3).

Hauptpost und Telecom

•Die Hauptpost findet sich in der *Sh. Dimashq*, Öffnungszeiten: täglich 8–18 Uhr, außer freitags.

•**Telefonhäuschen** (internat. Gespräche) sind **vor dem Bahnhof** in der Sh. ash-Shuhada zu finden. Hier kann man auch Telefonkarten kaufen.

Geldwechsel

Die **Commercial Bank of Syria** befindet sich in der *Sh. Ibrahim Hanano.* Nur vormittags geöffnet.

Weiterfahrt an die jordanische Grenze

Von Derâa sind es nur noch 5 km nach Jordanien. Wer von Bosra direkt an die Grenze möchte, ohne sich in Derâa aufzuhalten, nimmt die erste Möglichkeit in der *Sh. Ibrahim Hanano* nach links und folgt der Straßenführung nach Süden. Wer in Derâa einen Stopp plant oder von Mzairib oder von Damaskus kommt (ohne dabei die Autobahn zu benutzen), dem sei die *Sh. Rifaat al-Hadj Sirri* empfohlen, am Westende der *Sh. Ibrahim Hanano.* Man fährt hinter dem Taxibahnhof nach links, bis man auf die Ausfallstraße nach Jordanien stößt (fast nicht zu verfehlen). Am Ortsausgang finden sich noch ein paar Geschäfte für den Souvenir- und Lebensmittelkauf (die sind in Jordanien teurer!). Die Ausfallstraße führt direkt zur **Grenze**, die **bei Km 66 der Gesamtroute** erreicht ist. Nach Amman sind es dann noch ungefähr 80 km.

Seit 1997 ist auch die **Autobahngrenzstation Derâa – Jaber** geöffnet. Wer also von Damaskus auf direktem Wege nach Jordanien möchte, kommt über diesen Grenzübergang am schnellsten dorthin. Von Derâa sollte man dazu ein kleines Stück Richtung Mzairib (siehe folgende Route) und dann auf die Autobahn auffahren. Die letzte Tankstelle für Autoreisende ist beim „Ghazali Tourist-Center". Direkt an der Grenze hat ein neues Hotel aufgemacht. Außerdem finden sich hier, wie an jedem Grenzübergang, ein Restaurant und kleine Läden.

B 3: Derâa – Mzairib – Ezrâa – Damaskus

Insg. 118 km

Die Route führt auf etwas verschlungenem Wege in das schöne Naherholungsgebiet von Mzairib und von dort auf der alten Landstraße nach Damaskus, vorbei an kleinen Dörfern und abwechslungsreicher Landschaft. Diese Strecke verläuft anfangs nahe der jordanischen Grenze, weswegen man verstärkt mit Militär- und/oder Polizeipräsenz rechnen muss.

Öffentliche Verkehrsmittel

•**Mit Bussen** kann man von Derâa direkt bis nach Shaikh al-Miskin, Ezrâa, as-Sanamain und Damaskus fahren (Abfahrt ab dem Busbahnhof nahe der *Sh. Ibrahim Hanano).* Zu den Wasserfällen kommt man per Minibus ab Derâa nach Mzairib und ab dort mit dem Taxi oder trampend. Unregelmäßige Abfahrtszeiten. Minibusse fahren, wenn genügend Gäste da sind; nachmittags ist es recht schwer, von hier weg zu kommen.

•Es verkehrt wöchentlich ein **Zug zwischen Derâa und Damaskus**.

Bei der **Anfahrt mit dem Pkw** ist der Ortssausgangskreisel von Derâa am Ende der *Sh. Ibrahim Hanano* Ausgangspunkt der Route.

Die *Sh. Ibrahim Hanano* im Rücken, biegt man rechts ab und gleich danach wieder links, noch **vor** der Asad-Statue. Mzairib ist beschildert. Beim nächsten Kreisel geht es geradeaus, man folgt der Straße.

Km 7 – Im November 1999 waren hier Straßenbauarbeiten, weswegen es einige Umleitungen gab. Aus diesem Grunde kann es im Folgenden auch zu geringfügigen Kilometerschwankungen kommen. Man orientiert sich gen Westen. Sind die Straßenbauarbeiten fertig, geht es dorthin einfach weiter geradeaus. Sind sie noch im Gange, geht es erst rechts und gleich daraufhin wieder links ab.

Die Straße geht in eine vierspurige Ausfallstraße über.

Km 9 – Links Abzweig nach Tell Shihab, hier ist der unbedingt lohnenswerte Abstecher zu den Wasserfällen möglich.

Zu den Wasserfällen von Tell Shihab

Die schönen Wasserfälle von Tell Shihab liegen fast schon an der jordanischen Grenze. Sie stürzen sich mit gewaltiger Wucht in das Wadi Khaled, das von hier seinen Weg ins Mittelmeer nimmt. Die Straße endet an einer Aussichtsplattform, von der man nach rechts und links in tiefe Schluchten sehen kann. Rechts sind die Wasserfälle, an der Nase der Plattform sieht man in das weite Tal des Khaled, das sich fast schon gespenstisch schön in den Süden windet, wild bewachsen und mit einigen Wegen durchzogen. Am Fuße des Berges kann man noch die alten Eisenbahnschienen sehen, die Derâa einst mit Haifa verbanden. Auch das Viadukt, über dem die Schienen verliefen, ist von oben zu sehen. Freitags und im Sommer ist hier die Hölle los, ein Picknickplatz mit schöner Sicht ist dann nur schwer zu ergattern! Unter der Woche jedoch kann ein solcher Platz gar nicht schöner gelegen sein.

Anfahrtsbeschreibung: Man folgt der Straße nach Tell Shihab (Beschilderung). Nach 3 km geht links eine kleine Straße ab, die zu den Wasserfällen führt. Keine Beschilderung, aber man kann sie an den Reben erkennen, die davor wachsen. Direkt nach dem Straßenabzweig steht ein Haus. Wenn man auf der Straße nach Tell Shihab auf der rechten Straßenseite ein blaues Schild mit weißer arabischer Schrift und Pfeil darauf sieht, ist man aber bereits ca. 100 m zu weit.

Die kleine Straße führt entlang eines hübschen Wadis, vorbei an Kakteen, Olivenbäumen und Palmen. Man folgt dem Straßenverlauf bis zu einer T-Kreuzung. Hier hält man sich rechts. Man überquert das Wadi, danach geht es gleich wieder rechts. Die Straße führt nun auf der anderen Seite des Wadis wieder zurück und endet auf der großen Aussichtsplattform (der ganze Abstecher hin und zurück: ca. 20 km). Ohne eigenes (Miet-)Auto ist dieser Platz nur mit dem Taxi ab Mzairib oder Derâa zu erreichen.

Km 12 – Ortseingang von **Mzairib.** Der See und mit ihm die hübschen Restaurants befinden sich links (Abzweig von der Hauptstraße in Ortsmitte). Der kleine Ort gehört zu den beliebtesten Naherholungsgebieten in Südsyrien. Nette Atmosphäre v.a. im Sommer.

Km 13 – Rechts **Abzweig,** arabische Beschilderung **nach Da'il** (داعل). Die vierspurige Ausfallstraße führt durch schöne Landschaft, vorbei an Feldern und Olivenplantagen. In der Ferne kann man links die Golanhöhen sehen.

Km 23 – **Da'il** ist erreicht. Hier befindet sich die einzige Tankstelle mit bleifreiem Benzin im ganzen Süden, wie immer vertreten durch die Firma SADCOB. Man durchfährt den Ort geradeaus. Die Beschilderung, die im Ort nach links in Richtung Damaskus weist, führt auf die Autobahn, also sollte man sie ignorieren, es sei denn, man möchte auf schnellstem Wege zurück in die Hauptstadt.

Km 24 - Abzweig nach links (jetzt der Beschilderung nach Damaskus folgen).

Km 34 - Shaikh Miskin (30.000 Einw.) ist erreicht. Die kleine Stadt, die bis vor wenigen Jahren noch einen ursprünglichen Charakter hatte, büßte ihren Charme durch viele Betonbauten ein. Von den römischen Ruinen, auf denen die Stadt errichtet wurde, ist heute leider nichts mehr zu sehen.

Am großen Kreisel geht es rechts nach Ezrâa, geradeaus nach Damaskus.

Abstecher nach Ezrâa

Die kleine Stadt ist v.a. aufgrund der **griechisch-orthodoxen St. Georgs-Kirche** aus dem 6. Jahrhundert einen kleinen Abstecher wert. Das Gotteshaus, das 515 gebaut wurde, steht auf den Trümmern eines römischen Tempels und gilt als eine der ältesten Kirchen Syriens. Sie wird noch immer als solche genutzt und ist ganz und gar aus Basalt errichtet. Ihre Inschrift am Mittelportal besagt: *„Wo*

Blick von Mzairib nach Süden

einst die Wohnstätte der Dämonen war, ist nun ein Gotteshaus. Wo einst Götzen geopfert wurde, singen nun die Engelschöre. Wo einst Gott in Zorn ausbrach, ist heute ein Ort, an dem ER seine Sanftheit zeigt".

Ihre Besonderheit zeigt sich im Inneren, wo acht Säulen eine riesige Kuppel tragen. Sie wurde jedoch erst Anfang des 19. Jahrhunderts an der Stelle der eingestürzten alten Kuppel errichtet. Im Chor sollen sich Reliquien des Hl. Georg befinden.

200 m links neben der Georgskirche steht eine zweite Kirche aus dem 6. Jahrhundert, die **griechisch-katholische St. Elias-Kirche**. Sie wurde 542 errichtet. Ihre ehemals quadratische Grundfläche erhielt erst durch Anbauten den heutigen kreuzartigen Grundriss. Die ehemalige Holzdecke ist heute durch eine moderne Steindecke überbaut.

Anfahrt mit öffentlichen Verkehrsmitteln: Ab Derâa und Damaskus (Bab Musalla) regelmäßige Busverbindungen mit Minibussen. Falls es schon zu spät ist, oder sich nicht genügend Mitfahrer finden, gibt es die Möglichkeit, bis Shaikh Miskin zu fahren und ab dort einen der häufiger fahrenden Minibusse zu nehmen.

Anfahrt mit dem Pkw: Ab Shaikh Miskin am großen Kreisel rechts ab und der Straße ca. 6 km folgen.

Beim großen Kreisel in Shaikh Miskin geht es nun geradeaus (wenn man von Ezrâa kommt, geht es rechts) in Richtung Norden.

Auf der linken Seite sieht man die Provinz Qunaitra und die besetzten Gebiete. Die Straße ist gesäumt von hohen Bäumen, rechts und links verkaufen Landwirte einen Teil ihrer Ernte. Im November waren das Tomaten.

Km 61 – As-Sanamain. In der kleinen Stadt mit 15.000 Einwohnern stehen wie in so vielen Orten dieser Gegend römische Ruinen. Hier: die Reste eines römischen Basalt-Tempels (zu sehen im alten Stadtzentrum hinter einer kleinen Moschee). Nach dem Ortsschild gibt es in as-Sanamain auch eine römische Kirche zu besichtigen.

Km 80 – Die Gegend wird hügeliger, vor uns rechts erheben sich die Berge des Hermon.

Km 91 – Der Ort *Khan Danun* wird durchfahren. Die Landschaft weitet sich, bald darauf geht es durch den hübschen Ort *Keswe*, der malerisch in einem kleinen Wadi liegt. Überall an den Straßenrändern werden massenweise Schilfdecken und Knoblauch verkauft. Hinter dem Ort beginnt die Ausfallstraße nach Damaskus.

Km 99 – Rechts Abzweigung nach Beirut. Nach Damaskus geht es geradeaus einen Hügel hinauf.

Km 100 – Der Sattel des Hügels ist erreicht, vor uns liegen der *Djabal Qasiun* und Damaskus. Nun geht es immer geradeaus ins Zentrum, vorbei an vielen Werkstätten.

Km 110 – Rechts ist der Bahnhof Qanawat. Man folgt der Straße immer weiter geradeaus, bis man bei **Km 118** auf die *Sh. Hamidiya* links des Hidjaz-Bahnhofs gelangt ist.

Orontestal und Mittelmeer-küste

Dieses relativ kleine Gebiet hat die **größte Bevölkerungsdichte Syriens.** Der Sahil, ein Küstenstreifen mit dem 1500 m hohen Gebirgszug des Djabal Sahiliya im Hintergrund, und das Orontestal bilden die „grüne Lunge" des Landes. Das Gebiet wird landwirtschaftlich intensiv genutzt, Industrie- und Hafenstädte ergänzen die Wirtschaft der Region.

Das Mittelmeer schmiegt sich über eine Länge von 180 km an die syrische Küste. **Drei Hafenstädte** – Lataqiya, Banyas und Tartus – sind die Zentren des Sahil. Auch wenn Syrien nicht unbedingt ein typisches Strandurlaubsland ist, so bietet sich doch der nördliche Teil (ab Ra's Shamra bis zur türkischen Grenze) an, um ein paar Tage in herrlicher Landschaft zu entspannen.

Grandios zieht sich der **Djabal Sahiliya** als nördliche Verlängerung des Libanongebirges hinter der Küste in die Höhe. Hier stehen zahlreiche Burgen und Festungsanlagen, die vor allem in den **Kreuzzritter**tagen entstanden sind. Die schönste unter ihnen ist der gut erhaltene Krak des Chevaliers. Inmitten herrlicher Landschaft reihen sich Dörfer und Täler aneinander und laden zum Verweilen ein.

Hinter dem Höhenzug beginnt die **Orontessenke.** *Al-Asi,* den Rebellen, nennen sie den Fluss. Kein Wunder! Als einziger Fluss Syriens fließt der Orontes vom Süden in den Norden. Seit vorgeschichtlicher Zeit war das Tal Zankapfel der großen Herrscherdynastien, einschließlich der darin liegenden Städte Hama und Homs.

Der Orontes schafft mit Hilfe seiner vielen Nebenflüsse in diesem Gebiet **fruchtbare Ebenen** und bildet einen natürlichen Übergang zwischen Mittelmeer und Wüste. Aus diesem Grund waren angrenzende Städte stets Handelszentren und Umschlagplätze für Waren. Heute finden sich hier noch immer lebendige kleine Dörfer, eine sanfte, schöne Landschaft mit viel Sehenswertem, was den Reisenden dazu veranlassen könnte, sich etwas länger in diesem Teil Syriens aufzuhalten.

Routenteil C

Kurzer **Hinweis zu den Routen:** Gerade in diesem Routenteil habe ich einige Hauptverbindungsstraßen nicht in die Routen eingebaut, wie z.B. die Strecke Homs – Hama oder Lataqiya – Aleppo. Das hat den Grund, dass es sich hierbei um super ausgebaute Strecken handelt, die zudem bestens beschildert sind und deswegen eine detaillierte Beschreibung nicht nötig haben.

Die hier aufgeführten Routen sind z.T. sehr lang und kreuzen immer wieder solche Hauptverbindungsstrecken (wie z.B. auch die Küstenautobahn Tartus – Lataqiya, die wegen der möglichen Abstecher in C 1 mit aufgenommen wurde) oder andere Routen. Um die Strecken auch individuell fahren zu können und aus verschiedenen Routen eigene leichter kreieren zu können, wurde an solchen „Kreuzungspunkten" mit einer neuen Kilometerzählung begonnen. Das erleichtert ein „Baukasten-System" erheblich! Wer z.B. von Aleppo nach Kasab möchte, kann bis Djisr ash-Shughur die große Straße fahren und dann bei Route C 2 einsteigen, ohne immer kompliziert die Kilometer umrechnen zu müssen. Wenn Teile von Routen nahe beieinander liegen und eine Querverbindung problemlos möglich ist (z.B. von Ma'arrat an-Nu'man (C 5) nach Apamea (C 2 und 3), wurden Hinweise auf diese Verbindungen gegeben.

Homs ↗V,C3

Homs mit seinen knapp **1 Million Einwohnern** gehört zu den Städten, die ein wenig **langweilig** und **nichtssagend** sind. Es ist ein wichtiger Verkehrsknotenpunkt, Industriestadt mit Ölraffinerien und ohne große Sehenswürdigkeiten. Die kleine Altstadt ist hübsch anzusehen, ein kleiner Suq ohne Touristenströme, eine Stadt der syrischen Mittelmäßigkeit, die vielleicht gerade deswegen locken könnte. Die Homsianer sind nicht unbedingt die Beliebtesten in Syrien (vgl. S. 257). Ich mag die Homsianer gerne, vor allem macht es mir Spaß, hier in den Konditoreien die herrlichen **Halawi al-Djabn, Süßigkeiten** aus Quark, viel Honig und Pistazien, zu essen, die im ganzen Land bekannt sind. Außerdem bietet sich Homs als optimaler Ausgangspunkt für Ausflüge in die Umgebung an (s.u.).

Geschichte

Die **frühesten Zeugnisse** der Stadt gehen bis **in vorrömische Zeit** zurück – wie weit, ist nicht definitiv geklärt. Später lebten hier Griechen und Römer, im **ersten vorchristlichen Jahrhundert begann die arabische Zuwanderung.** Homs, das römische *Ermessa,* war nie ein Zentrum des römischen Imperiums, aber es brachte den ersten syrischen Kaiser des Römischen Reiches hervor und darauf ist die Stadt heute noch stolz, auch wenn es keine Zeugnisse aus dieser Zeit mehr gibt.

Homs, zentral gelegen und schon früh **wichtiger Warenumschlagplatz,** war im Verlauf seiner gesamten Geschichte immer Streitobjekt der Mächtigen, das änderte sich auch nicht mit der Islamisierung. **637** eroberte **Khaled ibn Walid** die Stadt kampflos. Die umayyadische Herrschaft war mit Sicherheit am vorteilhaftesten für die Stadt. Danach lösten sich Abbasiden, Tuluniden, Hamdaniden, Fatimiden, Seldjuken,

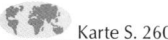

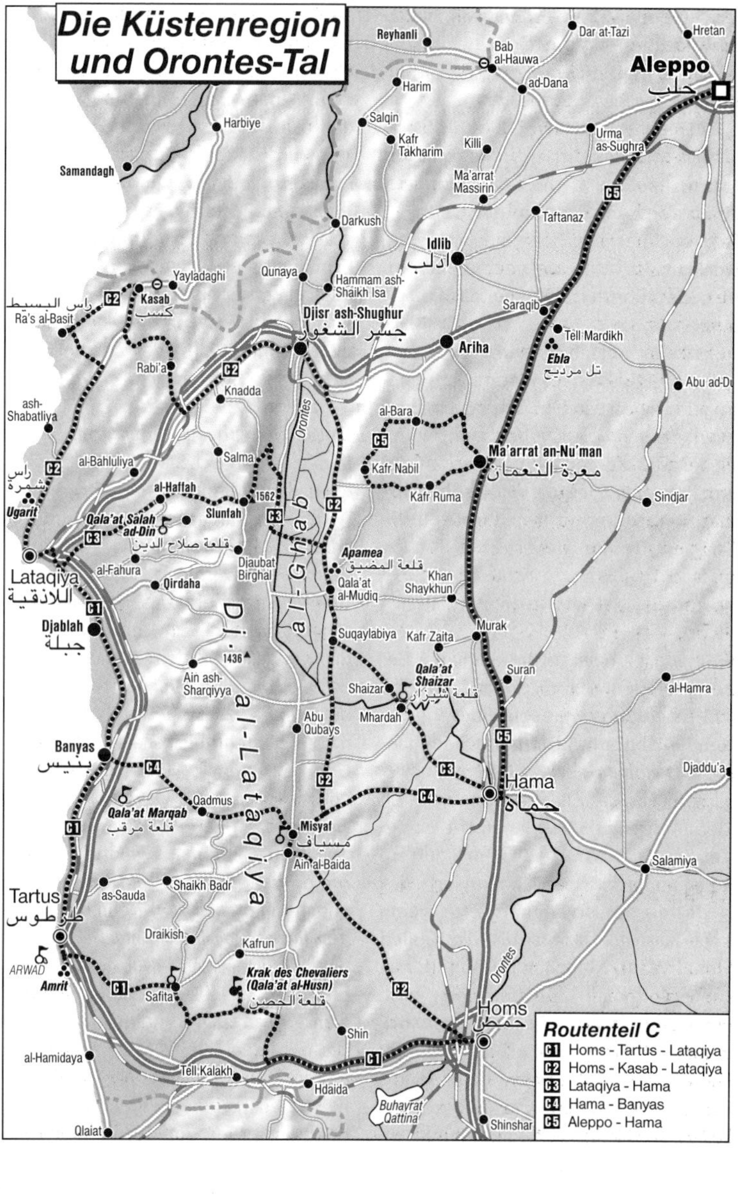
Die Küstenregion und Orontes-Tal
Reyhanli
Bab al-Hauwa
Dar at-Tazi
Hretan
Aleppo
Harim
ad-Dana
Harbiye
Salqin
Kafr Takharim
Killi
Urma as-Sughra
Samandagh
Ma'arrat Massirin
C5
Darkush
Taftanaz
Idlib
Qunaya
Hammam ash-Shaikh Isa
Yayladaghi
Kasab
C2
Ra's al-Basit
Djisr ash-Shughur
Saraqib
Tell Mardikh
Ariha
Ebla
Rabi'a
Knadda
ash-Shabatliya
Abu ad-D
al-Bara
Orontes
Salma
Ma'arrat an-Nu'man
Kafr Nabil
al-Bahluliya
Kafr Ruma
al-Haffah
1562
Sinjdar
Ugarit
Slunfah
Qala'at Salah ad-Din
C3
al-Ghab
Apamea
Djaubat Birghal
Khan Shaykhun
Lataqiya
al-Fahura
Qala'at al-Mudiq
Qirdaha
C1
Djablah
Murak
Suqaylabiya
Kafr Zaita
Dj. al-Lataqiya
1436
Ain ash-Sharqiyya
Suran
Qala'at Shaizar
Shaizar
al-Hamra
Mhardah
Abu Qubays
Banyas
C4
Hama
Djaddu'a
Qadmus
Qala'at Marqab
Misyaf
Ain al-Baida
Salamiya
Tartus
as-Sauda
Shaikh Badr
Draikish
Kafrun
ARWAD
Amrit
Krak des Chevaliers (Qala'at al-Husn)
Safita
Homs
Shin
al-Hamidaya
Tell Kalakh
Hdaida
Buhayrat Qattina
Qlaiat
Shinshar
Routenteil C
C1 Homs - Tartus - Lataqiya
C2 Homs - Kasab - Lataqiya
C3 Lataqiya - Hama
C4 Hama - Banyas
C5 Aleppo - Hama

Ayyubiden, Mongolen und Mamluken als Stadtherren ab. Keiner der islamischen Dynastien war eine lange Kontrolle über die Stadt beschert. Erst die Osmanen schafften es, ein wenig Stabilität in die Region zu bringen. Homs wurde mehr und mehr zur Handelsstadt und zum Zentrum der Landwirtschaft, exportierte Seide und Getreide. Bekannt ist bis heute auch der **Wein,** der seit frühesten Zeiten in der Region angebaut wird.

Die Wechselhaftigkeit der geschichtlichen Ereignisse hat in Homs ihre Spuren hinterlassen: Die schönsten Bauwerke fielen den Kriegen zum Opfer, Sehenswürdigkeiten gibt es deshalb nur noch wenige. Heute ist Homs **Provinzhauptstadt** und drittwichtigstes Industriezentrum des Landes.

Sehenswürdigkeiten

Viel gibt es nicht zu sehen. Einen Besuch sind lediglich die lebendigen und hübschen **Suqs** wert sowie die angrenzende **Altstadt.** Reste einer Stadtmauer sind noch zu sehen, ebenso Überbleibsel von der Zitadelle im Südwesten der Stadt (im Stadtplan nicht eingezeichnet, da zu weit weg vom Stadtzentrum, außerdem nicht sehenswert).

Das einzige erwähnenswerte islamische Bauwerk der Stadt ist die **Khaled ibn al-Walid Moschee** nördlich der alten Stadtmauern auf dem Weg zum Busbahnhof. Die Moschee wurde zwischen 1908 und 1913 erbaut und trägt den Namen des Feldherren, der Homs einst den Islam brachte und dessen Mausoleum sich wahrscheinlich im Inneren der Moschee befindet. Schon unter den Ayyubiden war neben der Grabstätte eine Moschee erbaut, die dann Anfang dieses Jahrhunderts von den osmanischen Herrschern abgerissen wurde. Rund um das Mausoleum Khaleds befindet sich nun die neue Moschee, ein Meisterwerk spätosmanischer syrischer Baukunst und beliebtes Pilgerziel (zum Mausoleum des Namensgebers). Silbern die Kuppeln, gertenschlank die Minarette, steht sie inmitten eines Parks, der ein beliebtes Ausflugsziel darstellt.

Da Homs zu den Städten mit hohem christlichem Bevölkerungsanteil gehört, finden sich in der Stadt zahlreiche Kirchen, darunter die älteste auf syrischem Boden: der **Kanisa az-Zunnar,** eine Kirche, deren Ursprung man im 3. oder 4. Jahrhundert vermutet. In ihr befindet sich eine Reliquie, die von allen syrischen Christen hochgeehrt ist und die der Kirche ihren Namen gab: „Kirche des Gürtels". Besagter Gürtel soll einst der Jungfrau Maria gehört haben, weshalb die Kirche bisweilen auch Kanisa Umm az-Zunnar (Mutter des Gürtels) genannt wird.

Folgt man der *Sh. al Warshi* noch ein Stück, erreicht man wenige hundert Meter weiter auf der linken Seite die griechisch-orthodoxe **Kirche des Heiligen Elian**, die aller Wahrscheinlichkeit nach unter Kaiser Theodosius II. errichtet und dem Heiligen Elian gewidmet wurde. Elian ist ein Stadtheiliger, der im 3. Jahrhundert lebte. Früh zum Christentum bekehrt, musste er sich Zeit seines Lebens gegen die Heiden wehren. Keine Folterung und Drohung konnte

Die Homsianer

Die Homsianer sind berühmt! Die Frauen hier gelten als die **schönsten Frauen ganz Syriens.** Man sagt: „Suche zehn x-beliebige Frauen aus Homs aus, und Du wirst maximal eine darunter finden, die nicht wunderschön ist! Die neun anderen werden Dich mit ihrer Schönheit bezaubern!"

Nun, der Schönheit der Frauen entspricht die **Dummheit der Männer** in Homs. Denn, was uns die Ostfriesen, das sind den Syrern die Homsianer. Es ist nur ein kurzer Aufenthalt in Syrien nötig, um das zu begreifen. Überall werden Witze über die Homsianer gerissen, und geht etwas in die Hose – die Homsianer sind schuld daran! Schon im 13. Jahrhundert erzählten sich arabische Reisende von der Beschränktheit der Bewohner der Stadt Homs, wobei man die schlechte Luft als Ursache dafür ansah. Aber es gibt jede Menge Legenden und Geschichten um die Homsianer und ihre geringe Intelligenz. Die schönste **Geschichte** kennt **Rafik Schami,** der syrische Autor, der mir mit seinen Erzählungen so manche Stunde in Syrien versüsst hat.

Einst galten die Einwohner von Homs als die klügsten Bewohner Syriens! Die Stadt war einer der wichtigsten Verkehrsknotenpunkte früherer Karawanenstrassen. Von Europa nach Indien hatte man etwa die Hälfte der Strecke hinter sich, vom Mittelmeer in die Wüste war Homs der letzte grüne Fleck vor dem einheitlichen Braun. Viele Reisende aus aller Herren Länder machten hier Halt, bevor sie weiterzogen: Kaufleute, die Tee und Seide erstehen wollten, Prediger, die ihre Lebensweisheiten an den Mann bringen wollten, Weltenbummler und Abenteurer. Und von jedem von ihnen ließen sich die Homsianer eine Geschichte erzählen, ein Märchen aus der jeweiligen Heimat. All das Erzählte schrieben sie auf, um es in einer großen Bibliothek zu sammeln.

Im Laufe der Zeit wurden die Homsianer berühmt – „Brauchst Du einen Rat: Geh nach Homs! Ob Du Probleme mit Deiner Frau hast, ob Du krank bist oder das Geschäft nicht läuft, geh nach Homs, dort wird Dir geholfen!" Die Homsianer profitierten von diesem Ruf, sie lebten davon, dass ihnen die Ratsuchenden für die geleistete Hilfe Gold gaben. Mit dem Geld bauten sie Gärten und Spielplätze. Die Stadt blühte auf.

Eines Tages kam es nun zur Bürgermeisterwahl. Zwei Kandidaten bewarben sich: ein Lehrer und ein molliger Metzger. Nun war es in Homs Sitte, dass die Bürgermeisterkandidaten sich auf einer Bühne versammelten und Fragen aus dem Auditorium über sich ergehen lassen mussten. Viele Fragen wurden gestellt, viele Fragen wurden beantwortet. Der Metzger sagte immer, er habe keine Ahnung, aber wenn er ein Problem habe, wisse er ja, wen er fragen müsse, nämlich die weisen Männer der Bibliothek. Das gefiel den Homsianern: Ehrlich war er, der Mann! Das wollte man honorieren. Der Lehrer hingegen wurde wütend, als ihn die Kinder nach dem Sinn der Hausaufgaben fragten, die ja sowieso die Eltern machen würden. Es missfiel ihm, ausgefragt zu werden. Das wiederum missfiel den Homsianern, und sie wählten den Metzger.

Der Lehrer aber war sauer und hatte nur eines im Sinn: Rache! Flink wie der Wind machte er sich auf, um den König des Nachbarreiches zu besuchen: „König, oh Du mein König; folgendes habe ich Dir zu berichten über Dein Nachbarreich Homs! Wisse: Die Homsianer sind nicht aufgrund ihrer Bibliothek so gescheit, nein, es ist der Fluss, der Orontes, der sie so klug macht. In ihm fließt nämlich Zauberwasser. Hast Du es nicht bemerkt: Er ist der einzige Fluss Syriens, der von Süd nach Nord fließt!". Der König, etwas dumm und sehr, sehr gierig, glaubte dem Lehrer und sammelte eine Armee, die in Homs einfallen und den Homsianern das Wasser wegnehmen sollte. Die Armee marschierte los, durchschritt das Stadttor von Homs und wurde von der Bevölkerung freundlich aufgenommen. „Was wollt Ihr?“, fragten die Leute. „Wir wollen Euer Wasser, damit wir so klug werden wie Ihr!“ Die Homsianer lachten und gestatteten ihnen, so viel zu trinken, wie sie wollten. Klüger, das wussten die Homsianer, würden des Königs Soldaten dadurch bestimmt nicht werden.

Nur Brot und Wasser, so lautete der Befehl des Königs, und wochenlang gehorchten die Soldaten. Eines Tages aber hatten sie genug: Sie waren ausgemergelt und hungrig und furchtbar schlechter Laune. Unverrichteter Dinge verließen sie Homs und ritten nach Hause. Aber das Unglück nahm seinen Lauf: Die Sage, das Wasser in Homs mache klug, machte die Runde. Bald schon kam eine Armee nach der anderen nach Homs, um das Wasser des Flusses auszutrinken. Das brachte Unruhe in die Stadt. Die Kinder konnten nicht mehr spielen, die Mütter nicht mehr schlafen. Immer mehr Armeen bevölkerten die Stadt. Der Bürgermeister wurde um Rat gefragt. Der rief seinen Rat zusammen. Aber die Vorschläge waren schlecht: Eine Jungfrau zu opfern, schlug der Priester vor, eine Mauer zu bauen, der Bauunternehmer... Nein, vom Rat konnte sich der Bürgermeister keine Hilfe erhoffen. Er war auf seinen eigenen Kopf angewiesen.

Nacht für Nacht lief er in seinem Zimmer auf und ab und überlegte, wie er seiner Stadt helfen könnte. Und endlich! Es fiel ihm eine Lösung ein, als er beobachtete, wie ein Verrückter versuchte, Wasser aus dem Fluss nach Süden zu lenken – die Homsianer mußten

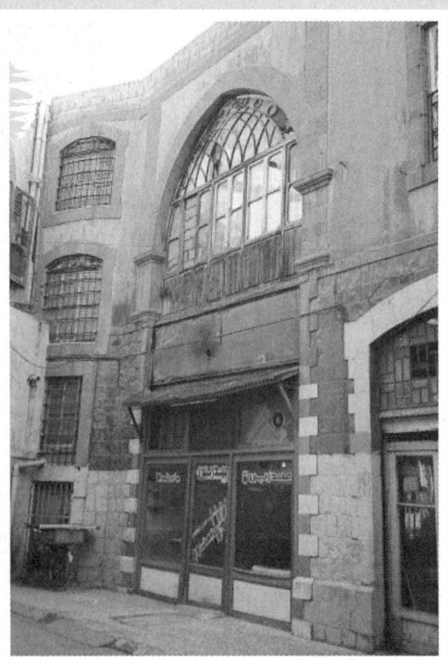

Hinterhof in Homs

verrückt werden, das war die einzige Möglichkeit, sich die Armeen vom Leibe zu halten! Er alarmierte die Stadträte, unterrichtete sie von seinem Vorhaben, und nach anfänglichem Zögern stimmten sie ein, und am nächsten Morgen kamen die Homsianer alle zum Fluss. Was für ein Bild: Bemalte Gesichter, Lumpen statt Kleider, und bewaffnet mit einem Löffel standen die Einwohner von Homs im Orontes und löffelten das Wasser nach Süden. Ein König, der gerade versuchte, vom Zauberwasser des Flusses zu profitieren, sah es und fragte die Leute, was sie da machten: „Wir leiten das Wasser nach Süden um!" „Mit Löffeln?" „Aber ja, wir Orientalen sind geduldige Menschen!" Da reiste der König ab, voller Zuversicht, dass die Homsianer spinnen!

Ein paar Wochen herrschte Ruhe, denn schnell sprach es sich herum: Die Homsianer sind dumm, nicht klug. Aber ein König wollte es nicht glauben und schickte eine Armee nach Homs, er selber führte sie an. Als sie die Stadt erreichten, sahen sie, wie die Menschen im Wasser standen, bunt bemalt, in weite Gewänder gehüllt und Zwiebel- und Kartoffelschalen ins Wasser werfend. „Warum tut ihr das?" fragte der König. „Wir wollen einen Damm bauen." „Mit Schalen von Zwiebeln und Kartoffeln?" „Ja, natürlich. Aus den Schalen wachsen Früchte, aus den Früchten Bäume, aus dem Bäumen werden dann die Stämme für den Staudamm!" Nun war sich auch dieser König sicher: Die Homsianer spinnen!

Die Kunde verbreitete sich abermals schnell, und wieder kehrte für mehrere Monate Ruhe ein in der Stadt. Aber es gab immer noch einen König, der wollte allen Gerüchten keinen Glauben schenken. Also ritt er nach Homs. Es war ein Dienstag, als der Bürgermeister die Armee des Königs erblickte. Er wußte: Morgen würden sie in Homs sein. Er traf Vorbereitungen: Diesmal sollte kein Zweifel mehr bestehen bleiben, dass sie Spinner waren! So versammelten sich die Homsianer schon im Morgengrauen vor den Toren der Stadt, sangen und tanzten und tranken köstlichen Wein! Die Armee rückte an, der König rief: „Halt! Es ist Krieg, Ihr könnt doch nicht einfach so tanzen und feiern!" Da sagte ein alter Mann: „Aber es ist doch Sonntag, da machen wir keinen Krieg." Der König fragte seinen Hofmathematiker nach dem Wochentag. Dieser ließ verlauten, daß es Mittwoch sei. „Ja, ja!", sagte der alte Mann, „bei Euch mag es Mittwoch sein. Hier in Homs ist der Mittwoch der Sonntag." Der König war verwundert. „Jeder Tag ist ein Sonntag? Dann machen wir auch Sonntag Krieg!" „Aber nein, der Montag ist bei uns der Freitag, so fängt die Woche an. Dann kommt der Mittwoch, das ist der zweite Tag. Und dann kommt der Sonntag. Dann kommt ein leerer Tag, das ist schön für die Schüler und die Lehrer, die bleiben am leeren Tag zuhause. Dann kommt der Dienstag, denn nach so viel Ruhe müssen wir ein bißchen arbeiten! Dann kommt der Samstag. Eigentlich wollten wir ihn anders nennen, aber er blieb hartnäckig, da konnten wir nichts tun! Und der Sonntag, also der Sonntag bleibt. So haben wir zwei Sonntage!" Der König war verwirrt. Freitag, Mittwoch, Sonntag, leerer Tag, Dienstag, Samstag, Sonntag, das war zuviel. Seine Soldaten aber freuten sich: eine Stadt, in der es zwei Sonntage gab? Hier wollten sie bleiben. Flugs hatten sie alle ihre Bürgerschaft, und alleine übrig blieb der König. Seine Armee war weg, und er musste zurückkehren.

Seit diesem Tag aber wollte endgültig kein Mensch mehr nach Homs, um von der Klugheit der Leute dort zu profitieren. Und bis heute ist es so, dass sich die Homsianer allen Fremden gegenüber verrückt benehmen, damit sie sie nicht stören! Nur wer sehr vertraut ist mit ihnen, der wird über die wahren Hintergründe aufgeklärt und darf von ihrer Klugheit profitieren!

(Erzählt nach einem Hörspiel von Rafik Schami)

Orontestal und Mittelmeerküste

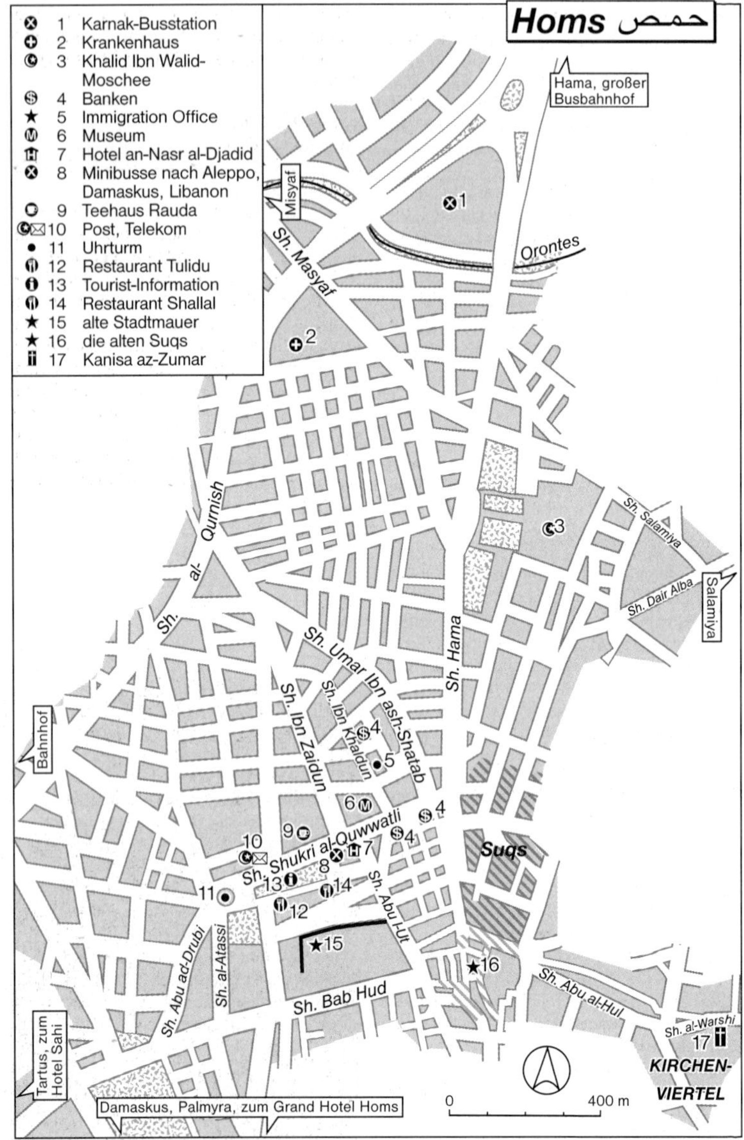
Homs حمص
1 Karnak-Busstation
2 Krankenhaus
3 Khalid Ibn Walid-Moschee
4 Banken
5 Immigration Office
6 Museum
7 Hotel an-Nasr al-Djadid
8 Minibusse nach Aleppo, Damaskus, Libanon
9 Teehaus Rauda
10 Post, Telekom
11 Uhrturm
12 Restaurant Tulidu
13 Tourist-Information
14 Restaurant Shallal
15 alte Stadtmauer
16 die alten Suqs
17 Kanisa az-Zumar
Hama, großer Busbahnhof
Misyaf
Orontes
Sh. Masyaf
Sh. al-Qurnish
Sh. Salamiya
Sh. Dair Alba
Salamiya
Sh. Hama
Sh. Umar Ibn ash-Shatab
Sh. Ibn Khaldun
Sh. Ibn Zaidun
Bahnhof
Sh. Shukri al-Quwwatli
Sh. Abu l-Ut
Suqs
Sh. Abu ad-Drubi
Sh. al-Atassi
Sh. Bab Hud
Sh. Abu al-Hul
Sh. al-Warshi
KIRCHEN-VIERTEL
Tartus, zum Hotel Sahi
Damaskus, Palmyra, zum Grand Hotel Homs
0
400 m

ihn von seinem Glauben abbringen und dank seiner wundersamen Heilkräfte galt er als großartiger Arzt. Auch sein Vater wollte ihm die christliche Überzeugung austreiben, was ihm aber nicht gelang. Aus Zorn ließ er seinen Sohn töten. Elf Nägel wurden ihm in den Kopf geschlagen, Hände und Füße abgehackt. So starb der arme Elian als Märtyrer, was ihm zumindest in seiner Heimat Homs bis heute große Verehrung einbringt. In der ihm geweihten Kirche finden sich seine Reliquien, das Grab ist bis heute unentdeckt.

Im Viertel gibt es weitere Kirchen, die besichtigt werden können.

Praktische Informationen

Telefonvorwahl: 031

Touristeninformation

Sh. al-Quwwatli, am Rande des Gartens in einem kleinen Metallcontainer, Tel. 47 38 98.
Unregelmäßige Öffnungszeiten, ohne nennenswerte Informationen.

Wichtige Adresse

•Englischsprachiger Rechtsanwalt
Antun Trabulsi, *Sh. Abu Ala Mari, Tel. 22 44 06, 22 52 85.*

Hotels

Richtig schick

•Saphir*****
Ca. 3 km an der Straße nach Tartus, Tel. 41 24 00, Fax 43 34 20. DZ 125 $, EZ 110 $, Suiten ab 160 $.
Tolles Hotel mit Pool, Tennis, Ballsaal, Disko, Night Club, Restaurants und Bars. Das freundliche Personal rundet den Service ab!

• Homs Grand Hotel****
Ca. 3 km vom Zentrum an der Straße nach Damaskus, PO Box 743, Tel. 41 26 00, Fax 42 30 21. DZ 77 $, EZ 68 $.
Schönes Luxushotel mit allem was dazu gehört: Coffee-Shop, hübsche Zimmer, gutes Restaurant, Reisebüro und hauseigener Arzt!

Einfach klasse

•an-Nasr al-Djadid
Seitenstraße der Sh. al-Quwwatli, Tel. 22 74 23. DZ 300 Lira, EZ 200 Lira.
Ein Hotel, dass den Reisenden erfreut! Erbaut 1919, hat das Hotel großen Charme. Es ist im arabisch-andalusischen Stil eingerichtet, einfach, aber sehr sauber. Für jeden Gast gibt es frische Leintücher (ganz selten in dieser Preisklasse), die Toiletten werden ständig sauber gehalten und das Hotel täglich gründlich geputzt! Ahmad, der Besitzer, spricht auch ganz gut Englisch, Reduan, der für ihn arbeitet, schlägt sich tapfer und heizt das Bad, wenn man heiß duschen möchte (was aber 1 Stunde dauert – rechtzeitig anmelden!). Zimmer ohne Bad oder Toilette. Absolut zu empfehlen!

Hotel an-Nasr al-Djadid

Einfach

•Gazee
In einer Seitenstraße der Sh. al-Quwwatli (direkt um die Ecke vom Hotel Nasr al-djadid), Tel. 22 21 60.
Sehr einfaches Hotel, günstig für den Fall, dass man im obigen nichts mehr findet.

•Im Notfall genügt auch das Hotel **Khayyam,** direkt hinter dem Hotel Nasr al-djadid. Tel. 32 39 59, DZ 250 Lira.

Restaurants

Außer den Restaurants in den beiden großen Hotels gibt es (meiner Kenntnis nach) kein wirklich besonders gutes Restaurant. Zu empfehlen ist jedoch das einfache

•ash-Shallal
Sh. Abu al-Alaa, 50 m hinter dem Kino.
Hier trifft sich die Jugend von Homs. Superkitschig eingerichtet, aber gute Küche.

•Tulidu
Sh. Abu al-Alaa, nahe der Sh. al-Quwwatli, direkt am Uhrturm.
Einfaches syrisches Restaurant, ganz in Blauweiß gehalten. Gutes Essen!

•Jede Menge **einfache Restaurants,** Shawarma-Stände und Falafel-Shops gibt es zwischen dem Kino und dem Restaurant Shallal.

Cafés und Teehäuser

•Wie in allen Provinzstädten ist es nicht ganz leicht, als Frau in einem Teehaus zu sitzen und sich einen Tee oder eine Wasserpfeife munden zu lassen. Im Sommer ist es da schon leichter! In Homs gibt es neben der Post ein Teehaus, das **Café ar-Rauda,** in dessen Garten im Sommer auch Familien Tee und andere Dinge genießen. Hier können sich allein reisende Frauen problemlos aufhalten.

•Nicht weit davon befindet sich das **Café al-Farah,** allerdings nicht in lateinischen Buchstaben beschriftet. Es ist noch älter als das Café ar-Rauda, noch mehr von Männern frequentiert und mindestens genauso gemütlich.

Konditoreien, Eis und Pudding

Homs hat die absolute Superleckerei als Stadtspezialität: die **Halawi al-Djabn,** eine **Teigrolle** aus Quark, Honig und Pistazien. Man erhält sie in gnadenloser Süße in all den Konditoreien entlang der *Sh. al-Quwwatli* – muss man probiert haben!

Abends...

...gibt es nur das **Kino** am Uhrturm: Arabische Filme und Schnulzen – oder aber die **Disko** im Hotel Saphir!

Museen

Homs hat auch ein kleines **Volkskunde-Museum** (Öffnungszeiten tägl. außer Di, 9–14 Uhr, Eintritt 150 Lira, ermäßigt 10 Lira). Man findet es, wenn man vor der Kanisa az-Zunnar links in die Straße abbiegt und dann die erste größere Straße wieder rechts nach 50 m auf der rechten Straßenseite nimmt.

Sport

Wem der Sinn nach **Tennis** oder **Schwimmen** steht: Im Hotel Saphir ist das möglich.

Medizinischer Notfall

Ein **deutschsprachiger Arzt** ist **Dr. Afash** in der *Sh. Hama, Borj Building. Tel. 22 79 46* (Privatnummer), ansonsten ist er im Assi Hospital anzutreffen.

Verkehrsverbindungen

Die Bahn

Der Bahnhof ist 2 km außerhalb der Stadt. Täglich gibt es **zwei Züge nach Damaskus und Aleppo.** Abfahrtzeiten nachts, Tickets sollten im Voraus gekauft werden.

Busse

•Es gibt zwei **Busbahnhöfe.** Der für **(Mini-) Busse** in die nähere Umgebung (zum Krak, nach Tartus, nach Misyaf, Salamiya etc.) und **Karnak** befindet sich ca. 1,5 km vom Zentrum entfernt und liegt an der Straße nach Hama. **Nach Hama** fahren brandneue Minibusse nahe des großen Busbahnhofs ab!

•**Karnak:** Vier Busse nach Damaskus (60 Lira), drei Busse nach Aleppo (75 Lira), drei Busse nach Tartus (40 Lira) und Lataqiya 65 Lira) und ein Bus täglich nach Palmyra 65 Lira). Abfahrtszeiten selbst erfragen! Häufige

Änderungen! Tickets nach Aleppo und Damaskus können nur dann im Vorhinein gekauft werden, wenn der Bus in Homs startet. Kommt er von Damaskus (nach Aleppo) oder von Aleppo (nach Damaskus), ist man auf das Glück angewiesen, dass im Bus noch Platz ist. Es empfiehlt sich, eine Stunde vor Abfahrt da zu sein.

• Der **große Busbahnhof für die großen Busgesellschaften** liegt noch weiter außerhalb (ein Taxi kostet dorthin 30 Lira), gute 30 Min. Fußmarsch vom ersteren! Homs ist bis zum heutigen Tag der Verkehrsknotenpunkt schlechthin. Mehr als ein Duzend privater Busse aller Kategorien fahren fast ständig in alle Richtungen. Wer ohne Reservierung zu welchem Ziel auch immer fahren möchte, der kommt einfach zum Busbahnhof und wird sicherlich innerhalb kürzester Zeit einen Bus in die gewünschte Richtung finden. Vormittags fahren mehr Busse als nachmittags! Damaskus 2 Std., 70 Lira, Aleppo 2,5 Std. 80 Lira, Tartus, 1 Std. 40 Lira.

• **Sammeltaxis** starten in alle Richtungen in der Innenstadt, an der *Sh. al-Quwwatli*, nahe dem Hotel Khayyam. Sie fahren los, wenn sie voll sind und steuern v.a. die Ziele Damaskus, Beirut, Tripoli und Aleppo an.

Rund ums Auto

Mietwagenfirmen

• **Europcar**

Sh. al-Alameyh, Tel. 46 86 66.

Gleichgültig, wo man reserviert, die Preise sind immer die gleichen: Der billigste Wagen (Peugeot 106 mit AC), kostet für 3 Tage 213 $ und für eine Woche 429 $, incl. Insassenversicherung, Vollkasko und freier Kilometerzahl. Die selben Preise gelten auch, wenn man bereits in Deutschland bucht! Tel. 0180-522 11 22, Fax 040-52 01 86 10.

Tankstelle mit bleifreiem Benzin

Eine Tankstelle der Firma SADCOB findet sich an der Ausfallstraße nach Damaskus.

Hauptpost und Telecom

Sh. al-Quwwatli.

Geöffnet Sa bis Do 7–20.30 Uhr.

Geldwechsel

• Die **Commercial Bank of Syria** befindet sich in der *Sh. Hisham ibn Abd al-Malik*, einer kleinen Straße hinter der *Sh. al-Quwwatli.* Öffnungszeiten: 8–20 Uhr außer Fr.

Ausflüge

Es bieten sich von Homs diverse Ausflugsmöglichkeiten an, wobei sich die meisten auf den Routen befinden, die näher beschrieben werden. Dazu gehören: Krak des Chevaliers (Route C 1), Misyaf (Route C 2) und Viehmarkt in Salamiyah (Route F 4).

C 1: Homs – Qala'at al-Husn (Krak des Chevaliers) – Safita – Tartus – Banyas – Lataqiya

Insg. 178 km

Schöne Route erst durchs Gebirge zur schönsten Kreuzritterburg Syriens, dem Krak des Chevaliers, dann weiter über Safita nach Tartus. Entlang der Küste führt die Route vorbei an Banyas, mit einem Abstecher zur traumhaften Burg Marqab, dann nach Lataqiya. Jede Menge lohnenswerter Stopps und Abstecher bieten sich dem Reisenden an. Unnötig zu sagen, daß man sich in dieser Gegend etwas länger aufhalten sollte - wenn ausreichend Zeit vorhanden ist. Übernachtungsmöglichkeiten gibt es jede Menge unterwegs.

Öffentliche Verkehrsmittel

Alle auf der Strecke beschriebenen Ziele können **problemlos** mit öffentlichen Verkehrsmitteln (Bahn, Bus, Minibus, Sammeltaxi, kleines Taxi) angefahren werden! Näheres siehe bei den einzelnen Orten.

Teil 1 der Route C 1: Homs – Tartus

Der schönste Teil der Strecke! Sie führt nach einer kurzen Autobahnanfahrt durch eine reizvolle Landschaft mit Unterkunftsmöglichkeiten in Husn, Marmarita oder Safita.

Beim Uhrturm in Homs zweigt die Straße nach Tartus ab, der man folgt (Beschilderung!). Die Kilometerbeschreibung beginnt am Autobahnkreuz, bei den Abfahrten nach Damaskus und Hama. Man folgt der Beschilderung nach Lataqiya.

Km 20 – Bergsattel, rechts vorne kann man den Krak bereits erkennen.

Km 28 – Autobahnausfahrt nach **Husn**. Ein großes Hinweisschild führt den Reisenden zur Burg.

Km 35 – Beginn des Ortes *al-Huwadj*. Kurz danach geht schräg links ein Abzweig steil den Berg hinauf. Hinweisschild: „Hosn Castle". Diese Straße führt direkt nach oben und ist sehr, sehr steil. Für Busse und Wohnmobile ist sie deshalb nicht geeignet. Wer mit solchen Gefährten unterwegs ist, biegt hier nicht links ab, sondern fährt geradeaus die Straße weiter.

Die steile Straße windet sich nun bergauf und lässt spektakuläre Blicke auf die Burg und die Landschaft bis hinüber in den Libanon zu.

Km 38 – Die ersten Häuser von **Husn.** Man folgt der Straße, noch immer steil bergauf, bis zur Burg.

Km 40 – Parkplatz. Hier ist das **Restaurant Les Chevaliers.** Zum Hotel **La Table Ronde** geht es weiter geradeaus. Vom Parkplatz aus nach rechts geht es um die Burg herum zu weiteren Restaurants und kleinen Hotels. Wir jedoch stoppen hier, denn am Parkplatz ist auch der Eingang zur Burg.

Qala'at al-Husn (Krak des Chevaliers) ↗IV,B3 قلعة الحصن

Die **schönste und besterhaltene Burg Syriens** thront über dem Dorf und zieht Touristen und Einheimische gleichermaßen an.

Geschichte

Arabischen Quellen zufolge wurden die **ersten Mauern der Burg 1031** durch den Emir von Homs errichtet. Die anfangs nur zur Überwachung der Straße nach Tripoli errichtete Burg wurde **1102 durch Tankred von Antiocha erobert,** ging zehn Jahre später an den Grafen von Tripoli und wurde **1144 unter der Herrschaft Richard II.**, Graf von Tripoli, zu einem **Johanniterorden** umfunktioniert, der ein Etappenziel auf dem Weg nach Jerusalem darstellen sollte. Die Burg war wahrhaftig ein Bollwerk gegen die muslimische Umgebung, sie stand in Blickkontakt zu Safita und somit zur Küste. Bis zur **Eroberung 1271** war jeder Angriff von Seiten der **Muslime** erfolglos. Weder Saladin noch Nur ad-Din konnten sich der Burg bemächtigen. Der große Baibars war es schließlich, dem die Belagerung und Erstürmung der Burg gelang.

Krak des Chevaliers قلعة الحصن
(Qala'at al-Husn)

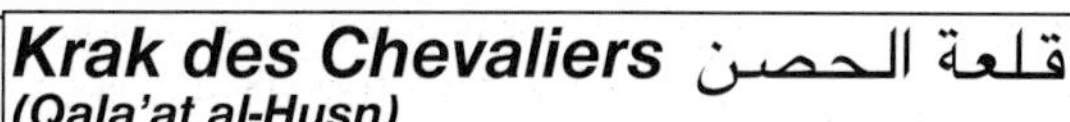

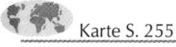

Turm
Turm
Turm der Königstochter, heute: Restaurant
Turm
Latrinen
Kapelle/ Moschee
Quartier der Wachen
Rittersaal
Böschung
Turm
langer Saal (Versammlungsraum)
Innenhof
Eingang
Treppenaufgänge
Eingang zur Oberburg
Pfeilerhof / Speisesaal
Turm
Südost-Turm
Südwest-Turm: Residenz des Großmeisters
Wassergraben
Turm (arab.)
arab. Bäder
Aquädukt
Turm
Turm (arab.)

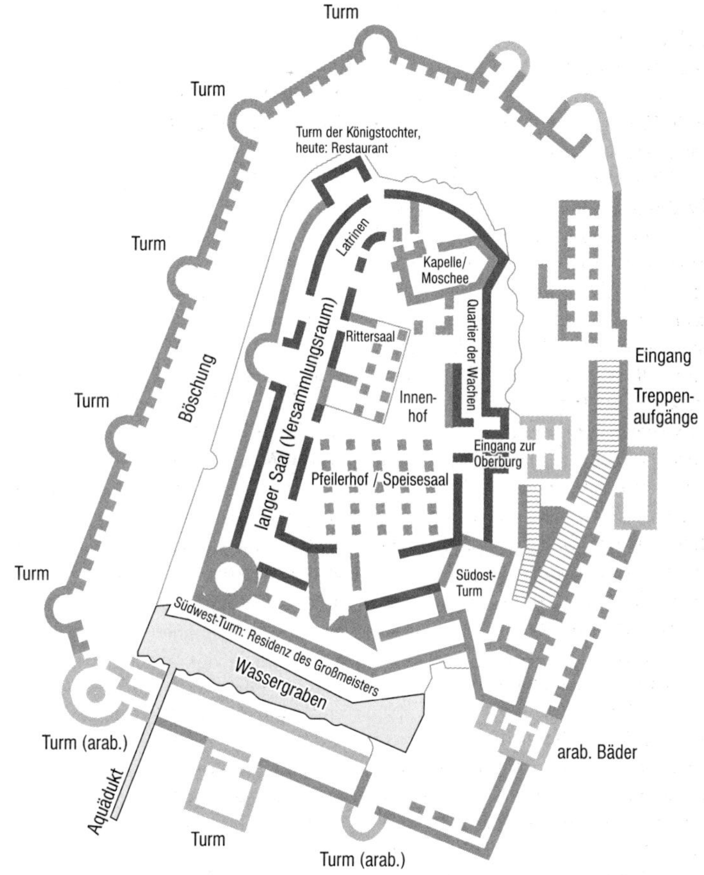

erstes Fort, errichtet vor 1170

zwischen 1170 und 1271 errichtete Mauern

nach 1271 errichtet, d.h. nach dem Sieg Sultan Baibars

Die **wichtigste Bauphase** der Burg war zur Zeit der Kreuzfahrer **zwischen 1150 und 1250.** Weitere Ergänzungen waren nach dem Beschuss durch Baibars notwendig, so dass nach 1270 noch einmal eine rege Bautätigkeit begann. Die Burg wurde seither nie wieder bewohnt.

Rundgang

Der Rundgang, für den man gute drei bis vier Stunden einplanen sollte, beginnt am Osttor, wo sich auch der Parkplatz befindet. Nachdem man sein Ticket am Eingang gelöst hat, durchschreitet man vollständig überdachte Treppen, die so groß sind, dass auch Reiter hindurchreiten konnten. Durch mehrere Tore betritt man den Innenhof der oberen Burg. Man sieht sich nun direkt gegenüber einem **Säulengang,** der als Vorhalle des großen **Rittersaales** diente. Diese Vorhalle ist der einzige Teil der Festung, der einen Wandschmuck hat, der Rest ist nüchtern und funktional. Hinter dem Rittersaal zieht sich der lange **Saal** hin, ein Schlauch von 120 m Länge, der einst der **Vorratshaltung** dienen sollte. Rechter Hand im Innenhof ist die **Kapelle**, die später, nach dem Sieg Baibars, zur **Moschee**

Teilansicht des Krak des Chevaliers

Die Kreuzritter in Syrien

Die Etablierung der christlichen Herrschaft an der Levanteküste ist in Europa Gegenstand regelmäßiger wissenschaftlicher Erörterungen. Nicht so in der arabischen Geschichtsforschung. Hier, so scheint es, haben die blutigen Gräueltaten von einst wenig Eindruck hinterlassen. Überhaupt scheinen die europäischen Versuche, das Land ash-Sham zu erobern, von arabischer Seite nie wirklich ernst genommen worden zu sein. Sicher, die Sunniten beschuldigten die Fatimiden, nichts gegen die Invasoren getan zu haben, doch konnten sich auch die syrischen Fürsten nie gemeinsam zu einer Gegenwehr aufraffen, weshalb die Kreuzritter auch nie auf geschlossenen Widerstand stießen. Vielmehr scheint es, dass die Araber zu dieser Zeit untereinander selbst so zerstritten waren, dass die Kreuzzüge länger andauern konnten, als dies im Falle einer einheitlichen arabischen Antwort möglich gewesen wäre.

Auch wenn es in der arabischen Geschichtsschreibung nicht viele Zeugnisse über die „Franken", wie sie gemeinhin genannt wurden, gibt, so gingen die Ereignisse dennoch nicht spurlos an den Arabern vorüber.

Als 1097 die ersten Kreuzfahrer in der Ebene von Antiocha auftauchten, nahmen die Araber an, es handele sich um einen Teil der byzantinischen Armee, die noch immer als Bedrohung galt. Doch wurden die Araber schnell eines Besseren belehrt, denn obwohl die Byzantiner ihre Feinde waren, so behandelten sie sich doch gegenseitig mit einem gewissen Respekt. Die Kreuzfahrer hingegen gingen von Anfang an mit rücksichtsloser Gewalt vor. Sie waren fanatisch, unnachgiebig und grausam. Sie töteten ihre muslimischen Gefangenen und untermauerten ihren Hass auf den Islam, in dem sie alles zerstörten, was ihnen in den Weg kam. Sogar Kannibalismus wurde ihnen von arabischer Seite nachgesagt. Die christlichen Kämpfer waren in Europa losgezogen in der Überzeugung, dass ein erfolgreicher Kreuzzug den Südenerlass und die Rettung vor dem Fegefeuer mit sich bringen würde. Mit der „Befreiung" Jerusalems im Jahr 1099 schien das Ziel auch erreicht.

Einige der Kreuzritter ähnelten in Auftreten und Benehmen den arabischen Feudalherren, so dass es auch zu manch gutem Kontakt zwischen Kreuzrittern und arabischen Burgherren kam – schließlich gehörte man zur Elite, ob arabisch oder europäisch, wo lag da der Unterschied? Ausgetragen wurde der „Heilige" Krieg vom Fußvolk auf beiden Seiten, von denjenigen, denen das exklusive Ritter- bzw. Feudalleben verwehrt blieb.

Nach der Eroberung der Küste versuchten die Franken, den gewonnenen Streifen zu sichern. Als wichtigste Stützpunkte waren hierfür die Hafenstädte vorgesehen, die man ausbaute. Sie galten als Ausgangslager für die Feldzüge ins Landesinnere. Die Sicherung der Küste aber war nur eine Aufgabe. Viel bedeutender war der Wunsch, sich auch ins Landesinnere auszudehnen. Für dieses Vorhaben bauten die Kreuzfahrer so genannte Offensivburgen, die sich im Feindesland behaupten mussten. Diese Festungen umgab man mit Forts, befestigten Weganlagen und Brückenköpfen, bis schließlich ein Netzwerk an fränkischen Wehrbauten entstanden war. Jede Burg, strategisch günstig gelegen, stand in Sichtweite zur nächsten. Doch es nützte nichts. Saladin eroberte in einem groß angelegten Eroberungsfeldzug in der Schlacht bei Hattin (1187) die Burgen und ließ den Franken lediglich den Küstenstreifen. Den Todesstoss versetzte den Kreuzfahrern Baibars, der 1291 die letze Bastion nahm und so die Herrschaft der Franken im Orient beendete.

umgebaut wurde. Gegenüber ist ein kleines Restaurant, das über eine Treppe zu erreichen ist.

Im Süden des Hofes erstreckt sich ein weiterer großer **Saal**, wahrscheinlich der **Speisesaal** der Burg, dahinter bzw. darüber die **Wohnräume** und der obere Hof (zu erreichen über die Treppe bei der Kapelle). Um sich einen guten Eindruck von der Burg zu verschaffen, bietet es sich an, einmal um die Burg herumzulaufen, nur dann erkennt man die eigentlichen Ausmaße.

Praktische Informationen

Geöffnet von 9–18 Uhr, im Winter bis 16 Uhr, täglich außer Di. Eintritt: 300 Lira, Studenten 15 Lira. Am Eingang bieten sich Führer an, die in Anspruch zu nehmen Geschmackssache ist, zumal die Qualität ihrer Aufführungen massiv variiert. Freitags ist hier die Hölle los, da auch die Syrer den herrlichen Blick von hier oben schätzen, um ein Picknick zu machen!

Unterkunft und Verpflegung

Wer die wunderschöne Burg in später Abendsonne oder zu frühen Morgenstunden erleben möchte, alleine und ohne andere Touristen, sollte hier übernachten. Mehrere Hotels bieten sich dazu an:

•**La Table Ronde**
An der Burg vorbei über den Parkplatz etwa 200 m steil den Berg hinauf. Tel. 031/73 42 80, DZ 500 Lira, Camping p.P. 125 Lira, Vierbettzimmer 800 Lira.
Dieses Hotel/Restaurant bietet eine sensationelle Sicht, einfache aber saubere Zimmer zu fairen Preisen und durchschnittlich gutes Essen. Camper können draußen ihre Zelte auf einem schönen Rasenstück aufstellen mit herrlichstem Blick auf die Ebene vor dem Libanongebirge. Nette Leute, für Frauen alleine gut möglich.

•**Perpars**
Hinter der Burg, entlang der Straße, die um die Burg herum führt und dann ins Tal abbiegt. Tel. 031-74 12 01. DZ mit großartigem Blick auf die Burg und Bad/WC 1250 Lira, ohne Blick 1000 Lira.
Das kleine, noch immer nicht ganz fertiggestellte Hotel könnte einen schöneren Blick auf die Burg nicht haben. Noch immer hat es kein Schild draußen, weswegen man sich von jemandem aus dem Hotel La Table Ronde führen lassen sollte. Das machen diese gern, denn beide Hotels gehören zusammen. Die Zimmer ohne Aussicht sind triste und überteuert, aber sauber.

•**Al-Wadi***(*)**
6 km von der Burg in Richtung des Klosters St. George (siehe unten), Tel. 031/73 04 56-58, Fax 73 03 99. PO Box 1723, DZ zwischen 50 und 75 $, incl. Frühstück. Rabatt für Gruppen und angeblich auch für Besitzer dieses Buches.
Sehr schönes, schickes Hotel mit traumhafter Sicht auf die Burg, Swimming Pool, Tennis, herrlicher Terrasse, guter Küche und schönen Zimmern. Diese sind in 3- und 4-Sterne-Zimmer aufgeteilt, abhängig vom Stockwerk.

•**Restaurant Meshwar**
Marmarita, Tel. 73 02 65 oder 73 01 68. Preis Verhandlungssache, aber auf jeden Fall nicht mehr als 500 Lira für das DZ.
Private Unterkunft bietet Abu Daniel in Marmarita (siehe weitere Route). Herrliche, blitzblanke Zimmer (oder eine ganze Ferienwohnung) mit Terrasse und Blick auf den Krak, ausgezeichnete Küche und sehr freundliche Leute. Ein liebenswerter Familienbetrieb. Für Frauen alleine unbedingt zu empfehlen.

•**Restaurant des Chevaliers**
Direkt an der Treppe am Ausgang des Krak, Tel. 73 44 11.
Einrichtung und Küche sind Standard – nicht schlecht, aber auch nicht mehr.

•Ein nettes Café befindet sich **im Inneren des Krak.** In herrlicher Umgebung kann man Tee, Kaffee oder eine Kleinigkeit zu essen genießen. In der Hochsaison halten sich hier jedoch häufig Reisegruppen auf. Außerdem schießen derzeit Hotelprojekte wie Pilze aus dem Boden. Man hat Husn als Übernachtungsziel entdeckt. Ob das der Region bekommt?

Verkehrsverbindungen

•Am leichtesten erreicht man die Burg **von Homs oder Tartus mit einem Minibus**. Wenn es von Tartus keinen direkten (Mini-) Bus mehr geben sollte, nimmt man am besten den Bus nach Homs und sagt dem Fahrer, er solle einen bei der Autobahnausfahrt nach Husn herauslassen. Ab hier kommt man mit den Minibussen weiter, die von Homs nach Husn fahren: Einfach an der Straße, die zum Dorf führt (es gibt nur eine!) den Bus anhalten! Bisweilen längere Wartezeiten.

Wenn es geht, dann sollte man versuchen, **direkt nach Husn** zu fahren (am leichtesten von Homs aus, 20 Lira, 1,5 Std.). Von dort sind es noch ca. 10 Min. zu gehen. Im Sommer gibt es häufig Verbindungen direkt bis zur Burg. Wichtig: Den Namen Krak des Chevaliers kennt man in Homs und Tartus nicht unbedingt, man sollte als gewünschtes Ziel Husn oder Qala'at al-Husn angeben! Letzter Minibus am späten Nachmittag! Wer ab Husn keinen mehr bekommt, muss die 10 Kilometer bis zur Hauptstraßen Homs – Tartus zu Fuß gehen und versuchen einen Bus auf dieser stark frequentierten Strecke anzuhalten oder im Ort zu übernachten. Von Husn aus verkehren Minibusse und Taxis nach Marmarita. Eine direkte Verbindung von hier nach Safita ist meines Wissens nach nicht möglich.

Vom Parkplatz geht es wieder ein Stück bergab. Man umfährt den Ort links in Richtung Norden, bis zur T-Kreuzung. Hier links.

Km 45 – Die Straße gabelt sich. Geradeaus geht es zum **Georgskloster** und zum **Hotel Wadi,** wir fahren rechts nach oben in **Richtung Marmarita.** Ein kleiner Abstecher zum Kloster (ca. 1 km) lohnt jedoch. Das freundliche Gebäude stammt ursprünglich aus dem 6. Jahrhundert und wurde durchgehend von Mönchen bewohnt. Die heutige Anlage ist jedoch lange nicht so alt: 1857 wurde das Kloster rundum erneuert, bestehen blieben nur die Grundmauern. Sehenswert sind v.a die unterirdische Kapelle und die Schätze des Klosters. Das Georgskloster, das seinen Namen auf den Heiligen Georg zurückführt, feiert am 6. Mai und am 14. Sept. den Namenstag seines Schutzpatrones.

Km 49 – Der Ortseingang von **Marmarita** ist erreicht. Marmarita ist ein christlicher Ort. Die vielen Kirchen fallen auf.

Km 50 – Ortskern von Marmarita. Auffallend sind hier die Prachtbauten, die in ihrer Form an kleine Schlösser erinnern. V.a. reiche Golfstaatler haben sich hier ihre Häuser für die Sommerfrische bauen lassen.

Sauberkeit muss sein!

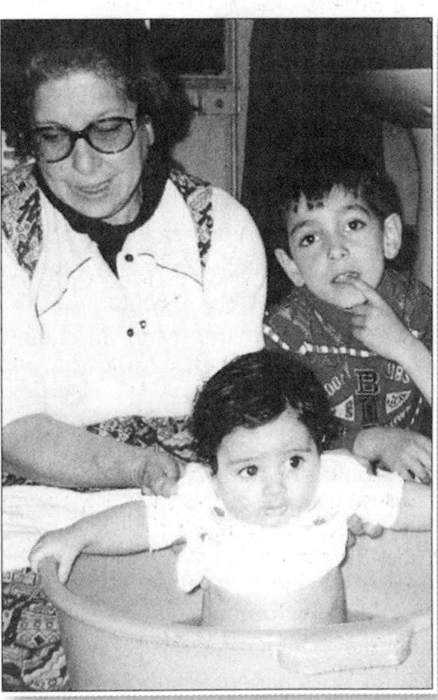

Km 53 – Man durchfährt das nette Bergdörfchen *Habnimra*. Die Straße führt weiter durch herrliche hügelige Landschaft, vorbei an Olivenhainen und Feldern.

Km 56 – Kreuzung. Hier geht es rechts eine kleine Straße hinab. Ein arabisches blaues Straßenschild weist den Weg. Die kleine Straße windet sich nun bergab, die Straße wird schlechter, die Landschaft dafür um so schöner. Man folgt der Straße durch waldartiges Gebiet in nordwestlicher Richtung. In der Ferne kann man immer wieder einmal links Safita erkennen.

Km 60 – *Bastran*. Kreuzung, hier geradeaus, kurz danach ist der Ort *Barqiya* erreicht. Im Ort geht es links.

Km 62 – T-Kreuzung. Der Wegweiser führt links nach Safita. Die Straße wird nun breiter.

Km 64 – Man durchfährt den Ort *al-Basati*. Weit unten erkennt man ausgedehnte Olivenfelder, große Bäume und terrassierte Landschaft.

Km 65 – Große Kreuzung. Rechts geht es nach Misyaf (Route C 2) und zum **Kloster Don Bosco,** wo man übernachten kann (siehe Safita). Wir fahren links weiter in Richtung Safita.

Km 68 – *Ain Affa*. Man durchfährt den Ort, kurz danach gabelt sich die Straße, es geht rechts hinab.

Km 70 – Die Talsohle ist erreicht. Hier befindet sich das wunderschöne und ausgezeichnete **Restaurant Marina.** Es liegt direkt am Fluss und man sitzt unter großen Dächern aus Bambus, die im Sommer einen herrlichen Schatten bieten. Wer will, kann im glasklaren Fluss baden. Alkoholausschank! Auf Anfrage werden in der Nähe **auch Zimmer** vermittelt.

Km 73 – Kreuzung. Hier geht es links. Wieder einmal bieten sich großartige Blicke auf die Landschaft an.

Km 75 – Rechts kann man Safita sehen, kurz danach folgt wieder eine Kreuzung. Rechts geht es nach **Draikish,** links nach Safita, dessen Zentrum kurz danach erreicht ist.

Safita ⇗IV,B3

Safita gehört für mich zu den schönsten Orten Syriens! Malerisch liegt die kleine Stadt auf einem Hügel, in Sichtweite des Krak. Inmitten von Olivenhainen verspürt man hier ein Mittelmeerflair, das man sonst in Syrien vergeblich sucht. Hier lohnt ein längerer Aufenthalt, vor allem dann, wenn man Safita als Ausgangspunkt für kleinere Ausflüge in die schöne Umgebung nutzt (was auch dank der Sammeltaxis gut mit öffentlichen Verkehrsmitteln geht).

Vom höchsten Punkt Safitas, dem **Castel blanc,** kann man bis zum Mittelmeer sehen, im Süden erheben sich die hohen Berge des Libanons.

Im Jahre 1112 fiel Safita in den Herrschaftsbereich des Grafen von Tripoli. Die ersten Grundmauern der Burg, die den Ort überragt und sein Wahrzeichen bildet, stammen wohl aus dieser Zeit. 1167 und 1171 gelang es Nur ad-Din, den Kreuzrittern Tartus zu entreißen, und er zerstörte große Teile der Burg in Safita. **1188** kam die Region unter **Herrschaft der Johanniter,** die das

Kastell wieder aufbauten. **1202** wurde es durch ein **Erdbeben** wieder zerstört und **erst unter muslimischer Herrschaft 1271 wieder aufgebaut.** So wie es heute da steht, stammt es aus der Zeit Baibars.

Unterkunft

Hotels

In Safita bieten zwei Hotels ihre Zimmer an. Das bessere ist - wie immer - das

•**Safita Cham Palace**
PO Box 25, Tel. 043-53 11 31, Fax 53 11 30. Zentrale Zimmerreservierung über Damaskus. Tel. 011-223 23 00, Fax 222 61 80. DZ ab 100 $, EZ ab 80 $.
Sehr schöne Zimmer mit herrlichem Blick, großer Pool und wie immer ein gutes Restaurant, was will man mehr?

Daneben gibt es mehrere kleinere Hotels. Unter ihnen das

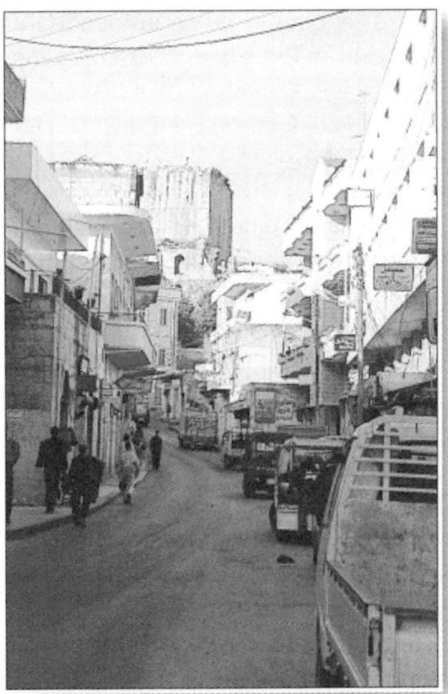

•**Borj Safita**
Am Südausgang des Ortes, Tel. 043-52 19 32.
Kleines und einfaches Hotel.

Privatzimmer

•Wer möchte, kann auch in Privatzimmern oder in einem Kloster übernachten. Privatzimmer vermittelt das **Restaurant Marina** auf dem Weg nach Husn (siehe km 70).

•Das **Kloster Don Bosco** ist 15 km von Safita entfernt, aber problemlos mit öffentlichen Verkehrsmitteln von Safita aus zu erreichen. Es liegt an der Straße nach Draikish, die stark von Minibusverkehr frequentiert ist. Das schöne, moderne Kloster liegt in herrlicher Landschaft, die zu Spaziergängen einlädt. Anfahrt: Man folgt der Route rückwärts bis km 65. Hier folgt man der Straße nach Misyaf. Nach weiteren 5 km geht es links, an einem kleinen Sattel, ab; dem Schild „Peres Saliens“ folgen.

Essen und Trinken

•Entlang der Corniche finden sich mehrere kleine Lokale, in denen man es sich gut gehen lassen kann. Im **Spiro Pizza** gibt es gute Pizzen und Alkohol! Ebenso im Restaurant **Marina,** 5 km von Safita entfernt (Km 70).

•Gute syrische Küche in schönem Ambiente bietet das **al-Qanatir,** ein reizvolles Restaurant in einem kleinen Stadtpalast ebenfalls an der Corniche.

Verkehrsverbindungen

Safita ist mit einem **Minibus ab Tartus** (10 Lira) **oder Homs** (35 Lira) leicht zu erreichen. Achtung: Die Minibusse fahren nur bis zum späten Nachmittag! Abfahrt von Safita-Stadtzentrum; hier fahren auch **Sammeltaxis** in die Umgebung, d.h. Draikish, Husn Sulaiman (s.u.), Misya etc. ab.

Rund ums Auto

Werkstätten und Tankstellen

An den Ortsein- und ausgängen.

Safita, im Hintergrund die Zitadelle

Mietwagen

•Cham Cars
Im Cham Palace-Hotel, Tel. 53 11 31, Fax 53 11 70.
Zuverlässiger Anbieter mit neuen Autos, bei Wunsch auch mit Fahrer. Billigstes Auto (Renault Clio) ab 2250 Lira am Tag plus Versicherung plus 200 Lira Steuer. Mindestmietdauer: 3 Tage, ab 1 Woche 10% Rabatt, ab 4 Wochen 20% Rabatt. Geländewagen: 7395 Lira.

Ausflüge

Von den vielen Ausflugsmöglichkeiten sollen hier nur die erwähnt werden, die nicht durch Beschreibungen auf den Routen oder bei den Ausflügen von Hama oder Tartus aufgenommen wurden.

•Husn Sulaiman
Die Anlage stammt aller Wahrscheinlichkeit aus phönizischer Zeit und stand in engem Zusammenhang mit Amrit (siehe Tartus). Man nimmt an, dass sich hier ein **Kultzentrum** befand (vielleicht der Baal-Kult?). Die heutigen Mauern sind jedoch erst im 2. Jahrhundert n.Chr. errichtet worden, also römischen Ursprungs. Der Tempel besaß drei Tore, das größte davon ist das Nordtor, durch das man auch als Besucher gelangt. Alle drei Tore lohnen eine nähere Betrachtung, zumal sie interessante Reliefs zieren. In der Mitte befindet sich der Zeus-Tempel mit Vorhalle.

Öffentliche Verkehrsverbindung: Ab Safita fahren Minibusse zum Dorf Sulaiman.

Anfahrt mit dem Pkw: Von Safita aus nimmt man die Straße nach Draikish. Sie verzweigt sich nach etwa 1,5 km, hier rechts weiter (Beschilderung!). Nun immer geradeaus halten, nach 19 km auf nicht allzu guter Straße erreicht man das Dorf Sulaiman, die Burg liegt dahinter. Wer weiter möchte: Ab hier ist es ein Leichtes, gen Norden zu fahren, um dann in Misyaf auf Route C 2 zu stoßen.

•Fans von **Kreuzritternburgen** können von Safita aus noch zwei weitere Burgen besichtigen, von denen aber nur wenig übrig geblieben ist: Die **Qala'at al-Arima**, südwestlich von Safita in Richtung Autobahn und die **Qala'at Yahmur**, westlich und direkt bei der Autobahn. Nur mit dem Taxi zu erreichen!

Hinter Safita geht es weiter Richtung Tartus. Man fährt durch den Ort, dann geht die Straße bergab zur Küste.

Km 90 – Man kann das Meer und die Insel ar-Ruad vor sich sehen.

Km 92 – Man überquert die Autobahn. Es geht geradeaus.

Km 95 – Großer Kreisel. Rechts geht es in die Innenstadt, links nach Amrit.

Tartus ⇗IV,A3 طرطوس

Tartus **(100.000 Einwohner)** ist die Hauptstadt der gleichnamigen Provinz. Es ist eine kleine Stadt, die ein wenig den Dornröschenschlaf schläft – ruhig, angenehm und auf kreuzritterlichem Boden! Gassen und Geschäfte laden zum Bummeln ein, ein kleiner Suq verströmt ein immer noch authentisches Flair, und im Ort gibt es überall leckeren Fisch!

Geschichte

Tartus gilt als eine Stadt, die **von den Kreuzrittern gegründet** wurde. Sie landeten hier bereits 1102, und tatsächlich stammen alle historischen Gebäude aus christlicher Zeit. Der Hafen, Bollwerk und wichtiger Ausgangspunkt für weitere Eroberungsfeldzüge, prägte die Stadt. Am Meer wurde eine Zitadelle mit Außenmauern errichtet.

Trotz eines kurzen muslimischen Zwischenspiels von 1152–1157 war Tartus immer ein wichtiger Hafen für die Kreuzritter und entsprechend bauten sie ihn aus. 1291 gaben sie die Stadt als

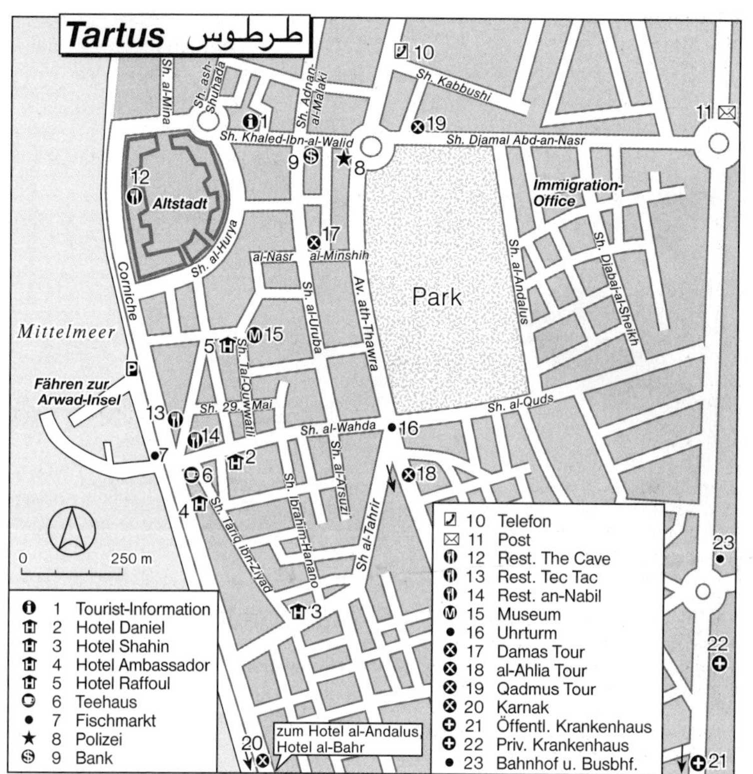

letzten Posten in Syrien auf, zogen sich aber auf die gegenüberliegende **Insel ar-Ruad** zurück und konnten sich dort bis 1302 halten. Danach gingen Insel und Stadt in den Besitz der Muslime über.

Sehenswürdigkeiten

Tartus bietet nicht viele Sehenswürdigkeiten, dennoch ist es ein reizvoller Ort, um sich ein wenig zu entspannen oder um von hier aus Ausflüge in die Umgebung zu unternehmen.

Das schönste Bauwerk der Stadt ist die **Kathedrale Notre Dame de Tortosa** im Stadtzentrum. Sie gilt als der schönste Kirchenbau, den die Kreuzfahrer in Syrien hinterlassen haben. Die Kreuzritter begannen mit dem Kirchenbau im 12. Jahrhundert und errichteten die Kathedrale anstelle einer kleinen Kapelle, die hier gestanden haben soll. Der gotische Bau wurde Mitte des 19.

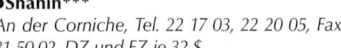

Jahrhunderts in eine Moschee umgewandelt, im 1. Weltkrieg diente sie den Osmanen als Kaserne, und in den 20er Jahren wurde sie unter französischer Kolonialherrschaft restauriert. Heute ist ein **kleines Museum** in ihr untergebracht, in dem Exponate aus Amrit und römischer Zeit ausgestellt werden.

Die zweite Sehenswürdigkeit der Stadt, die **Zitadelle**, ist heute stark verändert: Man baute sie zu. Heute erkennt man, wenn man einmal um den Graben herum läuft, nur noch Mauerreste. Wunderschöne **malerische Häuser** ziehen sich entlang des Grabens und geben eine letzten Eindruck der einstigen Zitadelle.

Die Corniche von Tartus

Praktische Informationen

Telefonvorwahl: 043

Touristeninformation

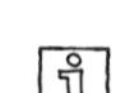

Sh. Khaled ibn al-Walid, Tel. 22 34 48.
Geöffnet von 8 bis 14 Uhr, Fr geschlossen. Etwas hilfreicher als viele andere Touristenbüros.

Wichtige Adresse

•Englischsprachiger Rechtsanwalt
Gassan Daya, *Sh. al-Zuhur, Tel. 22 13 38.*

Hotels

Schick

•Shahin***
An der Corniche, Tel. 22 17 03, 22 20 05, Fax 31 50 02, DZ und EZ je 32 $.
Das übliche 3-Sterne-Hotel. AC, TV, sauber, hübsches Restaurant. Herrlicher Blick von den obersten Zimmern, aber unfreundliche Leute.

•Al-Andalus***
An der Corniche in Richtung Amrit, Tel. 31 22 46, DZ 20 $, Suite 30 $.
Schöner und neuer als das Shahin, allerdings auch dezentraler.

Die goldene Mitte

•Al-Bahr**
An der Corniche, Tel./Fax 22 16 87, DZ 20 $.
Nettes älteres Hotel mit Balkon in jedem Zimmer, direkt am Meer. Sauber und angenehm. Der Besitzer Muhanad spricht gut Englisch und Französisch (er hat in Frankreich studiert).

Einfach klasse

•Ambassador
Sh. Tariq ibn Ziyad (parallel zum Meer, Eingang jedoch hinter dem Haus), Tel. 22 01 83, DZ 400 Lira.
Tolles Hotel, sauber, freundlich und hell. Manche Zimmer haben Blick aufs Meer, alle Zimmer haben ein Bad und glänzen vor Sauberkeit. Frische Betttücher! Absolut empfehlenswert und keineswegs schlechter als die Sterne-Hotels!

•Raffoul
Gegenüber der Kathedrale, Tel. 22 06 16. DZ 400 Lira, EZ 200 Lira.
Nette, familiäre Pension, ruhig, sympathische Besitzer, sauber und freundlich. Es gibt eine Küche, die man benutzen darf und einen Wasch-Service. Zimmer mit Blick aufs Meer oder die Kathedrale. Auch hier gibt es frische Bettwäsche und Frauen alleine können sich hier schlicht und einfach wohl fühlen. Wer Glück hat, und das Zimmer ist frei, sollte um den Raum Nr. 7 bitten. Es hat einen Riesenbalkon. Alle Zimmer haben einen Ventilator.

•Daniel
Sh. Abd al-Aziz, PO Box 1403, Tel. 31 27 57, 22 05 81, Fax 31 65 55. DZ 600 Lira, EZ 350 Lira. Preisnachlass außerhalb der Saison.
DAS Traveller-Hotel schlechthin. Super sauber, frische Bettwäsche, man spricht mehrere Sprachen, v.a. aber ausgezeichnet englisch. Das Hotel hat schöne große Zimmer und bietet Touren an, einen Wäsche-Service, Bootsfahrten etc. Die Nachrichtenbörse für Touristen schlechthin ist das Schwarze Brett. Alle Zimmer haben Bad und heißes Wasser. Frauen allein werden hier ihre vollkommene Ruhe haben, wenn sie diese wollen. Darum kümmert sich Iyad, der Sohn des Hauses, der das Hotel engagiert führt. Klasse!

•Weitere einfache Hotels finden sich rund um die Kathedrale. Für den Notfall.

Camping

•Es ist möglich, **nördlich von Tartus „wild"** zu campen. Der Strand ist jedoch dreckig, und ein ruhiges Plätzchen ist kaum zu finden! Manche Ausflugslokale bieten den Service, vor bzw. hinter oder neben ihren Häusern zu campen (und die sanitären Anlagen gegen einen geringen Obolus zu benutzen).

•Der **Campingplatz bei Amrit** ist, um es kurz und bündig zu sagen: **unzumutbar!**

Restaurants

Schick und schön

•The Cave
An der Corniche, unterhalb der Stadtmauer, Tel. 22 10 16.
Ein tolles Restaurant! Eingebaut in einer 850 Jahre alten Grotte, im Sommer mit Terrasse, im Winter mit offenem Kamin. Der Koch war viele Jahre Schiffskoch auf einem Kreuzfahrtschiff und ist ein Meister der syrischen Vorspeisen. Spezialität ist fangfrischer Fisch. Die Preise sind für das Gebotene absolut korrekt!

•Tec Tac
An der Corniche, direkt beim Hafen.
Modernes Restaurant mit etwas nüchterner Einrichtung aber sehr gutem Essen. Es gibt hier auch Pizza, Snacks und Alkohol. Für Frauen alleine gar kein Problem!

•al-Manara
Am Strand, ca. 1 km südlich der Stadt.
Auf einer großen Terrasse kann man syrisches Essen genießen.

•Arwad Sea Food Restaurant
Auf der Insel, am Hafen.
Fangfrisch wird hier der Fisch nach Belieben zubereitet. Preis nach Gewicht.

Einfach, aber köstlich

•an-Nabil
Sh. Kur Ab Salam (Parallelstraße zur Corniche, gegenüber dem Fischmarkt), Tel. 22 03 80.
Super Fischessen mit Bierausschank.

●**al-Meshwar**
Am Hafen.
Das kitschige Interieur entspricht nicht der Qualität der Speisen – ausprobieren!
●Weiter gibt es einige **kleine Fischstände** am Hafen, die fangfrischen Fisch direkt anbieten. Man sollte unbedingt vorher den Preis aushandeln! Rund um den Uhrturm gibt es ansonsten die üblichen einfachen Restaurants.

Cafés und Teehäuser

Wasserpfeife und Tee, Backgammon und viele Männer entdeckt man im **Teehaus Shati' al-Azraq** im Zentrum beim Hafen, etwas ordentlicher und ruhiger, dafür weniger „original" ist das Café **Moulin à Vent** nahebei. Ein paar schöne Teehäuser v.a. für Männer gibt es nahe des Restaurants The Cave.

Im Museum von Tartus

Medizinischer Notfall

Ein französisch sprechender Arzt befindet sich neben dem Hotel Raffoul, **Dr. Yahya Ibrahim.**

Verkehrsverbindungen

Die Bahn

Der Bahnhof liegt wie immer etwas außerhalb. Je ein Zug fährt nach Aleppo via Lataqiya (4 Uhr morgens,) und Damaskus (1.30 Uhr morgens, 67, bzw. 45 Lira). Tickets min. 1 Tag vorher kaufen!

Busse

Karnak: Büro und Abfahrt in der *Sh. at-Tishrin,* hier kann man die unregelmäßigen Abfahrtszeiten erfragen und Tickets im Voraus kaufen (empfehlenswert).
●**Damaskus:** 2x täglich (knappe 3 Std. Fahrtzeit)
●**Aleppo und Homs:** 1x täglich (4 Std. bzw. 1,25 Std. Fahrtzeit)
●**Tripolis und Beirut:** 1x täglich (2 Std. bzw. 4,5 Std. Fahrtzeit)

Qadmus: Abfahrt ab der *Sh. Djamal Abd an-Nasr,* direkt am Kreisel.
●**Damaskus:** über 10x am Tag (Fahrtdauer 4 Std. 110 Lira)
●**Lataqiya:** Viertelstündlich bis 21 Uhr (Fahrtdauer 1 Std, 35 Lira)
●**Homs:** Viertelstündlich bis 18 Uhr (Fahrtdauer 1,25 Std., 40 Lira)
●**Aleppo (via Hama):** 4 Busse täglich (Fahrtdauer 3,5 Std., 115 Lira)
●Gegenüber dem Bahnhof gibt es außerdem einen **privaten Busbahnhof,** wo Busse und Minibusse dann in alle Richtungen abfahren, wenn sie voll sind.

Rund ums Auto

Mietwagenfirmen

●**Europcar**
Im Büro von Nahas Travel and Tourism, Tel. 22 20 02
Gleichgültig, wo man reserviert, die Preise sind immer die selben: Der billigste Wagen (Peugeot 106 mit AC), kostet für 3 Tage 213 $ und für eine Woche 429 $, incl. Insassenversicherung, Vollkasko und freier Kilometer-

zahl. Die selben Preise gelten auch, wenn man bereits in Deutschland bucht! Tel. 0180 522 11 22, Fax 040 52 01 86 10

Werkstätten
Nahe der Busstation.

Tankstellen mit bleifreiem Benzin
Tankstellen der Firma SADCOB finden sich in der *Sh. al-Mashta* und in der Innenstadt.

Telecom und Hauptpost

Die Hauptpost befindet sich in der *Sh. ath-Thaura,* gegenüber der Karnak-Station. Von 8–20 Uhr geöffnet. Hier werden auch internationale Telefonkarten verkauft.

Geldwechsel

Die **Commercial Bank of Syria** ist in der *Sh. al-Urubba,* geöffnet außer Fr tägl. von 8.30–12 Uhr. Achtung: Man verlangt hier eine Kommision von 40 Lira!

Ausflüge

Ein Ausflug zur **Insel ar-Ruad (Arwad)** gehört für denjenigen, der sich für die Geschichte der Stadt interessiert, dazu: Von hier aus wurde die Küste besiedelt. Doch ist von den alten Gemäuern nur noch wenig zu sehen: ein paar Reste mittelalterlicher Türme und der ehemaligen Umfassungsmauer, ansonsten bietet Arwad nur Inselleben. Kleine Gassen (auffallend dreckig!) und lebendiges Treiben stehen hierbei im Vordergrund. Die Insel ist recht klein (800 x 500 m), und somit leicht in einer Stunde zu umlaufen (soweit das möglich ist). Am Hafen gibt es ein paar Restaurants, in denen man guten Fisch essen kann.

Bei Sturm fahren keine Boote zur Insel, ansonsten unregelmäßige Abfahrtszeiten.

Amrit ⇗ IV,A3 عمريت

Wenige Kilometer südlich von Tartus liegt das phönizische Amrit, das im 2. Jahrhundert v.Chr. aufgegeben wurde. Große Teile des **Ruinen**geländes sind militärisches Sperrgebiet, daher stößt man hier auf Soldaten. Es ist Touristen aber erlaubt, in den Ruinen herumzuspazieren, auch wenn man beim Fotografieren darauf achten sollte, wirklich nur Objekte abzulichten und keine Landschaftsaufnahmen zu machen. Wer möchte, kann sich gerne von den Soldaten durch das Ruinengelände führen lassen. Interessant ist vor allem der **Wassertempel** (arab. **Ma'bad**) anzusehen. Er ist als Innenhof aus dem Felsen gehauen und bis heute mit Wasser gefüllt, das von der Ostseite her durch eine Quelle hineinfließt. In der Mitte des Bassins steht eine Art Thron für den Fruchtbarkeits- und Wassergott. Rund um den Teich reihten sich Säulengänge, deren Reste man heute noch erkennen kann.

Etwa 1,5 km südlich des Tempels sieht man Grabtürme, die aus dem 5. Jahrhundert v.Chr. stammen dürften.

Praktische Informationen

- **Öffentliche Verkehrsverbindungen:** Vom privaten Busabfahrtsplatz in Tartus fahren **Minibusse** nach Amrit (5 Lira), außerdem kann man einen großen Bus nach Hamadiya nehmen und in Amrit aussteigen.
- **Anfahrt mit dem Pkw:** Von Tartus einfach der alten Landstraße in Richtung Hamadiya folgen (d.h. von der Corniche aus kommend bis ans Ende der Straße fahren, dann links abbiegen und am Kreisel rechts. Nach 2 km geht es rechts ab, danach geht es immer geradeaus, bis die Ruinen erreicht sind.

Weitere Ausflugsziele liegen auf beschriebenen Routen, wie das Qala'at Marqab (siehe weitere Route), Safita, Husn as-Sulaiman, Qala'at al-Uraymah , das Krak des Chevaliers (alle siehe vorherige Route) oder Misyaf

(Route C 2). Wer nicht in Hama oder Homs seinen „Stützpunkt" einrichten möchte, sondern hier am Meer, kann natürlich auch von hier aus alle Ausflüge unternehmen.

Teil 2 der Route C 1: Tartus – Lataqiya

Dieser Teil der Route führt immer entlang der Küste, z.T. auf der Autobahn, die etwas höher liegt und schöne Ausblicke gestattet. Nur der Abstecher zur Burg Marqab führt uns wieder hinauf in die Berge.

Ausgangspunkt ist der nördliche Verkehrskreisel von Tartus = **Km 0**.

Wir folgen der Straße nach Banyas und lassen die Autobahn links liegen.

Km 2 – Bahnunterführung. Die Strecke führt nun oberhalb der Autobahn weiter und bietet eine schöne Sicht auf das Meer. Kurz danach wird die Autobahn unterquert und die Straße führt direkt an der Küste weiter. Sie geht vorbei an Treibhäusern unmittelbar ans Meer. Ab und zu erkennt man Bananenplantagen. Leider versperren die Treibhäuser häufig die Sicht auf das Meer. Die gesamte Strecke ist bebaut und lädt nicht unbedingt zum Bleiben ein. Nach ca. 25 km sieht man rechts vor sich die Burg Marqab.

Km 30 – Hier geht rechts die Straße nach Marqab ab. Sie überquert die Autobahn und führt nun direkt zur Burg, geradeaus geht es nach Banyas. Wer in großer Eile ist oder keine Lust auf noch mehr Kreuzritterruinen hat, folgt der Straße bis Banyas, das nach insgesamt 32 km erreicht ist.

Unsere Route führt uns ins Gebirge. Stets bergauf schlängelt sich die Straße nach oben.

Km 32 – Es geht nach links (die neuere Straße von beiden). Kurz danach kommt eine Kreuzung. Hier geht es steil bergauf nach rechts. Beschilderung: „Marqab Castle". Nach etwa 100 m geht es wieder links (Beschilderung) eine steile Straße nach oben, immer mit Blick auf die Burg, die in ihrer vollen Pracht näher kommt und einen atemberaubenden Anblick bietet. Oben angekommen, geht es geradeaus zur Burg, rechts nach Banyas.

Die Kreuzritterburg Qala'at Marqab قلعة مرقب

⇗IV,A2

500 m über Banyas thront die schöne Schwarze auf einem ehemaligen Vulkan. Sie ist nach dem Krak sicherlich die besterhaltene Burg Syriens und unbedingt sehenswert!

Bereits im Jahre **1062** wurde sie **von den Arabern errichtet,** wobei man dabei auf Überreste einer älteren Wehrburg zurückgegriffen hat. Anfang des **12. Jahrhundert** fiel sie durch dubiose Tauschgeschäfte in **Kreuzritterhände**. Es folgten kurze Intermezzi der Muslime und Johanniter, **1192** wurde die Burg sogar zum **Bischoffssitz** von Banyas erklärt. **1285** wechselte die Burg zum letzten Mal die Seite, als es dem **Mamlukensultan Kalawun** gelang, die Burg endgültig wieder für den Islam zu gewinnen.

Die Burg ist mit zwei Mauerringen und einem Graben umgeben und bildet ein Dreieck, dessen Spitze nach Süden weist. An der Westseite befindet sich der Eingang zur Burg. Im Inneren ist noch viel zu sehen, v.a. die **Kapelle**, die **1186 von den Johannitern errichtet** wurde, ist noch gut erhalten. Imposant sind die Hallen und die Wehrtürme, die insgesamt 21 m hoch sind und 5 m dick! Die Bauten im Norden und Osten der Burg dienten als Wohnräume.

Herrlich ist auch der Blick nach unten, den man am besten in einem der Cafés am Parkplatz genießen sollte.

Praktische Informationen 

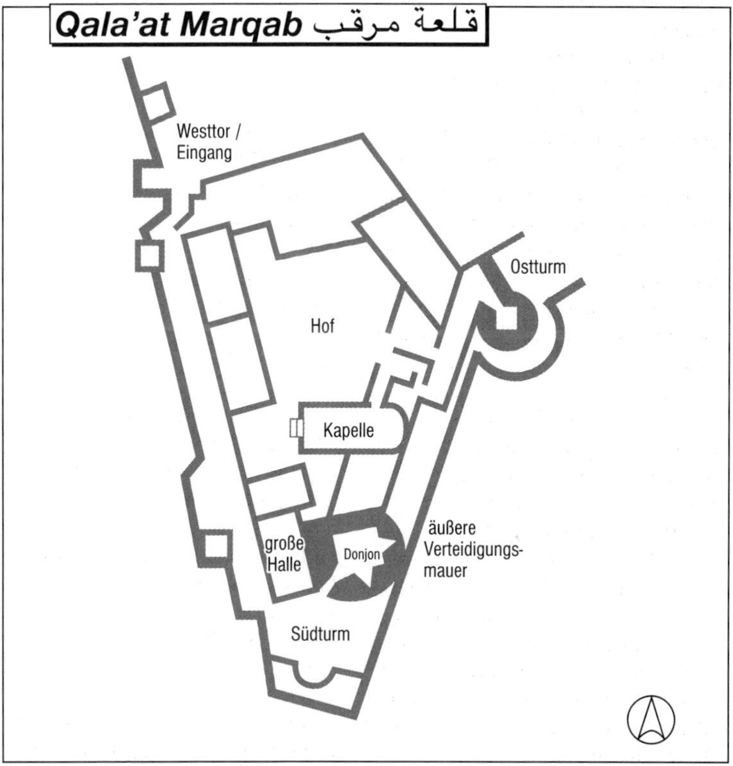

●**Öffentliche Verkehrsmittel:** Von Tartus aus muss man nach Banyas fahren (Abfahrt der Busse ständig ab Minibusbahnhöfen oder ab privatem Busbahnhof nahe Bahnhof). Hier muss man den Minibus nach Zaoube nehmen. Man sollte versuchen, dem Fahrer klar-

zumachen, dass er einen am Schloß hinauslässt, ansonsten ist eine Strecke vom Dorf Marqab zur Burg zu gehen lange, aber es ist zu schaffen.

Vom Parkplatz aus geht es ein kleines Stück wieder zurück, bei der Gabelung dann links. Dieser Straße folgt man bis nach Banyas ins Stadtzentrum. Sie ist die „Hauptstrecke“ von Banyas nach Marqab, also auch die Strecke, die von öffentlichen Verkehrsmitteln gefahren wird. Sie führt direkt ins **Zentrum von Banyas,** das bei **km 43** erreicht ist.

Anfahrt zur Kreuzritterburg Qala'at Marqab

Banyas ⇗IV,A2 

Die Stadt wurde bereits von den Phöniziern gegründet und spielte unter den Griechen eine wichtige Rolle. Heute ist aus diesen Zeiten nichts mehr übrig. Banyas ist eine etwas farblose Industriestadt mit lebhaftem Markttreiben.

Praktische Informationen 

- **Unterkunft im Hotel Banyas:** Einfach und mäßig sauber.
- **Minibusse ab Lataqiya:** 15 Lira, 30 Min.

Wir verlassen Banyas in Richtung Norden und folgen der Küstenstraße noch etwa 10 km, dann beginnt der Autobahnteil der Strecke. Wer vor Lataqiya noch einen Stopp braucht, dem sei Djablah empfohlen.

Km 68 – Autobahnausfahrt nach Djablah.

Djablah ⇗IV,A2 جبلة

Vom einstigen Ruhm ist heute nicht mehr viel übrig. Das antike Gabala hat eine wechselvolle Geschichte hinter sich: **Gegründet von den Phöniziern,** wurde es im 5. vorchristlichen Jahrhundert zu einer griechischen Kolonie und behielt auch später unter den Römern als Hafenstadt eine wichtige Bedeutung. **638** wurde die Stadt **von den Muslimen gewaltsam erobert** und Mu'awiya, der erste umayyadische Kalif, ließ sie neu befestigen. Später war sie in Händen der Byzantiner, der Kreuzfahrer und Mamluken. **Seit 1285** ist sie **endgültig arabisch.**

Heute ist Djablah ein freundliches kleines Städtchen am Meer mit hübschen Suqs und vielen Restaurants für Wochenendausflügler (am Freitag!). Zu sehen gibt es die Reste eines **römischen Theaters** (Eintritt 300 Lira, Di geschlossen), das früher von imposanter Größe gewesen sein muss (7000 Zuschauer konnten auf den Rängen Platz nehmen).

Praktische Informationen

- Djablah hat ein nettes **Café: Dar Zuzu.** Es liegt fast im Stadtzentrum am Meer mit einer schönen Terrasse und angenehmer Atmosphäre.
- Es gibt hier eine **Tankstelle mit bleifreiem Benzin** – wie immer von der Firma SADCOB.

Km 83 – Der Ortseingangskreisel von Lataqiya ist erreicht. Es geht nach links, vorbei an der Universität, ins Stadtzentrum.

Lataqiya (Lattakia) ⇗IV,A2 اللاذقية

Lataqiya ist die **größte Hafenstadt des Landes (500.000 Einwohner)** und wichtiges Handels- und Industriezentrum. Die moderne und lebendige Stadt kann auf eine lange Geschichte zurückblicken, die baulichen Überreste sind aber kaum nennenswert. Als Küstenstadt hat Lataqiya **mit dem Bau der Hafenerweiterung an Charme verloren,** vorbei sind die Zeiten, da man entlang der Corniche spazieren gehen konnte mit Blick auf das offene, weite Meer. Wer heute auf der Strandpromenade schlendert, hat einen „herrlichen" Blick auf Container und Betonflächen. Dennoch ist in Lataqiya der Mittelmeerflair geblieben. In kaum einer anderen Stadt lässt es sich so schön in den Cafés sitzen und Straßenszenen und Menschen beobachten. Fast hat man den Eindruck, die kurze französische Herrschaft hat hier mehr Spuren des „savoir vivre" hinterlassen als im Rest des Landes. Die Stadt versprüht ein wenig **Internationalität,** wie sie sonst kaum in Syrien zu finden ist!

Sehenswertes gibt es kaum in Lataqiya. Da ist das **Museum, das in einer alten Karawanserei untergebracht ist,** ansonsten gibt es nichts, außer viel-

leicht die Stadt selbst. Sie ist lebendig und seit Eröffnung der Universität voll mit jungen Leuten. Wer sich dafür interessiert, wie eine moderne syrische Stadt funktioniert, wer gerne in Cafés sitzt und abends flaniert, ist hier bestens aufgehoben. Eine Palette an Hotels bietet dem Reisenden außerdem den optimalen Ausgangspunkt für lohnenswerte Ausflüge in die Umgebung, z.B. nach Ugarit oder in die herrlichen Berge nördlich der Stadt.

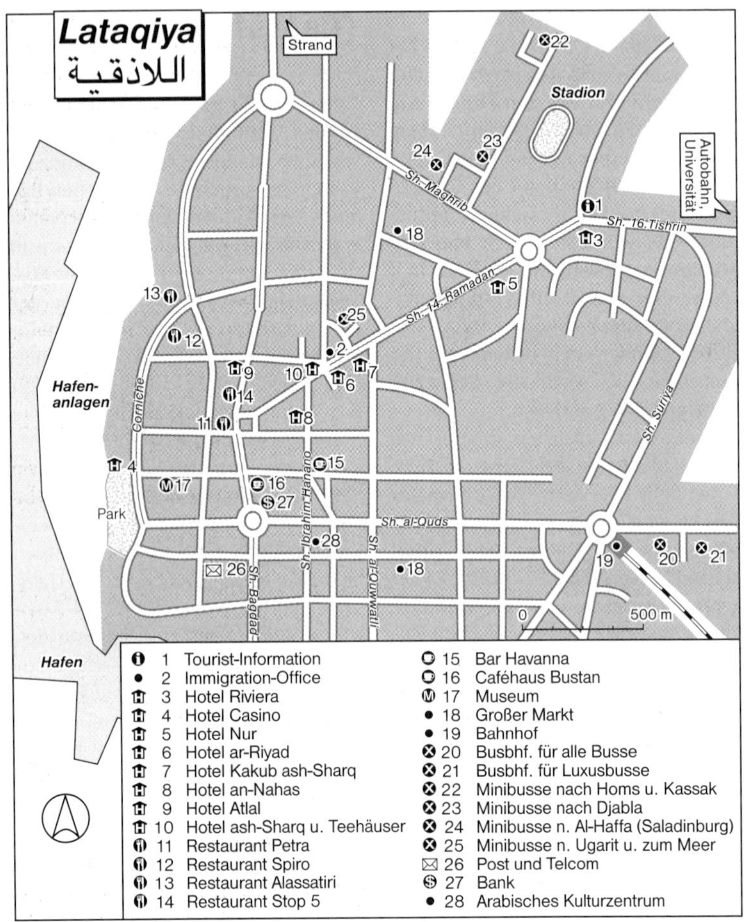

Geschichte

Die Nähe zu Ugarit läßt Vermutungen zu, dass die Stadt auf eine lange Geschichte zurückblicken kann, und tatsächlich: Im 2. Jahrtausend v.Chr. war das heutige Lataqiya unter dem Namen *Ramatha* ein von Ugarit abhängiger Ort, der aber bis zu den Seleukiden im 4. Jahrhundert v.Chr. ohne große Bedeutung blieb. **Seleukos I.** ließ an dieser Stelle eine Stadt errichten, die er nach seiner Mutter benannte: **Laodika.** 64 v.Chr. wurde die Stadt von den Römern eingenommen. Gut 700 Jahre später übernahmen die Muslime die Herrschaft über Lataqiya, das **Zankapfel zwischen Christen und Muslimen** wurde und erst mit der endgültigen **Vertreibung der Kreuzritter** im Jahre **1287** zur Ruhe kam. Ab dem 15. Jahrhundert verlor die Stadt an Bedeutung, 1914 hatte sie nur noch 7000 Einwohner.

Der Aufschwung kam mit dem modernen Staat. Nachdem die Franzosen 1939 im Zuge ihrer Mandatsherrschaft die Region Alexandrette an die Türkei abgegeben hatten, verlor die Region ihren wichtigsten Hafen. Mit der Gründung des Staates Israel 1948 und der Auflösung der Zollunion 1950 mit dem Libanon besaß Syrien keinen Hafen mehr, über den der internationale Handel abgewickelt werden konnte. Aus diesem Grund baute man in den **50er Jahren** den **Hafen Lataqiya** aus, um so wieder voll am internationalen Seehandel teilzuhaben. Innerhalb der letzten 40 Jahre hat sich die Einwohnerzahl von Lataqiya versiebenfacht.

Orientierung

Von Süden und Osten hat man die gleiche Einfahrt nach Lataqiya. Kurz nach dem Ortseingangskreisel, wo die Autobahn von Tartus und die Hauptstraße von Aleppo nach Lataqiya einmünden, geht es nach Westen. Eine schnurgerade Straße führt vorbei an der Universität, immer geradeaus. Von der Uni sind es noch 2,3 km bis ins Zentrum.

Von Norden kommend folgt man der Beschreibung von Route C 2.

Praktische Informationen

Telefonvorwahl: 041

Touristeninformation

Sh. 16. Tishrin, gegenüber dem Hotel Riviera, Tel. 41 69 26.

Geöffnet von 9–14 Uhr, außer Fr. Wie in fast jedem Touristenbüro ist die Freundlichkeit groß, der Nutzen jedoch gering. Aber: Es gibt meistens Stadtpläne gratis!

Die wichtigsten Adressen

•Immigration Office (Maktab al-Hidjra wa-l-Djawazat)

Direkt an der Asad-Statue.

Hier ist eine Meldestelle für die 14-Tage-Meldepflicht und auch Visumsverlängerungen sind hier möglich. Netteres Personal als in Damaskus!

•Englischsprechender Rechtsanwalt

Nizar Harun, *Sh. 8th of March, B. Daaboul, PO Box 140, Tel. 33 47 33/30.*

Hotels

Schick

•Riviera****

Sh. 16. Tishrin, PO Box 605, Tel. 42 18 03 und 42 63 12, Fax 41 82 87, DZ 82 $, EZ 72 $.

DAS Hotel Lataqiyas! Sehr sauber, sympathisch, fast schon luxuriös. Nicht ganz im

Zentrum, aber dennoch nah! Sehr hübsche Lobby, die Zimmer sind nichts besonderes. Eine Bar und zwei Restaurants sorgen für den nötigen „Großhotel-Charakter". Viele Reisegruppen.

•Casino***

Sh. Kurnish al-bahr, Tel. 46 11 40, DZ 36 US$.

Interessantes Hotel! Sehr schönes altes (120 Jahre) Haus an der Corniche, erst vor kurzem komplett renoviert, etwas abgewohnt, unvergleichlicher Charme. Die Zimmer sind schön, sehr sauber und mit AC! Super Preis-Leistungsverhältnis.

Die goldene Mitte

•An-Nur**

Sh. 16. Tishrin, Tel. 41 69 26. DZ 21–34 $, EZ 18–25 $, je nach Saison.

Sehr schönes Hotel, sauber, blitzeblanke Leintücher und ein Bad in jedem Zimmer. Englisch- und französischsprachiges Personal. Auch für Frauen alleine geeignet.

•Ar-Riyad**

Sahat Shaikh Dahir, direkt im Zentrum, Tel. 47 97 78 und 47 63 15. DZ 21 $, EZ 18 $.

Sauberes und nettes Hotel im Herzen der Stadt. Alle Zimmer mit Bad, TV und AC.

Einfach, aber schön

•Kakub ash-Sharq

Neben dem Hotel ar-Riyad, Tel. 47 84 51. DZ 275 Lira ohne Bad, 325 Lira mit Bad., EZ 175 bzw. 200 Lira.

Der Tipp unter den Billigen! Sehr schönes Hotel, einfach, aber nett! Sauber. Freundliche Leute. Bestes Preis-Leistungsverhältnis am Ort. Auch für Frauen allein geeignet.

•an-Nahas

Sh. Ibrahim Hanano, z.Z. kein Tel. DZ 275 Lira, EZ 175 Lira, TZ 375 Lira. DZ mit Bad 325 Lira.

Das Traveller-Hotel der Stadt. Nicht allzu sauber, dafür freundliche Leute, die gut Englisch sprechen. Lebendige Straße, leicht abgewrackte Zimmer.

Hotel Lattakia Shaaria Yoesef-al-Azmeh 200, down a narrow alley north of the mosque

Gehört in Syrien noch zum Straßenbild: ein Verkäufer von Dieselkraftstoff

•Al-Atlal
Sh. Yusuf al-Azm, Tel. 47 61 21, 250 Lira p.P.
Netter Familienbetrieb und erfreulich saubere Zimmer! Nur Etagenduschen.

•ash-Sharq
Sahat Shaikh Dahir, direkt im Zentrum, über den Teehäusern Tel. 47 90 96, DZ 165 Lira.
So schön dieser alte Bau ist und mit ihm das Hotel, es ist nur etwas für harte Gemüter: dreckig und etwas seltsam.

Hotels am Strand

•Cham Palace Shati' al-Azraq (Côte d'Azur)*****
10 km vom Zentrum am Strand. PO Box 1097, Tel. 42 87 00/24, Fax 42 82 85. Zentrale Zimmervermietung in Damaskus, Tel. 011-223 23 00, Fax 222 61 80. DZ mit Meerblick ab 130 $, mit Gartenblick ab 75 $.
Luxushotel am Strand mit vielen Wassersportangeboten. Das Hotel ist aufgeteilt in einen Appartmentkomplex und das Hotel. Der gepflegte Strand täuscht nicht über die mittelmäßige Wasserqualität hinweg!

•Le Meridien*****
Am Strand nahe des Cham Palace, Tel. 42 87 36, Fax 42 87 32, PO Box 473, DZ 88–136 $, EZ 77–110 $.
Luxus-Hotel am Strand mit schöner Terrasse, Privatstrand und Pool.

Privatunterkünfte

Es gibt jede Menge Privatunterkünfte nahe der beiden Luxushotels. Am besten, man fragt bei den Läden und Buden nach. Eine Wohnung mit zwei bis drei Zimmern, Bad und Küche darf nicht mehr als 1000 Lira kosten. Preise sind immer verhandelbar! Wohnungen sollte man unbedingt vorher anschauen.

Camping

Zwischen Lataqiya und Ugarit reihen sich Campingplätze, die als solche jedoch kaum zu erkennen sind und deren sanitäre Anlagen weit mehr als nur mäßig sind... (zu erreichen mit dem Minibus, s.u.). Große Hotels bieten oft den Service, den Campingbus neben dem Hotel abstellen zu dürfen, ansonsten kann man diesen auch einfach nördlich von Lataqiya an einem der wunderschönen Strände parken.

Restaurants

Schick und schön

•Petra
Sh. 8. Azar, neben Mashfa al-Asad.
Schönes Restaurant der gehobenen Preisklasse mit europäischer und syrischer Speisekarte. Empfehlenswert!

•Alassafiri
Sh al Kurnish.
Empfehlenswertes Fischrestaurant, am Ende der Corniche, nette Atmosphäre und wunderschöne Terrasse. Auf jeden Fall hübscher als Spiro. Auch gut für Frauen!

•Spiro
Sh. al-Kurnish.
Es gilt als das beste Fischrestaurant der Stadt! Einfache Einrichtung, Alkoholausschank, aber durchaus bezahlbar. Unbedingt zu empfehlen.

•Stopp 5
Sh. Mutanabi, etwa zwischen der Sh. 8. Azar und der Corniche.
Europäisch im Stil, ganz gutes Essen. Hier trifft sich, wer sich für schick hält. Syrische Vorspeisen, Pizza und französisch „angehauchte" Küche.

Einfach, aber köstlich

•Andalus
Kurnish al-Bahr, Tel. 22 13 41, geöffnet von 8–13 Uhr und von 16–23 Uhr.
Sehr gutes Restaurant, auch wenn die Terrasse etwas bizarr anmutet. Vor allem Vegetarier kommen hier auf ihre Kosten: Viele Gerichte gibt es ohne Fleisch. Probieren Sie Fateh, die Spezialität des Hauses.

•an-Nakhil
Am Ende der Sh. Ibrahim Hanano.
Hübsches Restaurant im ersten Stock, aber nichts für alleine reisende Frauen. Gegrillter Fisch, ansonsten gute syrische Küche und Alkoholausschank.

•Hähnchengrillereien und einfache Restaurants finden sich rund um die Asad-Statue, am Anfang der *Sh. 16. Tishrin,* sowie entlang der Corniche.

Cafés und Teehäuser

Rund um den *Sahat Shaikh Dahir* finden sich viele Teehäuser, in denen Männer unter schattigen Bäumen und in angenehmer Atmosphäre Wasserpfeife rauchen können. Allein reisende Frauen sind besser dran, wenn sie in eines der nahegelegenen Cafés gehen. In Begleitung eines Mannes ist ihnen aber auch hier der Teehausbesuch möglich und unbedingt zu empfehlen!

Konditoreien, Eis und Pudding

Nahe der Teehäuser finden sich viele Konditoreien, die so manche Sünde provozieren könnten. Ein besonderes Café ist das

•**al-Bustan**
Sh. 8. Azar, an der Kreuzung zur Sh. Adnan al-Malki.
Hier treffen sich die Jungen und die Schickeria der Stadt. Eine gute Konditorei ist angeschlossen.

Abends...

•Wie immer bieten sich die **Teehäuser** als Abendvergnügen an. Lataqiya hat außerdem eine Fußgängerzone, in der sich herrliche flanieren läßt.

•Wem abends der Sinn nach einem Bierchen zur Erholung steht und wer dabei nicht unbedingt speisen möchte, ist im **Havanna** richtig. Oberhalb des Suqs im ersten Stock genießt man einen schönen Blick auf das umtriebige Leben unten.

•Ein **Kino** gibt es in der *Sh. Ibrahim Hanano*, ein arabisches Kulturzentrum ebenfalls *(nahe der Ecke Sh. al-Quds)*.

Museen

•Im **Khan ad-Dukhan,** einer Karawanserei aus dem 18. Jahrhundert an der Corniche, können Funde aus Ugarit, Ra's ibn Hani und Kunst zeitgenössischer Künstler besichtigt werden. Geöffnet tägl. außer Di 9–14 Uhr.

Einkaufen

•So modern der Ort ja sein mag, er hat dennoch einen **Viehmarkt;** am Donnerstag an der Straße nach Aleppo, ca. 5 km von Lataqiya entfernt.

•Einen guten **Gemüse- und Obstmarkt** findet man nördlich der großen Schule.

•**Alkohol** kann man in der *Sh. Ibrahim Hanano* gegenüber dem Hotel Nahas kaufen.

Sport

Der Strand bietet natürlich alles, was mit Wasser zu tun hat! Das Cham Palace am Strand erlaubt Nicht-Hotelgästen gegen die Zahlung von 300 Lira die Benutzung all seiner Wassersportgeräte.

Medizinischer Notfall

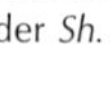

Das zentralste Krankenhaus ist in der *Sh. Ibn Sina,* Ecke *Sh. Bagdad.*

Verkehrsverbindungen

Fluggesellschaften

...und **Reisebüros** haben ihre Niederlassungen in der *Sh. 8. Azar,* Ecke *Sh. al-Quds.*

Die Bahn

Täglich fahren **ein Zug nach Damaskus und drei nach Aleppo.** Der Zug nach Damaskus ist grundsätzlich ein Nachtzug, Abfahrt meistens um Mitternacht. Man kommt dann früh morgens in Damaskus an. Nach Aleppo fährt man tagsüber durch eine herrliche Landschaft. Hier gilt wie immer: Unbedingt erste Klasse buchen und vorher reservieren. Abfahrteszeiten nach Aleppo: 6.45 Uhr, 15.30 Uhr, 21 Uhr.

Der **Bahnhof** liegt etwas außerhalb. Ein Taxi dorthin ist notwendig (nicht teuer, ca. 30 Lira).

Busse

•Auch Lataqiya hat einen neuen **Busbahnhof.** Er findet sich 200 m östl. des Bahnhofs. Hier fahren alle großen Buslinien ständig in alle Richtungen ab.

•**Karnak** hat ein Büro in der Stadt. Die Bustickets sollten allerdings im Voraus gekauft werden; Reservierung ist nötig! Das Büro befindet sich in der *Sh. Saif ad-Daula,* direkt im Zentrum, Tel. 23 35 41. Die Busabfahrtszeiten ändern sich ständig, deshalb muss man sie vorher erfragen!

•**Damaskus:** 4x tägl., Fahrtzeit 4 Stunden, 110 Lira.

- **Aleppo:** 3x tägl., Fahrtzeit 3,5 Std., 75 Lira.
- **Tripoli und Beirut:** 1x tägl., Fahrtzeit 4 bzw. 5,5 Std., 150 Lira.
- Die anderen Busse fahren regelmäßig: Damaskus 4 Std., 150 Lira, Aleppo 2 Std., 100 Lira, Tartus 1 Std., 30 Lira.
- Der **neue Busbahnhof** ist nicht zu verwechseln mit dem Rüttelbusbahnhof direkt neben dem Bahnhof! Auch hier fahren Busse in alle Richtungen ab, billiger sogar, aber die Busse sind alt und sehr langsam!

Minibusse

Die meisten Minibusse (nach Tartus, zur Saladinburg, nach Kasab und Ras al-Basit etc.) fahren nahe des Stadions ab (siehe Stadtplan). Ausnahme: Die Minibusse nach Ugarit und an den Strand fahren hinter der großen weißen Schule ab.

Sammeltaxis nach Beirut und Tripoli

Abfahrt bei vollem Auto vor dem Hotel Kakub ash-Sharq, Kosten: 10 $ bis Beirut.

Rund ums Auto

Mietwagenfirmen

- **Cham Cars**

Im gleichnamigen Hotel, Tel. 42 87 00, Fax 42 82 85.

Zuverlässiger Anbieter mit neuen Autos, bei Wunsch auch mit Fahrer. Billigstes Auto (Renault Clio) ab 2250 Lira am Tag, plus Versicherung plus 200 Lira Steuer. Mindestmietdauer: 3 Tage, ab 1 Woche 10% Rabatt, ab 4 Wochen 20% Rabatt. Geländewagen: 7395 Lira.

- **Avis**

Am Sahat Shaikh Dahir und im Meridien Hotel, PO Box 1988, Tel. 47 83 10, Fax 46 47 19.

Internationaler Anbieter, dessen Personal kein Englisch versteht! Das billigste Angebot ist ein Ford Escort mit Fahrer: 100 $ am Tag.

- **Europcar**

Im Büro von Ugarit Travel, Sh. Bagdad, Tel. 23 51 44.

Gleichgültig, wo man reserviert, die Preise sind immer die selben: Der billigste Wagen (Peugeot 106 mit AC), kostet für 3 Tage 213 $ und für eine Woche 429 $, incl. Insassenversicherung, Vollkasko und freier Kilometerzahl. Die selben Preise gelten auch, wenn man bereits in Deutschland bucht! Tel. 0180-522 11 22, Fax 040-52 01 86 10.

Tankstellen mit bleifreiem Benzin

Tankstellen der Firma SADCOB gibt es in Lataqiya auffallend viele: Alleine vier in der Innenstadt, eine an der Ausfallstraße nach Tartus und eine in Richtung Strand.

Reisebüros

Wer die Dienste eines Reisbüros benötigt, sollte sich besser an eines der renommierten in Damaskus oder Aleppo wenden. Hier findet man eher englisch- oder gar deutschsprachiges Personal und eine gute Beratung.

Telecom und Hauptpost

Sh. al-Mutanabi, Ecke Sh. Saif ad-Daula.
Geöffnet von 8–18 Uhr, Verkauf von internationalen Telefonkarten am Schalter ganz links und Postlagerschalter. Telefonzellen im Inneren der Post.

Geldwechsel

- **Commercial Bank of Syria**

Sh. 8. Azar, an der Kreuzung zur Sh. Adnan al-Malki.
Geöffnet von 8.30–12.30 und 14.30–19 Uhr. Wie immer täglich außer Fr.

Ausflüge

Wie bei Homs, Hama und Tartus liegen auch die meisten Ausflugsziele von Lataqiya auf weiteren Routen. Unbedingt lohnenswert sind die Ziele Ugarit, die nördliche Küste bis al-Basit (beide bei Route C 2) und die Saladinburg mit dem östlichen Gebirge (Route C 3). Hier finden sich weitere Ruinen von Kreuzritterburgen, saftig grüne Täler und eine wunderschöne Landschaft! Für Leute mit mehr Zeit bietet sich außerdem ein Ausflug nach Djablah (Route C 1) an.

C 2: Homs – Misyaf – Apamea – Djisr ash-Shughur – Kasab – Ra's al-Basit – Lataqiya

Insg. 282 km

Eine der schönsten Routen im gesamten Buch und sicherlich auch eine der interessantesten! Aufgrund der Länge wurde die Route **in zwei Teilabschnitte geteilt:** Homs – Djisr ash-Shughur und Djisr ash-Shughur – Lataqiya.

Öffentliche Verkehrsmittel

Nur bis Misyaf bzw. von Aleppo oder Idlib aus auch bis Djisr ash-Shughur und von dort aus mit Minibussen weiter (siehe dort).

Teil 1: Homs – Djisr ash-Shughur (143 km)

Teil 1 der Route führt erst einmal durch etwas öde Landschaft nach Misyaf, einem Städtchen mit einer großen Ismailitenburg, in der einst die grausamen Assasinen herrschten. Dahinter geht es mehr oder weniger geradeaus durch die Ghab-Ebene, eine faszinierende Landschaft zwischen zwei Bergketten, über Apamea, das griechische Afamia, nach Djisr ash-Shughur, wo man auf die Hauptstrecke Aleppo – Lataqiya stößt.

Man verlässt das Stadtzentrum von Homs über die *Sh. Misyaf* in Richtung Nordwesten (siehe Stadtplan Homs). Bald geht die zweispurige Straße in eine vierspurige über. Nach 3,5 km hält man sich an der Gabelung rechts. Wir folgen der Straße weiter und überqueren bei nach weiteren 6 km die Bahnlinie Aleppo – Damaskus. Von nun an muss man immer der Straße folgen. Die Strecke führt durch karge Landschaft, in der Pferdezucht betrieben wird. Pferderennen sind in Syrien ein sehr beliebter und geförderter Sport, u.a. weil der älteste, verstorbene Sohn des langjährigen Staatspräsidenten Hafez al-Asad, begeisterter Pferderennsportler war. Manchmal hat man das Glück, hier die schönen Hengste und Stuten auf den Weiden entlang der Straße zu sehen.

Km 13 – Links ist ein kleiner See zu sehen.

Km 15 – Kreisel. Hier geht es links.

Km 28 – Kreuzung. Geradeaus geht es nach Hama, links nach Misyaf.

Km 40 – Der Ort *Bidaya*. Die Landschaft wird nun schöner: sanfte Hügel, Terrassenfeldbau.

Km 47 – Kreuzung. Hier geht es rechts ab. Geradeaus kommt man nach Draikish, Safita und zum Krak des Chevaliers.

Km 52 – Links geht es nach Misyaf, die Route führt weiter nach rechts. Man sollte sich das kleine Städtchen mit seiner prächtigen Burg auf keinen Fall entgehen lassen. Es sind nur wenige Kilometer Umweg. **Wer möchte, kann von hier auch auf die Route C 4 wechseln,** über die man ans Mittelmeer gelangt.

Abstecher nach Misyaf مصياف

Am Verkehrsknotenpunkt der Ost-Westverbindung zwischen Hama und der Küste und der Nord-Südverbindung durch das Orontestal, war Misyaf von wichtiger strategischer Lage, wovon die hoch auf einem Felsen thronende Burg noch heute zeugt. Während der **Kreuzzüge** war sie kurze Zeit

in europäischer Hand, fiel aber schon **1140** wieder den Muslimen zu. Die ursprünglich wohl byzantinische Festung wurde im 12. und 13. Jahrhundert ausgiebig von den **Ismailiten** restauriert, die einige Umbauten vornahmen.

Die Ismailiten herrschten in dieser Region während eineinhalb Jahrhunderten. Aufgrund von Nachfolgestreitigkeiten hatte sich eine Gruppe der Ismailiten von denen Kairos getrennt und versucht, hier und in Persien ihr eigenes Reich zu gründen. Einmal standen sie auf der Seite der Kreuzfahrer, um sich an den Sunniten und den „untreuen" Ismailiten zu rächen, dann kämpften sie auf der muslimischen Seite gegen die „Heiden". Ihr Opportunismus sowie die Brutalität, mit der sie – fast immer unter Einsatz ihres Lebens – gegen ihre Feinde vorgingen, trugen ihnen den Namen **„Haschischfresser"** ein (arab. „Hashishiyin" – Assasinin – Assasinen, franz. „Attentäter"). Ob und wieviel Haschisch die Assasinen, wie man sie von nun an nannte, konsumiert haben, ist ungewiss, sicher ist, dass sie diesen Namen erhielten, weil sie „nicht ganz klar im Kopf" waren, als sie auf die genannte Weise vorgingen. Die Burg in Misyaf war während der Zeit ismailitischer Herrschaft der Regierungssitz der Assasinen. Bis heute leben noch einige Ismailiten in Misyaf, das Zentrum dieser Glaubensgemeinschaft hat sich allerdings nach Salamiya (Route F 4) verlagert.

Man kann die recht gut erhaltene Festung besichtigen, v.a. der Blick von oben ist wirklich schön!

Praktische Tipps: Es gibt leider **kein Hotel,** aber einen schönen Suq mit allen Versorgungsmöglichkeiten. Misyaf ist einfach von Homs oder Hama aus mit einem **Minibus** zu erreichen. Von hier kann man per Minibus weiter nach Apamea und Djisr, ans Mittelmeer nach Banyas oder aber nach Safita reisen. Abfahrt der Minibusse an der Straße, die den Ort (von Homs kommend) rechts umfährt, nicht weit vom Zentrum.

Hoch auf einem Felsen thront die Burg von Misyaf

Anfahrt mit dem Pkw: Bei Km 52 geht es links ab. Nach 2 km ist der Eingangskreisel erreicht. Links geht es direkt zur Burg, rechts ins Zentrum und nach Banyas.

Km 56 – Gabelung der Straße. Rechts geht es nach Hama, wir fahren links.

Hinter Misyaf beginnt die **Ghab-Ebene.** Anfangs noch sanft hügeliges Gebiet, rechts und links vorbei an Schafherden. Immer wieder kann man Beduinen zusehen. Die Ghab-Ebene, so sagt man, diente dem Pharaonen Tutmosese III. als Lieblingsgebiet für die Elefantenjagd. Die Ebene muss eine der fruchtbarsten Gegenden Syriens gewesen sein, nicht umsonst findet man hier so strategisch bedeutende Orte wie Apamea.

Km 72 – Rechts geht wieder eine Straße nach Hama ab, die Route führt weiter geradeaus.

Km 75 – Links ist eine Zuckerfabrik.

Km 84 – Der Ort **Asqaibaliya** ist erreicht (auf Landkarten häufig mit Sugaibaliya wiedergegeben). Man durchfährt ihn bis zum Kreisel. Rechts geht es nach Shaizar, dorthin kann man auf Route C 3 wechseln. Links geht es weiter nach Apamea.

Km 91 – Der Ortsbeginn von **Qala'at al-Mudiq,** besser bekannt als **Apamea,** ist erreicht. Man kann die Ruinen der Zitadelle sehen.

Km 93 – Rechts geht es zum Museum ab. Man durchfährt den Ort jedoch noch weiter, um dann bei **Km 95** rechts abzubiegen. Dieser Straße folgt man. Hinter der Zitadelle geht es links, und nach insgesamt 2 km hat man den Parkplatz von Apamea erreicht.

Apamea (Qala'at al-Mudiq) ⇗IV,B2

قلعة المضيق

Apamea gehört neben Bosra und Palmyra zu den großen antiken Stadtanlagen des Landes. Obschon **seit paläolithischer Zeit besiedelt,** stammt ihr Name aus griechischer Zeit, als Seleukos der Stadt den Namen seiner persischen Frau Apamea gab. Aber schon zuvor war es eine blühende Stadt, bekannt unter dem Namen *Pella,* so genannt von Alexander dem Großen.

Die **Ruinen**, die man heute sehen kann, sind zum größten Teil **aus der römischen Epoche,** die 64 v.Chr. mit der Zerstörung der griechischen Stadt begann. Im **4. Jahrhundert** wurde Apamea **Bischofssitz**, im **6. Jahrhundert eroberten** die **Perser** die Stadt, dann folgten die Araber. Auch Erdbeben zerstörten die Stadt, die mehrmals wieder aufgebaut wurde. Mit der muslimischen Eroberung verlor Apamea immer mehr an Bedeutung. **Anfang des 12. Jahrhunderts** war Apamea **Sitz der Kreuzfahrer,** die ehemalige Zitadelle Seleukos diente ihnen als Festung. Trotz der Rückeroberung durch Nur ad-Din errang die Stadt nie mehr die Bedeutung, die sie früher hatte. Das große **Erdbeben von 1157** zerstörte die Stadt vollends.

Die für den Touristen interessanten Bauten der Stadt entstammen fast alle der römischen Zeit. Unter ihrer Herrschaft muss Apamea eine blühende Handelsstadt gewesen sein, die Palmyra in Glanz und Größe in nichts nachstand. Eine fast 2 km lange **Säulenstraße** (die längste ihrer Art und mit knapp 40 m auch die breiteste) zeugt von der einstigen Ausdehnung der Stadt, die früher einmal vollständig von einer Stadtmauer umgeben war. Besonders sehenswert sind die gedrechselten Säulen entlang der Hauptstraße sowie am Ostende der Stadt die ehemalige Palastanlage. Aber auch ein Spaziergang durch das Ruinenfeld, vorbei an ehemaligen **Thermen, Villen** und **Tempelanlagen,** lohnt in jeder Hinsicht. Der Zitadellenhügel ist heute vollständig bewohnt, weswegen man die alten Gemäuer nur noch schwer rekonstruieren kann. Ein **Museum** der besonders schönen Art, in einer der größten osmanischen Karawansereien des Landes, ist hier zu finden. Exponate aus Apamea sind zu sehen, die in den letzten Jahren ausgegraben wurden (Öffnungszeiten

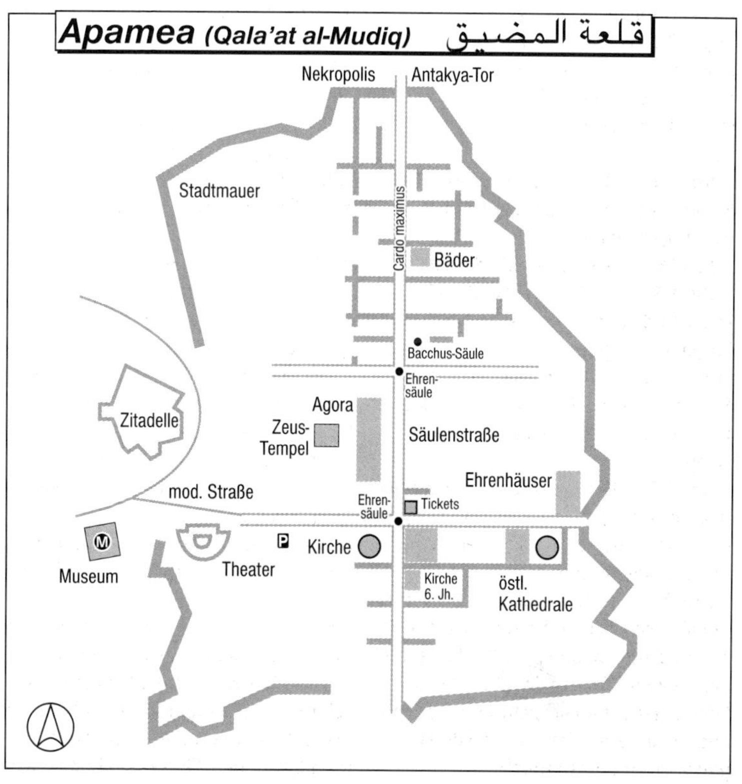

tägl. außer Di, 9–14 Uhr, Eintritt 300 Lira, Studenten 15 Lira).

Praktische Informationen

Öffentlich zu erreichen ist Apamea von Misyaf oder Hama aus **mit Minibussen.** Eventuell ist es nötig, in Asqaibaliya umzusteigen. 10 Lira ab Hama, etwa 30 Min.

Zurück auf der Straße geht es weiter gen Norden. Hinter dem Ort ist auf der rechten Seite ein großes Getreidesilo, die Straße führt nun an einem Bergrücken entlang.

Km 98 (ohne die 4 km Anfahrt nach Apamea) – Links ein gutes (einfaches) Fischrestaurant. Man sucht sich seinen lebenden Fisch aus, der dann frisch gegrillt wird. 1 kg Fisch mit Salat und Brot kosten 150 Lira.

Km 112 – Die Straße entfernt sich nun von den Bergen rechts und nähert sich den Bergen links, d.h. man nähert sich der Mitte der Ebene.

Km 133 – Gabelung: Hier geht es links. Man überquert den Orontes und fährt auf das Gebirge zu.

Km 134 – T-Kreuzung. Hier geht es rechts ab. Die Straße führt direkt entlang des Bergfußes durch eine wunderschöne Landschaft.

Km 142 – Bahnüberquerung.

Km 143 – Bergkuppe, man kann nun vor sich Djisr ash-Shughur sehen. Kurz danach gabelt sich die Straße. Rechts geht es nach Aleppo und ins Zentrum des Städtchens. Wer von hier **auf** den zweiten Teil der **Route D 2 wechseln** will, fährt nach rechts und etwa 1 km später links ab nach Qunaiyah, Hammam Shaikh Hamid und Darqush.

An der Gabelung links geht es weiter nach Lataqiya. Wir fahren links.

Djisr ash-Shughur ⇗II,B3

جسر الشغور

Eine kurze Besichtigung lohnt für denjenigen, der sich **unverfälschtes syrisches Leben** mit engen Gässchen, einer Festung, schöner Moschee und einer osmanischen Karawanserei ansehen möchte. Mitten durch die Kleinstadt fließt der Orontes, der von einer Brücke mit römischem Fundament überspannt wird.

Praktische Informationen

Es gibt mehrere (einfache) Restaurants, gute Einkaufsmöglichkeiten für Selbstversorger und eine Tankstelle mit bleifreiem Benzin.

Teil 2: Djisr ash-Shughur – Lataqiya (139 km)

Der zweite Teil der Route führt durch eine mediterrane wunderschöne Gebirgslandschaft zum Djabal Kasab, einem der höchsten Berge des Nordens, und dann hinab ans Meer.

Landschaft am Orontes nördlich von Djisr ash-Shughur

Km 0 – ist die Kreuzung, von der man eben herausgekommen ist. Man verläßt Djisr ash-Shughur in Richtung Westen.

Die Straße windet sich bergauf und führt durch grüne Wälder. Es geht bergauf, bergab.

Km 12 – Unterquerung eines schönen Viadukts.

Km 23 – Das Muhafazat Idlib verabschiedet uns, Lataqiya heißt uns willkommen.

Km 31 – Cafés rechts und links der Straße laden zum Tee, Kaffee und vor allem zu leckerem Essen ein.

Das Tal verengt sich, wird schöner.

Km 35 – Rechts geht es nun nach Kasab ab. Wir folgen dem Abzweig. Die Straße ist wesentlich schmäler und führt durch saftig grüne Landschaft über Brücken und Hügel. Man folgt immer der Straße.

Km 37 – Kreuzung: Hier geht es rechts ab.

Km 40 – Man durchfährt den hübschen Ort *Rihan* (auf Deutsch: Basilikum), rechts oben am Hang gelegen, mit hübscher Moschee.

Km 44 – Links ist ein Aussichtspunkt mit Kiosken und kleinen Cafés – ein Stopp lohnt sich!

Km 46 – Man durchfährt den Ort *Rabi'a*. Vor einem erheben sich nun die türkisch-syrischen Grenzberge. Der Berg, der als höchster Gipfel steil nach oben ragt, ist der **Djabal Kasab.**

Km 48 – Die Straße führt bergab. Die Wälder, durch die man kommt, lassen einen an den Schwarzwald denken, wären die Pinien nur schwarze Tannen... (und bei der Autorin wallen Heimatgefühle auf!).

Man durchfährt immer wieder kleine Dörfer in herrlicher Landschaft.

Km 57 – Brücke.

Km 60 – T-Kreuzung, rechts geht es nach Kasab, links nach Lataqiya. Wir fahren nach Kasab. Die Straße ist nun breiter, es geht bergab.

Km 66 – Die Talsohle ist erreicht. Im Hintergrund kann man die türkische Grenze sehen. Hier geht es links ab.

Vor sich kann man nun die Villen von Kasab gut erkennen: chaletartige Häuser und viele Hotels.

Km 69 – Ab nach links, man folgt einer neuen Straße. Es geht steil bergauf, vorbei an vielen Ferienhäusern.

Km 71 – Man ist nach einer steilen Anfahrt im Zentrum des Ortes angekommen. Sehenswert ist die Moschee.

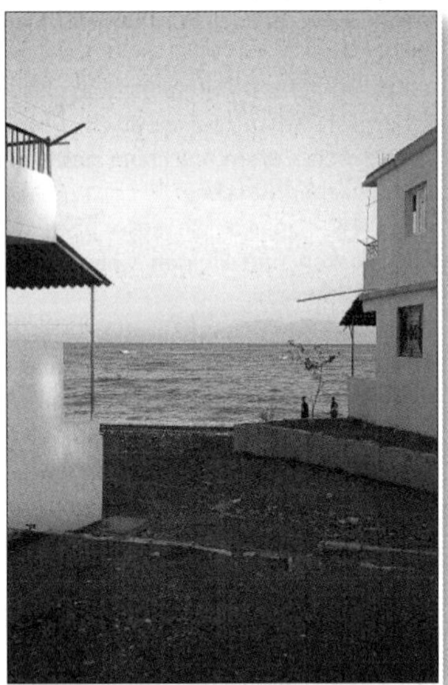

Ra's al-Basit: Blick aufs Meer

Kasab ⇗II,A3 كسب

Das alte Casabella ist **eines der beliebtesten syrischen Ferienziele,** da es hier oben im Sommer angenehm frisch ist. Der Ort ist vor allem von katholischen Armeniern bewohnt, von denen man im Sommer kaum etwas bemerkt. Die Gegend bietet sich als optimaler Ausgangspunkt für schöne Wanderungen im Gebirge an, doch Vorsicht: Es ist **türkisches Grenzgebiet!** Auffallend ist hier die häufige Verwendung von Marmor. Das liegt daran, dass dieser Stein hier abgebaut wird und deshalb in großen Mengen zur Verfügung steht.

Praktische Informationen

- Die touristische Infrastruktur ist aufgrund der großen Beliebtheit im Sommer gut. Im Winter hingegen findet man weder ein Restaurant, noch kann man dann hier übernachten.
- **Unterkunft** – folgende Hotels stehen im Sommer zur Verfügung: **Hotel Mukhtar,** Tel. 041/71 00 49, Preise je nach Saison, Richtwert DZ 500 Lira, nahe der Busstation. **Hotel Semiramis,** Tel. 041/71 10 16, Mai bis Sept., Preise Verhandlungssache, Richtwert: p.P. 350 Lira, vor der großen Moschee rechts.

Daneben gibt es jede Menge anderer Hotels, die zum Zeitpunkt meiner Recherche jedoch alle geschlossen waren.

- **Öffentliche Verkehrsmittel:** Man kann ab Aleppo (Busstation gegenüber dem Bab Antakya) einen direkten Bus nach Kasab nehmen (4 Std., 100 Lira), oder aber von Lataqiya mit dem Minibus kommen (1 Std., 20 Lira, siehe dort).

Km 71 – Kasab-Ortszentrum. Hier geht es links nach Ra's al-Basit.

Km 72 – Ortsausgang. Die Straße bietet sensationelle Blicke hinunter ans Meer. Sie führt nun gen Südwesten direkt auf den Strand zu, steil bergab.

Km 79 – Haarnadelkurve nach rechts. Wieder gibt es spektakuläre Ausblicke, danach Haarnadelkurve nach links.

Km 80 – Eine kleine Häuseransammlung. Links steht das wunderschöne **Hotel Wadi al-Azhar** (Tel. 041/ 71 42 99 75, DZ 600 Lira).

Weiter geht die Fahrt durch Orangenplantagen nach unten.

Km 87 – Man ist unten angelangt. Kreuzung. Rechts geht es nach Ra's al-Basit, links nach Lataqiya. Wer ein wenig am Strand bleiben möchte, sollte hier rechts ins Ortszentrum abbiegen.

Ra's al-Basit

⇗II,A3

راس البسيط

Die Stadt war zu Zeiten der Griechen und Römer ein wichtiger Hafen, davon ist heute allerdings nicht mehr allzu viel zu sehen. Heute ist Ra's al-Basit ein hoch **beliebter Ferienort** mit vielen Chalets, Restaurants und Läden. Der Ort zieht sich entlang einer kleinen Straße, die mehrere Kilometer parallel zum Strand verläuft. An dieser Straße reiht sich ein Haus ans andere. Dort werden Ferienwohnungen vermietet oder es sind kleine Geschäfte untergebracht. Leider ist der Strand nur mäßig sauber; landschaftlich gesehen ist dieser **Küstenabschnitt** so ziemlich **das allerschönste, was Syrien an Meer zu bieten hat:** traumhafte Blicke hinüber in die Türkei, glasklares Wasser, feinster Kieselstrand!

Das eigentlich Schöne an Basit ist, dass es sich ganz und gar nicht auf europäischen Tourismus eingestellt hat. Das macht den Ort liebenswert und zu einem Stück authentischen Syrien. Als Strandurlaubsort ist es für Syriens Verhältnisse kaum zu schlagen!

Praktische Informationen

- **Unterkunft** bietet das einzige Hotel am Ort: **Basit Tourist Hotel***,** ein staatliches Hotel. Es ist sauber, hat schöne Zimmer, alle mit Balkon und Blick aufs Meer und kostet 35 $ (DZ). Eine Reservierung ist angebracht. Tel. 041/40 99 76. Syrische Arbeiter wohnen hier billig, da es ein vom Staate organisiertes Arbeiterhotel ist. So kümmert sich hier der Staat um seine Bürger, die sich sonst einen Urlaub wohl nie leisten könnten.
- **Privatunterkünfte** gibt es Hunderte. Man muss einfach in den Läden nachfragen. Wer eine Adresse möchte: Abu Sliman hat hübsche 1-Zimmer-Appartments für 300 Lira mit Balkon direkt am Strand (mäßig sauber). Hier können auch **Camper** ihre Zelte aufstellen. Tel. 041/42 96 41. Leider gibt es hier weder Banken noch eine Post.
- **Öffentlich zu erreichen** ist Ra's al-Basit ab Lataqiya **mit dem Minibus** (1 Std., 30 Lira).

Die Route führt nun weiter nach Lataqiya. Man erinnert sich: Bei **Km 87** war eine Kreuzung. Kommt man nun von Ra's al-Basit, geht es hier geradeaus. Kommt man von Kasab, geht es links ab. Es soll auch eine Straße geben, die direkt am Meer entlang nach Umm Tuyur (siehe Km 105) führt, die jedoch nach Angaben von Syrern nur sehr schlecht befahrbar ist.

Km 88 – Die Straße ist schon wieder im Landesinneren. Weiter geht die Fahrt durch schöne Wälder und Gärten. Rechts führen immer wieder Stichstraßen ans Meer ab.

Km 97 – Links geht eine Straße nach Kasab, diese ignorieren wir.

Km 98 – Große Kreuzung. Wir fahren rechts.

Km 100 – Links ist ein kleiner See mit Namen **Balura**. Baden ist möglich, ein Picknick hier traumhaft!

Km 105 – Rechts geht die Straße nach **Umm Tuyur,** einem kleinen Ort am Meer.

Abstecher nach Umm Tuyur ام طيور

Umm Tuyur ist ein hübscher kleiner Ort, direkt **an einem traumhaften Strand.** Wem Ra's al-Basit zu umtriebig ist und wer auf Versorgungsmöglichkeiten und Hotelschnickschnack verzichten kann, ist hier bestens aufgehoben. Im Ort gibt es wenige private Zimmer zu mieten, im Sommer bieten kleine Cafés das Allernötigste. Wer will, kann hier auch seinen Camper abstellen.

Umm Tuyur ist ein traumhafter Ort. Der Strand ist supersauber, türkisgrün das Wasser, und steile Felsen umrahmen den Strand! Wer da nicht schwach wird...

Öffentlich kann man den Ort von Lataqiya aus **per Minibus erreichen.**

Anfahrt mit dem Pkw: Man biegt bei **Km 105** rechts ab und überquert ein Wadi. Danach geht es rechts den Berg hinauf durch Pinienwälder. Nach 3 km kann man rechts das Meer sehen. Die Straße führt nun dem Meer entgegen, vorbei an Häusern, durch herrliche Landschaft. 2 km weiter ist das Ortsschild von Umm Tuyur zu sehen, die Straße führt direkt durch den Ort ans Meer. Nach 2 km geht es links ab. Geradeaus führt angeblich eine sehr schlechte Straße nach Ra's al-Basit.

Km 116 – Die Landschaft öffnet sich, wird weit und man kommt aus dem Gebirge heraus. Vor uns ist das Meer zu sehen, in der Ferne liegt Lataqiya. Man sieht statt Wälder nun Ebenen, größere Dörfer und wenig schöne Plantagen.

Km 126 – Rechts geht es nach Ugarit ab; Beschilderung: Ra's Shamra. Hier biegt man ab. Auf einem unscheinbaren Sträßchen geht es durch Orangenplantagen und Schilf.

Km 128 – T-Kreuzung. Es geht links auf eine größere Straße, 500 m weiter geht es wieder rechts, Haarnadelkurve.

Km 129 – Rechts geht es zum Parkplatz von Ugarit.

Ugarit (Ra's Shamra) راس شمرة

⇗IV,A1

In Ugarit, nur 15 km von Lataqiya entfernt, wurde im **14. Jahrhundert v.Chr.** für die Entwicklung der Menschheit Wesentliches hervorgebracht: **das Alphabet!** Das Tontäfelchen, auf dem die revolutionären Zeichen eingeritzt sind, findet man heute im Museum in Damaskus. Ugarit war ein hoch entwickeltes Gemeinwesen mit Palastanlagen, Bibliotheken und vielen Gelehrten. Zusammen mit Mari und Ebla gehört es zu den wichtigsten altorientalischen Fundorten des Landes.

Ugarit, das heute den Namen Ra's Shamra trägt, wurde sehr früh gegründet (wann genau, ist ungewiss), erlebte seine Blütezeit aber vor allem in der zweiten Hälfte des 2. Jahrtausends v.Chr. Funde von Keramik, Waffen, Schmuck etc. zeigen, dass die Stadt in regem Handelsverkehr mit anderen

Mittelmeerländern und Mesopotamien stand. Die Stadt war kulturell eigenständig, politisch aber trotz der wichtigen Stellung als Handelsstützpunkt nur von lokaler Bedeutung.

Die ehemalige Hafenstadt war planmäßig angelegt und in Berufsgruppenquartiere aufgeteilt. Es herrschte das orientalische Sackgassensystem vor, bei dem von einer breiten Hauptstraße kleine Stichwege abgehen. Ein mächtiger Wall umgab die Stadt. Die Wohnhäuser und die Palastanlagen waren um einen Hof herum gruppiert. Häufig waren Familiengrüfte in diese eingelassen.

Hervorzuheben ist die Ausfallpforte, deren wichtigstes Tor auf das Meer gerichtet und befestigt war. Der Königspalast umfasste einen großen Thronsaal, fürstliche Residenzen, Wohnquartiere, Tempel und Grabanlagen, die kostbaren Beigaben enthielten.

Der Untergang war Ugarit im 13. Jahrhundert v.Chr. durch die Invasion der so genannten Seevölker beschert.

Man betritt das alte Ugarit im Westen durch ein spitz zulaufendes Tor, das alleine schon die Anfahrt lohnt. Das Ausfalltor des Palastes besteht aus einem abknickenden Treppenaufgang, der zum Palast hinauf führt. Nördlich davon befindet sich der Regierungspalast. Der Königspalast, dessen Hauptraum eine rechteckige Halle mit Säulen war, beanspruchte im 13. und 14. Jahrhundert v.Chr. eine Grundfläche von 6500 Quadratmetern. Weiter östlich gelangt man durch das Residenzviertel zur ehemaligen Akropolis, von der man einen guten Überblick über das Gebiet hat. Von hier kommt man leicht in das Tempelviertel, das sich östlich der Burg erstreckt, von dem aber nur noch wenig übrig ist. Das ehemals stark befestigte Areal wird von den beiden Haupttempeln, dem Baal-Tempel und dem Dagan-Tempel, beherrscht. Beide sind quadratisch und waren durch die Priesterwohnungen baulich miteinander verbunden. Hier hat man auch die Schrifttontafeln gefunden.

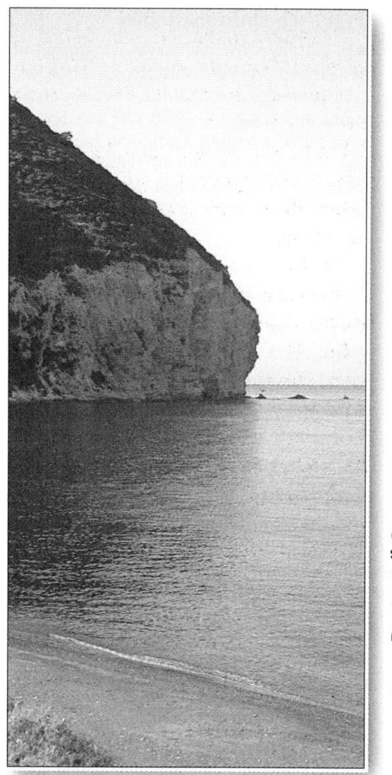

Am Strand von Umm Tuyur

Praktische Informationen

•Es gibt zwei Möglichkeiten, Ugarit mit **öffentlichen Verkehrsmitteln** zu erreichen: Man nimmt a) den Stadtbus oder b) den Minibus ab Lataqiya bis zum Ort Ra's Shamra und läuft die letzten 3 km, oder man nimmt sich ein Taxi (max. 50 Lira). Übernachtungsmöglichkeiten gibt es hier direkt nicht, wohl aber weiter in Richtung Süden.

Vom Parkplatz aus folgen wir nun rechts der Straße. Kurz danach stößt man ans Meer. Die Straße führt hinter den Häusern vorbei, die am Strand von Lataqiya stehen (siehe dort).

Km 133 – Kreisel. Rechts geht es zum Cham-Palace-Hotel, zum Ort und den Ferienwohnungen, den Läden und zum Strand, geradeaus zum Meridien, links nach Lataqiya. Man folgt der Straße nach Lataqiya, links am Stadion vorbei.

Km 137 – Gabelung, links halten. Man erreicht den Eingangskreisel von Lataqiya, ins Zentrum geht es geradeaus.

Km 139 – Kreisel. Ins Zentrum fährt man schräg rechts ab. 1 km weiter folgt wieder ein Kreisel. Man fährt schräg links. Rechts geht es direkt zum Hafen. Einen Kilometer weiter wieder eine Kreuzung: Hier geht es links zur *Sh. 16. Tishrin* und man ist im Zentrum.

C 3: Lataqiya – Saladinburg – Slunfah – Shaizar – Hama

Insg. 208 km

Diese an Schönheit und Abwechslung kaum zu überbietende Tour führt von der Küste ins Landesinnere zur legendären Saladinburg. Von hier zu Syriens höchster Ortschaft, dann hinunter in die Ghab-Ebene, vorbei an Apamea nach Shaizar, wo wieder eine Burg auf uns wartet. Beendet wird die Route in einer der schönsten Städte Syriens: in Hama!

Hinweis: Die **Routenbeschreibung zur Saladinburg** könnte etwas verwirren. Zu Erläuterung vorweg: Es wird ein kleiner Weg hin zur Burg erklärt, der sehr schön und ganz kurz ist. Er ist jedoch nicht für Wohnmobile oder größere Busse geeignet. Diese müssen weit außen herum fahren. Damit diese Strecke aber auch beschrieben ist, habe ich um die Saladinburg eine Rundtour gemacht – hin die kurze Strecke, zurück die lange. Ich hoffe, das ist nicht zu verwirrend! Die Runde wurde in die allgemeine Kilometerzählung mit aufgenommen. Anders wäre es fast nicht zu beschreiben gewesen.

Öffentliche Verkehrsmittel

Keine durchgehenden öffentlichen Verkehrsverbindungen, aber die meisten Ziele können problemlos angefahren werden. Hinweise siehe bei den Orten.

Teil 1: Lataqiya – Pass des Djabal Slunfah (96 km)

Ausgangspunkt dieser Tour ist der Ausgangskreisel von Lataqiya, östlich der Universität, dort wo die Straßen nach Tartus und Aleppo abgehen. Man folgt der Beschilderung „Aleppo/Tartus" auf die Autobahn.

Km 2 – Rechts Autobahnausfahrt, Beschilderung „Saladin Castle". Bei der Kreuzung geht es links ab. Man folgt weiter der Beschilderung. Die Straße macht eine große Linkskurve.

Km 4 – Kreuzung: Hier rechts ab. Beschilderung nach 100 m. Die Straße führt nun ins Landesinnere.

Km 22 – Ortsschild von **Haffa**. Es geht bergauf.

Km 25 – Ortsmitte. Links ist die Moschee. Am ovalen Kreisel geht es rechts ab. In den Ort geht es geradeaus.

Km 26 – Schräg rechts geht die kleine Straße zur Burg ab, im 90°-Winkel verläuft die große Strecke (die für Busse). Wir folgen der kleinen Strecke steil bergauf. Hinter einer Kuppel geht es wieder bergab.

Km 37 – Gabelung. Ein Schild auf Englisch, der Pfeil ist verwischt. Es geht hier links weg! Nach ca. 500 m folgt wieder eine Gabelung. Hier rechts ab. Links ist ein nettes Restaurant. Die Straße führt nun rechts den Berg hinunter und zwar ziemlich steil! Eine Haarnadelkurve folgt der anderen. Sehr eng und steil, aber phantastisch schön.

Km 39 – Eine Brücke führt uns über das Tal, danach geht es steil bergauf, wieder in Haarnadelkurven.

Km 42 – Der Eingang zur Burg ist erreicht. Gleich zu Beginn die Felsnadel, die einst die Hängebrücke gehalten hat. Man durchfährt den Burggraben bis zum Eingang.

Saladinburg (Qala'at Salah ad-Din) قلعة صلاح الدين

↗IV,A1,B1

Obschon der Name auf den großen Saladin verweist, war er doch nicht der Erbauer dieser imposanten Anlage. Er entriss die strategisch günstig gelegene Burg jedoch den Kreuzfahrern, weswegen man sie ihm zu Ehren so nannte. **Erbaut** wurde sie **im 10. Jahrhundert von Byzantinern,** die sie bis zur Übernahme durch die **Kreuzfahrer** halten konnten. Zusammen mit der Qala'at Marqab und dem Krak des Chevaliers gehört die Saladinburg zu den eindrucksvollsten Bauten der Kreuzritterzeit. Allein ihre Lage ist atemberaubend; auf einem steilen Bergrücken liegt sie, als wäre der Berg eigens für sie geschaffen. Und in der Tat, so war es auch: Um der Burg einen natürlichen Verteidigungsschutz zu geben, hatte man mühsam einen Graben um die Burg herum ausgehoben. Nur eine Felsnadel hatte man stehen gelassen, um an ihr die Zugbrücke befestigen zu können, die den Einlass zur Burg gewährte. Die Burg weist eine uneinheitliche Bebauung auf. Wenn auch das meiste aus Kreuzritterzeiten stammt, so wurden doch die ersten Bauten schon unter byzantinischer Herrschaft geschaffen. **Saladin konnte die Burg 1188 erobern** und ließ dort ein prächtiges **Hammam** und eine **Moschee** errichten. Wehrbauten gibt es aus dieser Zeit keine mehr.

Die besterhaltenen Reste der Burg befinden sich gleich hinter dem Ein-

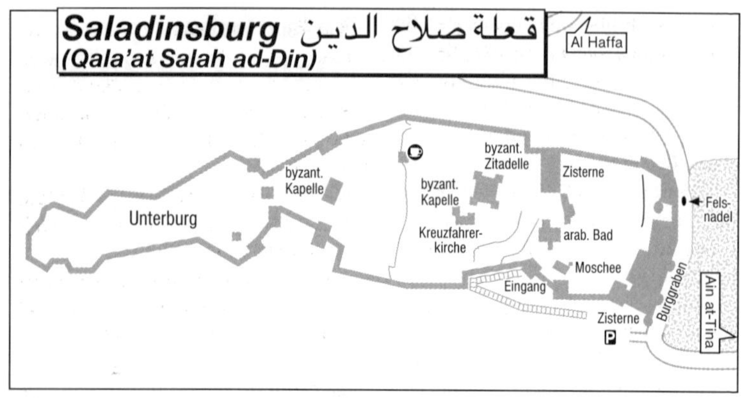

gang. Geradeaus folgt das Hammam, dahinter die Zisterne. Rechterhand kommen die Wohnräume und die Wehrtürme aus fränkischer Zeit. Noch auf der Südseite der Burg (noch immer rechterhand, also im Osten) erhebt sich ein Turm, von dem eine Geheimtreppe zur Ausfallpforte unterhalb der Burg führt. Nordöstlich dieser Treppe liegt der gewaltige Pfeifersaal, der als Pferdestall genutzt wurde.

Wendet man sich vom Eingang nach links, kommt man zur Unterburg, von der nicht mehr allzu viel zu sehen ist, wo sich aber heute das nette Café befindet, dass zur Rast einlädt.

Praktische Informationen A-Z

•**Geöffnet** tägl. außer Di von 9–18 Uhr, im Winter bis 16 Uhr, **Eintritt:** 300 Lira, Studenten 15 Lira.

•**Anfahrt mit öffentlichen Verkehrsmitteln:** Von Lataqiya aus führt ein Minibus bis zum Dorf **al-Haffa** (10 Lira, halbe Stunde). Ab dort sind gutes Schuhwerk (5 km bergauf) oder Verhandlungskünste für ein Taxi gefragt!

Durchfährt man den Burggraben, macht die Straße an deren Ende eine Linkskurve. Hier geht es nun zur größeren Rückstrecke.

Km 43 – Gabelung. Es geht nach rechts. Bei der nächsten Gabelung weiter nach rechts über die Brücke. Man folgt der Straße leicht bergauf. Rechts und links kommen immer wieder Felder und Häuser, es ist eine schöne Landschaft. Die Vegetation ist hier karger als auf dem Hochweg, es gibt keine Wäldchen mehr. Man folgt immer der Straße.

Km 53 – Kleiner Pass, es geht geradeaus die Straße hinunter durch hügelige Landschaft und Olivenhaine.

Km 59 – Rechts liegt ein Friedhof (als Orientierungspunkt zwischendurch). Kurz danach öffnet sich das Tal.

Km 61 – Gabelung. Hier geht es links hinab zu einem See **(Tishrin)** und zur alten Straße nach Haffa. Rechts geht die neue Straße ab. Das Problem: Die neue Straße war während der Recherchen zu diesem Buch gesperrt, deswegen die Kilometerangaben zur alten Straße, die jedoch nicht zu empfehlen ist – besser rechts fahren, auch wenn Kilometerzählung und Wegbeschreibung der alten Straße folgen.

Links geht es steil hinab, gleich danach fährt man wieder rechts. Ein paar hundert Meter später links geht es über eine Brücke. Dahinter verläuft rechts die alte Straße nach Haffa bergauf – viele Schlaglöcher!

Km 63 – Die alte Straße stößt auf die neue: Es geht links weiter. Nach 500 m eine T-Kreuzung. Links geht es nach Haffa, rechts nach Slunfah. Abbiegen.

Km 69 – Kreuzung. Rechts führt die steile Straße zur Saladinburg, links nach Slunfah.

Km 72 – Torbogen von Haffa. Die Straße führt weiter ins Landesinnere. Eine gute Straße führt immer geradeaus.

Km 77 – Rechts führt ein wunderschönes tiefes Tal ins Gebirge. Es wird langsam alpin.

Km 81 – Vorne links liegt **Slunfah**, ein Ort ähnlich wie Kasab, aber irgendwie sympathischer.

Km 84 – Ortseinfahrt. Am nächsten Kreisel geht es rechts bergauf, bei **Km 88** ist das Zentrum erreicht.

Slunfah ⇗IV,B1

Auch dieser Ort scheint sich mehr und mehr zum **Ausflugs- und Wochenendziel** zu mausern. Im alten Ortskern finden sich nette Häuser, hübsche Cafés

Blick auf Shaizar (siehe S. 303)

und Restaurants, kleine Läden und viele Neubauten und z.T. prächtige Villen.

Praktische Informationen

- Wer abseits der Touristenströme nächtigen will, kann dies hier in herrlicher Gebirgslandschaft tun: Das **Grand Hotel Slonfe** bringt schon seit vielen Jahren Gäste unter. Man merkt ihm den Zahn der Zeit an, es hat aber Atmosphäre! Saubere DZ, Tel. 041-22 83 92. Außerdem kann man hier, wie überall in derartigen Orten, **private Zimmer** mieten.
- Keine Bank oder Post, aber eine Apotheke!
- **Öffentlich erreichbar** ist Slunfah ab Hama, Lataqiya und Djisr ash-Shughur **mit Minibussen.**

Am Kreisel geht es geradeaus. Man durchfährt den Ort, links steht eine alte Kirche.

Km 91 – Die Straße teilt sich. Man nimmt die mittlere nach Hama. An den Straßenrändern bieten Frauen immer wieder frisch gebackenes Brot mit Paprika-Paste an – köstlich!

Die Landschaft ist nun sehr alpin und nähert sich dem Pass und damit Teil 2 dieser Route.

Km 96 – Der Pass. Von hier bieten sich spektakuläre Blicke in die Ghab-Ebene, die schönsten von ganz Syrien.

Teil 2: Der Slunfah-Pass – Hama (112 km)

Km 2 – Links geht es zum Gipfel des Berges, rechts geht es bergab ins Tal.

Rechts kann man immer wieder einen Blick auf diese grandiose Landschaft erhaschen: Steil fällt das Salihiya-Gebirge hier in die Ebene, die wie ein Geschenk vor einem liegt. Die Straße führt in vielen Windungen schwindelerregend steil bergab.

Km 20 – Man hat den Ort *Djurin* erreicht, der schon fast in der Ebene liegt. Man durchfährt ihn. Bei der T-Kreuzung geht es rechts nach Apamea, links nach Djisr ash-Shughur. Eine topfebene Strecke führt uns nun durch eine öde Gegend nach Süden, dazu eine kleine Straße, die auf den Landkarten als große eingezeichnet ist. Rechts und links wehen Plastiktüten im Gestrüpp. Dennoch: Die Strecke ist schön!

Km 30 – Es geht leicht bergauf, schöne Blicke bieten sich nach links. Man fährt nun direkt am Fuße des Salihiya-Gebirges durch sehr ländliche Gegenden. Wegweiser, die links nach Apamea weisen, ignoriert man, denn dann würde man zu lange auf Route C 2 zurück fahren!

Km 41 – Es geht links nach Apamea, hier biegen wir ab. Man durchquert die Ghab-Ebene und kann am Horizont Apamea erkennen.

Km 44 – Man überquert den Orontes.

Km 54 – Rechts abbiegen. Gleich daraufhin sieht man das gute Fischrestaurant, das bei Route C 2 beschrieben wurde (S. 292).

Km 57 – Links geht es zum Ruinenfeld von Apamea ab (Beschreibung siehe Route C 2).

Km 64 – Asqaibaliya. Beim zweiten Kreisel geht es rechts nach Misyaf, geradeaus nach Shaizar. Man folgt der Beschilderung nach Hama.

Km 70 – Es geht bergab, vor uns liegt die Ebene. Ca. 10 km später kann man bereits Shaizar sehen.

Km 85 – Links kommt eine Straße. Wir fahren rechts weiter. Linkerhand ist die Burg Shaizar zu sehen.

Shaizar ⇗IV,B2 

Shaizar ist eng mit dem Namen **Usama ibn Munqid** verbunden, der hier bzw. in der Burg Shaizar als **Stammesfürst** während des 11. und 12. Jahrhunderts herrschte. Ibn Munqid ist bis heute weniger als Burgherr denn für seine Schreibkunst bekannt. **Seine Memoiren, 1175 geschrieben** und unter dem Titel „Buch der Belehrung durch Beispiele" erschienen, haben die Zeiten überdauert und gelten heute als einer der **wichtigsten zeitgenössischen** und sehr lebendigen **Berichte über die Kreuzrittertage** in Syrien (deutsch in der Übersetzung von Gernot Rotter: „Ein Leben im Kampf gegen Kreuzritterheere", Tübingen 1978; eine kurzweilige und empfehlenswerte Lektüre für Syrien-Reisende und Liebhaber witziger Anekdoten!).

Die herrlich gelegene **Burg,** Hauptattraktion des Dorfes, ist schon arg verfallen, auch wenn der Aufgang zum nördlichen Torturm renoviert wurde. Die Burg wurde erst zur Zeit der Kreuzfahrer gegründet, aber nie von diesen eingenommen. Was den Kriegern nicht gelang, vermochte ein Erdbeben 1157: Die Burg wurde zerstört, und trotz des Wiederaufbaus durch Nur ad-Din erhielt sie nie wieder die einstige Pracht, und nach einem Angriff der Mongolen war sie so weit zerstört, dass auch Neubefestigungen durch die Mamluken ihren Zerfall nicht aufhalten konnten.

Das Besondere der Burg ist die einzigartige Lage. Auf einem schmalen Felsgrat liegt sie uneinnehmbar und lässt einen gigantischen Blick entlang des Orontes zu! Am besten erhalten sind der Wehrturm, den man auch besteigen kann, sowie der Nordturm, durch den man die Anlage betritt.

Praktische Informationen 

- Versorgungsmöglichkeiten im Dorf, Minibusse ab Hama.

Man durchfährt den Ort, am Kreisel geht es rechts.

Km 94 – Rechts liegt das Dorf *Marsaf* auf einem kleinen Hügel. Die Landschaft wird hügeliger, die Straße durchfährt immer häufiger Häuseransammlungen.

Km 96 – Rechts eine alte Steinbrücke. Beginn der vierspurigen Ausfallstraße nach Hama.

Km 108 – Ausgangskreisel von Hama (siehe auch Route C 4). Wir fahren links, am Ende der Straße nach rechts. Beim nächsten Kreisel geradeaus.

Km 112 – Kreisel. Hier links, nach 200 m Gabelung. Hier wieder links. Ins Zentrum geht es bergab.

Hama ⇗IV,C2 حماه

Geschichte 

Die heute **230.000 Einwohner** zählende Stadt spielte in der Bronze- und Eisenzeit, während der seleukidischen und römischen, der byzantinischen und islamischen Herrschaft eine wichtige Rolle. Die Grundmauern der **Zitadelle**, nordwestlich des Zentrums gelegen, gehen zurück auf das 11. Jahrhundert v.Chr., als Hama Zentrum eines kleinen syro-hethitischen und aramäischen Königreichs war. Unter König Salomon war Hama tributpflichtig, erreichte aber im 9. Jahrhundert v.Chr. wieder seine Unabhängigkeit, als es sich mit Damaskus zu einer Föderation einließ.

720 v.Chr. zerstörten die Assyrer die Stadt, und wie der Rest Syriens gelangte Hama unter assyrische Herrschaft.

Im **2. Jahrhundert** etablierten sich hier die **Seleukiden** und nannten die Stadt Epiphanias. Danach wurde sie erst römisch, dann byzantinisch. **636/637** ging es in **muslimische Herrschaft** über. Zwischen Aleppo und Damaskus gelegen, geriet es häufig zwischen die Fronten, v.a. im 11. und 12. Jahrhundert. Unter ayyubidischer Herrschaft entstanden die ersten Wasserräder, die Mamluken und Osmanen ausbauten. Im 16. Jahrhundert begann die Stadt an Bedeutung zu verlieren, im **18. Jahrhundert** geriet sie unter die **Kontrolle von Damaskus.**

Heute ist Hama **Provinzhauptstadt** und überaus pittoresk. Hama gilt als **konservativste Stadt des Landes,** d.h. ihre Bewohner sind sehr religiös. Dennoch, oder vielleicht gerade deswegen, fallen sie durch eine überaus große Freundlichkeit auf. Für mich ist Hama einer der angenehmsten Städte Syriens. Die Suqs sind in keinster Weise auf den Tourismus eingestellt und somit unverfälscht schön! Als Frau fühlte ich mich hier immer sehr gut aufgehoben.

Bekannt ist Hama heute vor allem aufgrund seiner grandiosen Wasserräder, die man über die Stadt verteilt finden kann.

Sehenswürdigkeiten

Sämtliche Sehenswürdigkeiten liegen am Orontes, begrenzt von den vier Wasserrädern im Osten und dem großen Wasserrad im Süden. Insgesamt befinden sich auf Hamas Stadtgebiet **15 Naura** (Noria = **Wasserräder**), die meisten davon sind über 20 m hoch. Die Naura verhalfen Hama zu seinem hervorgehobenen Status. Seit vorislamischer Zeit nämlich versorgten sie die Stadt und die Region durch ihr Schöpfwerk mit Wasser. Die Räder drehen sich je nach Wasserstand unterschiedlich schnell, der Zuhörende hat dabei das Gefühl, einer Melodie zu lauschen – „im Rhythmus knarren" nennt man das wohl...

Beginnt man seinen Spaziergang an der Touristeninformation am Nordufer des Orontes und läuft gegen die Flussrichtung, hat man einen schönen Blick auf die Kulisse der Altstadt, wo sich der Azm-Palast erhebt und Wasserräder den Fluss säumen. Überquert man die erste Flussbrücke, stößt man linkerhand auf die **an-Nuri-Moschee.** Sie wurde 1262 von Nur ad-Din errichtet und ist v.a. aufgrund ihres großen Wasserbassins im Inneren sehenswert. Sehr schön ist auch das quadratische Minarett. Gegenüber der Moschee befindet sich, auf der anderen Flussseite gelegen, die

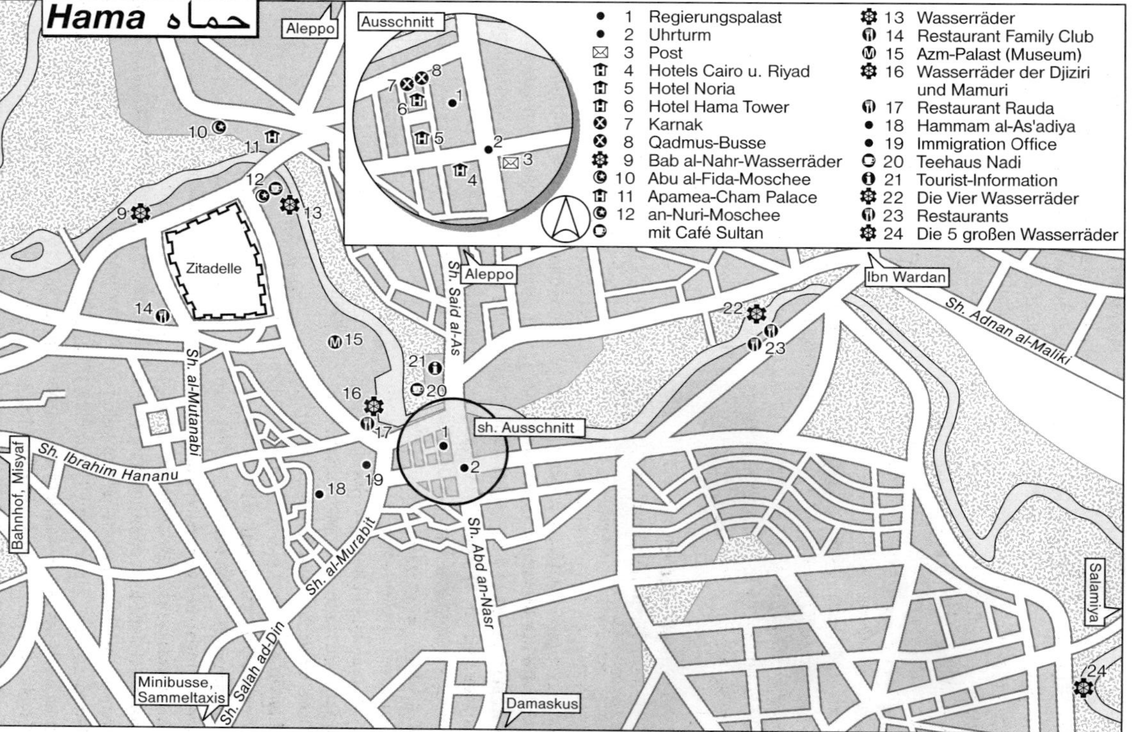
Hama حماه
Ausschnitt
1 Regierungspalast
2 Uhrturm
3 Post
4 Hotels Cairo u. Riyad
5 Hotel Noria
6 Hotel Hama Tower
7 Karnak
8 Qadmus-Busse
9 Bab al-Nahr-Wasserräder
10 Abu al-Fida-Moschee
11 Apamea-Cham Palace
12 an-Nuri-Moschee mit Café Sultan
13 Wasserräder
14 Restaurant Family Club
15 Azm-Palast (Museum)
16 Wasserräder der Djiziri und Mamuri
17 Restaurant Rauda
18 Hammam al-As'adiya
19 Immigration Office
20 Teehaus Nadi
21 Tourist-Information
22 Die Vier Wasserräder
23 Restaurants
24 Die 5 großen Wasserräder
Aleppo
Zitadelle
Sh. Said al-As
Ibn Wardan
Sh. Adnan al-Maliki
Sh. al-Mutanabi
sh. Ausschnitt
Sh. Ibrahim Hananu
Bahnhof, Misyaf
Sh. al-Murabit
Sh. Abd an-Nasr
Salamiya
Minibusse, Sammeltaxis
Sh. Salah ad-Din
Damaskus

Großansicht von Wasserrädern in Hama

Abu al-Fida-Moschee, die Abu al-Fida, ein ayyubidischer Statthalter der Stadt, errichten ließ. Er liegt im Mausoleum nebenan (den Schlüssel hat der Wärter, ein kleines Trinkgeld fürs Aufschließen ist immer angebracht).

Zurück an der an-Nuri-Moschee folgt man nun dem Zitadellenhügel (hübsche Aussicht) flussabwärts. Durch das Gewirr der alten Gassen erreicht man den wunderschönen und unbedingt sehenswerten **Azm-Palast,** 1740 von Asad Basha al-Azm errichtet, der auch in Damaskus den gleichnamigen Palast erbauen ließ. Der ursprüngliche Palast wurde 1769 um einen Trakt erweitert, so dass der „eigentliche" Azm-Palast nur noch der *Haramlik,* der Familienbereich, ist. Der *Salamlik,* der öffentliche Bereich, ist der „neue" Trakt an der Nordwand des Haramlik. Heute ist im Palast ein Museum untergebracht, in welchem Mosaike, Glas- und Porzellanwaren ausgestellt werden. In den oberen Zimmern des Palastes ist die ethnografische Abteilung des Museums untergebracht, die durchaus sehenswert ist.

Folgt man der Gasse weiter, steht man kurz danach rechts vor dem **Hammam Uthmaniya,** einer osmanischen Badeanstalt, die bis heute in Betrieb ist.

Liebt man Kirchenmalereien, so sei als letztes noch die **römisch-orthodoxe Kirche** westlich der Zitadelle erwähnt. Zahlreiche Ikonen können in ihr bewundert werden. Wenn die Kirche verschlossen ist, kann man bei den Patres klingeln, die einen gerne durch die Kirche führen.

Durchaus sehenswert sind die schönen **Suqs** in Hama. Kaum ein Tourist verirrt sich hierher. Eine Vielzahl hübscher Marktgassen durchzieht die Stadt mit ihren vielen Khanen.

Praktische Informationen

Telefonvorwahl: 033

Touristeninformation

Im Stadtpark Umm al-Hasan.
Wie immer wenig hilfreich, aber nette Leute. Wirklich gute und brauchbare Informationen erhält man im Hotel Cairo!

Die wichtigsten Adressen

- **Französischsprachiger Anwalt**
Mohammed Attoura, *Sh. Hani al-Andalusi, Tel. 22 35 51.*

•Immigration Office (Maktab al-Hidjra wa-l-Djawazat)
Sh. al-Murabit, direkt im Zentrum.
Hier ist eine Meldestelle für die 14-Tage-Meldepflicht untergebracht, und auch Visumsverlängerungen sind hier möglich. Netteres Personal als in Damaskus!

Hotels

Edel

•Apamea Cham Palace
PO Box 111, Tel. 52 53 35 und 52 53 46, Fax 51 16 45. DZ 120 $, EZ 100 $, Suite 160 $.
Luxuriöses Hotel am Fluss, sehr schön eingerichtet, z.T. mit Fundstücken aus Apamea. Die Zimmer haben einen herrlichen Blick auf den Azm-Palast und die Wasserräder. Es gibt zwei gute Restaurants, einen schönen Pool, Tennisanlagen und eine Bar.

Die goldene Mitte

•Noria***
Sh. al-Quwwatli, Nähe Uhrturm, Tel. 51 24 14, Fax 51 17 15, PO Box 970, DZ 28 $, EZ 18 $, TZ 36 $, immer incl. Frühstück.
Sauberes, nettes und zentrales Hotel mit sehr angenehmem Personal. Empfehlenswert! Jedes Zimmer hat TV mit Satellitenempfang, einen Kühlschrank und natürlich ein Bad. Den freundlichen Besitzern gehört auch das Hotel Cairo. Unbedingt auch für Frauen allein nutzbar.

•Hama Tower Hotel**
Sh. al-Quwwatli, Tel. 22 68 64, Fax 52 15 23, DZ 31 $.
Abgewohntes Hotel, sauber, aber ohne Charme. Allerdings ist die Sicht von hier oben sensationell, denn das Hotel hat die obersten Stockwerke eines (häßlichen) Hauses für sich gemietet!

Einfach, aber schön

•Cairo
Sh. al-Quwwatli, Tel. 22 22 80 und 23 72 06, Fax 23 72 06, DZ 600 Lira mit Bad, TV, Kühlschrank etc., ohne all dies: 350 Lira.
Nettes Hotel mit sehr herzlichen Besitzern, schöner Atmosphäre und super sauber. Es bietet ein sensationelles Preis-Leistungsverhältnis. Das Personal ist wirklich nett und hilfsbereit. Eine kleine Bibliothek mit internationalen Büchern bringt immer wieder mal Abwechslung in den Reise-Lese-Alltag! Häufig ausgebucht in der Hochsaison, Reservierung ist in dieser Zeit dringend anzuraten! Vom Hotel aus werden Touren (z.B. zum Qasr ibn Wardan) organisiert. Herrliche Terrasse! Super für allein reisende Frauen!

•Riad
Sh. al-Quwwatli, direkt neben dem Cairo, Tel. 23 55 44, Fax 51 77 76, PO Box 754, DZ 455 Lira mit Bad, ohne 405 Lira. EZ 330 Lira.
Direkt neben dem Cairo, beide Hotels scheinen in massiver Konkurrenz zueinander zu stehen. Die Zimmer stehen denen im Cairo in nichts nach. Die Atmosphäre ist etwas weniger international, ansonsten würde ich sagen: Die Hotels ähneln sich bis zum Verwechseln. Herrliche Terrasse, auch Tourenangebote, Zimmer mit allem Komfort und sauber!

Morgengrauen in Hama

Restaurants

Wirklich edel

Ausgezeichnete klassische Küche bietet das **Restaurant im Apamea Cham Palace Hotel** zu entsprechenden Preisen. Reservierung ist empfehlenswert. *Tel. 52 53 35.*

Schick und schön

•**Family Club**

In der Altstadt, ca. 700 m vom Uhrturm, bei der Kirche St. Georg.

Gutes, elegant eingerichtetes Restaurant in der Altstadt. Alkohol wird ausgeschenkt, man speist hervorragend.

•**Dream House**

In der Altstdt, nahe der orthodoxen Kirche, Tel. 41 16 87.

Europäisch aufgemacht mit Fernsehen, Burgern, Pizza u.ä. Gute Küche und sauber!

•Am Ostende der Stadt, bei den vier Wasserrädern, kann man in Restaurants mit herrlichem Blick köstliche Speisen und auch ein Gläschen Wein, Bier oder Araq genießen.

Einfach köstlich

•**Ar-Rauda**

Direkt am Orontes, nahe des Hotels Cairo.

Der Hauptgrund, hier zu essen, ist die Terrasse mit dem herrlichen Blick auf die Wasserräder, obwohl: Der Gestank der Kloake kann den Genuss bisweilen schon trüben... Einfache Küche.

•**Sultan**

Am Orontes unterhalb der Nuri-Moschee in dessen Räumen.

Tolles Restaurant in einem alten Maristan mit etwas kitschigem Saal, großer Fensterfront und herrlichem Blick auf die Wasserräder! Hier geniest man köstliches Essen oder einfach nur eine Wasserpfeife. Kein Alkohol. Sehr gut für allein reisende Frauen.

•**Einfache Restaurants** finden sich bei den Busgesellschaften im Stadtzentrum und entlnag der *Sh. al-Quwwatli.*

Cafés und Teehäuser

•**Hama ist in ganz Syrien für seine köstlichen Süßigkeiten bekannt.** Besonders beliebt und lecker sind die Halawadjiba. Die sollte man unbedingt probieren. In der *Sh. al-Quwwatli* gibt es viele Konditoreien, die diese Köstlichkeiten anbieten.

•Ein sehr schönes Teehaus ist das **Shu'ub,** das „Volksteehaus". Es liegt neben dem Restaurant Rauda in einem hübschen Garten.

•Schräg gegenüber auf der anderen Orontesseite ist das **an-Nadi,** auch unter Bäumen und ebenfalls mit schönem Blick!

•Ein nettes Café/Teehaus, auch für Frauen, ist das **Restaurant/Café Sultan** (siehe bei den Restaurants). Man sitzt direkt an den Wasserrädern und lauscht deren Klang.

Abends...

•Eine **Wasserpfeife rauchen** oder nur einen **Tee trinken,** wo kann man das schöner als direkt am Ufer eines Flusses, der so einen verheißungsvollen Namen trägt, wie der Orontes... besonders schön im **Restaurant/Café ar-Rauda** oder dem **Sultan!**

•In der Altstadt Hamas befindet sich das **Palestine Language Institute (Ma'had Filastin).** Hier werden manchmal Vorträge und Informationsveranstaltungen über Palästina abgehalten. Sympathisches Institut, leider oft geschlossen.

Hammams

•**Hammam al-Uthmaniya**

Neben dem Azm-Palast, Tel. 23 17 74, Kosten: etwa 100 Lira.

Schönes altes Bad, vormittags den Männern, nachmittags den Frauen und nach Sonnenuntergang wieder den Männern vorbehalten.

•**Hammam al-As'adiya**

Im Suq at-Tawil.

Leider nur für Männer, ein schönes Hammam mitten im Suq. Bis spät in die Nacht geöffnet.

Sport

•**Tennisplätze** und einen **Swimmingpool** bietet gegen teures Geld **das Apamea Cham Place Hotel** auch Nicht-Hotelgästen.

Verkehrsverbindungen

Die Bahn

Auch Hama hat einen Bahnhof. Er liegt im Westen der Stadt, etwas außerhalb, aber mit

Das Hammam – Baden für Fortgeschrittene

Ich erinnere mich noch gut an meinen ersten Besuch einer öffentlichen Badeanstalt, also in einem Hammam: Seit Monaten lag das alte und schöne Gebäude auf meinem Weg, täglich lief ich daran vorbei. So manches Mal blieb ich stehen, um vielleicht einen Blick nach innen erhaschen zu können. Aber nein: Das Hammam schien fest verriegelt. Die einzige Möglichkeit, doch einmal das verheißungsvolle Innere zu sehen, war der Besuch – aber groß war die Furcht, das Badehaus zu betreten.

Hammam – damit verband ich hochromantische Vorstellungen: ein türkisches, Pardon, ein arabisches Dampfbad mit Marmorbecken und Messinghähnen, eine Oase der Ruhe und Geborgenheit, Frauen, die, schamhaft bedeckt, mit goldenen Bechern langsam das lauwarme Wasser über sich rieseln lassen, nachdem sie sich mit wohl duftenden Substanzen gewaschen hatten...

Nach fast vier Monaten dann war es soweit: Zögernd, aber mit stolz erhobenem Haupte (aufgrund der überwundenen Angst) betrat ich das Badehaus. Klein und hässlich, dachte ich, würde ich mir vorkommen, ob der Schönheit der orientalischen Feen... Zumindest diese Angst wurde mir gleich in den ersten Minuten genommen: Eine dicke Frau, bekleidet mit einem blauen Putzkittel, kam sofort auf mich zu: „Baden?" Ich sagte mutig „ja", und schon wurde ich in die Umkleideecke geschubst. Alle Frauen schauten mich an. Da stand ich nun, spürte die Blicke auf mir und begann zögerlich, mich auszuziehen. Was sollte ich anbehalten, was ablegen? Die anwesenden Frauen waren alle bekleidet, keine schien baden zu wollen. Sie saßen einfach nur da und tranken Tee, während ich mich auszog. Nun denn, ich hatte beschlossen, mutig zu sein, also mußte ich da durch. Instinktiv schien ich das Richtige getan zu haben, indem ich nur den Schlüpfer anbehielt, denn als ich in Richtung der Frauen lief, begannen diese, mir zuzulächeln und zeigten mir den Weg ins Bad. Zum ersten Mal nahm ich den Raum wahr, in dem ich mich befand: ein altes Gemäuer, meinen Vorstellungen gar nicht so unähnlich, ein großer, marmorierter Brunnen in der Mitte und bunte Sitzkissen drumherum für das Ausruhen nach dem Bad. Tatsächlich, eine Oase der Ruhe – dachte ich! Dann der Schock: Die Tür zum Badezimmer öffnet sich und dicke Rauchschwaden in einer höllisch heißen Temperatur umfassen mich, tragen mich davon, hinein in den ohrenbetäubenden Lärm. Erst sehe ich gar nichts, denn es ist stockfinster (hinterher erfahre ich, weshalb: Früher, als die Männer noch nicht so vernünftig waren, wie sie das heute – angeblich – sind, trafen sie sich zu den Frauenbadestunden auf dem Dach des Hammams, um den Frauen durch die Dachluken bei ihrem Waschtreiben zuzusehen. Also mauerte man diese Dachluken kurzerhand zu und ließ nur die kleinen, grünen, gläsernen Dachziegel übrig, die dem Raum jetzt Licht geben).

Langsam gewöhnen sich meine Augen an die Dunkelheit, und ich erkenne, dass der Lärm von den vielen Kindern kommt, die ihre Mütter begleiten. Ich taste mich langsam voran und finde eine leere Ecke, in die ich mich verkriechen möchte. Aber schon hat ein Kind entdeckt, dass da eine Person ist, die so ganz anders als seine Mutter ist, und es ruft laut in den Raum hinein, „Mama, Mama, da ist eine Weiße, eine andere...". Und schon kommen die Frauen neugierig auf mich zu. Offensichtlich hatten sie noch nie mit einer Europäerin zu tun, Touristinnen gibt es in diesem Viertel nicht. Die Erste fragt mich ganz vorsichtig, woher ich denn komme. Ermutigt durch meine Antwort, ruft sie durch den Raum „He, habt Ihr gehört, sie kommt aus Almanya", und nun gibt es keinen Halt mehr. Alle wollen mich sehen, mich waschen, mit mir reden. Ich verstehe kaum ein Wort und überlege mir krampfhaft, wie ich fliehen könnte, als eine alte, mir scheint, eine uralte Frau auf mich zukommt. „Geht", zischt sie den anderen zu, die sofort verschwinden. „Massage?" fragt sie mich. Ich will aus Dankbarkeit nicht nein sagen und nicke, nicht ahnend, dass das eigentliche Abenteuer Hammam nun erst beginnt. Ich werde gewalzt und geknetet, gewaschen und gefetzt, und dabei redet die Alte, zahnlos und mit tätowiertem Gesicht, auf mich ein. Plötzlich entfährt ihr ein Schrei, als sie beginnt, meine Haut mit einem Massagehandschuh zu bearbeiten: „Ya haram" ruft sie, „schaut nur, wie dreckig die Deutsche ist". Verärgert schaue ich an mir herunter, frage mich, wie diese Frau dazu kommt – und jetzt muss ich schreien! Lauter schwarze Würmchen („Dreckspaghetti" nennt man die wohl) bedecken meinen Leib. Die Frauen stürmen auf mich zu, „Oh Gott" stammeln sie, „ist die dreckig". Mir wird das nun doch zu unangenehm. Ich springe auf, schütte einen Eimer Wasser über mich und renne nach draußen. Ich kann nicht mehr, orienterprobt oder nicht, das ist zuviel. Ich ziehe mich an und will gerade gehen, da kommt die alte Frau aus dem Badehaus. Ein Bakschisch möchte sie haben, dafür, dass sie mich massiert hat. Ich gebe es ihr, und sei es auch nur, damit sie Ruhe gibt. Leicht verstört gehe ich nach draußen. Dort atme ich tief durch und versuche, das Erlebte aus meinem Kopf zu bannen. Sinnlos. Nachts träume ich vom Hammam, viele Nächte noch träume ich vom Hammam...

Ganze vier Jahre brauchte ich, um wieder einen Versuch zu wagen. Diesmal ging ich nicht alleine, sondern mit einer guten (arabischen) Freundin. Alles lief glatt, keine Frau wollte mich berühren, keine empörte sich über meine schwarzen Würmchen, keine Frau schrie, als sie mich sah. Und ich? Ich war enttäuscht!

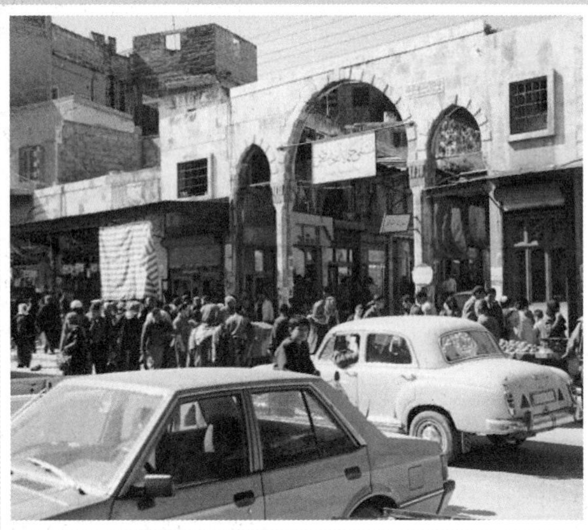

Eingang zum Suq in Hama, wo sich das Hammam al-As'adiya befindet

einem Stadtbus ab der *Sh. al-Quwwatli* zu erreichen. Reservierung empfohlen. Damaskus: 2.30 Uhr und 4.30 Uhr, beide nachts, 4 Std., 57 bzw. 40 Lira, Aleppo, 21 Uhr und 3.40 Uhr morgens. 2,5 Std., 34 bzw. 23 Lira.

Busse

Es gibt keinen zentralen Busbahnhof in Hama. Die einzelnen Busgesellschaften haben ihre Büros, von denen sie losfahren. Karnak und die großen Busgesellscahften fahren alle vom Zentrum, nahe der *Sh. al-Quwwatli,* ab.

Karnak: Büro und Abfahrt ab dem Zentrum (im Restaurant Afamia), Tel. 22 99 85 (siehe Stadtplan).

•Busse nur **nach Damaskus** (75 Lira), **Aleppo** (60 Lira), **Beirut** und **Amman.**

Qadmus: Direkt daneben. Häufige Verbindungen in alle Richtungen, etwas teurer als Karnak.

•**Damaskus:** 13.15, 16.45 Uhr

•**Aleppo:** 8.15, 9.15, 13.15, 18.30, 23, 1 Uhr

•**Beirut** (über Tartus): 7.45, 15.45, 17.15, 18.45 Uhr

•**Lataqiya:** 6.30, 9.30, 12.30, 15.30, 18.30 Uhr

•Der **Minibusbahnhof** befindet sich etwa 1,5 km außerhalb der Stadt Richtung Südwesten. Man erreicht ihn über die *Sh. al-Murabit* (Straße zum Suq), die später in die *Sh. Salah ad-Din* übergeht. Von hier gehen Minibusse in alle Richtungen, auch nach **Apamea** (10 Lira), **Misyaf** (10 Lira), **Saalamiya** (10 Lira) und **Homs** (10 Lira). Hier fahren auch die alten Überlandbusse ab, für die es kein Büro in der Innenstadt gibt. Abfahrt ist, wenn der Bus voll ist. Der Abfahrtort für **Sammeltaxis** ist direkt daneben, die neueren Minibusse fahren etwa 100 m vor der alten Busstation ab.

•Die **Minibusse nach al-Hamra** (Qasr ibn Wardan) fahren separat nahe des Touristenoffice ab.

Rund ums Auto

Mietwagenfirmen

•**Cham Cars**

Im gleichnamigen Hotel, Tel. 22 77 12 und 22 75 31, Fax 51 16 26.

Zuverlässiger Anbieter mit neuen Autos, bei Wunsch auch mit Fahrer. Billigstes Auto (Renault Clio) ab 2250 Lira am Tag, plus Versicherung plus 200 Lira Steuer. Mindestmietdauer: 3 Tage, ab 1 Woche 10% Rabatt, ab 4 Wochen 20% Rabatt. Geländewagen: 7395 Lira.

•**Europcar**

Sh. Salah ad-Din, Tel. 51 28 00.

Gleichgültig, wo man reserviert, die Preise sind immer die selben: Der billigste Wagen (Peugeot 106 mit AC), kostet für 3 Tage 213 $ und für eine Woche 429 $, incl. Insassenversicherung, Vollkasko und freier Kilometerzahl. Die selben Preise gelten auch, wenn man bereits in Deutschland bucht! Tel. 0180-522 11 22, Fax 040-52 01 86 10.

Tankstellen mit bleifreiem Benzin

Tankstellen der Firma SADCOB finden sich in der Ausfallstraße nach Homs, in der *Sh. Kamhaneh,* sowie im Industrieviertel.

Telecom und Hauptpost

Die Hauptpost ist in der *Sh. al-Quwwatli,* gegenüber dem Hotel Basman. Hier können auch internationale Telefonkarten gekauft werden. Öffnungszeiten: 8–18 Uhr.

Geldwechsel

•Die **Commercial Bank of Syria** befindet sich nahe der Post. Geöffnet tägl. außer Fr, 8–12.30 Uhr und 14–18 Uhr.

Festivals

•Das **Frühlingsfestival** findet in den letzen zwei Aprilwochen statt. Dieses große Festival ist ein kultureller Höhepunkt: Reiterspiele, Kunstausstellungen, traditionelle Folkloretänze und natürlich ein riesengroßer Markt im Freien!

Ausflüge

Folgende Ausflugsziele werden über Routenbeschreibungen abgedeckt: die Burg Shammamis und Salamiya (Route F 3), Misyaf (Route C 2, mit Anfahrtsbeschreibung über Route C 4), Qala'at Shaizar (Route C 3) und Apamea (Route C 2).

•Das einzige Ausflugsziel, das hier einzeln aufgeführt werden soll, ist das **Qasr Ibn Wardan,** ca. 50 km östlich von Hama. Nicht nur dieses sehr schöne Wüstenschloss lohnt unbedingt einen Ausflug, auch die Dörfer, z.T. mit Bienenwabenhäusern, auf dem Weg dorthin sind einen Blick wert. Das Qasr wurde im Jahre 564 erbaut, also unter dem Kaiser Justinian und wurde in den 80er Jahren des letzten Jahrhunderts renoviert. Es besteht aus drei Komplexen: dem eigentlichen Palast, der Kirche und den Stallungen. Das Besondere an dieser Burg ist die gestreifte Außenfassade: Basaltsteine und Lehmziegel wechseln einander ab. Die Festung hatte in islamischer Zeit keine Bedeutung und ist in keiner historischen Quelle erwähnt. Eintritt: 150 (10) Lira.

Öffentliche Verkehrsmittel: etwas problematisch! Zwar fährt ein Minibus von Hama nach Ibn Wardan (etwa um die Mittagszeit, siehe Stadtplan Hama), er fährt aber nur früh morgens von Ibn Wardan nach Hama zurück. Es gibt jedoch die Möglichkeit, von Hama aus nach al-Hamra zu fahren. Ab dort sind es noch 20 km, die man leicht trampen kann. Im Ort kann man eventuell nach Übernachtungsmöglichkeiten fragen. Da es manche Leute aber als Pflicht ansehen würden, diese kostenlos zu gewähren, bitte unbedingt ein paar Geschenke dabei haben!

Mit dem Pkw verlässt man Hama vom Noria-Park aus in Richtung Norden (Aleppo) bis zum Kreisel der Umgehungsstraße. Dort biegt man rechts ab, 2 km weiter links. Weitere Anfahrt siehe Route F 4 rückwärts!

•**Organisierte Touren in die Umgebung** bieten die Hotels Cairo und Riad an. Moderate Preise, gute Angebote!

C 4: Hama – Misyaf – Banyas

Insg. 93 km, gute Teerstraße.

Öffentliche Verkehrsmittel

Busse ab Hama bis Misyaf, ab dort **Minibusse** nach Banyas.

Diese Route ist eine landschaftlich sehr schöne Strecke von Zentralsyrien ans Mittelmeer. Terrassenfeldbau, die Ismailitenburg in Misyaf und wechselnde Vegetation machen die kurze gebirgige Fahrt zu einer herrlichen Tour. Lohnender Stopp in Misyaf (siehe Route C 2), von wo man problemlos auf Route C 1 zum Krak oder nach Safita und Qadmus stoßen kann.

Ausgangspunkt der Route ist der Stadtkreisel in Hama, südlich des Uhrturms = **Km 0**. Hier geht es nach rechts in Richtung Westen.

Nach 200 m gabelt sich die Straße, hier links. Bald danach erreicht man einen weiteren Kreisel – hier geradeaus. Beim dritten Kreisel finden sich die ersten Hinweisschilder nach Misyaf. Es geht nach rechts Richtung Lataqiya. Bei der nächsten Gabelung schräg links.

Km 2 – Kreisel. Schräg links, Hinweisschild nach Lataqiya/Misyaf. Und wieder ein Kreisel. Hier links.

Km 4 – Man verlässt nun Hama. Ausgangskreisel. Hier links. Vor uns liegen nun die Berge des Anti-Libanon. Man fährt durch landwirtschaftlich intensiv genutztes Gebiet.

Km 13 – Man durchfährt den Ort *Tizin*. Die Landschaft wird abwechslungsreicher, hin und wieder sind Nomadenzelte und Schafsherden zu sehen.

Km 23 – Die Straße führt sanft bergan.

Km 31 – Bergsattel. Es geht bergab in eine wunderschönes grünes Tal, das sich weitet; bald schon ist links ein Wald zu sehen, rechts schlängelt sich ein kleiner Fluss.

Km 40 – Kreuzung: Rechts geht es nach Apamea; hier besteht die **Möglichkeit, auf Route C 2 zu wechseln.** Unsere jetzige Route jedoch führt nach links, nach Misyaf.

Km 44 – Links ist der Abzweig nach Homs.

Km 46 – Stadtkreisel von Misyaf. Vor uns thront die herrliche Burg. Wer diese besichtigen möchte, hält sich links, die Route führt rechts weiter, vorbei am Minibusbahnhof (Ortsbeschreibung von Misyaf siehe bei Route C 2).

Km 48 – Ortsausgangskreisel von Misyaf. Hier geht es rechts bergauf.

Hinter Misyaf steigt die Straße an, die Überquerung des Hauptgebirgszuges steht bevor, die Straße windet sich nun langsam auf 1150 m hoch. Man erreicht den Pass, danach geht es bergab. Von hier oben hat man einen herrlichen Blick! Auf einer Hochebene passiert man Terrassen, Wasserstellen, Felder.

Km 65 – Abzweig zu einer weiteren Ismailitenburg: **Qala'at al-Kahf.** Seit ihrer Zerstörung Anfang des 19. Jahrhunderts ist von ihr allerdings nur noch wenig zu sehen. Wer von hier aus über die Burg al-Marqab (siehe Route C 1) an die Küstenstraße möchte, sollte links abbiegen auf die wesentlich kleinere Teerstraße. Vorbei an der Burg Kahf führt sie in einigen Windungen bergab, vorbei an der Festung von Marqab, und stößt nach ca. 30 km auf die Straße von Tartus nach Banyas/Lataqiya.

Unser Routenverlauf führt weiter geradeaus.

Km 69 – Abzweig links zum kleinen malerischen Ort **Qadmus**, in welchem sich die Reste einer weiteren Ismailitenburg befinden, die man besichtigen kann. Zu sehen gibt es nicht mehr viel, wie so oft ist es der Blick von oben, der den Aufstieg lohnt.

Weiter vorbei an Tälern, die rechts und links der Straße liegen, eines malerischer als das andere. Nur langsam geht es wieder bergab.

Km 83 – Auf der linken Seite öffnet sich der Blick auf die Burg Marqab (siehe Route C 1). Rechts schneidet sich ein tiefes Tal in den Berg. Die Landschaft ist wunderschön.

Km 86 – Ein kleiner Sattel lässt den Blick aufs Meer zu.

Km 87 – Die ersten Häuser von **Banyas** sind erreicht.

Km 92 – Autobahnüberquerung.

Km 93 – T-Kreuzung. Rechts geht es nach Djablah, links ins Stadtzentrum von Banyas (siehe Route C 1).

C 5: Aleppo – Ebla – Ma'arrat an-Nu'man – Hama

Insg. 137 km

Durchgehend Autobahn, relativ uninteressante Strecke, wären da nicht die zwei Abstecher nach Ebla und zu den

Toten Städten sowie der Stopp in Ma'arrat an-Nu'man.

Öffentliche Verkehrsmittel

Stündlich **Busse** von Aleppo nach Hama. Stopp in Ebla, Ma'arrat an-Nu'man und Khan Shaikhur ebenfalls problemlos mit den großen Bussen möglich (Tickets einfach nur bis dahin lösen, alle drei Ziele liegen auf der Strecke). Nach Khan Shaikhur kann man ab Hama auch mit dem **Minibus** fahren. Wer über diese Route nach Apamea möchte, muss von Hama aus nach Khan Shaikhur und von dort einen Minibus nach Apamea nehmen (besser ist es, über Shaizar/Asqaibaliya zu reisen!).

Anfahrt mit dem Pkw: Km 0 ist der Adlerkreisel in Aleppo (vgl. S. 325). Man folgt der Autobahn Richtung Damaskus, anfangs durch wenig ansprechende Industrieviertel und recht öde Landschaft.

Km 25 – Rechts die **ICARDA**, das *International Center of Agriculture Research for the Dry Areas.*

Je mehr man sich von Aleppo entfernt, desto weniger Industrie und desto abwechslungsreicher wird die Landschaft.

Km 44 – Autobahndreieck. Rechts erfolgt die Abfahrt nach Lataqiya und Bab al-Hawa. Wir fahren geradeaus, vorbei an kleinen Dörfern und Beduinenzelten.

Km 53 – Links die Abfahrt nach **Ebla (Tell Mardikh).** Wie so häufig in Syrien, gibt es auch an dieser Stelle keine Autobahnbrücke oder -unterführung. Daher bleibt einem nichts anderes übrig, als die Gegenfahrbahn zu überqueren. Da jedoch auf den Autobahnen weit weniger Verkehr herrscht als bei uns, ist das nicht allzu schwer, zumal der Mittelstreifen als Abbiegespur dient.

Ebla (Tell Mardikh) ↗III,C3

تل مرديخ

Man geht davon aus, dass Ebla schon **im 4. Jahrtausend v.Chr. besiedelt** war, auch wenn es seine eigentliche Blüte wohl erst Mitte des 2. Jahrtausends hatte. Ebla gehört zu den **wichtigsten Städten des Bronzezeitalters**. Lange war unklar, welches Volk in dieser Stadt lebte, bis man 1974 auf einen Aufsehen erregenden Fund stieß: In einem kleinen Raum fand man **17.000 Keilschrifttafeln,** die Aufschluss über die Geschichte der Stadt geben. Auch wenn man bis heute nicht alle Tontafeln studiert hat, so steht doch eindeutig fest, dass hier ein semitisches Volk lebte, dessen Sprache ein Gemisch aus Kanaatisch, Phönizisch, Hebräisch und Arabisch war. Gegründet wurde diese Stadt aller Wahrscheinlichkeit nach von Akkadisch sprechenden Händlern.

Ebla war eines der wichtigsten **Handelszentren** Nordsyriens, das in engem Kontakt mit den Akkadiern und Sumerern Mesopotamiens stand. Ein Handelsnetz mit Mari und Mesopotamien brachte der Stadt Reichtum und Unabhängigkeit.

Im Jahre 2250 v.Chr. gelang es Saragon oder seinem Enkel, beide große akkadische Herrscher, Ebla einzunehmen. 2000 wurde die Stadt Aleppo unterstellt, 1600 nahmen sie die Hethiter ein. Daraufhin büßte die Stadt an Bedeutung ein, und bald wurde sie ganz aufgegeben.

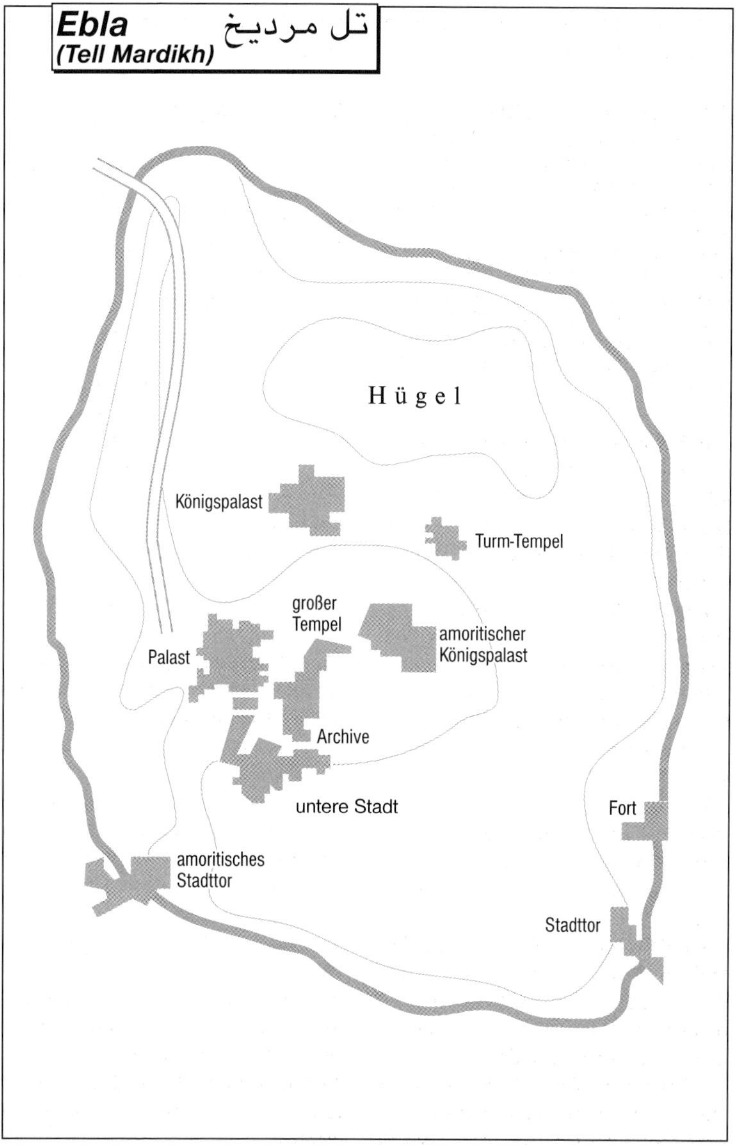

Ebla تل مرديخ
(Tell Mardikh)

Hügel
Königspalast
Turm-Tempel
großer Tempel
amoritischer Königspalast
Palast
Archive
untere Stadt
Fort
amoritisches Stadttor
Stadttor

Für den Nichtfachkundigen (wie auch mich!) ist in Ebla nicht mehr allzu viel zu sehen. Dennoch war der Fund des Ruinenfeldes sensationell: Er erhellte das bis dahin herrschende Dunkel des 3. vorchristlichen Jahrtausends in der Region. **Reste prachtvoller Paläste** aus der Zeit **zwischen 1800 und 1600 v.Chr.** konnten gefunden werden, ebenso prunkvolle Tempel und Grabesbauten.

Ein ovaler Verteidigungsgraben umgab die Stadt, die mit vier Toren ausgerüstet war. Sie befanden sich im Südwesten, Nordwesten, Südosten und Nordosten der Stadt. In der Mitte der Ausgrabungsstätte liegt die Akropolis, die aus Lehmziegeln erbaut wurde und zu der eine dreistöckige Treppe führt. Ihr sind Säle und Hallen vorgebaut. Nördlich dieses Akropolis-Areals befindet sich ein erst jüngst entdeckter Palast aus der Mittelbronzezeit. Die meisten Tempel und Paläste aber befanden sich im Westen des Akropolis-Hügels, deren Reste man noch erkennen kann.

Es ist bis heute nicht klar, was genau Ebla darstellte. Sicher ist jedoch, dass es keine dichte Besiedlung aufwies, sondern wohl eher Verwaltungs- und Kultzentrum war. Man kann jedoch davon ausgehen, dass **Ebla im 2. Jahrtausend eine Großmacht** gewesen war.

Das antike Ruinenfeld befindet sich hinter dem hübschen kleinen Ort **Tell Mardikh** (mit normalen Regionalbussen oder Minibussen von Aleppo aus zu erreichen, Abfahrt von allen Busstationen möglich, da dies die Hauptroute in den Süden ist; man muss dem Fahrer sagen, er solle einen an der richigen Stelle rauslassen), in dem auch das Museum ist (nicht besonders sehenswert, die besten Ebla-Exponate sind im Museum von Idlib untergebracht!).

Praktische Informationen 

- **Anfahrt:** Ab der Autobahnabfahrt sind es noch ca. 3 km bis zu den Ruinen. **Eintritt:** 300 Lira, Studenten 15 Lira, Di geschl.)

Weiter geht es auf der Autobahn Richtung Süden, vorbei an manchem Dorf, wo der fündige Reisende auch mal Bienenwabenhäuser sehen kann.

Km 73 – Abfahrt rechts nach **Ma'arrat an-Nu'man.** Hier geht es auch zu den Toten Städten.

Nach Ma'arrat an-Nu'man und zu den Toten Städten

Das südlichste Gebiet der Toten Städte findet sich hier, westlich von Ma'arrat, wo man mehrere der Ruinenstädte besichtigen kann. Der Besuch lohnt unbedingt, auch der von Ma'arrat, einem kleinen, sympathischen Städtchen mit herrlichem Museum.

Da dieser Abstecher eine eigene kleine Rundtour ist, wird er im folgenden wie eine Routenbeschreibung gehandhabt, ohne dass sie in die Gesamtkilometerzählung eingeht.

Km 73 – Abfahrt rechts. Man folgt der Straße und biegt im Ort rechts ab. Rechts ist gleich das Museum zu sehen.

Ma'arrat an-Nu'man معرة النعمان

Die hübsche Kleinstadt mit ihrem ländlichen Suq und seinem schönen

Museum lohnt in jedem Fall einen kurzen Stopp! Ma'arrat hat von jeher aufgrund seiner fruchtbaren Umgebung Herrscher angezogen. Wie so viele Städte Syriens, durchlief es alle Stationen der Geschichte des Landes: Griechen, Römer, Byzantiner, Araber, Kreuzfahrer, wieder Araber.

Besonders stolz ist die Stadt auf das **Grab des Abu al-Ala' al-Ma'arri,** eines bedeutenden arabischen Poeten und Philosophen (gest. 1058), der in dieser Stadt lebte und schrieb. Traurig stimmt der Ort wegen des schrecklichen **Massakers**, das die **Kreuzritter** hier im **12. Jahrhundert** verübten. 20.000 Muslime mussten ihr Leben lassen, dem Massenmord folgten Hungersnöte.

Besonders sehenswert ist das kleine **Museum**, das in einer osmanischen Karawanserei, dem Khan Murad Basha am *Sahat Abu al-Ala,* untergebracht ist und die **größte Mosaikensammlung Syriens** beherbergt. Aber nicht nur die Mosaike sind sehenswert, auch der Khan, in dem das Museum untergebracht ist, ist der Größte in ganz Syrien! Er wurde Anfang des 16. Jahrhunderts unter Murad Pascha errichtet. 7000 m² stehen dem Museum für seine Mosaike zur Verfügung, und die braucht es auch (Öffnungszeiten: tägl. außer Di 9–14 Uhr, Eintritt 300 Lira, Studenten 15 Lira). Des Weiteren lohnt ein Blick auf das Minarett der Freitagsmoschee, die Mitte des 12. Jahrhunderts von Hasan as-Sarman, dem Bauherrn der großen Moschee in Aleppo, errichtet wurde. Er ließ auch die Madrasa südlich der Moschee erbauen.

• Es gibt im Ort alle Versorgungsmöglichkeiten sowie zwei Tankstellen mit bleifreiem Benzin, wie immer von der Firma SADCOB.

Das Museum im Rücken fährt man nun rechts durch die lebendige Marktstraße, bis man auf eine T-Kreuzung stößt (= **Km 0**). Hier rechts. Man folgt der Straße, die erst ein Stück nach Norden führt, dann aber nach Westen abknickt. Die Landschaft ist hügelig und offen, und schon wähnt man sich fern der Autobahn.

Bereits hier befindet man sich auf römischem Boden, von Ruinen ist jedoch noch nichts zu sehen. Steinfelder säumen die Straße.

Km 7 – 7 km, nachdem man die Stadt verlassen hat, geht es links nach **Benin**, wohin wir fahren.

Km 8 – Kreuzung. Hier geht es wieder links (geradeaus weist ein Schild: „Firkaya").

Die Strecke wird nun schöner und hügeliger und führt vorbei an vielen Olivenhainen, die der Region einst zu ihrem Reichtum verhalfen.

Km 12 – Man erreicht den Ort **Dair Sunbul.** Einzelne römische Säulen werden geschickt in neue Häuser integriert. Andere stehen herum, als gehörten sie zur Moderne. Man durchfährt den Ort, dahinter Kirschplantagen, Feigenbäume und andere Obstgärten.

Km 18 – Das Dorf *Ahsan*. Im Ort biegt man bei der T-Kreuzung rechts in eine kleine Straße ab und stößt nach etwa 50 m wieder auf eine Straße, der man links folgt. Am Ende der Hauptstraße geht es nach links.

Km 22 – Die ersten Ruinen von Bara sind zu sehen!

Al-Bara البارة

Al-Bara liegt inmitten großer Olivenhaine, die den früheren Reichtum der Stadt ausmachten und bis zum heutigen Tage die wirtschaftliche Grundlage des Dorfes bilden. Zu sehen gibt es jede Menge alter **Wohnhäuser, Grabmale** und die Reste einer großen **Basilika** im Norden.

Die große Bedeutung Baras verdankte sich der günstigen Lage zwischen zwei großen Gebieten des Djabal Zawiya. Die Besiedlung Baras begann im 4. Jahrhundert n.Chr., die Stadt erlebte jedoch ihre Blütezeit erst später, im 5. und 6. Jahrhundert. Die Bedeutung der Siedlung wuchs mit steigenden Erträgen aus Olivenöl und Wein. Die Olivenindustrie muss in al-Bara weit fortgeschritten gewesen sein, denn man fand hoch entwickelte Olivenölpressen. Einen Beweis des Reichtums der Bewohner liefern auch die großartigen Grabesbauten, die in al-Bara immer wieder verstreut sind. V.a. zwei **Pyramidengräber** aus dem 6. Jahrhundert sind bis heute sehr gut erhalten. Die muslimische Eroberung hat wenig Einfluss auf die Region nehmen können, und so fanden auch die **Kreuzfahrer**, die hier **1098** auftauchten, noch immer einen Bischof vor. Der Graf von Tripoli, Raymond de St. Gilles, setzte ihn ab und rief einen lateinischen Bischof aus. Von hier aus startete er das große Massaker in Ma'arrat an-Nu'man an den Muslimem. Bis Mitte des 12. Jahrhunderts blieb der Ort unter der Kontrolle der Christen, dann fiel er in muslimische Hände. Die Festung am Rande des Ortes stammt aus Kreuzfahrertagen.

Es wäre zu kompliziert, eine wirkliche Besuchsanleitung zu geben. Am besten nimmt man sich einen ganzen Tag Zeit und durchstreift das Areal. Die Ruinen finden sich mitten im Olivenhain. Am Ende der Straße steht ein Parkplatz vor der großen Basilika zur Verfügung.

Da die Straße auf dem Parkplatz endet, müssen wir zurück und den modernen Ort in Richtung Süden durchfahren. An seinem Ende findet sich ein Hinweisschild zu Sirdjilla. Man folgt dem Schild nach links und ist bei **Km 24** bei den Ruinen von Sirdjilla angelangt. Tickets gibt es am großen Parkplatz (150 Lira, Studenten 10 Lira), wo ein Wärter wartet.

Die Toten Städte: Al-Bara – Pyramidengrab und Ruinen im Olivenhain; Sirdjilla – Blick über die Stadt (von li. nach re.)

Sirdjilla

Sirdjilla ist **die wohl am besten erhaltene Stadt.** Sie scheint eben erst verlassen, die meisten der Häuser stehen noch immer, ein wenig bewachsen, z.T. leicht eingefallen, aber das ist **eine authentische Stadt aus dem 5. Jahrhundert!** Zu sehen sind ein Badehaus, das benachbarte Männerhaus, eine Zisterne, riesige Villen und wunderschöne Wohnhäuser sowie eine fast vollständige Kapelle. Die Geschichte Sirdjillas ähnelt der von al-Bara, nur mit dem Unterschied, dass al-Bara bis heute bewohnt ist, Sirdjilla hingegen ganz und gar tot!

Besonders gut erhalten ist das **Hammam,** das von 473 stammt. Es ist wohl eines der am besten erhaltenen Bäder Syriens aus dieser Zeit. Die Kapelle stammt ursprünglich aus dem Jahr 372,

sie wurde im 6. Jahrhundert jedoch renoviert.

Vom Parkplatz fährt man zurück auf die Straße. Hier geht es links. Der breiten Straße folgend, ist bei **Km 30** links der Abzweig nach **Khirbet Hass** erreicht. Die ehemalige Stadt gehörte sicherlich nicht zu den bedeutsamen Orten, war aber eindeutig einer der wohlhabenderen. Heute sind noch einige, z.T. sehr prächtige Landhäuser übrig, eine schöne Zisterne und Reste einer kleinen Kirche. Kurz: Ein schöner, ruhiger Ort, genau richtig zur Einstimmung, wenn man die Tour andersherum fährt.

Km 31 – Hier beginnt der Ort **Kafr Nabil,** wohin Minibusverbindungen von Ma'arrat bestehen. An der Moschee biegt man links ab, rechts geht es nach Apamea, man kann also von hier problemlos **auf Route C 2 oder 3 überwechseln** – eine schöne Alternative für diejenigen, die keine Lust auf die Autobahn nach Hama haben und lieber auf Umwegen ans Ziel (Hama) kommen wollen!

Man durchfährt den Ort und biegt am Kreisel links ab und folgt dem Straßenverlauf. Geradeaus geht es durch die Orte *Has* und *Kafr Ruma,* letzterer ist, wie der Name bereits andeutet, römischen Ursprungs. Die Reste aus dieser Zeit sind jedoch überbaut, ein Aufenthalt lohnt nicht.

Km 55 – Man ist wieder in Ma'arrat an-Nu'man, wo es zurück auf die Autobahn geht.

Praktische Informationen

- Will man die Toten Städte am Djabal Riha mit **öffentlichen Verkehrsmitteln** erkunden, muss man sich unbedingt auf eine Nacht in Idlib oder Ariha einrichten (siehe Route D 2). Von Ma'arrat aus (das von Aleppo, ebenso wie Ebla, mit fast allen Bussen, die Richtung Süden fahren, erreicht werden kann) ist es nur sehr früh morgens möglich, mit einem Minibus nach Kafr Nabil oder gar bis al-Bara zu kommen. Von Kafr Nabil aus ist dann eh ein Taxi nötig! Wer sein Lager jedoch in Ariha oder Idlib aufgeschlagen hat, kann problemlos von dort (mit Ariha als Ausgangspunkt) mit dem Minibus nach al-Bara gelangen. Jeder weitere Ort muss dann erwandert werden (z.B. Sirdjilla von al-Bara 2 km).
- **Wer die Toten Städte ohne große Rundtour besuchen möchte,** fährt von Ma'arrat an-Nu'man direkt nach Kafr Nabil und biegt dort, hinter dem Ort, bei der Moschee rechts ab. Kurz danach geht es rechts nach Khirbet Hass ab, wenige Kilometer weiter nach Sirdjilla bis nach al-Bara.

Km 100 – Ausfahrt nach **Khan Shaikhun.** Ein hübscher kleiner Ort mit einem **riesigen Markt** am Freitag, auf dem nicht nur Lebensmittel und Dinge des alltäglichen Bedarfs verkauft werden, sondern auch Ziegen, Hühner und Schafe. Hier kommen die Bauern der gesamten Umgebung zusammen, ein wunderschönes Bild! Auch von Khan Shaikhun besteht die Möglichkeit, auf einer neuen Teerstraße **nach Apamea** zu reisen.

Kurz nach dem Ort kann man rechts den Tell von Zaita erkennen. Man folgt nun der Autobahn, aufgelockert wird die Landschaft durch Pistazienfelder rechterhand.

Km 137 – Der Nordkreisel von Hama ist erreicht, man folgt der Beschilderung ins Zentrum.

Aleppo und Umgebung

Aleppo ⇗III,C2 حلب

Mich zog ein Verlangen bergauf, talab
nach Halab
und ich war damals munter
und aufgeräumt,
wohlgesattelt und aufgezäumt,
rasch wie ein Vogel aus seinem Gefieder,
so ließ ich mich in den Lustgärten nieder.
In der Mitte von Wonnen und Freuden,
Bronnen und Gebäuden,
und begann die Tage zu vergeuden,
um meinen Wunsch zu letzen und
meinen Durst zu netzen.

(aus: Hariri, 1024–1122,
Die Verwandlungen des Abu Said von Serug,
übersetzt von F. Rückert)

Aleppo, dessen Altstadt ebenso wie die von Damaskus von der UNESCO zum Weltkulturerbe erhoben wurde, ist die **größte Stadt des Landes,** und viele halten sie für die schönste. Mit Sicherheit ist Aleppo quirliger, lebendiger und „orientalischer" als Damaskus, früher galt die Stadt auch als fortschrittlicher und moderner, was sich heute umgekehrt hat. Aber ob sie wirklich schöner ist? Ich weiß es nicht; ich bin parteiisch, denn ich habe in Damaskus gelebt. Die Aleppiner jedenfalls können sich keine schönere Stadt vorstellen als Aleppo.

Halab oder *ash-Shahba* (die Graue), wie sie genannt wird, wetteifert auch hinsichtlich des Alters mit Damaskus. Und auch hier ist es durchaus möglich, dass Aleppo vorn liegt. Für eine frühzeitige Besiedlung sprechen reichere Niederschläge als in der Oasenstadt Damaskus, die schon sehr früh Regenfeldbau mit guten Erträgen ermöglichten. Im Norden und Westen konnten ebenfalls schon in frühester Zeit Sommerfrüchte und Baumkulturen ohne zusätzliche Bewässerung angebaut werden.

Gelebt hat die Stadt schon immer von ihrer prädestinierten Lage als **Karawanenhandelspunkt** der Europa/Indien-Strecke sowie als **Umschlagplatz auf der Seidenstraße,** die von China bis ans Mittelmeer führte, und als Kreuzungspunkt der Strecken Istanbul – Kairo und Istanbul – Mekka. Aleppo, das spürt der Reisende noch heute, verdankt seiner vorteilhaften Lage viel, es lebt von seinen Händlern, der Suq ist das Herz der Stadt. Seit dem 16. Jahrhundert übernahm Aleppo den Fernhandel mit europäischen Städten und war damit schon früh in die Weltwirtschaft integriert. Auch wenn die Stadt mit der Suez-Kanal-Öffnung im Jahre 1869 etwas an den Rand gedrängt wurde, so gehört sie doch neben Kairo und Istanbul noch immer zu den wichtigsten Handelsmetropolen des Nahen Ostens.

Rund **30% der Aleppiner sind Christen,** der Prozentsatz ist damit dreimal so hoch wie in Damaskus. Schon in den vergangenen Jahrhunderten gab es hier eine reiche christliche Oberschicht, die vor allem durch Fernhandel zu Reichtum kam, was sich auch an den großen Bürgerhäusern im Christenviertel erkennen lässt. Um 1920 strömten viele Armenier (ca. 40.000) nach Aleppo; sie flohen aus Anatolien, als die türkische Nationalbewegung das französische

Militär vertrieb. Aus Angst vor einem erneuten Genozid wie im 1. Weltkrieg, als die Türken über eine Million Armenier massakrierten, kamen sie mit den Franzosen nach Beirut und Aleppo, wo sich schon seit längerem eine Armeniergemeinde befand. Durch den Zustrom von Flüchtlingen wuchs die Gemeinde bald auf 20% der Gesamtbevölkerung an. Armeniern gehörte z.B. das *Hotel Baron,* und noch heute sind die Werkstätten in der Umgebung meist in armenischer Hand.

Heute macht Aleppo den Eindruck einer Stadt, die von der Moderne nur am Rande berührt wurde, und das macht sie zu etwas ganz Besonderem.

Geschichte

Die früheste Geschichte Aleppos ist unbekannt, die ersten historischen Hinweise stammen aus dem 2. Jahrtausend v.Chr. Der hethitische König Mursil eroberte die Stadt im 19. Jahrhundert v.Chr. Im 1. Jahrtausend wurde Aleppo dann vergrößert bzw. neu gegründet und erhielt von Seleukos Nikator (301–281) den Namen *Beroia,* den es auch unter den Römern behielt. 540 v.Chr. wurde Aleppo von den Sassaniden erobert, geplündert und niedergebrannt, unter Justinian (527–565) wieder aufgebaut und mit neuer Mauer umgeben.

637 erfolgte die Übergabe der Stadt an die Muslime. Ihre Bedeutung schien gering gewesen zu sein, Damaskus als baldige Hauptstadt überstrahlte alles! Unter dem Kalifen al-Walid I. (705–715) oder seinem Bruder wurde die Große Moschee errichtet. **944 machte Saif ad-Daula Aleppo zur Hauptstadt** seines Staates und zu einem der geistigen Zentren seiner Zeit. Saif ad-Daula (Schwert des Staates) gehörte dem arabischen Stamm der Hamdaniden an, einem Stamm, dessen Herkunft sich bis auf die arabische Halbinsel zurückverfolgen lässt. Bis heute sind die Allepiner stolz auf die – wenn auch kurze – Regierungszeit Saif ad-Daulas, da er in zahlreichen Schlachten gegen die Byzantiner bestand und an seinem Hof **zahlreiche Gelehrte und Künstler** versammelte, die er förderte. Der **Dichter Mutanabbi** gilt bis heute als einer der wichtigsten arabischen Poeten, ähnlichen Ruhm in der ganzen arabischen Welt genießen auch **Abu Firas al-Hamdani,** dessen Gedichte mit Vorliebe von der großen arabischen Sängerin *Umm Kulthum* gesungen werden, und der **Philosoph Farabi.** Sie alle wurden am Hofe Saif ad-Daulas groß und bekannt.

962 eroberten die Byzantiner die Stadt, richteten große Zerstörungen an und plünderten sie. Es folgten verschiedene islamische Dynastien**. 1086** wurde die Stadt dem **seldjukischen Reich** eingegliedert. Der kleine Seldjukenstaat von Aleppo war den Kreuzfahrern wehrlos ausgesetzt, die die Umgebung verwüsteten, die Handelswege unterbrachen und die Stadt so an den Rand des Ruins brachten. Ab **1129** kam es unter den **Zangiden**, die sich gegen die Kreuzfahrer zur Wehr setzten, zu einem **wirtschaftlichen Aufschwung**. Nur ad-Din scheute keine Mittel, die Stadt auszubauen und zu verschönern (Erneuerung der Stadtmauer, der Zitadelle, der Großen Moschee, Neubau der Suqs, Gründung von Madrasas und eines Krankenhauses). Spätestens in dieser „Goldenen" Zeit wurde die Gestalt der Innenstadt in ihren bis heute überkommenen Grundzügen geprägt. Die Blütezeit dauerte an, bis **1260** die Katastrophe in Form des **Mongoleneinfalls** eintrat (Zerstörung und Plünderung). Die **Mamluken** hielten die Mongolen auf und waren bis zur **Eroberung der Osmanen (1517)** die Herrscher in Aleppo. Die Stadt lag am Rande des Mamlukenreiches und war noch lange Zeit Mongoleneinfällen ausgesetzt. 1400 wurde die Stadt erneut von ihnen (unter Timur Lenk) eingenommen und drei Tage lang geplündert.

Zu Beginn des 15. Jahrhunderts änderte sich die politische/wirtschaftliche Lage zugunsten Aleppos. Die **Handelswege von Iran nach Europa** waren aufgrund des Kampfes zwischen Timuriden und Osmanen unterbrochen, so dass Aleppo den **profitablen Seidenhandel** (zwischen Nordiran und den italienischen Städten) an sich ziehen konnte. Dieses Wachstum setzte sich auch im 16. Jahrhundert fort, und mit der osmanischen Eroberung konnte

Eckhaus in Aleppo

sich die Stadt neue Märkte in Kleinasien erschließen und ihren Handel mit Europa aktivieren. Aleppo war zum wichtigsten Handelsplatz im östlichen Mittelmeer geworden (im 15. Jahrhundert gab es hier ein französisches und ein englisches Konsulat). Vor allem die großen italienischen Handelshäuser hatten ihre Niederlassungen in Aleppo, und so ist es auch nicht weiter verwunderlich, dass es die Italiener waren, die der Stadt ihren europäischen Namen Aleppo gaben.

Obwohl Aleppo seine hervorgehobene Handelsstellung im 18. Jahrhundert an Smyrna (das heutige Izmir in der Türkei) verlor, florierte die Wirtschaft weiter. Not und Elend brachte ein schweres **Erdbeben 1822. Die Eröffnung des Suez-Kanales 1869** drängte Aleppo endgültig an den Rand der internationalen Handelsströme im östlichen Mittelmeerraum.

Orientierung

Aleppo wurde an einem Handels- und Verkehrsknotenpunkt alter Karawanenstraßen gegründet: Es liegt etwa halben Weges zwischen der Levanteküste und der Stelle, wo der Euphrat der Küste am nächsten kommt. Die Lage in einer schützenden Talmulde, in deren Mitte ein Berg (der Zitadellenberg) liegt, war für die Gründungsväter Grund genug, hier eine Stadt zu errichten.

Das Altstadtzentrum Aleppos findet sich rund um die Zitadelle und wurde früher von einer Stadtmauer umgeben. Anhand der fünf noch bestehenden Stadttore *(Bab Antakia, Bab Kissarin, Bab al-Maqam, Bab al-Hadid* und *Bab an-Nasr)* kann man heute den Verlauf der nur noch teilweise erhaltenen Stadtmauer rekonstruieren. In diesem Viertel sind der Suq und die meisten Sehenswürdigkeiten Aleppos zu finden. Rund um die Altstadt erstrecken sich die neueren Wohnviertel. Zwischen Uhrturm und Bahnhof findet sich das modernste Viertel Aleppos mit Fußgängerzone und vielen teuren Geschäften. Hier sind auch die Hauptpost und viele Hotels zu finden.

Orientierungshilfe für Reisende mit öffentlichen Verkehrsmitteln

Grundsätzlich gilt: Im Stadtplan sind, soweit möglich, alle möglichen Ankunftsorte eingezeichnet, damit man sich leichter orientieren kann!

- **Ankunft mit dem Flugzeug:** Ein Pendelbus (Minibus) verkehrt alle 20 Minuten vom Flughafen in die Innenstadt und zurück. Abfahrt in der Stadt vor dem Hotel Amir, Kosten: 15 Lira.
- **Ankunft mit dem Zug:** Der Bahnhof befindet sich im Nordwesten der Altstadt, am Nordrand des Stadtparks. Wer in die Quartiere rund um die *Sh. Barun* möchte, sollte sich von hier ein Taxi nehmen, zu Fuß sind es gut 20 Minuten zu laufen.
- **Ankunft mit dem Bus, dem Minibus oder dem Sammeltaxi:** Es gibt in Aleppo drei Busbahnhöfe, die alle recht nah beieinander sind.

1. Der **Karnak-Busbahnhof:** Er befindet sich in der *Sh. Mari,* schräg gegenüber der Touristeninformation, quasi mitten im Hotelviertel. Von hier ist es zu den Hotels rund um die *Sh. Baron* ein Katzensprung. Auch die Busse aus der Türkei kommen hier an.

2. Die **Hanano-Station:** Hier kommen alle großen Busgesellschaften aus allen Teilen Syriens an (Ausnahme: Karnak und die Türkeibusse). Es ist für Reisende der wichtigste Bus-

bahnhof Aleppos überhaupt. 95% der Reisenden kommen hier an oder fahren hier ab. Der Busbahnhof befindet sich dezentral in der *Sh. Ibrahim Hanano,* südwestlich des Hotelviertels. Zu Fuß sind es vielleicht 10 Minuten. Man wendet sich nach Verlassen des Busbahnhofs nach rechts und folgt der Straße, vorbei am derzeitigen Bau des neues Rathauses auf der linken Seite, bis man zu einem großen Platz mit Grünflächen kommt. Hier kann man links abbiegen (egal, wo am Platz), bis man auf die *Sh. Mari* stößt, die den unteren Rand des Hotelviertels ausmacht. Geradeaus führt die Straße direkt zum Hotel Amir. Wer ein Taxi bevorzugt: Es kostet nicht mehr als 15 Lira.

3. Die **Minibus- und Busstation gegenüber dem Bab Antakya:** Hier kommen die Minibusse und Sammeltaxen aus der näheren Umgebung sowie aus dem Osten an (und fahren natürlich auch ab). Außerdem sind hier die Abfahrtsplätze der syrischen Rüttelbusse. Er ist direkt am Rande der Altstadt gelegen. Zu Fuß sind es von hier ins Hotelviertel gut 10 Minuten. Um dorthin zu kommen, wendet man sich, das Bab Antakya vor der Nase, nach links, geht vorbei an einem großen Stadtbusparkplatz und biegt bei der ersten größeren Straße links ab. Hier befindet sich das Hotel Amir. Wer weiter möchte, überquert die Straße und biegt nach der Zentralbank nach rechts ab. Man kommt dann direkt zwischen Touristeninfo und Museum raus.

Orientierungshilfe für Autoreisende

- Aleppo hat eine westliche Umfahrung, die es dem Autofahrer, **von Süden und Westen kommend,** einfach macht, das Stadtzentrum zu erreichen. Von der Autobahn fährt man immer in Richtung Stadtzentrum. 6 km vor dem eigentlichen Zentrum geht die Autobahn in eine Stadtautobahn über. Bald danach erreicht man einen riesengroßen, ganz neuen Kreisel mit einem Adler in der Mitte. Hier beginnt (bzw. endet) die Umgehungsstraße nach (bzw. von) Osten (Richtung Raqqa) und Norden (Azaz/Afrin), ins Stadtzentrum geht es geradeaus. Wenig später erreicht man einen weiteren Kreisel, diesmal an einer Weltkugel zu erkennen. Ins Stadtzentrum fährt man weiter geradeaus, unter der Bahnlinie durch, es geht bergab. Kurz danach muss man sich links halten (aber nicht links abbiegen!). Etwa 1 km hinter der Bahnlinie macht die Straße einen Rechtsbogen, man ist in der *Sh. Ibrahim Hanano* angelangt. Von hier nimmt man die erste (größere!) Abzweigung nach links (vor einem kleinen Park), die nächste dann wieder rechts und schon hat man den Parkplatz vor dem Touristoffice erreicht.
- Wer **von Norden** kommt, muss der Umgehungsstraße nach Süden folgen, bis zum Adlerkreisel. Hier muss man links in Richtung Osten abbiegen und der Beschreibung oben folgen.
- **Hinter dem Ort Jibrin beginnt die östliche Umfahrung von Aleppo,** der man anfangs noch folgt. Es geht vorbei am Flughafen (immer der Beschilderung nach!). Man folgt nun der Beschilderung nach Damaskus, wenn man in den Süden oder Westen möchte. Falls man ins Zentrum möchte, geht es 5 km hinter dem Abzweig nach al-Bab rechts nach Aleppo ins Zentrum ab. Die Straße endet an einem großen, dem östlichen Innenstadtkreisel. Hier geht es nach links in die Südumfahrung der Innenstadt. Beim nächsten Kreisel geht es geradeaus, dann gabelt sich die Straße. Hier rechts in die *Sh. Qadi Askar* bis zur nächsten großen (!) Kreuzung. Hier wieder rechts. Bald danach ist der Kreisel des Bab al-Hadid erreicht. Den Kreisel überquert man in die *Sh. Bab an-Nasr.* Nun immer geradeaus entlang der alten Stadtmauer. Nach knapp 1,5 km erreicht man eine große Kreuzung, hier links und die nächste größere Straße (insgesamt die vierte) rechts. Nach 200 m ist rechts der Parkplatz der Touristeninformation erreicht.

Sehenswürdigkeiten

Das Herz dieser großartigen Händlerstadt ist natürlich der Suq in seiner ganzen Vielfalt. Aleppo gehört für mich zu den schönsten Städten des Orients überhaupt, und in seiner Lebendigkeit und Buntheit übertrifft es Damaskus

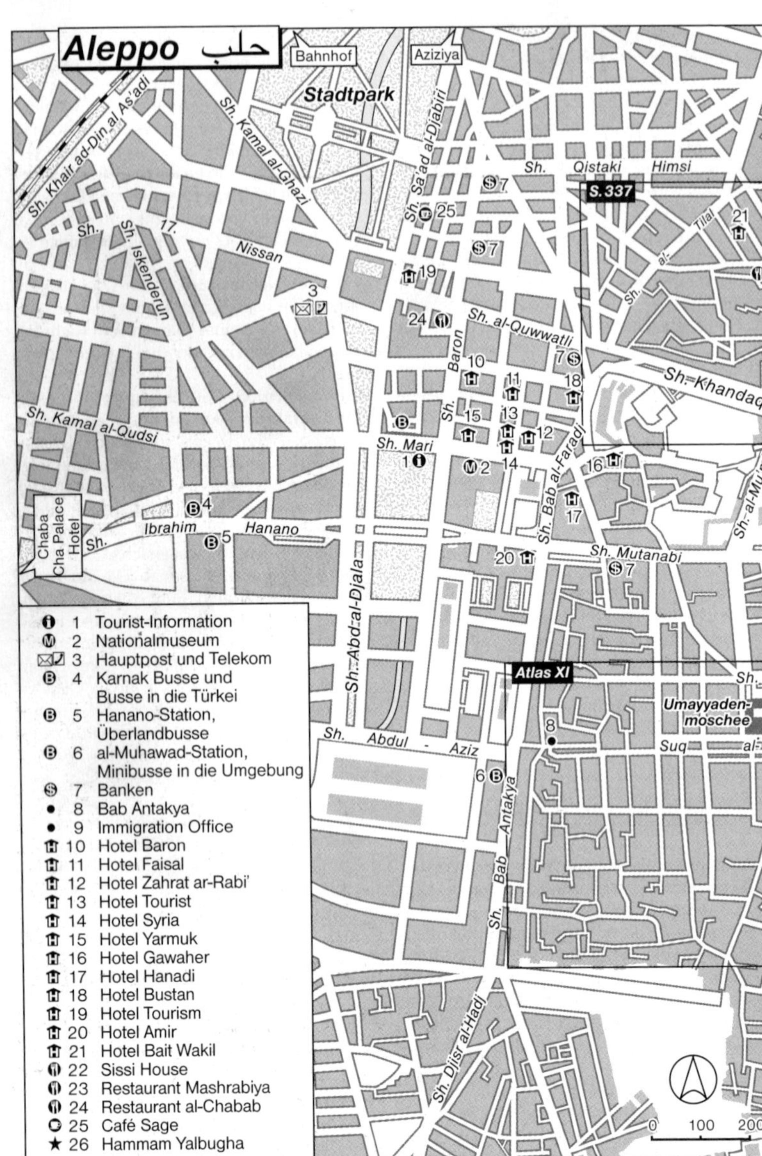
Aleppo حلب
Bahnhof
Aziziya
Stadtpark
Sh. Khair ad-Din al As'adi
Sh. Kamal al-Ghazi
Sh. Sa'ad al-Djabiri
Sh. Qistaki Himsi
S.337
Sh. Iskenderun
Nissan
Sh. al-Quwwatli
Baron
Sh. Khandaq
Sh. Kamal al-Qudsi
Sh. Mari
Sh. Bab al-Faradj
Chaba Cha Palace Hotel
Sh. Ibrahim Hanano
Sh. Mutanabi
Sh. Abd-al-Djala
Atlas XI
Umayyaden-moschee
Suq al-
Sh. Abdul - Aziz
Sh. Bab Antakya
Sh. Djisr al-Hadj
Tilal
1 Tourist-Information
2 Nationalmuseum
3 Hauptpost und Telekom
4 Karnak Busse und Busse in die Türkei
5 Hanano-Station, Überlandbusse
6 al-Muhawad-Station, Minibusse in die Umgebung
7 Banken
8 Bab Antakya
9 Immigration Office
10 Hotel Baron
11 Hotel Faisal
12 Hotel Zahrat ar-Rabi'
13 Hotel Tourist
14 Hotel Syria
15 Hotel Yarmuk
16 Hotel Gawaher
17 Hotel Hanadi
18 Hotel Bustan
19 Hotel Tourism
20 Hotel Amir
21 Hotel Bait Wakil
22 Sissi House
23 Restaurant Mashrabiya
24 Restaurant al-Chabab
25 Café Sage
26 Hammam Yalbugha
0 100 200

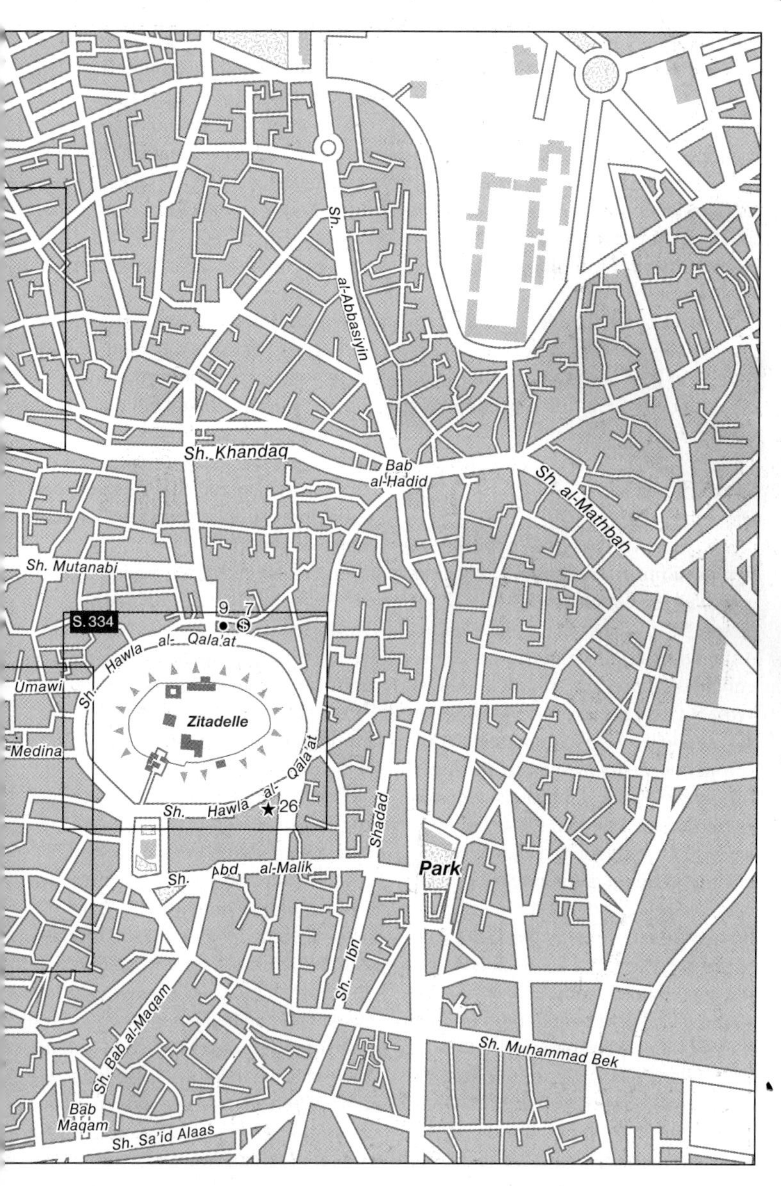
Sh. al-Abbasiyin
Sh. Khandaq
Bab al-Hadid
Sh. al-Mathbah
Sh. Mutanabi
S. 334
9
7
Sh. Hawla al- Qala'at
Umawi
Medina
Zitadelle
26
Shadad
Park
Sh. Abd al-Malik
Sh. Ibn
Sh. Bab al-Maqam
Sh. Muhammad Bek
Bab Maqam
Sh. Sa'id Alaas

um einiges! Nicht ganz so würdevoll wie die Hauptstadt ist Aleppo, dafür sprudelt hier das Leben. In Aleppo könnte man Wochen zubringen und immer wieder Neues entdecken. Unbedingt sehenswert sind die unverfälschten und lebendigen Suqs, die Zitadelle und das Viertel al-Djudaide. Absolute **Highlights sind mit einem Sternchen (*) gekennzeichnet.**

Die **drei** beschriebenen **Spaziergänge** sind alle wunderbar vom Touristenoffice aus per pedes zu machen, und ein jeder verdient mindestens einen ganzen Tag!

Spaziergang Nr. 1: Die Suqs

Die Suqs von Aleppo **gehören zu den berühmtesten der Welt.** Mit einer angeblichen Gesamtlänge von 12 km gelten sie als die größten des Orients. Authentisch und nicht für Touristen hergerichtet erstrecken sie sich in Ost-West-Richtung vom Bab Antakya bis zur Zitadelle, nördlich und südlich davon gehen viele Gassen ab, die zur Erkundung einladen. Der Suq ist eng, voller Menschen, Esel und Gerüche. Meist nach den verschiedenen Handwerksbereichen getrennt, kann man sich durch ein Gewirr von Angeboten und Farben treiben lassen, immer dem Strom der Menschen nach. Auf Seifenläden folgen Pistazienhändler, eifrige Bazaristen versuchen Tücher zu verkaufen, und der Kaffeeröster will potentielle Kunden durch den feinen Geruch seiner Produkte zum Kauf bewegen. Blumenöle duften mit dem Kaffee um die Wette, während der Eselstreiber versucht, den Brothändler, der seine Waren mitten in den Gassen aufgereiht hat, aus dem Weg zu hupen.

Auch wenn im Folgenden die sehenswertesten Gebäude innerhalb des Suqs beschrieben werden, so kann man dadurch kaum einen Eindruck von den Märkten (denn Suq heißt übersetzt nicht viel mehr als das) gewinnen. Die Suqs bestechen nämlich nicht alleine durch die Pracht ihrer Gebäude, vielmehr ist es vor allem ihre Atmosphäre, die sich seit Jahrhunderten kaum verändert zu haben scheint. Und diese kann man am besten außerhalb der „Hauptsuqstraße", der Straße, die sich vom Bab Antakya bis zur Zitadelle zieht und an der fast alle sehenswerten Gebäude liegen, erfahren.

Ausgangspunkt des Spazierganges ist das Antiochia-Tor, das **Bab Antakya*.** Dieses Tor, durch das einst die Araber im Jahre 637 geritten kamen, um die Stadt zu erobern, hat seine heutige Form aus dem 13. Jahrhundert und wurde unter Nasr Yusuf (1242–1260), dem ayyubidischen Gouverneur von Aleppo, errichtet. Es ist ein prächtiger Beginn für unseren Suqbummel, ein Spaziergang durch fremde Welten.

Kaum hat man das mächtige Tor durchschritten, taucht man ein in das bunte Durcheinander. Schlagartig verstummt der Autolärm und die brodelnde Atmosphäre orientalischer Geschäftigkeit nimmt einen gefangen. Statt sich nun sofort mit den Menschen geradeaus, entlang vieler verschiedener Läden, treiben zu lassen, beginnt man den Spaziergang gleich mit einem Abstecher zur **Qaiqan-Moschee,** zur Rabenmoschee. Diese kleine Moschee mit ihrem hübsch anzusehenden Minarett vermittelt dem Betrachter eine Ruhe, die er immer wieder finden wird, sobald er die quirligen Gassen hinter sich lässt. Dazu folgt man der Gasse, die kurz nach dem Betreten der Altstadt nach Norden weist, links bergauf. Nach etwa 100 m findet sich rechts die kleine hübsche Qaiqan-Moschee, deren Eingang zwei Basaltsäulen zieren. So wie sie heute dasteht, stammt sie aus dem 14. Jahrhundert, man kann jedoch auf der rechten Moscheemauer frühe hethitische Inschriften erkennen, die darauf hinweisen, dass dieser ehemalige Tempel dem Gott Tischub geweiht war. Die runden Steine, die aus der Vorderfront herausstehen, sind die letzten Reste dieses Tempels.

Zurück auf der Hauptsuqstraße geht links der Spaziergang weiter. Nach ungefähr 20 m kann man links die **Tuta-Moschee,** die Maulbeer-Moschee, sehen, die als die älteste Moschee Aleppos gilt. Als erste Moschee dieser Stadt festigte sie die Herrschaft der Araber. Auf römischen Ruinen errichtet, stammt sie, so wie man sie heute sehen kann, aus ayyubidischer Zeit. Sie wurde von Nur ad-Din 1150 restauriert.

Vorbei geht es an kleinen Geschäften, bunt gemischt, bis man bei der dritten Gasse links wieder einen kleinen Abstecher macht: diesmal nach rechts zur **Madrasa Muqaddimiya,** der ältesten Koranschule Aleppos. Man hat sie nach etwa 50 m auf der linken Gassenseite erreicht. Die ehemalige Kirche wurde 1168, d.h. nach dem Sieg über die Kreuzritter, zu einer Koranschule umgebaut und kann besichtigt werden.

Zurück auf der Suqhauptstraße, dem Suq as-Sataqiya, wendet man sich nach rechts und stößt bald rechter Hand auf die **Bahramiya-Moschee,** einen osmanischen Bau, errichtet 1583 unter Ibrahim Pascha. Das hohe Minarett, das durch ein Erdbeben zerstört wurde, ließ man 1698 wieder errichten. Besonders schön ist in dieser Moschee der *Mihrab,* die Gebetsnische, die Mekka anzeigt. Mit ihren dekorativen Arabesken konkurriert sie mit der Mihrab der Faradis-Madrasa. Leider ist die Moschee häufig geschlossen. Dann sollte man bis kurz nach der Gebetszeit warten: Wenn die

Blick hinauf zur Suqdecke

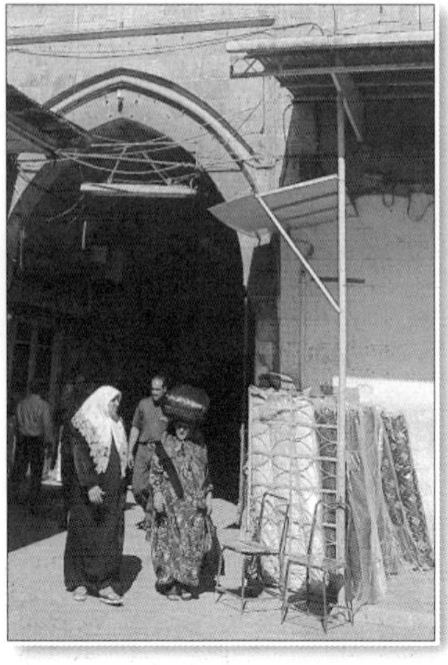

Eingang zum Khan al-Djumruk

Gläubigen aus den Innenräumen strömen, kann man zumindest einen kurzen Blick ins Innere werfen.

In der Gasse hinter der Moschee befindet sich das **Bimaristan Nuri,** das fast gänzlich zerfallen ist. Errichtet wurde es unter Nur ad-Din 1150. Es ist leider nicht mehr zu besichtigen.

Nun folgen, vorbei an Lebensmittelhändlern, 100 m durch die alten überdachten Suqs. Bei der dritten Möglichkeit geht es rechts durch ein großes Tor zum **Khan al-Djumruk,** dem Zoll-Khan. Den Eingang kann man gut an der großen Dachkuppel erkennen, die mit rotem Stein gemauert ist. Dieser Khan mit seinen ehemals 344 Geschäften ist der größte Khan der Stadt. In den ersten Jahren nach seiner Errichtung 1574 waren hier das englische, französische und holländische Konsulat sowie die einzige Bank der Stadt untergebracht. Im Zentrum des Khans, der bis heute kleine Läden beherbergt (wenn auch keine 344 mehr) steht eine kleine Moschee. Besonders schön sind die beiden Fenster an der Rückseite des Eingangs zum Khan.

Der Einfachheit halber kehrt man zurück zum **Suq as-Sataqiya,** auch wenn dieser nun einige Parallelstraßen mit gedeckten Suqgassen zur Nachbarschaft bekommen hat. Weiter verläuft der Spaziergang gen Osten. Bei der ersten größeren Abzweigung geht es rechts ab, gleich darauf steht man vor dem **Khan al-Nahasin,** der aus dem 16. Jahrhundert stammt. Im 19. Jahrhundert beherbergte er das venezianische Konsulat, von 1930 bis 1980 dann das belgische. Seitdem hat er wieder seine ursprüngliche Funktion inne und ist Standort vieler Läden.

Der Karawanserei gegenüber befindet sich das **Hammam al-Nahasin** aus dem 12. oder 13. Jahrhundert, das bis heute (wenn auch nur für Männer) als solches genutzt wird (näheres auf S. 348). Etwa 50 m weiter südlich biegen wir links in eine Gasse ein, an deren Ende sich die **Adaliya-Moschee*** befindet – für mich eine der schönsten Moscheen, auch wenn ein paar hässliche Laternen den Hof verunstalten. Sie wurde 1555 errichtet und gehört zu den ersten türkischen Bauwerken der Stadt. Besonders bemerkenswert sind die Fayence-Arbeiten, die man an der Außenfront sehen kann.

Weiter südlich, die nächste Gasse links, erreicht man nach etwa 100 m auf der rechten Seite die **Saffahiya-Moschee.** Diese hübsche kleine Moschee wurde 1425 gegründet und fällt vor allem durch ihr schönes Minarett auf.

Zurück auf der nach Süden laufenden Straße wendet man sich nun wieder links in Richtung Bab Qinnasrin. Nach etwa 100 m, immer vorbei an großen Portalen, die Blicke ins Innere alter Khane zulassen, ist auf der linken Seite das **Maristan Arghun al-Kamili*** aus dem 14. Jahrhundert erreicht. Durch das schöne Eingangsportal gelangt man in einen großen, prächtigen Hof, in dessen Mitte sich ein schöner Brunnen befindet. Von Pflanzen umrankt strahlt dieser Hof eine wunderbare Ruhe aus. Am Ende der Straße steht man dann vor dem **Bab Qinnasrin,** dem am besten erhaltenen Stadttor von Aleppo. Sehr viel früheren Ursprungs wurde es 1256 wieder aufgebaut und 1501 im Auftrag des Mamlukensultans Qanasaw al-Ghawi restauriert.

Wir marschieren nun zurück zum Hauptsuq. Diesem folgt man rechts. Gleich bei der ersten Möglichkeit zweigt man links ab. Rechts finden sich die Gold- und Teppichläden, die – meiner Erfahrung nach – einzigen wirklich anstrengenden Bazargassen der Aleppiner Suqs. Links läuft man an den Außenmauern der **Umayyaden-Moschee*** entlang, bis man auf einen freien Platz kommt. Dieser ist der Vorplatz zur Moschee, die man einmal umlaufen muss, vorbei am nördlichen Haupteingang zum Westtor, das der offizielle Eingang für Touristen ist. Wer allerdings eine ähnlich prächtige Moschee wie in Damaskus erwartet hat, wird enttäuscht werden. Walid I. (705–715), der sechste Umayyadenkalif, ließ an dieser Stelle eine Moschee errichten, die zwei Jahre nach seinem Tod unter dem siebten umayyadischen Kalifen Sulaiman (715–717) vollendet wurde. Auch die der Moschee gegenüberliegende Madrasa Halawiya, die ehemalige Kathedrale St. Helena aus dem 6. Jahrhundert, wurde in den Bau integriert. Der Umstand, dass umayyadische Kalifen sie errichten ließen, gab der Moschee ihren Namen. Rückschlüsse, die heute hier stehende Moschee gehe deswegen auf das 8. Jahrhundert zurück, sind jedoch falsch. Denn von der einstigen Moschee ist nichts mehr zu sehen. Die heutige Moschee ist ein „Neubau" von 1169, entstanden in der Regierungszeit Nur ad-Dins. Allein das Minarett ist älter und stammt aus seldjukischer Zeit. Auffallend ist der große Hof. Im Innenraum befindet sich ein Sarg, angeblich mit den Gebeinen des Zakariya, Vater des berühmten und heiligen Johannes, dessen Gebeine wiederum in der Moschee in Damaskus liegen sollen. Ob das ein weiteres Zeichen für den ewigen Hahnenkampf zwischen Damaskus und Aleppo ist, vermag ich nicht zu sagen, es ist aber davon auszugehen.

Für mich eines der schönsten Bauwerke der Innenstadt, und das trotz seiner Schlichtheit, ist die der Moschee gegenüberliegende **Madrasa Halawiya*,** die auf den Grundmauern der ehemaligen Kathedrale St. Helena errichtet wurde. Heute wird sie als Moschee genutzt und besitzt eines der hübschesten Eingangsportale Aleppos. Ein großer, schmuckloser Brunnen bildet das Zentrum des Hofes, die kleinen Zimmer um den Hof, die ehemaligen Studierzimmer, zeugen von der früheren Funktion der Gebäude. Auch die Innenräume der Moschee sind eher schlicht, ein freundlicher Wärter verkauft am Eingang Broschüren und Bücher.

St. Helena, Namensgeberin der Kathedrale, war die Mutter Konstantins des Eroberers. Bis zur Herrschaft Nur ad-Dins war die Kathedrale in Benutzung und wurde – auch als die Umayyaden-Moschee im Garten der Kirche errichtet wurde – weiterhin als christliches Gotteshaus verwendet. 1245 verlor sie diese Funktion und ist seither nur noch für die muslimischen Gläubigen von Bedeutung.

Unser Spaziergang führt wieder zurück zur Umayyaden-Moschee. Wendet man sich, die Madrasa im Rücken, geradeaus und läuft ein wenig der Straße entlang, stößt man etwa 100 m hinter dem Suqausgang, aus dem wir gekommen sind, auf einen kleineren Platz. Hier stehen zwei Khane und eine Moschee.

Der Eingang zum **Khan al-Wazir*** befindet sich direkt geradeaus. Das Gebäude stammt aus dem 17. Jahrhundert und gehört zu den schönsten Karawansereien der Stadt. Wie die meisten monumentalen Bauten hat es ein schwarzweiß gestreiftes Eingangstor. Die beiden Fenster rückseitig des Eingangstores sind mit wunderschönen Ornamenten verziert. Heute befinden sich im Khan, in dessen Mitte eine kleine Moschee ist, kleine Läden, darunter auch einige, die Souvenirs verkaufen.

Nördlich des Platzes, also aus dem Khan kommend rechts von der Straße, befindet sich die so genannte „persische Küche", die **Matbakh al-Adjami.** Der schöne zengidische Palast aus dem 12. Jahrhundert wird seit Jahren restauriert. Früher beherbergte er das traditionelle Museum, das heute im Stadtviertel Djudaide untergebracht ist. Was nach Abschluss der Renovierung mit dem Gebäude passieren soll, ist noch ungewiss. Aller Wahrscheinlichkeit dauert die Renovierung noch einige Jahre an. Den Namen „persische Küche" erhielt das Gebäude im 19. Jahrhundert, als es als Lebensmittellager und Küche für die ägyptischen Soldaten, die unter dem Oberbefehl Muhammad Alis in Aleppo stationiert waren, diente.

Gegenüber der persischen Küche befindet sich die **Fizdiq-Moschee,** die Pistazienmoschee. Westlich davon, also gegenüber dem Khan al-Wazir, führt nun eine Gasse wieder hinein in den Suq. Folgt man dieser, steht man nach etwa 40 m rechts vor dem **Khan as-Sabun,** dem Seifensuq. Um ihn zu betreten, muss man sich schräg nach hinten wenden und der kleinen Gasse folgen. Dieses großartige Bauwerk mamlukischer Architektur wurde im späten 15. Jahrhundert errichtet. Besonders schön ist die Fassade mit ihren reichen Verzierungen. Seife sucht man hier heute allerdings vergeblich!

Der Spaziergang führt uns nun wieder zurück zur Hauptsuqstraße. Man biegt links ein und folgt ihr bis ans Ende. Alsbald ist die Zitadelle erreicht.

Die Zitadelle*

Mitten in Aleppo erhebt sich ein Berg und auf diesem thront die schönste Burg, die ich je gesehen habe. Allein der Anblick dieser Burg ist eine Reise nach Syrien wert, genauso das erhabene Gefühl, wenn man auf deren Außenmauern steht und auf die Stadt hinabblickt.

Im 16. Jahrhundert v.Chr. eroberten die Hethiter den Berg und errichteten im 10. Jahrhundert auf ihm einen Tempel, den zwei steinerne Löwen aus Basalt bewachten. Die erste Schutzburg wurde im 4. Jahrhundert v.Chr. von den Seleukiden errichtet. Unklar ist, ob die Römer sich weiter dieser Burg und ihrer Schutzfunktion bedienten. Sicher ist nur, dass Julian (361–363) auf diesem Berg zu seinen Göttern betete.

Die Geschichte der Zitadelle bleibt bis ins 10. Jahrhundert n.Chr. unklar. Ab dann lässt sich die Historie ununterbrochen nachvollziehen: Der Hamdanide Saif ad-Daula, unter dessen Herrschaft

Auf dem Platz vor der Zitadelle

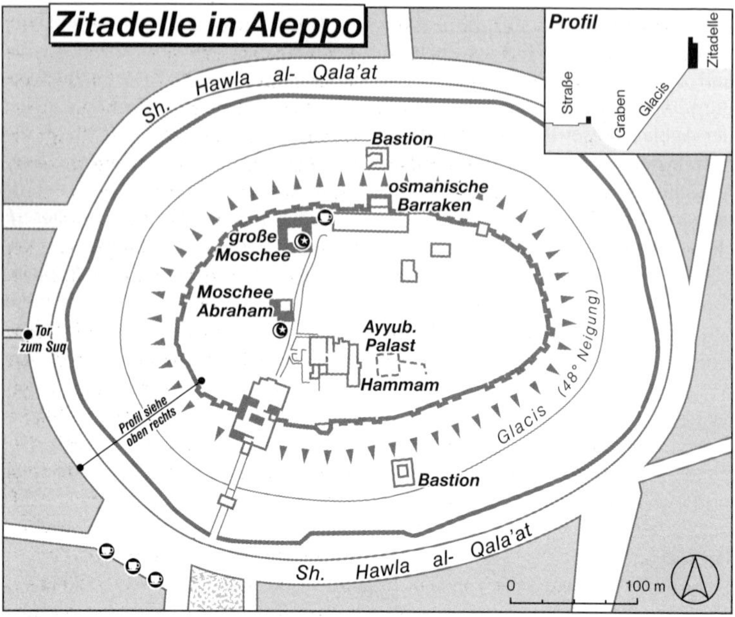

Aleppo eine Blüte erlebte, nutzte die günstige Lage der Zitadelle und ließ sie ausbauen. Sie wurde der Hauptstützpunkt der Muslime im Norden Syriens im Kampf gegen die Byzantiner.

Ende des 12. Jahrhunderts, nach dem Erfolg Saladins gegen die Kreuzritter, wurde der Berg Mittelpunkt eines neuen Stadtzentrums, das unter der Herrschaft von Saladins Sohn Malik az-Zahir Ghazi errichtet wurde. Auch hier, wie überall in Syrien, wüteten dann die Mongolen, doch Aleppo wurde nach jedem Sturm neu aufgebaut.

Die Zitadelle, wie man sie heute sieht, stammt **größtenteils aus dem 12. Jahrhundert.** Die darin befindlichen Gebäude wurden meist zur Zeit al-Ghazis errichtet, nur die Baracken im nördlichen Teil der Zitadelle sind aus mamlukischer Zeit. Heute werden mehr und mehr Restaurierungsarbeiten vorgenommen, auf dem ehemaligen Theaterplatz wurde ein neuer gebaut, wo heute moderne Theateraufführungen und Konzerte veranstaltet werden.

Der sicherlich **eindrucksvollste Teil** der Zitadelle ist das **Eingangsportal,** das oberhalb einer langen Steinbrücke steht. Fünfmal muss man innerhalb der Toranlage abbiegen, bis man ins Innere der Zitadelle treten kann. Drei Tore versperrten den Feinden den Weg ins Innere. Direkt vor dem Ausgang ins Freie wird man einen Sarg sehen, der mit einem grünen Tuch bedeckt ist. In diesem liegen angeblich die Gebeine des Heiligen Georg, der von den Muslimen als Prophet „Khadir" verehrt wird. Folgt man nun dem Weg, der sich auf den Gipfel der Burg hinauf zieht, gelangt man in die **Cafeteria** – hier beginnt die Zitadellenbesichtigung. Zwar kostet ein Getränk in dem Lokal weit mehr als anderswo, der Ausblick ist jedoch atemberaubend, und guckt man gen Süden, liegen die Reste der Zitadelle direkt vor einem.

Gleich rechts, die Cafeteria im Rücken, liegt die **Große Moschee.** Sie wurde 1214 von Ghazi wieder aufgebaut und hat einen wunderschönen Innenhof, in dessen Mitte drei große Kiefern wachsen.

Das Gebäude links, in welchem auch die Cafeteria untergebracht ist, ist recht jungen Datums. Es stammt aus dem 19. Jahrhundert und wurde unter den Osmanen errichtet, als Stützpunkt gegen Muhammad Ali, dessen Truppen sich von Kairo näherten. Vor diesem Gebäude breitet sich eine große Terrasse aus, unterhalb derer sich das neue Theater befindet.

Geht man den Weg hinab, den man hinaufgekommen ist, sieht man rechts die **Ibrahim-Moschee,** die laut Inschrift aus dem Jahr 1167 stammt. Die Moschee soll an der Stelle errichtet worden sein, an der Abraham, der große Religionsstifter, zu sitzen pflegte. Es heißt, die Moschee (früher eine Kirche) habe lange Zeit den Kopf Johannes des Täufers beherbergt, bevor er nach Damaskus verbracht wurde.

Weiter unten, linker Hand, ist ein **ayyubidischer Palast** zu sehen, errichtet unter al-Aziz (1230). Geblieben von dem Bauwerk ist nicht mehr allzu viel. Das meiste wurde unter den Mongolen zerstört. Zu sehen sind Reste eines Iwans und eines großen Hammams sowie das prachtvolle Eingangstor, in Schwarzweiß gehalten. Derzeit werden intensive Restaurierungsarbeiten an dem Palast vorgenommen.

Nun verlässt man den vorgefertigten Weg. Man kann herumstreunen und den Blick von den Außenmauern genießen, denn außer dem prächtigen Eingangstor gibt es keine wirkliche Sehenswürdigkeit mehr. Den Thronsaal hebt man sich bis zum Schluss auf, denn durch ihn verlässt man schließlich die Burg wieder. Durch enge Gassen und Wege kommt man dann hinauf in diesen Saal oberhalb des Eingangstors. Der großartig restaurierte Raum mit seinen Deckenmalereien stammt aus mamlukischer Zeit. Über eine kleine Treppe rechts kann man die Zitadelle durch die Gänge und Gewölbe des Tortурmes wieder verlassen.

Öffnungszeiten: Tägl. von 9–18 Uhr, im Winter nur bis 16 Uhr, Eintritt 300 Lira, für Studenten 15 Lira.

Spaziergang Nr. 2: Die südliche Altstadt

Wer bei diesem Spaziergang eine ähnlich schöne Atmosphäre erwartet wie im Falle des Spaziergangs durch die Suqs, wird enttäuscht sein. Es geht hier immer an Straßen entlang, die stark von Autos frequentiert werden. Wer aber interessiert ist an wunderschönen Moscheen hat, sollte sich diesen Weg nicht durch die Autos vermiesen lassen. Zumindest aber sei der Besuch der wunderschönen Madrasa Faradis empfohlen, ganz am Südrand der Stadt. Dorthin kann man auch mit dem Taxi gelangen.

Mit dem Monumentalbau der Zitadelle im Rücken beginnt der nächste Spaziergang. Schräg links über der Straße sieht man die **Sultaniya-Moschee,** errichtet 1223–1225 unter al-Aziz, dem Sohn des Ghazi. Links neben der Moschee liegt ein Ehrenmal der Familie.

Bevor man sich nun endgültig nach Süden wendet, ist ein kleiner Abstecher nach Osten angebracht, zum **Hammam an-Nasiri,** erkennbar an der gelben Kuppel. Es stammt aus dem 14. Jahrhundert und ist bis heute in Betrieb (näheres auf S. 348). Wir laufen jedoch die Straße in der Verlängerung der Zitadellenbrücke weiter. Gleich rechts, gegenüber der Sultaniya-Moschee, liegt der schön restaurierte **Khan ash-Shuma,** in dem sich heute ein kleiner Handwerkerbazar befindet. Dahinter steht die prachtvolle **Khusrufiya-Moschee*,** ein großer Kuppelbau aus dem 16. Jahrhundert. Khusruf, der osmanische Gouverneur Aleppos, ließ sie von Sinan, einem der berühmtesten osmanischen Architekten, errichten. Ihr Stil ähnelt dem der Tekkiye Sulaimaniya in Damaskus, die denselben Bauherrn hatte. Wie diese ist sie ein Kleinod frühosmanischer Baukunst, als deren früheste Vertreterin sie in Aleppo gilt.

Die osmanische Moschee hinter uns laufen wir geradeaus ostwärts und stehen direkt vor der **Utrush-Moschee.** Sie wurde 1403 errichtet und beherbergt das Mausoleum des *al-Bugha al-Utrush.* Meist ist sie verschlossen, so dass dem Reisenden der Blick ins Innere verwehrt bleibt.

Rechts der Moschee geht es weiter. Man folgt der Straße ein ganzes Stück bis zu den Resten des **Bab Maqam,** das der Zeit Ghazis entstammt. Wieder aufgebaut wurde es unter Qaid Bey 1493.

Man überquert nun die Straße und folgt der Straße, die in südwestlicher Richtung rechts abgeht. Kurz danach ist das **Mausoleum des Khair Bey** erreicht. Wie die Moschee des al-Utrush ist es meist verschlossen. Der Erbauer des Gebäudes liegt nicht hier begraben, obschon er es als seine Todesstätte errichten ließ. Zwei Jahre nach Vollendung des Grabes (1514) verließ er die Stadt. Er starb in Kairo. Ob er da ein ähnlich schönes Grab hat?

Die Straße weiter gelangt man schließlich an eine Gabelung. Geht man links, ist nach etwa 50 m die **Madrasa Zahiriya** erreicht. Sie hat einen schönen Innenhof mit Brunnen und stammt aus dem 13. Jahrhundert. Sie wurde al-Ghazi geweiht, der jedoch nicht hier begraben wurde, wie ursprünglich wohl vorgesehen.

Zurück bei der Gabelung geht man geradeaus. Und wieder ist ein ganzes Stück zu laufen. Aber kurz bevor die Straße auf einen Friedhof stößt, ist die **Madrasa Faradis*,** die Paradiesschule, erreicht. Nomen est omen, und so ist diese Koranschule wohl die schönste der Stadt. Die Madrasa entstand in der Zeit von 1334 bis 1337 auf Geheiß der

Witwe Ghazis, Daifa Khatun. Der Innenhof ist ein Meisterwerk an Schlichtheit, der Mihrab mit all seinen Verzierungen ist unbeschreiblich schön – man muss ihn gesehen haben!

Für den Rückweg empfiehlt sich das Taxi, oder aber man versucht, sich quer durch die Altstadt ins Hotel zu schlagen und entdeckt dabei lauter neue Wege und Gassen. Lohnenswert ist das auf jeden Fall, vor allem nördlich des Bab Maqam.

Spaziergang Nr. 3: Das Djudaide-Viertel

Es ist ein kurzer Spaziergang, der uns durch das Djudaide-Viertel, das „neue Viertelchen", führt, aber er vermittelt einen guten Eindruck davon, wie früher reiche christliche Familien gelebt haben. Zahlreiche alte Stadthäuser laden zur Besichtigung ein.

Das Djudaide-Viertel ist eines der schönsten Viertel der Stadt und liegt **außerhalb der Stadtmauern,** gehört aber noch zur Altstadt. Kopfsteinpflaster, überwölbte Gassen und herrliche Architektur verleihen dem Viertel einen ganz besonderen Charakter.

Djudaide entstand unter spätmamlukischer Herrschaft (deswegen wohl auch der Name „Neues Viertelchen") und wurde für die armenischen und maronitischen Christen errichtet, die

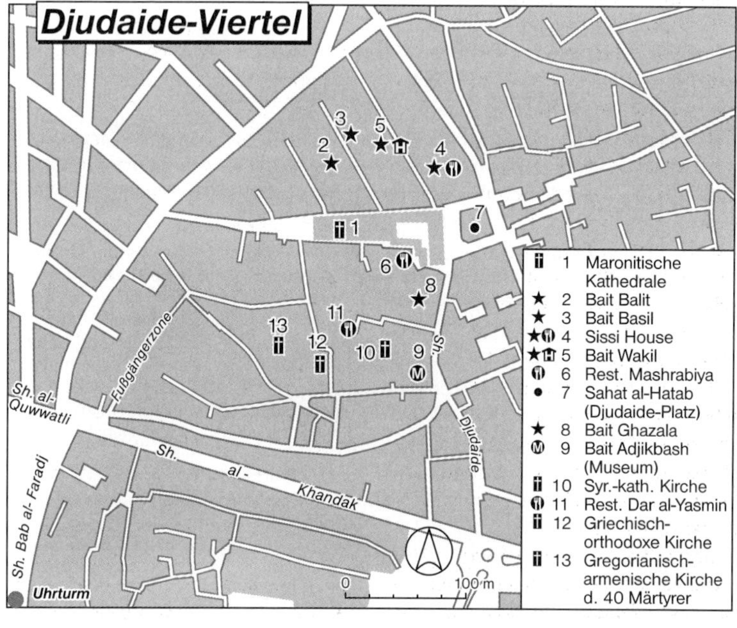

Freunde der Altstadt von Aleppo

Die Altstadt Aleppos wird von der UNESCO als Weltkulturerbe anerkannt, und dennoch fließen die Mittel dieser Organisation spärlich bis gar nicht, um irgend etwas für die Erhaltung dieses Erbes zu tun. Aus diesem Grund hat sich im Juni 1990 im Linden-Museum in Stuttgart der Verein „Freunde der Altstadt von Aleppo" gegründet. Mitglieder sind Syrer, insbesondere Aleppiner, und Deutsche. Unterstützt werden Direktmaßnahmen zur Erhaltung von Wohnhäusern in der Altstadt von Aleppo. Seminare und ein in Aleppo abgehaltenes Kolloquium haben das Verständnis für die Probleme der Altstadt und ihrer Bewohner gefördert. Interessenten können sich an Prof. Johannes Kalter wenden, zu erreichen über das Linden-Museum (Helgelplatz 1, 70174 Stuttgart – Spenden an: Freunde der Altstadt von Aleppo, Stadtkasse Stuttgart, Buchungszeichen 4.3000.110424.6; Landesgirokasse Stuttgart, BLZ 600 501 01, Konto Nr. 200 2408).

Die historischen Wohnviertel der Altstadt von Aleppo gehören zu den größten erhaltenen traditionellen Wohnvierteln der islamischen Welt. In ihnen leben ca. 350.000 Menschen. In den letzten Jahrzehnten war Aleppo großen Veränderungen unterworfen. Städtebauliche Maßnahmen wurden mit zum Teil verhängnisvollen Konsequenzen für die Altstadt in die Praxis umgesetzt.

Doch das Bewusstsein und die Verhältnisse in Aleppo haben sich verändert. Ein Kontrollorgan, das „Altstadtkomitee", wurde gegründet und dient als Planungsstelle der Stadtverwaltung. Alte Vorhaben wurden annulliert und neue Vorschriften erarbeitet, die angemessene Reparaturen und Restaurationen innerhalb der Altstadt sicher stellen sollen. Doch der Geldmangel der privaten und öffentlichen Haushalte lässt neue Bedrohungen für die Altstadt entstehen. Die meist der unteren Mittelschicht zugehörigen Bewohner der Altstadt verfügen weder über genügend politischen Einfluss noch über ausreichende Finanzmittel, um ihre Häuser adäquat instand zu halten.

Daher war es das Anliegen des Vereins, zunächst die Aufmerksamkeit der Kulturabteilung des Auswärtigen Amtes, des Bundesministeriums für wirtschaftliche Zusammenarbeit (BMZ) und des Arabischen Fonds für wirtschaftliche Zusammenarbeit auf die Probleme der Altstadt von Aleppo zu lenken. Mit Erfolg: Mit Mitteln des Auswärtigen Amtes wurde ein großer Wohnkomplex in der Altstadt restauriert, von dem aus nun die von der Stadtverwaltung von Aleppo und der Gesellschaft für Technische Zusammenarbeit (GTZ) getragenen Aktivitäten zum Erhalt der Altstadt gelenkt werden.

Die erste flächendeckende Untersuchung der Altstadt wurde 1993 abgeschlossen. Sie zeigte, dass viele der Häuser, die von Familien mit niedrigem Einkommen bewohnt werden, in einem desolaten Bauzustand sind. Zur schnellen und gezielten Hilfe wurde der Emergency-Fund eingerichtet. Bewohner von gefährdeten Häusern wenden sich an den Fund, dessen Architekten die Häuser untersuchen und nötige Maßnahmen in Absprache mit den Bewohnern festlegen. Einer Prioritätenliste folgend vergibt der Fund dann zinslose Darlehen zur Finanzierung. Die Arbeiten stehen unter Aufsicht der Architekten und werden zu großen Teilen von den Hausbewohnern unter fachmännischer Anleitung durchgeführt. Bis zum Frühjahr 1997 wurden 300 Häuser untersucht, 165 Darlehensverträge unterschrieben und 155 Einheiten restauriert. Etwa 85% der Darlehen werden pünktlich zurückbezahlt. Finanziert wird der Fund zu gleichen Teilen von der Stadt Aleppo, der GTZ und aus den Mitgliedsbeiträgen sowie Spenden des Vereins „Freunde der Altstadt von Aleppo". Der Verein ist ein erfolgreiches Beispiel für deutsch-syrische Zusammenarbeit, durch direkte Kontakte mit der betroffenen Bevölkerung ein Bindeglied zwischen oben und unten und damit auch ein Mittel, Bürgerbeteiligung zu fördern und der Bevölkerung mehr Mitsprache zu verschaffen.

durch den Venedighandel angelockt wurden und in Aleppo als Mittelsmänner zwischen den italienischen Handelshäusern und den Arabern fungierten. Lange Zeit blieb das Viertel unbeachtet, aber seit Mitte der 90er Jahre erlebt es einen grandiosen Aufschwung; Häuser werden restauriert und teilweise zu kleinen, „verwunschenen" Hotels oder Restaurants umgebaut. So können sie in all ihrer Pracht erhalten werden.

In diesem Viertel ist es von großem Nutzen, einen Stadtführer anzuheuern, denn diese besitzen in aller Regel einen Schlüssel, um in viele der schönen Gebäude hineinzukommen, oder aber über derartig gute Beziehungen, dass man auch ohne diesen eingelassen wird! Empfehlen kann ich die Führer, die man über *Halabiya-Travel* oder das *Hotel Zahrat ar-Rabi'* buchen kann.

Die Stadthäuser Djudaides sind ein lebendiges Beispiel bürgerlichen Hausbaus in vergangenen Jahrhunderten. Sie sind meist um einen Innenhof herum gebaut, in dessen Mitte ein Brunnen steht. Bäume oder Weinreben sorgen in den Höfen und somit in den umliegenden Zimmer für eine angenehme Kühle. Jeder Hof hat einen Iwan, d.h. eine überdachte Nische, die mit Kissen ausgelegt war.

Unser Spaziergang beginnt an der Kreuzung der *Sh. Bab al-Faradj* und der *Sh. al-Quwwatli,* direkt bei der Com-

Blick über die Dächer des Djudaide-Viertels

mercial Bank. Den Uhrturm im Rücken geht von hier, nachdem die Straße überquert ist, schräg links die Fußgängerzone ab. Dieser folgen wir bis ans Ende, vorbei an jeder Menge schicker Läden. Danach geht es rechts ab und schon bald darauf steht man vor der **maronitischen Kathedrale (1),** einem großen, hellen und schönen Gebäude. Die Kirche ist neueren Datums (1873–1923). Daneben findet sich die **griechisch-katholische Jungfrau-Maria-Kirche** (1849). Wer Lust verspüren sollte, in einer dieser schönen Kirchen einmal einem Gottesdienst beizuwohnen – die Maroniten haben folgende Gottesdienstzeiten: Sa 10 und 18 Uhr, ansonsten tägl. 8 und 18 Uhr.

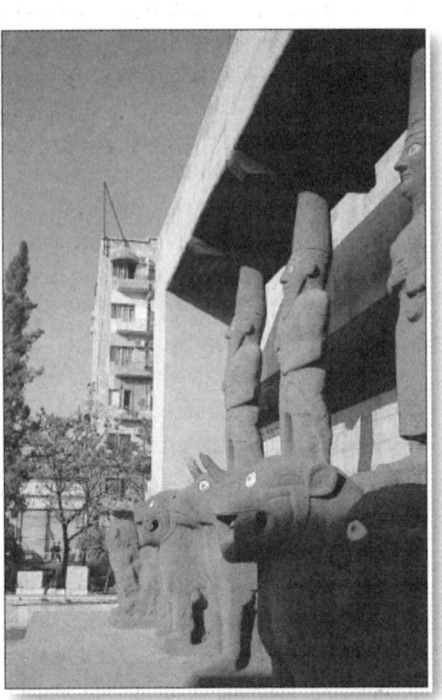

Eingang zum Nationalmuseum

Links an der Kathedrale vorbei geht es nun weiter durch eine kleine Straße, von der auf der linken Seite immer wieder Gassen abzweigen, die z.T. überdacht sind. Hinter hohen Mauern verbergen sich Häuser, wie das aus dem 18. Jahrhundert stammende **Bait Balit (2)** oder das **Bait Basil** (in dem heute ein Waisenhaus untergebracht ist; **3**). In der zweiten Gasse links geht es zu den beiden Häusern. Man kann sie nur mit einem Stadtführer betreten.

Bei der dritten Gasse links, nach der Kathedrale, hat man die Sissi-Gasse erreicht. Hier befinden sich die zwei wunderschön restaurierten Häuser **Bait Sissi* (4)** und **Bait Wakil (5).** Im ersten ist ein hervorragendes Restaurant untergebracht, im zweiten ein Hotel, ein wahres Kleinod. Beide können problemlos besichtigt werden, und wer Glück hat, kann sogar ohne Reservierung einen Tisch im Restaurant ergattern. Im Sissi-House lohnt auch die Besichtigung der Bar im Kellergeschoss. Hier sind die Reste eines unterirdischen Ganges zu sehen, der das Haus früher mit der Zitadelle verbunden haben soll. Viele Häuser des Viertels hatten so einen Geheimgang, der den Bewohnern im Kriegsfall Schutz bzw. einen Fluchtweg bot.

Folgt man der Gasse, die an der Kathedrale vorbeiführt, weiter, stößt man kurz nach der *Sh. Sissi* auf den **Sahat al-Hatab (6),** den so genannten **Djudaide Square.** Dieser Platz ist das Herz des Viertels. Viele schöne Altstadthäuser säumen ihn, rechts um die Ecke gleich das **Bait Ghazala (7)** aus dem 17. Jahrhundert. Die Stadt Aleppo erwägt, in diesem Haus ein Kulturzentrum einzurichten, noch aber warten die Pläne auf eine Umsetzung. Eine Sehenswürdigkeit ganz anderer Art ist der Trödelladen links – gigantische Preise, aber ein unvergleichlicher Raum lädt zum Stöbern ein. Nehmen Sie sich Zeit, den Platz und seine Umgebung zu erforschen, es lohnt sich!

Der Spaziergang führt nun vorbei am Bait Ghazala (Gazellenhaus). Direkt danach geht rechts eine kleine Gasse ab, die uns zum **Bait Jasmin** führt, in dem heute ein Restaurant untergebracht ist. Wir folgen der zweiten Gasse nach dem Gazellenhaus und stehen schon kurz darauf vor dem **Bait Adjikbash* (8)**, in dem sich heute das ethnografische Museum befindet (Öffnungszeiten: tägl. außer Di 8–14 Uhr, Eintritt: 150, ermäßigt 10 Lira). Das Haus wurde 1757 von einer reichen Aleppiner Kaufmannsfamilie desselben Namens gegründet und in den 80er Jahren des 20. Jahrhunderts restauriert. Zwölf Zimmer umschließen den Innenhof. Darin sind allerlei Gegenstände ausgestellt, deren Besichtigung weniger lohnt als das Gebäude selbst.

Zum Fortgang des Rundweges folgt man nun der Gasse, vorbei an vielen Wollgeschäften, Schmuckläden, der **syrisch-katholischen Kirche (9)** (meist verschlossen) und der **griechisch-orthodoxen Kirche (10),** die aus dem Jahr 1861 stammt. Nachdem sich die Suqgasse verengt hat, ist rechts die **Kirche der 40 heiligen Märtyrer (11)** erreicht. Diese armenische Kirche stammt aus dem 15. Jahrhundert, Ikonen und kyrillische Schriftzüge schmücken das Innere.

Von hier aus geht es schräg rechts in die überdeckten Suqgassen. Ein bunter Laden folgt auf den nächsten, bis man bei der nächsten Möglichkeit links abbiegt. Geradeaus geht es nicht weiter. Der Suq endet unweigerlich in einer Sackgasse. Links aber kommt man nach wenigen Metern wieder am Ausgangspunkt des Spaziergangs raus.

Das Nationalmuseum*

Sh. Ibrahim Hanano, gegenüber der Sh. Barun, Di geschl., ansonsten geöffnet von 9–18 Uhr, im Winter nur bis 16 Uhr. Eintritt 300 Lira, für Studenten 15 Lira.

Das Museum in Aleppo **gehört zu den wichtigsten syrischen Museen,** auch wenn in der Zwischenzeit der Neubau einiger anderer Museen, wie z.B. in Der az-Zor, die Bedeutung des Aleppiner Museums ein wenig geschmälert hat.

Das Museum ist lange nicht so gut beschildert wie das in Damaskus, auch wenn die Wärter sich redlich um Verbesserung bemühen. So bat mich einer der Aufpasser im Museum, Schilder auf Deutsch und Englisch zu schreiben, um die Exponate zu erläutern. Er erklärte mir jedes Exponat ausführlich, und nach etwa einer Stunde war das Museum um gut zwanzig Hinweisschilder reicher!

Am Ticketschalter kann man auch eine **Broschüre für 200 Lira** erstehen. Sie leitet den Besucher durch das Museum und erläutert die einzelnen Säle. Ansonsten lohnt es sich auch hier in jedem

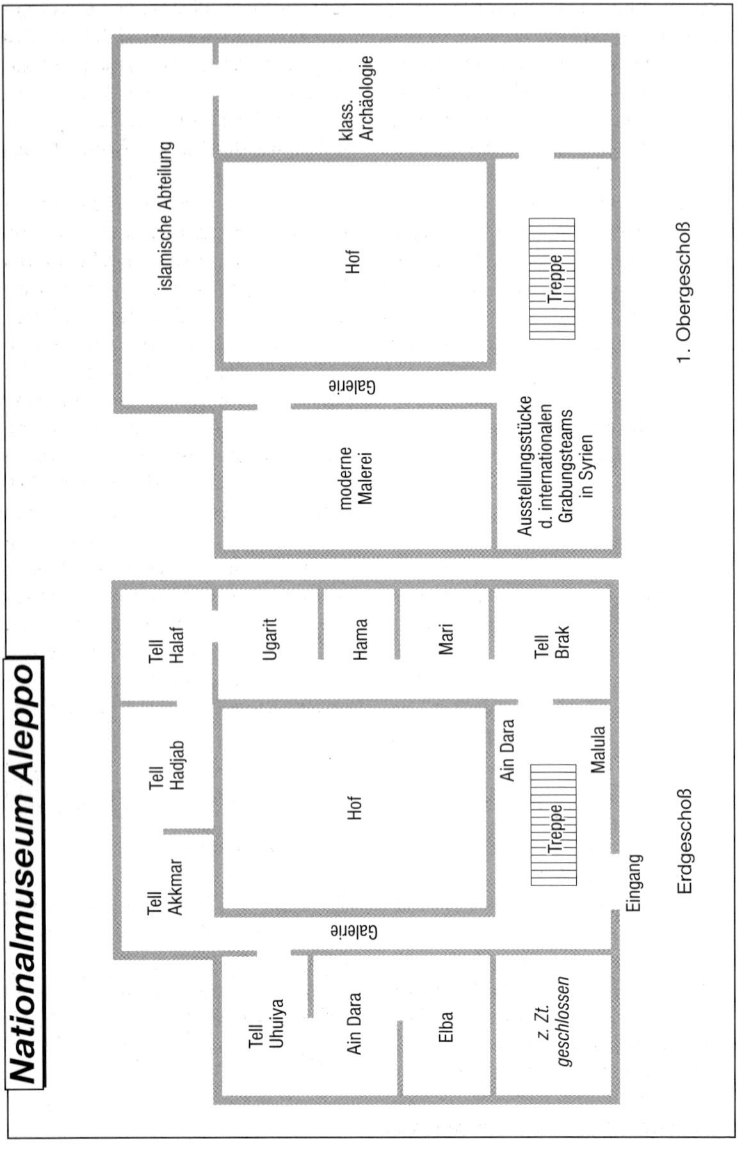

Nationalmuseum Aleppo

Erdgeschoß

Tell Akkmar

Tell Hadjab

Tell Halaf

Ugarit

Hama

Mari

Tell Brak

Hof

Ain Dara

Treppe

Malula

Eingang

Galerie

Tell Uhuiya

Ain Dara

Elba

z. Zt. geschlossen

1. Obergeschoß

islamische Abteilung

klass. Archäologie

Hof

Treppe

Galerie

moderne Malerei

Ausstellungsstücke d. internationalen Grabungsteams in Syrien

Fall, einen fachkundigen Führer zu engagieren.

Am Eingang des Museums stehen fünf Fabelwesen aus Tell Halaf, die das Museum beschützen. An ihnen muss man vorbei, will man ins Innere.

Im **Foyer** finden sich dann die frühesten Funde aus Syrien, allen voran Funde aus Ain Dara. Der Rundweg beginnt rechts. In der ersten Sektion gibt es Ausgrabungen aus Tell Brak, die anschließende Sektion enthält Funde aus Mari. Neben einigen geradezu genialen Statuen finden sich jede Menge kleiner Stücke in den Schaukästen.

Die nächste Sektion führt den Besucher nach Hama und von dort nach Ugarit. Hinter Ugarit beginnt die **zweite Halle.** Sie empfängt den Besucher mit beeindruckenden Basaltstatuen aus Tell Halaf, Tell Hadjab, Tell Ardjun und Tell Ahmar – die zweite Halle enthält also nur Fundstücke aus der Djazira. Vor allem die Funde aus Tell Halaf sind nicht alle echt, sondern nur Nachbildungen. Viele Originale wurden im 2. Weltkrieg bei einem Bombenangriff auf Berlin zerstört: *Max von Oppenheim,* Hauptverantwortlicher der Ausgrabungen in Tell Halaf Anfang des 19. Jahrhunderts, hatte nämlich die schönsten und besten Fundstücke nach Berlin in sein Privatmuseum geschafft, wo sie den 2. Weltkrieg nicht überlebten.

Die Funde aus den anderen Regionen in dieser Halle sind jedoch Originale, besonders hervorzuheben sind die Wandmalereien aus Tell Ahmar.

Die **dritte Halle** erreicht man, wenn man sich im hinteren Teil der zweiten Halle nach links wendet und dann von der Galerie aus die Räume betritt. Hier sind zuerst die Funde aus Tell Khuriya ausgestellt, dann, weiter hinten, die aus Ain Dara und Ebla. Besonders sehenswert sind die Basaltreliefs aus Ain Dara und einige der Keilschriftentafeln aus Ebla.

Man verlässt nun die Hallen der ersten Etage, kehrt zurück zum Foyer und schreitet die Treppen hinauf. **Im oberen Teil des Foyers** werden die Schaukästen ausländischer Grabungen in Syrien vorgestellt. Es handelt sich dabei vor allem um Grabungen, die man vor der Stauung des Asad-Stausees vorgenommen hat. Die erste Halle der oberen Etage beinhaltet Funde aus byzantinischer, griechischer und römischer Zeit: Keramik, Büsten, Steintafeln. In der zweiten Halle sind die islamische Sektion untergebracht und die Nachbildung der Altstadt von Aleppo. Hier finden sich jede Menge Münzen und anderes. In der dritten Halle ist normalerweise das „Museum of Modern Art" eingerichtet, das Ende 1999 jedoch geschlossen war.

Praktische Informationen

Telefonvorwahl: 021

Touristeninformation

An der Kreuzung der Sh. al-Mari und Sh. Barun.

Von 9–14 Uhr geöffnet, nur wenig Material zur Verfügung. Wenn, dann lohnt v.a. ein kostenloser Stadtplan von Aleppo, der aber oft ausgegangen ist. Am besten ist es, sich damit schon in Damaskus zu versorgen!

Die wichtigsten Adressen

•Immigration Office (Maktab al-Hidjra wa-l-Djawazat)
Sh. Hadji al-Kalah, im Norden der Zitadelle.
Meldestelle nach 14 Tagen Aufenthalt! Hier können auch Visa und Aufenthaltsgenehmigung verlängert werden. Auf jeden Fall freundlicher als in Damaskus! Geöffnet von 8–13.30 Uhr.

•Englischsprachige Rechtsanwälte
Elias Kassabji, *Sh. Djibrail Dallal, Tel. 221 59 89.*
Ihsan Kayali, *Sh. Barun, B. Zetouni, Tel. 221 58 11.*

Hotels

Luxus

•Chahba Cham Palace*****
Halab al-Djadid, PO Box 2242, Tel. 227 01 00, Fax 227 01 50, Tel. der Zentralreservierung in Damaskus: 011/223 23 00, Fax 222 61 80. DZ ab 190 $, EZ ab 160 $, Suiten bis 1300 $.
Großer Swimmingpool, edle Zimmer, mehrere Restaurants, Disco, Fitness-Center und Spitzenservice.

•Amir****
Sh. Ibrahim Hanano, Tel. 221 48 00, DZ 120 $, EZ 100 $, akzeptiert alle Kreditkarten, e-mail: amir@net.sy
Einziges Luxushotel in der Innenstadt! Hübsches Hotel mit großzügiger Lobby, gutem Service, einem sehr gut sortierten englischen Buchladen, nettem Café und verschiedenen Entertainmentmöglichkeiten.

•Pullman al-Shahba****
Bei der Universität, Tel. 266 72 00, Fax 266 72 13, DZ 130 $, EZ 85 $.
Schönes Hotel etwas außerhalb mit großzügigen Zimmern und jeglichem Luxus.

Schick und edel

•Bait Wakil****
Sh. Sissi, Djudaide, Tel. 221 71 69, 224 70 83, Fax 224 70 82, DZ 100 $, EZ 70 $, Suite 130 $, excl. Steuer!
Drei Häuser aus dem 16. Jahrhundert wurden zu einem wundervollen Hotel in Aleppos Christenviertel Djudaide umgestaltet. Bait Wakil ist der Inbegriff des orientalischen Flairs, der Innenhof bezaubert genauso wie das angeschlossene Restaurant. Eine frühzeitige Reservierung ist angeraten, da das Hotel nur 16 Zimmer hat. Hübsche Kellerbar!

•Dar Zamaria****
Al-Djudaida, Tel. 363 61 00, Fax 363 23 33, DZ ab 100 $.
Ein prächtiges Herrenhaus aus dem 17. Jahrhundert wurde restauriert und mit einem mo-

Ein Hotel mit Geschichte

Hotel Baron***
Sh. Barun, PO Box 130, Tel. 221 08 80, Fax 221 81 64. DZ 40 $, EZ 30 $, TZ 54 $.
Ehemals das schickste Hotel Aleppos (erbaut 1909), heute sicherlich das interessanteste. Die Zimmer sind weder gut noch sonderlich sauber, die Matratzen sind durchgelegen, die Bettwäsche ist nicht immer frisch, die Zimmer sind so hellhörig, dass man den Nachbarn schnarchen hören kann – aber entscheidend ist: Das Hotel ist Stein gewordene Geschichte. Nicht nur Zaza Gabor und Agatha Christie, nein, wichtige Staatsmänner wie Kemal Atatürk, Lawrence of Arabia (Zimmer 202), König Faisal und Charles de Gaulle haben hier gewohnt, und mehr noch: Das Hotel wurde seit dieser Zeit definitiv nicht restauriert, die Matrazen nicht erneuert! Der Besucher findet alles „original" vor, daher auch der etwas schmuddelige Eindruck, der sich dem Gast aufdrängt. Nicht nur das Geschirr, auch die Bettwäsche scheint Jahrzehnte des Gebrauchs hinter sich zu haben, und doch: Alles zusammen hat einen unbezwingbaren Charme. Wer den Hauch der Vergangenheit einatmen möchte, ohne dabei im Staub der Gegenwart zu ersticken, kann dies auch in der Bar des Hotels, dem Glanzstück des Hauses: authentisch eingerichtet mit alten (und dementsprechend ramponierten) Ledersesseln und Originaltheke!

Das Frühstück, das auch Nicht-Hotel-Gästen serviert wird (100 Lira), soll außergewöhnlich gut sein!

dernen Inneren versehen. Kleines, schönes Hotel mit intimem Charme; nur 13 Zimmer, daher unbedingt vorher reservieren.

Die goldene Mitte

•Dar Halabiya
Nahe Bab Antakya im Suq, Tel. 332 33 44, Fax 221 96 57, DZ 20–30 $.
Das wunderschöne alte Stadthaus öffnete im Sommer 2000 seine Tore. Saubere DZ mit Bad gruppieren sich um einen wunderschönen Innenhof. Unbedingt auch für Frauen allein zu empfehlen!

•Tourism***
Midan Saad al-Djabri, direkt am Stadtgarten, Ecke Sh. al-Quwwatli, Tel. 225 16 02-5, Fax 225 16 06. DZ 50 $, EZ 40 $.
Nichts Besonderes. Abgewohnte Zimmer, immerhin sauber, alle Zimmer mit TV, Kühlschrank, AC.

•Al-Faisal***
Sh. Yarmuk (hinter dem Hotel Baron), Tel. 221 77 68, Telefax 221 37 19. DZ 45 $, EZ 30 $
Schickstes 3-Sterne-Hotel der Stadt! Sauber und nettes Personal. Es gibt Zimmer unterschiedlicher Qualität und Schönheit, unbedingt vorher zeigen lassen!

•Al-Bustan**
Bab al-Faradj, Tel. 221 71 04 und 221 74 56, DZ 23 $, EZ 17 $, Preis ist verhandelbar!
Nettes Hotel mit vorwiegend arabischem Publikum. Angenehm und mit herrlichem Blick aus den Fenstern. Gutes Frühstück!

•Hanadi**
Bab al-Faradj, Tel. 223 81 13, DZ 16 $, EZ 8 $ mit Frühstück.
Nahe dem Uhrturm, in einer Seitenstraße gelegen. Alle Zimmer haben AC, eine Heizung, einen Fernseher und Ventilator. Der freundliche Besitzer Muhammad hat das Hotel liebevoll und schön in Rosa eingerichtet. Umwerfende Sauberkeit! Das Frühstück wird im Zimmer oder auf einer schönen ruhigen Terrasse serviert – herrlich! Super für allein reisende Frauen!

Einfach, aber schön

•Zahrat ar-Rabi'
Bustan Kul Ab, Tel. 221 27 90, DZ mit Bad 350 Lira, DZ ohne Bad 250 Lira, Dormitory-Bett 150 Lira, Übernachten auf der Terrasse 75 Lira.
Das kleine, saubere und sympathische Hotel ist ganz auf Rucksacktouristen eingestellt, eine kleine Bibliothek mit den einschlägigen Reiseführern und diverser Literatur in mehreren Sprachen ist vorhanden. Der freundliche Besitzer Usama spricht erfreulich gut Deutsch, Englisch und Französisch und bietet interessante Exkursionen in die Umgebung an (siehe Reisebüros). Ein Internetcafé für Hotelgäste ist in Planung. Da es als Travellerunterkunft immer beliebter wird (v.a. Lonely-Planet-Publikum), empfiehlt sich gegebenenfalls eine Reservierung! Super für allein reisende Frauen!

•Al-Gawaher
Bab al-Faradj, hinter der Bibliothek, Tel. 223 95 54, Fax 223 95 54, p.P. 450 Lira.
Sehr hübsches Hotel, nett eingerichtet und supersauber. Die freundlichen jungen Leute, die dieses Hotel leiten, führen Exkursionen und andere Travel-Services wie z.B. Kauf von Bustickets durch. Gut für alleinreisende Frauen.

•Siyaha (Tourist)
Bustan Kul Ab, gegenüber dem Hotel Zahrat ar-Rabi', Tel. 221 65 83. DZ 700 Lira, EZ 400 Lira.
Dieses nette, sehr saubere und zentral gelegene kleine Hotel ist zwar etwas teurer als obiges, aber auch komfortabler. Madame Olga führt das Haus im strengen Regiment und besticht durch ihre Freundlichkeit! Absolut empfehlenswert für allein reisende Frauen!

•Syria
Sh. al-Mari, Tel. 221 97 60, DZ 400 Lira, TZ 600 Lira, EZ 250 Lira. Alle Zimmer mit Bad!
Das von außen nicht allzu ansprechende Hotel ist innen nett und sauber. Es ist kaum weniger komfortabel als die Sterne-Hotels, aber um einiges billiger. Freundliche Leute, die sich auch als Stadtführer verdingen.

•An-Nadjm al-Akhdar (Green Star)
Sh. Hamma al-Tal, Tel. 223 91 57, DZ 500 Lira.
Relativ beliebtes Traveller-Hotel, mäßig sauber.

•Yarmuk
Sh. al-Mari, Tel. 221 75 10, DZ 700 Lira.
Hotel für einfachere Ansprüche. Mäßig sauber, aber okay. Dann zu empfehlen, wenn die oben genannten schon voll sind. Meist russisches Publikum.

•**Weitere einfache und mittlere Hotels** gibt es nahe den oben genannten Hotels zwischen der *Sh. Barun* und der *Sh. Mari.* Die meisten machen einen etwas „unseriösen" Eindruck, sind oft nicht allzu sauber und häufig voll mit Gästen aus der ehemaligen Sowjetunion. Für allein reisende Frauen würde ich sie nicht empfehlen.

Camping

•In Aleppo selbst gibt es keinen Campingplatz mehr, weshalb man auf den **Platz in Kafr Ame** ausweichen muss, etwa **25 km von Aleppo** entfernt. Der sehr hübsche Platz ist ruhig und sauber, es gibt heiße Duschen, 150 Lira p.P. Man kann auch einen der kleinen und hübschen Bungalows mieten (500 Lira). Auf Wunsch wird Essen gekocht. Wem Aleppo zu hektisch ist, der ist hier wunderbar aufgehoben. **Regelmäßiger Minibusverkehr** (Abfahrt gegenüber dem Bab Antakya) zwischen Kafr Ame und Aleppo.

Anfahrtsbeschreibung: Man folgt der Straße nach Bab al-Hawa (siehe Route D 2). Nach ziemlich genau 25 km (ab dem Adlerkreisel) geht es rechts ab (Beschilderung!). Nach 2 km geht es wieder rechts ab. Man folgt der Straße, die bald eine Rechtskurve macht. Der Campingplatz liegt dann auf der linken Seite. Tel. 021-224 84 97, Fax 221 96 57. In der Innenstadt kann der Camping über Halabiya Travel kontaktiert werden!

Restaurants

Europäisch, modern und richtig schick:

•**La Citadelle**

Im Cham Palace Hotel.

Sehr gutes internationales Restaurant mit herrlichem Ausblick auf die Stadt.

•**Wanes**

Al-Aziziye, Sh. Djabal an-Nasr.

Restaurant der Oberschicht Aleppos. Auf einer herrlichen Terrasse wird sehr gutes armenisches und internationales Essen serviert. Außergewöhnliche Speisekarte!

•**Amir**

Im gleichnamigen Hotel.

Gute internationale und syrische Küche.

Restaurants in alten Stadthäusern

•**Bait Wakil**

Im gleichnamigen Hotel.

Sehr feines Restaurant der gehobenen Preisklasse in der gediegenen Atmosphäre des schönen Hotels.

•**Sissi**

Sh. Al-Djudaida, Samira, Sahat al-Hatab, Tel. 221 94 11 und 221 67 98, Fax 221 57 00, e-mail: sissi@net.sy

Ähnlich wie das vorangehende. Wunderschönes Ambiente in einem renovierten Altstadthaus aus dem 17. Jahrhundert mit herrlichem Garten, in welchem Jasminblüten verzaubern. Syrische Küche vom Allerfeinsten und nette Kellerbar. Jeden Tag wechselnde Gerichte, keine feste Speisekarte, es gibt Aleppiner Spezialitäten. Menü ohne Getränke 350 Lira. Super Preis-Leistungsverhältnis und toll für allein reisende Frauen! Meist voll, also unbedingt vorher reservieren!

•**Dar al-Yasmin**

Sh. Al-Djudaida, Haret al-Kilasa,

Schönes Restaurant in einem alten Altstadthaus aus dem 18. Jahrhundert, wenn auch nicht so schön und stilvoll wie die anderen beiden. Gute arabische Küche, die im Innenhof oder den schönen Innenräumen serviert wird. Hauptgericht ab 160 Lira.

•**Mashrabiya**

Farhat-Platz, Djudaide, Tel. 224 02 49.

Nettes und kleines Restaurant in einem alten Stadthaus. Hauptgerichte ab 125 Lira, Alkoholausschank und viele Mezzegerichte.

•Es schießen mehr und mehr **Restaurants im Viertel Djudaide** aus dem Boden; man scheint erkannt zu haben, dass sich mit Restaurants in alten Stadthäusern Geld machen lassen kann. Alle, die ich sah, waren stilvoll eingerichtet. Über die Qualität der Speisen sagt das im Allgemeinen jedoch noch nichts aus.

Schick und gut

Die folgenden Restaurants befinden sich alle in einer Straße beim *Al-Aziziya,* am nordöstlichen Rand des Stadtgartens.

•**Ebla**

Nettes Familienrestaurant mit Alkoholausschank, auch für allein reisende Frauen geeignet. Gutes syrisches Essen.

•**Al-Karam**
Syrisches Restaurant mit Straßenterrasse und gutem Essen.
•**Cordoba**
Vorwiegend von Geschäftsmännern aufgesuchtes Restaurant. Sehr gutes Essen, einfaches Inneres, aber gediegen und angenehm.
•**Al-Challal**
Modernes Café mit Snack-Bar und Restaurant. Hier speisen auch syrische Frauen ohne männliche Begleitung!

Einfach, aber köstlich

•**Al-Andalib**
Sh. Barun, nahe dem Hotel Baron.
Im Sommer hübsche Terrasse, im Winter nur die Innenräume. Ein Restaurant fast nur für Männer, da auch Alkohol ausgeschenkt wird. Für allein reisende Frauen deswegen nicht empfehlenswert, in Begleitung mit einem Mann aber kein Problem. Gutes Essen, frisch gebackenes Brot.
•**Al-Chabab**
Zwischen Sh. al-Quwwatli und Sh. Barun, gegenüber dem Cinema Opera in einer kleinen Seitengasse.
Nettes, einfaches syrisches Restaurant mit Garten und ausgezeichneter Hausmannskost. Im Winter, wenn man auf die Innenräume angewiesen ist, nicht ganz so empfehlenswert, da diese nicht allzu sauber sind... Für Frauen alleine eher unangenehm, da Bierausschank.

Kebab-Buden und einfache Hähnchenrestaurants liegen im Stadtviertel Bustan Kul Ab, nahe der *Sh. Barun,* z.B. die beiden:
•**Ali Baba**
Sh. Yarmuk.
Einfaches Restaurant im 1. OG. Leckere einheimische Küche.
•**Abu l-Nawas**
Im Hotelviertel.
Buntes Restaurant ohne Alkoholausschank! Perfekter Ort, um ein üppiges Frühstück einzunehmen. Einfach und gut.

•Wem nach **Pizza, Pasta und Fast Food** zumute ist, der ist in der Nähe des Stadtparks, am nordöstlichen Rand am Platz *al-Aziziya,* richtig aufgehoben. Ein neues, teures Pastarestaurant hat auch im *Gameland* aufgemacht, am Nordrand des Stadtparks.
•Gute **Falaffel-Shops und eine Futair-Bäckerei** finden sich rund um das Restaurant al-Chabab.

Cafés und Teehäuser 

Teehäuser, auch für Frauen

Aleppo verfügt meiner Kenntnis nach nur über wenige Teehäuser, in denen sich frau alleine wirklich wohl fühlen kann. Drei nette Teehäuser liegen gegenüber der Zitadelle, wobei hier wie in fast jedem Teehaus die Innenräume voller Männer sind. Da es sich aber um Teehäuser handelt, die auch von Touristen aufgesucht werden, hat frau hier überhaupt keine Probleme. Ansonsten besteht die Möglichkeit, auf die vielen Saftläden auszuweichen, die – zumindest wenn sie bestuhlt sind – kleine Oasen der Ruhe inmitten der Großstadthektik bilden.

Hinzu kommen die schicken Cafés der Neustadt und am Stadtgarten.

Andere Teehäuser

Den „ultimativen" Teehaus-Tipp habe ich nicht, vielleicht gibt es ihn auch nicht. Die eben beschriebenen „auch für Frauen" sind die schönsten mir bekannten Teehäuser in Aleppo. Jede Menge Teehäuser finden sich entlang der *Sh. al-Quwwatli* und der *Sh. Bab al-Faradj.* Ein besonders schönes, zumindest von außen, ist das **Maqhan ash-Sham,** am *Saad al-Djabri-Platz, Ecke Sh. al-Quwwatli.* Nette Teehäuser finden sich auch im Stadtgarten.

Schicke Cafés

•**Café Sage**
Am Stadtgarten, etwa 100 m hinter dem Hotel Tourism.
Schickes Aleppiner Familiencafé mit arabischem Interieur. Nicht ganz billig, aber köstlich. Gut für allein reisende Frauen.
•**Mac Café**
Im Stadtgarten am Nordtor.
Supermodernes und schickes Café mit europäischen Snacks und richtig gutem Kaffee! Überwiegend junges Publikum, viele junge Frauen, von Syrien ist hier wenig zu spüren. Eine Oase der Ruhe für Frauen alleine.

Es stehen **vier i-Macs** zur Verfügung, für Internet-Benutzer und zum Spielen!

●**Al-Nakhil**
Am Nordostrand des Stadtgartens.
Nettes, etwas steriles Café, das auch von Frauen aufgesucht wird.

Konditoreien, Eis und Pudding

●**Patisserie Musattat**
Sh. Bab al-Faradj.
Sehr leckere Süßigkeiten, feine Puddings, alles vom besten und bezahlbar!

●Ein anderes gutes Halwayat und Pudding-Café befindet sich in der *Sh. al-Quwwatli,* es ist namenlos. Man findet es nahe der *Sh. al-Barun,* Richtung Post, das zweite Haus links! Weitere Konditoreien befinden sich in der Nähe.

Abends...

Aleppo verfügt über eine große Anzahl netter Bars, die zumindest bisweilen auch gut von Frauen alleine besucht werden können. Grundsätzlich gilt natürlich die Devise, dass sich allein reisende Frauen besser nicht an Orten aufhalten, in denen ausschließlich Männer verkehren. Da die Aleppiner jedoch ein sehr offenes Stadtvölkchen sind, finden sich in einigen Bars (der gehobenen Preisklasse) auch Frauen ein!

●**Bar des Hotel Baron**
Die Bar schlechthin. Französischer Kolonialstil bestimmt das Interieur, vergangene Zeiten die Atmosphäre. Unvergleichlich und unbedingt auch für Frauen! Allerdings nicht ganz billig!

●**Bar des Restaurant Sissi**
Eine Kellerbar mit viel Atmosphäre, wunderbaren Cocktails und angenehmem Publikum. Da überwiegend europäisches Publikum da ist, auch für Frauen alleine geeignet.

●Schön und lebendig ist es abends auch im **Café Sage** (siehe Cafés).

●Diverse (wenig anspruchsvolle) **Kinos** finden sich an der *Sh. Barun* und der *Sh. al-Quwwatli.*

●Hin und wieder finden **im Khan al-Wazir** abends **Touristenspektakel mit Bauchtanz** etc. statt. Eintritt 400 Lira. Wann das stattfindet, lässt sich beim Touristenoffice oder bei den lokalen Reiseagenturen herausfinden.

●**Diskos und Nachtclubs** gibt es in den großen Hotels.

●Das **arabische Kulturzentrum** in der *Sh. al-Djibra* (Verlängerung der *Sh. Barun)* bietet unregelmäßig Abendveranstaltungen an, ebenso das Kulturzentrum hinter dem Uhrturm und das französische Zentrum, nordwestlich des Stadtparks.

●Spielvergnügen gibt's im **Gameland** im nördlichen Stadtpark.

Hammams

●Das **schönste Hammam Syriens** ist das aus dem 14. Jahrhundert stammende Hammam **Yalbugha an-Nasiri,** 200 m südöstlich des Eingangs der Zitadelle. 1985 restauriert und im persönlichen Besitz des Tourismusministers, entführt es den Badenden in eine andere Welt. Museumsartig der Flur, unvergleichlich das Ambiente. Frauen können hier Mo, Do und Sa von 9–18 Uhr baden, Männer in der übrigen Zeit, d.h. immer bis nachts 2 Uhr, außer zu den Frauenbadezeiten, versteht sich... Kosten incl. Massage, Seife, Handtuch etc. je nach Verhandlungsgeschick ab 350 Lira.

●Das Hammam **Al-Nahassin** ist mitten im Suq. Es stammt aus dem 12. oder 13. Jahrhundert und wurde aufwendig renoviert. Leider fast zu sehr... Hier haben alleine Männer Zutritt, Frauen können höchstens einen Blick ins Innere erhaschen. Ca. 150 Lira.

●Frauen haben die Möglichkeit, in ein ganz einfaches, deswegen aber nicht minder schönes Hammam zu gehen: **Al-Maliki,** gleich nach dem Bab Antakiya links. Frauenbadestunden sind von 12–18 Uhr. 150 Lira.

Galerien

●Ausstellungsräume, in denen regelmäßig interessante Ausstellungen veranstaltet werden, findet man in der **öffentlichen Bibliothek**, direkt hinter dem Uhrturm.

●Unregelmäßig finden Ausstellungen auch im **arabischen Kulturzentrum,** in der *Sh. al-Djibra,* statt.

Museen

•Nationalmuseum

Siehe S. 341.

•Bait Adjikbash

Im Viertel Djudaide, in einer kleinen Gasse, nahe dem Djudaide-Platz. Geöffnet tägl. außer Di 9–14 Uhr. Eintritt 150 Lira, für Studenten 10 Lira.

Ethnografisches Museum, in einem wunderschönen Haus untergebracht. Funde aus islamischer Zeit, v.a. Alltagsgegenstände. Siehe Spaziergang Djudaide!

Einkaufen

•Die **Suqs von Aleppo** laden zum Großeinkauf ein: Hier gibt es neben den typischen Syriensouvenirs auch Dinge, die man nicht unbedingt als typische Souvenirs bezeichnen würde. Wie wäre es beispielsweise mit echtem **Damast** (Preise liegen so etwa bei 150–200 Lira pro Meter) aus der hübschen Handwerker-Karawanserei (siehe Plan) oder einem Schaffell? Oder mit arabischen Gewändern oder einem Kilo **Pistazien,** für die Aleppo so berühmt ist?

•Bekannt ist Aleppo auch für seine feine **Olivenseife,** die man im Suq in allen Formen erstehen kann. Wer bei der Herstellung zusehen möchte, kann dies tun in den vielen Hinterhöfen der Straße, die vom Hauptsuq zum Bab Qinnasrin führt, vorausgesetzt er erwischt die richtige Saison (die ist auf jeden Fall nicht im Winter!). Achten Sie beim Kauf auf die Qualität: Je älter eine Seife ist, desto besser. Jahresringe im Inneren der Seife zeigen deren Alter an.

•Nördlich der Zitadelle befindet sich der **Kupfersuq,** wo man bei der Herstellung auch zusehen (und zuhören!) kann. Hier werden keine Touristenpreise verlangt, denn die Gegenstände, die hier hergestellt werden, sind für den alltäglichen Gebrauch gedacht, nicht für die Touristenmeile! Das bedeutet natürlich nicht, dass Handeln unangebracht wäre...

•Ein **Antiquitätenkauf** der besonderen Art (wobei hier auch die Preise besonders hoch sind) kann man im Bait Abu Arif am Sahat al-Hatab, dem Djudaide-Platz erleben. Der Trödelladen ist voll mit Kuriositäten und Überraschungen! Ein Besuch, (wenn auch nicht unbedingt ein Kauf) lohnt auf jeden Fall.

•**Internationale Zeitungen und Zeitschriften** bekommt man am besten im gut sortierten **Buchladen des Amir-Hotels.** Es ist der einzige internationale Buchladen in Aleppo. Romane etc. zum Tauschen findet man in den Traveller-Hotels, wie dem Zahrat ar-Rabi'.

•**Alkohol** kann man in der *Sh. Yarmuk* kaufen, kurz bevor sie auf die *Sh. Bab Faradj* stößt. Hier, zwischen den ganzen Obstständen, befindet sich ein Alkoholladen, ebenso in der Verlängerung der *Sh. Barun* in Richtung Norden.

•Wem der Sinn nach einem Stadtbummel mit Läden à la Benneton und Lacoste steht, kann dies rund um den Platz al-Aziziya, nordöstlich des Stadtparks, tun. Zwischen diesem

Innenhof im ethnografischen Museum im Viertel Djudaide

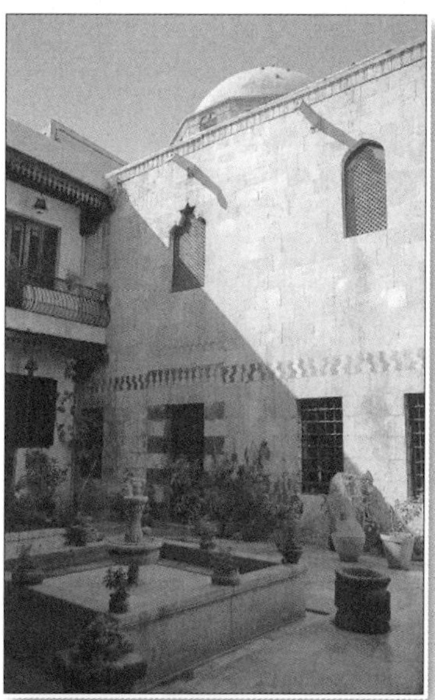

Platz und dem Bab Faradj finden sich neben einfachen Geschäften auch die **Edelboutiquen** der Stadt!

Baden

- Die **großen Hotels** haben natürlich alle einen Pool, der auch von Nichtgästen benutzt werden kann.
- Wem der Sinn nach syrischem Badevergnügen steht, dem stehen in Aleppo auch (mindestens) zwei **öffentliche Schwimmbäder** zur Verfügung. Das **Masbah Halab** (Aleppo-Schwimmbad) und das **Masbah Waha** (Waha-Schwimmbad) sind beide in der Nähe des Bahnhofes und nicht so billig im Eintritt, wie man vermuten könnte. 1997 waren es 50 Lira.
- Das **Basel-al-Assad Pool** nahe des Hotels Pullman al-Shahba bietet Frauen montags und donnerstags von 10–14 Uhr Badestunden. Männer sind mittwoches und freitags unter sich zu den selben Zeiten, sonntags und dienstags sind Familientage. Dann ist auch nachmittags offen. Eintritt 50 Lira.

Medizinischer Notfall

- Ein **deutschsprachiger Arzt** ist **Dr. Abid Malki,** neben dem Restaurant Ebla.

Des Weiteren gibt es in Aleppo jede Menge Krankenhäuser. Mir wurde keines besonders ans Herz gelegt, und auch die Botschaft in Damaskus konnte mir keine Adressen in Aleppo nennen. Im Notfall kann man sich an folgende Krankenhäuser wenden:

- **Universitätskrankenhaus:** Im Univiertel, nahe dem Hotel Pullmann al-Shahba, *Sh. Ibn al-Wakash.*
- **Krankenhaus St. Louis:** In einer Seitenstraße der *Sh. al-Bahturi,* nicht allzu weit von der Post entfernt.
- **Hanano-Krankenhaus:** Am Ende der *Sh. Bab Antakya.*

Verkehrsverbindungen

Stadtbusse

Es ist in Aleppo fast nicht nötig, auf die Stadtbusse umzusteigen. Taxis sind sehr billig, die Beschriftungen der Busse sind ausschließlich auf Arabisch, und die Busse haben auch keine Nummern, so dass nicht Arabisch sprechenden Touristen das Busfahren nicht gerade einfach gemacht wird.

Der zentrale Busbahnhof für die Stadtbusse befindet sich hinter dem Hotel Amir: Von hier fahren Busse zur Zitadelle und zum Bahnhof ab. Welche Busse das sind, muss bei den Fahrern erfragt werden. Ähnliches gilt für die Servicebusse innerhalb der Stadt.

Fliegen

Es gibt nur **wenige internationale Flüge,** darunter **einer wöchentlich nach München!** Nationale Flüge gehen ausschließlich nach Damaskus, dafür jedoch mehrmals täglich. Aufgrund des günstigen Preises (600 Lira) kann man es sich überlegen, die Fahrt dauert aber ja auch nicht allzu lange.

Der **Flughafen** liegt an der Straße nach Der az-Zor. Tel. 478 69 00-3. Abfahrt von Servicebussen zum Flughafen vor dem Hotel Amir. Ein Taxi kostet etwa 150 Lira.

• Fluggesellschaften

Alle internationalen Fluglinien (Air France, KLM, British Airways, All Italia etc.) haben ihre Büros in der *Sh. Barun.* Hier ist auch die Syrian Arab Airways zu finden (Tel. 222 05 01). Ein Lufthansa-Büro sucht man vergeblich. Der Luftverkehr der deutschen Fluglinie wurde im März 2000 eingestellt.

Die Bahn

Der Bahnhof befindet sich nördlich des Stadtgartens. Der Zug dauert nach Damaskus wesentlich länger als der Bus (10 Std.), in der ersten Klasse ist der Komfort allerdings auch größer (Kosten: 80 Lira). Im Sommer gibt es 2x/Woche einen Zug nach Istanbul, im Winter fährt dieser nur 1x/Woche.

Zeiten: Damaskus: 0.30 Uhr (7 Std., 85 bzw. 57 Lira), Lattaqiya 7 Uhr und 14.40 Uhr (3,5 Std., 55 bzw. 35 Lira), Qamishli 22.30 Uhr (8,5 Std., 132 bzw. 87 Lira), Türkei Di 11.15 Uhr.

Fernbusse

In Aleppo gibt es **drei Busbahnhöfe:**

1. Karnak: Hier fahren neben den nationalen Linien auch Busse in die Türkei. Ein Büro von Karnak befindet sich in der *Sh. Barun,* schräg gegenüber vom Baron-Hotel. Hier können alle Bustickets gekauft werden. Eine

Reservierung bei Karnak empfiehlt sich, obwohl es weit bessere Busgesellschaften gibt. Wer nicht im Voraus planen möchte, findet ohne jedes Problem fast halbstündig sehr gute Busse in alle Richtungen von der Hanano-Station. Abfahrtszeiten von Karnak zur Orientierung (ohne jede Gewähr):

- **Hama** und **Homs:** 7, 10, und 13 Uhr
- **Damaskus:** 4 Uhr morgens
- **Salamiya:** 15 Uhr (via Hama)
- **Lataqiya:** 7 Uhr
- **Beirut:** 7, 10, 13, 21 Uhr
- **Amman:** 22 Uhr

2. al-Muhawad: Gegenüber dem Bab Antakya: Hier fahren private Rüttelbuslinien in alle großen Städte Syriens. Wichtig ist dieser Busbahnhof vor allem für die Minibusse und Sammeltaxis in die Umgebung.

3. Hanano: An der Straße nach Damaskus. Hier fahren die meisten Busse an. Alle großen Gesellschaften haben hier ihr Büro, und zumindest tagsüber fährt hier fast halbstündig ein Bus in fast jede Stadt Syriens sowie in den Libanon.

Rund ums Auto

•Automobile et Touring Club de Syrie (ATCS)
Sh. Zubair ibn Abi Salama, Tel. 224 72 72.
Der Partnerclub des ADAC hilft im Notfall weiter!

Mietwagenfirmen

•Europcar
Im Hotel Pullmann al-Shahba, Tel. 266 72 00/05.
Gleichgültig, wo man reserviert, die Preise sind immer die selben: Der billigste Wagen (Peugeot 106 mit AC), kostet für 3 Tage 213 $ und für eine Woche 429 $, incl. Insassenversicherung, Vollkasko und freier Kilometerzahl. Die selben Preise gelten auch, wenn man bereits in Deutschland bucht! Tel. 0180-522 11 22, Fax 040-52 01 86 10.

•Cham Cars
Im Hotel Cham-Palace, Tel. 224 85 72, Fax 222 93 34.
Zuverlässiger Anbieter mit neuen Autos, auf Wunsch auch mit Fahrer. Billigstes Auto (Renault Clio) ab 2250 Lira am Tag, plus Versicherung plus 200 Lira Steuer. Mindestmietdauer: 3 Tage, ab 1 Woche 10% Rabatt, ab 4 Wochen 20% Rabatt. Geländewagen: 7395 Lira.

•Basheer
Tel. 574 40 43.
Nicht unbedingt eine Mietwagenfirma, aber ein netter Taxifahrer, der Touren in die Umgebung zuverlässig anbietet. Wer also das Auto (allerdings nicht ohne Fahrer zu haben) für nur einen oder zwei Tage mieten möchte, um damit die Umgebung zu erkunden, ist hier gut und nicht allzu teuer aufgehoben! Englischkenntnisse vorhanden. Zumindest ausreichend für eine interessante Tour!

•Mietwagen, mit und ohne Fahrer, können **bei vielen Reisebüros** gebucht werden – hier meist günstigere Angebote!

Werkstätten

Eine Werkstatt für VW und Audi findet sich hinter dem großen Friedhof Richtung Bab al-Hawa. Weitere Werkstätten liegen entlang der Ausfallstraßen.

Tankstellen mit bleifreiem Benzin

Grundsätzlich: Nur die Firma **SADCOB** vertreibt überhaupt bleifreies Benzin (zu erkennen an der roten Fackel im blauen Dreieck!). Im Stadtgebiet Aleppo gibt es insgesamt 10 Tankstellen dieser Firma, meist an den Ausfallstraßen.

Öffentliche Parkplätze

Zwei öffentliche Parkplätze sind für den Reisenden interessant:

•Ein bewachter Parkplatz liegt bei der Touristeninformation.

•Einen unbewachten, aber dennoch öffentlichen Parkplatz findet man hinter dem Amir-Hotel. Häufig belegt!

Reisebüros

•Halabiya Travel
Hinter dem Amir-Hotel in einem etwas unscheinbar aussehenden Gebäude im 1. Stock, PO Box 9956, Tel. 222 65 51, 224 84 97, Fax 221 96 57.
Sehr gutes Reisebüro von Abd al-Hayy Kaddour. Das Büro bietet höchst interessante Touren an: So ist es meines Erachtens eines der ganz wenigen Büros, die Wander- und

Trekkingtouren in Syrien und Landrover- oder Kameltouren in die Wüste offerieren. Auf Wunsch werden auch Gruppenaufenthalte unter freiem Himmel oder bei Beduinen organisiert. Sehr gute Beratung, auch auf Deutsch durch Herrn Kaddour selbst, der die Sprache fließend spricht. Syrienweite Hotelreservierung, Vermittlung von Stadtführern und Mietwagen mit Fahrer zu guten Konditionen, auch für Tagesausflüge. Absolut zuverlässig arbeitendes Büro! Wer seine Reise organisieren lassen möchte, ohne dabei auf eine Gruppenreise angewiesen zu sein, ist hier bestens aufgehoben.

•Zahrat ar-Rabi'

Das Traveller-Hotel (Adresse und Telefonnummer siehe bei den Hotels) hat sich auf ein junges Publikum eingestellt und organisiert Exkursionen und Stadtführungen. Das ist v.a. für Reisende interessant, die ohne Auto unterwegs sind, sich aber Reiseziele, die mit öffentlichen Verkehrsmitteln nur schwer oder gar nicht zu erreichen sind, nicht entgehen lassen wollen. Die Preise sind günstig, da man nicht individuell, sondern in einer kleinen Gruppe und einem privaten Pkw reist. Eine Exkursion, die in die Toten Städte nördl. von Aleppo führt kostet so bei min. 3 Teilnehmern 400 Lira (für einen halben Tag), nach Ebla, Ain Dara und Idlib bei 3 Teilnehmern 900 Lira (ganzer Tag) oder in die Toten Städte südlich von Aleppo auch bei 3 Teilnehmern 900 Lira (7 Std.). Nette Leute.

Weitere Reisebüros:

•Al-Ahram Travel and Tourism

Sh. Barun, PO Box 5207, Tel 222 26 93, Fax 224 87 57,

•Nahas Travel and Tourism

Sh. Barun, PO Box 1380. Tel. 221 25 22, Fax 333 19 73.

•Syritour

Sh. Razi, PO Box 7818, Tel. 224 91 40, Fax 224 69 55.

•Weitere Reisebüros finden sich in der *Sh. Barun*. Ein Adressenverzeichnis der meisten Reisebüros findet man auch im Internet unter: **www.syriatourism.org/Services/Travel %20agents/aleppo.htm**

Hauptpost und Telecom

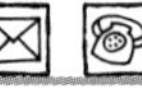

Sh. al-Quwwatli, am großen Platz.

Geöffnet von 8–20 Uhr, hier gibt es auch internationale Telefonzellen (die Karten dazu kauft man in einem kleinen Laden schräg gegenüber) sowie ein Postlagernd-Schalter.

Geldwechsel

Travellerschecks können nur in der **Commercial Bank of Syria** getauscht werden. Folgende Filialen tauschen Schecks: *Sh. al-Quwwatli*, Ecke *Sh. Bab Faradj*, Filiale in der *Sh. Ibrahim Hanano*, Ecke *Sh. al-Djumhuria* (die Straße zwischen Museum und Touristeninformation) und in der Filiale in der *Sh. al-Mutanabi*, auf dem Weg zur Umayyaden-Moschee.

Internetcafé

•Mac Café

Im Gameland, im nördlichen Stadtpark.

Schickes Café mit neuen i-Macs und ganz und gar europäischer Atmosphäre.

Festivals

Zwei Mal jährlich findet in der Zitadelle zu Aleppo das **Festival der syrischen Musik** statt. Außerdem gibt es in unregelmäßigen Abständen ein **Baumwollfestival.**

Die Umgebung von Aleppo

Routenteil D

D 1: Aleppo – Simonskloster (Qala'at Samaan) – Ain Dara – Afrin – Cyrrhus – Azaz – Aleppo : S. 353
D 2: Aleppo – Idlib – Djisr ash-Shughur – Qalb Lauza – Aleppo : S. 361

Aleppo ist ein idealer Ausgangspunkt für die verschiedensten Exkursionen. Es locken Ebla, die so genannten Bienenwabendörfer, der Asad-See mit seinen beiden Burgen und natürlich die Toten Städte, byzantinische Städte, die im 6. Jahrhundert verlassen wurden und deren Reste bis heute stehen. Viele der Ausflugsziele liegen auf Routen. So werden Ebla, Ma'arat Nu'man und die Toten Städte im Süden im Rahmen der Route C 5 beschrieben, der nördliche Rand des Asad-Sees mit dem Qala'at Nadjm findet sich bei Route E 1 und das Qala'at Djabr am südlichen Rand des Sees bei Route E 4.

Bleiben **zwei Rundtouren,** für die man jeweils einen ganzen Tag braucht. Mit öffentlichen Verkehrsmitteln sind sie kaum zu schaffen (an einem einzigen Tag schon gar nicht), da bleibt nur, unterwegs zu übernachten (nur in Ariha möglich) oder die Ziele unterwegs einzeln anzufahren, wobei viele, vor allem sehr schöne Orte, nicht mit öffentlichen Verkehrsmitteln zu erreichen sind (detaillierte Infos bei den einzelnen Orten). Ansonsten empfehle ich **unbedingt ein Auto** für diese Touren, denn sie sind unbeschreiblich schön, und es wäre ein Jammer, sie nicht zu absolvieren! So wie sie hier beschrieben sind, wird man sie nicht angeboten bekommen, aber ich bin mir sicher, sie lassen sich problemlos über Reisebüros arrangieren. Man sollte dabei, wenn möglich, auf einen Fahrer zurückgreifen, der die Gegend kennt. Das ist wesentlich einfacher, als sich im Gewirr der arabischen Straßenschilder auf kleinen Straßen zurechtzufinden. Der Preis für ein Auto mit Fahrer darf pro Tag nicht höher als maximal 120 DM liegen!

Ahmad Kaddour, zu kontaktieren über Halabiya Travel, kennt beide Touren, so wie sie hier vorliegen. Er war mein Fahrer bei der letzten Recherche und führt sie sehr gut durch; er spricht allerdings kein Englisch!

D 1: Aleppo – Simonskloster (Qala'at Samaan) – Ain Dara – Afrin – Cyrrhus – Azaz – Aleppo

Rundtour, insg. 180 km

Diese Route verbindet gleich mehrere Ausflugsziele miteinander, wobei die meisten davon mit öffentlichen Verkehrsmitteln erreichbar sind (siehe bei den einzelnen Stationen!).

Beginn der Route ist der Adlerkreisel = **Km 0**.

Man verlässt den Kreisel, von der Stadt kommend rechts Richtung Wes-

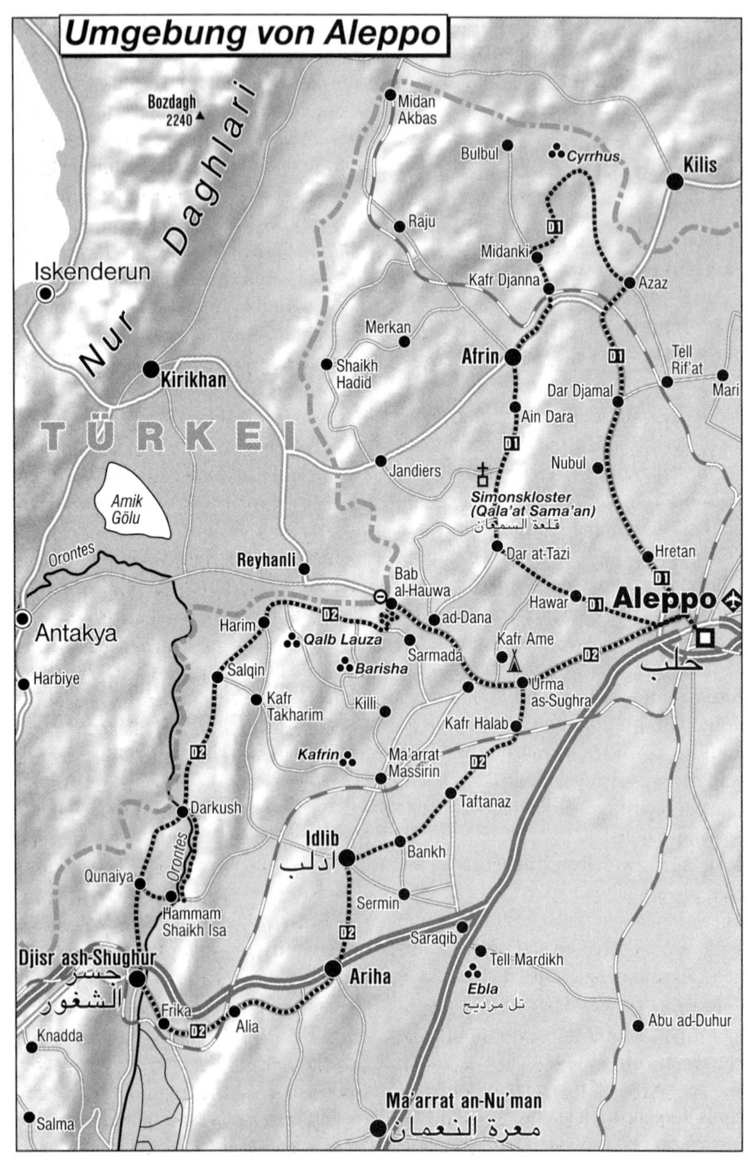
Umgebung von Aleppo
Bozdagh
2240
Nur Daghlari
Iskenderun
Kirikhan
TÜRKEI
Amik Gölu
Orontes
Antakya
Harbiye
Reyhanli
Midan Akbas
Bulbul
Cyrrhus
Kilis
Raju
D1
Midanki
Kafr Djanna
Azaz
Merkan
Shaikh Hadid
Afrin
Tell Rif'at
Mari
Dar Djamal
Ain Dara
Jandiers
Nubul
Simonskloster (Qala'at Sama'an)
قلعة السمعان
Dar at-Tazi
Hretan
Bab al-Hauwa
Hawar
Aleppo
حلب
D2
Harim
ad-Dana
Qalb Lauza
Sarmada
Kafr Ame
Salqin
Barisha
Urma as-Sughra
Kafr Takharim
Killi
Kafr Halab
Kafrin
Ma'arrat Massirin
Taftanaz
Darkush
Idlib
ادلب
Bankh
Qunaiya
Sermin
Hammam Shaikh Isa
Saraqib
Tell Mardikh
Djisr ash-Shughur
جسر الشغور
Ariha
Ebla
تل مرديخ
Frika
Alia
Abu ad-Duhur
Knadda
Ma'arrat an-Nu'man
معرة النعمان
Salma

ten (und nicht geradeaus in Richtung Damaskus!). Beim folgenden großen Kreisel (in der Mitte ist eine Reiterstatue) geht es links ab, wir folgen der Straße. Beim nächsten (kleineren) Kreisel geht es geradeaus. Bald ist Aleppo hinter uns, die Straße führt nun durch Dörfer. Nach ungefähr 20 km lassen wir die Dörfer hinter uns, die gute Straße führt durch hügeliges, steiniges und schönes Gelände.

Km 22 – Man sieht vor sich die Ruinen von Mushabbak auf einem Hügel.

Km 23 – Links geht ein Abzweig nach Kafr Ame (Campingplatz) ab.

Km 24 – Links Abzweig einer Piste nach **Mushabbak,** einer byzantinischen Kirche aus dem 5. Jahrhundert, weit schöner als Qalb Lauza gelegen, fast genauso gut erhalten und ganz ohne Eintritt.

Km 27 – Der Ort **Dar at-Tazi** ist erreicht. Hier ist eine T-Kreuzung. Man nimmt die Straße vor der T-Kreuzung links, durch den Ort hindurch bis zur nächsten T-Kreuzung. Hier geht es nach rechts, auch wenn das Hinweisschild nach links zeigt!

Bei der nächsten Gabelung geht es links (beschildert).

Km 30 – Die Bergkuppe ist erreicht, rechts vor uns ist das Simonskloster zu sehen.

Km 31 – Wir fahren geradeaus. Wer will, kann links einen Abstecher nach **Qaddura** machen (unterirdische Felsgrabmale aus dem 2. Jahrhundert). Die Straße führt direkt durch die Schlucht, in deren Wände die Gräber gehauen wurden. Heute werden manche dieser Höhlen von Bewohnern der Gegend als Kammern genutzt. Fährt man die Straße weiter, gelangt man zu **Sitt Rumi,** einer römischen Klosteranlage.

Km 34 – Abzweig rechts zum Simonskloster. Hier fahren wir bergauf, bei der Gabelung links, bis man einen großen Parkplatz erreicht. Wer hier irgendwo „wild" übernachten möchte, sollte den Wärter fragen, ob und wo es möglich ist!

Simonskloster ↗ III,C2

Unter den Toten Städten ist das Simonskloster, zusammen mit der Ruinenstätte Sirdjilla, das wohl bedeutendste Bauwerk.

Das Simonskloster verdankt seine Existenz dem **Heiligen Simon** (geb. wohl 390), der an dieser Stelle gelebt haben soll. „Gelebt" ist vielleicht nicht ganz der richtige Ausdruck: In der Mitte des Oktagons befindet sich der Rest einer ehemals 19 m hohen Säule mit 4 m² Fläche, auf denen Simon die letzten 30 (!) Jahre seines Lebens verbracht haben soll. Die Legende erzählt, dass Simon schon als kleiner Junge unter großer Askese und Selbstgeißelungen gelebt habe, weswegen ihm alsbald Wundertaten zugesprochen wurden. Es dauerte nicht lange, da kamen Heerscharen von Pilgern, die von Simon Segen erhalten wollten. Pilgerstätten und Herbergen entstanden und die Ruhe des Klosters, in dem Simon lebte, war dahin. Seinen Mitbrüdern war das nicht recht, für sie war er nur ein Spinner, der Unruhe ins Kloster brachte. Deshalb beschloss er, in eine Höhle zu ziehen. Als er auch da keine Ruhe vor den Pilgern fand, entschied er, auf eine Säule zu ziehen, winters wie sommers. Einmal die Woche erhielt er Lebensmittel und Wasser, und fortan lebte er auf dieser Säule, die er mitten auf dem Berg errichtet hatte. Rund um den Berg entstanden Pilgerherbergen und Kirchen, deren Reste man bis heute sehen kann. Simon wurde auf dieser Weise der erste Säulenheilige der christlichen Geschichte und sicherlich auch der bekannteste. Nach seinem Tod (er wurde in Antiocha in der Kirche Konstantin des Großen begraben) errichtete man rund um die Säule eine gewaltige Kirchenanlage. Der Säulenrest, der heute noch zu sehen ist, stand dabei im Mittelpunkt eines Oktogons, eines riesigen Kuppelbaus, von welchem sich in jede Himmelsrichtung je eine Basilika erstreckte. Der Haupteintritt erfolgt über ein Tor und einen weiten Hof von der Südseite, in deren Verlängerung auch das Pilgerdorf Dair Siman liegt, das antike *Telanissos,* das zu einem weiteren Spaziergang einlädt. Auch hier sind zahlreiche Ruinen zu besichtigen. Zwischen Ost- und Südbasilika liegen die Reste einer kleinen Klosterkirche und der dazugehörigen Klosteranlagen.

Im 10. Jahrhundert baute man das Kloster zu einer Festungsanlage aus, was ihm den Namen „Burg“ = „Qala'at“ einbrachte. Zu dieser Zeit wurden wichtige Renovierungsarbeiten von den Byzantinern vorgenommen, die die Kir-

Simonskloster

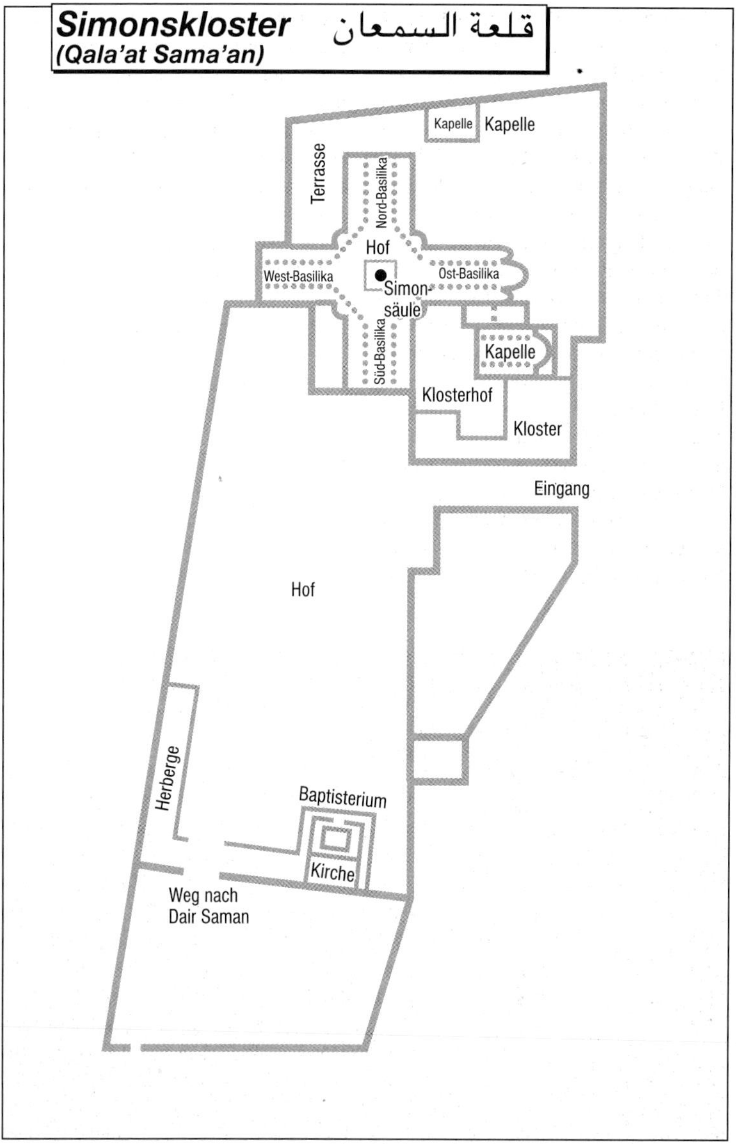

Simonskloster (Qala'at Sama'an) قلعة السمعان

Kapelle
Kapelle
Terrasse
Nord-Basilika
Hof
West-Basilika
Ost-Basilika
Simon-säule
Süd-Basilika
Kapelle
Klosterhof
Kloster
Eingang
Hof
Herberge
Baptisterium
Kirche
Weg nach Dair Saman

che zurückerobert hatten und in deren Besitz sie auch bis 1017 blieb.

An der Außenmauer befindet sich ein wunderschön gelegenes Café. Von der Terrasse aus hat man einen herrlichen Blick, den man allerdings auch durch etwas überhöhte Preise bezahlen muss. Was soll's? Mit einer so schönen Aussicht sitzt man selten!

Wunderschön sind auch kleine Wanderungen von hier aus. V.a. östlich des Geländes befinden sich Reste weiterer Toter Städte, die man sich in aller Ruhe erwandern kann (mit dem Auto z.T. auch möglich, dazu an der Gabelung dem unteren Teersträßchen folgen).

Praktische Informationen

- Die Anlage ist tägl. von 9–18 Uhr geöffnet, Eintritt: 300 Lira, Studenten 15 Lira.
- **Öffentliche Verkehrsmittel:** Bus oder Minibus nach Dar at-Tazi (am besten vormittags, ab dem Platz südlich des Amir-Hotels, 10 Lira) und von dort weiter mit einem Taxi (schwer an Feiertagen) oder per Anhalter (10 km). Zurück unbedingt früh starten, nachmittags fahren oft keine Busse mehr nach Aleppo! Wem das zu blöd ist, kann das Simonskloster auch als Tour buchen, alleine oder zu mehreren.

Zur Weiterfahrt nach Ain Dara begibt man sich wieder an den Bergfuß und folgt der Straße nach rechts (Gesamtkilometer 40). Rechts liegt das Dorf *Dair Simon,* das tote Pilgerdorf. Nach wenigen Kilometern beginnt die Straße dem Flusslauf des Afrin zu folgen und bietet immer wieder schöne Ausblicke auf die Flusslandschaft – schöne hügelige Landschaft mit Mandel- und Olivenbäumen. Rechts ragen steile Berge auf.

Die Straße führt dann durch Pinienwälder und herrlichste Landschaft.

Km 54 – Links der malerische Ort **Basuta.**

Km 58 – Rechts Abzweig nach **Tell Ain Dara.** Eine kleine Straße führt direkt zum Grabungshaus mit Garten und Kiosk am Fuße des Tells (ca. 2 km). Hier beginnt der steile Aufstieg unter einer Betonkuppel.

Tell Ain Dara

↗III,C2

Der Zufallsfund eines Hirten im Jahre 1954 brachte eine kleine Sensation zu Tage: In diesem bisher unbeachteten Tell barg sich eine **Tempelanlage,** die man bis ins 10. Jahrhundert v.Chr. zurückdatieren konnte. Der Fund vieler Löwen- und Sphinx-Skulpturen sowie die Stele der Göttin Ishtar lassen Rückschluss auf die Gottheit zu, zu deren Ehren sie errichtet wurde: nämlich die Kriegs- und Liebesgöttin Mesopotamiens. Spätere Schichten zeugen von weiteren Besiedlungen des Tells, wobei er allem Anschein nach von Anfang unserer Zeitrechnung bis ins 6. Jahrhundert nicht besiedelt war. Funde weisen auch auf eine Besiedlung aus der Umayyadenzeit und später aus der Osmanenzeit hin. Seit dem 16. Jahrhundert lag der Tell nun da, seit 1956 werden Grabungen durchgeführt, deren Auswertungen eines Tages hoffentlich mehr Informationen bringen werden (z.B. den Name der Tempelanlage u.ä.). Folgt man den Berg hinauf, durchläuft man die Hauptattraktion von Ain Dara: die Tempelanlage mit reich verzierten Steinen und Plastiken. Über eine Freitreppe gelangt man in den Portalraum, der eindeutig das Allerheiligste war: Zwei Fußspuren von überdimensionaler Größe (1 m) am Eingang des Portals zeugen davon – hier ist die Gottheit wohl entlang gelaufen...

Praktische Informationen

•Zu erreichen ist Ain Dara mit **öffentlichen Verkehrsmitteln** über Afrin (13 Lira), wohin man leicht mit Minibussen kommen kann (vom Busbahnhof gegenüber dem Bab Antakia). Von dort gibt es unregelmäßig Minibusse oder zumindest Sammeltaxis (max. noch mal 10 Lira). Die Fahrer lassen einen an der Straße raus, dann sind es noch ca. 2 km zu Fuß. Wenn man kein Sammeltaxi ab Afrin bekommen kann, ist ein Taxi nötig! Eintritt: 300 Lira, Studenten 15 Lira.

Zurück auf der Straße folgen wir dem Weg nach **Afrin.**

Km 64 – T-Kreuzung. Links geht es ins Ortszentrum von **Afrin,** rechts geht es weiter. Ein kleiner Abstecher lohnt, denn Afrin ist ein kleines ursprüngliches Städtchen mit nettem Ortskern, einfachen Restaurants und Busverbindungen nach Aleppo.

Man folgt der vierspurigen Ausfallstraße bis nach **Kafr Djanna,** das bei **Km 75** erreicht ist. Hier Abzweig nach links im Dorf in Richtung Bulbul/Cyrrhus (Wegweiser!). Kurz danach teilt sich die Straße, wir fahren links. Die folgende Strecke etabliert sich mehr und mehr als Ausflugsziel für Aleppiner Familien, weswegen sich hier jede Menge Gartenrestaurants, Ausflugslokale und Picknickplätze finden, die zumindest zu einer kurzen Pause einladen. Die Strecke führt nun durch hügeliges Land mit herrlichen Ausblicken auf traumhafte Landschaft.

Km 82 – Man durchfährt das Wadi. Kurz danach gabelt sich die Straße, wir fahren geradeaus. Die Straße windet sich in Schlangenlinien nach unten.

Km 85 – Links kann man den Beginn der Staumauer sehen, die für den Afrin geplant ist. Wenn diese Landschaft mal unter Wasser steht, nun, dann ist ein Stück Paradies verloren gegangen... Noch ist man nicht besonders weit, und es dauert wahrscheinlich noch ein paar Jahre bis dahin.

Kurz danach fährt man über eine Brücke, deren Mittelstück noch aus der Römerzeit stammt. Nach der Brücke geht es links.

Km 86 – Man hat die Wasserfälle von **Midanki** erreicht! Ein paar kleine Ausflugslokale, ein paar Picknickplätze.

Km 91 – Abzweig nach rechts: Richtung **Qala'at Nabi Huri,** dem Mausoleum eines Propheten, das sich auf dem ehemaligen Friedhof der Stadt **Cyrrhus** befindet. Ein kleines Sträßchen führt uns durch ausgedehnte Olivenhaine, immer wieder vorbei an kleinen Dörfern in malerischer Landschaft und mit spektakulären Ausblicken.

Km 106 – Links oben ist Cyrrhus zu sehen. Vor uns rechts das Grab des Nabi Huri.

Cyrrhus und Nabi Huri

↗III,C1

Bevor man sich den Ruinen von Cyrrhus nähert, sollte man das sechseckige **Mausoleum** des angeblich muslimischen Propheten Huri aus dem 2. oder

3. Jahrhundert bewundern! Steigt man das Mausoleum hinauf, bietet sich ein herrlicher Blick auf das benachbarte Cyrrhus. Das Grab wird bis zum heutigen Tag von den hier lebenden Kurden und Arabern aufgesucht. Auf weißen Stofffetzen oder Toilettenpapier schreiben sie ihre Wünsche nieder, in der Hoffnung, dass sie vom Propheten erfüllt werden. Diese „Schriftstücke" hängen sie an die Äste der Bäume, die in der Nähe des Grabs wachsen.

Das Ruinenfeld erreicht man, wenn man kurz nach dem Grab links auf eine kleine Piste abbiegt. Nach wenigen hundert Metern steht man davor.

Cyrrhus wurde **unter Seleukos II. gegründet,** etwa 300 v.Chr., und nach dem Cyrrhus in Mazedonien benannt. Die Lage jedoch war ungünstig, da viel zu nah an armenischem Gebiet; so wurde Cyrrhus auch im frühen **1. Jahrhundert v.Chr. ins armenische Reich integriert.** 64 v.Chr., nach der Eroberung Pompejis, verleibten es sich die Römer ein. Auf der wichtigen Handelsroute von Antiocha zum Euphrat gelegen, noch dazu in einer sehr fruchtbaren Landschaft, wurde Cyrrhus **im ersten nachchristlichen Jahrhundert** militärisch und kommerziell zum wichtigen Stützpunkt der **Römer.** Aus dieser Zeit stammen auch das sehenswerte Theater und v.a. die zwei Steinbrücken, über die man auf der Straße nach Azaz fährt (siehe weiter unten).

Den Römern folgten die Perser und diesen die Byzantiner, die die Zitadelle errichten ließen, von der man eine herrliche Sicht genießt. Später wurde Cyrrhus Bischofssitz, 637 nahmen es dann die Araber ein. Es folgten wohl ein paar ruhige Jahrhunderte bis zu den Kreuzzügen, als die Stadt wieder im Interessenfeld beider Parteien stand. 1150 konnte Nur ad-Din die Stadt wiedergewinnen, aber sie hatte ihre strategisch günstige Lage verloren, die Handelsrouten hatten sich geändert. So wurde sie schließlich aufgegeben.

Die Besichtigung der Stadt lohnt vor allem wegen des Theaters und der herrlichen Landschaft in der Umgebung. Schöne Picknickplätze laden zum Ausruhen ein. Leider ist Cyrrhus heute zu stark zerstört, um einen wirklichen Eindruck der ehemals prächtigen Stadt zu erhalten.

Praktische Informationen

- Mit **öffentlichen Verkehrsmitteln** erreicht man das Gebiet am ehesten über Azaz oder Midanki (über Afrin mit dem Minibus). Ab hier nur noch Taxi.

Zurück auf der Straße geht es nun bergab. Unten angekommen, überquert man auf den eben beschriebenen römischen Brücken erst den Sabun, dann den Afrin. Die erste, 120 m lange Brücke wird von sechs Bögen getragen, die zweite, 90 m lang, noch von drei – eine Meisterleistung römischer Ingenieurskunst! Das Pflaster der Brücken stammt noch aus jener Zeit, eine Überfahrt ist dementsprechend holprig!

Man folgt der Straße durch schöne Landschaft, z.T. Olivenhaine.

Km 120 – Gabelung. Links geht es nach Azaz, das bei **Km 130** erreicht ist. Bei der ersten größeren Kreuzung geht es rechts nach Aleppo und links zur türkischen Grenze. Wer von hier nach Syrien einreist, dem sei folgende Hilfe angeboten: Nach der Grenze folgt man der Beschilderung nach Azaz, einem wenig schönen Ort, den man nach Westen verlässt. Hier stößt man auf die Route.

Die Straße führt uns vierspurig aus Azaz hinaus. Man hat die Holperstrecken nun hinter sich gelassen und folgt der Straße bis zu einer großen Kreuzung. Links geht es nach Afrin, rechts nach Aleppo. Wir haben nun die Berglandschaft verlassen und fahren durch ein flaches, unattraktives Feldergebiet zurück nach Aleppo. Bei **Km 174** erreicht man den großen Kreisel, hier geht es geradeaus. Wir folgen der Straße bis zum nächsten Kreisel. Auch hier geradeaus.

Km 179 – Links die große Rahman-Moschee, eine Moschee wie aus Disneyland.

Nach etwa einem Kilometer endet die Route am nordwestlichen Ende des Stadtparks in Aleppo.

D 2: Aleppo – Idlib – Djisr ash-Shughur – Qalb Lauza – Aleppo

Insg. 279 km

Die Route führt durch reizvolle Landschaft nach Idlib, wo man sich das Museum ansehen kann (gut!), und geht dann über verschlungene Straßen durch eine irrsinnig schöne Bergwelt entlang der türkischen Grenze über Qalb Lauza zurück nach Aleppo.

Öffentliche Verkehrsmittel

Von Aleppo bis Idlib und von dort nach Ariha **mit Minibussen.** Von Ariha aus geht es auch mit Minibussen weiter bis Djisr ash-Shughur (Ariha oder Djisr ash-Shughur sind auch direkt von Aleppo aus anfahrbar). Ab hier wird es schwierig bis unmöglich, mit öffentlichen Verkehrsmitteln weiter zu kommen. Es gibt Minibusse bis Darqush, jedoch nur selten und vormittags, und ab dort Minibusse nach Harim. Ab hier ist ein Weiterkommen meines Wissens nicht mehr möglich. Abstecher nach Qalb Lauza sind öffentlich gar nicht zu machen, Stopps bei den anderen Toten Städten auch nicht. Besser ist es, die einzelnen Ziele von Idlib aus anzufahren.

Km 0 – Adlerkreisel. Der Ausgangspunkt unserer Tour. Hier folgt man der Autobahnausfahrt Richtung Damaskus.

Km 4 – Rechts geht es nach Idlib/Bab al-Hawa ab. Wir folgen der Ausfahrt.

Km 6 – Man durchfährt den Ort *Khan al-Asam.*

Km 21 – Rechts geht es nach Bab al-Hawa (und zum Campingplatz) ab, links folgt man der Straße nach Idlib.

Km 30 – Der hübsche Ort *Kafr Halab* liegt links an einem Berghang, rechts öffnen sich spektakuläre Blicke auf die Ebene.

Man durchfährt mehrere Ortschaften, es geht immer geradeaus, bis man bei **Km 55 Idlib** erreicht hat. Man fährt auf großer vierspuriger Straße hinein in den Ort, hält sich am Kreisel (hier ist das Museum!) weiter geradeaus und folgt dem Straßenverlauf ins Zentrum.

Idlib

⇗ II,B3;III,C3

Von den antiken Resten Idlibs ist heute fast nichts mehr übrig. Die Stadt wurde gegen Ende des 16. Jahrhunderts wieder entdeckt und seitdem besiedelt. Heute hat der 70.000 Einwohner zählende Ort keine besonderen Reize aufzuweisen, auch wenn die Lage der Stadt Schönes verspricht. Markttag ist mittwochs.

Sehenswert ist in Idlib lediglich das **Museum** (wie alle Museen tägl. außer Di, 9–18 Uhr), in dem die Funde aus Ebla ausgestellt sind.

Praktische Informationen

Wer Idlib als Ausgangspunkt für Touren in die Umgebung wählen möchte (besser ist es, nach Ariha oder Aleppo auszuweichen), hat zur Übernachtung keine große Auswahl:

- **Grand Hotel Idlib,** *Sahat Ibrahim Hananu, Tel. 023-22 37 07.* Absolut nicht zu empfehlen, viel zu teuer für das Gebotene. Abgewrackt und dreckig. Für Frauen alleine auf keinen Fall anzuraten. Im Haus ist eine Bar untergebracht, der Patron war morgens früh um 9 Uhr noch immer stockbetrunken und wurde leicht zudringlich (DZ 30 $).
- **Öffentliche Verkehrsverbindungen:** Von Aleppo aus ist es gar kein Problem, Idlib per Minibus oder Regionalbus zu erreichen (siehe dort). Von Idlib aus Minibusse nach Ariha, Salqin, Harim, Djisr ash-Shughur und zu weiteren Zielen in der näheren Umgebung

Die Post im Rücken geht es nun aus Idlib wieder hinaus, immer geradeaus durch hügelige Landschaft und hübsche Olivenhaine, bis man bei **Km 72** Ariha vor sich liegen sieht. Am Kreisel geht es geradeaus über die Brücke ins Zentrum.

Ariha

↗II,B3

Ariha ist ein kleines Provinzstädtchen mit Charme. Der Ort bietet sich optimal für Ausflüge in die Toten Städte am Djabal Riha an (siehe Route C 5). Von hier verkehren Minibusse in die gesamte Region, und mehrere Hotels (z.B. **Abu Artin,** einfach, sauber, mit schönem Gartenrestaurant, nur März bis Nov.) warten auf Besucher! Die meisten Restaurants liegen am Nordhang des Berges Riha weit oben. Ein Taxi ist angebracht!

Weiter geht es **Richtung Djisr ash-Shughur.** Dazu durchfährt man den Ort geradeaus. Man stößt dann auf die Hauptverbindungsstraße zwischen Aleppo und Lataqiya. Die herrliche Fahrt geht nun vorbei an Olivenhainen und Feldern.

Km 84/85 – Bergkuppe. Von hier aus bieten sich spektakuläre Blicke in die Ghab-Ebene.

Km 90 – Die Talsohle ist erreicht, man durchfährt sie. Die Fahrt geht weiter durch hügelige Landschaft.

Km 105 – Vor uns liegt der schöne Ort **Djisr ash-Shughur** (siehe Route C 2), ein Kilometer weiter ist der Ortseingang erreicht. Links ist eine alte Steinbrücke über den Orontes zu sehen. Man durchfährt den Ort bis **Km 107.** Hier geht es **links nach Qunaiya** ab. Die Straße führt bergauf, hinein in die schönste Landschaft Syriens!

Km 111 – Überquerung des Orontes. Die Straße windet sich bergauf durch Olivenhaine auf nicht allzu guter Straße. 9 km weiter ist der Ort *Qunaiya* erreicht. Außer zwei kleinen Kirchen ist nicht viel zu sehen. Wer Lust auf ein **Schwefelbad** verspüren sollte, kann von hier einen Abstecher zum **Hammam ash-Shaikh Isa** machen (lohnt in jedem Fall auch ohne Bad!). Wer auf Abenteuer aus ist und ein Auto mit hohem Reifenstand hat, kann den noch schöneren Weg durch Hammam ash-Shaikh Isa nach Darqush wählen: Wer sich eine Orontesdurchfahrung (je nach Wasserstand auch gar nicht möglich) nicht zumuten möchte, sollte in Qunaiya geradeaus weiter nach Darqush fahren. Ich habe als Anfahrtsstrecke den schwierigeren Weg nach Darqush gewählt. Dazu geht es in Qunaiya rechts ab (Beschilderung „Hamama"). Die Straße führt bergab.

Km 124 – T-Kreuzung. Hier geht es rechts. Kurz danach stößt man an das Wadi Orontes, das sich hier canyonartig durch das Gebirge zieht. Traumhafte Blicke. Eine steile kurvige Straße führt nach unten, bis man bei **Km 127** die kleine, hübsche Ansiedlung **Hammam Shaikh Isa** erreicht hat. Schwefelgeruch kommt einem entgegen. Rechts sind einige Badekabinen abgetrennt. Ein, zwei Ausflugslokale laden, unter

Ansicht der Kirche Qalb Lauza (vgl. S. 364)

Bäumen inmitten des Canyon, zur Rast am Ufer des Flusses ein. Man durchquert nun den Orontes, was je nach Wasserstand nur mit Hilfe eines Einheimischen möglich ist. Diese lotsen Autofahrer durch die flachste Stelle. Am anderen Flussufer geht es steil bergauf (man braucht dafür jedoch keinen Geländewagen!). Ein kleines Sträßchen windet sich nun nach oben und bietet nach links immer wieder hübsche Blicke ins Tal. Bei der nächsten T-Kreuzung geht es links weiter. Die Fahrt geht durch kleine Dörfer und Olivenhaine gen Norden.

Km 135 – Links geht es nach Darqush ab.

Km 136 – Rechts abbiegen, bergab geht die Fahrt weiter vorbei an vielen Feldern.

Km 139 – Hier geradeaus.

Km 142 – Man ist endlich unten angekommen und fährt eben weiter. Eine prächtige Fauna empfängt den Reisenden: Oliven, Palmen, Bananenstauden, Rebstöcke, Feigen, Orangen und Nüsse auf der linken Seite, rechts ragen steile Felswände auf.

Einen Kilometer weiter sieht man die ersten Häuser von **Darqush.**

Km 145 – Der Ort ist erreicht. Rechts erblickt man Höhlen, es geht geradeaus durchs Zentrum (wer von Qunaiya direkt gekommen ist, fährt über die Orontesbrücke und dann links). Die Strecke führt nun weiter, entlang von Granatapfel- und Aprikosenplantagen, nach **Salqin,** das bei **Km 166** erreicht ist.

Der Ort liegt malerisch an einem Hang und hat eine hübsche Moschee im Zentrum. Man durchfährt Salqin geradeaus. Auch am Ortsausgangskreisel weiter geradeaus.

Km 177 – **Harim,** ein kleines Städtchen mit hellblau angestrichenen Häusern und Resten einer Zitadelle, die 1199 errichtet wurde. Markttag ist dienstags.

Km 183 – Links kann man in die türkische Ebene nach Reyhanli hinuntersehen. Die Straße führt von nun an immer entlang der türkischen Grenze. Die Landschaft verändert sich. Aus dem üppigen Grün wird eine steinerne Mondlandschaft. Nicht weniger reizvoll, aber anders.

Km 190 – Rechts geht es nach Qalb Lauza.

Abstecher nach Qalb Lauza

Qalb Lauza gehört mit dem Simonskloster **zu den besterhaltenen Kirchenbauten der frühchristlichen Geschichte.** Die Wallfahrtskapelle wurde im 5. Jahrhundert auf dem Gipfel des Djabal Barisha errichtet. Sowohl ihr Erhaltungszustand als auch die Architektur dieser dreischiffigen Basilika sind bemerkenswert! Man geht davon aus, dass die Architektur dieser Kirche die des Simonskloster beeinflusst hat, in jedem Fall ähneln sich beide Gebäude in vielerlei Hinsicht. So findet man bei beiden Bauwerken zwei übereinanderstehende Säulenreihen und eine reiche Ornamentik.

Die Kirche liegt inmitten eines Dorfes, so dass ein Blick auf die gesamte Anlage bisweilen etwas schwierig ist. Eintritt 150 Lira, lohnt nicht, da man auch von außen in die Kirche sehen kann. Studenten-Ermäßigung: 10 Lira.

Am Hügel des Djabal Barisha finden sich einige weitere Ruinenfelder, u.a. Qirbizi, ein Villenkomplex aus dem 3. Jahrhundert, der zu einer Kirche umgewandelt wurde. Wer Freude am **Wandern** hat, wird hier in dieser Gegend reichlich Gelegenheiten dazu haben und dabei immer wieder auf Ruinenfelder stoßen.

Anfahrt: Bei Km 190 geht es rechts ab. Beschilderung. Auf einer kleinen, schlechten Straße geht es durch grandiose Landschaft. Nach 2 km erreicht man eine T-Kreuzung. Hier geht es links (rechts nach Harim). Nach weiteren 4 km ist man bei einem kleinen Dorf angelangt, das den Namen Hattan hat. Wir durchfahren es. Nach insgesamt 9 km geht es (hinter dem Ort!) rechts ab (ohne Wegweiser), die Straße führt nun steil den Berg nach oben. Nach einem weiteren Kilometer sind rechts die Ruinen von Qirbishi zu sehen. Hier geht es links zum Ort Qalb Lauza. Diesen durchfahren wir, bis wir im Zentrum auf die Kirche stoßen.

Wer mit **öffentlichen Verkehrsmitteln** nach Qalb Lauza reisen möchte, nimmt am besten ein Sammeltaxi von Aleppo nach Sarmada oder Harim (Abfahrt gegenüber Bab Antakya) und muss von dort mit dem Taxi weiter!

Zurück auf der Straße geht es nun weiter geradeaus.

Km 203 – Rechts oben kann man weitere Ruinen sehen.

Km 205 – Man erreicht den Ort **Husn**, wo es gleich rechts zu den Ruinen von **Barisha** geht. Dieser kleine Abstecher von 4 km pro Weg lohnt für diejenigen, die weitere Ruinen inmitten wilder Landschaft sehen wollen. Dazu rechts abbiegen. Nach 3 km geht es wieder rechts ab (kleines verrostetes Schild). Nach einem Kilometer stehen links die Ruinen einer alten Villa. Mehr Ruinen in der Umgebung. Tolle Picknickplätze, tolle Spaziermöglichkeiten!

Km 206 – Wer genug hat von Ruinen, der kann nun weiter geradeaus fahren und stößt dann bald auf die Straße Bab al-Hawa – Aleppo. Diese Route führt uns nun zu den letzten und landschaftlich meines Erachtens am schönsten gelegenen Ruinen der Toten Städte: **Barqira.** Dazu biegt man hier links auf eine kleine Straße ab. Ein verrostetes Schild weist den Weg. Kurz danach sieht man rechts bereits die ersten Ruinen einer alten Kirche. Durch steinige Felder geht es bergab, vorbei an Ruinenresten. Nach weiteren 2 km gabelt sich die Straße, hier geht es rechts. Die Straße wird nun kurz sehr schlecht, fast schon pistenartig. Und doch lohnt es, denn immer wieder locken die Ruinen zu kurzen Stopps.

Km 210 – In einem Dorf ist eine T-Kreuzung. Hier geht es links. Kurz danach kann man links **die tote Stadt Ba'uda** sehen.

Km 212 – In die Türkei geht es nach links (300 m), nach Aleppo rechts.

Kurz danach gabelt sich die Straße. Rechts geht es zur Mädchenburg, einer letzten Abstechermöglichkeit (nach 4 km auf der rechten Straßenseite), nach Aleppo geht es links.

Km 242 – Man fährt an einem letzten Stück der alten **römischen Straße,** die früher Antakia (heute Türkei) und Qinnasrin miteinander verband, vorbei. Die Tatsache, dass diese römische Straße höher liegt, als die Erde um sie herum, zeugt von der Absenkung des Bodens. Die Straße wurde nie auf einer Trasse gebaut!

Km 255 – Abzweig links zum Camping.

Km 259 – Gabelung. Hier geht es links, rechts führt die Straße nach Idlib, womit wir wieder am Anfang unserer Tour wären. 19 km später ist der Adlerkreisel in Aleppo erreicht.

Die Djazira

Lag nicht an diesen Ufern das erste Paradies des Menschen? War es nicht hier, im Land des Euphrat, wo Milch und Honig flossen?

Der **Euphrat,** der die Wüste von der Djazira (= Insel) trennt, ist gleichzeitig Lebensader und westlicher Rand des Zweistromlandes. Mesopotamien (= Zweistromland) wird noch immer mit dem Irak gleichgesetzt, Syrien wird dabei unterschlagen. Dabei ist gerade der nordwestliche Teil des Zweistromlandes uraltes Kulturland und vor allem im Frühling wunderschön zu bereisen.

Hier befindet sich ein Tell nach dem anderen. Zu sehen ist von diesen jedoch nur selten etwas. Grund dafür ist natürlich der Umstand, dass diese alten Stätten zumeist aus Lehm errichtet waren, der, ist er erst einmal ausgegraben, schnell zerfällt. Die Fundstücke aus jenen **Tells,** bei denen man gegraben hat, befinden sich hauptsächlich in dem neuen und sehr empfehlenswerten Museum in Der az-Zor, welches 1998 mit deutscher Beteiligung eröffnet wurde. Aber auch wenn man die Spuren der alten Großreiche nur noch selten sehen kann, so ist es doch etwas Besonderes, sich auf dem Boden jahrtausendealter Hochkulturen zu bewegen.

Heute ist das Land der Djazira wirtschaftlich von großer Bedeutung: Die hier kultivierten **Baumwollfelder** sowie die Erschließung einiger **Ölquellen** sind eine wesentliche Stütze der syrischen Wirtschaft. Daher sind auch die **Straßen bestens ausgebaut.** Öffentliche Verkehrsmittel verkehren zwischen allen größeren Städten. Dennoch ist das Gebiet eher **dünn besiedelt.** Noch immer leben hier **viele Beduinen,** die von Weideplatz zu Weideplatz wandern. Sie tragen bei zu dem Charme, den die Djazira ausmacht.

Für den Reisenden ist vor allem der südliche Teil der Djazira mit seinen großen Ausgrabungsstätten Mari und Duro Europos sowie der hübschen Stadt Der az-Zor von Bedeutung, ferner die Strecke entlang des Euphrats bis nach Aleppo. Die „fernere" Djazira, Qamishli, Hassaka und Malikiya, ist touristisch weniger interessant, dafür um so „syrischer" bzw. „kurdischer". Da die Städte in schöner Landschaft liegen und insbesondere das syrisch-türkische Grenzgebiet wunderschön ist, bietet es auch Anreiz zumindest für diejenigen Touristen, die längere Zeit in Syrien verweilen. Besonders schön ist die Fahrt entlang des Khabur, eines kleinen Flüsschens, dass im türkischen Taurusgebirge entspringt und in den Euphrat mündet (Route E 2).

Routenteil E

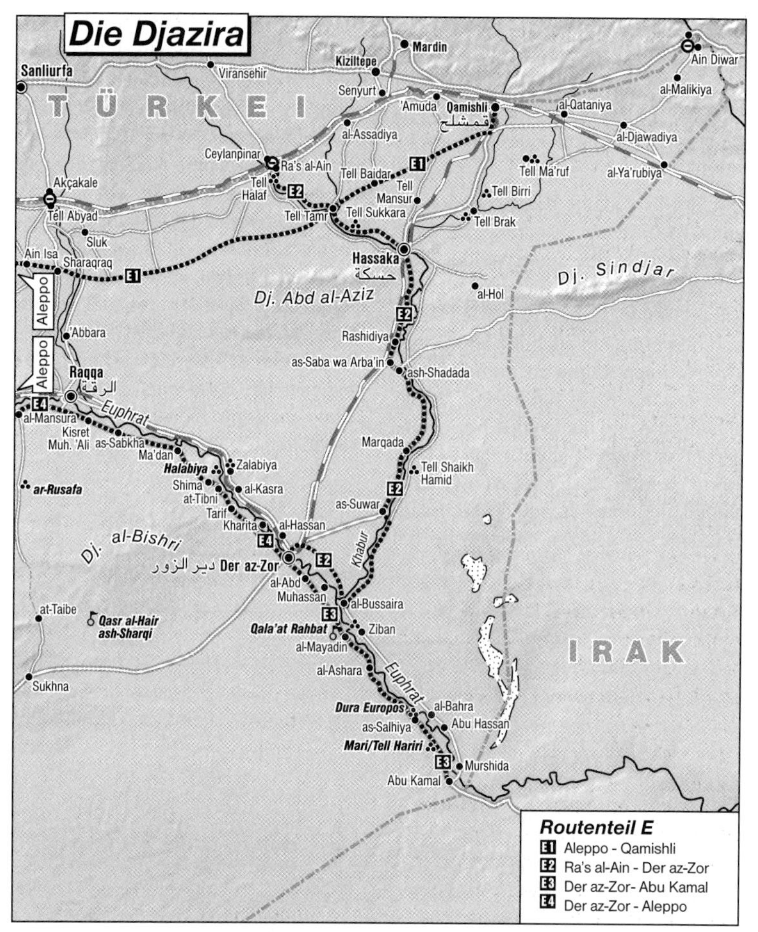
Die Djazira
Sanliurfa
Viransehir
Kiziltepe
Mardin
Senyurt
Ain Diwar
al-Malikiya
TÜRKEI
'Amuda
Qamishli
قمشلي
al-Qataniya
al-Assadiya
al-Djawadiya
Ceylanpinar
Ra's al-Ain
Tell Baidar
Tell Ma'ruf
al-Ya'rubiya
Akçakale
Tell Halaf
Tell Mansur
Tell Birri
Tell Abyad
Tell Tamr
Tell Sukkara
Tell Brak
Sluk
Ain Isa
Sharaqraq
Hassaka
حسكة
Dj. Sindjar
al-Hol
Dj. Abd al-Aziz
Aleppo
'Abbara
Rashidiya
as-Saba wa Arba'in
ash-Shadada
Raqqa
الرقة
Euphrat
al-Mansura
Kisret
Muh. 'Ali
as-Sabkha
Ma'dan
Marqada
Halabiya
Zalabiya
Tell Shaikh Hamid
ar-Rusafa
Shima
al-Kasra
at-Tibni
as-Suwar
Tarif
Kharita
al-Hassan
Dj. al-Bishri
Der az-Zor
دير الزور
Khabur
al-Abd
Muhassan
al-Bussaira
at-Taibe
Qasr al-Hair ash-Sharqi
Qala'at Rahbat
Ziban
al-Mayadin
IRAK
al-Ashara
Euphrat
Dura Europos
al-Bahra
as-Salhiya
Abu Hassan
Mari/Tell Hariri
Murshida
Abu Kamal
Routenteil E
E1 Aleppo - Qamishli
E2 Ra's al-Ain - Der az-Zor
E3 Der az-Zor- Abu Kamal
E4 Der az-Zor - Aleppo

E 1: Aleppo – al-Bab – Qala'at Nadjm – Tel Tamr (Ra's al-Ain) – Qamishli

Insg. 420 km

Die Route verläuft durchgehend auf guter, recht neuer Teerstraße. Sie führt in der ersten Hälfte durch wunderschöne Landschaft, vorbei an vielen Bienenwabendörfern. Gerade dieser Teil bietet sich hervorragend auch als **Alternativstrecke nach Raqqa** an, zumal da die Strecke um einiges schöner ist als die Hauptroute und nur knappe 60 km länger! Hinzu kommt ein über alle Maße lohnenswerter Abstecher zum Qala'at Nadjm, am nördlichen Rand des Asad-Staudammes gelegen. Der zweite Teil der Route führt durch mehr oder minder ebenes Land, das je nach Jahreszeit bunt und voller Blumen oder aber graubraun ist. Ab Manbidj verläuft mehr oder weniger parallel zur Route 40 km nördlich eine kleinere Straße, immer an der türkischen Grenze entlang. Es scheint, als würde diese Straße nur deswegen aufrechterhalten werden, um die Grenze besser sichern zu können. Der Verkehr läuft auf der südlicheren Straße. Militär ist nahe der Grenze ständig präsent, z.T. sind Zwischenstücke gesperrt. Ich habe mich aus diesem Grund dazu entschlossen, nur die südlichere Strecke zu beschreiben.

Straße zwischen Qamishli und Ra's al-Ain

Öffentliche Verkehrsmittel

Mit ihnen können alle größeren Orte angefahren werden (ab Aleppo Regionalbusse, siehe dort), mit Minibussen immer die Ziele in der näheren Umgebung von Aleppo und Qamishli (näheres siehe bei den einzelnen Orten).

Für die **Anfahrt mit dem Pkw** ist der Flughafenkreisel im Osten Aleppos (= **Km 0**) Ausgangspunkt dieser Route.

Man folgt zunächst der Straße nach Raqqa.

Km 5 – Abzweig nach links Richtung al-Bab, Qamishli (Beschilderung). Dem Straßenverlauf folgen. Die Straße führt nach Norden durch schöne hügelige Landschaft, vorbei an Olivenhainen. Hin und wieder Häuser.

Km 36 – Hinten links kann man am Hang al-Bab sehen, das sich malerisch an den Berg schmiegt.

Km 37 – Der Eingangskreisel von **al-Bab** ist erreicht. Wer sich das nette Städtchen ansehen will, biegt hier links ab – unsere Route führt weiter geradeaus. Im Ort gibt es einen **sehr schönen ländlichen Suq,** keine Hotels, aber gute Versorgungsmöglichkeiten. Reisende mit öffentlichen Verkehrsmitteln erreichen das Städtchen sowohl mit den Überlandbussen (dem Fahrer sagen, dass man aussteigen will) als auch mit Minibussen ab Aleppo.

Die Fahrt geht weiter durch herrliche Landschaft, man passiert Weizenfelder und Olivenhaine.

Km 47 – Links das erste Bienenwabendorf.

Km 58 – Die Straße teilt den Ort *al-Araimah,* der auf einem Hügel liegt. Hübsch! Es folgen immer wieder Bienenwabenhäuser, manchmal ganze Dörfer, die Erde hier ist rot und steht, je nach Sonnenstand, in herrlichem Kontrast zum Blau des Himmels.

Km 81 – Die Ortszufahrt von Manbidj ist erreicht. Am Kreisel geht es links ins Zentrum ab. Rechts geht es nach Raqqa. Wer möchte, kann hier nach Raqqa auf einer hübschen kleinen Straße abbiegen (z.B. als Tagesausflug von Aleppo), die von hier nach Maskanah führt, wo man wiederum das Minarett von Balis besichtigen kann (siehe Route E 4). Reizvolle Route vorbei an ein paar hübschen traditionellen Dörfern.

Manbidj

Auch dieser Ort lädt zum ländlichen Bummel ein, vor allem ist er Ausgangspunkt für Reisende mit öffentlichen Verkehrsmitteln, die zur Qala'at Nadjm wollen. Manbidj war in der Antike die Stadt *Hierapolis,* von der aber nur noch die Stadtmauer zu sehen ist. Sehenswert ist die Moschee des Ortes, die ins 11. Jahrhundert zurückgeht. Ein Hotel gibt es nicht im Ort!

Der Routenverlauf lässt diesen Ort im wahrsten Sinne des Wortes links liegen und führt weiter geradeaus. Die Gegend um Manbidj ist recht industriell geprägt, das ändert sich jedoch bald wieder. Und dann wird die Landschaft wieder hügeliger und voller Felder.

Km 99 – Abzweig rechts zur Burg Nadjm.

Abstecher zur Qala'at an-Nadjm قلعة نجم

Qala'at Nadjm, **eine der am schönsten gelegenen Burgen Syriens,** befindet sich an einer strategisch wichtigen Stelle. Der Euphrat ist hier mit vielen Sandbänken gesegnet, so dass ein Übersetzen an dieser Stelle leicht möglich war.

Das Gebäude **aus dem 12. Jahrhundert** wurde liebevoll von der Altertumsverwaltung in Damaskus restauriert, wobei man sich fast ausschließlich an alte Materialien und Baumethoden gehalten hat. So gibt das Qala'at einen sehr guten Eindruck von arabischen Wehrburgen des Mittelalters! Die Burg wurde zu Regierungszeiten Nur ad-Dins auf älteren Fundamenten errichtet, deren Ursprung unbekannt ist. Auch diese Burg konnte dem **Mongolensturm** nicht standhalten, der im **13. und 14. Jahrhundert** über sie fegte. Dennoch wurde sie immer wieder aufgebaut und blieb lange Zankapfel der verschiedenen Mächte. Kreuzritter besetzten sie jedoch anscheinend nicht.

Die Burg profitiert von ihrer **tollen Lage hoch über dem See,** geschützt durch den Felsen, auf dem sie thront. Erhalten sind viele unterirdische Räume und Geheimflure (die jedoch nicht immer geöffnet sind) sowie die Reste einer Palastanlage im Inneren.

Der Ausblick über den Fluss ist herrlich! Ein freundlicher Wärter führt den Besucher herum (wie überall kostet das Eintrittsticket auch hier 300 bzw. 15 Lira).

Anfahrt mit öffentlichen Verkehrsmitteln: Bis nach Manbidj kommt man problemlos mit Bussen von Aleppo aus. Ab da muss man jedoch ein Auto organisieren oder aber versuchen, einen Minibus nach Haya Kabir zu erreichen. Ab dort ist ein Auto jedoch unerlässlich (was nicht so einfach zu organisieren ist). Man kann auch versuchen zu trampen (was auch schwer ist, vor allem für die Rückfahrt – beste Chancen hat man früh morgens).

Anfahrt mit dem Pkw: Bei Km 99 geht es rechts ab. Ein kleines, grünes, leicht zu übersehendes Schild weist den Weg. Man durchfährt schöne Landschaft, vorbei an vielen traditionellen Lehmdörfern und Frauen in bunten Trachten. Nach 5 km ist links der Ort **Djub al-Qadr** zu sehen. Die Strecke führt weiter geradeaus. 3 km weiter ist man auf einer Bergkuppe und kann rechts hinten den Euphrat sehen. Weiter geht es, vorbei an einzeln stehenden Höfen und wunderschöner Landschaft, nach **Djalal,** das einen Kilometer weiter erreicht ist. Und immer noch folgt man der Straße. 14 km nach der Abzweigung ist man im schönen Lehmdorf **Nadjm** angekommen, das Ende der Straße ist der Hof zur Burg.

Zurück auf der Hauptstraße geht es nun weiter in Richtung Osten. Die Straße führt kurz durch canyonartige Landschaft, dann geht es bergab zum Fluss.

Qala'at an-Nadjm: Burgtreppe

Km 111 – Euphratbrücke: Mit der Überquerung der Brücke ist man nun endlich in der Djazira angelangt. Fotografieren ist auf der Brücke verboten! Polizeikontrollen!

Auf der linken Seite ist kurz danach **Tell Ahmar** zu sehen, dessen Funde in Aleppo im Museum zu bewundern sind. Auf dem Ruinenfeld ist nichts mehr zu erkennen.

Km 117 – Links geht es nach *Djarabulus* und *Ain al-Arab*. Die Landschaft wird immer wüstenhafter, öder, aber nicht langweilig. Immer wieder Baumwollfelder und einzelne Häuser.

Blick auf das Lehmdorf Nadjm

Km 148 – Nun folgt ein Bienenwabendorf nach dem anderen, eines schöner als das andere! Links macht ein Dorf auf einem Hügel den Anfang. Herrliche Landschaft, immer wieder ziehen Schäfer mit ihren Herden durch die Lande, vereinzelt kann man sogar Beduinenzelte sehen.

Km 156 – Das Muhafazat von Raqqa heißt den Reisenden willkommen!

Km 161 – Nachdem man nun so viele Bienenwabenhäuser gesehen hat, bietet sich endlich die Möglichkeit, eines zu besichtigen, ohne dabei von einer Familie eingeladen zu sein: Auf der rechten Straßenseite liegt ein Dorf, das erst vor recht kurzer Zeit verlassen wurde. Die Häuser sind zum Großteil noch intakt und können betreten werden. Auf der anderen Straßenseite liegt das neue Dorf, hier leben wohl die einstigen Besitzer dieser Häuser. Wenn das kein schöner Picknickplatz ist...

Km 188 – Links befindet sich ein großes Getreidesilo, daneben eine Baumwollsammelstelle, an der Dutzende von Lkws stehen, von denen sackweise die mühsam gepflückten weißen Früchte der Baumwollpflanze (Erntezeit ist November) abgeladen werden.

Hier ist die große Kreuzung nach Raqqa (rechts) und zur türkischen Grenze nach **Tell Abyad** (links). Auch in Tell Abyad wurde lange Zeit gegraben, aber, wie fast an jedem Tell der Djazira, ist nichts mehr davon zu sehen. Die Fundstücke sind in Aleppo ausgestellt. Wer diese Strecke als **Alternativstrecke nach Raqqa** gewählt hat, sollte hier nun nach rechts abbiegen. Der landschaftlich schönste Teil der Route endet hier und eine gute, 52 km lange Straße führt direkt nach Raqqa.

Die Landschaft wird nun etwas öder, ab und zu sieht man noch Bienenwabenhäuser, ansonsten wird es flacher und auch etwas langweiliger.

Km 192 – Rechts geht eine kleine Straße nach Raqqa ab.

Km 199 – Man durchfährt den Ort *al-Baida,* was soviel heißt wie „das Weiße". Und tatsächlich, die Häuser hier sind alle weiß, was eine Seltenheit ist! Sonst sind sie lehmfarben.

Km 202 – Rechts Möglichkeit nach Raqqa abzubiegen.

Km 300 – Links geht die erste Straße nach Ra's al-Ain ab. Es wird nun wieder etwas hügeliger, mehrere Tells folgen aufeinander, so z.B. bei **Km 308** der **Tell Laban,** der „Jogurthügel".

Km 312 – Links geht die zweite Straße nach Ra's al-Ain ab. Die Gegend wird nun wieder etwas abwechslungsreicher, Siedlungen folgen aufeinander.

Km 323 – **Tell Tamr,** wichtiger Verkehrsknotenpunkt, ansonsten ein kleiner, nichtssagender Ort mit einem **großen Markt am Sonntag!**

Km 324 – Überquerung des Khabur.

Km 326 – Großer Kreisel. Hier stößt die Route auf die Verbindungsstraße zwischen Ra's al-Ain und Hassaka (siehe Route E 2) auf die Hauptstrecke zwischen Aleppo und Qamishli. Rechts geht es nach Hassaka, links nach Ra's al-Ain, geradeaus nach Qamishli.

Km 375 – Kreuzung: Rechts führt die Straße nach Hassaka, links nach Malikiya und Tell Adjm.

Km 412 – Kreisel. Nach Hassaka geht es rechts ab, nach Qamishli geradeaus. Man nähert sich eindeutig einer Stadt – erste Industrieanlagen, viele Reklameschilder.

Km 416 – Unterquerung der Eisenbahnlinie. Die große vierspurige Eingangsstraße von Qamishli beginnt.

Km 420 – Das Ortsschild von Qamishli heißt den Reisenden willkommen. Es geht weiter geradeaus bis zum nächsten Kreisel. Hier folgt man der Beschilderung „Center City". Weiter geradeaus, so lange bis man den rot-weißen Telegrafenturm der Post rechts vor sich sieht. Die Verlängerung der Straße ist das Zentrum des Ortes.

Qamishli 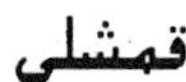

Der Grenzort ist nicht unbedingt eines jeden Syrers Traum! Die Stadt ist mehr von **Türken und Kurden** bewohnt als von Arabern, so zumindest scheint es. Sie ist mit **100.000 Einwohnern** größer als die Provinzhauptstadt Hassaka und hat durch ihren Bevölkerungsmischmasch fast schon kosmopolitischen Charakter. Schön ist ein Bummel durch die Suqs oder einfach nur durch die Stadt. Vor allem in den Morgenstunden sieht man hier viele Frauen in bunten Trachten, die aus dem Umland kommen. Es gibt in Qamishli keine sehenswerten Bauten, die Stadt wurde **erst 1926 gegründet,** dennoch ist es nett hier und auf jeden Fall abwechslungsreich für denjenigen, der einmal eine kurdische Stadt sehen möchte und sich das in der Türkei nicht traut...

Auffallend in Qamishli sind die vielen unverschleierten Frauen, die hier in großer Zahl flanieren. Das liegt zum einen an der großen Anzahl an Christinnen in der Stadt, zum anderen aber auch daran, dass die Muslime hier meist Kurden sind, die den Islam doch um einiges „offener" praktizieren.

Praktische Informationen 

Telefonvorwahl: 052

Unterkunft

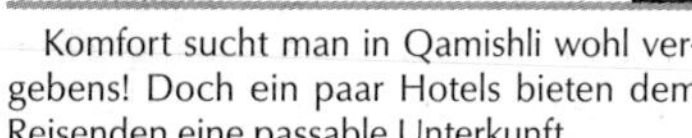

Komfort sucht man in Qamishli wohl vergebens! Doch ein paar Hotels bieten dem Reisenden eine passable Unterkunft.

•Hadaya**

In einer Seitenstraße der Sh. ar-Ra'is, DZ ca. 20 $ (laut Preisliste).

Wenig ansprechendes Hotel: Weigerung, mir Preise und Telefonnummer zu nennen, Weigerung, mir ein Zimmer zu zeigen. Das Hotel macht einen verwahrlosten Eindruck, das Personal ist unfreundlich und kann nur Arabisch – Fazit: Das einzige klassifizierte Hotel verdient seine zwei Sterne nicht!

•Semiramis

Sh. ar-Ra'is, Tel. 42 11 85, EZ 300 Lira, DZ 400 Lira.

Das ehemalige 2-Sterne-Hotel ist in die Jahre gekommen, hat seinen Charme aber noch nicht verloren. Eine nette kurdische Familie betreibt dieses Hotel, die Zimmer sind einigermaßen sauber und haben alle TV mit Satellitenempfang! Die Gemeinschaftstoiletten und Duschen sind soweit in Ordnung. Unter allen Hotels in Qamishli das Empfehlenswerteste und Schönste. Am ehesten für allein reisende Frauen geeignet.

•Mamar

Sh. ar-Ra'is, Tel. 42 69 88, DZ mit und ohne Bad 600 Lira, TZ mit Bad 900 Lira.

Hübscher Aufenthaltsraum und mehr oder minder saubere Zimmer. Neben dem Semiramis gelegen, aber teurer als dieses und nicht besser. Für Frauen eher ungeeignet, da jedes Zimmer auf den großen Aufenthaltsraum hinausgeht.

•Shahba

Hinter dem Semiramis.

Hotel für allerniedrigste Ansprüche. Billiger als die obigen, aber nicht zu empfehlen.

Essen und Trinken 

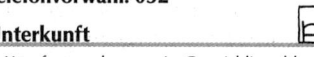

•An der Hauptstraße sowie in der Querstraße des ersten Kreisels finden sich viele einfache Restaurants.

•Ein etwas besseres Lokal mit Alkoholausschank ist das **Casino Qassar,** schräg gegenüber dem Regierungsgebäude in der *Sh. al-Quwwatli.* Hier sitzt man (im Sommer zumindest) in einem schönen Garten und kann sich das gute Essen schmecken lassen.

•Ein **hübsches Eiscafé** ist direkt beim Casino Qassar zu finden. Auch hier sitzt man in einem netten Garten. Das Café ist für Familien ausgerichtet und deswegen auch problemlos für Frauen alleine zu besuchen. Ein Besuch des Restaurants aber ist zumindest am Abend für Frauen eher unangenehm.

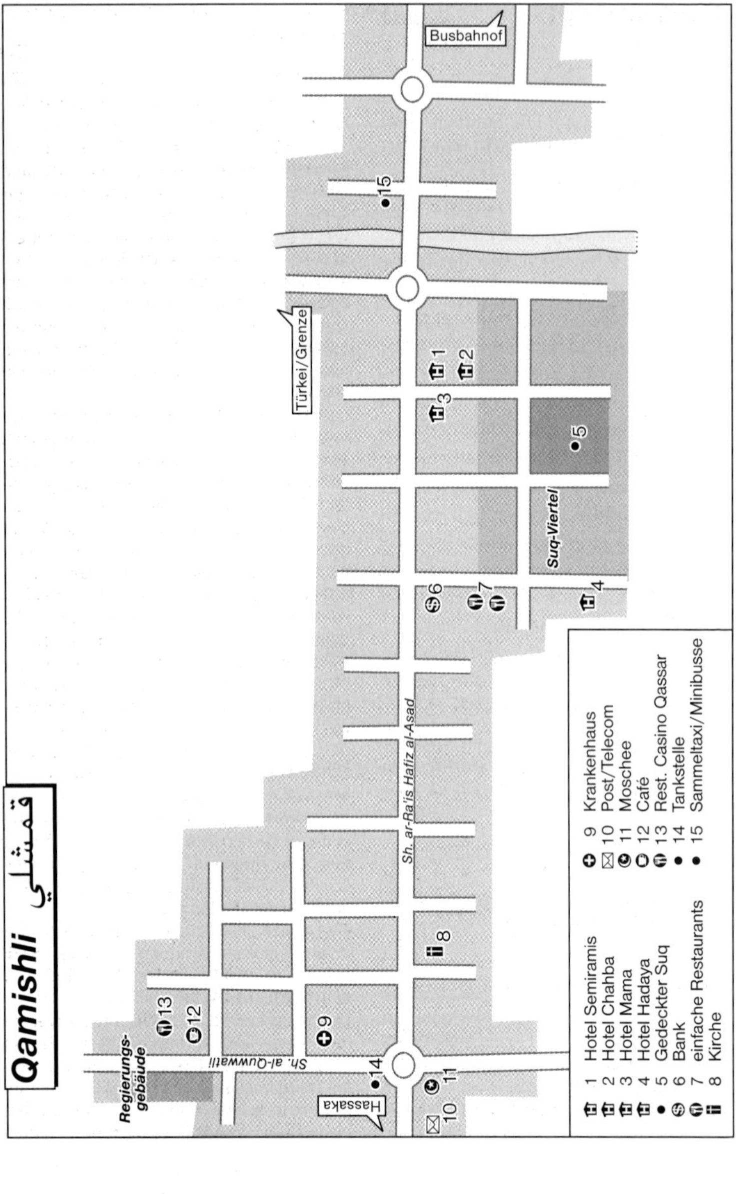

Qamishli قمشلي

Busbahnof
Türkei/Grenze
Hassaka
Regierungs-gebäude
Sh. al-Quwwatli
Sh. ar-Ra'is Hafiz al-Asad
Suq-Viertel

1 Hotel Semiramis
2 Hotel Chahba
3 Hotel Mama
4 Hotel Hadaya
5 Gedeckter Suq
6 Bank
7 einfache Restaurants
8 Kirche
9 Krankenhaus
10 Post/Telecom
11 Moschee
12 Café
13 Rest. Casino Qassar
14 Tankstelle
15 Sammeltaxi/Minibusse

Medizinischer Notfall

•Das **Krankenhaus ar-Razi** befindet sich schräg gegenüber der Post am Eingangskreisel.

Verkehrsverbindungen

Fliegen

2 km südlich der Stadt befindet sich der nationale Flugplatz. Vier Mal wöchentlich fliegt hier die Syrian Arab Airlines nach Damaskus. Mo, Do und Sa 8.30 Uhr, Mi 21.45 Uhr. Kosten: 900 Lira.

Man kann die Tickets auch in Qamishli selbst kaufen, das Office befindet sich in der Hauptstraße. Zum Flughafen mit dem Taxi oder einem Minibus Richtung Hassaka.

Die Bahn

Wie immer befindet sich der Bahnhof weit abseits der Stadt (Taxi). Aber es gibt ein Büro im Zentrum, gegenüber dem Shahba Hotel. Ein Zug fährt nachts von Qamishli nach Damaskus via Aleppo, er braucht 19 Stunden. Eine Reservierung ist nötig! Abfahrt nachts.

Busse, Minibusse, Sammeltaxis

•**Karnak** fährt 2x tägl. nach Damaskus über Der az-Zor (9 Std., 340 Lira), einmal nach Malikiya (2 Std.) und angeblich überhaupt nicht nach Aleppo. Der Busbahnhof ist etwas außerhalb, hier fahren auch alle privaten Linien ab. Minibusse und Sammeltaxis (z.B. nach Ra's al-Ain, Hassaka und Malikiya) fahren ab der Hauptstraße von einem Sammelplatz in einem Hinterhof, kurz vor dem Fluss links, wenn man von der Post kommt.

Hauptpost und Telecom

Die Hauptpost findet sich am Eingangskreisel von Qamishli. Geöffnet tägl. außer Fr von 8–12 Uhr und von 16–19 Uhr. Internationale Telefonhäuschen gibt es noch keine in Qamishli! Verbindungen nur direkt im Postamt möglich.

Geldwechsel

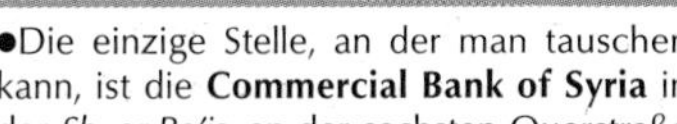

•Die einzige Stelle, an der man tauschen kann, ist die **Commercial Bank of Syria** in der *Sh. ar-Ra'is,* an der sechsten Querstraße von der Post aus gezählt. Geöffnet meist vormittags außer Fr.

Ausflüge

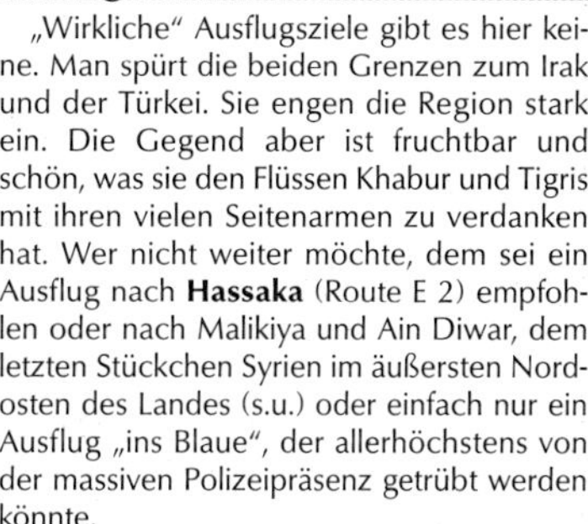

„Wirkliche" Ausflugsziele gibt es hier keine. Man spürt die beiden Grenzen zum Irak und der Türkei. Sie engen die Region stark ein. Die Gegend aber ist fruchtbar und schön, was sie den Flüssen Khabur und Tigris mit ihren vielen Seitenarmen zu verdanken hat. Wer nicht weiter möchte, dem sei ein Ausflug nach **Hassaka** (Route E 2) empfohlen oder nach Malikiya und Ain Diwar, dem letzten Stückchen Syrien im äußersten Nordosten des Landes (s.u.) oder einfach nur ein Ausflug „ins Blaue", der allerhöchstens von der massiven Polizeipräsenz getrübt werden könnte.

In **Malikiya** gibt es keine Übernachtungsmöglichkeiten, von hier kann man jedoch den kleinen Ort **Ain Diwar,** ein Dorf oberhalb des Tigris, erreichen. Der Ausflug dorthin lohnt sich. In Ain Diwar hat man einen herrlichen Blick über das Tigristal und die (im Winter) schneebedeckten Berge der Südtürkei und den Djabal Zakhu im Irak – wann kann man schon mal einen Blick auf den Irak werfen? Nahebei ist eine mittelalterliche Brücke zu sehen, die im 12. Jahrhundert erbaut wurde, die man aber nur mit polizeilicher Begleitung besuchen darf. Soldaten warnen davor, dass an der Grenze geschossen würde. Wenn man Pech hat, verbieten syrische Soldaten den Besuch der Brücke. Man sollte nicht versuchen, sich darüber hinwegzusetzen. Wer mit öffentlichen Verkehrsmitteln unterwegs ist, sollte den Ausflug am frühen Morgen planen, da ab 15 Uhr häufig keine Busverbindungen mehr möglich sind. Leichtes Hinkommen aufgrund guter Sammeltaxi- und Minibusanbindung!

•Lohnend für Archäologiefans könnte des Weiteren auch ein Ausflug nach **Tell Brak** sein, **einst Hauptstadt des Mitannireiches,** das zwischen **1550–1300 v.Chr.** seine **Blütezeit** hatte. In Tell Brak legten Archäologen einen Palast und einen Tempel frei, die bis zum Ende der Bronzezeit bewohnt waren. Die öffentlichen Gebäude wurden im 13. Jahrhundert von den Assyrern zerstört; es wurden noch Reste des Palastes gefunden. Auch wenn die Ausgrabungen tiefe Einblicke in die Geschichte der Stadt ergaben, so ist doch heute hier nichts mehr zu sehen. Der Zahn der Zeit hat zu viele der ungebrannten Lehmbauten zerstört. Liebhaber von Agatha Christie können an dieser Stelle der berühmten Frau gedenken: Ihr Mann, der englische Architekt Mallowan, leitete hier von 1936 bis 1939 Ausgrabungen. Wen´s interessiert: Ihre Memoiren aus dieser Zeit sind in der Literaturliste aufgeführt.

40 km von Qamishli entfernt liegt Tell Brak auf direktem Weg nach Hassaka und ist deswegen auch gut für Nicht-Motorisierte zu erreichen (Bus nach Hassaka nehmen und sich in Tell Brak absetzen lassen, oder mit dem Auto zurück zu Km 412, dort dann die Straße nach Hassaka nehmen, und nach etwa 35 km geht es rechts zum Tell Brak).

E 2: (Qamishli –) Ra's al-Ain – al-Hassaka – al-Busaira – Der az-Zor (Khabur-Route)

Insg. 323 km (ab Qamishli 435 km).

Die Strecke führt durch die **fruchtbarste Region des Landes, immer entlang des Khabur**, der in Ra's al-Ain entspringt, bis zu dessen Mündung im Euphrat bei Busaira. Vor allem der zweite Teil der Strecke ist ein wahres Eldorado für Hobbyarchäologen. Ein Tell reiht sich neben den anderen, alles altorientalische Stätten. Der Laie jedoch erkennt wenig, zumal die besten Fundstücke sich in Museen befinden. Dennoch lässt die Anzahl der Tells einen Eindruck der einstmaligen Bedeutung dieser Region zu, und wenn man seine Fantasie ein wenig spielen lässt, dann spürt man vielleicht den geschichtsträchtigen Boden, auf dem man wandelt. Bei Tell Shaikh Hamid, nahe dem Ort Suwar (siehe den Abstecher ab dort), wird nun seit zwanzig Jahren gegraben. Hier kann man, wenn man zwischen August und Oktober da ist, Prof. Kühne von der Universität Berlin antreffen. Am Tell sind Grundmauern zu sehen, viel mehr jedoch auch nicht; dennoch ist es vielleicht ganz interessant, eine Fundstätte zu sehen, die gerade bearbeitet wird.

Teil 1: Qamishli – Hassaka (195 km)

Die Route beginnt eigentlich in Ra's al-Ain, da man ja aber irgendwie dorthin kommen muss (öffentlich mit Minibus ab Qamishli), sei die Anfahrt von Qamishli nach Ra's al-Ain beschrieben.

Km 0 – Postkreisel in Qamishli. Die Hauptstraße im Rücken geht es geradeaus, auch beim ersten Kreisel. Auf dieser Straße verlässt man die Stadt, anfangs vorbei an Plastiktütenlandschaften, später folgen dann Baumwollfelder. Rechts im Hintergrund kann man das türkische Taurusgebirge sehen.

Die Strecke führt direkt entlang der türkischen Grenze, hin und wieder sind die Gleise der berühmten Bagdad-Bahn zu sehen. Neu geteerte Straße, viele Tells und viele Wegweiser nach links (rechts ist ja die Türkei!).

Km 27 – Der kleine lebendige Grenzort *Amuda* mit einer Tankstelle. Der Ort wird geradeaus durchfahren. Momentan kein Grenzübergang möglich.

Km 39/40 – Die Straße führt direkt an der Grenze entlang, die durch Natodraht gesichert ist.

Km 51 – Links ist der **Tell Aidun** zu sehen. Vor uns *Darbasiya,* das man durchfährt. Am Kreisel geht es rechts in die Türkei, nach Ra's al-Ain geradeaus.

Km 86 – Links geht es nach Tell Tamr ab.

Km 113 – Vor uns liegt Ra's al-Ain. Es geht im Ort immer geradeaus bis zum Telegrafenmast.

Ra's al-Ain راس العين

Das Städtchen (20.000 Einwohner) ist ein hübscher, **vorwiegend kurdisch bevölkerter Erholungsort** ohne jede nennenswerte Attraktion. In der freundlichen Stadt herrscht reger Grenzverkehr, es gibt alle Versorgungsmöglichkeiten und ein kleines **Hotel** namens **al-Anwar,** vor dem die Bevölkerung allerdings eindringlich warnt (es ist anzunehmen, dass es sich hierbei um ein Stundenhotel handelt) sowie ein **lustiges Restaurant,** dessen Tische und Stühle im Sommer in kleinen Kanälen stehen, in denen man die Füße kühlt, während man vorzüglich speist (zu finden im Stadtpark an der Straße nach Hassaka).

Die Gegend ist bekannt für die **heißen Schwefelquellen,** die man überall finden kann, wenn man sich auch bisweilen durchfragen muss (eine liegt ca. 1 km südlich von Tell Halaf). Außerdem kann man von hier aus Tell Halaf besichtigen, was aber nicht unbedingt lohnt, zumal da sich die schönsten Funde, nämlich die Basaltstatuen, im Museum von Aleppo befinden.

Praktische Informationen

Mit öffentlichen Verkehrsmitteln erreicht man Ra's al-Ain am leichtesten von Tell Tamr oder Hassaka aus (Minibusse), seltener auch von Qamishli. Nachmittags geht nach 16 Uhr nichts mehr!

Vom Telegrafenmast geht es nun links und bei der nächsten Kreuzung wieder links, bei der folgenden Kreuzung dann rechts. Man verlässt den Ort, kurz danach geht es rechts zum Tell Halaf ab, die Route führt geradeaus.

Abstecher nach Tell Halaf

Die ersten Funde von hier stammen aus dem **4. Jahrtausend v.Chr.**, danach wurde der Tell wieder aufgegeben, bis er als Guanza in assyrischen Archiven im ersten Jahrtausend wieder auftaucht. Einst war die Stadt **Hauptstadt** des **aramäischen Staates Bit Bahiani,** der Anfang des ersten vorchristlichen Jahrtausends über Syrien herrschte.

Die großartigen **Basaltstatuen**, die man hier fand und die man heute in Aleppo im Museum besichtigen kann, stammen aus einem Palast aus dem **9. und 8. Jahrhundert v.Chr.** Die ehemalige Palastfassade wurde als Museumsfassade in Aleppo nachgebaut! In Tell Halaf ist so gut wie nichts mehr zu sehen.

Nur per Taxi zu erreichen, ca. 2 km von der Abzweigung.

Die Strecke führt nun durch die fruchtbare Landschaft des Khabur, entlang von Maisfeldern, Weizenfeldern usw. In weiter Ferne liegt vor uns der Djabal Abd al-Aziz.

Km 132 – Überquerung des Khabur.

Km 152 – Links der Straße beginnen Reben. Sie sehen aus wie kleine, hüfthohe Bäume und sind nur auf den zweiten Blick als Reben zu erkennen.

Km 158 – Tell Tamr. Der Verkehrsknotenpunkt (siehe Route E 1).

Am Kreisel geht es geradeaus weiter nach Hassaka. Die Strecke führt vorbei an vielen Feldern und nähert sich stets dem großen Gebirge.

Km 174 – Links ist ein kleiner christlicher Friedhof.

Km 178 – Links verläuft die große Staumauer des Khabur. Auf ihr steht für denjenigen, der es noch nicht weiß, geschrieben: „Die Baath ist unser Weg und Asad ist unser Anführer". Bei der Gabelung geht es rechts.

Km 195 – Der große Eingangskreisel von Hassaka, vor uns liegt die Stadt. Eine vierspurige Straße führt ins Zentrum. An der nächsten großen Kreuzung geht es rechts, beim nächsten Kreisel dann links ins Zentrum.

Hassaka

In der **modernen Provinzhauptstadt (90.000 Einwohner)** herrscht eine quirlige Atmosphäre. Im Zentrum befinden sich zwei alte Flussbrücken, Reste einer Zitadelle und ein paar Kirchen.

Eigentlich gibt es in Hassaka nichts Besonderes, aber es ist ein ganz lebendiges Städtchen, und nette Hotels laden zum Bleiben ein. Ach ja: Schönen Goldschmuck kann man hier erwerben!

Praktische Informationen

Telefonvorwahl: 052

Touristeninformation

An der Corniche al-Khabur, nahe der großen Brücke.
Wenig Informatives, aber Stadtpläne!

Hotels

•**Sanabel****
Sh. al-Quwwatli, Tel. 31 40 19, DZ 21 $, EZ 15 $, TZ 25 $.
Sehr sauberes Hotel mit hübschen, großen und freundlichen Zimmern, in denen es Kühlschränke gibt und Fernseher mit Satellitenempfang! Im obersten Stockwerk befindet sich ein nettes Restaurant, an dem Samstag Abend Live-Musik gespielt wird. Alkoholausschank. Sympathisch und wahrscheinlich auch für allein reisende Frauen geeignet.

•**Stars****
Nahe am Sportzentrum, Tel. 31 32 50, DZ 22 $.
Nettes Hotel mit sauberen Zimmern.

•**Ugarit**
Parallelstraße zur Sh. an-Nasr, Tel. 22 70 00, DZ 325 Lira, EZ 200 Lira, TZ 425 Lira, DZ mit Bad 500 Lira.
Das nette Hotel hat saubere Zimmer und freundliche Leute, die auch einigermaßen Englisch sprechen. Alle Zimmer haben einen Kühlschrank! Macht den Eindruck, als wäre frau hier auch alleine gut aufgehoben.

•**Ramsis**
Direkt am Uhrturm, Tel. 22 10 26. DZ 270 Lira, EZ 175 Lira.
Sehr einfaches, aber einigermaßen sauberes und sympathisches Hotel.

•Ein weiteres, größeres und etwas besseres Hotel findet sich beim Stadion. Da es zur Zeit der Recherche jedoch geschlossen war, erfolgen hier keine näheren Angaben.

Essen und Trinken

Hassaka ist ganz eindeutig **nicht auf Tourismus eingestellt.** So gibt es auch nur einfache Restaurants (mit Ausnahme des Restaurants im Hotel Sanabel), die sich rund um den Istiqlal-Platz finden.

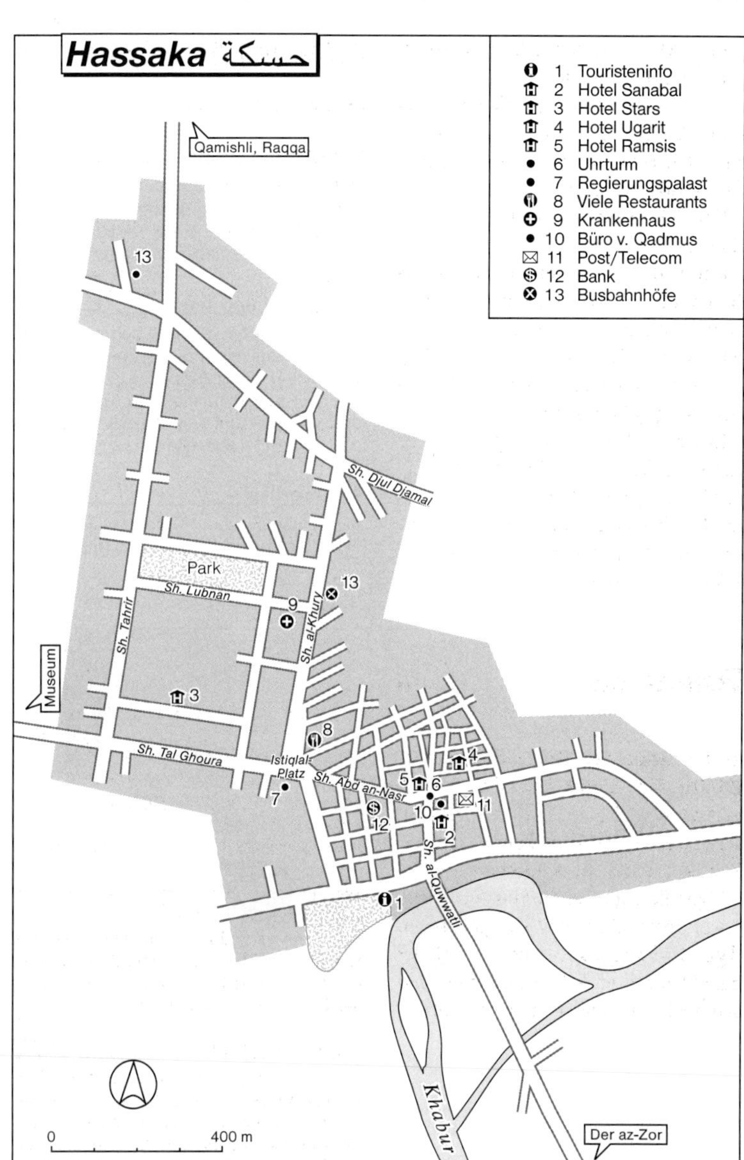
Hassaka حسكة
1 Touristeninfo
2 Hotel Sanabal
3 Hotel Stars
4 Hotel Ugarit
5 Hotel Ramsis
6 Uhrturm
7 Regierungspalast
8 Viele Restaurants
9 Krankenhaus
10 Büro v. Qadmus
11 Post/Telecom
12 Bank
13 Busbahnhöfe
Qamishli, Raqqa
Sh. Djul Djamal
Park
Sh. Lubnan
Sh. al-Khury
Sh. Tahrir
Museum
Sh. Tal Ghoura
Istiqlal-Platz
Sh. Abd an-Nasr
Sh. al-Quwwatli
Khabur
Der az-Zor
0
400 m

Museum

Hassaka hat auch ein Museum, ganz im Westen der Stadt, das allerdings den Besuch nicht lohnt.

Medizinischer Notfall

- Ein **Krankenhaus** findet sich an der *Sh. Faris al-Khuri,* nahe dem *Istiqlal-Platz.*

Verkehrsverbindungen

Bahn

Der Bahnhof liegt im Westen der Stadt. Züge gibt es nächtlich nach Damaskus und nach Qamishli.

Busse, Minibusse und Sammeltaxis

Es gibt keinen zentralen Busbahnhof in Hassaka. **Qadmus** hat ein Büro neben dem Hotel Sanabel in der *Sh. al-Quwwatli* und fährt mehrmals täglich die Strecke Der az-Zor, Damaskus. Abfahrt ist südlich der Stadt am Khabur. Busse nach Qamishli und Aleppo fahren nördlich der Stadt ab, an der Straße nach Qamishli. Der größte Busbahnhof für Regionalbusse befindet sich in der *Sh. Faris al-Khuri,* hier fahren Busse in alle Richtungen, ebenso Minibusse und Sammeltaxis.

Rund ums Auto

Tankstellen mit bleifreiem Benzin

Eine Tankstelle der Firma SADCOB findet sich in der Innenstadt von Hassaka.

Hauptpost und Telecom

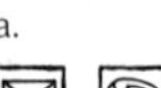

Die Hauptpost befindet sich weit außerhalb des Stadtzentrums am Thaura-Park und ist außer Fr den ganzen Tag geöffnet. Die Telecom mit internationalen Telefonzellen und Kartenverkauf liegt dagegen ganz zentral in der *Sh. Abd an-Nasr.*

Geldwechsel

- Die Hauptfiliale der **Commercial Bank of Syria** ist zwischen Uhrturm und Istiqlalplatz.

Teil 2: Hassaka – Der az-Zor (235 km)

Man verläßt Hassaka gen Süden über die Khaburbrücke. **Km 0** ist der Uhrturm im Zentrum der Stadt.

Km 0,5 – Beim Südkreisel geht es geradeaus (hier Abbiegemöglichkeit nach Aleppo und Ra's al-Ain rechts).

Km 4 – Abbiegemöglichkeit rechts nach Tell Abyad.

Km 12 – Rechts der Straße befindet sich ein großes Baumwollsammelzentrum.

Km 13 – Straßenbauarbeiten im November 1999, weswegen die folgenden Kilometerangaben etwas schwanken können.

Km 20 – Links ist der große **See al-Hul** zu sehen, ein natürlicher See, der allerdings nicht immer Wasser führt.

Km 31 – Orientierungspunkt für Kilometerschwankungen: Ein Straßenschild weist darauf hin, dass es noch 150 km nach Der az-Zor sind.

Die Route führt vorbei an Feldern, etwas öder Landschaft und einigen Ortschaften, immer parallel zum Khabur, den man jedoch nicht immer sieht.

Km 59 – Links liegt der Ort *Shadadi*. Die Straße führt nun vorbei an mehreren Tells, die meist ausgegraben sind.

Km 97 – Man durchfährt den hübschen Ort *Margadeh*, der sich entlang eines Hügels zieht. Am Ortsausgang rechts ist eine kleine Kirche am Hang zu sehen. Man umfährt den Berg und hat links immer wieder schöne Blicke.

Im Zentrum von Der az-Zor (vgl. S. 383)

Die Gegend wird lebendiger. Man kann häufig Frauen in bunten Trachten sehen, Lehmdörfer reihen sich aneinander, Schilf wächst entlang der Straße. Hübsch.

Km 132 – as-Suwar ist erreicht. Wer nun auf direktem Wege auf guter Straße nach Der az-Zor möchte, sollte hier geradeaus fahren. Die Route jedoch folgt weiter dem Khabur, weshalb man die große Straße verlässt. Im Ort geht links eine Straße ab, mit einer Beschilderung, die zu den **„Ruins of Tell Shaikh Hamid"** weist. Hier geht es links ab! Man durchfährt den Ort und überquert den Fluss. Bei **Km 135** gabelt sich die Straße. Die Route geht hier nach rechts. Links ist ein Abstecher zum Tell Shaikh Hamid möglich.

Abstecher zum Tell Shaikh Hamid تل شيخ حميد

Das antike Dur-Katlimmu, an welchem seit 1978 gegraben wird, liegt am unteren Khabur. Wer Interesse daran hat, auch einmal einen Tell zu sehen, dessen Mauerreste noch nicht vollkommen zerfallen sind, sollte sich hierher begeben.

Ein zu Beginn der Grabung gefundenes Archiv ermöglichte die Identifizierung des Ortes als Dur-Katlimmu, das im **13. Jahrhundert v.Chr.** von dem assyrischen König **Salmanassar** gegründet wurde. Die Stadt bestand aus einer Zitadelle und einer Unterstadt und war im 8. vorchristlichen Jahrhundert wohl die größte Stadt am unteren Khabur. Man vermutet, dass die Stadt in neuassyrischer Zeit die Residenz eines Stadthalters war, dann aber, eventuell durch einen Angriff der Sassaniden, zerstört und verlassen wurde.

Obwohl hier aktiv gegraben wird, ist für den Laien nicht viel zu sehen.

Die Funde aus Tell Shaikh Hamid finden sich im neuen Museum in Der az-Zor, Grabungen werden hier von August bis Oktober ausgeführt.

Anfahrt mit öffentlichen Verkehrsmitteln: von Hassaka oder Der az-Zor mit dem Bus bis as-Suwar. Von hier fahren unregelmäßig Busse nach Tell Shaikh Hamid!

Anfahrt mit dem Pkw: Bei der Gabelung geht es links ab. Man folgt der nicht immer guten Straße 15 km, dann geht es links ab (Beschilderung auf Englisch!). Nach etwa einem Kilometer sind die Ruinen erreicht. Vorne links ist der Tell, weiter hinten rechts sind die Grundmauern der Stadt zu sehen.

Die freundliche Bevölkerung weist den Weg!

Zurück an der Kreuzung geht es nun geradeaus, bzw. nach links (je nachdem, wie man schaut).

Die Straße führt nun immer östlich des Khabur, der sich wunderschön durch die Landschaft schlängelt, gen Süden, vorbei an Feldern, kleinen Dörfer, und links ist die Hamada zu erkennen.

Km 154 – Rechts am Horizont sind Ölraffinerien zu sehen.

Km 162 – Der Eingangskreisel von *Tayyib Ghal* heißt den Reisenden willkommen. Die Straße führt weiter, nahe des Khabur, südwärts. Je mehr sie sich dem Euphrat nähert, desto satter wird das Grün, desto mehr Palmen säumen den Weg.

Km 185 – T-Kreuzung. Hier geht es rechts.

Km 188 – Mündung des Khabur, nahebei das Dorf **Busaira,** wo sich die **Reste des alten Karkisiya** finden. Karkisiya war von der Römerzeit bis ins Mittelalter eine wichtige Wirtschaftsmetropole und Verkehrsknotenpunkt. Heute hat diese Aufgabe Der az-Zor übernommen.

Man überquert den Fluss. Gleich darauf geht es rechts. Wer zu den Ruinen von Karkisiya möchte (uninteressant, da zugebaut), nimmt die nächste Möglichkeit gleich wieder links.

Wir bleiben aber auf der Straße. Die Fahrt geht nun am nördlichen Euphrat-Ufer nach Westen. Es ist überwältigend grün, schöne Picknickplätze laden zur Verschnaufpause ein, herrliche Blicke auf den Fluss bieten sich dem Reisenden.

Km 196 – Nachdem die Straße den Euphrat fast berührt hat, entfernt sie sich nun von diesem. Links der Straße tauchen immer mehr Ölraffinerien auf.

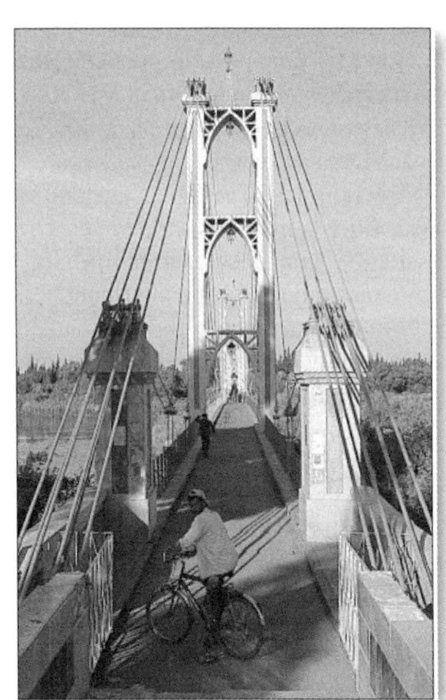

Hängebrücke in Der az-Zor

Km 231 – T-Kreuzung: Hier kommt von rechts die Hauptverbindung von Hassaka nach Der az-Zor, links abbiegen!

Km 235 – Eingangskreisel von Der az-Zor. Rechts geht die alte Straße entlang dem Euphrat nach Raqqa ab, ins Zentrum geht es geradeaus.

Wir überqueren den Euphrat, danach geht es rechts in die Innenstadt, bei der schönen Hängebrücke, die man sehen kann, zweigen wir links ab ins Zentrum, das kurz darauf erreicht ist!

Der az-Zor دير الزور

„Perle des Euphrats", „Verlobte der Wüste" – etwas hoch gegriffene Umschreibungen für Der az-Zor. Weder besticht die Stadt durch Schönheit noch durch historische Bedeutung, allein ihre **ruhige und angenehme Atmosphäre** überzeugt. Die sympathische Stadt mit immerhin fast **200.000 Einwohnern** wurde 1860 von den Türken dort gegründet, wo die Strecken Aleppo – Bagdad und Damaskus – Mosul sich kreuzen. So jung die Geschichte der Stadt ist, so wenig hat sie auch an Sehenswürdigkeiten zu bieten. Der sehr lebendige und schöne Suq zieht die Beduinen und Bauern der gesamten Umgebung an. Vor allem am frühen Morgen ist viel los. Sehenswert sind auch die von den Franzosen errichtete **Hängebrücke,** die Djisr al-Mu'allaq, und das große, neue **Museum,** das Grabungsfunde aus Mari und Duro Europos und vieles andere beherbergt.

Der az-Zor ist die wohl **heißeste Stadt Syriens!** Aber sie ist ein optimaler Ausgangspunkt für Touren in die Umgebung. Abends laden nette Restaurants entlang des Flusses zu einem Bierchen oder Araq ein, freundliche Hotels sind mit dem nötigen Komfort ausgestattet, der anderswo in dieser Gegend nur schwer zu finden ist, außerdem bietet die Provinzhauptstadt alle Versorgungsmöglichkeiten und ist ein wichtiger Verkehrsknotenpunkt.

Praktische Informationen

Telefonvorwahl: 051

Touristeninformation

Seitenstraße der Sh. Khaled ibn Walid, 10 Min. östl. der Hauptstraße.
Nettes Personal, aber vollkommen nutzlos. Geöffnet von 9–14 Uhr, außer Fr.

Wichtige Adresse

•Immigration Office (Maktab al-Hidjra wa-l-Djawazat)
Auch in Der az-Zor kann man nach 14 Tagen seinen Stempel in den Pass bekommen. Wegbeschreibung: Ca. 15 Minuten Fußweg entlang der *Sh. Khaled ibn Walid,* bis zum Rondell, dort links und gleich wieder links. Gleich an der Ecke befindet sich das Office.

Hotels

Luxus

•Furat Cham Palace******
Tariq Halab, direkt am Fluss in Richtung Aleppo gelegen. PO Box 219, Tel. 31 28 00, Fax 31 29 01, DZ 150 $, EZ 130 $, Suite 250 $. Reservierung über Damaskus: Tel. 011-231 93 27, Fax 222 61 80.
Wunderschön gelegenes Hotel mit großen und schönen Zimmern. Großer Pool, Tennis, Fitness-Räume, Restaurants und Bar. Für mich das schönste Cham-Palace in Syrien!

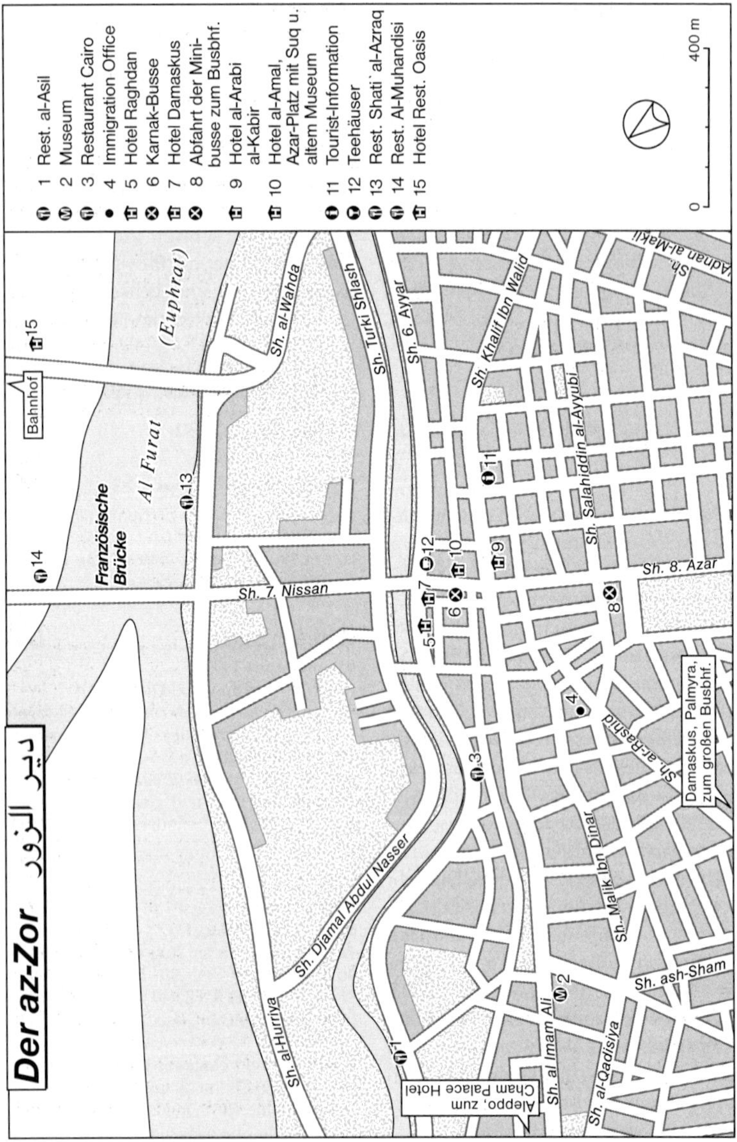

Der az-Zor دير الزور

1 Rest. al-Asil
2 Museum
3 Restaurant Cairo
4 Immigration Office
5 Hotel Raghdan
6 Karnak-Busse
7 Hotel Damaskus
8 Abfahrt der Minibusse zum Busbhf.
9 Hotel al-Arabi al-Kabir
10 Hotel al-Amal, Azar-Platz mit Suq u. altem Museum
11 Tourist-Information
12 Teehäuser
13 Rest. Shati`al-Azraq
14 Rest. Al-Muhandisi
15 Hotel Rest. Oasis

0 400 m

Bahnhof
Französische Brücke
Al Furat
(Euphrat)
Sh. al-Hurriya
Sh. Djamal Abdul Nasser
Sh. 7. Nissan
Sh. al-Wahda
Sh. Turki Shlash
Sh. 6. Ayyar
Sh. Khalif Ibn Walid
Sh. al Imam Ali
Sh. al-Qadisiya
Sh. Malik Ibn Dinar
Sh. Salahiddin al-Ayyubi
Sh. ar-Rashid
Sh. ash-Sham
Sh. 8. Azar
Sh. Adnan al-Makli
Aleppo, zum Cham Palace Hotel
Damaskus, Palmyra, zum großen Busbhf.

Die goldene Mitte

●Oasis**

Nahe dem Bahnhof, Tel. 22 37 84.

Riesengroßes Bungalow-Hotel mit gutem Restaurant. Etwas seltsam: Die Bungalows machen nicht den Eindruck, als könnte man darin noch wohnen. Das Restaurant hat allerdings einen guten Ruf.

●Raghdan**

Sh. an-Nahr, Tel. 22 20 53, Fax 22 11 69, DZ 26 $, EZ 17 $.

Sehr schönes Hotel direkt am Fluss. Zentrale Lage und trotzdem ziemlich ruhig. Zimmer mit Bad oder ohne, schön, sympathisch und nett eingerichtet. Die Zimmer zum Fluss hinaus sind natürlich zu bevorzugen, manche davon haben sogar einen Balkon! Sehr gut auch für allein reisende Frauen!

Einfach, aber okay

●Al-Arabi al-Kabir

Sh. Khalid Walid, Tel. 22 20 27, p.P. 150 Lira.

Einfaches, aber sehr nettes und sauberes Hotel. Die Zimmer im oberen Stockwerk sind renoviert und hübscher als die unteren. Der Eingang des Hotels befindet sich in einer Gasse rechts neben dem Hotel.

●Damas(cus)

Am 8. Ayar-Platz, gegenüber der Suqs, Tel. 22 14 81, DZ 325 Lira, EZ 200 Lira, TZ 425 Lira.

Sehr einfaches, nicht allzu sauberes Hotel, das nur durch seinen Preis und seinen sympathischen Empfang zum Bleiben veranlassen könnte. Manche Zimmer haben Blick auf den Fluss.

●Al-Amal

Am 8. Azar-Platz, Ecke Sh. Khalid ibn Walid, p.P. 100 Lira.

Der hübsche Eindruck trügt: höchst einfaches Hotel, nicht allzu sauber und nichts für Frauen alleine!

Restaurants

Schön und mit Alkoholausschank

●Shati' al-Azraq

Sh. al-Hurriya, bei der französischen Brücke.

Hübsches, nicht teures Restaurant mit sehr gutem Essen und konkurrenzlos schönem Blick auf die Hängebrücke.

●Al-Muhandisi

Auf der anderen Flussseite, bei der französischen Brücke.

Nettes Restaurant, das mir von der einheimischen Bevölkerung empfohlen wurde.

Einfach, aber lecker

●Sehr hübsche, einfache Restaurants befinden sich entlang der *Sh. Khalid ibn Walid,* v.a. im hinteren Drittel. Einfache landestypische Küche.

●Etwas außerhalb wurde mir das **al-Asil** empfohlen, in der *Sh. Abu Bakr as-Siddiq.*

●Das Restaurant **Cairo** am Euphrat (Richtung Cham-Palace-Hotel) hat Alkoholausschank. Es gleicht jedoch einer Bierhöhle und ist nichts für allein reisende Frauen!

●Einfache Billigrestaurants, Hähnchenbratereien und Shawarma-Stände finden sich in der Altstadt.

Teehäuser

Zwei sehr nette Teehäuser finden sich entlang der *Sh. 6. Azar,* am Ufer des Euphrat. Eines direkt unterhalb des Hotel Damas, eines etwas weiter stromabwärts.

Abends...

Es bieten sich (für Männer) das Restaurant **Cairo** auf ein Glas Bier an, oder aber, etwas gediegener, das **Shati' al-Azraq.** Ansonsten: Wie wäre es mit einem banalen Abendspaziergang am Fluss oder einem Besuch im Schwimmbad des Cham-Palace Hotels?

Museum

●Erst 1998 hat das große Museum in Der az-Zor aufgemacht, das Funde aus der Djazira zeigt. Das Museum ist in fünf Bereiche aufgeteilt: Ur- und Frühgeschichte, Altes Syrien, Klassische Zeit, Arabo-Islamische Kultur, und die fünfte Sektion nennt sich „popular tradition“. Das Museum arbeitet mit sehr anschaulichem Material, z.T. mit nachgestellten Szenen. Unbedingt zu empfehlen!

●Das ehemalige kleine Museum am 8. Azar-Platz steht derzeit noch leer, doch soll in ihm ein kleines ethnografisches Museum eröffnet werden.

Medizinischer Notfall

- Das **Krankenhaus** von Der az-Zor befindet sich am Euphrat, neben dem Hotel Raghdan.
- Es gibt außerdem einen **deutschsprachigen Arzt:** Dr. Touema, 3 Häuser neben dem Hotel Damas.

Verkehrsverbindungen

Fliegen

Der az-Zor hat auch einen Flughafen, der an der Straße nach Abu Kamal liegt. Öffentliche Verkehrsverbindungen gibt es dorthin nicht, man ist also auf ein Taxi angewiesen. Das Office der **Syrian Arab Airways** (Tel. 22 18 01) befindet sich in der *Sh. al-Imam Ali,* zwischen Post und Museum.

Jeden Dienstag um 8.20 Uhr geht ein Flug nach Damaskus. Kosten: 600 Lira.

Die Bahn

Der Bahnhof liegt jenseits des Euphrats. Verbindungen: Aleppo 1.30 Uhr morgens, 90 bzw. 60 Lira; Damaskus 20.30 Uhr, 155 bzw. 125 Lira; Qamishli 12.30 Uhr, 60 bzw. 40 Lira). Tickets muss man mindestens einen Tag im voraus ordern.

Busse

Die **Karnak-Busstation** liegt neben dem Hotel Damaskus, private Linien fahren ab dem **großen Busbahnhof,** der an der Straße nach Abu Kamal, nahe dem Eingangskreisel von Palmyra, liegt, ab. Häufig Busse nach Damaskus und Aleppo.

- **Damaskus** (7 Std., 175 Lira), über Palmyra (3 Std., 100 Lira)
- **Aleppo** (5 Std., 135 Lira), über Raqqa (2 Std., 60 Lira)
- Seltener fahren Busse nach **Hassaka** (2 Std., 75 Lira) und **Qamishli** (3 Std. 110 Lira)

- Abfahrt der **Minibusse** zum Busbahnhof und in die Umgebung etwa in der Mitte zwischen Innenstadt und Busbahnhof. Abfahrt nach **Raqqa** (2 Std., 60 Lira), **Hassaka** (3 Std., 75 lira), **Abu Kamal** (30 Lira, 1 Std.) u.a.

Rund ums Auto

Mietwagenfirmen

- **Cham Cars**

Im Furat-Cham-Palace Hotel, Tel. 22 51 26, Fax 31 29 01.

Zuverlässiger Anbieter mit neuen Autos, bei Wunsch auch mit Fahrer. Billigstes Auto (Renault Clio) ab 2250 Lira am Tag, plus Versicherung plus 200 Lira Steuer. Mindestmietdauer: 3 Tage, ab 1 Woche 10% Rabatt, ab 4 Wochen 20% Rabatt. Geländewagen: 7395 Lira.

- **Europcars**

Im Reisebüro Transtour, an der Hauptstraße, Tel. 22 25 64.

Gleichgültig, wo man reserviert, die Preise sind immer die selben: Der billigste Wagen (Peugeot 106 mit AC), kostet für 3 Tage 213 $ und für eine Woche 429 $, incl. Insassenversicherung, Vollkasko und freier Kilometerzahl. Die selben Preise gelten auch, wenn man bereits in Deutschland bucht! Tel. 0180-522 11 22, Fax 040-52 01 86 10.

Werkstätten

Am Ortsausgang von Der az-Zor in Richtung Raqqa und Aleppo befinden sich viele kleine Werkstätten.

Hauptpost und Telecom

Die Hauptpost befindet sich in der *Sh. al-Imam Ali,* Öffnungszeiten 8–22 Uhr. Die Telefonkarten zu den internationalen Telefonhäuschen, die sich hinter dem Gebäude befinden, gibt es in der Bank an Schalter 3.

Geldwechsel

- Die Zentrale der **Commercial Bank of Syria** befindet sich in der *Sh. al-Imam Ali.* Öffnungszeiten: 8.30–12 Uhr.

Ausflüge

Der az-Zor ist ein idealer Ausgangsort für Ausflüge in die Umgebung, z.B. nach Duro Europos und Mari (dazu siehe Route E 3), nach Tell Shaikh Hamid ins Khaburtal (s.o.) oder aber nach Halabiya oder Zalabiya (siehe Route E 4).

E 3: Der az-Zor – Duro Europos – Mari – Abu Kamal

Insg. 129 km, gute Teerstraße.

Diese Route führt vorbei an zwei wichtigen **Grabungsstätten: Duro Europos** und **Mari.** Vor allem für Archäologiefans ist diese Tour unbedingt empfehlenswert! Auch ein Abstecher zur **Burg Rahbat** und zum nahe gelegenen Ort, in welchem freitags ein großer **Kamelmarkt** stattfindet, lohnt sich.

Öffentliche Verkehrsmittel

Öffentliche **Busse** verkehren regelmäßig auf der gesamten Strecke. Ein Grenzübergang in den Irak ist nicht möglich, der Einlass nach Abu Kamal wird manchmal verwehrt!

Anfahrt mit dem Pkw: Ausgangspunkt der Route ist der Ortsausgang von Der az-Zor in Richtung Süden. Der Eingangskreisel nach Abu Kamal und Palmyra entspricht **Km 0.** Rechts klebt ein Friedhof am Berg.

Anfangs führt die Strecke noch durch die Industrieviertel der Stadt, vorbei an Ölraffinerien.

Km 7 – Abzweigung zum Flughafen. Die Strecke führt weiter, vorbei an kleinen Dörfern, die meist jüngeren Datums sind, durch grüne, fruchtbare Landschaft. Links hinten ist der Euphrat. Rechts im Hintergrund Tafelberge und ausgedehnte Felder.

Km 45 – Großer Kreisel. Hier geht es geradeaus. Rechts vorne sind die Ruinen der Burg **Qala'at Rahbat** zu sehen.

Km 46 – Rechts Abzweig zur Burg Qala'at Rahbat.

Duro Europos: Eingangstor

Abstecher zur Qala'at Rahbat قلعة رحبة

Die Burg, nur 3,5 km von der Straße entfernt, wurde **im 12. Jahrhundert errichtet.** Majestätisch thront sie auf einem Hügel und ist sehr schön anzusehen. Stabil war sie wohl nie, und obwohl sie zeitgleich mit den großen Kreuzritterburgen errichtet wurde, fehlen ihr die Verteidigungswälle. Das Besondere an der Burg ist eindeutig ihre Form: fünf Seiten statt nur vier, 137 m die längste. Auf einer Felsnase gelegen, war sie lange Zankapfel zwischen Ayyubiden und Seldjuken und wurde dann von den Mongolen zerstört.

Die aus Basaltsteinen errichtete Festung lohnt v.a. wegen des Rundblickes, den man von hier aus genießt.

Anfahrt: Mit **öffentlichen Verkehrsmitteln** muss man sich bei **Km 46** absetzen lassen und den Rest (ca. 3 km) laufen. **Mit dem Pkw** biegt man hier ab, nach etwa 1 km biegt man links, hinter einem schulähnlichen Gebäude, ab. Von hier aus ist die Burg schon zu sehen. Die Straße führt direkt auf sie zu. Hier findet freitags ein **Kamelmarkt** statt!

Zurück auf der Hauptstraße geht es weiter geradeaus, vorbei an Feldern und Tafelbergen in weiter Ferne, und links öffnen sich immer wieder Blicke auf den Euphrat.

Km 62 – Man fährt durch den großen Ort **al-Ashar,** wo **dienstags ein großer Markt** stattfindet. Weiter geht es durch viele Dörfer, links immer vorbei an Feldern, die der Euphrat bewässert.

Km 75 – Die Straße macht eine große Rechtskurve und führt nun bergauf nach *Tishrin*.

Km 88 – Hinten links, in weiter Ferne, kann man **Duro Europos** erkennen.

Km 93 – Abzweig nach links, eine kleine Straße ohne Wegweiser führt zu dieser gewaltigen Ruinenstätte, die nach etwa einem Kilometer erreicht ist.

Duro Europos (as-Salihiya) الصالحية

Für den Laien ist vom „Pompeji der syrischen Wüste" nicht mehr allzu viel zu erkennen. Dennoch gehört Duro Europos zu den bedeutenden historischen Stätten des Euphrats, denn hier fand man **eine der frühesten christlichen Kirchen** (nämlich aus dem 3. Jahrhundert) sowie eine **Synagoge** aus derselben Zeit. Auch wenn die wichtigsten Funde des Ortes in Museen (Paris, Yale und Damaskus) sind und die Synagoge sogar ganz neu wieder errichtet wurde (in Damaskus!), so lohnt sich die Besichtigung des riesigen Areals trotzdem, um einen Eindruck von der einstigen Bedeutung des Ortes zu erhalten. Vor dem Rundgang empfiehlt sich ein Besuch des Museums in Der az-Zor, das einige Funde von hier beherbergt und eine Besichtigung anschaulicher macht. Wer nach dem Besuch von Duro Europos noch einmal nach Damaskus kommt, sollte vielleicht nochmals das Nationalmuseum mit der wieder hergerichteten Synagoge aus Duro Europos besichtigen – man wird sie dann mit anderen Augen betrachten.

Geschichte

Seleukos, auf dessen Spuren man in Syrien immer wieder trifft, ließ im 3. Jahrhundert v.Chr. diese Stadt errichten, als **Überwachungsfort** der Flussroute ins untere Mesopotamien. Den Namen (Duro = Festung) Europos (benannt

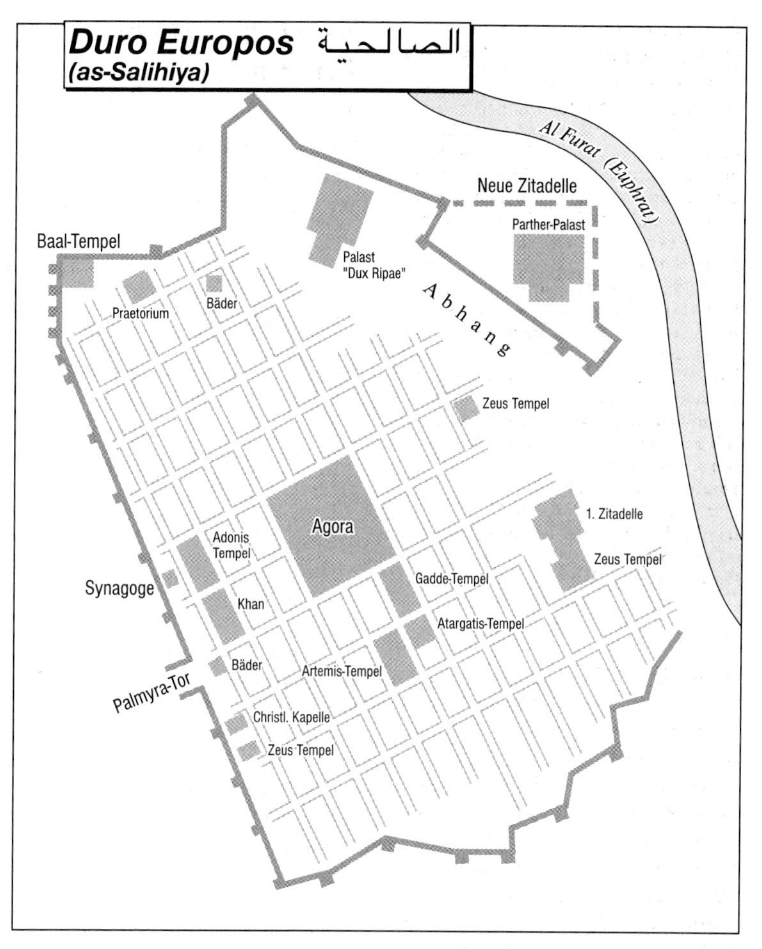

nach der Heimatstadt von Seleukos) behielt die Stadt auch nach der **Machtübernahme der Parther 113 v.Chr.** bei. Die griechische Bevölkerung musste immer mehr der semitischen weichen und im 1. Jahrhundert v.Chr. war Duro Europos eine vorwiegend orientalische Stadt. Anfangs stand die Stadt nicht im Interessenfeld der römischen Herrscher, es wurde sogar ein „live-and-let-live"-Abkommen zwischen den Parthern und den Römern getroffen, die ihren Stützpunkt in Circesium (Busaira, s. Route E 2) errichtet hatten. **115 n.Chr.** jedoch durchbrach **Trayan** dieses Abkommen und **okkupierte die Stadt. 161** wurde die Stadt fast vollständig von einem **Erdbeben** zerstört, kurz danach aber wieder unter römischer Herrschaft aufgebaut und dem Römischen Reich einverleibt. Duro Europos erlebte daraufhin wie Palmyra eine Blütezeit. Kirchen und Synagogen entstanden, die Stadt wurde ein kosmopolitisches Handelszentrum. Mit dem **Einfall der persischen Sassaniden im Jahr 256** kam das Ende.

Hinweisschild am Eingang nach Mari

Besichtigung

Das Areal ist riesengroß. Allein innerhalb der gut erhaltenen Stadtmauern sind 80 ha Fläche zu besichtigen. Zu erkennen ist heute noch der geometrische Grundriss der Stadt, die – typisch hellenistisch – mit einem rechtwinkligen Straßennetz angelegt war.

Man betritt die Stadt durch das Westtor, das so genannte **Palmyra-Tor**, hier endet nämlich die Straße. Das Tor ist sehr gut erhalten, und noch immer blättern die gläsern aussehenden Steine von den Wänden, die einst wohl das ganze Tor schmückten. Vermutlich stammt das Tor von 16/17 v.Chr., gewiss ist dies jedoch nicht. Direkt an das

Tor schließt sich die ehemalige Kolonnadenstraße an, doppelt so breit wie alle anderen Straßen. Auf ihr zogen einmal Karawanen durch die Stadt bis zum Hafen.

Wendet man sich vom Haupttor aus gleich links, sieht man den Platz der alten Synagoge, von der nur noch wenig zu erkennen ist.

Am besten, man lässt sich im Areal treiben und versucht mit Hilfe des Planes ausfindig zu machen, wo was zu finden ist. Die meisten Gebäude, deren Zuschnitt heute nur noch zu erahnen ist, stammen aus der Zeit kurz vor der Zeitenwende.

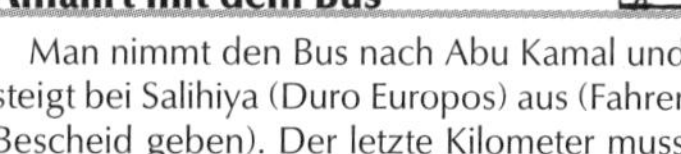

Anfahrt mit dem Bus

Man nimmt den Bus nach Abu Kamal und steigt bei Salihiya (Duro Europos) aus (Fahrer Bescheid geben). Der letzte Kilometer muss gelaufen werden!

Hinter Duro Europos geht es noch ein kleines Stück auf der Hochebene weiter, dann führt die Straße hinab ins Euphrattal. Blickt man, unten angelangt, zurück, kann man die grandiose Lage Duro Europos erkennen!

Km 99 – Überquerung eines Euphrat-Zuflusses.

Km 118 – Links ist der Hügel von Mari zu sehen.

Km 120 – Ein großes Schild „Mari" weist dem Reisenden den Weg zu den Ruinen. Hier links abbiegen, kurz danach ist das Schild „No Entry first buv Tiget Mari" zu sehen. Hier befinden sich links der Verkaufsschalter und Parkplatz. Zum Ruinengelände geht es geradeaus.

Mari

Mari gehört zu den **ältesten Städten der Welt.** Auch wenn man hier lange nicht mehr so viel sehen kann wie in Palmyra, so gehört Mari für Freunde der Archäologie und frühen Geschichte doch zum absoluten Muss einer Syrienreise.

Geschichte

Der **Stadtstaat** existierte **vom 4. Jahrtausend v.Chr. bis 1759 v.Chr.** Er war ein immens wichtiger Warenumschlagplatz. In der Stadt, einer der reichsten jener Zeit, stand eine riesige Palastanlage mit einer Fläche von 3,5 ha, 300 Räumen und einer Bibliothek mit 25.000 Keilschriftentafeln.

Ende des 3. Jahrtausends gehörte Mari zum **Reich der amoritischen Könige,** um 1800 v.Chr. unterwarf aber König Shamshi Adad die Amoriten und gliederte Mari seinem Reich ein, das er von Assur am Tigris aus regierte. Der Bruder des letzten Amoritenkönigs, mit Namen Zimri Lim, aber schwor Rache und verbündete sich mit dem König von Aleppo und Hammurabi, dem Herrscher Babyloniens, um die Stadt wiederzugewinnen. Es gelang ihnen, und Zimri Lim regierte von 1782–1759. Er führte die Stadt zu einer nie da gewesenen Blüte. Mari lebte nach wie vor vom regen Handel, was nun den Neid seiner ehemaligen Streitgenossen hervorrief. Hammurabi attackierte die Stadt und zerstörte sie, woraufhin sie jegliche Bedeutung verlor.

In ihrer Blütezeit jedoch war Mari eine immens reiche und große Stadt. Allein die gefundenen Kunstwerke sowie die Reste der Palastanlage lassen diesen Rückschluss zu.

Besichtigung

In der Stadt Mari haben Archäologen das älteste öffentliche Gebäude als **Palast** identifizieren können, den Sitz der staatlichen Macht also. Dazu gehören ein **Thronsaal mit Säulen,** die in zwei Dreierreihen angeordnet sind, und eine als Heiligtum bezeichnete Anlage. Die Gottheit, deren Identität man nicht kennt, befand sich im Saal südlich des Zentralraums, wo ein Altar steht. Das bedeutet, dass weltliche und religiöse Macht nicht in den Händen ein und derselben Person waren.

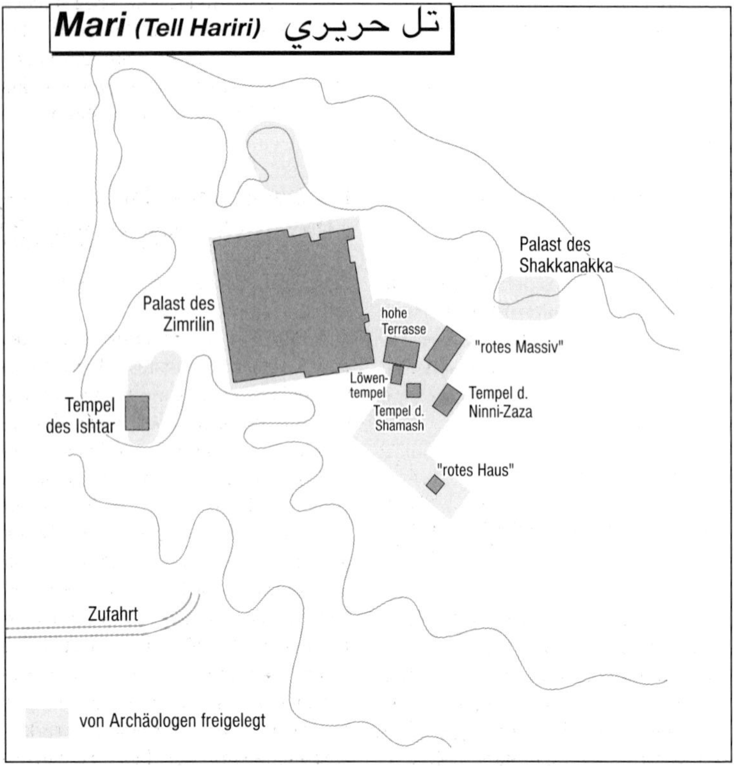

Mari (Tell Hariri) تل حريري

Palast des Shakkanakka
Palast des Zimrilin
hohe Terrasse
"rotes Massiv"
Löwentempel
Tempel d. Ninni-Zaza
Tempel d. Shamash
Tempel des Ishtar
"rotes Haus"
Zufahrt
von Archäologen freigelegt

Eine andere Besonderheit des Palastes von Mari bestand darin, dass einer seiner großen Höfe die Werkstatt eines Perlmuttschneiders beherbergte. Zahlreiche seiner Werke sind erhalten, man kann sie, zusammen mit anderen Funden, in Damaskus und Aleppo bewundern.

Der wesentliche Bereich des Palastes wurde überdacht (daran erkennt man auch den Palast und den Thronsaal). Man betritt das Palastareal von Westen her (einst war der einzige Zugang zur Stadt im Norden) und steht bald schon unter dem großen Plastikdach zum Schutze der Ruinen. Darunter befinden sich der große Hof, die Bibliothek, in der man bei Ausgrabungen die 25.000 Tontäfelchen fand, die detailliert Aufschluss über das Leben in Mari geben, und die Thronsäle. Im Nordwesten der Anlage befanden sich die Privatgemächer, im Südosten fand man die Verwaltungsräume und Werkstätten, die Speicher waren im Südwesten. Eine Führung lohnt für Kenner der arabischen Sprache, wer aussagekräftige Informationen auf Englisch erwartet, wird enttäuscht werden.

Praktische Informationen

Eintrittskarten (300 Lira, Studenten 15 Lira) gibt es am Wächterhaus bei Abu Ali. Hier auch eine Campingmöglichkeit mit Duschen.

Von Mari sind es noch 9 km bis nach **Abu Kamal,** dem letzten Posten auf syrischem Boden. Nachdem die Grenze zum Irak aufgrund der angespannten Beziehungen beider Länder geschlossen wurde, verliert die Stadt mehr und mehr an Lebendigkeit, gewinnt jedoch an Polizeipräsenz! Mir wurde der Eintritt in die Stadt verwehrt, wegen irgendwelcher Spannungen. Deswegen gibt es kaum praktische Infos zu dieser Stadt. Sorry!

Der Reichtum der Stadt ist auffallend, viele der Einwohner scheinen in Kuwait oder Saudi-Arabien zu arbeiten. Aufgrund der ehemaligen Grenze gibt es alle Versorgungsmöglichkeiten, einschließlich einiger eher mieser Hotels, ansonsten ist hier nichts los.

Wer nicht denselben Weg zurück möchte, sollte in Abu Kamal den Euphrat überqueren und auf der linken Uferseite (schlechtere Straße, beschildert nach Qamishli) zurückfahren.

E 4: Der az-Zor – Halabiya/ Zalabiya – Raqqa – Aleppo

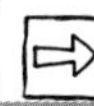

Insg. 317 km, lauter gute Straßen.

Die Route führt **im ersten Teil (bis Raqqa)** durch traumhaft schöne Landschaft. Bis Raqqa bestehen zwei Varianten: eine nördlich, eine südlich des Euphrat. Beide Straßen verlaufen quasi in Sichtweite voneinander. Die südliche Straße ist die bessere von beiden, dafür durchfährt man auf der nördlichen Strecke mehrere kleine nette Ortschaften. Nach etwa 46 km (egal auf welcher Strecke) sind die **Ruinen der Schwesterburgen Halabiya und Zalabiya** zu besichtigen. Es gibt direkt bei den Ruinen eine Schwimmbrücke, so dass man sich nicht für eine der beiden Strecken entscheiden muss, um beide Stätten besichtigen zu können. Zalabiya, die Ruinen der nördlichen Strecke, sind weniger interessant anzusehen, lohnen aber wegen des schönen Blickes auf Halabiya. Auch von Halabiya ist so viel nicht mehr übrig, dennoch sind beide Burgen, gerade auch weil sie so nah beieinander, direkt an den Ufern des Euphrat, stehen, etwas ganz Besonderes.

Sehr schön ist die Route zu früher Morgenstunde (dann sollte man sich als Autofahrer unbedingt für die nördliche Route entscheiden, da man dann beim Blick auf den Fluss und die dahinterliegenden Berge die Sonne im Rücken hat) oder kurz vor Sonnenuntergang (dann sollte man als Autofahrer aus denselben Gründen unbedingt die südliche Route nehmen). Reisende mit öffentlichen Verkehrsmitteln sind auf die südliche Route angewiesen und kommen dann noch nicht einmal bis zu den Ruinen – es sei denn, sie mieten sich bereits ein Taxi ab Der az-Zor (das, für einen Tagesausflug, nicht mehr als 100 DM kosten darf).

Hinter Raqqa ändert sich die Landschaft. Es wird langweiliger und Industrieanlagen häufen sich. Dennoch lohnen auf dieser Strecke zwei Abstecher: nach **Rusafa** (für diejenigen, die sich nicht für die Wüstendurchquerung entschieden haben, und vor allem für Reisende mit öffentlichen Verkehrsmitteln, die hier endlich mal ein tolles Ausflugsziel finden, das auch sie problemlos erreichen können; vgl. S. 427) und das **Qala'at Djabr,** eine Burg oberhalb des Asad-Stausees, die wieder nur mit dem Pkw zu erreichen, aber unbedingt lohnenswert ist!

Öffentliche Verkehrsmittel

- Ab Der az-Zor fahren täglich mehrere **Busse** nach Raqqa (über die südliche Euphratstraße) und weiter bis Aleppo.
- Mit dem **Zug** kann man von Der az-Zor über die nördliche Strecke über Raqqa bis Aleppo fahren (siehe Verkehrsverbindungen Der az-Zor).

Anfahrt mit dem Auto (beschrieben wird hier die südliche Strecke): Ausgangspunkt ist der Nordkreisel kurz vor dem Cham-Palace Hotel (= **Km 0**). Der az-Zor im Rücken geht es hier geradeaus. Die Straße führt vierspurig aus dem Ort heraus, vorbei am Hotel.

Km 5 – Kreisel. Hier geradeaus.

Km 6 – Rechts kann man eine alte Steinbrücke sehen, dahinter fließt sanft der Euphrat in seiner ganzen Schönheit dahin. Die weitere Fahrt durch das hügelige Land bietet immer wieder wunderschöne Ausblicke auf die Felder und Ebenen des Flusses.

Km 12 – Man überquert ein großes Wadi mit einer Steinbrücke links. Die Straße führt entlang eines Bergmassivs.

Km 46 – Rechts Abzweig nach Halabiya.

Abstecher nach Halabiya und Zalabiya حلبية

Die Burg von Halabiya, dem alten Zenobia, wurde **im 3. Jahrhundert** von der **Königin Zenobia** als Verteidigungsanlage errichtet. Schon kurze Zeit nach ihrer Erbauung wurde sie von den Römern besetzt.

540 von den Sassaniden zerstört, wurde sie kurz danach von den Byzantinern wieder errichtet, aber sie konnte sich nur kurz behaupten. 610 wurde sie endgültig von den Sassaniden zerstört und seitdem nie wieder aufgebaut.

Das Besondere an Halabiya und der Schwesterburg Zalabiya ist eindeutig die Lage vis-à-vis an den Ufern des Euphrat. Halabiya gehört zu den schönsten Orten im Osten Syriens. Zu sehen sind vor allem die Befestigungsanlage, die Grabtürme im Norden (aus römischer Zeit) sowie die Reste einer Basilika.

Anfahrt: Freitags, wenn syrische Familien diesen Ort zum Picknick aufsuchen, hat man eventuell Chancen, beim Trampen mitgenommen zu werden, ansonsten hilft nur gutes Schuhwerk und Ausdauer (insg. 16 km), um die Ruinen ohne eigenes Auto erreichen zu können. Mit dem Auto biegt man bei **Km 46** rechts auf eine kleine Teerstraße, der man 8 km folgt. Halabiya liegt dann direkt vor einem.

Die Hauptstraße entfernt sich nun vom Fluss und führt durch sanftes Hügelland.

Km 66 - Von der Hochebene geht die Straße wieder bergab ins Euphrattal. Abwechslungsreiche Landschaft.

Km 69 - Durchfahrt von *Suwaida,* einem kleinen Ort.

Km 115 – Links nähert sich das Gebirge, bis die Straße direkt am Gebirgsfuß entlangführt. Immer wieder durchfährt man kleine Dörfer.

Km 130 - Eine Allee beginnt, der Wegweiser zeigt noch 10 km nach Raqqa.

Km 133 - Rechts geht es nun nach Raqqa ab, eine vierspurige Eingangsstraße führt uns ins Stadtzentrum. 3 km nach der Abzweigung gabelt sich die Straße. Hier geht es rechts. 7 km nach dem Abzweig geht es am Kreisel links ins Zentrum.

Raqqa الرقة

Raqqa ist eine **schreckliche Stadt.** Keine Innenstadt, kein Suq, die sehenswert wären, und das Wenige, das anzuschauen sich lohnt, rechtfertigt kaum einen Aufenthalt. Da hilft auch keine glorreiche Geschichte, die die Stadt zweifelsohne hinter sich hat.

Schon zu hellenistischer Zeit gab es in diesem Gebiet Siedlungen, am angrenzenden **Tell Bi'a** war sogar eine babylonische Stadt. Interessant wird Raqqas Geschichte jedoch erst unter den Muslimen, die die Stadt im Jahre 640 einnahmen. Schon Anfang des 8. Jahrhunderts unter den Umayyaden wurde Raqqa Hauptstadt der Djazira, seine Blütezeit erlebte es jedoch unter dem großen, uns allen aus 1001 Nacht bekannten Harun ar-Rashid, der Ende des 8. Jahrhunderts dort lebte. Auf ihn gehen die alte Stadtmauer, nicht weit vom Zentrum entfernt, und das **Bagdad-Tor** zurück. Das total kaputtrenovierte Mädchenschloss, das **Qasr al-Banat,** stammt aus dem 12. Jahrhundert. Lohnenswert ist einzig das **Museum**, das Exponate aus der Region vorstellt. Für Besucher von Rusafa kann Raqqa außerdem als Ausgangspunkt dienen. Das gilt im besonderen Maße für Reisende mit öffentlichen Verkehrsmitteln.

Zentrum des Ortes bildet der Uhrturm. Um ihn gruppieren sich Hotels und Restaurants, hier sind die Post und die Commercial Bank of Syria.

Praktische Informationen

Telefonvorwahl: 022

Hotels

Es ist nicht ganz leicht, Tipps für eine akzeptable Unterkunft zu geben. Es gibt kein wirklich gutes Hotel, die nachfolgend aufgeführten sind „Not-Tipps". Besser ist es, man versucht weiterzukommen. Für Frauen allein ist keines der Hotels zu empfehlen. Wenn unbedingt nötig: Ich habe (allein unter Männern) im Hotel Ammar gewohnt. Der Mann an der Rezeption war freundlich.

•Karnak

1 km westlich des Uhrturms Richtung Bahnhof, Sh. al-Mashfa al-Watani, Tel. 23 22 65. DZ 50 $.

„Schickstes" Hotel am Ort. Viel zu teuer für das, was man bekommt. Kaum sauberer als die anderen, düster und etwas heruntergekommen.

•as-Siyaha

Sh. al-Quwwatli, Tel. 22 07 25. DZ 325 Lira, ohne Bad, 450 mit Bad.

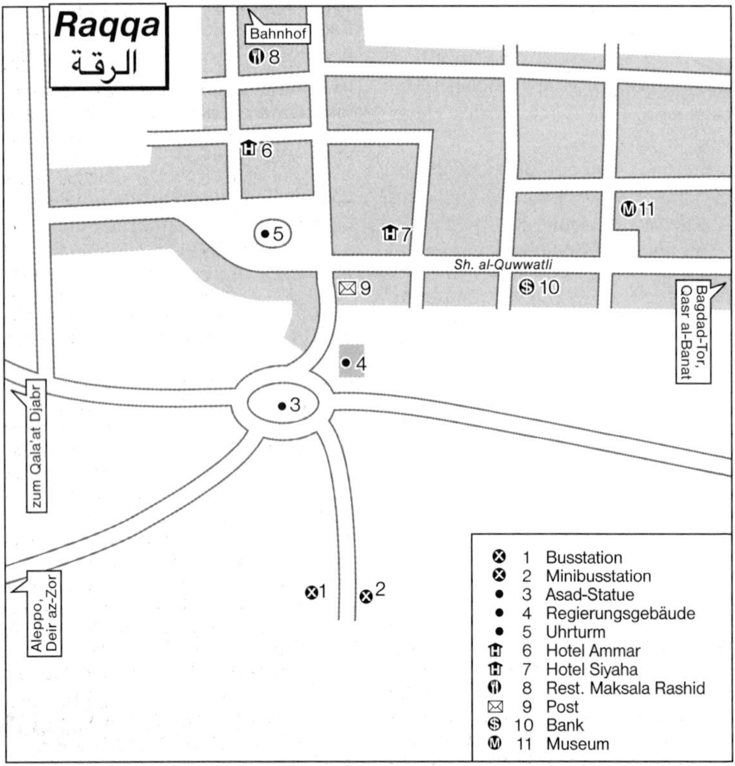

Raqqa
الرقة

Bahnhof
Sh. al-Quwwatli
Bagdad-Tor, Qasr al-Banat
zum Qala'at Djabr
Aleppo, Deir az-Zor

- 1 Busstation
- 2 Minibusstation
- 3 Asad-Statue
- 4 Regierungsgebäude
- 5 Uhrturm
- 6 Hotel Ammar
- 7 Hotel Siyaha
- 8 Rest. Maksala Rashid
- 9 Post
- 10 Bank
- 11 Museum

Schreckliches Hotel. Dunkel, voll mit Rauch und Frauen, die aussehen wie Prostituierte – wahrscheinlich der Puff der Stadt. Sehr unangenehm!

•**Ammar**

50 m vom Uhrturm entfernt in einer Seitengasse, Tel. 22 26 12, DZ 400 Lira, EZ 200 Lira. Einfachst, aber nicht gänzlich unangenehm. Für mich das sympathischste Hotel.

Essen und Trinken

•Das **Restaurant des Hotel Karnak** ist leidlich ansprechend.

•**Einfachstrestaurants rund um den Uhrturm** bieten das Übliche: gegrillte Hähnchen und Humus.

•Ein nettes Restaurant mit Alkoholausschank (und entsprechendem Publikum) ist das **Maksafa Rashid** in einer Seitenstraße, die von der Straße zum Bahnhof abgeht (parallel zum Hotel Ammar). Hübscher Garten, angeblich gute Küche.

Abends ist in Raqqa nichts los.

Medizinischer Notfall

•Ein **deutschsprachiger Arzt** ist Dr. Ibrahim Mahmud Sha'ib. *Tel. 23 81 95.*

Museum

Ein kleines Museum, das Exponate aus der Umgebung vorstellt, ist in der *Sh. al-Quwwatli.* Öffnungszeiten 8–14 Uhr, Eintritt 300 Lira, Studenten 15 Lira.

Verkehrsverbindungen

Die Bahn

Es fahren ein Zug nachts nach **Aleppo/Damaskus** (4 Uhr morgens) und einer nach **Der az-Zor** und **Qamishli** (2 Uhr morgens). Reservierung notwendig.

Busse

Der Busbahnhof ist nahe beim Ortseingangskreisel, südlich des Uhrturms. Hier fahren zu fast jeder Zeit Busse **in alle Richtungen** (Damaskus 7 Std., 225 Lira, Der az-Zor 2 Std. 60 Lira). Busse nach Palmyra fahren über Der az-Zor. Minibusse (Abfahrt nahe des Busbahnhofs) nach Rusafa (Mansura) fahren nur vormittags. Der letzte Karnak-Bus nach Aleppo (2,5 Std., 85 Lira) fährt um 2 Uhr morgens los.

Rund ums Auto

Werkstätten

Einige kleinere Werkstätten finden sich an der *Sh. al-Quwwatli,* nahe des Museums.

Post und Telecom

Beide befinden sich in der *Sh. al-Quwwatli.*

Geldwechsel

•Die **Commercial Bank of Syria** befindet sich auch in der *Sh. al-Quwwatli* und ist von 8–14 Uhr und von 17–20 Uhr geöffnet.

Ausflüge

•Wer nicht weiter nach Aleppo fährt oder aber schnell dorthin möchte, ohne einen Schlenker über den Asad-Stausee zu machen, sollte zumindest einen Ausflug von Raqqa zum **Qala'at Djabr**, einer romantisch gelegenen Burg, unternehmen (siehe weitere Route).

•**Samstags** bietet sich ein Ausflug nach **Mansura** an, denn dann wird dort ein **großer Markt** abgehalten. Die Bauern kommen in buntesten Trachten aus der ganzen Umgebung, um hier um alles zu feilschen. Farbenprächtig!

•Ein absolut sehenswertes Ausflugsziel ist **Rusafa** (Ortsbeschreibung siehe S. 427).

Öffentliche Verkehrsverbindung dorthin: Von Raqqa fahren regelmäßig Minibusse nach al-Mansur, oder man nimmt einen Bus nach Aleppo oder ath-Thaura und lässt sich in Mansur absetzen (ca. 5 Lira). Ab dort geht es mit einem Minibus weiter nach ar-Rusafa (ca. 25 Lira). Letzterer fährt nur sehr unregelmässig, also Geduld mitbringen und vorher erkundigen, wann die letzte Rückfahrt ist! Wem das zu lange dauert, kann sich auch ein Taxi nehmen.

Anfahrtsbeschreibung mit dem Pkw: Bis Mansura folgt man der weiteren Routenbeschreibung, dann geht es links ab. Ab hier folgt man der Routenbeschreibung F 4. Bis Rusafa sind es von Mansura noch 25 km.

Man verlässt Raqqa, wie man hineingefahren ist. Nach 7 km ist man wieder auf der Hauptstraße zwischen Der az-Zor und Aleppo. Dieser folgt man nach rechts. Die weitere Kilometerzählung missachtet den „Abstecher" nach Raqqa. Nachdem man jetzt wieder auf der Hauptstraße ist, weitet sich das Tal.

Km 141 – Es geht bergauf. Nach rechts hat man eine schöne Aussicht. Kurz danach entfernt sich die Straße wieder vom Fluss, den man ab und zu noch sehen kann.

Km 155 – Rechts kann man jetzt die Euphrat-Staumauer erkennen. Die Landschaft ist nun ganz und gar weit. Bei **Km 158** ist der Ortsanfang von **al-Mansur** erreicht. Nach 1 km erfolgt links die Abfahrt (mit Hinweisschild) nach ar-Rusafa. Schnell lässt man den Ort hinter sich und folgt der Straße durch eine recht öde Landschaft, vorbei an Dörfern mit modernen Betonbauten.

Km 178 – Links zweigt die neue Straße nach Hama ab. Kurz danach geht es rechts nach **ath-Thaura** bzw. zur Burg Qala'at Djabr – ein Abstecher, den man sich auf keinen Fall entgehen lassen sollte.

Abstecher zur Qala'at Djabr und zum Asad-Stausee قلعة جعبر

Der See ist das **größte stehende Gewässer Syriens** und wirklich eine wahre Augenweide!

In Djarabulus, dem antiken Hittite, betritt der Euphrat Syrien. Etwa 170 km weiter südlich wird er durch eine Staumauer gestaut. Nahe diesem Damm, mit dessen Bau 1963 begonnen wurde, befindet sich die Burg Djabr. Seit 1973 staut sich nun der Fluss und gab Syrien damit die Kontrolle über seine Stromerzeugung. Heute gehören der See und die Stromerzeugung zu den Vorzeigeprojekten des Landes. Nachdem die Türkei

allerdings ihrerseits begann, mit einem eigenen Damm den Euphrat zu stauen, fließt das Wasser nur noch unregelmäßig, und Syrien befürchtet eine zu starke Kontrolle von Seiten der Türkei.

Nur zwei kleine Orte liegen direkt am See: ath-Thaura (die Revolution) und Muraibit. Der südlichere, ath-Thaura, ist mit Minibussen von Raqqa aus zu erreichen. Die kleine Stadt wurde zur Zeit der Errichtung des Staudamms als Arbeiterlager und erste Ausweichmöglichkeit für die Menschen, deren Dörfer im See verschwanden, gebaut. Von hier gelangt man zum **Qala'at Djabr,** dem Ausflugsziel Nr. 1 von Raqqa.

Die **Burg** (eintritt 300 Lira, Studenten 15 Lira, Di geschl.), deren Erbauer und Erbauungsdatum man nicht kennt (wohl vorislamisch), liegt auf einer Halbinsel im Asad-Stausee. Ihre **traumhafte Lage** hoch über dem See, Bademöglichkeiten und ein nettes Restaurant locken wochenends jede Menge Syrer an, daher sollte man den Ort lieber unter der Woche aufsuchen.

Ihre strategisch günstige Position oberhalb des Euphrat machte die Burg **über Jahrhunderte** hinweg zu einem **umkämpften** Ort, nicht zuletzt waren auch Kreuzritter im 12. Jahrhundert die Burgherren. Im 13. Jahrhundert wurde sie zum letzten Mal restauriert und spätestens mit dem Einfall der Mongolen zerstört.

Am besten erhalten sind die Umfassungsmauern und die Türme. Aber es sind nicht diese Ruinenreste, die den Besuch lohnen, sondern die wunderschöne Sicht, die herrliche Ruhe und die einmalige Lage! Ein nettes Restaurant befindet sich hier, Camper können hier nächtigen.

Wer von der Hauptstraße zur Burg möchte, muss die Staumauer überqueren. **Öffentliche Verkehrsverbindungen gibt es nicht.** Man kann aber bis nach ath-Thaura einen Minibus von Raqqa nehmen und dort versuchen, in einem Auto mitgenommen zu werden.

Auf einer Halbinsel im Asad-Stausee gelegen: die Burg Qala'at Djabr

Wer in der beneidenswerten Lage ist, über ein Auto zu verfügen, dem seien des Weiteren kleine Ausflüge nördlich der Burg empfohlen. Immer wieder stoßen Straßen an den See und versinken dann in den Fluten. Somit hat man zumindest Zugangswege zum See!

Anfahrtsbeschreibung: Man biegt kurz nach der Abzweigung nach Hama rechts ab. Nach 700 m überquert man die Bahnschienen, nach 5 km hat man den Ortseinfahrtsbogen von ath-Thaura erreicht. Es geht nun immer geradeaus bis zur Polizeisperre, die den Beginn der Staumauer kennzeichnet. Hier muss man eventuell den Pass abgeben. Danach beginnt die Brücke. Hier darf weder angehalten noch fotografiert werden.

3 km hinter der Brücke biegt man links ab, nun geht es immer geradeaus. Nach 8 km macht die Straße eine weite Linkskurve, man kann See und Burg vor sich sehen. Bei der nächsten Gabelung geht es links weiter. Rechts gelangt man zu kleinen Stränden. 3 km danach ist die Burg erreicht.

Km 192 – Überquerung eines Wadis. Die Landschaft ist öde und langweilig.

Km 195 – Links das Dorf *Abu Asi.*

Km 227 – Abzweig rechts zum **Minarett von Maskanah (Balis).** Wer möchte, kann hier 1 km ins Land hineinfahren und das Minarett betrachten, das man vor dem alles verschlingenden Stausee gerettet hat – wunderschön gelegen und gut von der Straße aus sichtbar, also leicht zu finden!

Weiter führt die Straße durch eine sehr ländliche Gegend, ab und zu erhascht man noch einen Blick auf Bienenwabenhäuser, ansonsten geht die Straße nach ungefähr 90 km in die Stadtautobahn von Aleppo über, der wir folgen, vorbei am Flughafen ins Zentrum. Wer weiter möchte, folgt der Umfahrung (Beschilderung).

Die Wüste

Vielleicht hat Allah die Wüste nur erschaffen, damit der Mensch sich an den Oasen erfreuen kann.
(aus: P. Coelho: *Der Alchimist*, Zürich 1996)

Die Araber sprechen nicht von einer Wüste oder Wildnis wie wir. Warum auch? Ihnen ist es eben keine Wüste, keine Wildnis, vielmehr ein Land, das sie bis ins Kleinste kennen, ein Mutterland, dessen geringe Produkte ihnen von Nutzen sind. Sie verstehen es, an den unendlichen Flächen Freude zu haben, sie ehren das Rauschen des Sturmes. Sie besangen in mancher Strophe die Lieblichkeit der bewässerten Stellen, sagen von der Fliege, die dort brummt, wie von einem Mann, der in Weinlaune Lieder summt, seinem eigenen Ohr zum Genuß, von den Regentümpeln, die gleich Silber glitzern oder, wenn der Wind sie träufelt, wie der Panzer eines Kriegers schimmert. Wenn sie die trockenen Wasserläufe kreuzen, treffen sie auf die geheimnisvollen Wunder der Nacht, wo die Sterne an das Himmelsgewölbe geschmiedet scheinen, als wollte die Dämmerung für immer säumen.
(aus: Gabriele Bell:
Die Wüsten und Kulturstätten Syriens,
Leipzig 1905)

Die Wüste. Eigentlich eher eine **Wüstensteppe.** Sie trennt das Zweistromland vom *Djabal Sahiliya,* dem Mittelmeergebirge. Nur wenige Straßen durchlaufen sie, die meisten folgen **Pipelines,** die Öl aus dem Zweistromland an die Küste transportieren. Das Land ist **sehr dünn besiedelt,** die einzi-

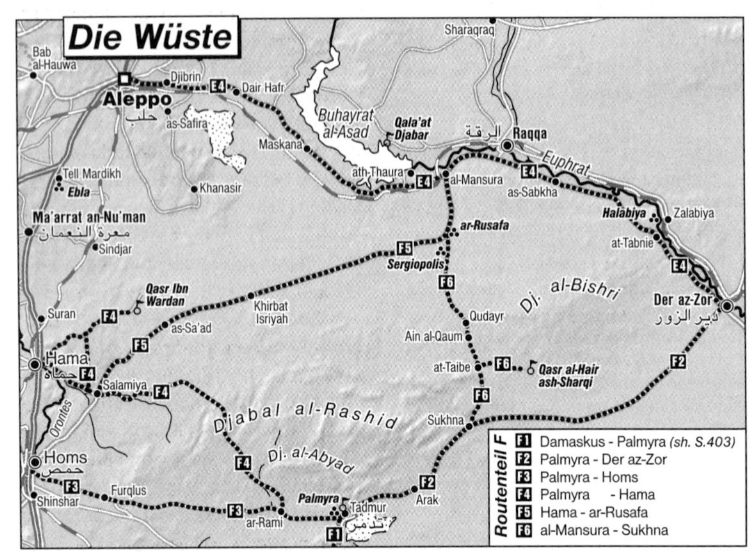

ge Stadt, die diese Bezeichnung verdient, ist Palmyra oder Tadmur, wie sie in Syrien genannt wird. Die meisten Bewohner der Region sind **Beduinen,** die ein recht autarkes Leben führen. Ist man auf den wenigen Straßen unterwegs, wird man immer wieder auf die aus Ziegenhaar gewobenen Beduinenzelte stoßen, immer wieder auf Kamel- oder Ziegenherden treffen. An den wenigen Wasserstellen, die es gibt, tränken die Beduinen ihre Tiere und füllen ihre Wasservorräte auf. Fahrende Schulen unterrichten ihre Kinder, altersschwache Lkws lösen immer häufiger die alten Reittiere ab, und dennoch scheint in den Zelten der Nomaden die Zeit ein wenig stehen geblieben zu sein. Gastfreundschaft, in der Wüste überlebenswichtig, wird hier ganz groß geschrieben. Dennoch wäre es fatal zu glauben, ein Zelt stünde jedem Besucher immer offen. Ganz im Gegenteil: Als Tourist sollte man niemals ein Zelt ohne ausdrückliche Einladung betreten!

Die Wüste. Hier gibt es keine Grenzen, der Horizont scheint sich ins Unendliche zu weiten. Und die Wüste bietet noch viel mehr als das Erlebnis großer Freiheit und Unbeschränktheit: umayyadische Wüstenschlösser, altorientalische Ausgrabungsstätten und eine einmalige Landschaft.

Routenteil F

F 1: Damaskus – Dumair – al-Busairi – Palmyra

Insg. 239 km (Variante A) bzw. als Variante B 286 km; durchgehend gute Straßen, häufige und gute Verkehrsverbindungen!

Variante A dieser Route stellt den Beginn der schnellsten Verbindung zwischen Damaskus und Bagdad dar, weswegen sie auch **„Bagdad-Strecke"** getauft wurde. Die Route führt durch reizvolle Wüstenlandschaft, wobei die schönere Strecke auch die längere, nämlich Variante B ist, die man wiederum nicht öffentlich bereisen kann (bzw. nur Teile der Strecke, nämlich bis Nasiriya). Zahlreiche Abstecher bieten sich auf der Route an, leider nur ein einziger darunter, der auch mit öffentlichen Verkehrsmitteln machbar ist. Lohnenswerte Stopps sind Dumair (öffentlich gut erreichbar mit großen Bussen Richtung Palmyra oder Minibussen ab der Station, an der auch die Busse nach Maalula abfahren) und, fährt man Variante B, Huwwarin (öffentlich nur schwer zu erreichen, per Minibus ab Homs).

Öffentliche Verkehrsmittel

- **Variante A:** Ab Damaskus-Busbahnhof fahren zahlreiche Busse direkt nach Palmyra. Zu empfehlen ist die Firma Qadmus, die die Strecke fast stündlich fährt (zweites Büro auf der linken Seite). Aufpassen, nicht alle Busse halten überall! Wer nur eine Teilstrecke fahren möchte, sollte sich vorher genauestens erkundigen!
- **Variante B:** Keine öffentliche Verbindung!

Für die **Anfahrt mit dem Auto** ist der Ausgangspunkt der Abbassidenkreisel in Damaskus = **Km 0**. Man verlässt die Stadt in Richtung Aleppo. Die ersten 19 km sind Autobahn.

Km 19 – Autobahnabfahrt Palmyra/Der az-Zor/Bagdad. Hier biegt man rechts ab und fährt weiter Richtung Bagdad. Kurz nach der Abfahrt Gabelung der Straße. Hier geht es links nach Dumair/Palmyra (beschildert).

Km 22 – Kreuzung. Rechts Richtung **Dumair** (Dmeir) und Palmyra.

Km 28 – Bei der Gabelung muss man rechts fahren.

Km 39 – Ortseinfahrt von **Dumair** (Dmeir), beim Kreisel geht es links weiter nach Palmyra, geradeaus ins Ortszentrum. Wer will, kann hier einen kleinen Abstecher in den Ort machen.

Dumair

↗VI,A3

Die wichtigste Sehenswürdigkeit Dumairs ist der römische Tempel, der in den letzten Jahren sorgfältig restauriert wurde. Seit der Antike war der Ort eine wichtige Etappe vor der Durchquerung der syrischen Wüste. Hier konnte man noch einmal Wasser auftanken und ausruhen, bevor der lange Marsch begann. Der **Tempel** (eines der besterhaltenen Bauwerke der Antike!) stammt **aus dem 3. Jahrhundert** und war **Zeus geweiht**. Er wurde auf den nabatäischen Ruinen eines Baal Shamin-Altars errichtet und ist nur in Begleitung eines Wärters (der nahebei wohnt, fragen Sie nach ihm) zu besichtigen. Das Gebäude hat einen rechteckigen Grundriss, in den inneren Ecken befinden sich vier Türme. In islamischer Zeit wurden die beiden Portale an den Schmalseiten zugemauert, um den Tempel als Festung zu benutzen.

In Dumair muss man sich für eine Streckenführung entscheiden: Der schnellere Weg nach Palmyra führt über die Bagdad-Strecke. Sie ist schön, wenn auch weniger abwechslungsreich (auch wenn man hin und wieder an Beduinenzelten und hohen Bergen vorbeifährt) als die zweite Variante, dafür aber gut ausgebaut. Außerdem gibt die Strecke Gelegenheit für einen Abstecher zu einem Khan. Variante B ist die schönere und abwechslungsreichere Strecke (auch durchgehend asphaltiert), dafür aber auch einige Kilometer länger und nicht ganz so gut ausgebaut. Hier gibt es verschiedene lohnenswerte Stopps und Abstecher. Ausgangspunkt ist bei beiden Varianten Km 41, der Abzweig links nach Djibrud.

Km 39 – Ortseinfahrt Dumair, links Abzweig zur Dorfumfahrung.

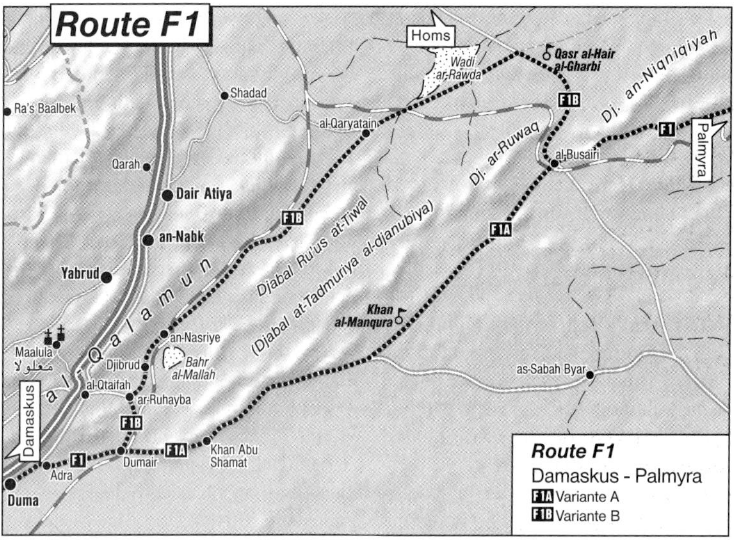

Route F1

Route F1
Damaskus - Palmyra
F1A Variante A
F1B Variante B

Km 41 – Links geht es nun zur Variante B ab, wir fahren geradeaus direkt nach Palmyra.

Variante A

Km 44 – Kreuzung. Hier stößt die Ortsdurchfahrung auf die Umgehungsstraße. Links der Straße beginnt das Haimur-Gebirge, rechts weite Ebenen, in denen man Reste einer **römischer Militärstation** sehen kann, deren Ruinen z.T. noch recht gut erhalten sind.

Km 59 – Auf der rechten Straßenseite ist ein Steinbruch zu sehen. Kurz danach gabelt sich die Straße. Hier geht es links ab. Rechts geht es zum **Khan Abu Shamat,** in dem heute eine Kontrollstation untergebracht ist, manchmal findet hier eine Passkontrolle statt.

Km 82 – Links liegt eine kleine Siedlung mit einer neuen, fast schon iranisch anmutenden Moschee.

Km 100 – Kreuzung mit Polizeistation. Nach Bagdad, Homs und Palmyra fährt man geradeaus. An dieser Kreuzung liegt eine Tankstelle (eine der wenigen auf dieser Strecke). Die Strecke führt nun auf das Gebirge zu, schon bald aber liegen die schönen Berge des **Djabal at-tadmuriya al-djanubiya,** des südlichen Tadmur-Gebirges, wieder neben uns.

Km 111 – Abzweig links zum **Khan al-Manqura,** ein kurzer Abstecher ist möglich. Die brauchbare Piste führt gute 2 km nach Norden, wo man auf die Reste der alten umayyadischen Karawanenstation stößt.

Km 156 – Überquerung der Eisenbahnlinien (kein Personenverkehr). Kurz danach ist der Ort **al-Busairi** (kaum Häuser, klein!) erreicht. Kreuzung. Hier stößt von links die Straße von Homs und somit die Variante B auf die Route, rechts geht es nach Bagdad. Durchfahrt durch den Ort geradeaus.

Variante B

Km 41 – Links geht es nach **Djibrud** ab (Beschilderung). Wir verlassen also die Bagdad-Strecke und fahren statt dessen in das schöne Wadi, das sich zwischen dem südlichen Tadmur-Gebirge und dem Atiyah-Gebirge hinzieht.

Anfangs führt die Strecke durch herrliche Landschaft, über weiße Berge mit schönem Gestein.

Km 50 – Ortseinfahrt von *ar-Ruhaibe,* einem Ort, den wir durchfahren.

Km 52 – Die Straße macht eine Linkskurve. Danach geht es noch im Ort rechts ab. Beschilderung nur auf Arabisch (grün mit weißer Schrift, drei Pfeile nach rechts).

Km 60 – Die ersten Häuser von **Djibrud** sind zu sehen. Kurz danach ist ein Kreisel erreicht. Hier weist ein Wegweiser nach Damaskus (links). Rechts geht es nach Nasiriya (nur auf Arabisch beschriftet). Wir folgen dem Schild nach Nasiriya. Bei der bald folgenden T-Kreuzung geht es links. Man folgt dem Straßenverlauf.

Km 66 – Rechts kann man in der Ferne das **Bahr al-Mallah** (das Salzmeer) sehen.

Die Einheimischen nennen den Salzsee **„Stadt der Dämonen"**, arab. *Madjnuna.* Auch wenn es sich hierbei nicht um eine Stadt handelt, sondern um eine Ansammlung verschiedener, bizarr geformter Felsen am Rande des Salzsees, so ist der Name keinesfalls aus der Luft gegriffen: Von Ferne glaubt man eine gewaltige Ruinenstadt vor sich zu haben, die von Geistern bewohnt ist (über Piste zu erreichen).

Km 75 – *Nasiriye* ist erreicht. Hier befindet sich für eine längere Strecke die letzte Tankstelle.

Km 80 – Unterquerung der Eisenbahnlinie. Die Straße führt entlang der Phosphatbahnlinie. Die Fahrt verläuft durch beeindruckende Wüstenlandschaft. Links im Hintergrund die Berge des Atiy; man fährt durch die Ebene, die man vom Kloster Dair Mar Musa aus sehen kann. Wäre das Kloster größer, müßte man es von hier sehen können.

Km 101 – Die Straße entfernt sich wieder von den Bahngleisen und nähert sich rechts dem Gebirge.

Km 133 – Der Ort **al-Qaryatain** ist erreicht, eine kleine Oase mit hübschen Moscheen. Hier am Kreisel geht es links nach Huwwarin, unsere Route führt jedoch weiter geradeaus.

Zu den Ruinen der Huwwarin

Vom zweiten umayyadischen Kalifen Yazid ist bekannt, dass er die Jagd liebte, die Frauen und den Wein. Das brachte ihm in der islamischen Welt wenig Bewunderung ein, aber dennoch war er der Kalif eines (wenn auch sehr angeschlagenen) islamischen Reiches. Sein bevorzugtes Jagdgebiet war das Gebiet um Huwwarin, eine byzantinische Siedlung. Hier starb Yazid und hier wurde er auch begraben, so zumindest behaupten es zeitgenössische Poeten. Huwwarin war eine Zeit lang Residenzstadt der Umayyaden, und bis heute ist ein Gebäude erhalten, welches den Namen **„Yazids Schloss", Qasr Yazid,** trägt. Die Ruinen des Ortes (gut erhalten ist vor allem eine dreischiffige Basilika im Norden der Siedlung) stammen jedoch aus byzantinischer Zeit, sind aber auf Resten älterer Bauwerke entstanden.

Anfahrt: Am ersten Kreisel der Umgehungsstraße von al-Qaryatain links ab in Richtung Shadad/Homs. Nach 15 km liegen rechter Hand die Ruinen.

Km 137 – Bahnübergang.

Km 161 – T-Kreuzung. Links führt die **Schnellstraße nach Homs.** Unsere Route führt nach rechts Richtung al-Busairi. Rechts und links der Straße kann man Wasserlöcher sehen, an denen, genügend Wasser vorausgesetzt, Beduinen ihre Tiere tränken. Wenn es warm genug ist, baden hier auch häufig Kinder – schönes Bild!

Km 175 – Linker Hand finden sich die Ruinen des **Qasr al-Hair al-Gharbi** (siehe Ausflüge Palmyra) neben einer Brunnenstation. Eine Piste führt direkt zu den Ruinen. Beschilderung auf Englisch!

Vor uns sehen wir nun das grandiose Bergrelief des **Djabal Tadmur.**

Km 191 – Die Straße führt in das Gebirge, rechts verläuft wieder eine Eisenbahnlinie.

Km 202 – Talverengung. Hier kann man rechts auf einer einfachen Piste 2 km zur alten **Staumauer des Stausees Harbaqa** fahren. Es ist nicht mehr viel zu sehen.

Km 204 – Der Ort **al-Busairi.** Variante A und Variante B der Route kommen hier zusammen. Abzweigung im Ort links Richtung Palmyra, geradeaus geht es nach Bagdad.

Km 161 (Km 209) – Links liegt das nette **Bagdad Café.**

Km 176 (Km 224) – *Khnifis,* ein kleiner Ort mit großem Steinbruch.

Km 199 (Km 247) – Gabelung. Hier links der Beschilderung folgen. Zwei weiterer Abstecher zum **Khan al-Hallabat** und zum **Qasr as-Sukkari** sind möglich (Beschreibung bei den Ausflügen von Palmyra aus).

Nach weiteren **38 km** mündet die Schnellstraße von Homs auf die Bagdad-Strecke, drei Kilometer weiter ist links das Cham-Palace Hotel Palmyra zu sehen, und das Ruinenfeld liegt in seiner ganzen Großartigkeit da – geschafft!

Halt in der Wüste

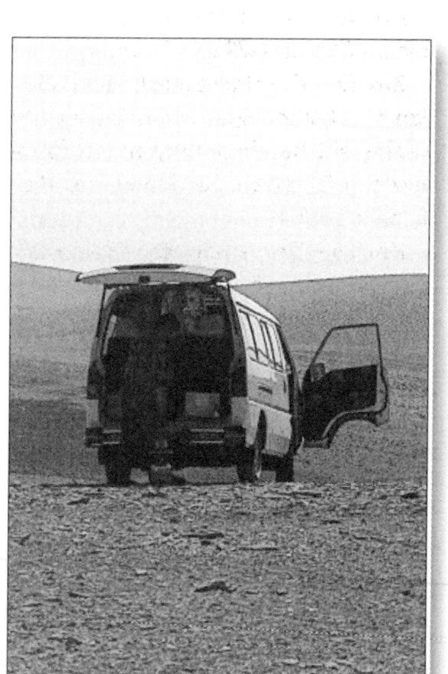

Palmyra (Tadmur)

↗VII,D1
تدمر

Palmyra ist das schönste Ruinenfeld Syriens und ein touristischer Höhepunkt für jeden Syrienreisenden! Die römische Säulenstraße, der Baal-Tempel, das Tal der Gräber und nicht zuletzt die Zitadelle, die hoch oben auf dem Berg thront, zeigen einen Querschnitt durch die Geschichte des Landes.

Niemand kann sich der Faszination Palmyras entziehen, niemand kann die Augen verschließen vor der Pracht, die sich hier auftut. Auf halbem Wege zwischen dem Orontes und dem Euphrat gelegen, war die Oase von **Tadmur,** wie die Stadt in Syrien heißt, bedeutender Haltepunkt für vorbeiziehende Karawanen und wichtiger Warenumschlagplatz. Heute macht Palmyra einen geradezu ausgestorbenen Eindruck. Menschen und Tiere haben das Land um Palmyra verlassen, um weniger karge Gebiete aufzusuchen.

Der Ort lebt zunehmend vom **Tourismus,** aber dennoch hat die Oasenwirtschaft ihre Bedeutung nicht ganz verloren. Neben dem Ruinenfeld liegt die eigentliche Stadt. Sie ist recht neuen Datums und weist, wie die meisten syrischen Kleinstädte (30.000 Einwohner), keine Besonderheiten auf.

Geschichte

Palmyra kann auf eine lange Geschichte zurückblicken. Man geht davon aus, dass bereits im Paläolithikum eine Siedlung bestanden haben muss. Unklar ist, wie groß diese war. Im 2. Jahrtausend v.Chr. wurde Tadmur, wie es schon bei den Assyrern hieß (nach den Datteln, die da wuchsen), zu einer Stadt. Im Dunkeln liegt der weitere Verlauf der Geschichte. Man weiß, dass die Stadt zu hellenistischer Zeit so gut wie unabhängig war. Als die Römer sich ihr näherten, das wird aus den Quellen deutlich, war Tadmur eine **blühende, reiche Handelsstadt.** Ihre Grenzsituation war dabei einzigartig. Die Stadt profitierte vom Handel mit Rom, Indien und China. Tadmur lag auf der direkten Handelsroute vom östlichen Mittelmeer nach Indien und war dank seiner Oase eine **wichtige Karawanenstation.** Kulturell war die Stadt ein Bindeglied zum Reich der Parther im heutigen Iran, hatte aber ansonsten eine eigenständige Kunst und Kultur. Das Volk von Tadmur sprach **Aramäisch**, der größte Bevölkerungsteil war arabisch, und das änderte sich auch nicht, als das Reich zumindest nominell im 1. Jahrhundert v.Chr. römisch wurde. Anfang des 3. Jahrhunderts n.Chr. wurde die Stadt zur römischen Kolonie ernannt und Palmyra (benannt nach den Palmen dort) getauft, nachdem sie kurze Zeit **Hadriana** geheißen hatte, zu Ehren Hadrians, der 126 n.Chr. dort gewesen war und sie zu einer freien Stadt erklärte hatte. Das Hadrianstor, am Anfang der Kolonnadenstraße, erinnert noch daran.

Palmyras wirtschaftliche Bedeutung wuchs. Herrscher in Palmyra war de facto **Odainat (252–267),** der sich in die Dienste Roms gestellt hatte, um so besser gegen die Angriffe der persischen Sassaniden gewappnet zu sein, die das Reich noch immer bedrohten. Nach seinem Tod (man vermutet, dass er durch Verehrer seiner Frau **Zenobia** umgebracht wurde oder gar von ihr selbst) und dem von seiner Witwe nicht gewünschten Übergang der Macht auf ihren gemeinsamen Sohn, ging die Frau in die Offensive und initiierte den wohl bestorganisierten Aufstand, den die Stadt je erlebte. Sie erkämpfte **Palmyras Unabhängigkeit von Rom,** unter ihr dehnte sich das Reich **bis nach Anatolien** aus. Zenobia schuf ein blühendes Königreich, das seinesgleichen suchte. Um die Königin ranken sich zahlreiche Legenden, denn sie gehört zu den wenigen Frauen der Geschichte, die es schafften, solch ein großes Reich zu beherrschen. Es gibt Vermutungen, dass sie eine Nachfahrin der legendären Königin von Saba gewesen sei – und Behauptungen, sie sei die schönste Königin gewesen, die Arabien je hatte.

Sie hielt sich nicht lange an der Macht. Aurelian schaffte es 273, die Schöne zu besiegen. Sie floh nach Osten, wohl um Schutz bei den Sassaniden zu finden, aber Aurelian spürte sie auf und brachte sie nach Rom (es gab Gerüchte, Zenobia sei im Euphrat ertrunken, sie wurde dort aber wohl eher gefangen genommen). Mit diesem Sieg war die Blütezeit der Stadt vorbei. Palmyra war zwar noch ein wichtiges strategisches Zentrum, seine Bedeu-

Palmyra – im Vordergrund die Ruinen der Bäder, rechts hinten die Zitadelle

tung als Handelsmetropole verblasste jedoch.

Im **4. Jahrhundert** wurde Palmyra **Bischofssitz,** der Baal-Tempel wurde zur Kirche umfunktioniert. Die Perser hörten nicht auf, die Stadt anzugreifen, um sie zu erobern. 634 erreichten die Muslime die Stadt, aber auch das brachte keine Wende. Die Umayyaden hatten ihre eigenen Schlösser gebaut (das Qasr Hair ash-Sharqi und al-Gharbi) und waren auf die Stadt nicht angewiesen. Den endgültigen Todesstoß versetzte Palmyra **im 10. Jahrhundert** ein großes **Erdbeben.** Die Ruinen wurden verlassen und dienten nur noch Beduinen als Unterschlupf.

Das Tetrapylon bei Sonnenaufgang

Sehenswürdigkeiten

Das Areal ist so groß, dass man mindestens zwei, wenn nicht gar **drei Tage einplanen** muss, um der ehemaligen Stadt wenigstens ansatzweise gerecht zu werden. Ein guter Führer ist in jedem Fall zu empfehlen, denn einerseits weiß er viel zu berichten, andererseits kann er gerade im Tal der Gräber das eine oder andere verschlossene Grab öffnen. Am besten, man erklimmt zunächst die Burg, die selbst zwar wenig Spektakuläres zu bieten hat, von der sich aber ein herrlicher Blick über das Ruinenfeld und hinaus in die Landschaft bietet; auf diese Weise gewinnt man einen Überblick über Palmyra und kann so auch die Ausmaße der früheren Stadt einschätzen.

Qala'at Ibn Ma'n, wie die Burg in Syrien genannt wird, wurde aller Wahrscheinlichkeit nach **unter den Mamluken errichtet,** konnte sich aber nicht lange halten. Sie ist – sieht man vom modernen Ort Tadmur ab – das jüngste Bauwerk der Stadt. **Im 17. Jahrhundert** wurde sie **unter dem Osmanen Fakhr ad-Din al-Ma'n wieder hergerichtet,** dem sie auch ihren Namen verdankt. Die Burg bietet nichts Besonderes, auch wenn der Zugang zu dem alten Gemäuer wirklich schön ist. Ein alter Wärter verlangt hin und wieder Eintritt, ist aber sehr freundlich. Man kommt leicht zu Fuß zu der Burg hoch (es sieht viel schwerer aus, als es ist), oder man fährt mit dem Geländewagen am Reitplatz vorbei nach oben.

Den Rückweg können Kletterfreudige direkt über den Berg ins Tal der Gräber wagen, ansonsten empfiehlt es sich, die Piste wieder zurück zu laufen, wo man nördlich des Ruinenfeldes ankommt.

Aufgrund der gigantischen Ausmaße von Palmyra können an dieser Stelle nur die wichtigsten Bauwerke beschrieben werden. Der Leser möge mir das verzeihen! Anhand des Planes im Kartenatlas am Ende des Buches lassen sich auch die hier nicht näher beschriebenen Gebäude und Ruinen aufsuchen.

Beginnen wir die Besichtigung am Baal-Tempel, dem wohl wichtigsten Bauwerk Palmyras.

Der Baal-Tempel

Der Tempel (vgl. auch Plan auf der nächsten Seite), der sich am Ostende der Kolonnadenstraße befindet, **gehört zu den wichtigsten religiösen Gebäuden des ersten nachchristlichen Jahrhunderts im Nahen Osten.** Er wurde in verschiedenen Epochen immer wieder erweitert und umgebaut. Der älteste Teil stammt aus hellenistischer Zeit, aber nur noch Steine in den Außenwänden im Nordwesten und Südosten der Tempelanlage zeugen davon. Die zweite Bauperiode fiel ins Jahr 32 n.Chr. In dieser Zeit entstand der Schrein, das eigentliche Heiligtum. Zwischen 80 und 120 n.Chr. wurde der Außenraum des Heiligtums gebaut. Wände und Säulenreihen, an der nördlichen Seite des Tempels sogar Doppelreihen, fassen ihn ein. Im späten 2. Jahrhundert entstanden die großen Eingangsportale, hervorzuheben ist darunter das grandiose Westportal. Unter Römern und Christen wurde der Tempel umgebaut, seit dem 8. Jahrhundert diente er gar als Moschee. Ein letztes Mal wurde er im 13. Jahrhundert von den Ayyubiden baulich verändert – zu einer Festung.

Man betritt den Tempel durch ein Ticketzimmer im Westen des Gebäudes. Hier hat man sein Eintrittsgeld von 300 Lira zu entrichten. Man gelangt durch dieses Zimmer in den großen Hof, der von Säulenreihen umschlossen wird. Gleich links ist der Eingang, in der Nordwestecke des Tempels kann man noch die Reste des Ganges sehen, durch den die Opfertiere ins Innere gebracht wurden.

Im Inneren des Baal-Tempels: Blick auf das Westtor

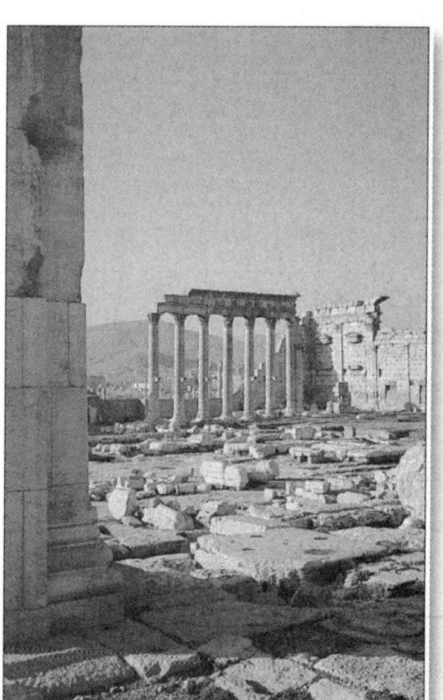

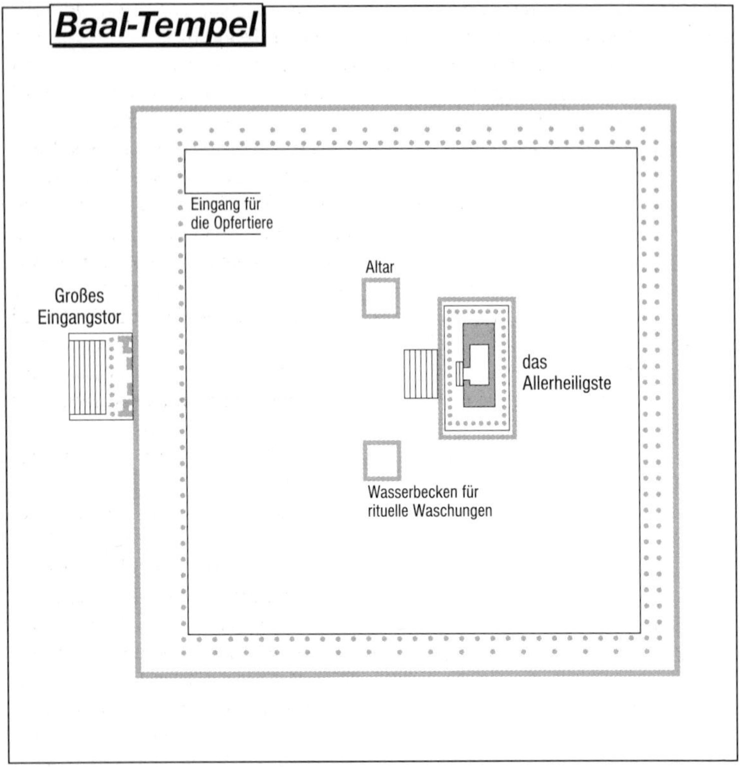

Baal-Tempel

Eingang für die Opfertiere

Altar

Großes Eingangstor

das Allerheiligste

Wasserbecken für rituelle Waschungen

In der Mitte des Tempels befindet sich das Heiligtum, das so genannte **Allerheiligste.** Davor findet man zwei Opferaltäre, rechts des Schreins ist ein Wasserbecken für die rituelle Waschung zu sehen.

Der Tempel war einer palmyrenischen **Dreiergottheit** gewidmet: **Baal, Aglibol** und **Yarhibol,** deren Statuen einst in den Kultnischen des Allerheiligsten standen. Die drei Gottheiten verkörperten die Sonne (Yarhibol), den Mond (Aglibol) und Jupiter (Baal). Baal war ein semitischer Gott mit mehreren Erscheinungen. Baal bedeutet nicht viel mehr als „Herr", auch in Ugarit wurde Baal als Gottheit verehrt und zwar als Sohn von Al, dem Gottvater. Eine andere Erscheinung von Baal ist der Gott Baal-Shamin, ein kanaanischer Gott, der häufig mit Zeus aus seleukidisch/römischer Zeit oder Hadad, dem assyrischen Wettergott, gleichgesetzt wurde. Er gilt als Herrscher des Himmels.

Das Allerheiligste ist mit einem auffallenden Rankenschmuck verziert. Auch im Inneren der Kultnischen finden sich reichlich Verzierungen. Die Kultnische im Süden des Heiligtums barg wahrscheinlich eine tragbare Statue von Baal, die man an Festtagen herausholte. Der innere Tempel war vollständig überdacht, und nur die Priester hatten Zugang.

Auch die Reliefs, die sich in einigen der Steine rund um den Tempel und im Inneren des Hofes finden, sind sehr interessant. Wer Zeit und Muße hat, sollte sich unbedingt länger in diesem Areal aufhalten. Weitere Informationen kann man dem Ausstellungskatalog „Land des Baal, Syrien – Forum der Völker und Kulturen" (Mainz 1982) entnehmen sowie der Literatur, die es im Ticketraum zu kaufen gibt.

Die Kolonnadenstraße und die anschließenden Ruinen

Direkt gegenüber dem Tempel sieht man das **Hadrianstor,** mit dem die Kolonnadenstraße beginnt. Es ist eines der beliebtesten Fotomotive. Hier stehen Beduinen mit ihren Kamelen, um den Touristen durch das Ruinengelände zu begleiten. Das Tor stammt aus dem 3. Jahrhundert und besteht aus drei Torbögen. Aus derselben Zeit stammt auch die **Kolonnadenstraße**, die dahinter beginnt und heute noch bis zum Tetrapylon hervorragend erhalten ist. Bevor man aber die Kolonnadenstraße abläuft, sollte man sich das Tor etwas genauer ansehen. Die Innenbögen sind bis ins Detail verziert und zeugen noch heute von der einstigen Pracht. Gleich links neben dem Tor liegen die Reste des **Nebo-Tempels.** Er ist nicht größer als 9 x 20 m und wurde auch von Säulen umfasst. Zu sehen ist nicht mehr allzu viel: die Reste des Schreins und die Stümpfe der Säulen, die ihn umgaben.

Man geht nun auf der 11 m breiten Säulenstraße. Die Säulen wurden von reichen Bürgern der Stadt gestiftet und hatten Konsolen, auf denen Statuen der wichtigsten Bewohner der Stadt standen. Sie wurden entlang der Straße aufgestellt, die Palmyra von Ost nach West durchlief. Bald schon rechts sind die Reste einer **Bäderanlage** zu sehen, die vom Ende des 3. Jahrhunderts stammt. Gut zu erkennen ist vor allem das tiefe Wasserbecken.

Etwas weiter links sieht man dann das relativ gut restaurierte **Theater.** Bis in die 50er Jahre des 20. Jahrhunderts waren die meisten Reste des Theaters unter Sand vergraben. Dann begann man im Rahmen von Grabungsarbeiten mit einem Wiederaufbau. Am besten hat man die Bühne restaurieren können. Einst soll das Theater dreißig Sitzreihen gehabt haben, heute sind noch neun erhalten. Es wird spekuliert, dass die früheren Sitzreihen zumindest teilweise aus Holz waren. Man vermutet, dass die ältesten Mauern des Theaters aus der ersten Hälfte des 2. Jahrhunderts stammen, eindeutig jüngeren Datums ist jedoch die Bühne, die wie die Kolonnadenstraße aus dem 3. Jahrhundert ist.

Hinter dem Theater befindet sich der einstige **Senat.** Dahinter liegt die **Agora,** der Versammlungsplatz, auf dem auch Märkte abgehalten wurden. Der Platz war vollständig eingemauert und durch elf Tore zu betreten. Am besten erhalten ist die Mauer im Osten der Agora.

Folgt man der Kolonnadenstraße, stößt man unweigerlich auf das **Tetrapylon,** den Kreuzungspunkt der beiden Hauptstraßen. Nur noch eine der vier großen Säulen ist authentisch, die anderen sind Nachbildungen.

Rechts geht es nun zum kleinen **Baal-Shamin Tempel.** Dieser winzige Tempel ist noch sehr gut erhalten und gehört mit seinem großem Bruder, dem Baal-Tempel, zu den frühesten palmyrenischen Heiligtümern. In seiner heutigen Form wurde er unter Hadrian errichtet, zuvor war er wohl nur eine Opferstelle. Im 4. Jahrhundert wurde der Tempel zu einer Kirche umgebaut.

Zurück beim Tetrapylon wendet man sich nach Nordwesten, in Richtung des Tals der Gräber. Ein ganzes Stück weiter, am Ende der ehemaligen Kolonnadenstraße, stößt man auf das **Diokletianslager,** einen Ruinenkomplex, der aus der Zeit Ende des 3. Jahrhunderts stammt. Benannt wurde das Lager nach dem römischen Kaiser, der 284–305 regierte. Es handelte sich wahrscheinlich um ein Militärlager. An seiner Südecke kann man noch die Reste des **Damaskus-Tores** erkennen. Das Lager wurde auf den ältesten Bauten der Stadt errichtet. Erhalten aus dieser Zeit sind noch die Ruinen des **al-Lat-Tempels** aus dem 1. nachchristlichen Jahrhundert. Al-Lat war eine arabische Göttin, sie wird häufig mit der mesopotami-

schen Göttin Ishtar und der griechischen Athena in Verbindung gebracht. Eine Götterstatue von Athena soll in diesem Areal gefunden worden sein.

Von hier aus ist es nur noch ein Katzensprung ins Tal der Gräber, wohin wir uns nun wenden.

Das Tal der Gräber

Für dieses weitläufige Areal braucht man, um es wirklich erkunden zu können, einen ganzen Tag. Das liegt an den großen Distanzen, die innerhalb des Tales zurückzulegen sind, und an der Entfernung der Gräber vom eigentlichen Ort Tadmur. Wer schon den ganzen Tag die Ruinen besichtigt hat, wird außerdem müde sein und nicht auch noch solch weite Strecke laufen wollen. Wer möchte, kann sich ein Auto für den Tag mieten, vernünftig vor allem im Sommer, wenn die Hitze das Marschieren erschwert.

Das Tal der Gräber erstreckt sich westlich des Djabal Husainiya und zieht sich über einen Kilometer hinweg. Am schönsten ist es zu erkunden, wenn die gerade aufgegangene Sonne in das Tal hinein scheint.

Die **Grabtürme** waren ursprünglich eine **palmyrenische Besonderheit.** Wahrscheinlich stammen sie schon aus hellenistischer Zeit, aber noch im 3. Jahrhundert wurden verstorbene Mitglieder reicher Familien darin aufgebahrt. Die Grabtürme konnten **bis zu vier Stockwerke** haben. Diese waren untereinander **durch einen großen Korridor und Treppen verbunden.** Die Särge wurden durch Schächte in den jeweiligen Stockwerken in den Turm befördert. Verschlossen wurden die Gräber mit Reliefplatten, auf denen das Gesicht des Verstorbenen eingeritzt war. Neben den Grabtürmen gab es Gräber unterhalb der Erde. Häufig wurden Türme und unterirdische Gräber miteinander verbunden. Es kam auch immer wieder vor, dass Leichname erst unter der Erde und später dann in einem oberen Stockwerk bestattet wurden.

Die Grabtürme der drei Brüder

Von außen betrachtet sind die Grabtürme meist schlicht, innen aber sind großartige Verzierungen zu entdecken.

Besonders drei Grabtürme sollte man sich ansehen:

1. Das **Grab des Kithoth** befindet sich beim Diokletianslager. **40 n.Chr.** errichtet, hat es eine Höhe von 10 m. An der östlichen Fassade kann man ein Relief des Verstorbenen sehen. Es ist das **älteste Grab** in Palmyra und zeigt Einflüsse der parthischen Kunst.

2. Das **Grab des Yamliku** liegt etwa 300 m vom ersten Grab entfernt und stammt von **83 n.Chr.** Es ist ein sehr schönes Familiengrab rechts der Turmgruppe. Man hat darin Seide aus China gefunden, was auf den weiten und bedeutenden Palmyra-Handel jener Zeit hinweist.

3. Das **Grab des Elahel** stammt von **103 n.Chr.** und liegt weiter hinten im Tal, etwa 600 m von dem des Yamlikus entfernt. Es ist das **größte und bekannteste unter den Gräbern** und gut erhalten. Hier konnten 3000 Tote beigesetzt werden.

Zurück auf der Straße, die in den Ort führt, kann man nun noch einen kleinen Abstecher zu den **Grabtürmen der drei Brüder** machen, schräg gegenüber des Cham-Palace Hotels, die man auch von innen besichtigen kann. Nahebei befindet sich auch die **Afqa-Quelle**. Näheres dazu siehe unten unter dem Stichwort Hammam auf S. 417.

Praktische Informationen

Telefonvorwahl: 031

Touristeninformation

Neben dem Restaurant Oasis, Tel. 91 05 74.
Theoretisch von 8–14 und von 16–18 Uhr geöffnet, Fr nur bis 12 Uhr, im Winter seltener.

Hotels

Edel

•Cham Palace*****
An der Straße nach Damaskus, PO Box 135, Tel. 91 22 30, Fax 91 22 45, Reservierung läuft über Damaskus (Tel. 011/223 23 00, Fax 222 61 80), DZ ab 180 $, EZ ab 150 $, Suite bis 1300 $.
Luxushotel in der Nähe der Ruinen, etwas außerhalb gelegen mit schönem Pool, Tennisplatz, Garten und schönen Zimmern im Stil der 70er Jahre. Wie in jedem Hotel dieser Kette gibt es ein gutes Restaurant, Bar, Disko und Souvenirläden. Da das Hotel in der Nähe der Schwefelquellen liegt, bietet es auch Sulfurbäder an.

Schick

•Villa Palmyra***
Sh. Abd an-Nasr, direkt neben dem Museum, Tel. 91 01 56 und 91 36 00-3, Fax 91 25 54, DZ 50 $, EZ 40 $.
Sehr schönes und recht neues Hotel im Zentrum, mit geschmackvoll eingerichteten Zimmern, gutem Restaurant und Blick über die Ruinen.

Die goldene Mitte

•Tower***
Sh. Abd an-Nasr, Tel. 91 01 16, Fax 91 02 73. DZ 30–50 $, EZ 20 $.
Hier können auch kleine Appartements für 4 Personen gemietet werden, hübsch ist vor allem der kleine Salon auf dem Dach, der in einem Beduinenzelt untergebracht ist, wo man herrlich den Sonnenuntergang bestaunen kann.

•Orient (ash-Sharq)***
Seitenstrasse der Sh. Abd an-Nasr, Tel. 91 01 31, Fax 91 07 00, DZ 30 $, Preisverhandlungen möglich!
Sauberes Hotel mit nettem Restaurant im 4. OG, etwas sterilen Zimmern mit jeglichem Komfort (AC, TV, Kühlschrank). Beliebt bei Reisegruppen.

•An-Nakhil**
Seitenstraße der Sh. Abd an-Nasr, Tel./Fax 91 07 44, DZ 17 $, EZ 15 $.
Kleines, schnuckeliges Hotel mit sauberen Zimmern, die erst im Dezember 1999 frisch renoviert wurden – neue Bäder! Die Räume sind mit Beduinendekor ausgestattet und wirklich hübsch, wenn auch sehr klein. Heizung und Ventilator werden – im Falle der Benutzung – extra berechnet, was nicht teuer ist. Sehr nettes Personal, sehr netter Besitzer! Unbedingt empfehlenswert, auch für allein reisende Frauen!

Einfach, aber schön

•Citadel
Am Platz beim Museum, Tel. 91 05 37, Fax 91 29 70, DZ mit Bad zw. 700 Lira und 20 $, ohne Bad 600 Lira. EZ ohne Bad 250 Lira, mit Bad 350 Lira (je nach Saison).
Nettes Hotel mit meist schönen Zimmern (nicht in das dunkle Loch abschieben lassen, das als Zimmer vermietet wird!). Freundliche Leute, Preise Verhandlungssache. Problemlos auch für allein reisende Frauen!

•Silk Road
Am Platz beim Museum, Tel./Fax 91 29 81, PO Box 74, DZ 400-500 Lira, EZ 150-225 Lira (alle Zimmer mit Bad).
Sehr nettes Hotel (eröffnet im Juni 1999) mit freundlichen Leuten, leider auch ein paar dunklen Zimmern, aber absolut sauber. Ahmad, der Sohn des Besitzers, spricht etwas

Die Legende um das Hotel Zenobia

„Der Ursprung dieses Hotels ist eines der wundersamsten Märchen, und ich werde es Zeit meines Lebens erzählen", sagt Mahmud, während er einen Zug aus seiner Nargileh tut. „Und ich bin der einzige, der es erlebt hat."

„Es war einmal eine sehr schöne Frau aus Frankreich gekommen, die sich Gräfin Dordain nannte. Klug und reich, seit jeher von der Wüste, von Beduinen und arabischen Rassepferden träumend, ließ sie sich mit ihrem Mann und ihren Kindern in Palmyra nieder. Sie bewunderte leidenschaftlich die Königin Zenobia und war entschlossen, die Legende um sie wieder aufleben zu lassen und den Ruhm des Wüstenkönigreichs zu erneuern. Zuerst erstellte sie dieses große Haus, das jetzt das Hotel ist und das ihr Schloss war. Sie richtete Stallungen ein, in denen sie die schönsten Pferde hielt, und hatte zahlreiche Diener, alles Beduinen. Ich war einer der ersten und der ihr am nächsten Stehende. Ihr Schloss wurde, unter dem französischen Mandat, zum Sammelpunkt aller hohen französischen und arabischen Persönlichkeiten. Alle Generäle, Hochkommisare, Offiziere, Minister, Deputierte und hohen Beamten besuchten sie und berieten sich mit ihr. Sie gab Empfänge, die großartiger waren als die irgendeines Oberhauptes oder vornehmen Herrn. Uns, den Einwohnern, gegenüber war sie von außerordentlicher Güte. Sie kannte jeden im Dorf und tat allen Gutes. Niemand bat sie je um eine Gunst, die nicht sofort bewilligt wurde. Sie wurde vergöttert." „Und ihr Mann?" fragte ich. „Er wurde eines Abends in einer Scheune auf seinem Besitztum von einem mysteriösen Beduinen ermordet, den man nie ausfindig machen konnte. Böse Zungen setzten das Gerücht in die Welt, dass sie für diesen Mord verantwortlich sei... Allah alleine weiß es."

Mahmud schwieg und schien sich in eine ferne Träumerei zu verlieren... Man hörte nur noch das leise Gurgeln des Wassers im Gefäß der Nargileh. Ich weiß nicht, woran Mahmud dachte; wusste er, dass Odänathus, der Mann Zenobias, unter denselben Umständen ermordet worden war? War eine solche Ähnlichkeit möglich?

„Und was wurde dann aus Ihrer Schlossherrin?" „Ah, da fragen Sie mich zuviel. Zu Beginn des letzten Krieges verließ sie das Land. Ich habe später von Reisenden vernommen, dass sie Besitzerin eines Fischkutters wurde und dass eines Tages eine Meuterei an Bord ausbrach. Die Gräfin wurde von ihren eigenen Leuten über Bord geworfen".

(aus: S. Jargy: Das Buch der Reisen, 1963)

Hotel Zenobia***

Quasi in den Ruinen, hinter der Touristeninformation, Tel. 91 29 07, Fax 91 24 07, DZ 79 $, EZ 58 $. Reservierung ist nötig, innerhalb der Hauptsaison sogar Wochen vorher. Akzeptiert American Express und Visa.

Wunderschönes Hotel, z.T. in Art Deco eingerichtet, mit ausgesprochen freundlichem Personal. Eröffnet unter französischem Protektorat, gehört dieses Hotel wohl zu den schönsten Hotels in Syrien. Etwas hellhörig, aber mit unvergleichlichem Charme. Auf einer herrlichen Terrasse unter Olivenbäumen und Palmen, inmitten der Ruinen, oder aber in einem Beduinenzelt wird sehr gutes Essen serviert. Wie immer in dieser Preisklasse auch für allein reisende Frauen zu empfehlen!

Englisch und hilft gerne weiter. Sehr gutes Preis-Leistungsverhältnis! Ich denke, auch für allein reisende Frauen dürfte es hier angenehm sein.

●**New Afqa**
Hinter der Post, Tel. 91 03 86, DZ 500 Lira.
Nett, viele Traveller, einfach und sauber. Übernachtungen in der Wüste werden organisiert.

●**Al-Faris**
An der Straße zur Zitadelle, Tel. 91 25 14.
Einfaches Hotel etwas abseits des Rummels, gegenüber dem Feld, auf welchem jährlich im April der Kamel- und Schafmarkt stattfindet. Absolut ruhig, sehr liebenswürdiger Besitzer, dessen Frau auf Anfrage auch leckere Kleinigkeiten kocht. Einfach, aber sauber und ganz sicher sympathisch.

●Es gibt inzwischen 25 Hotels, von denen nicht alle zu empfehlen sind. Die meisten befinden sich an der Hauptstraße und/oder in den Seitengassen davon. In der Regel sind die Preise Verhandlungssache, so dass man im Winter, wenn die Hotels leer sind, gute Chancen hat, billig unterzukommen. Von Juli bis Mitte Oktober ist Hochsaison. Dann steigen die Preise ins Unendliche und es kann vorkommen, dass alle Betten belegt sind. Wer dann nicht unter freiem Himmel im Ruinenfeld übernachten möchte – was ich mir, mal davon abgesehen, dass es ziemlich unbequem ist, recht romantisch vorstelle (Vorsicht allerdings vor Schlangen und Skorpionen!)–, tut gut daran, rechtzeitig zu reservieren oder aber früh morgens in Palmyra anzukommen.

●**Nicht zu empfehlen** sind die **Hotels New Tourist und Bel,** beide sind ziemlich dreckig und unangenehm!

Ein romantisches Hotel außerhalb

●**Zenobia*******
Ein funkelnagelneues Hotel (eröffnet im Dezember 1999, nach Angaben der Besitzer, ich habe es nie vollendet gesehen!), romantisch in komfortablen Beduinenzelten untergebracht, weit außerhalb des Ortes. Es wurde vom selben Besitzer wie das Zenobia in Palmyra eröffnet, daher der gleiche Name. Es liegt 35 km entfernt von Palmyra, die letzten 15 km sind Piste; entsprechend ruhig ist es dort. Pool, Sauna (bei den Schwefelquellen) und ein Restaurant geben dem Reisenden das Gefühl von einmaligem Luxus in der Wüste. Reservierung und nähere Informationen über das Zenobia-Hotel in Palmyra.

Camping

Einen offiziellen Campingplatz gibt es in Palmyra nicht, wer aber möchte, kann **beim Hotel Zenobia** sein Zelt aufbauen oder seinen (Camping-)Bus abstellen. Sanitäranlagen für Camper sind vorhanden, auch eine Übernachtung im Beduinenzelt ist möglich (p.P. 200 Lira).

Restaurants

Wirklich edel

●...ist wohl nur das **Restaurant des Cham Palace!**

Schick und schön

●**Zenobia**
Sehr gute internationale und syrische Küche bietet das Restaurant des Hotels. Gespeist wird im Sommer auf der Terrasse oder unter dem Beduinenzelt, im Winter in den schönen Innenräumen.

●**Bel**
An der Straße nach Der az-Zor, Tel. 91 12 14.
Im Frühjahr 2000 noch nicht eröffnetes Restaurant, vom Besitzer des Zenobia Hotels angemietet, so dass man von einer guten Qualität ausgehen kann. 1,5 km von Palmyra entfernt soll es in einem Haus, das den alten Ruinen nachempfunden wurde, untergebracht sein.

●**Tadmur Tourist**
Am Platz vor dem Museum, neben der Karnak-Station.
Auf einer schönen Terrasse werden syrische Leckereien, auch vegetarisch, angeboten.

Einfach und lecker

Entlang der Hauptstraße finden sich zahlreiche einfache Restaurants, die das Übliche servieren. Weitere, von Touristen seltener aufgesuchte Restaurants liegen an der Straße nach Der az-Zor. Fast immer gute Küche! Hervorzuheben sind folgende:

•**Sindbad** und **Spring Restaurant**
An der Hauptstraße.
Beide sind einfach, billig und gut. Im Sindbad kann man ein Mansaf vorbestellen, was sehr gut sein soll!
•**Al-Wadi**
Neben dem Museum, etwas versteckt.
Sehr hübsches Gartenrestaurant unter einem Bambusdach und mit guter syrischer Küche.
•**Alkoholausschank** gibt es, neben dem **Zenobia,** auch im **Tadmur Tourist** und im **Venus** Restaurant (Nebenstraße der *Sh. Abd an-Nasr).*
•Gewarnt wurde ich vor dem **Traditional Palmyra** Restaurant, weil hier das Essen häufig verdorben sein soll. Ich habe es lieber erst gar nicht ausprobiert...
•Leckere **Shawarma** und **Sandwichs** sowie frisch ausgepressten Orangensaft gibt es gleich am Anfang der *Sh. Abd an-Nasr.*

Cafés und Teehäuser

•**l'Oasis**
Neben der Touristeninformation.
Hübsches Café mit herrlichem Garten unter Palmen (gehört zum Zenobia-Hotel).

Abends...

•Wer hätte es sich nicht verdient: Ein **Bier auf der Terrasse des Hotels Zenobia** weckt Träume von vergangenen Zeiten... Hier können auch allein reisende Frauen in aller Ruhe ihre „Blue Hour" genießen.
•Palmyra ist klein, kann aber dennoch mit einer Bar aufwarten: Ganz lustig ist die **Bar des Hotels Villa Palmyra,** aber nur für Männer angenehm.

Hammam

•Eine „öffentliche", alte römische **Quelle mit Sulfur-Wasser** findet sich neben dem Cham-Hotel, an der Afqa-Quelle. Hier gehen die Kanäle für die Versorgung der Stadt ab. Das warme Wasser soll Heilkräfte haben – nicht unlogisch bei dem Schwefelgehalt! Der Besuch der Quelle ist aber für europäische Frauen eher anstrengend, da hier vorwiegend männliches Publikum zugegen ist. Eintritt: 50 Lira incl. Dusche und Handtuch.

Baden

•Wer Erholung in einem westlichen **Schwimmbad** sucht, findet das im Cham-Palace (teuer).

Museen

•Das **Historische Museum** Palmyras vermittelt dem Betrachter einen Überblick über die Geschichte und Kultur der Stadt. Gut beschriftete Exponate (tägl. außer Di, 9–18 Uhr, im Winter bis 16 Uhr, Eintritt 300 Lira, für Studenten 15 Lira).
•Das **Ethnografische Museum** neben dem Baal-Tempel bietet dem Betrachter wenig Neues. Nicht besonders liebevoll eingerichtet, lohnt keinen Besuch!

Medizinischer Notfall

Neben dem ethnografischen Museum ist die **Station des Roten Halbmondes** zu finden.

Verkehrsverbindungen

Man kommt nach Palmyra auf drei Arten: Mit dem **Bus,** dem **Minibus** (an der Hauptstraße) oder dem **Taxi** (vor dem Museum). Für weitere Strecken ist der Bus vorzuziehen, Taxis und Minibusse sind jedoch gerade für die kurzen Strecken nicht schlecht und v.a. für Ausflüge zu gebrauchen.

Es gibt keinen zentralen Busbahnhof! Jede Buslinie fährt von einem anderen Standort aus weg.
Karnak *(Tel. 91 02 88)* fährt zu folgenden Zeiten (häufige Änderungen wahrscheinlich):
•**Damaskus:** 10.30, 12.30, 13.45, 17.15 Uhr (100 Lira, 4 Std.)
•**Homs:** 7.30, 14.30 Uhr (65 Lira, 2 Std.)
•**Der az-Zor:** 13.30, 15.15, 17.30, 19, 21 Uhr (75 Lira, 3 Std.)
•**Abu Kamal:** 15.15, 21 Uhr (125 Lira, 5 Std.)
•**Qamishli** (über Hassaka): 13.45 Uhr (160 Lira, 6 Std.)

Platzreservierung ist nicht möglich. Ist der Bus voll, muss man auf den nächsten warten. Abfahrt: Zentral am Kreisel, vor dem Restaurant Tadmur Siyaha.
•**Qadmus** *(Tel. 91 20 18).* Busse **nach Damaskus und Der az-Zor/Qamishli.** Hier ist

eine Reservierung möglich, Abfahrt fast stündlich an der Straße nach Der az-Zor.

- Dasselbe gilt für **Damastour** (nur auf Arabisch beschriftet, *Tel. 91 00 47)*, das direkt daneben liegt.

Rund ums Auto

Mietwagenfirma

- Die einzige Autovermietung im Ort findet sich **im Hotel Zenobia.** Mit Fahrer und Benzin kostet das Auto pro Tag 70 $, für Gäste des Hotels gibt es einen Discount von 15%.

Werkstätten

Jede Menge Werkstätten finden sich an der Ausfallstraße nach Der az-Zor.

Hauptpost

Die einzige Post des Ortes liegt am Rondell. Hier befindet sich auch die einzige internationale Telefonzelle. Geöffnet tägl. außer Fr bis 14 Uhr.

Geldwechsel

Es gibt in Palmyra **keine Bank.** Umtausch ist nur in den großen Hotels möglich, der Kurs ist schlecht.

Feste/Veranstaltungen

- Ende April gibt es hier das große **Palmyra Festival.** Reiterspiele, Konzerte im Baaltempel und den Ruinen und ein riesengroßer traditioneller Markt mit spannender Schaf- und Kamelmesse, zu dem Menschen aus der gesamten Umgebung herbeikommen, um ihre Tiere zu verkaufen oder welche zu kaufen. Schönes Erlebnis!

Ausflüge

Qasr al-Hair ash-Sharqi (östliches Wildgehegeschloss)

Dieses umayyadische Wüstenschloss gehört zu den prächtigsten Schlössern, die man sich in einer Wüste vorstellen kann. Errichtet im 8. Jahrhundert, lässt sich die einstige Pracht noch gut erahnen. Auch wenn von der Anlage nicht mehr allzu viel übrig ist, so lohnen allein schon die Besichtigung des grandiosen Eingangstores und die unvergleichliche Atmosphäre.

Portal des östlichen Wüstenschlosses

•Geschichte

Das Qasr al-Hair ash-Sharqi ist die **älteste befestigte Anlage aus frühislamischer Zeit,** die erhalten ist. Auch wenn es heute angesichts der wüsten Einöde nahezu absurd anmutet: Hier blühten einst Blumen und Bäume. Wasser wurde durch ein raffiniertes Kanalisationssystem (dessen Reste man noch immer sehen kann) aus at-Taibe, der 15 km entfernten Oase, herangeschafft, damit sich die umayyadischen Kalifen in ihrem Schloss verlustieren konnten. Der **Kalif Hisham II.** begann **729** das *Qasr* (arab. *Schloss)* als **„Naherholungsziel"** zu bauen. Da aber Kalifen selbst bei ihrer Erholung politisch denken mußten, wurde dieses Erholungsschlösschen (oder war es gar ein Lustschlösschen?) an einer strategisch wichtigen Stelle gebaut: Zum Einen war hier eine Wasserversorgung möglich, zum Anderen war diese Stelle politisch gesehen von großer Bedeutung. Die Umayyaden konnten nämlich während ihrer kurzen Regierungszeit nie das gesamte islamische Reich regieren. Wichtige Außenbezirke drohten ständig abzufallen. Aus diesem Grund galt es, die sicheren Gebiete zu halten. Die syrische Wüste, gelegen nahe der Hauptstadt Damaskus, zwischen den westlichen Stadtzentren, Mesopotamien und an einer wichtigen Karawanenstraße, war sowohl politisch als auch wirtschaftlich eine der wichtigsten Regionen unter umayyadischer Herrschaft. Und hier baute man eine blühende Stadt. Diese sollte auch der Stabilisierung der Beziehung zwischen Nomaden und Sesshaften dienen, denn mit den nomadischen Stämmen dieser Wüstenregion stand und fiel die umayyadische Macht. Vollendet wurde das Schloss erst unter der Nachfolgedynastie, den Abbassiden, während deren Regierungszeit es weiter genutzt wurde.

•Besichtigung

Das Qasr besteht aus drei Komplexen: der Stadt, dem Palast und dem „Wildgehege", dem Hair.

Der **Palast** mit seinem herrlichen Eingangstor ist der am besten erhaltene Teil und sicherlich auch der interessanteste. Es handelt sich um eine quadratische Anlage, deren Außenmauern je 70 m lang sind. Vier runde Ecktürme und je zwei halbkreisförmige Türme sind in die ansonsten schlichten Mauern eingelassen, wobei die beiden halbkreisförmigen Türme der Frontseite das Portal ausmachen. Oberhalb des Portals befindet sich ein Erker, der Verteidigungszwecken diente. Dieses Portal ist der einzige Zugang zum Palast. Man kann den Palast auch von innen besichtigen, wozu jedoch der Schlüssel geholt werden muss. Er befindet sich bei einem Hirten, der wenige hundert Meter südlich des Palastes wohnt. Meist kommt der Mann aber von alleine, wenn er sieht, dass Touristen da sind. Verlangt er nichts, ist ein Obolus Ihrerseits angebracht.

Im Inneren des Palastes ist wenig zu sehen. Ein Hof, umgeben von einer einstigen Säulenhalle, lässt ein Gebäude erahnen, das einem großen Khan ähnelt. Diese khanähnliche Bauweise lässt den Schluss zu, dass der Palast zumindest zeitweise auch als Wirtschaftszentrum genutzt wurde.

Den zweitgrößten Komplex macht die **Stadt** aus. Sie wurde innerhalb eines unregelmäßigen Vierecks gebaut, dessen Außenmauern rund 160 m lang waren. An jeder Seite steht ein großes Portal, dem gerade Straßen folgen, die sich in der Mitte kreuzen und das Areal in vier gleich große Viertel teilen. Im südöstlichen Viertel finden sich Reste einer Moschee, deren Minarett sich zwischen dem Palast und der Stadt befindet (allein stehender Turm beim Palastportal).

Die größte Fläche dieses Platzes nimmt das **„Wildgehege"** ein. 16 km Außenmauer umfassten diese Anlage, wahrscheinlich der Garten des Kalifen. Von den Mauern ist heute nicht mehr allzu viel zu sehen; kommt man südöstlich von der direkten Piste, stößt man auf einige Reste. Darin befinden sich heute nur noch einige Überreste der Bewässerungkanäle.

•Anfahrt mit öffentlichen Verkehrsmitteln:

Da dieses Schloss mitten in der Wüste steht, gibt es natürlich keine öffentliche Verkehrsverbindung. Aber es bestehen zwei Möglichkeiten, das Schloss problemlos und ohne eigenes Fahrzeug zu erreichen:

1. Man mietet bereits in Palmyra ein Auto mit Fahrer (was durchaus sinnvoll ist, da ein

einheimischer Führer den Weg zum Schloss kennt). Das dürfte – nach zähen Verhandlungen – nicht mehr als 70 DM kosten.

2. Man fährt mit einem Minibus (Abfahrt ab der Hauptstraße in Palmyra) Richtung Der az-Zor bis zur Ortschaft **Sukhne** und nimmt sich ab hier einen Fahrer (noch 38 km; ist nicht unbedingt billiger, da die Fahrer natürlich wissen, dass man nur aus diesem Grunde in das trostlose Dorf Sukhne gekommen ist; bei guten Verhandlungskünsten dürfte man auf ca. 40 DM kommen).

•**Anfahrt mit dem Pkw:** Für die Befahrung der Piste mit einem Pkw ist ausreichend Bodenfreiheit, kein Mitleid mit dem Auto und trockenes Wetter vonnöten!

Man folgt der Straße nach Der az-Zor und erreicht nach 66 km die Abzweigung nach Sukhne, hier biegt man ab. Wir folgen der Straße durch den Ort hindurch. Im Ort zweigt links eine geteerte Straße nach Norden ab, der man bis Taibe folgt (bis dahin siehe Route F 6 rückwärts). An der Schule geht es rechts Richtung Osten auf einer breiten, gut sichtbaren Piste weitere 15 km bis zum Schloss.

Qasr al-Hair al-Gharbi (Westliches Wildgehegeschloss)

Wer sich zuerst das östliche Wüstenschloss angesehen hat, ist enttäuscht: Hier gibt es lange nicht mehr so viele Überreste wie bei dem Schwesterschloss. Dennoch lohnt auch ein Ausflug hierher, zumal sich neben dem Ruinengelände auch eine noch funktionierende Brunnenstation befindet, die von den Nomaden der Umgebung aufgesucht wird.

•Geschichte

Die ersten palmyrenischen Gebäude entstanden hier im 1. Jahrhundert n.Chr., wurden aber 273 wieder aufgegeben. 559 besetzten die Byzantiner zusammen mit ihren arabischen Verbündeten, den Ghassaniden, den Ort und errichteten hier ein Kloster, von dem noch einige Reste zu sehen sind. Wie später die Umayyaden, liebten auch die Byzantiner das trockene Wüstenklima. Die Wasserversorgung war durch Kanäle und Wasserleitungen zum 17 km südlich gelegenen Damm gewährleistet. Hierhin konnten weder die Pest noch andere Krankheitserreger vordringen. Das **umayyadische Wüstenschloss,** dessen Reste man heute hier vorfindet, wurde 728 von Hisham I. (724–743) errichtet. Aus byzantinischer Zeit stammt alleine der Turm, den man noch sehen kann. Das Gebäude wurde bald zugunsten des östlichen Wüstenschlosses aufgegeben.

•Besichtigung

Das prächtige Eingangstor des Schlosses befindet sich zusammen mit mehreren Exponaten in Damaskus im Nationalmuseum. Die meisten Ruinenreste sind vom Sande verweht, übrig geblieben ist ein Turm, der Teil eines byzantinischen Klosters war und von Hisham I. in das umayyadische Schloss integriert wurde.

Nördlich des Geländes kann man noch Reste eines Hammams sehen, welches unter dem französischen Archäologen Schlumberger ausgegraben wurde und das mit denselben Wasserkanälen wie das Schloss verbunden war. Reste des Khans, den man hier fand, wurden im Garten des Nationalmuseums in Damaskus wieder aufgebaut.

•**Anfahrt:** Das westliche Wüstenschloss befindet sich 120 km weit entfernt von Palmyra und ist wesentlich leichter zu erreichen als das östliche Schloss.

Öffentliche Verkehrsverbindung: Man nimmt in Palmyra einen Direktbus Richtung Damaskus und fährt ca. 80 km bis zu der kleinen Siedlung al-Busairi. Hier zweigt die Straße nördlich nach Homs ab. In al-Busairi muss man sich einen Minibus oder ein Taxi Richtung Homs bis zu den Ruinen nehmen (liegen nahe der Straße, englische Beschilderung (!), siehe auch Route F 1B rückwärts). Die Strecke al-Busairi – Homs ist nur unregelmäßig und nicht allzu häufig frequentiert, erkundigen Sie sich also vorher, wie häufig und wie lange Busse (Minibusse, Sammeltaxis) von Homs kommen. Zur Rückfahrt einfach an den Straßenrand stellen und auf ein Sammeltaxi, Minibus oder Bus warten!

Anfahrt mit dem Pkw: Man nimmt die Straße Richtung Damaskus und folgt ihr bis zu dem Ort al-Busairi. Dort biegt man in die

Straße nach Homs nach Norden ab. Nach 30 km finden sich die Brunnenstation und die Ruinen auf der rechten Seite. Nähere Kilometerangaben bei Route F 1B.

Weitere Ausflugsziele

•Khan al-Hallabat

Dieser Khan römischen Ursprungs wurde im 3. Jahrhundert, im 6. Jahrhundert und dann noch einmal 1978 restauriert. Als römisches Fort im 2. Jahrhundert errichtet, stellt es eventuell das klassische **Veriaraca** dar. Der quadratische Grundbau mit seinen 47 m langen Außenmauern erinnert schwach an das östliche Wüstenschloss. Obwohl das Innere vollkommen zerstört ist, ist die Ruine sehenswert. Ein Brunnen, der noch heute von den Nomaden benutzt wird, und die Umfassungsmauer sind sehr gut erhalten.

Anfahrt: Der Straße von Palmyra nach Damaskus 23 km folgen. Hier steht rechter Hand ein großes Schild. Das ist der Pisteneinstieg. Bei klarem Wetter ist der Khan schon von weitem zu sehen, die Piste ist eindeutig und ca. 10 km lang.

•Qasr as-Sukkari

Dieses Schloss wurde im 8. Jahrhundert erbaut, war aber offensichtlich nicht allzu lange bewohnt. Heute sind nur noch der Turm, das Haupttor und ein paar Säulenreste vorhanden. Auch hier gibt es noch einen Brunnen, der von Nomaden benutzt wird. Ansonsten ist leider nicht mehr viel zu sehen.

Anfahrt: die ersten 23 km wie zum Khan al Hallabat. Dann aber geht die Piste links statt rechts ab. Der Pistenverlauf ist nicht eindeutig, viele Spuren laufen gen Süden. Da der Turm aber schon von weitem zu sehen ist, kann man die Ruinen nicht verfehlen (ca. 12 km). Man muss ein Flussbett durchqueren, das voller Sand und Steine ist (aber kein Wasser führt), daher ist die Piste für Pkws nicht zu befahren.

F 2: Palmyra – Sukhne – Der az-Zor

Insg. 203 km, gute Teerstrasse.

Die Route führt durch anfangs schöne Landschaft, vorbei an einem Salzsee und entlang der Pipeline Kirkuk – Tripoli. Da diese Strecke zu den Hauptverbindungen gehört, aber eigentlich nichts an Sehenswertem zu bieten hat und alles zudem ohne jede Schwierigkeit gefunden werden kann (alles ist beschildert), hier nur eine kurze Routenbeschreibung.

Öffentliche Verkehrsmittel

Gute Busverbindungen in beide Richtungen. Für Teilstrecken (z.B. nach Sukhne) gibt es auch die Möglichkeit, einen Minibus zu nehmen.

Anfahrt mit dem Pkw: Man verlässt Palmyra in Richtung Osten, stets den Straßenschildern nach Der az-Zor folgend. Ausgangspunkt der Route ist der Ortsausgang von Palmyra = **Km 0**. Die gute Straße führt durch schöne Berglandschaft.

Km 30 – Rechts lohnt ein Abstecher zur malerischen Oase **Arak,** nur einen Kilometer links der Hauptstraße gelegen. Heute leben in der Oase nur noch ein paar hundert Menschen. In assyrischer Zeit aber war Arak eine größere Stadt, die ihre Bedeutung auch in frühislamischer Zeit noch nicht verloren hatte. Erst im Mittelalter verlor Arak seinen städtischen Charakter, übrig gebliebe ist ein hübsches Oasendorf, das seit neuestem mit einem Gaswerk „gesegnet" ist, das viel vom alten Charme der Oase zerstört.

Km 66 – Links die Abfahrt nach **Sukhne,** einem kleinen, nichtssagenden Ort – aber mit Tankstelle, sollte Treibstoff benötigt werden. Hier ist ein Abstecher zum **Qasr al-Hair ash-Sharqi,** dem östlichen Wüstenschloss (siehe Ausflüge von Palmyra), möglich, auch die **Zufahrt zur Route F 6.**

Bei **Km 68** folgt links die hintere Abzweigung nach Sukhne (ar-Rusafa/Wüstenschloss), man fährt immer geradeaus weiter. 3 km weiter geht links eine Piste zum Wüstenschloss ab (der Weg über Taibe ist aber in jedem Fall vorzuziehen, da die ersten 35 Kilometer geteert sind!).

Km 123 – Hinter Palmyra beginnt die Provinz Der az-Zor, ein kleines Monument an der rechten Seite weist darauf hin. Es geht weiter durch recht öde Landschaft, vorbei an den Ortschaften *Djaraib* und *ash-Shula* (Tankstellen!).

Km 203 – Ortseingangskreisel von Der az-Zor. Nach Raqqa (und zum Cham-Palace Hotel) geht es links ab, nach Mari und Abu Kamal rechts. Ins Stadtzentrum und nach Qamishli fährt man geradeaus (Der az-Zor siehe Routenteil E 2).

F 3: Palmyra – Homs

Insg. 158 km, gute Teerstraße.

Anfangs geht es durch schöne Wüstenlandschaft, später durch eher langweilige Gebiete. Schnellste Verbindung nach Zentralsyrien und ins Orontestal. Keine lohnenswerten Stopps zwischendurch.

Öffentliche Verkehrsmittel

Da dies die Hauptstrecke zwischen Palmyra und Homs ist, gibt es sehr **häufige Busverbindungen** (siehe bei Palmyra).

Anfahrt mit dem Pkw: Ausgangspunkt für diese Route ist der große Kreisel von Palmyra, wo sich das Museum befindet = **Km 0**.

Km 2 – Auf der linken Seite steht das Cham-Palace Hotel. Links liegt nun die schöne Oase, rechts fährt man um einen Berg.

Km 3 – Eine letzte Tankstelle für viele Kilometer!

Km 6 – Kreuzung mit Polizeiposten. Geradeaus geht es nach Homs, links nach Damaskus und Bagdad. Die Straße führt nun geradeaus zwischen zwei Bergen hindurch, drei Kilometer später stößt von hinten rechts eine neue Straße auf diese. Im Dezember 1999 war sie noch nicht geöffnet, es ist zu vermuten, dass sie aus dem Tal der Gräber kommt.

Es geht nun vorbei an bewässerten Feldern und Nomadenzelten.

Km 13 – Rechts eine große Pflanzung, dahinter ein Bienenwabendorf.

Km 43 – Hier geht rechts die neue Straße nach **Hama** ab.

Km 58 – Man durchfährt den nichtssagenden Ort *at-Tiyas,* der durch seine großen Stromwerke auffällt.

Die Route geht weiter vorbei an kleinen Siedlungen, bis ab **Km 72** die Siedlungen aufhören.

Km 109 – Links geht es nach Homs und Furqlus ab. 200 m später stößt man dann auf eine T-Kreuzung; hier rechts. Die Straße führt nun parallel zur alten Straße weiter.

Km 112 – Links kann man Bienenwabenhäuser sehen.

Km 116 – Man durchfährt den Ort *Afraqush,* kurz danach führt die Strecke durch Kiefernwäldchen. Man hat die Wüste jetzt hinter sich gelassen. Die Fahrt geht vorbei an Olivenhainen und führt durch hügelige, eigentlich ganz schöne Landschaft.

Km 135 – Man fährt rechts am *Tell Anaka* vorbei – nichts zu sehen!

Km 148 – Die ersten Industrieanlagen von Homs tauchen auf.

Km 153 – Große Kreuzung. Hier geht es rechts auf der Einfahrtsstraße nach Homs.

Km 154 – Der große Tetrapylon-Kreisel. Es geht nun geradeaus, beim nächsten Kreisel auch.

Km 157 – Kreisel. Links nach Tartus, geradeaus ins Zentrum von Homs, das bei **Km 158** erreicht ist (zu Homs vgl. Routenteil C).

F 4: Palmyra – Salamiya – Qasr ibn Wardan (– Hama) 

Insg. 218 km, gute, zum Großteil neue Straße, (noch) **keine Busverbindungen** bis nach Salamiya.

Herrliche Landschaft, Wüstenfarben, leicht hügeliges Land, und zum Schluss ein wunderschönes Schloss! Da die Strecke über Salamiya so schön ist und die Route sonst keine Sehenswürdigkeit aufzuweisen hätte, wurde als Endpunkt der Route das **Qasr ibn Wardan** gewählt. Natürlich kann man es auch – und zwar völlig problemlos – von Hama aus erreichen (siehe dort, Ausflüge). Wer sich diesen Schlenker lieber sparen möchte und von Salamiya aus direkt nach Hama möchte, kann für den Rest der Strecke die Wegbeschreibung von Route F 5 (Hama – Salamiya – Rusafa) heranziehen.

Anfahrt mit dem Pkw: Die ersten 43 km der Strecke entsprechen Route F 3. Dann Abzweig nach Hama – beschriftet „Hama, Salamiya".

Die Strecke führt nun durch schöne hügelige Wüstenlandschaft auf kurviger Straße.

Km 57 – Von einer Anhöhe aus hat man tolle Blicke nach rechts und links.

Km 63 – T-Kreuzung, hier links. Die Straße wird nun gerader.

Km 83 – Durchquerung eines großen Wadis. Links ein Lehmdorf, das wie an den Hang geklebt erscheint. Die Strecke wird wieder kurviger, der Wüstensand ist nun weiß, und mehr und mehr sind Pflanzen zu sehen – man verlässt die Wüste.

Km 95 – Die Straße führt nun durch ein enges Tal, das von Bäumen gesäumt ist.

Km 100 – Bergkuppe. Vor uns weitet sich die Landschaft.

Km 111 – Rechts eine Siedlung mit dem Namen: *Mshafa.* Es folgen immer mehr Ortschaften.

Km 117 – Kreuzung. Hier geht es links nach Hama. Die Gegend verliert ein wenig an Reiz. Kleine, nichtssagende Ortschaften lösen einander ab, die Strecke ist eben.

Km 124 – Man durchfährt den Ort *Abu Dali* mit ein paar Bienenwabenhäusern.

Km 155 – Die ersten Häuser von **Salamiya** sind zu sehen.

Km 158 – Der erste Ortskreisel ist erreicht. Hier geht es geradeaus, bei der nächsten Kreuzung dann links nach Hama (nach dieser Kreuzung geht es immer geradeaus!), rechts zum Qasr ibn Wardan.

Salamiya

Das kleine Städtchen ist heute **Zentrum der Ismailiten** in Syrien. Die Ismailiten sind eine politisch-religiöse Richtung innerhalb des schiitischen Islam. Aus ihnen gründeten sich die Fatimiden, später die Assasinen und auch die Drusen. Außerhalb Salamiyas gibt es kaum noch Ismailiten in Syrien, hier jedoch sammeln sie sich. Davon spürt man als Tourist allerdings gar nichts.

Interessant machen den Ort vor allem sein hübscher **Viehmarkt,** der Montagvormittag stattfindet, und die lebendige Innenstadt. Außerdem kann man von hier aus die Burg Shammasis besichtigen (siehe Route F 5). Es gibt **kein Hotel,** aber so ziemlich alle Versorgungsmöglichkeiten. Regelmäßige **Minibusverbindungen von/nach Hama** (siehe dort, wo die Abfahrt ist!)

Ortsdurchfahrung zum Qasr ibn Wardan: Man folgt der Straße rechts (s.o.). Bei der nächsten Kreuzung (eine T-Kreuzung!) geht es erst links und dann nach einer Schule (o.ä.) gleich wieder rechts.

Die Straße führt aus dem Ort wieder heraus und durchquert hügelige Landschaft. Links ist die Burg Qala'at Shammasis zu sehen. Man folgt der Straße, bis man auf eine T-Kreuzung stößt, die bei **Km 186** erreicht ist. Hier geht es rechts zum Qasr ibn Wardan, links nach Hama.

Km 199 – Gabelung: Man hält sich rechts.

Km 218 – Auf der linken Seite liegt das schöne **Qasr ibn Wardan** (näheres dazu siehe Hama).

Nach Hama zurück geht es nun auf gleicher Strecke, man fährt nach 32 km **(Routenkilometer 250)** jedoch geradeaus und biegt nicht nach Salamiya links ab! Die Straße führt stets geradeaus und erreicht 55 km hinter dem Qasr die Autobahnunterfahrung. Man kann hier auf die Autobahn (rechts nach Aleppo, links nach Damaskus) oder geradeaus ins Zentrum fahren.

F 5: Hama – Salamiya – Isriya – Rusafa

Insg. 217 km, nagelneue Teerstrasse.

Die Route führt durch die Wüste, vorbei an einem römischen Tempel und Bienenwabendörfern, nach Rusafa, einem absolut sehenswerten Ort! Es gibt leider **keine öffentlichen Busverbindungen.**

Ausgangspunkt der Route ist der Uhrturm in Hama = **Km 0**.

Vom Uhrturm, die *Sh. al-Quwwatli* hinter einem, geht es geradeaus. Beim ersten Kreisel, wenige hundert Meter weiter, wieder geradeaus, man folgt der Straße.

Nach ungefähr einem Kilometer folgt eine Kreuzung. Hier links und beim nächsten Kreisel dann rechts. Kurz danach gabelt sich die Straße, man nimmt die rechte Straße. Nun folgt man dem Straßenverlauf.

Km 4 – Die Stadt liegt jetzt hinter uns, man fährt auf einer breiten, vierspurigen Ausfallstraße, Beschilderung nach Aleppo/Salamiya. Kurz danach Überquerung der Autobahn.

Die Landschaft wird nun hügelig und ist von Feldern durchzogen. Rechter Hand kann man Berge sehen, links breitet sich die große Öde aus.

Km 16 – Rechts der hübsche Ort *Kaftat*.

Km 22 – Rechts ist der **Tell Udara,** ein hübsches kleines Dörfchen, links kann man die **Burg Qala'at Shammasis** erkennen.

Km 30 – Ortsbeginn von Salamiya (Eingangsbogen), gleich links geht es nach Shammasis, ein paar hundert Meter später rechts nach Homs. Wir fahren geradeaus ins Zentrum. Wer ab Isriya die Piste nach Palmyra fahren will, muss hier an der Polizeistation um Erlaubnis bitten!

Bienenwabenhaus in der Wüste

Abstecher zur Burg Shammasis

Die Burg liegt in den Ausläufern des Djabal al-Ala in 640 m Höhe. Sie stammt aus dem Jahr **1231,** der ayyubidische Prinz Malik al-Mudjtahin Shirku ließ sie auf dem Plateau eines Vulkans errichten. Von den Mongolen zerstört, ließ sie der große Baibars wieder aufbauen und verleibte sie der Provinz Damaskus ein. Wann sie ihre Funktion aufgegeben hat, ist unklar.

Die Reste im Inneren der Burg sind nur noch kläglich, der Ausblick von oben ist hingegen großartig.

Anfahrt: Mit öffentlichen Verkehrsmitteln ab Hama mit dem Minibus bis Salamiya und dann mit dem Taxi oder zu Fuß (wenn man sich gleich am Ortsausgang absetzen lässt, sind es – laut Auskunft von Syrern – nur 20 Min. zu laufen!)

Mit dem Pkw: Abfahrt kurz nach dem Ortseingangsbogen links ab. Der Straße folgen. Die Burg ist in Sichtweite.

Km 33 – Die Straße gabelt sich. Hier geradeaus, gleich danach links. Bei der nächsten größeren Kreuzung rechts.

Km 34 – Kreisel: Hier links.

Km 35 – Endlich ein Hinweisschild, das nach Rusafa (ar-Resafa) weist.

Die neue Straße führt geradewegs in die Wüste hinein.

Km 44 – Links ist der *Tell Shmaliya* zu sehen.

Die Landschaft ist nun sehr karg und einsam. Noch wird der Boden bebaut, aber bald schon hört auch das auf.

Km 54 – Man durchfährt den Ort *Djadu'ar.*

Km 63 – Links ein Dorf mit Bienenwabenhäusern, rechts eine Fernsehstation. Es folgen nun immer häufiger Dörfer mit Bienenwabenhäusern.

Km 77 – Der Ort *al-Azm* ist erreicht. Hier kann man seine Vorräte aufstocken und tanken.

Km 95 – Ein wunderschönes **Bienenwabendorf,** dessen Häuser sich perfekt in die Landschaft einfügen!

Km 121 – Rechts sind die Ruinen von **Isriya** zu sehen.

Isriya

Nothing shows better to what extent human effort has transformed the Syrian desert than the beautiful Roman Temple that ist to be found here.

(Blue Guide, 1966)

Das antike *Seriane* ist durch die neue Straße endlich auch Touristen einfach zugänglich geworden.

Wichtige Bedeutung hatte Isriya als Verkehrsknotenpunkt der Karawanenstrecken zwischen Rusafa und Salamiya sowie zwischen Qinnasrin und Palmyra. Heute sind nur noch die eindrucksvollen **Reste eines Tempels aus dem frühen 3. Jahrhundert** erhalten. Nur die Dachkonstruktion ist eingestürzt, der Rest, vor allem das Portal, begeistert immer noch. Ganz plötzlich, wie aus dem Nichts, erhebt sich der Tempel und beeindruckt auch durch seine Größe. Ungewiss ist, welchem Gott zu Ehren er errichtet wurde, vielleicht Apollo oder Nebo, deren Statuen man neben dem Tempel gefunden hat.

Unter den Byzantinern wurde der Tempel zum Fort umgebaut, und auch die **Abbassiden** und **Mamluken** nutzten Isriya als Wachstation auf dem Karawanenweg. Später, mit der Aufgabe der Handelsstrecke, verschwand auch Isriya in der Versenkung.

Von hier geht eine Piste (wahrscheinlich der alte Karawanenweg) nach Pal-

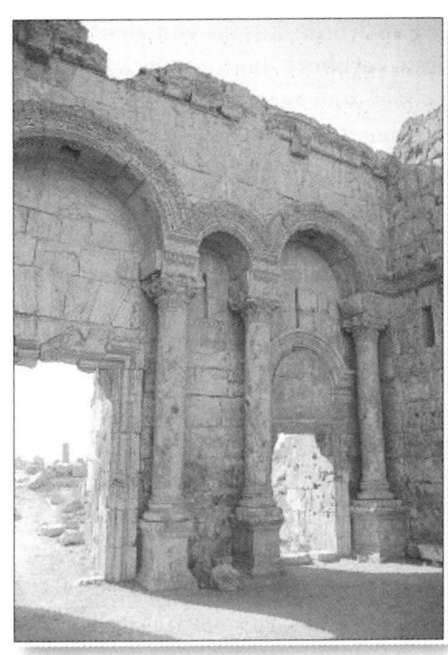

ar-Rusafa: das Nordtor

myra. Ohne geländegängiges Fahrzeug, sehr gutem Kartenmaterial, Wüstenerfahrung und Kompass ist sie nicht zu bewältigen. Zudem führt sie durch militärisches Sperrgebiet. Wer die Strecke also fahren möchte, muss sich unbedingt in Salamiya bei der Polizei melden und sich eine Erlaubnis dafür holen (die bisweilen aus verschiedenen Gründen verwehrt bleibt). Mit dem syrischen (sehr misstrauischen) Militär ist nicht zu spaßen, also unbedingt vorher klären!

Hinter Isriya führt die Straße entlang des Rashidiya-Gebirges weiter gen Nordosten.

Km 160 – Links ein ausgestorbenes Lehmdorf, ohne Türen und etwas triste anzusehen.

Km 184 – Gabelung. Hier geht eine weitere neue Straße links nach Raqqa ab. Nach Rusafa geht es jedoch geradeaus. Hier kommt es häufiger zu Polizeikontrollen.

Km 212 – Hinten rechts sind die ersten Ruinen von Rusafa zu erkennen.

Km 217 – T-Kreuzung. Links geht es nach Mansura und Raqqa, rechts nach Sukhne und zu den Ruinen von Rusafa, die nun, in voller Pracht, vor uns liegen.

ar-Rusafa الرسافة

Wer vor Rusafa steht, glaubt eine lebendige Stadt vor sich zu haben: Eine fast vollständige Stadtmauer umfasst das Gelände, und wer, wie ich, im Sandsturm ankommt, vermag fast noch die Stimmen der einstigen Bewohner zu hören...

Auch wenn die Ruinen nicht mehr ganz so gut erhalten sind wie z.B. in Palmyra, so gehört Rusafa doch ohne Zweifel zu den **beeindruckendsten historischen Stätten in Syrien.**

Geschichte

Rusafa war eine der wichtigsten byzantinischen Festungen in der „Kornkammer" des Reiches. Dem Hofschreiber Justitians, Prokop, verdanken wir die ersten schriftlichen Aussagen über Rusafa, das aber aller Wahrscheinlichkeit nach schon wesentlich früher existiert hat (ob es identisch mit dem alttestamentarischen *Rezeph* oder dem assyrischen *Rasappa* ist, bleibt ungeklärt). Von weitem schon erkennt man die gut erhaltene Stadtmauer, die wohl zur Sicherung der dortigen Kirche gedacht war. Diese Kirche wurde dem Heiligen Sergius geweiht, der hier im Jahre 305 bei der letzten Christenverfolgung als Märtyrer starb. Um ihn entwickelte sich schnell ein Kult, der Rusafa zu einem bedeutenden Pilgerort der Byzantiner machte. Im 7. Jahrhundert herrschte in Rusafa, das nicht nur Pilgerzentrum, sondern auch Stützpunkt auf der Karawanenroute von Sura nach Bosra war, der arabische christliche König Nu'man ibn al-Harith als Vasall der Byzantiner. Er ließ die große Zisterne errichten, deren Reste noch gut erkennbar sind.

636 wurde Rusafa **von den Muslimen erobert** und entwickelte sich schnell zu einem blühendem Zentrum. Hierher flohen die umayyadischen Kalifen vor der Pest oder nutzten den Ort als Sommerresidenz. Über eine Wasserquelle verfügte Rusafa, das **unter Hisham II. vollkommen restauriert** wurde, nicht. Waren die großen Zisternen im Sommer leer, war es die Aufgabe der Sklaven, das Wasser mit Hilfe von Eseln aus dem Euphrat herbeizukarren.

Die Bewohner von Rusafa, meist Christen, lebten vom **Handel mit den Beduinen.** Bekannt war die Stadt für die besondere Kleidung der Bewohner, die von den Frauen und Männern des Ortes in Gemeinschaftsarbeit hergestellt wurde. Zwischen den Bewohnern Rusafas und den Beduinen gab es

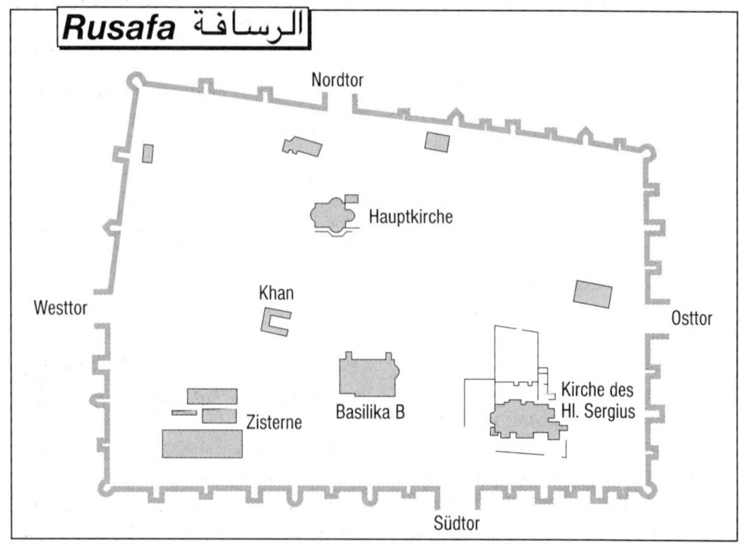

Schutz- und Handelsverträge, die ein friedliches Miteinander garantierten. Erst der **Mongolensturm im 13. Jahrhundert** entvölkerte die Stadt, die seitdem „in Frieden ruht". Wieder entdeckt wurde sie Ende des 17. Jahrhunderts von englischen Kaufleuten aus Aleppo, seit Mitte des 20. Jahrhunderts werden Grabungen durchgeführt.

Besichtigung

Am besten ist die **Stadtmauer** erhalten, die im Süden und Norden ca. 560 m Länge aufweist, im Westen 430 m und im Osten 360 m. Man beginnt den Stadtrundgang im Norden, da hier das Haupttor der alten Stadt war. Wir betreten die Stadt – nach dem Vorbild der Reisenden aus früheren Zeiten – durch das Nordtor, mit seinen drei Durchgängen das prächtigste Tor der Stadt. Gegenüber, noch außerhalb des Tores, steht ein gut erhaltenes Gebäude. Es handelt sich um eine kleine Kirche (errichtet in der Zeit von 569–582), die im Inneren vier Säulen um einen Innenhof aufweist. Man kann leider nicht hinein.

Sobald man die schönen Stadttore durchschritten hat, kann man linkerhand die Reste der Wehrgänge sehen, geradeaus den sog. **„Zentralbau"**, die größte Kirche Rusafas. Sie ist noch erstaunlich gut erhalten, z.T. kann man die Treppen hinaufsteigen und das gesamte Areal überblicken. Man erkennt im Süden den Khan und die riesige Zisterne sowie die große **Kirche des Hl. Sergius** zwischen Süd- und Osttor. Dieser Sakralbau ist die besterhaltene Kirche des Ortes, Säulenreste im Mittelschiff mit wunderschönen Verzierungen zeugen von der einstigen Pracht. Errichtet wurde der Bau im Jahr 559 unter dem Bischof Abramios. Direkt daneben befinden sich die Reste der einzigen Moschee Rusafas, deren Gestalt man heute aber nicht einmal mehr erahnen kann. Obwohl der Ort Sommerresidenz der islamischen Kalifen war, lebten hier fast ausschließlich Christen, weshalb es auch mehrere Kirchen und nur eine Moschee gab. Südlich der Stadt ließ Hisham II. seinen Palast errichten. Schade nur für die Nachwelt, dass er keine Steine, sondern getrocknete Lehmziegel verwenden ließ. So ist fast nichts übrig geblieben von dem einst mit einer Seitenlänge von 70 m sicherlich imposanten Gebäude.

Praktische Informationen

- **Eintritt 300 Lira, für Studenten 15 Lira.** Es gibt kein Kassenhäuschen, ein Mann mit Moped eilt jedoch sofort herbei, wenn Touristen ankommen!
- **Öffentliche Verkehrsverbindung** nach Rusafa: Von Raqqa fahren regelmäßig Minibusse nach al-Mansur. Ab dort geht es mit einem Minibus weiter nach ar-Rusafa (ca. 25 Lira). Letzterer fährt nur sehr unregelmäßig, also Geduld aufbringen und vorher erkundigen, wann die letzte Rückfahrt ist! Wem das zu lange dauert, kann sich auch ein Taxi nehmen.

F 6: al-Mansura – ar-Rusafa – at-Taibe – Sukhne

Insg. 121 km, 62 km geteerte Straße, danach 34 km Piste, nur für Geländewagen oder mit Pkw mit hoher Bodenfreiheit und bei gutem Wetter zu fahren, danach noch einmal Teerstraße bis nach Sukhne.

Öffentliche Verkehrsmittel

Öffentliche Verkehrsverbindungen gibt es **nur bis Rusafa per Minibus** (unregelmäßige Abfahrtszeiten). Man kann sich für teures Geld ein Taxi für die Fahrt mieten oder die Route ab Aleppo z.B. beim Hotel Zahrat ar-Rabi' buchen.

Beginn in al-Mansura: Im Ortszentrum, an der Durchfahrtsstraße von Raqqa nach Aleppo, befindet sich ein Hinweisschild, das, von Raqqa kommend, nach links weist: Resafa 25 km. Hier ist **Km 0** der Strecke.

Man folgt der kleinen Teerstrasse. Gleich zu Beginn liegt auf der linken Straßenseite der große Marktplatz. Hier findet **samstags ein großer, bunter, schöner Markt statt!** Schnell lässt man den Ort hinter sich und fährt durch eine recht öde Hügellandschaft, vorbei an Dörfern mit modernen Betonbauten.

Km 13 – Links ein großes Getreidesilo. Weiter geht die Fahrt, vorbei an großen Baumwollfeldern.

Km 21 – Rechts ein hübsches Lehmdorf mit bunten Türen.

Km 25 – Rechts Abzweigung nach Salamiya (Endpunkt der Route F 4). Links liegt Rusafa (Besichtigung siehe oben). Der Ort, der zu dem Ruinengelände gehört, liegt im Westen und Südosten der alten Stadt, es gibt weder eine Unterkunftsmöglichkeit noch einen Laden. Eine Teerstrasse führt um die alte Stadt herum. Wir fahren hier jedoch geradeaus. Anfangs geht es auf einer neuen Teerstraße mitten durch die Wüste.

Km 34 – Der Ort *Dar Hassan,* bestehend aus ein paar kleinen, einzel stehenden Häusern, ist erreicht. Die Straße schlängelt sich durch die schöne Wüstenlandschaft.

Km 42 – Gabelung. Hier links.

Km 48 – Links geht es nach as-Samla, wir fahren geradeaus. Kurz danach erneute Gabelung, wir halten uns rechts. Man fährt nun auf ein großes Gebirge zu, das links hinten in der Ferne aufragt.

Km 62 – Man überquert ein Wadi – **Beginn der Piste,** die Teerstrasse geht in eine anfangs gut sichtbare Trasse über.

Km 66 – Die Piste gabelt sich. Hier geht es geradeaus, bald verliert sich die Hauptpiste in mehrere kleine Pisten, die nebeneinander herlaufen.

Das Problem, das sich auf den folgenden Kilometern stellt, ist die **fehlende Hauptpiste.** Die hier folgende Route ist eine Möglichkeit, und zwar die, die mir Beduinen unterwegs zeigten. Ich vermute, dass sie auch die kürzeste Strecke zwischen den beiden Teerstraßen darstellt: Generell sollte man sich (am besten mit Kompass) gen Süden wenden. Neben dem nun folgenden Pistenverlauf sind immer markante Punkte angegeben, an denen man sich leicht orientieren kann (hervorgehoben durch Fettdruck!).

Erster Orientierungspunkt nach der Gabelung von **Km 66** ist eine **Bergkuppe** vor uns, wobei **rechts davon ein Dorf** zu sehen ist. Man fährt parallel zu diesem Dorf nach Süden.

Ca. Km 70 – Man ist auf Höhe des Dorfes angekommen. Die Piste, die mir als Hauptpiste erschien, gabelt sich kurz darauf. Hier geht es nach rechts. **Vor uns** liegen nun **Häuser,** auf die man zufahren sollte.

Km 74 – Siedlung auf einem Hügel. Hier wird, mitten in der Wüste, man mag es nicht glauben, **Tomatenfeldbau** betrieben! Man fährt an den Feldern vorbei (hier oben finden sich auch immer Menschen, die man nach dem Weg nach Al-Qawm oder Sukhne fragen kann („kh" wie „ch" in „lachen" ausgesprochen). Nach den Tomatenfeldern gabelt sich die Piste wieder, wir fahren links an den Häusern vorbei.

Km 76 – Erneute Pistengabelung. Hier wieder links. Die Piste geht nun, nachdem sie einige Biegungen gemacht hat, wieder in Richtung Süden.

Km 80 – Kleiner Ort. Vor uns liegt das Gebirge. **Links vorne** sind **drei Siedlungen auf einem Hügel** zu sehen. **Dahinter** fällt **ein besonders hoher Berg** auf. Das ist unser Ziel!

Man durchfährt den Ort, dahinter liegt ein kleines (fast nicht zu erkennendes) **Fußballfeld.** Daran fährt man links vorbei (Abbiegung!).

Km 93 – Vor uns liegt der **Hügel von al-Qawm,** der einen Kilometer später erreicht ist. Die Piste führt ab hier links am Hügel vorbei.

Al-Qawm

In Al-Qawm, was auf deutsch so viel wie **„Abfallhügel"** heißt, lohnt sich eine Pause für diejenigen, die gerne im Sand nach Steinwerkzeugen und alten Dingen graben. Auf diesem Hügel befinden sich auch alte Mauerreste, die auf eine vor- und frühgeschichtliche Besiedlung hinweisen. Zwischen al-Qawm und dem östlichen Wüstenschloss gab es einen Kanal, der die Wasserversorgung der Kalifen im Schloss gewährleistete! **Hobbyarchäologen** können hier mit etwas Glück Relikte aus dieser Zeit finden. Wer in der prallen Sonne lieber nicht gräbt, kann sich in der netten Oase unter Bäumen ausruhen.

Wer bis al-Qawm gekommen ist, kann aufatmen, denn nun ist die Piste wieder klar sichtbar.

Km 96 – Die Piste gabelt sich zum letzten Mal. Vor uns **rechts die hohen Berge** und die Oase Taibe. Die Piste geht nun rechts weiter. Man kann sich außerdem gut am **Wasserturm von Taibe** orientieren.

Km 99 – Die Oase ist erreicht. Man durchfährt den Ort südwärts, links ist die Schule. Von hier aus geht ein Abstecher zum umayyadischen östlichen Wüstenschloss (Anfahrtsbeschreibung siehe Ausflüge von Palmyra). Im Ort beginnt die Teerstraße, der man folgt.

Wir lassen den Tafelberg, der die ganze Strecke über vor uns lag, hinter uns.

Km 101 – Man durchfährt ein Wadi, kurz danach stößt man auf eine T-Kreuzung. Hier geht es links. Rechterhand sind grandiose Berge zu sehen.

Km 121 – Die ersten Häuser von Sukhne erscheinen, bei der ersten Gabelung geht es links. Bald darauf folgt eine T-Kreuzung. Rechts geht es nach Palmyra, links nach Der az-Zor. Wie man auch fährt, nach jeweils 2 km erreicht man die Hauptstrecke Palmyra – Der az-Zor.

Anhang

Frontansicht der frühchristlichen Kirche Qalb Lauza

Kamele in der Djazira

Am Mittelmeer: Straße nach Umm Tuyur

Literatur

Es gibt eine Vielzahl von Büchern über Syrien, das meiste davon steht in Bibliotheken. Im Folgenden ein paar Empfehlungen:

Zur allgemeinen Einführung (über das Land und seine Geschichte)

•Cassin, Elena & Bottero, Jean & Vercoutter, Jean (Hrsgs.): **Die altorientalischen Reiche,** Band 1 und 2. Frankfurt 1966. Übersichtliche Werke der Fischer Weltgeschichte.

•Dt. Archäologisches Institut Berlin: **Zehn Jahre Ausgrabungen und Forschungen in Syrien: 1989—1998,** Damaskus 1999.

•Escher, A.: **Die arabische Levante: Syrien – Libanon – Jordanien.** Stuttgart 1998

•Freitag, Ulrike: **Geschichtsschreibung in Syrien 1920-1990.** Hamburg 1991. Gute Arbeit zum Thema.

•Gabirieli, F.: **Die Kreuzzüge aus arabischer Sicht.** Zürich 1973. Spannendes Buch, das über manch falsche Vorstellung aufklären könnte.

•Haarmann, Ulrich (Hrsg.): **Geschichte der arabischen Welt.** München 1987. Sehr ausführliches und detailliertes Geschichtswerk. Namhafte Professoren verfassen einzelne Kapitel zu ihren Spezialthemen.

•Hannes, Frank: **Syrien, Schauplatz der Geschichte.** Bonn 1989.

•Hopfinger, Hans: **Wirtschaftsentwicklung und Investionspolitik in Syrien.** München 1997.

•Khoury, Philip: **Syria and the French Mandate.** Princeton 1987.

•Klengel, H.: **Kulturgeschichte des alten Vorderasien.** Berlin 1984.

•ders.: **Syrien zwischen Alexander und Mohammed.** Wien 1987.

•Schweizer, Gerhard: **Syrien: Religion und Politik im Nahen Osten.** Stuttgart 1998.

•Statistisches Bundesamt: **Länderbericht Syrien 1995.** Wiesbaden.

•Wirth, Eugen: **Syrien – eine geographische Landeskunde.** Darmstadt 1971. Das Beste, was es dazu gibt!

Zum Islam

•al-Bukhari, Sahih: **Nachrichten von Taten und Aussprüchen des Propheten Muhammad.** Übers. von D. Ferchl. Reclam, Stuttgart 1991. Hier sind die wichtigsten Aussprüche und Kommentare des Propheten gesammelt. Übersichtlich nach Themen geordnet.

•Cahen, Claude: **Der Islam 1.** Fischer Weltgeschichte, Frankfurt, mehrere Auflagen. Historisch aufgearbeitete Geschichte des Islam bis zum Osmanischen Reich.

•Ende, W./Steinbach, U. (Hrsg.): **Der Islam in der Gegenwart.** München, mehrere Auflagen. Sensationelles Buch! Hierin findet sich wirklich alles, was es Interessantes zum Islam gibt.

•Grunebaum, G.: **Der Islam 2.** Fischer Weltgeschichte, Frankfurt, mehrere Auflagen. Fortsetzung von Band 1 (Cahen), Ausgangspunkt ist das Osmanische Reich, doch nun wird die islamische Geschichte getrennt nach Regionen behandelt.

•Halm, H.: **Die Schia.** Darmstadt 1982. Übersichtliches Buch zum Thema Schiiten.

•Ibn Ishaq: **Das Leben des Propheten.** Übersetzt von G. Rotter, Tübingen 1976. Die wohl bekannteste Biographie des Propheten.

•Kreiser, K., Diem, W., Majer, H.-G. (Hrsg.): **Lexikon der islamischen Welt.** Stuttgart 1974.

•Paret, Rudi: **Der Koran.** Übersetzung. Stuttgart, mehrere Auflagen.

•Schimmel, Annemarie: **Der Islam. Eine Einführung.** Reclam, Stuttgart 1990. Gute Einführung, die alle wichtigen Bereiche anspricht. Sehr günstig und auch deshalb empfehlenswert.

•diess.: **Mystische Dimensionen des Islam.** Köln 1986.

•diess.: **Und Muhammad ist sein Prophet.** Düsseldorf 1981.

•Gernot Rotter (Hrsg.): **Die Welten des Islam – Neunundzwanzig Vorschläge, das Unvertraute zu verstehen.** Fischer Frankfurt. Sehr schön ausgesuchte Aufsätze zum Thema. Interessanes zu allen Bereichen, z.B. Frauen, Black Muslims etc.

•Watt, W. (Hrsg.): **Der Islam.** Die Religionen der Menschheit, 3 Bände. Stuttgart 1980–90.

Frauenthematiken

•**Löwengleich und Mondenschön. Orientalische Frauenmärchen.** Zürich 1994.
•Mernissi, Fatima: **Der politische Harem. Muhammad und die Frauen.** Freiburg 1992. Dieses Buch ist wohl das umstrittenste Werk der marokkanischen Autorin. Sie versucht hierin aufzuzeigen, dass der Islam eine „feministische" Religion ist und der Prophet selbst ein „emanzipierter" Mann. Für mich eines der spannendsten Bücher.
•Das Buch der gleichen Autorin: **Geschlecht, Ideologie, Islam,** München 1991, ist etwas theoretischer geschrieben, aber hinsichtlich des Themas nicht zu übertreffen.
•Wadud Muhsin, Amina: **Qur'an and Woman.** Kuala Lumpur 1992. Amina Muhsin unternimmt in diesem Buch sehr gewagte Koraninterpretationen zu Rechten und Stellung der Frau. Spannende Ergebnisse, wissenschaftlich z.T. etwas zweifelhaft.
•Walther, Wiebke: **Die Frau im Islam.** Stuttgart 1980. Hier wird alles Wesentliche zusammengefasst.

Belletristik

•Kuhr, U. (Hrsg.): **Arabische Märchen aus Syrien.** Frankfurt 1993.
•Nasrallah, Emily: **Septembervögel.** Basel 1988. Melancholisches Frauenbuch.
•dies.: **Flut gegen die Zeit.** Basel 1991.
•Samman, Ghada: **Mit dem Taxi nach Beirut.** Berlin 1990.
•Schami, Rafik: **Erzähler der Nacht.** Weinheim 1994. Das schönste Buch, seit es syrische Autoren gibt.
•ders.: **Eine Hand voller Sterne.** Mehrere Auflagen. Eine Kindheit in Damaskus und sensationelles Erzählvermögen.
•ders.: **Der ehrliche Lügner.** Mehrere Auflagen.
•ders.: **Maalula.** Mehrere Auflagen.

Anderes, Kurzweiliges und Spannendes zum Thema

•Christie, Agatha: **Erinnerungen an glückliche Tage.** 1977. Die Erinnerungen der Agatha Christie an die Abenteuer und Ausgrabungen, die sie zusammen mit ihrem Mann in Tell Brak in Syrien unternommen hat.
•Djebbar, Assia: **Fern von Medina.** Zürich 1994. Hierin geht es um die Frauen, die zur Zeit des Propheten lebten. Romanartig aufbereitet.
•Flaubert, Gustave: **Reise in den Orient.** Frankfurt 1985.
•Goethe, Johann Wolfgang: **West-östlicher Diwan.** Mehrere Ausgaben. Die schönste ist die des Insel-Verlages.
•T.E. Lawrence: **Die sieben Säulen der Weisheit.** Viele Auflagen. Die Geschichte des berühmten Lawrence of Arabia.
•Usama Ibn Munqid: **Ein Leben im Kampf gegen Kreuzritterheere.** Tübingen 1978. Kurzweilige und empfehlenswerte Lektüre für Syrienreisende und Liebhaber witziger Anekdoten (übersetzt von Gernot Rotter)!

Landkarten

Um es gleich vorweg zu nehmen: Es gibt nur wenige Landkarten! Folgende **Straßenkarten** sind in Deutschland erhältlich:

•**Freitag & Berndt:** Maßstab 1:800.000, gute Karte, aber nicht auf dem neuesten Stand. Einige neue Straßen fehlen, gerade im Grenzbereich ist vieles falsch eingezeichnet!
•**Geoprojects:** Maßstab 1:1.000.000, mittelmäßige Karte. Sie ähnelt sehr den Karten, die das syrische Fremdenverkehrsamt herausgibt! Aktuellste Karte von 1991.
•Als Straßenkarten tauglich und gar nicht schlecht, da zum Teil sehr detailliert, sind die Karten, die das **syrische Tourismusministerium** herausgibt. Man kann sie im Vorhinein bei der syrischen Botschaft bestellen (gegen einen frankierten Rückumschlag, wobei ich mich darauf nicht verlassen würde) oder in Syrien in jedem Touristenbüro kostenlos erhalten. Sie haben je nach Region unterschiedliche Maßstäbe und sind recht aktuell.
•Ebenfalls in Syrien erhältlich ist die **Karte der Druckerei Avicenne** in Damaskus. Entweder machen sie Raubkopien der Freitag-&-

Berndt-Karte oder aber sie haben einen Vertrag mit diesem Verlag – es handelt sich um dieselben Karten, nur aktualisiert! D.h. die neuen Straßen sind alle verzeichnet, aber leider auch Straßen, die in Planung sind. So ist zum Beispiel eine Straße von Rusafa nach Sukhne eingezeichnet. Diese Straße gibt es nur teilweise, das unangenehmste Stück ist nach wie vor Piste! Dennoch ist die Karte recht gut und in Syrien in vielen Buchläden (v.a. nahe der Touristenzentren) erhältlich! Sie hat jedoch dieselben Mängel wie die Freitag-&-Berndt-Karte, nämlich zum Teil falsch eingezeichnete Straßen im Grenzbereich.

Neben diesen Straßenkarten gibt es in Deutschland außerdem zwei ausgezeichnete **topografische Karten,** die jedoch auch nicht auf dem neuesten Stand sind. Dennoch sind beide von großem Nutzen, da alle Pisten und Wege eingezeichnet sind.

- **TPC, Tactical Pilotage Chart:** Vier Blätter mit einem Maßstab von 1:500.000. Die amerikanischen Pilotenkarten haben sich allzeit bewährt. Die letzte stammt jedoch von 1990!
- **ONC, Operation Navigation Chart:** Ein Blatt mit einem Maßstab von 1:1.000.000. Nicht schlecht, aber auch nicht viel besser als die Straßenkarten!
- Demjenigen, der kyrillisch lesen kann, sei zum Schluss die wohl detaillierteste Karte ans Herz gelegt (aber sicherlich auch die älteste: 1974–85): **Russische Karten in 36 Blättern** mit einem Maßstab von 1:200.000.

Während man die Straßenkarten in jeder besseren Buchhandlung bestellen kann, gibt es die topografischen Karten nur in speziellen Läden. Das Landkartenhaus Voigt in Freiburg hat viele der Karten vorrätig bzw. kann sie problemlos besorgen:

- **Landkartenhaus Voigt**
Schiffstraße 6, 79098 Freiburg
Tel. 0761-2 39 08, Fax 0761-202 00 54
e-mail: Landkartenhaus-Voigt@t-online.de

Sprachführer Syrisch

Dass Grundkenntnisse der Landessprache auf Reisen von großem Nutzen sind, ist allgemein bekannt. Heißt das Reiseziel zudem Syrien, wird man sehr schnell feststellen, dass ein **Basiswortschatz Arabisch** nicht nur **sehr nützlich,** sondern **bisweilen unumgänglich** ist. Syrien gehört (noch) nicht zu den großen Reisezielen, und nur wenige Syrer sprechen Englisch, noch weniger Französisch oder gar Deutsch. Vor allem abseits der großen Bazarstraßen und üblichen Reiserouten nimmt die Zahl Englisch sprechender Menschen rapide ab. Das bedeutet natürlich nicht, dass man sich in diesen Gebieten gar nicht zurechtfinden würde. Auch Hände und Füße sind akzeptierte Mittel der Kommunikation, oder aber ein Dorflehrer oder ein Schulkind werden herbeigeholt, um dem Fremden weiterzuhelfen. Dennoch: Ein paar Grundkenntnisse des Arabischen erleichtern das Reisen und die Verständigung mit der einheimischen Bevölkerung ungemein und sind weit weniger schwierig zu lernen als allgemein angenommen.

Niemand wird eine perfekte Grammatik erwarten, und der **syrische Dialekt** ist für den Europäer sogar **relativ leicht auszusprechen,** im Gegensatz zu manch anderen arabischen Dialekten. Dazu sollte man wissen, dass die arabische Sprache der Gegenwart ein weites Feld von mehr oder minder unterschiedlichen Mundarten umfaßt. Die

„Ursprache" bildet das klassische Hocharabisch, das Arabisch des Korans. Da die arabische Sprachpalette so vielfältig ist, dass auch die Kommunikation von Arabern unterschiedlicher Herkunft nicht immer möglich ist, hat man sich innerhalb der arabischen Welt auf eine **moderne Schrift- und Umgangssprache** geeinigt, die vor allem in Zeitungen, im Fernsehen, auf Vorträgen und in Ansprachen etc. verwendet wird.

Das syrische Arabisch ist diesem modernen Umgangsarabisch recht ähnlich. Es ist sogar noch leichter und für den Reisenden von größerer Bedeutung. Daher wird es in diesem Sprachführer in aller Kürze vorgestellt. Wenn manch ein Syrer diesen Sprachführer als „unarabisch" oder „falsch" betrachten sollte, ist das nicht weiter von Belang. Ihrer Meinung nach sollte ein Ausländer nur Hocharabisch lernen (es gilt als vornehmer, da dem Koran sprachlich viel näher), zum Zwecke des Reisens jedoch ist die Hochsprache völlig unerheblich.

Ein paar **Bemerkungen zum arabischen Alphabet** vorweg: Das arabische Alphabet setzt sich aus **28 Buchstaben** zusammen, die von rechts nach links geschrieben werden. Innerhalb der Wortgrenzen werden sie miteinander verbunden (mit sechs Ausnahmen), wodurch sich unterschiedliche Zeichenformen ergeben, abhängig davon, ob ein Buchstabe am Anfang, in der Mitte oder am Ende eines Wortes steht. Nimmt man nun noch die Form des allein stehenden Buchstabens hinzu, kommt man auf **vier unterschiedliche Schreibweisen für ein und denselben Buchstaben.** Das klingt komplizierter als es ist: Wie man am geschriebenen Alphabet (S. 438) sieht, ähneln sich die vier Formen der Buchstaben meist oder sind zum Teil sogar dieselben, so dass man nicht gezwungen ist, 4 x 28 Buchstaben zu lernen, will man das arabische Alphabet beherrschen.

Es gibt im Stadtviertel Meze in Damaskus ein **Institut für Ausländer zur Erlernung der arabischen Sprache** (Ma'ahat li-adjanib li-ta'lim al-lugha al-arabiya). Dieses Institut bietet (allerdings nur für Studenten) Jahres- und Halbjahres-Kurse an (Adresse: *PO Box 30606, Tel. 222 15 38;* Infos auch bei der Syrischen Botschaft in Bonn). Auch die Universität Damaskus bietet Arabisch-Kurse für Ausländer an. Die Kritiken sind – ähnlich wie bei der Schule in der Meze – eher schlecht, wer dennoch Interesse hat, sollte sich vor Ort erkundigen, Quereinstiege in bereits bestehende Kurse sind fast immer möglich.

Ebenfalls Kurse in Syrien, vor allem aber sehr gute Kurse in Deutschland bietet das Landesspracheninstitut in Bochum:

- **Landesspracheninstitut NRW Arabicum**
PF 24 04 33, 44742 Bochum
Tel. 0234/700-7899 oder 700-7750,
Fax 0234/7094-119
http://www.ruhr-uni-bochum.de/lsi oder
e-mail: lsi.nrw@rz.ruhr-uni-bochum.de

Wer als Autodidakt am besten lernen kann/will, sollte einen Araber bitten, ihm bei der Aussprache zu helfen. Ansonsten ist das Arabisch-Buch von Langenscheidt (Autoren: Krahl, Reuschel, Schulz) zu empfehlen.

Das arabische Alphabet

Name	allein stehend	hinten/Mitte/vorn	Aussprache	Umschrift
Alif	أ	أأأ	a, i oder u.	a, i, u
			Ein langer Vokal wird mit ^ gekennzeichnet.	
Bâ	ب	ببب	b	b
Tâ	ت	تتت	t	t
Thâ	ث	ثثث	th, wie engl. think	th
Djîm	ج	ججج	j, wie engl. Job	dj
Hâ	ح	ححح	gehauchtes h	h
Khâ	خ	خخخ	ch wie in Lachen	kh
Dâl	د	ددد	d	d
Thâl	ذ	ذذذ	stimmhaftes th wie engl. though	th
Râ	ر	ررر	rollendes r	r
Zâ	ز	ززز	stimmhaftes s wie in Susi	z
Sîn	س	سسس	stimmloses wie in sauer	s
Schîn	ش	ششش	sch	sh
Sâd	ص	صصص	emphatisch s	s
Dâd	ض	ضضض	emphatisch d	d
Ta	ط	ططط	emphatisch t	t
Za	ظ	ظظظ	emphatisch z	z

Das arabische Alphabet

Name	allein stehend	hinten/Mitte/vorn	Aussprache	Umschrift
'ain	ع	ععع	„Würge-laut" aus der Kehle	' oder nichts
Ghain	غ	غغغ	ein franz. r wie in rire	gh
Fâ	ف	ففف	f	f
Qâf	ق	ققق	ein q aus der Kehle	q
Kâf	ك	ككك	k	k
Lâm	ل	للل	l	l
Mîm	م	ممم	m	m
Nûn	ن	ننن	n	n
Hâ	ه	ههه	h	h
Wau	و	ووو	w, wie engl. while od. u	w oder u
Yâ	ي	ييي	wie j in ja oder i	y oder i

Ein letzter **Hinweis zum Buchstaben h:** Er wird im Arabischen immer gesprochen (wie in Bethle**h**em) und dient nicht, wie im Deutschen, der Verlängerung des vorangehenden Vokals.

Wer **Arabisch,** sei es die Hochsprache oder den Dialekt, **erlernen** möchte, findet in Damaskus sehr gute Kurse unter den folgenden Adressen:

- **AG Arabisch in Damaskus**
c/o Zakaria Sweid, Goethe-Institut, PO Box 6100, Damascus, Tel. (00963-11) 333 66 73 (zweimal jährlich Vier-Wochen-Kurse, ca. 900 DM incl. Unterkunft)
- **IFEAD (Institut Français d'Études Arabe de Damas)**
PO Box 344, Damascus, Tel. (00963-11) 333 19 62, Information auch in Frankreich unter Tel. 0033-1-40 65 68 25 (sowohl Sommerkurse als auch Jahres- und Vierteljahreskurse, Kosten: 6 Wochen 3000 FF = 900 DM).

Acht Regeln, die das Lernen ungemein erleichtern:

1. Es gibt im Arabischen keine Form für „sein". „Ich bin", „du bist" etc. wird nur mit „ich", „du" etc. wiedergegeben.
Ich: ana / Du (m.): inte, Du (f.): inti / Er: huwwe / Sie: hiyye / Wir: nihna / Ihr: intu / Sie: hinne
In der Vergangenheit hingegen existiert das Verb „sein".
Ich war: kint / Du warst (m.): kint, Du warst (f.): kinti / Er war: kân / Sie war: kânet / Wir waren: kinna / Ihr wart: kintu / Sie waren: kânû

2. Das Verb „haben" wird im Arabischen mit „bei mir ist..." wiedergegeben. Was es auf Arabsich heißt, wird anhand der Personalsuffixe erläutert.

3. Die Personalsuffixe sind (anhand der Präposition „bei" = „'ainda"):
Ich: 'aind**î** / Du (m.): 'aind**ak**, Du (f.): 'aind**ek** / Er: 'aind**o** / Sie: 'aind**â** / Wir: 'aind**anâ** / Ihr: 'aind**kon** / Sie: 'aind**on**
Die Frage „Haben Sie Brot?" lautet dementsprechend: „'aindak khubz (= Brot)?"

4. Die weibliche Form wird in fast allen Fällen durch Anhängen eines „e" gebildet (z.B. Ingenieur: muhandis / muhandise; groß: kebîr / kebîre etc.).

5. Der Artikel lautet immer „al-", „und" heißt immer „wa-".

6. Die Verneinung ist bei Dingen „mâ" (z.B. es gibt nicht: mâ fî), bei Menschen „mû" (z.B. Ich bin nicht groß: ana mû kebîre).

7. Der Plural ist meist unregelmäßig, für einen kurzen Urlaub sollte man es sich deshalb besser gar nicht erst angewöhnen, Regeln zu suchen oder zu lernen. Ausnahmen: Der maskuline Plural bei Personen lautet „-ûn" (z.B. Ingenieure: muhandisûn), der feminine Plural „-ât" (z.B. Ingenieurinnen: muhandisât).

8. Nichts ist leichter als der Nominalsatz: Das Haus (al-bêt) ist groß (kebîr) – al-bêt kebîr. Aber: das große Haus: al-bêt al-kebîr.

Deutsch (in Klammern: Syrisch (f), falls Abweichungen)	**Syrisch (m.)**
Die Begrüßung	
A: Guten Morgen	sabah al-khêr
B: Antwort	sabah an-nûr
A: Guten Tag	marhaba
B: Antwort	marhabtên
A: Guten Abend	masâ al-khêr
B: Antwort	masâ an-nûr (masâ al-khêrât)
A: Gute Nacht	tisbah alâ khêr (tisbahî alâ khêr)
B: Antwort	wa-inte bi-khêr (wa-inti bi-khêr)
A: Auf Wiedersehen	khatrak (khatrik)
B: Antwort	ma'a salâma (ma'a salâma)
A: Antwort auf B	Allah yusallmak (Allah yusallmik)
A: Herzlich Willkommen	ahlan wa-sahlan
B: Antwort	ahlên
Gespräch	
Wie geht es Dir?	shlunak oder kîf sahtak (shlunik oder kîf sahtik)
Danke, gut	mnîh, al-hamdulillah
Es geht so	mâshî hâl
Woher kommst Du?	inte min wên (inti min wên)
Ich komme aus ...	âna min ...
... Deutschland	... almâniya
... Österreich	... al-nimsa
... der Schweiz	... al-swizzera
Ich bin ...	âna ...
... Deutsche(r)	... almânî (... âlmânîya)
... Österreicher(in)	... nimsawî (... nimsawîya)

Deutsch	Syrisch
... Schweizer(in)	... swizzerî (... swizzerîya)
Wie heißt Du? [bitte]	shu ismak [min fadlak]? (shu ismik [min fadlik])?
Ich heiße ...	ismî ...
Wie alt bist Du? [bitte]	shu 'umrak [min fadlak]? (shu 'umrik [min fadlik])?
... Jahre alt	... âman
Wer ist das?	mîn hâda? (mîn hai?)
Das ist ...	hâda ... (hai ...)
... mein Ehemann	zaudjî
... meine Ehefrau	zaudjatî
... mein Vater	abî
... meine Mutter	immî
... mein Sohn	waladî
... meine Tochter	bintî
... mein Bruder	akhî
... meine Schwester	ukhtî
... mein Freund	sadîqî
... meine Freundin	sadîqatî
Was arbeitest Du?	shu btischtighil? (shu btischtighilî?)
Ich bin ...	âna ...
... Student(in)	tâleb (tâlebe)
... Lehrer(in)	istâz (istâze)
... Arzt(in)	tabîb (tabîbe)
... Arbeiter(in)	'âmil ('âmile)
... Ingenieur(in)	muhandis (muhandise)
Sprichst Du Arabisch?	btihki 'arabî?
Ja, ich spreche ein wenig	é, bihkî 'arabî shwayy
Nein, ich spreche kein Arabisch	lâ, mû bihkî 'arabî

Wichtige Worte

Ja	é oder na'am
Nein	lâ
Bitte	min fadlak (min fadlik)
Danke	shukron
Antwort: Gerne geschehen	lâ shukron 'alâ wâdjib oder 'afwan
viel	ketîr (ketîre)
Wenig	shwayy oder alîl (shwayye oder alîle)
Was willst Du?	shû biddak (shû biddik)
Ich will ...	bidî ...
Ich will nicht/kein ...	mu bidî ...
Es gibt ...	fî ...
Es gibt nicht ...	mâ fî ...
gut	qwais (qwaisa)
schlecht	saiy' (saiy'a)
groß (ein Mensch)	tawîl (tawîle)
groß (eine Sache)	kebîr (kebîre)
klein (ein Mensch)	qasîr (qasîre)
klein (eine Sache)	seghîr (seghîre)
schön	djamil/hlu (djamila/hluwe)
unschön	gher djamil (gher djamile/ gher hluwa)
alt (ein Mensch)	kebîr bi-sinne (kebîre bi-sinne)
alt (eine Sache)	'adîm ('adîme)
jung (ein Mensch)	seghîr bi-sinne (seghîre bi-sinne)
neu	djedîd (djedîde)
teuer	ghâlî (ghâlîye)
billig	rakhîs (rakhîse)
verboten	mammnu' (mammnu'a)
erlaubt	masmu' (masmu'a)
krank	marîd (marîda)
wichtig	him (hima)
Moschee	masdjid/djamii
Apotheke	saidaliya
Museum	mathaf
Post	barîd
Haus	bêt/dâr
Markt	sûq
Geschäft	baqqaliya/dukkân
Bank	banka
Geldtausch	al-mâl
Herr/Dame	sayyid/sayyida
Mann/Frau	radjul/imra
Fluss	nahr
Meer	bahr
Straße	shâri'a/tarîq
Berg	djebl
Wasser	mai
Abend	masâ
Nacht	leila
Tag	yaum
Wer	mîn
Wo	wên
Wie	kîf
was	shû

Uhrzeit, Wochentage, Monate

Wie spät ist es?	'addêsch as-sâ'a?
Es ist ...	is-sâ'a ...
13 Uhr	wihde
14 Uhr	tintên
15 Uhr	tlâte
16 Uhr etc.	arba'a
13.15 Uhr	wihde wa-rib'
13.20 Uhr	wihde wa-tilt
13.30 Uhr	wihde wa-niss
13.40 Uhr	tinten illa tilt
13.45 Uhr	tinten illa rib'
12 Uhr	tna'asch ad-dihr
24 Uhr	tna'asch
1 Uhr	wihde ba'd niss el-lel
2 Uhr etc.	tinten ba'd niss el-lel
Samstag	yaum as-sabt
Sonntag	yaum al-ahd
Montag	yaum at-tanen
Dienstag	yaum at-talâta
Mittwoch	yaum al-arba'a
Donnerstag	yaum al-khamis
Freitag	yaum al-djuma'a
Januar	kanûn at-tâni
Februar	shubât
März	azâr
April	nissân
Mai	ayyâr
Juni	hzeran
Juli	temmuz

August	âb
September	elûl
Oktober	tishrîn al-awal
November	tishrîn at-tâni
Dezember	kanûn al-awal

Lebensmittel	**ma'kulât**
Brot	khubz
Butter	zibda
Käse	djibne
Eier	bûyûd
Milch	halîb
Reis	rûz
Oliven	zaitûn
Salz	milh
Zucker	sukar
Suppe	shûrba
Fleisch	**lahm**
Hähnchen	farûdj
Lamm	ghanam
Rind	baqara
Fisch	samak
Leber	kibda
Niere	kilawi
Herz	qalb
Gemüse	**khudâr**
Tomaten	banadûra
Karotten	djazar
Gurke	khiyâr
Zwiebel	basl
Knoblauch	thûm
Erbsen	bisala
Kartoffeln	patatas
Bohnen	fasuliya
Paprika	filfil
Obst	**fawâke**
Apfel	tufâh
Banane	mûz
Orange	burtaqâl
Mandarine	karmantîna
Zitrone	laimûn
Nüsse	djauz
Wassermelone	batîkh
Aprikose	mishmish
Trauben	ainab
Erdbeere	tût oder frês

(für Gerichte siehe das Kapitel „Essen und Trinken")

Die Zahlen

(im Gegensatz zu den Worten werden Zahlen wie bei uns von links nach rechts gelesen)

1	١	wâhed
2	٢	tnên
3	٣	tlâte
4	٤	arb'a
5	٥	khamse
6	٦	sitte
7	٧	sab'a
8	٨	tmâne
9	٩	tis'a
10	١٠	'aschra
11	١١	ida'asch
12	١٢	tna'asch
13	١٣	tlâtte'asch
14	١٤	arb'atasch
15	١٥	khamsta'asch
16	١٦	sitta'asch
17	١٧	sabata'asch
18	١٨	tminta'asch
19	١٩	tasata'asch
20	٢٠	'aschrîn
21	٢١	wâhed wa-'aschrîn
22	٢٢	tnên wa-'aschrîn
30	٣٠	tlâtîn

40	٤٠	'arb'în
50	٥٠	khamsîn
60	٦٠	sittîn
70	٧٠	sab'în
80	٨٠	tmânîn
90	٩٠	tis'în
100	١٠٠	miyye
101	١٠١	miyye wa-wâhed
102	١٠٢	miyye wa-tnên
200	٢٠٠	miyyatên
300	٣٠٠	tlât-mît
400	٤٠٠	'arb'-mît
1000	١٠٠٠	alf
2000	٢٠٠٠	alfên
3000	٣٠٠٠	tlât-alâf
4000	٤٠٠٠	'arb'-alâf

Glossar

Abd: arab. Diener/Sklave
Abu: arab. Vater des...
Agora: griech. Markt- und Versammlungsplatz
Aid: arab. Fest
Ain: arab. Quelle
Akropolis: griech. Burg
Alawi: Familienzweig der Familie des Propheten. Die Alawiten in Syrien und der Türkei glauben, von diesem Familienzweig abzustammen.
Alim, Plu. Ulama: arab. religiöser Gelehrter
Argilah: arab. Wasserpfeife

Bab: arab. Tor
Bahr: arab. Meer
Bait: arab. Haus
Bakschisch: arab. Trinkgeld
Banu: arab. Stamm
Baraka: arab. segensreiche Kraft, die von einem Heiligen ausgeht
Basilika: lat. drei- oder mehrschiffiges Gebäude, unter den Römern ein Marktgebäude, unter den Byzantinern eine Kirche
Ben/Ibn: arab. Sohn des...
Bismillah: arab. im Namen Gottes

Dair: arab. Kloster
Dar: arab. Haus
Dhikr: arab. rituelles Gottgedenken, oft durch permanente Wiederholung des Glaubensbekenntnisses
Djabal: arab. Berg
Djahiliya: arab. die Zeit der Unwissenheit, d.h. die Zeit vor dem Islam
Djamaa: arab. Platz
Djazira: arab. Insel

Djihad: arab. „Anstrengung“, speziell: „Heiliger Krieg“
Djinn, Plu. Djunun: arab. Geist
Donjon: Wehrturm bei Kreuzritterburgen
Drusen: schiitische Glaubensgemeinschaft, die vor allem im Süden Syriens lebt

Fatwa: arab. islamisches Rechtsgutachten

Hadith: arab. die Worte des Propheten, Berichte über seine Handlungen
Hadj: arab. die Pilgerreise nach Mekka. Der Hadj gehört zu den fünf Säulen des Islam. Jeder Gläubige sollte einmal in seinem Leben nach Mekka gepilgert sein.
Halwayat: arab. Süßigkeiten
Hammam: arab. orientalisches Dampfbad
Hidjab: arab. Schleier der Frau
Hidjra: arab. Auswanderung des Propheten Muhammad von Mekka nach Medina. Die islamische Zeitrechnung beginnt mit dieser Hidjra im Jahre 622.

Imam, Plu. A'imma: arab. „Vorbeter“ in der Moschee. Unter den Schiiten sind mit A'imma die Nachfolger des Propheten Muhammad gemeint. Ein Imam kann auch ein politischer oder religiöser Anführer sein.

Khan: pers. 1. an muslimischen Karawanenwegen gelegene Herberge mit Verkaufsräumen; 2. mongolischer Fürstentitel

Madhab: arab. sunnitische islamische Rechtsschule. Ihrer gibt es vier: die Hanafiten (nach Abu Hanifa, gest. 767), die Malikiten (nach Malik ibn Anas, gest. 795), die Schafiiten (nach Shafi, gest. 820) und die Hanbaliten (nach Ahmad ibn Hanbal, gest. 855)
Madrasa: arab. Schule
Maristan: arab. Krankenhaus
Mihrab: arab. Gebetsnische in der Moschee
Minbar: arab. Gebetskanzel in der Moschee
Muhafazat: arab. Provinz

Nekropole: griech. Totenstadt
Noria: arab. Wasserrad

Pascha: osm. Fürstentitel

Qadi: arab. Titel für einen islamischen Richter
Qala'at: arab. Burg
Qasr: arab. Schloss
Qibla: arab. Gebetsrichtung

Ramadan: arab. Der neunte islamische Monat ist der Fastenmonat.

Sahat: arab. Platz
Salafiya: arab. Die Salafiya ist eine religiöse modernistische Bewegung, die sich Ende des letzten Jahrhunderts v.a. in Ägypten geformt hat und aus der der moderne Fundamentalismus entstanden ist. Ziel der Salafiya war eine Rückbesinnung auf die Wurzeln des Islam (salaf = Vorväter), ohne dabei auf moderne Bildung oder Technik zu verzichten. Die Salafiya gründete sich vor allem vor dem Hintergrund, dass weite

Teile der islamischen Welt von europäischen Kolonialmächten unterdrückt wurden. Muhammad Abduh und Rashid Rida gelten als „Gründerväter" dieser Bewegung.
Saum: arab. das Fasten im Monat Ramadan
Scherif: arab. die direkten Nachfahren des Propheten Muhammad durch seine Tochter Fatima
Scheich: arab. religiöser Lehrer
Scharia: arab. islamische Rechtsprechung
Sharia: arab. Straße
Sufismus: islamische Mystik
Sunna: arab. die „Gewohnheiten" des Propheten; maßgebend für die Muslime
Suq: arab. Markt, oder pers.: Bazar
Sure: arab. Kapitel des Korans

Tell: arab. Hügel

Umayyaden: Die erste arabische islamische Dynastie (661–756), die mit Hauptsitz in Syrien im Geiste des altarabischen Herrentums herrschte. Unter ihrer Herrschaft wurden Gebiete bis zum Atlantik, Transoxanien und Sind erobert.
Umma: arab. die islamische Gemeinschaft
Urf: arab. Gewohnheitsrecht

Wadi: arab. Tal/Oase
Wali: arab. „Freund Gottes", oft Titulierung eines islamischen Heiligen

Die Autorin

Muriel Brunswig (Jahrgang 1970) aus Freiburg ist freischaffende Islamwissenschaftlerin und Ethnologin.

Seit 1990 in Asien und Afrika unterwegs, gehört ihre besondere Liebe Syrien und Marokko. 1994 besuchte sie zum ersten Mal Damaskus und blieb für sechs Monate zum Studium dort. Seitdem hat sie das Land immer wieder bereist, meist über mehrere Monate hinweg.

Die Recherchen für das vorliegende Buch entstanden im Herbst und Winter 1999/2000, wofür die Autorin wieder viele Wochen im Land war und es von oben bis unten „abgraste", alle im Buch erwähnten Hotels inspizierte und so mit Hunderten von Leuten in Kontakt kam. Das Ergebnis liegt nun vor.

Von derselben Autorin erschien, ebenfalls bei Reise Know-How, das Buch „Kulturschock Marokko".

Danksagung

Nie wäre dieses Buch ohne die Hilfe anderer zu Stande gekommen! Nie wäre es das geworden, was es nun ist!

Mein allergrößter Dank geht an drei Menschen: Martin Schemel, Manfred Sing und Ahmad Kaddour.

Martin und Manfred. Zusammen haben wir studiert, jahrelang. Haben uns Vorlesungen über arabische Denker angehört und monatelang Vokabeln gepaukt. Jeder von uns hat sich auf ein anderes Gebiet innerhalb des Studiums spezialisiert, so dass wir gemeinsam fast alles zu Syrien wissen.

Martin, im Nebenfach Student der Geografie, hat die Kapitel „Geografie", „Klima" und „Flora und Fauna" geschrieben.

Manfred, der sich unglaublich gut im politischen Geschehen auskennt und erst vor kurzem ein Jahr lang in Damaskus studiert hat, hat das Kapitel über die Entwicklung Syriens seit der Unabhängigkit und das Kapitel zur politischen Entwicklung verfasst.

Diesen beiden Männern habe ich sehr viel zu verdanken. Ohne ihre Hilfe hätte ich den vorliegenden Reiseführer so nicht schreiben können.

Und nun Ahmad. Ahmad war auf der letzten Reise mein Fahrer. Bevor ich Ahmad kannte, dachte ich, ich kenne Syrien. Nun weiß ich, dass es nur eine von vielen Seiten war. Mit Ahmad bin ich Tausende von Kilometern durchs Land gefahren und habe viele neue Wege, Orte und Menschen kennengelernt. Wochenlang haben wir Syrien erkundet und nie wurde es uns langweilig! Aber Ahmad war nicht nur mein Fahrer. Er wurde mein Freund, mein Beschützer und Tröster. Er hat mir bei meiner Arbeit geholfen, in aller Geduld mein Arabisch verbessert und war trotz der vielen Stunden Autofahrt immer guter Laune. Wir haben so viel gesungen, gelacht, geredet und geschwiegen! Wie hätte ich ohne ihn dieses Buch machen können?

Mein zweites großes Dankeschön erhält Abir Hamze, meine liebste syrische Freundin, mehr noch, meine Schwester und Gleichgesinnte. Seit nun mehr als sechs Jahren begleitet mich ihre Freundschaft und Liebe. Sie hat mit unendlicher Geduld dafür gesorgt, dass ich Arabisch sprechen gelernt habe und mich aus manch peinlicher Situation gerettet. Sie hat mich nicht nur in die Geheimnisse der syrischen Küche eingeweiht und mich zur Meisterköchin von Fatti, Muttabal und Maqdus ausgebildet, nein, durch sie habe ich auch die geheime Welt der arabischen Frauen kennengelernt. Wie falsch unser Bild von der arabischen Frau im Allgemeinen doch ist! Durch Abir erfahre ich, dass mütterliche Hingabe und Emanzipationsprozesse nicht in Widerspruch zueinander stehen müssen. Und diese Erkenntnis freut mich doch sehr!

Zuletzt ein Dankeschön an Abdel Hayy Kaddour, Besitzer von Halabiya Travel in Aleppo, Tausendsassa und Vollprofi! Liebevoll und großzügig hat er mich in seiner Familie aufgenommen, hat mir über so manche Schwierigkeit hinweg geholfen und mich stets mit neuesten Informationen versorgt. Durch ihn habe ich Hintergründe zum Tourismusgeschäft in Syrien erfahren, und dank seiner Hilfe konnte so manche Hürde im grazilen Gazellensprung genommen werden! Dank solch engagierter Menschen klappt der Tourismus in Syrien und mit ihm Bücher wie das meine.

Programm-übersicht

Reise Know-How Bücher werden von Autoren geschrieben, die Freude am Reisen haben und viel persönliche Erfahrung einbringen. Sie helfen dem Leser, die eigene Reise bewußt zu gestalten und zu genießen. Wichtig ist uns, daß der Inhalt nicht nur im reisepraktischen Teil „Hand und Fuß" hat, sondern daß er in angemessener Weise auf Land und Leute eingeht. Die Reihe **Reise Know-How** soll dazu beitragen, Menschen anderer Kulturkreise näherzukommen, ihre Eigenarten und ihre Probleme besser zu verstehen. Wir achten darauf, daß jeder einzelne Band gemeinsam gesetzten Qualitätsmerkmalen entspricht. Um in einer Welt rascher Veränderungen laufend aktualisieren zu können, drucken wir bewußt kleine Auflagen.

Welt

Abent. Weltumradlung (Rad & Bike)
ISBN 3-929920-19-0
Äqua-Tour (Rad & Bike)
ISBN 3-929920-12-3
Erste Hilfe unterwegs
ISBN 3-89416-689-4
Der Kreuzfahrtführer
ISBN 3-89416-663-0
Outdoor-Praxis
ISBN 3-89416-629-0
Die Welt im Sucher
ISBN 3-9800975-2-8
Wo es keinen Arzt gibt
ISBN 3-89416-035-7

Europa

Amsterdam
ISBN 3-89416-677-0
Andalusien
ISBN 3-89416-679-7
Bretagne
ISBN 3-89416-175-2
Budapest
ISBN 3-89416-660-6
Bulgarien
ISBN 3-89416-220-1
Costa Brava
ISBN 3-89416-737-8
Costa del Sol
ISBN 3-89416-723-8
Dänemarks Nordseeküste
ISBN 3-89416-634-7
England, der Süden
ISBN 3-89416-676-2
Europa Bike-Buch (Rad & Bike)
ISBN 3-89662-300-1
Gardasee
ISBN 3-89416-729-7
Gran Canaria
ISBN 3-89416-665-7
Großbritannien
ISBN 3-89416-617-7
Hollands Nordseeinseln
ISBN 3-89416-619-3
Irland-Handbuch
ISBN 3-89416-636-3
Island
ISBN 3-89662-035-5
Kärnten
ISBN 3-89662-105-x
Krakau/Warschau
ISBN 3-89416-209-0
Kreta
ISBN 3-89416-739-4
Litauen & Kaliningrad
ISBN 3-89416-169-8
Das Tal der Loire
ISBN 3-89416-681-9
London
ISBN 3-89416-673-8
Madeira
ISBN 3-89416-722-x
Madrid
ISBN 3-89416-731-9
Mallorca
ISBN 3-89662-166-1
Mallorca für Eltern und Kinder
ISBN 3-89662-158-0
Mallorca, Reif für
ISBN 3-89662-168-8
Mallorca, Wandern auf
ISBN 3-89662-162-9
Malta
ISBN 3-89416-659-2

Europa

Nördliche Sporaden
ISBN 3-86-725-4
Nordspanien und der Jakobsweg
ISBN 3-89416-678-9
Nordtirol
ISBN 3-89662-107-6
Oxford
ISBN 3-89416-211-2
Paris
ISBN 3-89416-667-3
Polens Norden
Ostseeküste/Masuren
ISBN 3-89416-613-4
Prag
ISBN 3-89416-690-8
Provence
ISBN 3-89416-609-6
Pyrenäen
ISBN 3-89416-692-4
Rhodos
ISBN 3-89416-724-6
Rom
ISBN 3-89416-670-3
Salzburger Land - Salzkammergut
ISBN 3-89662-109-2
Sardinien
ISBN 3-89416-727-0
Schottland-Handbuch
ISBN 3-89416-621-5
Sizilien - Liparische Inseln
ISBN 3-89416-627-4
Skandinavien - der Norden
ISBN 3-89416-653-3
Südnorwegen/Lofoten
ISBN 3-89416-726-2
Toscana
ISBN 3-89416-664-9
Tschechien
ISBN 3-89416-600-2
Umbrien
ISBN 3-89416-728-9
Wien
ISBN 3-89416-697-5

Edition RKH

Geschichten aus dem anderen Mallorca
ISBN 3-89662-171-8
Die goldene Insel
ISBN 3-89662-173-4
Mallorquinische Reise
ISBN 3-89662-172-6
Please wait to be seated
ISBN 3-89662-164-5

Deutschland

Amrum
ISBN 3-89416-720-3
Hauptstadt Berlin mit Potsdam
ISBN 3-89416-688-6
Insel Borkum
ISBN 3-89416-632-0
Insel Fehmarn
ISBN 3-89416-683-5
Insel Föhr
ISBN 3-89416-721-1
Harz/Ost
ISBN 3-89416-228-7
Harz/West
ISBN 3-89416-227-9
Insel Langeoog
ISBN 3-89416-684-3
Mecklenburg/Brandenburg
Wasserwandern
ISBN 3-89416-221-x
Mecklenburg/Vorpommern
Binnenland
ISBN 3-89416-615-0
München
ISBN 3-89416-672-x
Norderney
ISBN 3-89416-652-5
Nordfriesische Inseln
ISBN 3-89416-601-0
Nordseeinseln
ISBN 3-89416-197-3
Nordseeküste Niedersachsens
ISBN 3-89416-603-7
Ostdeutschland individuell
ISBN 3-89662-480-6
Ostfriesische Inseln
ISBN 3-89416-602-9
Ostseeküste/Mecklenburg-Vorpommern
ISBN 3-89416-184-1
Ostseeküste Schleswig-Holstein
ISBN 3-89416-631-2
Rügen und Hiddensee
ISBN 3-89416-654-1
Sächsische Schweiz
ISBN 3-89416-630-4
Schwarzwald
ISBN 3-89416-611-8
Schwarzwald/Nord
ISBN 3-89416-649-5
Schwarzwald/Süd
ISBN 3-89416-650-9
Insel Sylt
ISBN 3-89416-682-7
Thüringer Wald
ISBN 3-89416-651-7
Usedom
ISBN 3-89416-691-6

Amerika

rgentinien/Urug./Parag.
;BN 3-89662-051-7
tlanta & New Orleans
;BN 3-89416-230-9
arbados, St. Lucia ...
'BN 3-89416-736-x
anada Ost/USA Nord-Osten
;BN 3-89662-151-3
anadas Westen mit Alaska
;BN 3-89662-157-2
hile & Osterinseln
;BN 3-89662-054-1
osta Rica
'BN 3-89416-641-x
ominikanische Republik
;BN 3-89416-643-6
cuador/Galapagos
;BN 3-89662-055-x
uatemala
;BN 3-89416-695-9
awaii
'BN 3-89416-696-7
onduras
BN 3-89416-666-5
ateinamerika BikeBuch
BN 3-89662-302-8
exiko
;BN 3-89662-310-9
ew Orleans
'BN 3-89416-686-x
ew York City
BN 3-89416-687-8
anama
BN 3-89416-671-1
eru/Bolivien
;BN 3-89662-331-1
adabenteuer Panamericana
AD & BIKE)
BN 3-929920-13-1
an Francisco
;BN 3-89416-735-1
. Lucia, St. Vincent, Grenada
BN 3-89416-642-8
inidad und Tobago
BN 3-89416-638-x
SA/Canada
BN 3-89662-170-x
SA/Canada Bikebuch
AD & BIKE)
BN 3-929920-17-4
SA mit Flugzeug und Mietwagen
BN 3-89662-150-5
SA, Gastschüler in den
BN 3-89662-163-7

Amerika

USA für Sportfans
ISBN 3-89416-633-9
USA - Südwest; Natur- und Wanderführer
ISBN 3-89662-169-6
USA-Westen
ISBN 3-89662-165-3
Venezuela
ISBN 3-89662-040-1

Afrika

Agadir, Marrakesch und der Süden Marokkos
ISBN 3-89662-069-x
Ägypten individuell
ISBN 3-89662-471-7
Äthiopien
ISBN 3-89662-043-6
Botswana
ISBN 3-89416-730-0
Bikeabenteuer Afrika (RAD & BIKE)
ISBN 3-929920-15-8
Durch Afrika
ISBN 3-89662-011-8
Kairo, Luxor, Assuan
ISBN 3-89662-460-1
Kamerun
ISBN 3-89662-032-0
Kenia
ISBN 3-89416-732-7
Libyen
ISBN 3-89662-005-3
Madagaskar, Seychellen, Mauritius, Réunion, Komoren
ISBN 3-89662-062-2
Marokko
ISBN 3-89662-081-9
Namibia
ISBN 3-89662-321-4
Simbabwe
ISBN 3-89662-026-6
Südafrika
ISBN 3-89662-340-0
Tansania Handbuch
ISBN 3-89662-048-7
Tunesien
ISBN 3-89662-074-6
Tunesiens Küste
ISBN 3-89662-076-2
Westafrika - Küstenländer
ISBN 3-89662-002-9
Westafrika - Sahel
ISBN 3-89662-001-0

Asien

Auf nach Asien (RAD & BIKE)
ISBN 3-89662-301-x
Bali & Lombok mit Java
ISBN 3-89416-645-2
Bali: Ein Paradies wird erfunden
ISBN 3-89416-618-5
Bangkok
ISBN 3-89416-655-x
China Manual
ISBN 3-89416-626-6
China, der Norden
ISBN 3-89416-229-5
Chinas Osten mit Beijing und Shanghai
ISBN 3-89416-680-0
Emirat Dubai
ISBN 3-89662-094-0
Hongkong, Macau und Kanton
ISBN 3-89416-235-x
Indien, der Norden
ISBN 3-89416-738-6
Israel, palästinensische Gebiete, Ostsinai
ISBN 3-89662-451-2
Jemen
ISBN 3-89662-009-6
Jordanien
ISBN 3-89662-452-0
Kambodscha
ISBN 3-89416-233-3
Komodo/Flores/Sumbawa
ISBN 3-89416-060-8
Ladakh und Zanskar
ISBN 3-89416-698-3
Laos
ISBN 3-89416-637-1
Libanon
ISBN 3-89662-087-8
Malaysia mit Singapur und Brunei
ISBN 3-89416-640-1
Mongolei
ISBN 3-89416-217-1
Myanmar (Burma)
ISBN 3-89662-600-0
Nepal-Handbuch
ISBN 3-89416-668-1
Oman
ISBN 3-89662-100-9
Phuket (Thailand)
ISBN 3-89416-182-5
Rajasthan
ISBN 3-89416-616-9

Asien

Singapur
ISBN 3-89416-740-8
Sri Lanka
ISBN 3-89416-170-1
Sulawesi (Celebes)
ISBN 3-89416-635-5
Taiwan
ISBN 3-89416-693-2
Thailand Handbuch
ISBN 3-89416-741-6
Thailand: Tauch- und Strandführer
ISBN 3-89416-622-3
Thailands Süden mit Bangkok
ISBN 3-89416-662-2
Tokyo
ISBN 3-89416-206-6
Vereinigte Arabische Emirate
ISBN 3-89662-022-3
Vietnam-Handbuch
ISBN 3-89416-661-4

Praxis

Dschungelwandern
ISBN 3-89416-759-9
Fliegen ohne Angst
ISBN 3-89416-754-8
Kanu-Handbuch
ISBN 3-89416-725-1
Orientierung mit Kompass und GPS
ISBN 3-89416-755-6
Richtig Kartenlesen
ISBN 3-89416-753-x
Schutz vor Gewalt und Kriminalität
ISBN 3-89416-756-4
Sicherheit am/im Wasser
ISBN 3-89416-758-0
Survival-Handbuch Naturkatastrophen
ISBN 3-89416-757-2
Tauchen in warmen Gewässern
ISBN 3-89416-760-2
Wildnis-Ausrüstung
ISBN 3-89416-750-5
Wildnis-Küche
ISBN 3-89416-751-3

Register

HILFE!

Dieses Reisehandbuch ist gespickt mit unzähligen Adressen, Preisen, Tips und Infos. Nur vor Ort kann überprüft werden, was noch stimmt, was sich verändert hat, ob Preise gestiegen oder gefallen sind, ob ein Hotel, ein Restaurant immer noch empfehlenswert ist oder nicht mehr, ob ein Ziel noch oder jetzt erreichbar ist, ob es eine lohnende Alternative gibt usw.

Unsere Autoren sind zwar stetig unterwegs und versuchen, alle zwei Jahre eine komplette Aktualisierung zu erstellen, aber auf die Mithilfe von Reisenden können sie nicht verzichten.

Darum: Schreiben Sie uns, was sich geändert hat, was besser sein könnte, was gestrichen bzw. ergänzt werden soll. Nur so bleibt dieses Buch immer aktuell und zuverlässig. Gut verwertbare Informationen belohnt der Verlag mit einem Sprechführer Ihrer Wahl aus der über 100 Bände umfassenden Reihe „Kauderwelsch" (siehe unten). Wenn sich die Infos direkt auf das Buch beziehen, würde die Seitenangabe uns die Arbeit sehr erleichtern.

Bitte schreiben Sie an:

REISE KNOW-HOW Verlag Peter Rump GmbH, Osnabrücker Str. 79
D-33649 Bielefeld, oder per e-mail an: info@reise-know-how.de

Danke!

Kauderwelsch-Sprechführer – sprechen und verstehen rund um den Globus

Afrikaans • Ägyptisch-Arabisch • Albanisch • Algerisch-Arabisch • Allemand
American Slang • Amharisch • Armenisch • Australian Slang • Bairisch • Bengali
Brasilianisch • British Slang • Bulgarisch • Burmesisch • Canadian Slang • Chinesisch
Dänisch • Duits • Englisch • Esperanto • Estnisch • Finnisch • Französisch
Französisch Slang • Französisch für Afrika • Franko-Kanadisch • Galicisch • Georgisch
German • Griechisch • Guarani • Hausa • Hebräisch • Hieroglyphisch • Hindi
Hocharabisch • Indonesisch • Irisch-Gälisch • Isländisch • Italienisch
Italienisch für Opernfans • Italo-Slang • Japanisch • Jemenitisch-Arabisch • Jiddisch
Kantonesisch • Kasachisch • Katalanisch • Khmer • Kisuaheli • Kiwi-Slang • Kölsch
Koreanisch • Kroatisch • Kurdisch • Laotisch • Lettisch • Lëtzebuergesch • Lingala
Litauisch • Madagassisch • Malaiisch • Mallorquinisch • Maltesisch • Mandinka
Marokkanisch-Arabisch • Mongolisch • More American Slang • Nepali • Niederländisch
Norwegisch • Palästinensisch-/Syrisch-Arabisch • Paschto • Patois • Persisch
Pidgin-English • Plattdüütsch • Polnisch • Portugiesisch • Quechua • Rumänisch
Russisch • Sächsisch • Schwäbisch • Schwedisch • Schwiizertüütsch • Scots
Serbisch • Singhalesisch • Sizilianisch • Slowakisch • Slowenisch • Spanisch
Spanisch Slang • Spanisch f. Lateinamerika • Spanisch f. Argentinien
Spanisch f. Chile • Spanisch f. Costa Rica • Spanisch f. Cuba
Spanisch f. d. Dom. Republik • Spanisch f. Ecuador • Spanisch f. Guatemala
Spanisch f. Honduras • Spanisch f. Mexiko • Spanisch f. Nicaragua
Spanisch f. Panama • Spanisch f. Venezuela • Sudanesisch-Arabisch • Tagalog • Tamil
Thai • Tibetisch • Tschechisch • Tunesisch-Arabisch • Türkisch • Ukrainisch
Ungarisch • Vietnamesisch • Wienerisch • Wolof

Entfernungstabelle

	Tartus	Suwaida	Raqqa	Qunaitra	Qamishli	Palmyra	Lataqiya	Homs	Hama	Der az-Zor	Derâa	Damaskus	Bosra
Aleppo	274	491	192	422	589	346	182	193	146	324	456	355	494
Bosra	245	33	696	116	1085	366	487	301	348	818	40	139	
Damaskus	258	106	547	67	944	220	348	162	209	421	101		
Derâa	359	68	648	76	1045	321	449	263	310	522			
Der az-Zor	600	785	138	488	727	201	510	354	470				
Hama	143	315	388	276	735	200	147	47					
Homs	96	286	385	229	782	153	186						
Lataqiya	90	454	378	415	775	339							
Palmyra	256	268	155	287	598								
Qamishli	865	1050	306	885									
Qunaitra	325	98	617										
Raqqa	482	653											
Suwaida	364												

Kartenverzeichnis

Farbkartenatlas

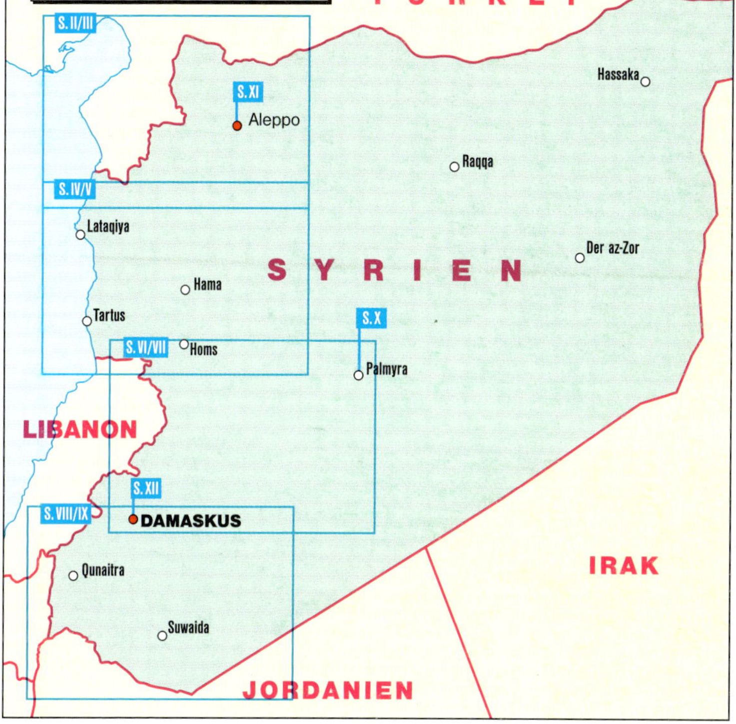

TÜRKEI

S. II/III

S. XI

Aleppo

Hassaka

Raqqa

S. IV/V

Lataqiya

SYRIEN

Der az-Zor

Hama

Tartus

S. X

S. VI/VII

Homs

Palmyra

LIBANON

S. XII

S. VIII/IX

DAMASKUS

Qunaitra

IRAK

Suwaida

JORDANIEN

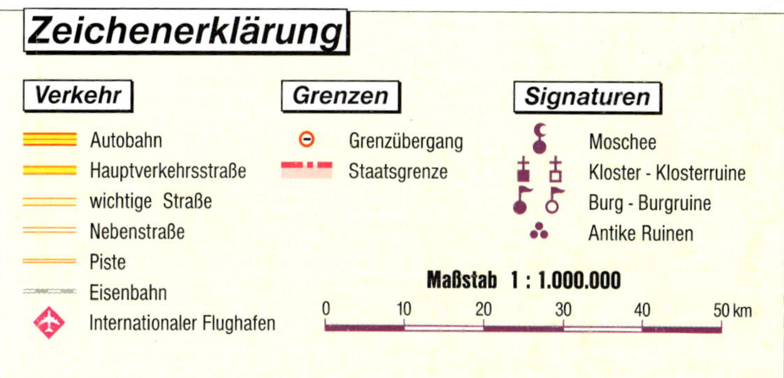

Nordsyrien
B
Dörtyol
Bozdagh
2240
1
Iskenderun
Nur Daghlari
Kirikhan
Amik Gölu
Kizildagh
1795
2
Musadagh
1281
Orontes
Reyhanli
Antakya
Harim
Harbiye
Salqin
Kafr Takharim
MITTELMEER
Samandagh
Darkush
Yayladaghi
Qunaya
Kasab
كسب
3
Ra's al-Basit
راس البسيط
Djisr ash-Shughur
جسر الشغور
Rabi'a
Knadda
Orontes
ash-Shabatliya
A
B
IV

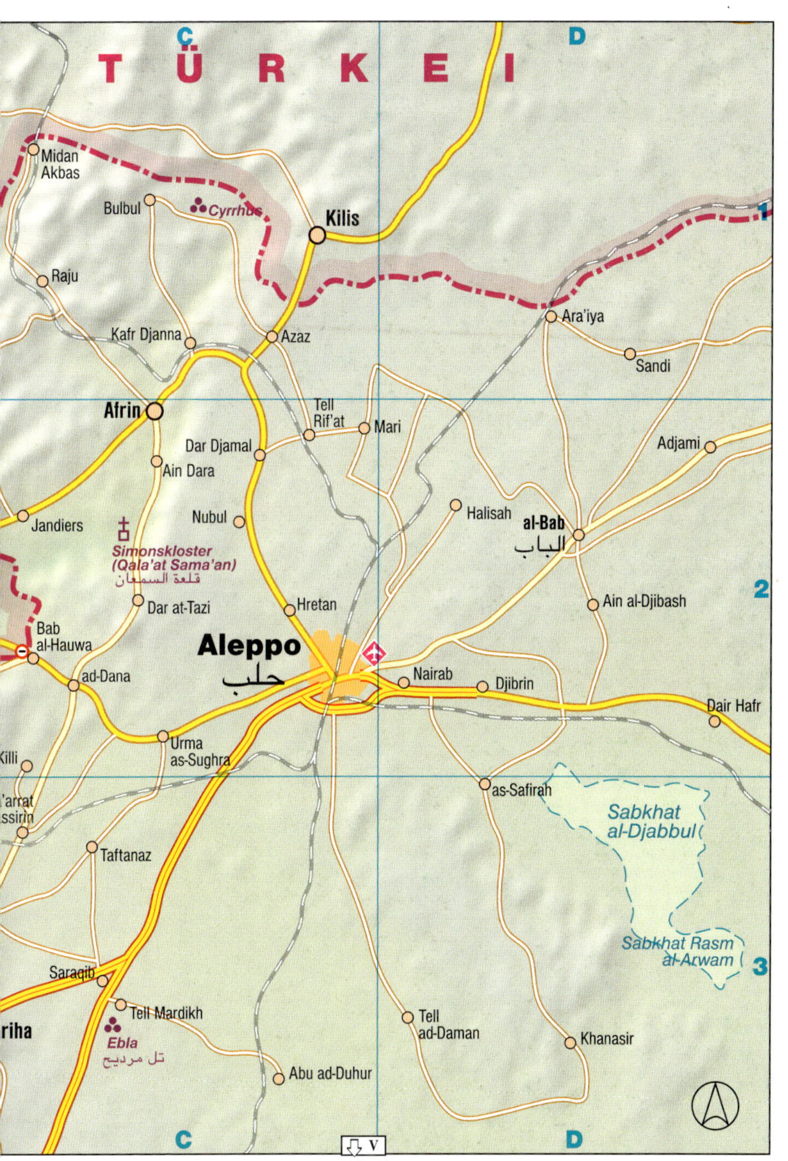
C
D
TÜRKEI
Midan Akbas
Bulbul
Cyrrhus
Kilis
Raju
Kafr Djanna
Azaz
Ara'iya
Sandi
Afrin
Tell Rif'at
Mari
Dar Djamal
Ain Dara
Adjami
Jandiers
Nubul
Halisah
al-Bab
الباب
Simonskloster
(Qala'at Sama'an)
قلعة السمعان
Dar at-Tazi
Hretan
Ain al-Djibash
Bab al-Hauwa
Aleppo
حلب
ad-Dana
Nairab
Djibrin
Dair Hafr
Urma as-Sughra
as-Safirah
Sabkhat al-Djabbul
Taftanaz
Saraqib
Tell Mardikh
Ebla
تل مرديخ
Abu ad-Duhur
Tell ad-Daman
Khanasir
Sabkhat Rasm al-Arwam
riha
1
2
3
V

Syrische Küste
II
Djisr ash-Shughur
جسر الشغور
Rabi'a
Knadda
ash-Shabatliya
Orontes
Salma
al-Bahluliya
Ma'arat
Mukhuz
Ugarit
راس شمرة
al-Haffah
1562
Slunfah
al-Ghab
Qala'at Salah ad-Din
قلعة صلاح الدين
Lataqiya
اللاذقية
Apamea
قلعة المضيق
Djaubat Birghal
al-Fahura
Qirdaha
Qala'at al-Mudiq
Djablah
جبلة
Suqaylabiya
Kafr Zaita
1436
Ain ash-Sharqiyya
Qala'at Shaizar
شيزار
MITTELMEER
Djabal al-Lataqiya
Abu Qubays
Mhardah
Banyas
بنياس
Qadmus
Qala'at Marqab
قلعة مرقب
Misyaf
مسياف
Ain al-Bayda
as-Sauda
Shaikh Badr
Tartus
طرطوس
Draikish
Kafrun
ARWAD
(ar-Ruad)
Amrit
Safita
Krak des Chevaliers
(Qala'at al-Husn)
قلعة الحصن
Shin
al-Hamidaya
Tell Kalakh
Hdaidah
Buhayrat Qattina
Qlaiat
Halba
VI
1
2
3
A
B

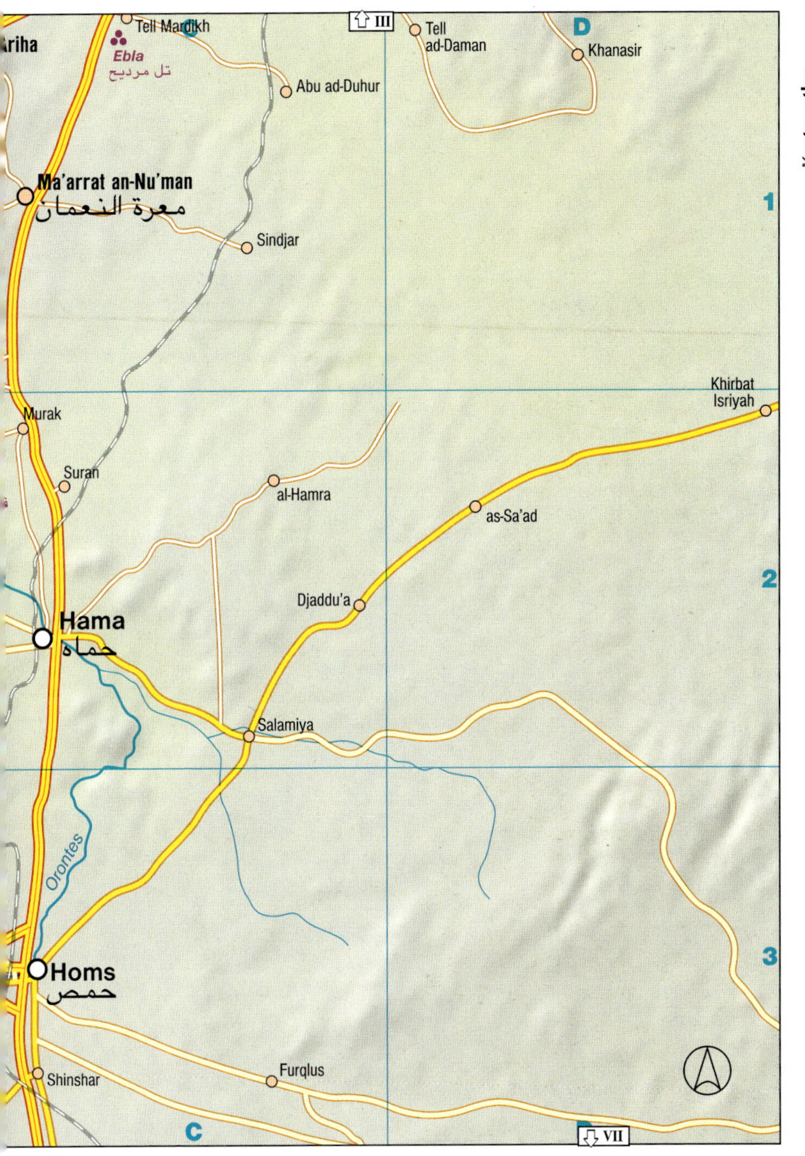
III
Tell Mardikh
Ariha
Ebla
تل مرديخ
Abu ad-Duhur
Tell
ad-Daman
D
Khanasir
Ma'arrat an-Nu'man
معرة النعمان
Sindjar
1
Khirbat
Isriyah
Murak
Suran
al-Hamra
as-Sa'ad
2
Djaddu'a
Hama
حماه
Salamiya
Orontes
3
Homs
حمص
Furqlus
Shinshar
C
VII

Zentralsyrien
Shin
IV
Homs
حمص
B
Tell Kalakh
Hdaidah
Buhayrat Qattina
Shinshar
Furqlus
1
al-Qubaiyat
al-Qusair
Djabal Lubnan
Hermel
Hisya
Qurnat as-Sauda 3083
Orontes
Shadad
Ra's Baalbek
al-Ain
al-Qaryatain
LIBANON
Djabal Lubnan ash-Sharqi
(Anti-Libanon)
Qarah
Dair Atiya
2
Baalbek
an-Nabk
Yabrud
Djabal Ru'us at-Tiwal
(Djabal at-Tadmuriya al-d
Kh
al-Manqu
Al-Qalamun
an-Nasriye
Maalula
معلولا
Djibrud
Bahr al-Mallah
Rankus
al-Qtaifah
Bludan
ar-Ruhayba
Sayyid Naya
Mnin
3
Khan Abu Shamat
Adra
Dumair
at-Tall
Duma
DAMASKUS
دمشق
VIII
B

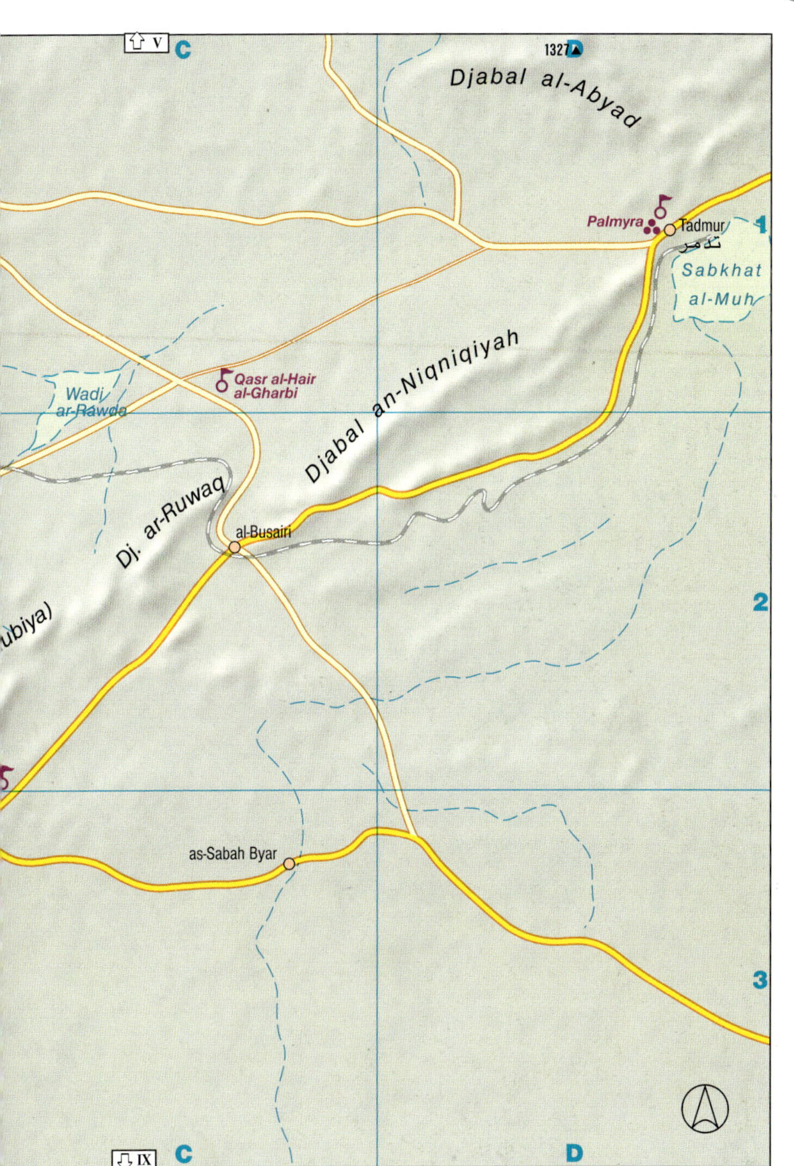
V
C
1327
D
Djabal al-Abyad
Palmyra
Tadmur
تدمر
1
Sabkhat
al-Muh
Qasr al-Hair
al-Gharbi
Wadi
ar-Rawda
Djabal an-Niqniqiyah
Dj. ar-Ruwaq
al-Busairi
ubiya)
2
as-Sabah Byar
3
IX
C
D

Südliches Syrien
VI
LIBANON
JORDANIEN
Jordan
Hermon
(Dj. ash-Shaikh)
2814
Qatana
Kafr Hawar
al-Kiswa
at-Tall
Duma
DAMASKUS
دمشق
Damaskus
Int. Airport
al-Hidjana
Sa'asa'a
Kanakir
Ghabaghib
Burac
al-Djibah
al-Mismiya
as-Sanamain
Qunaitra
قنيترا
al-Djaulan
(Golanhöhen)
al-Harra
Khabab
Qasim
Hauran
Nawa
ash-Shaikh Sa'd
Ezrâa
Shaikh Miskin
Tiberias
Da'il
دائل
as-Sidjn
Maliha
Yarmuk
Tafas
Ghariyat ash-Sharqiya
Suwaida
السويدا
Tell Shihab
Mzairib
Umm Qays
al-Musayfira
Ma'ad
Derâa
درعا
Irbid
ar-Ramta
Bosra
بصرى الشام
Dibbin
Tisiya
al-Mafraq
Ajlun
Djerash
1
2
3
A
B

C
D
VII
1
2
3
Syrische
Wüste
az-Zalaf
Shaqqa
شقة
Shahba
شهبا
Salim
Maf'ala
al-Mushannaf
Qanawat
Djabal al-cArab
1800
Salah
al-Kafr
al-Qurayya
Milh
Salkhad
صلخد
Imtan
Khirbat Awwad
C
D

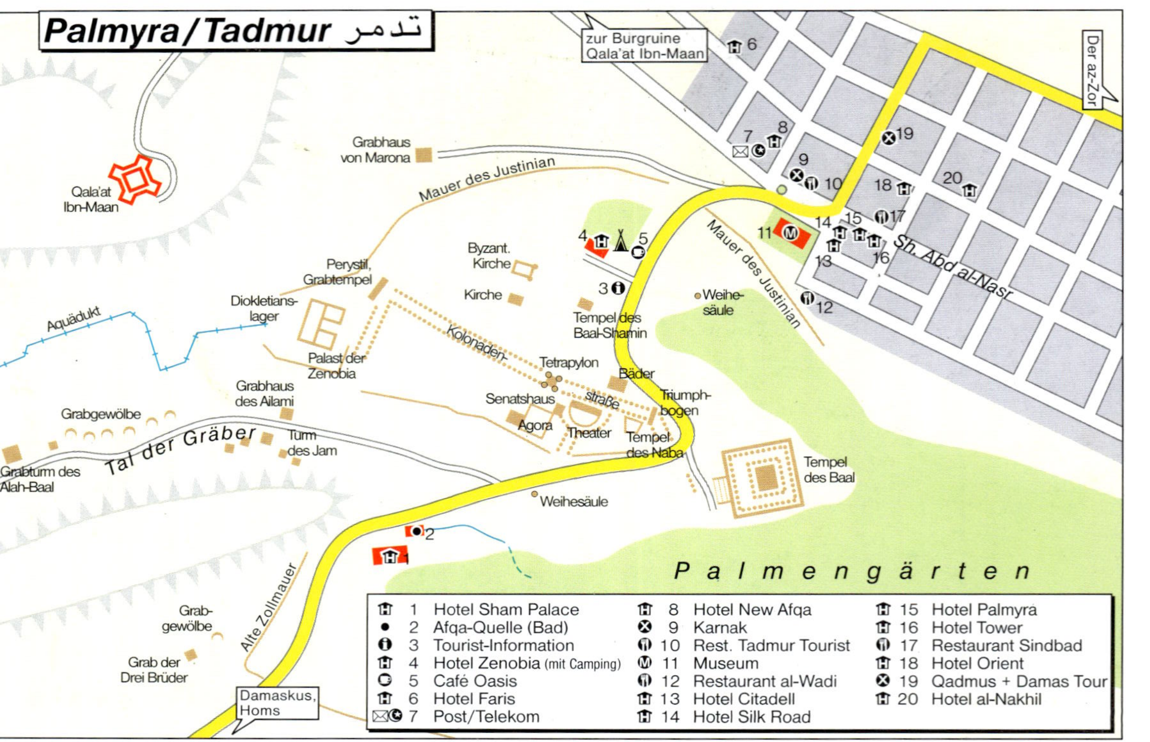

Palmyra/Tadmur تدمر
zur Burgruine Qala'at Ibn-Maan
Der az-Zor
Qala'at Ibn-Maan
Grabhaus von Marona
Mauer des Justinian
Byzant. Kirche
Kirche
Perystil, Grabtempel
Diokletians-lager
Aquädukt
Palast der Zenobia
Kolonaden-
straße
Tetrapylon
Tempel des Baal-Shamin
Bäder
Triumph-bogen
Senatshaus
Agora
Theater
Tempel des Naba
Tempel des Baal
Weihe-säule
Weihesäule
Grabhaus des Ailami
Grabgewölbe
Tal der Gräber
Turm des Jam
Grabturm des Alah-Baal
Grab-gewölbe
Grab der Drei Brüder
Alte Zollmauer
Damaskus, Homs
Sh. Abd al-Nasr
Palmengärten
1 Hotel Sham Palace
2 Afqa-Quelle (Bad)
3 Tourist-Information
4 Hotel Zenobia (mit Camping)
5 Café Oasis
6 Hotel Faris
7 Post/Telekom
8 Hotel New Afqa
9 Karnak
10 Rest. Tadmur Tourist
11 Museum
12 Restaurant al-Wadi
13 Hotel Citadell
14 Hotel Silk Road
15 Hotel Palmyra
16 Hotel Tower
17 Restaurant Sindbad
18 Hotel Orient
19 Qadmus + Damas Tour
20 Hotel al-Nakhil

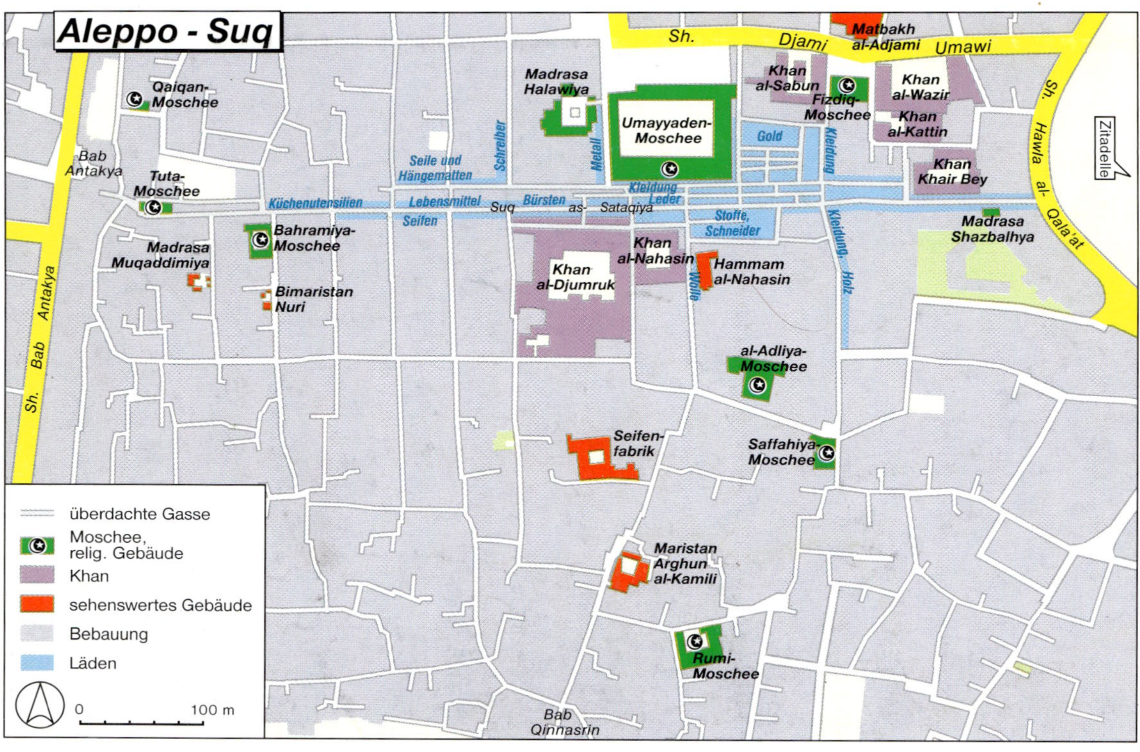
Aleppo - Suq
Zitadelle
Sh. Hawla al- Qala'at
Sh. Djami Umawi
Matbakh al-Adjami
Khan al-Sabun
Fizdiq-Moschee
Khan al-Wazir
Khan al-Kattin
Khan Khair Bey
Madrasa Shazbalhya
Madrasa Halawiya
Umayyaden-Moschee
Gold
Kleidung
Metall
Schreiber
Seile und Hängematten
Küchenutensilien
Lebensmittel
Seifen
Suq as- Sataqiya
Bürsten
Leder
Stoffe, Schneider
Kleidung, Holz
Wolle
Khan al-Nahasin
Hammam al-Nahasin
Khan al-Djumruk
Qaiqan-Moschee
Bab Antakya
Tuta-Moschee
Bahramiya-Moschee
Madrasa Muqaddimiya
Bimaristan Nuri
Sh. Bab Antakya
al-Adliya-Moschee
Seifen-fabrik
Saffahiya-Moschee
Maristan Arghun al-Kamili
Rumi-Moschee
Bab Qinnasrin
überdachte Gasse
Moschee, relig. Gebäude
Khan
sehenswertes Gebäude
Bebauung
Läden
0
100 m

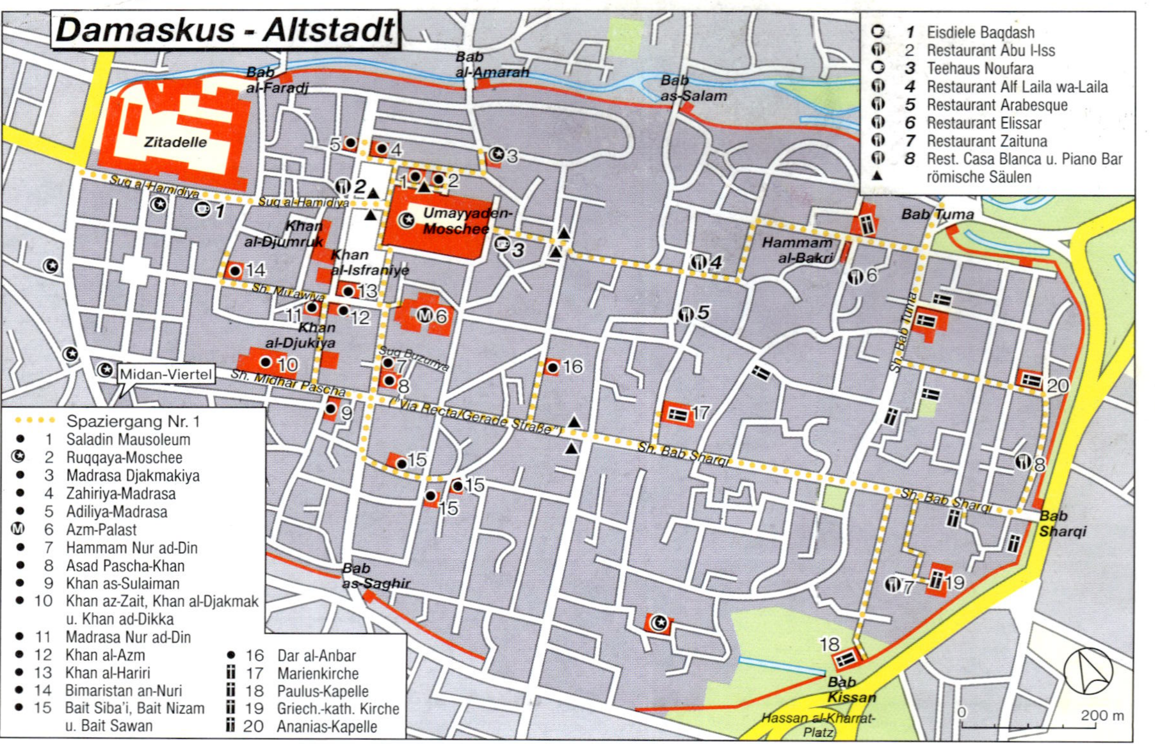
Damaskus - Altstadt
1 Eisdiele Baqdash
2 Restaurant Abu l-Iss
3 Teehaus Noufara
4 Restaurant Alf Laila wa-Laila
5 Restaurant Arabesque
6 Restaurant Elissar
7 Restaurant Zaituna
8 Rest. Casa Blanca u. Piano Bar
römische Säulen
Spaziergang Nr. 1
1 Saladin Mausoleum
2 Ruqqaya-Moschee
3 Madrasa Djakmakiya
4 Zahiriya-Madrasa
5 Adiliya-Madrasa
6 Azm-Palast
7 Hammam Nur ad-Din
8 Asad Pascha-Khan
9 Khan as-Sulaiman
10 Khan az-Zait, Khan al-Djakmak u. Khan ad-Dikka
11 Madrasa Nur ad-Din
12 Khan al-Azm
13 Khan al-Hariri
14 Bimaristan an-Nuri
15 Bait Siba'i, Bait Nizam u. Bait Sawan
16 Dar al-Anbar
17 Marienkirche
18 Paulus-Kapelle
19 Griech.-kath. Kirche
20 Ananias-Kapelle
Zitadelle
Umayyaden-Moschee
Bab al-Faradj
Bab al-Amarah
Bab as-Salam
Bab Tuma
Bab Sharqi
Bab Kissan
Bab as-Saghir
Hammam al-Bakri
Khan al-Djumruk
Khan al-Isfraniye
Khan al-Djukiya
Suq al-Hamidiya
Suq Buzuriya
Sh. Mu'awiya
Sh. Midhat Pascha
("Via Recta/Gerade Straße")
Sh. Bab Sharqi
Sh. Bab Tuma
Hassan al-Kharrat-Platz
Midan-Viertel
0
200 m